SILKE KONEFFKE

Theater·Raum

VISIONEN UND PROJEKTE
VON THEATERLEUTEN UND ARCHITEKTEN
ZUM ANDEREN AUFFÜHRUNGSORT
1900–1980

REIMER

Abbildungsnachweis

© VG Bild-Kunst, Bonn 1999
Yaacov Agam, Gilles Aillaud, Rene Allio, Eduardo Arroyo, Antonin Artaud, Willi Baumeister, Peter Behrens, Yves Klein, Adolf Loos, László Moholy-Nagy, Antonio Recalcati, Ludwig Mies van der Rohe

© FLC/VG Bild-Kunst, Bonn 1999
Le Corbusier

Gedruckt mit Unterstützung der Deutschen Forschungsgemeinschaft

Die Deutsche Bibliothek – CIP-Einheitsaufnahme

Koneffke, Silke:
Theater-Raum : Visionen und Projekte von Theaterleuten und
Architekten zum anderen Aufführungsort ; 1900 - 1980 / Silke
Koneffke. - Berlin : Reimer, 1999
ISBN 3-496-01193-9

Umschlaggestaltung: Bayerl & Ost, Frankfurt a. M.
unter der Verwendung einer Abbildung von
Andreas Weininger: *Kugeltheater-Entwurf* (1927), Isometrie

Gedruckt auf alterungsbeständigem Papier

Dieses Buch ist einigen Widrigkeiten zum Trotz entstanden.
Es ist nicht zuletzt eine No-Budget-Dissertation.

Und so danke ich ganz besonders
Elke Koneffke und Charlotte Koneffke,
die mich trotzdem nach Kräften erhalten
und mein Projekt unterstützt haben.

Dank schulde ich auch
meinen Freunden,
die mich trotzdem all die Zeit ertragen haben,
Professor Brauneck,
der mich trotzdem mit geduldiger Zuversicht betreut hat,
der Hamburger Theatersammlung,
die mich trotzdem immer noch hereinläßt,
dem Dietrich Reimer Verlag für seine Beharrlichkeit
und nicht zuletzt der DFG.

INHALTSVERZEICHNIS

EINLEITUNG

*Das Theater muß aus dem Guckkasten mit seinem ewig gleichen Rahmen herausgeholt wer-
den, damit die Welt wieder ins Theater hineinpaßt. (1)*

– dieses Anliegen, für das Erwin Piscator hier fast schon ein Schlagwort formulierte, beschäftigte in der Tat seit Ende des vorigen Jahrhunderts nicht nur Theaterkünstler wie ihn,
sondern auch viele Architekten, Kritiker und sogar Staatsoberhäupter. Zwar hatten sich
Künstler und Architekten auch schon während des 19. Jahrhunderts Gedanken über eine
Alternative zu den seinerzeit konventionellen Ranglogentheatern gemacht – die einzig in
Wagners Bayreuther Festspielhaus eine umso länger nachwirkende Materialisierung erfuhr
– die direkt daraus abgeleitete Konvention des sogenannten Guckkastens oder Zweiraumtheaters wurde nichtsdestotrotz durch einen ersten, vom Inkrafttreten der Gewerbefreiheit
1871 angeregten deutschen Theaterbau-›Boom‹ zum zweiten Mal baulich bestätigt und damit
für lange Zeit festgeschrieben. So lange, daß Marianne van Kerkhoven noch 1992 in einer
Ausgabe der THEATERSCHRIFT zum Thema »Der geschriebene Raum« konstatieren konnte:
*Welche Erneuerungen/Verschiebungen im Denken und Tun bezüglich der Bedeutung des Raums
im Theater in den letzten Jahren auch zum Vorschein gekommen sind, die Konturen des globalen Theatergebäudes bleiben unverändert – und die sind ›sehr alt‹! – : auch heute noch wird
meistens in klassischen Theatersälen gespielt, in ›Guckkästen mit einem Rahmen‹. (2)*
Wenn sie dabei das Wort *global* verwendet, vermittelt das treffend die fast unerschütter-
liche Wirkkraft dieses Typus eines Aufführungsortes, der natürlich nicht nur in Deutschland
zu finden ist, sondern überall in Europa überleben konnte, da sich in den meisten Ländern
das Theatersystem nur geringfügig und wenn, erst während der 50er und 60er Jahre dieses
Jahrhunderts veränderte, so daß es vorher in der Regel nur wenige Anlässe oder Mittel für
Neubauten gab. Und der auch überall dort dem ersten Blick auf das ›Theater‹ begegnet, wo
die europäischen Konventionen prägend wurden [1]. So hat sich das Klischée, Theater sei ein

---

→ Die Endnoten (Ziffern in Klammern) befinden sich am Schluß eines jeden Kapitels und enthalten die rein
›technischen‹ Informationen (vorwiegend Literaturnachweise), die vor allem jenen nützen, die mit dem
Material weiterarbeiten wollen.

→ Die Fußnoten ergänzen den Textabschnitt, dem sie beigestellt sind, um illustrierende Originalzitate, zusätzliche Informationen und detailliertere Gedanken.

[1] Insofern diese Konvention einseitig von Europa ausstrahlte, ohne Einflüsse von außen aufzunehmen, konzentriert sich unser Blick auf die europäische Auseinandersetzung mit ihr. Auch die spätere Überwindung
dieses ›immigrierten‹ Bautyps in den USA ist aus einer grundsätzlich anderen Situation heraus motiviert:
Der durch sie geprägte, eher genuin amerikanische Theaterbau ist weniger durch den Schwerpunkt auf

Gebäude mit roten Plüschsesseln und einem riesigen samtenen Vorhang, der einen unbetretbaren, hell erleuchteten Raum verbirgt, welcher mit Hilfe eines Bühnen**bildes** in alle erdenklichen Schauplätze verwandelt werden kann, ebenso seit Kindertagen in unsere Vorstellungswelt eingebrannt, wie die Angewohnheit, ›Theater‹ mit ›Drama‹ zu verwechseln, die unausrottbar zu sein scheint.

Natürlich spricht es auch für die Qualität dieses alten Konzepts, daß es nicht nur so lange brauchbar geblieben ist, sondern selbst in jüngster Zeit von einigen Theaterleuten bevorzugt wird:

Rahmen sind für mich wichtig, weil sie mir erlauben, die Zuschauer von dem, was sie sehen und hören, zu distanzieren. Die zeitlichen und räumlichen Linien dieser Rahmen werden zu meiner Bühnensprache (3),

bekannte sich z.B. Robert Wilson zu dieser bestimmten Definition von Theater und spezifischen Beziehung zum Publikum, die auf dem strukturalen Zusammenhang zweier streng getrennter Bereiche für verschiedene Funktionen basiert: hier dem reinen Spiel- oder Aktionsbereich, dort dem reinen Schau- oder Rezeptionsbereich, die einander an der Rampe oder dem Portalrahmen berühren. Wichtig ist dabei die baulich fixierte, strenge Trennung der zwei Zonen, die Ausdruck einer speziellen theatralen Kommunikationsform ist und viel über das Verhältnis des Theaters zur Gesellschaft verrät: die Spielfläche als ab- und ausgegrenzter Bereich, auf die die Individuen im Zuschauerhaus während des Spielvorgangs ausschließlich konzentriert sind, also eine Informationsvermittlung hauptsächlich von der Bühne in den Zuschauerraum hinein, in dem selbst kaum kommuniziert wird. Theater als Mittel zur Erschaffung isolierter ästhetischer Welten jenseits einer imaginären, gerahmten *Vierten Wand*, die im Kontrast zur Alltagswelt stehen. Dieser um das Abbild des Spiels herum gebaute Rahmen zeichnet sich in der Regel durch seine nicht auszulöschende atmosphärische Präsenz aus. Egal, ob er von Putten bevölkert oder in Schwarz bzw. eine dezente Holz-Optik gehüllt ist, aus einer gewissen Entfernung betrachtet macht er jede reale Bewegung aus dem Spielkasten heraus fragwürdig.

Die Ablehnung des Guckkasten-Schemas wurzelt nicht im Ärger über zu klein geratene Seitenbühnen, fehlende Oberbühnenmaschinerien etwa oder enge, muffige Garderoben. Diese Einrichtung des Aufführungsortes begann ihre Gültigkeit als für alle verbindliche Konvention[2] bereits zu Beginn des Jahrhunderts unter dem Einfluß immer rascher wechselnder Perspektiven auf die künstlerische, technische und gesellschaftliche Entwicklung einzubüßen[3], so daß sich etwa Walter Gropius 1934 beklagte:

dem Geschäftstheater vom europäischen verschieden – denn das englische oder auch italienische System arbeiten da ähnlich – sondern die Verteilung der Kultur in diesem weiträumigen Land ohne gewachsene Strukturen, sowie die Konzentration eines rein künstlerischen und experimentellen Theaters und seines spezifischen Theaterbaus in den Universitäten brachte die anderen, charakteristischen Strukturen hervor.

2   Unter Konvention verstehe ich das verläßliche Einhalten von herkömmlichen Regeln und Mustern, sowohl was Verhaltensweisen als auch die Strukturierung von Material anbelangt, ohne daß vorher eine bewußte Auseinandersetzung damit oder eine Absprache notwendig wäre. Die Erwartungen und die Erfüllung der Erwartungen entsprechen einander, ohne aufzufallen. Auffällig wäre allein die Abweichung vom Erwarteten. Konventionen sind Verhaltensweisen oder Strukturen, die einem allgemein anerkannten Werte-System Ausdruck verleihen.

3   Dieses Phänomen wurde unmittelbar von dem Beginn der modernen Perspektive in der Architektur und Kunst beeinflußt: »Der Haß gegen den Eklektizismus kam in Europa mit unerwarteter Plötzlichkeit zum

Die dritte plastische Dimension dieses Szenenbildes schrumpft wie auf der Mattscheibe eines fotographischen Apparates zusammen, das Schwingungssystem der Bewegungsrichtung des Spiels vermag den Beschauer nicht mehr sinnlich-räumlich einzubeziehen. (..) Die räumliche Trennung der zwei Welten (..) wird zum Verhängnis und zwingt den Beschauer, den Weg zum Erlebnis über die Brücke des Intellekts zu nehmen (4)

Die Kritik am Guckkasten-Schema steht in einem direkten Zusammenhang mit fortschritt-lichen, progressiven oder gar avantgardistischen Tendenzen in den Künsten und der Archi-tektur, mit politischen Neudefinitionen der Gesellschaft und der Reinigung des Theaters von Klischéevorstellungen und Festlegungen. Insofern weist es über sich hinaus, werden mit ihm immer auch die allgemein gültigen Wertmaßstäbe abgelehnt. Und also waren an der Lösung dieses Problems bei weitem nicht nur Theaterpraktiker interessiert; Theaterbau ist potenziell das Produkt eines Dreiergespanns, das sich aus der als Publikum und eventuell auch Bauherr auftretenden Öffentlichkeit, den entwerfenden Architekten und eben den Theaterleuten zusammensetzt. Er kann aber auch aus einem Dialog zwischen Theater-leuten und Architekten oder Architekten und Öffentlichkeit hervorgehen oder schließlich im Monolog eines verschriftlichten oder gezeichneten Entwurfs verhallen. Immer ist ein Aufführungsort – und ich wähle bewußt diesen Begriff und nicht *Theaterbau* – jener Ort in einer Gesellschaft, wo Künstler direkt auf die Öffentlichkeit treffen, in ihrem Werk ihre Gedanken wie sich selbst vorführen, über die gesellschaftliche Situation reflektieren, im Publikum auch die Gesellschaft kritisieren, feiern oder animieren können und umgekehrt selbst kritisiert, animiert oder gefeiert werden. Solch ein Aufführungsort ist eine Enwurfs-oder Bauaufgabe, die nicht nur Funktionsabläufe organisieren muß, sondern die Art eines öffentlichen Diskurses in verschiedenen ästhetischen ›Sprachen‹ prägt, mehr noch: beein-flußt und in ihrer äußeren Gestalt den Stellenwert dieses Diskurses beschreibt. Der andere, unkonventionelle Theaterbau, auch der alternative Aufführungsort ganz allgemein, ist in der Regel ein gemeinsames Thema von innovativen Theaterleuten und Architekten gewesen, in dem sich die zeitwirksamen Ziele, Methoden und Interessen beider Disziplinen berührten, an dem die dritte Kraft, die Öffentlichkeit lange Zeit jedoch wenig Interesse zeigte, von dem sie aber auch nur wenig wahrnahm, weil die meisten dieser Ideen nie einer breit-gestreuten Wahrnehmung zugeführt werden konnten.

Ausbruch. (..) Dieser Augenblick in der Geschichte der Architektur kam nicht zufällig: die Industrie hatte endlich ihre volle Entwicklung erreicht und die war reif für große Umwälzungen.« »Bis 1910 versuchten die Architekten auf mancherlei Weóen zu einem neuen Raumgefühl – der Basis und dem Impuls aller architektonischen Schöpfung vorzustoßen. Sie konnten dieses Ziel nie ganz erreichen. (..) Um 1910 ge-schah etwas ganz Entscheidendes: die Entdeckung einer Raumkonzeption in der Kunst. Wie im Laborato-rium untersuchten Maler und Bildhauer in ihren Ateliers die Wege, in denen Raum, Volumen und Material für das Gefühl lebendig wurden.« (✧20 GIEDION S.206 und 47) Und in der Folge wirkte sich dabei auch der Zeitfaktor aus: »Die rasche Veränderung hing auch mit der Schnelligkeit der Kommunikationsmittel zusammen; die Leichtigkeit der Reisen und der Austausch von Veröffentlichungen über die Künste hatte zur Folge, daß jede Gruppe von Experimentierern rasch erfuhr, was die anderen Avantgardegruppen taten. Daher ist die Geschichte der Kunst des 20. Jahrhunderts eine verwirrende Abfolge experimenteller Stile und Philosophien (..).« (Sara CORNELL: Art. A History of Changing Style.- Oxford o.J. S.381)

Und so können die wenigsten Projekte dieser Art heute noch als Bauten betrachtet und **erfahren** werden, entweder, weil sie nie errichtet oder weil sie inzwischen schon wieder umgebaut, umgenutzt[4], zerstört oder abgerissen worden sind. Da aber das angestrebte Endprodukt ebenso wie die letzte Silbe seiner Bezeichnung -*bau* lautet, wurde, eigentlich einer langen Tradition folgend, dieses Phänomen bisher vor allem aus architekturtheore-tischer oder -historischer Perspektive betrachtet[5]. Keine Darstellung oder Untersuchung nahm erstaunlicherweise die Ideen und Wünsche der Nutzer oder einfach die Gesamtheit der vom Theaterbau betroffenen Gruppen in den Blick. Auch oder schon gar nicht die Theaterwissenschaft, deren Beitrag zum Thema in der Festschreibung eines Legitimierungs-zwanges jedes Änderungsversuchs durch die historische Theaterbau-Entwicklung und eine Definition des Theaters vom Drama her bestand[6], während der (Theater)Architekt

4   Der Umstand der ›Umnutzung‹ eines Gebäudes ist im Zusammenhang mit der Suche nach dem anderen
     Aufführungsort ein recht häufiges Phänomen. Er meint, davon ausgehend, daß Gebäude normalerweise für
     einen bestimmten Funktionszusammenhang erdacht und konzipiert werden, ihre Nutzung in einem
     Funktionszusammenhang, der nicht der ursprünglichen Planung entspricht. In desem Sinne hat sich der
     Begriff im Bauwesen eingebürgert.
5   ◇45 Franz Benedikt BIERMANNS Arbeit von 1928 über die Reform-Konzepte SCHINKELS und SEMPERS
     scheint bis in die frühen 50er Jahre hinein die wissenschaftliche Auseinandersetzung mit dem Thema Thea-
     terbau geprägt zu haben, bevor dann der deutsche Theater-Wiederaufbau seit Ende der 50er Jahre bis zu
     seinem Verebben Anfang der 70er Jahre verschiedene Arbeiten zum Thema anregte, die jeweils auch die
     Haltung ihrer Zeit spiegeln: ◇6 Helmut SCHAELS Dissertation von 1958 versuchte noch am tiefsten in
     das Geflecht aus der Struktur des Aufführungsortes und der sie bestimmenden Kultur-Ideen einzudringen,
     krankt aber an seiner Selbstverpflichtung auf eine Gliederung nach den formalen Merkmalen »›Schau-
     raum‹, ›Kontaktzone‹, ›Spielraum‹« und an der völligen Ausblendung der ästhetischen Positionen und der
     Praxis der Theater-Künstler, obwohl er selbst den Theaterbau als einheitlichen »Organismus (..), dessen
     einzelne Teile immer in ihrem Zusammenhang mit dem Ganzen gesehen werden müssen« (S.2), definiert.
     Das verführt ihn letztlich dazu, Theater und Drama zu verwechseln. 1961 erschien ◇1 Enno BURMEISTERS
     Dissertation zur Diskussion der ›Raumbühne‹in den 50er Jahren, die aus theatertechnischer Perspektive
     eine formal orientierte Typologie und ein Plädoyer für diesen Bühnentyp zu liefern versuchte, wobei wie-
     derum Theater und Drama verquirlt werden und alle Beispiele in kontextloser Kürze und teilweise unter
     Verwendung falscher Informationen vorgestellt werden. Erst zehn Jahre später erschien dann ◇8 Gerhard
     STORCKS sehr materialreiche Dissertation, in der, inzwischen auf den deutschen Nachkriegs-Bauboom
     zurückblickend, der deutsche Theaterbau des 20. Jahrhunderts vor dem Hintergrund der architektoni-
     schen Ansätze der Moderne aus einer rein kunstwissenschaftlichen Perspektive erörtert wird; dies im
     gleichen Jahr wie ◇9 Harald ZIELSKES Arbeit über den deutschen Theaterbau bis zum Zweiten Weltkrieg,
     die die Reform- oder Revolutionierungsbemühungen des 20. Jahrhunderts bei den Bauten Max LITTMANNS
     enden läßt, der 1911 verstarb, sowie die sehr hilfreiche Anthologie und Analyse des deutschen Nachkriegs-
     theaterbaus von ◇5 Hannelore SCHUBERT, die sämtliche Daten zu sämtlichen Projekten enthält und in
     ihrem kurzen Abriß des Theaterbaus der »letzten 100 Jahre« viele unkonventionelle Versuche, auch außer-
     halb Deutschlands, erwähnt, nur in der Kürze teilweise auf falsche Angaben zurückgreift. 1974 entstand
     dann mit ◇4 Rolf PAUSCHS Dissertation über den »Theaterbau in der BRD« ein weiterer Rückblick auf
     die Nachkriegsbautätigkeit in Deutschland, nun unter dem gesellschaftskritischen Blickwinkel, der die Re-
     naissance der Konvention als eigentlich obsoleten Ausdruck einer konservatistischen Attitüde des Systems
     beschreibt, die trotz vereinzelt beachtlicher architektonischer Leistungen an der »aktuellen Kulturent-
     wicklung« vorbeibaute.
6   – was diesem Fach lange Zeit Abgrenzungsprobleme der Literaturwissenschaft gegenüber bereitete. Na-
     türlich ist es ein großes Problem des Fachs seinen ephemeren Gegenstand, die einzelne, individuelle Auf-
     führung, zu erfassen und methodisch korrekt zu bearbeiten. Das Problem fällt jedoch im Falle des Auf-

Ernst F. Burckhardt bereits 1936 den »*Nachteil bei den meisten Architekturpublikationen, der hier bei dem Theaterbuch besonders zum Ausdruck kommt, (..) dass in allen Fotografien die menschliche Figur fehlt, die Räume leer und mit geschlossenem Vorhang abgebildet sind*« (5), beklagte und selbst die Architekturgeschichte demgegenüber schon seit langem mit dem über sich hinausweisenden Gehalt von Architektur arbeitet:

> *Wir suchen in der Architektur nach Symptomen, in wieweit unsere Zeit fähig ist, sich ihrer Beschränkungen und Möglichkeiten, ihrer Bedürfnisse und Zielsetzungen bewußt zu werden. Die Architektur kann uns Einblick in diesen Prozeß geben, da sie mit dem ganzen Leben einer Zeit aufs engste verknüpft ist. (..) Sie ist ein Produkt der verschiedensten – sozialen, ökonomischen, wissenschaftlichen, technischen, ethnologischen – Bedingungen. (6)*

Da aber der erste Teil der Bezeichnung *Theater-* lautet, liegt eine Behandlung dieser Perspektive mindestens genauso nahe, aber tatsächlich ist weniger ein Perspektivwechsel als vielmehr eine Erweiterung des Blickfeldes notwendig, um die über sich selbst hinausweisende Botschaft dieser Gebäude und Ideen abfragen zu können. Im Grunde geht es bei der folgenden Darstellung weniger um die Untersuchung einer Auswahl themenverwandter Werke kreativer Persönlichkeiten, also Inszenierungen oder Architekturen, sondern vor allem um die Beschreibung und Befragung von Reflektionen über die räumlich/örtlichen Rahmenbedingungen von Theater, verstanden als ein ebenso künstlerisches wie öffentliches Ereignis. Die Vorstellungen von angemessenen räumlich/örtlichen Bedingungen dafür sind natürlich in Entwurfszeichnungen von verschiedener Präzision, in Erläuterungen der Zeichnungen und auch vereinzelten Bauwerken materialisiert, sie sind es aber ebenso in Manifesten, dramaturgischen Schriften, Interviews, einzelnen Inszenierungen oder den Spielkonzepten von Ensembles, nicht zuletzt in einem Drama. So trägt jedes Projekt, jeder Vorschlag, in die ›Sprache‹ verschiedener Medien gekleidet, nicht nur eine ganz eigene Stellungnahme zu Theater und Architektur, sondern eine individuelle Geschichte im Rahmen seiner Zeit und seines Umfeldes vor, die sich manchmal als Ideen- oder Entstehungsgeschichte, zuweilen in der Analyse eines bestehenden Bauwerks oder Ortes, ein anderes Mal als Rezeptions- und Nutzungsgeschichte oder manchmal als all dies zusammen erzählt. Es ist nicht die Absicht, durch methodische Selbstbeschränkungen oder formale Kategorisierungen von vornherein einen Teil der Geschichten zum Verstummen zu bringen, es ist vielmehr das Ziel dieser Arbeit, die Projekte oder Konzepte ihre Anliegen selbst vortragen und mit Hilfe der Kritik, Wünsche und Überzeugungen der Künstler, Architekten und Bauherren die Mentalitätsfärbungen unseres Jahrhunderts nachzeichnen zu lassen.

---

führungsortes weg: »Unzweideutig belegt kann dreierlei sein: zum ersten die rein materielle Beschaffenheit des Theaterkunstwerks oder seiner Teile, also das Theaterhaus, die Bühne, die Dekorationen und Kostüme, die technischen Einrichtungen, die Requisiten und Masken; zum zweiten: die künstlerischen Intentionen der Urheber des Theaterkunstwerks, also Idee und Schema der Inszenierung sowie der schauspielerischen Darstellung; und zum dritten: die Eindrücke, Erlebnisse und Urteile der Zuschauer, obgleich sie sich nicht unmittelbar und unreflektiert mitteilen (..)«, definiert der Theaterwissenschaftler Dietrich STEINBECK die Möglichkeiten seines Fachs. (IN: DIE DEUTSCHE BÜHNE 2 (1972) S.26)

Das macht eine interdisziplinäre Herangehensweise notwendig[7], denn schon der Umgang mit so verschiedenen Quellen wie Grundriß-Zeichnungen, Reden, Kritiken oder einem tatsächlich existierenden Gebäude, mit so komplexen Phänomenen wie Raum, Spiel oder Gesellschaft erfordert gleich eine Fülle verschiedener Herangehensweisen, die in diesem Fall der Kunst- und Literaturwissenschaften unter Hilfestellungen von seiten der Semiotik, der raumphänomenologischen Forschung, der Soziologie oder der Anthropologie entstammen. Und neben der distanzierten Analyse und Interpretation solchen Materials ist immer auch die eigene Erfahrung als Nutzer von Aufführungsorten und Teilnehmer am Theaterereignis von Wichtigkeit.

Daraus ergibt sich die denkbar einfachste und natürlichste Struktur für dieses Buch, nämlich eine der Chronologie der Konzepte folgende Darstellung, die kein rationales Maß, etwa nach Dezennien, über das Material stülpt, sondern die sich durch Themenschwerpunkte und innere Spannungsbögen von selbst in Phasen und damit Kapitel einteilt. Jede Konzeption und jedes Projekt wird in einem monographischen Abschnitt dokumentiert und analysiert, gleichzeitig durch Überblickseinführungen in die Themen und Tendenzen der zeitgleichen Theater- und Architekturszene der Hintergrund umrissen, auf den sie sich beziehen, und in einem Ergebnisteil für jede Phase, und schließlich den gesamten Zeitraum, ein Destillat aus der Zusammenschau des Hintergrunds und der Einzeluntersuchungen gewonnen. So entsteht eine Baukastenstruktur, deren einzelne ›Bausteine‹ und ›Etagen‹ dem gezielten Interesse ebenso unabhängig voneinander zugänglich sind, wie die Gesamtstruktur befragt werden kann. Natürlich erhebt diese Darstellung keinen Anspruch auf Vollständigkeit. Die Auswahl beabsichtigt aber, einen Überblick und ein Gerüst zu liefern, das auch die Erfassung und das Verstehen hier nicht behandelter Projekte erleichtert.

Die Betrachtung endet am Anfang der 80er Jahre. Danach setzt eine Phase ein, deren Verlauf noch nicht abgeschlossen und auch noch nicht genau abzuschätzen ist. Hier fehlt der nötige ›historische‹ Abstand, um sachlich Schlüsse ziehen zu können. Vielleicht vermag uns aber das Wissen um das hier aufgearbeitete und befragte Material zu helfen, die momentanen Themen und Probleme des Theaters, der Architektur oder überhaupt der Kultur leichter zu begreifen.

---

7   – die Dietrich STEINBECK der Theaterwissenschaft prinzipiell anempfiehlt: »Ganz ohne Zweifel bedarf systematische Theaterwissenschaft und vielleicht in entscheidenderem Maße als Literatur-, Kunst- oder Musikwissenschaft spezialisierter Erkenntnisleistungen anderer Fächer.« (Einleitung in die Theorie und Systematik der Theaterwissenschaft.- Berlin 1970 S.10)

(1)   Erwin PISCATOR IN: ✧74 Schriften 2 S. 239
(2)   IN: THEATERSCHRIFT 2 (1992) S. 26
(3)   ebd. S. 104
(4)   »Apollo in der Demokratie« IN: ✧12 BRAUNECK, 20. Jahrhundert S.165
(5)   im Rahmen der Besprechung eines Buches über Theaterbau IN: DAS WERK 11 (1936) S. 331
(6)   ✧20 GIEDION S. 44 (1941)

1. DIE PHASE 1900–1920: ILLUSION

a. CHARAKTERISTIK

Tendenzen der Theaterszene

Die Reformbestrebungen, die der Theaterarbeit in der Zeit zwischen Jahrhundert(w)ende und dem Ausbruch des Ersten Weltkriegs das charakteristische Gepräge verliehen, bilden weitgehend die Keimzelle einer Theaterästhetik, die wir selbst heute noch als **modernes** Theater zu bezeichnen gewohnt sind, insofern ein Theater, das sich als von der Literatur grundsätzlich unabhängige, autonome Kunstform versteht, stattdessen lieber mit der Musik, dem Tanz und den jeweils neuen Tendenzen der Bildenden Kunst koaliert und der Abgrenzung durch die immaterielle *Vierte Wand* nicht unbedingt mehr bedarf, nach wie vor als innovativ gilt.

▶ Die Reformkonzepte wandten sich zum einen gegen die Organisationformen und die Aufführungsgepflogenheiten, die sich unter dem Einfluß der *beschränkten Gewerbefreiheit für Theaterunternehmungen im Norddeutschen Bund* und alsbald auch im übrigen Deutschen Reich seit 1869 ausgebildet hatten: Unzählige Theater konnten eröffnet werden, nachdem der Nachweis eines bestimmten Startkapitals zur Konzessionserteilung ausreichte, ungeachtet der Profession und Befähigung der Bewerber, und so wurden in erster Linie kommerzielle, also Geschäftstheater gegründet. Diese Theatergründungen sollten sich rentieren und boten deshalb künstlerisch und inhaltlich anspruchslose Unterhaltungsstücke und Operetten, während sich parallel dazu eine stark zunehmende Zahl von Schauspielern mit einer wachsenden sozialen Unabgesichertheit konfrontiert sah. Und auch dem zeitgenössischen Drama bot die Theaterpraxis so keine angemessene Aufführungsplattform. Nicht nur in Deutschland freilich war die Konsolidierung eines künstlerisch niveauvollen Theaters eine weitgehend uneingelöste Herausforderung. Auch in den beiden großen Theater-Zentren London und Paris überwog die leichte, eher anspruchslose Unterhaltung. Das klassische Repertoire mußte von staatlicher Seite in speziellen Häusern, wie dem National Theatre und der Comédie Français, gepflegt werden und erfreute sich keiner großen Popularität.

▶ Daneben verloren die Hoftheater, die sich vorwiegend der Pflege der Klassiker und der Oper angenommen hatten, ihre maßgebende Vorreiterrolle. Zwar setzte Georg II. von Meiningen seit 1870 als kreativer Intendant seines eigenen Hoftheaters mit europaweit wahrgenommenen Inszenierungen weitgehend ungekürzter Klassiker, mit der von ihm begründeten zeit- und detailgetreuen Ausstattungsästhetik, mit der auch die kleinste Rolle und Massenszenen durchgestaltenden Regie zentral aus einer Hand lange nachwirkende

Maßstäbe für künstlerisch hochwertiges Theater; zwar waren es die Hoftheater, die ihren
Angehörigen aus traditioneller Fürsorgepflicht vergleichsweise angemessene Vertragsbe-
dingungen boten und angesichts der Verhältnisse vor dem Ersten Weltkrieg eine Art »soziale
Avantgarde«[1] bildeten – und dennoch war Georg II. von Meiningen eine Ausnahmeerscheinung,
während die sich seit 1880 immer schneller wandelnden Verhältnisse eine solche sich gleich-
bleibende Institution alsbald unzeitgemäß erscheinen ließen: der deklamierende Hoftheater-
stil und die höfischen Anstandsregeln kontrastierten allzu sehr mit den Alltagserfahrungen
und einer vom Naturalismus geprägten Rezeptionsweise des Publikums, gesellschafts- und
sozialkritische Themen verboten sich naturgemäß von selbst und die Einrichtung der Neu-
heiten auf bühnentechnischem Gebiet überforderten weitgehend die Budgets der Höfe.

▶   Zum anderen waren die Reformkonzepte auch gegen den Naturalismus gerichtet, der
sich ungefähr zwischen 1880 und 1900 europaweit durchsetzen konnte und zum festen
Bestandteil der bürgerlichen Theaterkultur wurde. Dabei war gerade der Naturalismus der
auslösende Versuch gewesen, das Theater auf Inhalte, eine gesellschaftliche Funktion oder
gar Vision zu verpflichten. Man könnte von einer Reliterarisierung des Theaters sprechen,
denn sowohl sein Anspruch wie die naturalistische Bühnenästhetik entsprangen einer literarischen Keimzelle: Das naturalistische Theater spiegelte wider, was zeitgenössische Autoren
zum status quo der Gesellschaft zu sagen hatten. Dabei interessierte sie weniger, was sein
sollte, sondern vor allem, was war, wurde beschrieben und analysiert. Der präzise sezieren-
de Blick richtete sich nun gezielt auf die psychologischen Abgründe der Gesellschaft und
auf die Menschen im sozialen Abseits. So grenzte man sich vom Geschäftstheater durch die
Zusammengehörigkeit mit einer lebendigen literarischen Strömung und Themen von gesellschaftlicher Relevanz ab, von den Hoftheatern aber durch eine gesellschaftskritische
Haltung und die Darstellung diametral entgegengesetzter sozialer Bereiche. Die Ernsthaftigkeit des künstlerischen Anliegens wie die Neuartigkeit von Blick und Gegenstand für die
Bühne bestimmten die Aufführungsästhetik und erzwangen andere Organisationsformen,
denn um sich zu Problemen der Zeit äußern zu können, ohne daß die Stücke von der
Zensur empfindlich verändert oder gar verboten und von den kommerziellen Theatern
abgelehnt wurden, mußten Freie Theater gegründet werden, Vereine, die geschlossene Vorstellungen geben konnten. 1887 gründete André Antoine das erste Théâtre libre in Paris,
1889 Otto Brahm die Freie Bühne in Berlin, aus der dann das Deutsche Theater, **die** Bühne
des deutschen Naturalismus, hervorging; auch die Gründung der Freien Volksbühnen durch
Bruno Wille ist vor diesem Hintergrund zu sehen.

Das Kriterium der Wahrhaftigkeit, Echtheit, Natürlichkeit, unter dessen Vorherrschaft
die Wirklichkeit vorgeführt und erforscht werden sollte, öffnete die Bühne für die Um-
gangssprache und machte den Verzicht auf jegliche Effekthascherei der Schauspieler notwendig, erforderte stattdessen ein Verschmelzen des spielenden Menschen mit der Figur

---

1   »Die Jahrzehnte vor 1914 (..) boten, was die soziale Situation der Mehrheit der Schauspieler anging, ein
    eher bedrückendes Bild – ein Bild allerdings, vor dessen Hintergrund wiederum die Hoftheater sich als
    soziale Avantgarde ausnehmen; (..) Zwar unterlagen auch die Hoftheatermitglieder in mancher Hinsicht
    unvorteilhaften wirtschaftlichen, sozialen und rechtlichen Bedingungen (..) doch war ein erheblicher Teil
    des Bühnenpersonals hier zu Bedingungen angestellt, die in vielerlei Hinsicht sehr viel günstiger waren als
    andernorts.« (Ute DANIEL: Hoftheater. Zur Geschichte des Theaters und der Höfe im 18. und 19. Jahrhun-
    dert.- Stuttgart 1995, S.380 f. – eine eingehende Untersuchung der Geschichte der Hoftheater überhaupt)

jenseits aller Rollenfächer, wahrhafte ›Verkörperung‹, wofür mit Hilfe der Regieanweisungen der Autoren ein eigenständiger nonverbaler Spieltext dazuinszeniert wurde; erforderte milieugetreue, durch die *Vierte Wand* vom Publikum streng geschiedene Bühnenräume und die präzise Wahl der Requisiten. Diese Forderung nach Wahrhaftigkeit und die psychologisch genaue Einfühlung in die Rollen wurde noch unterstützt durch die Einführung der elektrischen Bühnenbeleuchtung ab 1883, die Kulissen und viele Tricks ebenso unmöglich wie unnötig machte.

Nachdem die Meininger und der Naturalismus der Leitidee der Werktreue bzw. der Reliterarisierung folgend dem Kunsttheater bis zur Jahrhundertwende Geltung verschaffen konnten, traten alsbald jene antinaturalistischen Reformkonzepte auf, die nun ihrerseits die Retheatralisierung des Theaters forderten. Sie konnten dabei auf neue Errungenschaften der Bühnentechnik zurückgreifen und auf eine bereits erstarkte Position des Regisseurs als zentrale Instanz, ohne die das komplexe Geflecht aus Inhalten, Mitteln und Technik nicht mehr zu organisieren war:

Die Lichttechnik dämmte nicht nur die Feuersgefahr deutlich ein und diente einer subtileren Schauspielkunst, sie wurde geradezu zur Grundlage der plastischen Szenographie. Die Drehbühne, Kraftstrom und Hydraulik ermöglichten die horizontale wie vertikale Beweglichkeit schwererer Bühnenteile und die Arbeit mit plastischen Ausstattungspraktikabeln und eine autonome Symbolsprache der Bühne, Phantasien variabler Theaterräume sind überhaupt erst seitdem umsetzbar. Dennoch oder gerade deshalb gab es unter den Reformern auch einige, die der allgemeinen Technikbegeisterung skeptisch gegenüberstanden, weil sie half, die menschliche Dimension der theatralen Ausdrucksmittel zu sprengen.

Der Regisseur war zum kreativen Motor des Theaterkunstwerks geworden, der sich keinem literarisch vorgegebenen Inhalt mehr verpflichtet fühlen mußte und im äußersten Fall nicht einmal mehr den Schauspielern, sondern stattdessen oftmals lieber mit Tänzern oder gar Automaten arbeitete, vor allem aber die visuellen Mittel arrangierte, die das Zusammenspiel von Licht und plastischer Szenographie sowie die Integration der Bildenden Kunst boten[2]. Die Geltung des Regisseurs im Theater vor dem Krieg verkörpern zwei Leitfiguren beispielhaft: Konstantin S. Stanislawski, der 1898 das Moskauer Künstlertheater gründete, um in jeder Hinsicht auf die Moderne verweisendes Theater zu erproben wie zu fundieren und eine bis heute verwendete Methode der Rollenerarbeitung entwickelte, und Max Reinhardt, der seine Lehrzeit bei Otto Brahm im Zentrum des deutschen Naturalis-

---

2   Vor allem Edward Gordon CRAIG trieb diesen Ansatz auf die Spitze als er auf der Suche nach der absoluten Autonomie der Theaterkunst versuchte, jede Öffnung für die Realität als Gradmesser der Bühnenkunst und den Einfluß der Literatur zu verschließen. Auf der Basis einer analysierenden und abstrahierenden Ästhetik des Bühnenraums, strebte er in letzter Konsequenz von aller Naturhaftigkeit freie Traum- oder Jenseitswelten an, die allein vom Regisseurs-Szenographen zu ordnen und zu gestalten waren (Abb. 1a–c). Da für ihn die Schauspieler fremden menschlichen Geist und menschliche Unzuverlässigkeit in die Ordnung des theatralen Kunstwerks hineintragen, plädierte CRAIG schließlich für den Einsatz der »Übermarionette«, eines beherrschbaren Automaten, dessen Name unzweifelhaft auf NIETZSCHES Übermenschen und KLEISTS Aufsatz »Über das Marionettentheater« rekurriert: »Kunst ist das genaue gegenteil des chaotischen, und chaos entsteht aus dem zusammenprall vieler zufälle. Kunst beruht auf plan.

mus absolviert hatte, einen riesigen Theaterkonzern im Geiste des Kunsttheaters errichtete und die pragmatisch orientierte Zwischenstufe zwischen dem gesellschaftsanalysierenden
Naturalismus und einem von allen nichtästhetischen Aufgaben entbundenen Theater bildete.

Die die Reformansätze verbindenden Merkmale bestanden in ihrer gemeinsamen Wurzel in
Wagners Forderung nach dem *Gesamtkunstwerk*, erzeugt aus der Mitsprache aller am
theatralen Kunstwerk beteiligten Einzelkünste wie Nietzsches Herleitung des Theaters aus
Kult und Musik, die er 1874 in »*Die Geburt der Tragödie aus dem Geiste der Musik*« niedergelegt hatte, und daraus resultierend in einer kulturkritischen Komponente. So genügte es
nicht mehr, den status quo bloß vor Augen zu führen, sondern im Rahmen von Lebens-
kolonien sollten die Ideen von Leben und Theater in einer Laborsituation erprobt werden.
Daraus resultierte auch die Auffassung, Theater sollte im Kontext eines Festes aus dem
Alltag herausgelöst werden – keines höfischen Festes, sondern eines, das im idealen Fall für
das *Volk* bzw. die *Nation* bestimmt sein sollte. An Konzepten zur Bildung von Volkstheatern
im Sinne einer zeitverhafteten Interpretation der Antike fehlte es dementsprechend nicht.
Dafür wurden entsprechende das Volk oder Volksmassen aufnehmende Bauentwürfe entwickelt, die vor allem das Problem der Größe und des wenig hierarchisierten Zuschauerraums lösen mußten[3]. Sie waren ein Nebenprodukt des konventionellen Theaterbau-Booms,
der durch die Wirtschaftskraft der Gründerjahre und durch die neue Überzeugung, zu
jedem städtischen Gemeinwesen gehöre ein Theater, ausgelöst worden war[4].

Angesichts der radikalen Entwicklung der ökonomischen Regeln und der daraus folgenden
gesellschaftlichen Umformungen gab es auf kulturellem Gebiet viel zu verarbeiten. Spätestens seit dem Ende des 19. Jahrhunderts war die Zeit für eine Stellungnahme reif, reif zu
verarbeiten, sich auseinanderzusetzen oder – in Kunstwelten zu fliehen. Das Theater jener
Zeit bot für dies alles ein Forum.

Es versteht sich daher von selbst, daß zur erschaffung eines kunstwerks nur mit den materialien gearbeitet
werden darf, über die man planend verfügen kann. Der mensch gehört nicht zu diesen materialien. (..).
Schafft den schauspieler ab, und ihr schafft die mittel ab, durch die ein unechter bühnen-realismus entstanden und in blüte gekommen ist. Und nicht länger wird es auf der bühne lebende wesen geben, die uns
verwirren, indem sie kunst und realität vermischen (..) seinen platz wird die unbelebte figur einnehmen -
wir nennen sie die über-marionette (..). Mir macht es kein vergnügen, mit dem betriebsamen fotografen zu
wetteifern, ich werde immer danach streben, etwas zu schaffen, was dem leben um uns her geradewegs
entgegengesetzt ist. (..) Ich strebe vielmehr danach, die schönheiten einer imaginären welt zu beschwören,
einen fernen schimmer jenes geistes zu erhaschen, den wir tod nennen.« (»Der Schauspieler und die
Übermarionette« IN: ✧34 Die Kunst des Theaters, S.52, 66, 60)

3   Den Anfang machte Otto BRÜCKWALDS Bayreuther Festspielhaus, nach Ideen Gottfried SEMPERS und
     den Vorgaben WAGNERS errichtet, in dem das ranglose Amphitheater mit der Idee vom Volk verknüpft
     wurde. Weitere Beispiele sind die Pariser Volksoper von Gabriel DAVIOUD und Jules Désiré BOURDAIS
     (1875), Otto MARCHS Städtisches Volkstheater und Festhaus in Worms (1887) oder Adolf LOOS Theater
     der 4000 (1898)..
4   Der dabei gepflegte konventionelle Theatertypus versuchte vor allem folgende Kriterien zu bedienen: Man
     legte Wert auf eine dem neuesten technischen Stand entsprechende Bühnen-, sprich: Verwandlungstechnik
     (obwohl Karl LAUTENSCHLÄGER die zeitüblich schlechte Zusammenarbeit zwischen Architekten und
     Technikern beklagte (IN: BÜHNE UND WELT (1899), S.186)), dem Guckkasten-Prinzip entsprechende
     gute Rezeptionsbedingungen, auf eine Sitzanordnung, die die sozialen Unterschiede nicht allzu spürbar

1a–c Edward Gordon Craig: ›Frozen Moments‹ (1907)

Die Situation der Architektur

Der Bereich der Architektur trägt seit der Jahrhundertwende wie alle, nicht nur die kulturellen Bereiche, die Züge des Umbruchs, der Erneuerungsbestrebungen, der Abgrenzung vom Überlebten, des Aufeinanderprallens von Widersprüchlichem, und auf den ersten Blick von Uneindeutigkeit und Richtungslosigkeit. Dennoch ist es eine Phase mit eigenen Aufgaben, die – selbst von den einschneidenden Neuerungen der zweiten Hälfte des 19. Jahrhunderts getragen – natürlich bereits den Keim der Moderne birgt und verhandelt. Das zu erwähnen wäre eigentlich banal, wenn es nicht zwischen 1900 und 1914 etwa in besonderem Maße um das Aushalten einer gleichgewichtigen Hochspannung zwischen den Kräften des Alten und des Neuen, eine neuartige Selbstdefinition der Architektur gegangen wäre, deren Ergebnis für das 20. Jahrhundert als Epoche bestimmend geworden ist[5].

Der Kampf für oder gegen das Ornament, der gerade in jenen Jahren bis 1914 sowohl die theoretischen Erörterungen wie die praktischen Umsetzungen von Architektur zu beherrschen schien, meint natürlich weit mehr.

machen sollte, dennoch auch auf eine »der Wohlhabenheit und dem Kunstverständnis seiner Besucher« gemäße repräsentative Ausstattung des Baus und nicht zuletzt - nach zahlreichen Theaterbränden - auf Feuersicherheit (zusammengefaßt nach den Kriterien des konventionellen Theaterarchitekten Martin DÜLFER, veröffentlicht 1905 IN: MODERNE BAUFORMEN, Beilage V2). Ein Blick auf die Wettbewerbsergebnisse zeigt vor allem Anklänge an antike Tempelanlagen (vergl. z.B. DEUTSCHE KONKURRENZEN) und die strikte Trennung von Bühne und Rezeptionsraum. Sie wurde vom ›Vierte-Wand‹-Ansatz des Naturalismus nur bestätigt; keine andere Bühnenform ermöglicht distanzierte Analyse so gut - sie konfrontiert per definitionem. Entsprechend war der Theaterbau-Boom vor allem für die Bühnentechnik fruchtbar: »Die Drehbühnen, Schiebebühnen, halbkreisförmigen Bühnenhorizonte und zahllosen Erfindungen auf dem Gebiet der Beleuchtung und Projektion stammen aus diesen Jahren.« (◇44 VAN DE VELDE, Leben, S.331)

(..) der staat, dessen aufgabe es ist, die völker in ihrer kulturellen entwicklung aufzuhalten, machte die frage nach der entwicklung und wiederaufnahme des ornamentes zu der seinen. (..) der ungeheure schaden und die verwüstungen, die die neuerweckung des ornamentes in der ästhetischen entwicklung anrichtet, können leicht verschmerzt werden, denn niemand, auch keine staatsgewalt, kann die evolution der menschheit aufhalten. (..) aber es ist ein verbrechen an der volkswirtschaft, daß dadurch menschliche arbeit, geld und material zugrunde gerichtet werden. (..) das tempo der kulturellen entwicklung leidet unter den nachzüglern. Ich lebe vielleicht im jahre 1908, mein nachbar aber lebt um 1900 und der dort im jahre 1880. Es ist ein unglück für einen staat, wenn sich die kultur seiner einwohner auf einen so großen zeitraum verteilt. (1)

Dieser Ausschnitt aus Adolf Loos' polemischer Schrift »Ornament und Verbrechen« (1908) läßt spürbar werden, für welche kulturellen und sogar gesellschaftlichen Problemdimensionen der Begriff *Ornament* angesichts eines ganz anders gearteten und anders wertenden Zeitalters stand:

► Nachdem ein durch die industrielle Revolution prosperiendes Bürgertum und ein nach nationaler Identität suchender, romantisierender Zeitgeist jahrzehntelang das Kostüm historisierender Stile übergeworfen hatte, entsprach die Abkehr vom Ornament der Abkehr von den stilisierten, ornamentierten Fassaden und den Kulissen anderer Zeiten oder Regionen. Dagegen forderten neue technische Möglichkeiten und ein größeres Repräsentationsbedürfnis der Nationalstaaten die Notwendigkeit völlig neuer Gebäudetypen und neue Bauweisen, die aber im unpassenden Gewand andere Funktionen und Strukturen bloß vortäuschten oder sich durch die vertraute Hülle legitimieren sollten[6].

► Die Technik ermöglichte eine neuartige Mobilität, die sich in Zugverkehr, Dampfschiffen, den ersten Flugversuchen und nicht zuletzt den ersten Automobilen ankündigte und auch die militärische Logistik beeinflußte[7], neue Bautypen (wie Bahnhöfe), neue Bauweisen (der Straßen oder Brücken etwa) und eine verkehrsgemäße städtische Organisation erforderte. Die dadurch evozierte neue Raumerfahrung suchte nach architektonischen Ausdrucksformen, die durch Ideen wie *Stil, Ornament* oder *Fassade* nicht bedient werden konnten.

5   Laut Nikolaus PEVSNER war das Ringen um die Kriterien der Zukunft bis 1914 sogar entschieden:»So by 1914 the leading architects of the younger generation had courageously broken with the past and accepted the machine-age in all its implications: new materials, new processes, new forms, new problems.« (◊24 S.401) Auch Ludwig HILBERSEIMER, selbst Architekt der ›Moderne‹, betont in seinem grundlegenden Buch über die »Berliner Architektur der 20er Jahre«: »Die Berliner Architektur der 20er Jahre hatte entscheidenden Einfluß auf die Architektur des 20. Jahrhunderts. So wichtig und neu ihre Leistungen waren und so unabhängig sie erscheinen, sind sie doch nur eine Fortsetzung der architektonischen Arbeit jener Jahre, die dem Ersten Weltkrieg vorausgingen.« (◊78 S.7)
6   Technisch bedingte neue Bautypen waren z.B. Kanalisationsanlagen, Bahnhöfe, Fabriken und auf der anderen Seite Kaufhäuser; das neue Selbstverständnis der Staaten nach der französischen Revolution bedurfte vermehrt der Schul-, Universitäts-, Parlaments- und Justizgebäude, der Börsen und Banken, wie auch der Museen und nicht zuletzt der Theater.. (Griffig gefaßt finden sich diese Züge des 19. Jahrhunderts IN: Adolf Max VOGT: 19. Jahrhundert.- Stuttgart/Zürich 1971, S.54f.)
7   Die Zusammenhänge zwischen Technik, Kultur und Militärwesen unterzieht Paul VIRILIO genaueren Untersuchungen (z.B. IN: ◊31 Krieg und Kino). Bezeichnenderweise trug gerade der Erste Weltkrieg als ein Krieg von völlig neuem Charakter das Bewußtsein des neuen Zeitalters in die hintersten Winkel Europas.

▶ Das parallele Auftreten der Ausreifung industrieller Produktionsmethoden und einer Bevölkerungsexplosion gegen Ende des 19. Jahrhunderts beeinflußte vor allem die Bevölke-rungsverteilung nachhaltig; indem die arbeitssuchenden Massen in der Landwirtschaft kein Auskommen mehr fanden, zogen sie der Industrie entgegen – Produktionsstandorte wuch-sen und die Städte schwollen zu Großkonglomeraten auf und stellten eine ganz neuartige baupolitische Herausforderung dar[8]. Notwendigkeit und vor allem Masse der Unterkünfte nahmen dem Gebäude tendenziell den Charakter des individuellen Projekts mit individueller Ornamentik[9].

▶ Die rasant aufblühende Technik zog entsprechende Aufgaben und Berufe nach sich, die zum Teil die traditionellen durchdrangen und zu Konkurrenz führten. So sahen sich Archi-tekten Bauingenieuren gegenübergestellt. Die Rollen mußten zugeteilt, die Aufgaben des Architekten neu definiert werden. Und die beliebte Definition als ›Baukünstler‹ baute auf einer kunsthistorischen Kompetenz auf und beförderte das Spiel mit den Ornamenten vergangener Stile[10]. Die Möglichkeit, mittels industrieller Herstellungsweisen Massenwaren produzieren zu können, zwang ebenso dazu, die Rolle des handwerklichen Einzelstücks und damit des Handwerks schlechthin zu überdenken – so auch des Ornaments als Insignium handwerklicher Handschrift.

▶ Einige Architekten nahmen die Herausforderung der dann gegenwärtigen Entwicklung an und definierten sich nicht als Künstler, sondern betonten die gesellschaftlichen Aspekte ihrer Tätigkeit, indem sie versuchten, der beobachteten Vermassung und Entfremdung durch eine grundsätzliche Bestimmung der Lebensnotwendigkeiten und deren Erfüllung ent-gegenzutreten. Sie entwarfen entsprechend nicht nur Häuser und Funktionsbauten nach ihren Kriterien, sondern übernahmen auch die Gestaltung der Interieurs und anderer alltäg-licher Gegenstände. Die Gestaltung – und damit wiederum die Frage der Ausschmückung im Verhältnis zur Funktionalität im Rahmen menschengemäßer Herstellungsweisen – geriet zur Konzeptionsfrage und in die Situation der Alternativität; damit entglitt sie dem Hand-werk und wurde entweder den Kriterien der kapitalistischen Ökonomie oder denen der verschiedenen Ansätzen anhängenden Künstler unterstellt.

8   »Die Städte des 18. Jahrhunderts bilden noch einen Mikrokosmos, in den das Individuum räumlich wie zeitlich gemäß seinen Größenordnungen gestellt ist. (..) Die Agglomerationen des 19. Jahrhunderts und die städtischen Ungetüme, die unter dem Einfluß der Bevölkerungsexplosion noch heute bestehen, entspre-chen einer Krise, die zweifellos durch eine vollkommene Umwertung der sozialen und ökonomischen Werte ausgelöst wurde, deren unmittelbarer Agent aber im Bereich des Transports zu suchen ist.« (✧22 LEROI-GOURHAN S.424)

9   Was für die **Be**kleidung der Menschen gilt, mag auch für die die **Ver**kleidung ihrer Bauten gelten: »Das Leben in einer standardisierten Uniform deutet auf eine weitgehende Austauschbarkeit der Individuen als Teile eines universellen Makrokosmos hin.« (✧22 LEROI-GOURHAN S.433) Das könnte man als die wissenschaftliche Beschreibung des Unbehagens nehmen, das Heinrich ZILLE als eindringlichen Aphoris-mus faßte: »Man kann einen Menschen mit einer Wohnung genauso töten wie mit einer Axt.«

10   »Jede baukünstlerische Arbeit deckt sich zunächst mit der Arbeit, die der Ingenieur auch zu leisten hat - und gerade der heutige Architekt sollte nicht das Recht haben, unlogisch zu sein. (..) Der Baukünstler sucht noch allzusehr sein Heil in rein dekorativen Ausbildungen, die dem Gefüge des Bauwerks aufgenötigt werden und die Klarheit des Organismus schädigen« schrieb Hans POELZIG bereits für die »Dritte Deut-sche Kunstgewerbe-Ausstellung Dresden 1906« in seinem Aufsatz »Gärung in der Architektur« (IN: ✧15 CONRADS S.12)

Die ursprünglichen Impulse des Jugendstils, die von William Morris in England initiierte Arts and Crafts-Bewegung oder auch die lebensreformerisch angehauchten Gartenstadt-, Kolonie- und Dezentralisierungsansätze stehen für letztere Überlegungen. Allerdings erreichten diese Bewegungen nicht ihr Ziel, denn angesichts der verelendenden Massen und der krebsartigen Auswucherung der Ballungszentren konnten sich nurmehr wenige Privilegierte die Verfolgung humaner und handwerklich orientierter Konzepte und die aktive Ablehnung technischer Produktion leisten.

Vom sozialen Hintergrund her gesehen, war also die Formenreduktion des Jugendstils alles eher als ein Abrücken vom Reichtum großbürgerlichen Lebensstils, sondern umgekehrt ein noch raffinierterer Ausdruck von Luxus.(2)
Und Hermann Muthesius, der den englischen Wohnungsbau vor Ort studiert hatte, mußte konstatieren, daß trotz des Einschlagens der Idee der Gartenstadt, dieser Ansatz wie der Tropfen auf den heißen Stein wirke und nichts an der Unhaltbarkeit der Zustände ändere. Denn während es für diese Konzepte darum ging, das Leben zu verändern, ging es für das Industrieproletariat und die Städte längst ums **Über**leben.

Im Grunde aber waren diese ersten modernen Konzepte bemüht, sich der Komplexität einer Situation zu stellen, die sich im brisanten Spannungsfeld zwischen einem Zielpunkt der Idealität und einem der Pragmatik entlud. Das Ornament stand dabei für jene idealisch überhöhende Denkrichtung, die – von den dringlichen Aufgaben abgewandt – immer mehr in eine inadäquate Theatralik abglitt, während der banale Gegenstand und das Funktionieren des Alltäglichen Zeichen für das Akzeptieren eines Seins im Rahmen technischer und kapitalistischer Regeln war[11]. Jenes Banale wurde denn auch disziplinübergreifend thematisiert: Auf der Bühne entdeckte der Naturalismus eines Hauptmann oder Gorki die sozialen Problemschichten; in der Malerei vertrat zunächst Gustave Courbet explizit diesen Blickwinkel, aber auch die Sujets der Impressionisten waren dem alltäglichen Leben entliehen; in der Architektur vertrat, wie wir sahen, der Ingenieurbau diesen Ansatz, und auch das Aufkeimen einer Idee von Design, die von jenen Architekten und Künstlern in die Welt gesetzt wurde, die von praxisbezogener Interdisziplinarität, der Lebensnotwendigkeiten und der Vermittlung zwischen Handwerklichkeit und zeitmöglichen Produktionsmethoden eine Auflösung der unerträglichen Spannung erhofften.

---

11   Walter GROPIUS versuchte das so zu fassen: »Die Kunst des Architekten schlägt gleichsam die Brücke zum praktischen Leben. Mit dessen geistigen und materiellen Forderungen muß er sich unmittelbar auseinandersetzen, ehe er sie rhythmisch auszuwerten vermag. Den Grundton unserer Zeit bestimmen nun aber Handel, Technik und Verkehr. Darum fesseln den echten Formbildner (..) die modernen Aufgaben: Bahnhöfe, Fabriken, Fahrzeuge zu bauen, offenbar viel tiefer als althergebrachte Bauprobleme.« (»Der stilbildende Wert in industriellen Bauformen« IN: JAHRBUCH DES DEUTSCHEN WERKBUNDES (1914))
Und Hans POELZIG schrieb schon 1906: »Die Hauptaufgaben der heutigen Architektur liegen nicht auf kirchlichem Gebiet, auch der repräsentative Monumentalbau profanen Charakters hat keinen maßgebenden Einfluß. Die wirtschaftlichen Fragen herrschen im Leben der neuen Zeit, und so häuft sich die Teilnahme von Volk und Künstlern auf die Architekturprobleme dieser Gattung, von der Wohnung bis zum Städtebau.« (»Die Gärung in der Architektur IN: ◊15 CONRADS S.10)

Die Arbeit des Deutschen Werkbundes zielte genau in diese Richtung und veranschaulicht die Schwierigkeit der Vermittlung zwischen den gegensätzlichen Positionen. Sein Ziel *war die Veredlung der handwerklichen und industriellen Arbeit im Zusammenwirken von Handwerk, Industrie und Kunst. Es wurde auch angestrebt, Einfluß auf die Erziehung und andere entscheidende Fragen zu gewinnen. (..) durch Ausstellungen und Vorträge machte er das Publikum mit seinen Bestrebungen vertraut, wurde zu einer wichtigen Institution und gewann mehr und mehr Einfluß. Der Werkbund zeigte auch starkes Interesse für Architektur. (3)*

Es handelt sich bei dem, was der Werkbund will, nicht um den Einzelnen, um den Aufragenden, sondern um die breite Schicht der alltäglichen Kultur. Was der Werkbund tun kann und in Bescheidenheit tun möchte, ist die Organisation des neuen deutschen Bürgertums, seiner Arbeit und seiner Bedürfnisse, seiner Produktion und seiner Komsumtion. (4)
Hermann Muthesius, der Programmatiker des Werkbundes, suchte den Begriff *Stil* durch *Form* zu ersetzen, womit er offensichtlich etwas Zweck, Technik und Material Einendes und Überhöhendes meinte[12]. Ziel war, eine humane Qualität mit den Mitteln der Industrieproduktion zu vereinen, um die wirtschaftlichen Erfordernisse zu erfüllen und den vorhandenen Markt zu bedienen, gutes ›Produkt-Design‹ zu erreichen. Und damit *Form* als die Vereinigung von Stil mit dem Banalen. In diesem Sinne formulierte Muthesius zur Werkbund-Ausstellung 1914 seine umstrittenen Thesen: Deutschlands Kunstgewerbe solle exportfähig werden; dies setze die Kooperation von »*Künstlern, Industriellen und Kaufleuten*« voraus, dementsprechend und zur Schaffung einer harmonischen Kultur müsse Typisierung - auch in der Architektur - angestrebt werden. Die Gegenpartei, angeführt von Henry van de Velde, wehrte sich unnachgiebig gegen Typisierung, ebenfalls mit dem Argument des einheitlichen Stils. Sie befürchtete die Einengung individueller Kreativität durch die industrielle Produktion und litt unter der berechtigten Angst kreativer Eliten.

Der entscheidende Impuls für die moderne Architektur ging allerdings bereits vor dem Ersten Weltkrieg und zunächst noch nicht besonders beachtet von einer der Schwesterkünste aus:
Um 1910 geschah etwas höchst Entscheidendes: die Entdeckung einer Raumkonzeption in der Kunst. Wie in Laboratorien untersuchten die Maler und Bildhauer in ihren Ateliers die Wege, in denen Raum, Volumen und Material für das Gefühl lebendig wurden. (..)
Im einzelnen wurde es vollkommen klar, daß die ästhetischen Qualitäten des Raums nicht begrenzt sind durch die rein optische Unendlichkeit (..). Die Essenz des Raumes, wie er in seiner Vielfalt erfaßt wird, besteht in den unendlichen Möglichkeiten seiner inneren Beziehungen. (..) eine erschöpfende Beschreibung von einem einzigen Augenpunkt aus ist unmöglich. (..)
Um die wahre Natur des Raumes zu erfassen, muß der Beschauer sich selbst in ihm bewegen.
(..) Raum wird in der modernen Physik als relativ zu einem in Bewegung befindlichen Punkt

---

12 »Weit wichtiger als das Materielle ist das Geistige, höher als Zweck, Material und Technik steht die Form.« (»Werkbundziele« IN: ◇15 CONRADS S. 24)

angesehen, nicht als die absolute und statische Einheit des barocken Systems von Newton. Und in der modernen Kunst bestimmt zum ersten Mal seit der Renaissance eine neue Raumkonzeption eine Erweiterung des Raumbegriffs. Dies geschah zuerst im Kubismus. (5)
1912, im gleichen Jahr, in dem es dem Kubismus gelang, die veränderte ›Perspektive‹ mit den Mitteln der Malerei zu formulieren, zur gleichen Zeit, in der der Futurismus in Italien statische Objekte in Bewegung darzustellen vermochte, schrieb Peter Behrens:

> *Unsere ernsteste Aufgabe ist, der entwickelten Technik selbst zu einer künstlerischen Qualität zu verhelfen. (..) Es interessiert jetzt am meisten die Frage, welche Bedingungen mit einem Kunstwollen unserer eigenen Zeit übereinstimmen. (..) Die Bedingungen können nur intuitiv empfunden werden, und zwar als Rhythmik, die einer Zeit eigen ist. So können wir sagen, (..) daß wir von einer Eile getrieben werden, die uns die Muße nimmt, Details in uns aufzunehmen, die uns die Silhouette großer Baukomplexe interessanter macht als einzelne Gebäude: Darum verlangen wir eine Architektur, die möglichst geschlossene, ruhige Flächen zeigt, die durch ihre Bündigkeit keine Hindernisse bietet. (6)*

Damit war das Schlüsselthema, die eigentliche Dimension der Moderne herausdestilliert, wenngleich noch nicht wirklich begriffen: die Zeit.

b. OBJEKTE

Peter Behrens und Georg Fuchs: Tempeltänze in der Künstlerkolonie

Seit 1899 war unter der Protektion von Großherzog Ernst Ludwig von Hessen und durch das Engagement des Publizisten und Tapetenfabrikbesitzers Alexander Koch in Darmstadt eine Künstlerkolonie eingerichtet worden, die als festen Kern bald sieben den Jugendstilideen verbundene Künstler, unter ihnen Peter Behrens, beheimatete. Behrens und Georg Fuchs, der in Darmstadt Mitarbeiter Kochs bei dessen programmatischer Zeitschrift *Deutsche Kunst und Dekoration* war, unterhielten zu dieser Zeit einen regen Gedankenaustausch und begannen, sich intensiv für eine neue Form des Theaters zu engagieren. Gemeinsam betrieben sie die Umsetzung ihres Theaters als Teil einer Lebens- und Festkultur, deren Züge sich ihrer übereinstimmenden Kritik an den bestehenden Theatern und ihrem Unbehagen an der allgemeinen Kulturentwicklung verdankten.

Bereits 1900 hatte Behrens in seiner Schrift »*Feste des Lebens und der Kunst*« sein Credo niedergelegt und dabei auch den Kultort seines Theaterrituals beschrieben, bevor er dann 1901 angesichts der Kolonieausstellung *Ein Dokument deutscher Kunst* einen konkreten Entwurf folgen ließ (Abb. 1). Ihn veröffentlichte und erläuterte er in seinem Begleittext zum Abdruck von Richard Dehmels *festlichem Spiel* DIE LEBENSMESSE (7).
»*Am Saum eines Haines, auf dem Rücken eines Berges*« wollte Behrens seinen Zentralbau mit »*lichtdurchbrochener Kuppel*« situieren, der indirekt von den Linien eines griechischen Kreuzes durchschnitten wird, das durch vier den Himmelsrichtungen entsprechende Eingangsauswüchse faßbar ist. Drei davon sind für die *Festgemeinde* einer für die Spielenden vorgesehen, wobei das Hauptportal – der Bühne gegenüber – im Süden liegt, so daß das

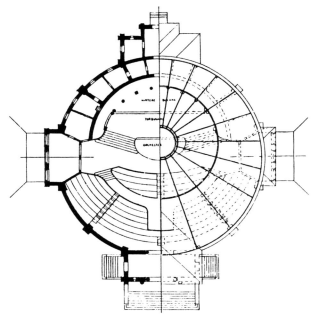

1   Peter Behrens: Entwurf eines Festspiel-Theaters in
     Darmstadt (1900), Grundriß

VIGNETTE VON PETER BEHRENS

2   Peter Behrens: Vignettenillustration für Georg Fuchs
     »Die Schaubühne der Zukunft« (1905)

Tageslicht durch die Glaskuppel auf die Bühne strahlt. Auffällig ist, daß die Publikumszugänge direkt in den runden Aufführungsraum münden, ohne daß man Wandel- und Foyeranlagen queren müßte; sie fehlen im Entwurf völlig, denn in »*den längeren Pausen verweilen wir in einem hellen Raum*[13], *oder auf der Terrasse mit dem Ausblick über Thäler und Berge*«. Der Bühneneingang erschließt zunächst eine gebogene Reihe von Arbeitsräumen, die wie ein Kranz die halbrunde Bühne einfassen. Diese ist durch zwei ansteigende Stufen konsequent in eine Hinter- und eine Vorbühne (das *Proscenium*) unterteilt. Die Innenkonzeption beschrieb Behrens in *Feste des Lebens und der Kunst*:

> *Der Raum für diese Teilnehmer [Teilnehmer an einer Offenbarung des Lebens nämlich] liegt in amphitheatralischer Anordnung um eine flache Bühne herum, eine Bühne für* **reliefartige** *Wirkung, mit vorspringendem Proscenium. Hiervor, ähnlich der griechischen Orchestra, ist der vertiefte Platz für die Musik, soweit diese – wie bei der Oper – in Beziehung zu dem Drama steht. (..) Die Sitze sind so gestellt, dass der Verkehr zwischen allen Plätzen ermöglicht bleibt. (..) Wir werden das Tageslicht durch gedämpfte Scheiben einfallen lassen und einen Akkord finden mit dem künstlichen Licht. (..) Der Übergang zur Bühne, der bisher durch das Orchester und die Rampe vom Raum der Zuschauer abgeschnitten war, soll jetzt durch eine ansteigende Terrasse vermittelt werden. Wir wollen uns nicht trennen von unserer Kunst. Das Proscenium, der wichtigste Teil unsrer Bühne, ist im baulichen Gedanken vollkommen vereinigt mit dem Saal. Die größere Ausdehnung in die Breite bedingt die reliefartige Anordnung und die reliefartige Bewegung der Gestalten und Aufzüge. Das Relief ist der markanteste Ausdruck der Linie, der bewegten Linie, der Bewegung, die beim Drama alles ist. (..) Die gleiche Architektur [wie im ganzen Innenraum] setzt sich dort [auf der Bühne] fort. Es sind an den Seiten keine Coulissen, die dem Stück eine scheinbar natürliche Umgebung verschaffen, es sind Wände, die rein durch Schönheit die Erhabenheit des Bodens kennzeichnen. Es sind keine Soffitten da, die den Schall verschlucken; die Decke soll klar dem Wohllaut dienen, in edler Wölbung zum Ganzen strebend. (8)*

In seinem Text zur LEBENSMESSE führte Behrens noch ergänzende Details zum Bauprojekt und zu der erwünschten Wirkung aus. So zum Beispiel, daß der Boden des ganzen Hauses aus Marmor bestehen und vor allem auch, daß die Gemeinschaft aus Spielenden und Schauenden nicht nur durch die beide Bereiche verbindenden Stufen verschweißt werden, sondern das Spiel auch weit in den Zuschauerbereich übergreifen sollte. In der Zeichnung erkennt man, daß Behrens dafür reichlich Platz vorgesehen hatte. Hält man sich weiterhin vor Augen, daß er sich als Wirkung des Spiels an diesem Ort ausmalte, wie sich am Ende der Aufführung noch die *hohe Stimmung* erhalte, weshalb auch weder Applaus noch sofortiger Aufbruch folgten und sieht man, wie er in seiner Vignette, die auch Fuchs seinem Text »*Die Schaubühne der Zukunft*« von 1905 voranstellte (Abb. 2), das Theatergebäude als weihrauchumwehten Tempel idealisierte, wird faßbar, daß für ihn »*das Drama aus dem religiösen Kult hervorgegangen*« und ihm immer noch elementar verbunden war (9).

---

13 Der offenbar in einem rechts oder links an das Aufführungshaus anschließenden Gebäude zu vermuten ist, wie die Zeichnung andeutet.

Hier offenbarten sich Fuchs und Behrens Idealvorstellungen: Sie dachten an ein kultisches Theater der Selbstvergessenheit, als naturnahes Fest für eine und von einer Gemeinde in geistigem Einklang geboten, in einem Amphitheater vor einer Reliefbühne, von dem Naturlicht einer gläsernen Kuppel beleuchtet, ohne größeren Technik- oder Ausstattungsaufwand, einzig aus der Bewegung, dem Zusammenspiel der Künste erzeugt.

Dem Architekten und Bildkünstler Behrens waren *Form* und *Schönheit* wie die Kooperation der Künste die zentralen Mittel der Kunst, um einen »*neuen, unseren Empfindungen angepassten Styl*« zu kreieren (10), den er als »*Symbol des Gesamtempfindens, der ganzen Lebensauffassung einer Zeit*« definierte (11). In diesem Sinne hätte im Theater dann der Kult zur Kultur führen sollen:

Das Künstlerische beginnt da, wo eine Erscheinung zur selbstherrlichen Form vereinfacht, das umfassende Sinnbild aller ähnlichen Erscheinungen wird. Der Mensch soll Kulturschöpfer auf der Bühne werden, ein Künstler, der selbst sein Material ist, aus sich heraus und durch sich Edleres schafft. Schön muß er durch seine Begeisterung werden, wenn er vor uns tritt. Schön sei seine Sprache und vor allem gebe er die Schönheit der Dichtung wieder. (..) Wir verstehen die Kunst als Form (..). Schön sei seine Bewegung, ein jeder Schritt, ein jeder Griff sei eine künstlerisch übersetzte Form. (12)

Wie Behrens 1900 in seinem Artikel »*Die Dekoration der Bühne*« erklärte, spielte für ihn die Bildende Kunst bei der Schaffung eines Stils **die** Vorreiterrolle, so daß sich die Theaterkünste in ihrer Ablehnung des stillosen Naturalismus durchaus an dem von der Malerei bereits erschaffenen Stil orientieren könnten. Genau diese Suche nach der treffendsten Form machte Behrens zum Vertreter der Reliefbühne, denn für ihn steigerte sie besonders deren Wirkung. Und deshalb bestand der Rückabschluß seiner Hinterbühne aus einem Säulenumgang, damit entweder Gobelins in die Zwischenräume gehängt würden, während die Schauspieler den Gang als Konzentrationsraum vor dem Auftritt nutzen könnten, oder ein permanenter goldener Hintergrund eine neutrale Fläche für Licht- und Farbabstufungen böte (13). In Behrens Konzept wird *Form*, notfalls auch das Ornament, werden die kompositorischen Mittel der Malerei und die Vorlieben einer Jugendstil-Ästhetik gegen die ›Natur‹nachahmung des Naturalismus ausgespielt (14). Hierin äußerte sich einerseits viel Vertrauen in die Kooperationsbereitschaft der Malerei auf ein allgemeineres Ziel hin; andererseits vielleicht auch Überheblichkeit der Theaterarbeit gegenüber, wenn für Behrens die harmonische Zusammenarbeit aller Künste auf das Ziel der Stil- und also Kulturschaffung hin nicht absolut vorrangig gewesen wäre. Er selbst arbeitete vor allem mit Wortkünstlern seine Theaterpläne durch und so war neben Georg Fuchs für ihn besonders Richard Dehmel ein Hoffnungsträger[14].

---

14   So beschloß er seinen Kommentar zu DEHMELS LEBENSMESSE und seinem Bauentwurf mit dem Ausblick: »Wenn das Drama aus dem religiösen Kult hervorgegangen ist, so sehe ich ein großes Zeichen für den werdenden Bühnenstil [der der Humus des neuen Lebensstils ist] schon in dem Umstand, daß wieder Dichter leben, die uns und unserer Zeit für einen **Kult** des Lebens die Formen geben.« (»Die Lebensmesse von Richard Dehmel. Als festliches Spiel dargestellt von Peter Behrens« IN: Sonderabdruck aus DIE RHEINLANDE. Monatsschrift für deutsche Kunst. Januar 1901 S.15)

Für Fuchs hinwiederum war Behrens der Hoffnungsträger; etwas später eröffnete er seinen Aufsatz »Zur künstlerischen Neugestaltung der Schau-Bühne« (15) mit dem gemeinsamen Leitgedanken:

Ein Fest des Lebens, gefeiert durch die Künste im Verein: so nannte ich das Ziel, dem wir aus der Fülle unserer Kultur zustreben, in dem wir gewiss sind, dass unsere Kultur (..) dereinst der allgemeinen Zivilisation einen, ihren Sinn geben, und somit durch die Schaubühne manifestieren werde. Wir, die wir an diesem Leben, an dieser seelischen Kultur Theil haben, wollen zunächst nicht das ›Drama‹ (..), sondern die **Fest-Gemeinde.** *(..) wir wollen die Vollendung unseres Lebens kosten bis zum Rausche. Wir trachten also zunächst danach, uns eine Stätte des gemeinsamen Kultes zu bereiten, ein* **Haus.** *Es ist bezeichnend, dass es ein bildender Künstler war, Peter Behrens, der auf diesem Gebiete das erlösende Wort sprach und zur That vorausschritt. (16)*

Für ihn waren diese Ansätze in jener Zeit besonders eng verflochten mit politischen Reformwünschen, wenn er 1901 schrieb:

Mag dem Volke in anderen Kunstübungen der Zugang zum Höchsten verschlossen sein, für die Kunst der Schaubühne ist es der einzig berufene Richter. Diese Kunst ist **mit** *dem Volke oder sie ist überhaupt nicht.– Die steigende wirthschaftliche und kulturelle Entwicklung unseres Volkes muss diesen Plan der Verwirklichung näher bringen. Goethe erzählt: ›Schiller hatte den guten Gedanken, ein eigenes Haus für die Tragödie zu bauen‹. Seitdem ist die Sehnsucht nach einem nationalen Bühnenfeste im deutschen Volk stets wach geblieben und ebensowenig vergessen worden, wie die Hoffnung auf die Wiedererrichtung des Kaiserreichs. (17)*

Obwohl Fuchs und Behrens im Haus die Grundlage der Umsetzung ihrer gesamten Theaterreform sahen, gelang es ihnen nicht, Großherzog Ernst Ludwig für ihre Ideen zu gewinnen und die Pläne in der Kolonieausstellung als Bau zu realisieren. Stattdessen inszenierte Behrens Fuchs Festspiel DAS ZEICHEN und sein Gegenspieler Joseph Maria Olbrich errichtete als der offensichtlich Einflußreichere seinen Entwurf, scheiterte aber letztlich mit seiner Festspiel-Ästhetik am Publikum (18). Behrens und Fuchs zogen aus diesem Mißerfolg ihre Konsequenzen und verließen 1903 und 1904 mit verschiedenen Zielen und verwandten Ideen die Kolonie. Bevor Behrens 1907 einen grundlegenden und folgenreichen Wechsel in die industrielle Praxis vollzog, indem er an den Produkten der AEG sein Verständnis der *Form* als erster deutscher Industrie-Designer umsetzte, arbeitete er ab 1905 für das von Louise Dumont und Gustav Lindemann gegründete Düsseldorfer Schauspielhaus als Szenograph. In seinen Arbeiten für das Theater erlangte er jedoch nie jene zutiefst funktionale Ästhetik, für die er als Architekt und dann als Mann der Industrie zur Leitfigur wurde.

Georg Fuchs und Max Littmann: Vom Materialschwund in der Wirklichkeit

Georg Fuchs erwies sich nach dem Scheitern der Darmstädter Pläne als einer der wirklich engagierten Theater-(und Gesellschafts-)Reformer jener Jahre vor dem Ersten Weltkrieg, so daß seine Bemühungen glücklicherweise nicht nur zu umfangreichen theoretischen Erörterungen führten, sondern durch die Zusammenarbeit mit dem Mitinhaber des angesehenen

Münchner Architekturbüros Heilmann & Littmann, Max Littmann, auch Baupläne und schließlich sogar ein Bauwerk, das Künstlertheater, hervorbrachten.

1905 veröffentlichte Fuchs mit der »Schaubühne der Zukunft« seine Programmschrift aus den in Darmstadt mit Peter Behrens entwickelten Ideen und Vorschlägen zur Theaterreform und damit gleichzeitig seine Visitenkarte für die Weiterarbeit in München. Darin entwarf er seinen Theaterbau so anschaulich, daß Max Littmann ihn mühelos in gezeichnete Pläne umsetzen konnte.

In Littmann hatte Fuchs nicht nur einen für fortschrittlichen Theaterbau engagierten und erfahrenen Architekten, sondern darüberhinaus eine einflußreiche Münchner Persönlichkeit für seine Ideen gewonnen. Littmann legte als Theaterarchitekt vor allem auf eine neue Konzeption des Zuschauerraums und optimale Rezeptionsbedingungen Wert, so daß seine Entwürfe vorwiegend die Möglichkeiten amphitheatraler Kreissegment-Zuschauerräume und Lösungen für die Nahtstelle zwischen Aktions- und Rezeptionsraum, das Proszenium, durchspielten. Das zeigen seine Versuche, den Portalrahmen besser an die zeitübliche ›Mehrsparten‹-Nutzung anzupassen ebenso wie die Tendenz, im Geiste der Volkstheater-Bestrebungen und im Sinne größerer Wirtschaftlichkeit mehrere Amphitheater übereinanderzustapeln[15]. Für das Großherzogliche Hoftheater in Weimar, 1907/08 errichtet, erfand er schließlich sogar die Technik eines variablen Proszeniums[16]. Seine Projekte verraten also bei allem Reformwollen doch auch Anpassungsbereitschaft und Kompromißfindigkeit.

Inspiriert vom antiken Theater und Nietzsches Tragödientheorie[17] ging Fuchs im Grunde von einem Theater als Festort im Freien aus:

Wie entsteht der Schauplatz als stilistisch fester Begriff? – Sehr einfach dadurch, daß man sich zum Zwecke des dramatischen Erlebens öfters an derselben Stelle versammelt. Die Füße der Tanzenden, der ›Auftretenden‹, treten den Boden fest. Es entsteht zunächst eine Art Tenne; dann belegt man diese zur Bequemlichkeit der Auftretenden mit Matten oder Brettern. Gleichzeitig bilden sich zur Bequemlichkeit der Zuschauer feste Sitze.. Werden der Zuschauenden mehr und mehr, so ist man gezwungen, den Schauplatz zu erhöhen: Die **Bühne** ist da! Gleichzeitig müssen aber aus demselben Grunde die Sitze der hinteren Zuschauer im Kreise rundum erhöht werden: das **Amphitheater** ist da! Das Theater ist im Prinzip fertig. Alles was noch hinzutritt, ist sekundär, ist nichts als Komfort, hervorgerufen durch klimatische und andere äußere Notwendigkeiten. (19)

Aber:

Da unser Klima es verbietet, unter freiem Himmel uns zu versammeln, und da wir also nicht in die Abdachung eines Berges Sitzreihen in beliebiger Folge hineinhauen können, so müssen

---

15 – wie er es in seinem Münchner Prinzregententheater von 1901 und dem Berliner Schillertheater von 1905/06 ausführte.

16 – das unter der Reichspatentnummer 184 611 eingetragen wurde. (✧41 LITTMANN, Hoftheater S.21, dazu auch ✧3 IZENOUR S.88f.) Hier war es aufgrund hinderlicher baulicher Vorgaben und der Notwendigkeit gemeinsamer Nutzung von Schauspiel und Oper (noch dazu der Wagnerschen Musikdramen) in **einem** Haus weder möglich, eine brauchbare Rezeptionsraumlösung noch eine dem Schauspiel angemessene Verbindung beider Bereiche herzustellen.

17 – die Fuchs allerdings recht eigenwillig für sich auslegte. (s. ✧58 PRÜTTING S.59ff.)

wir, wenn wir mehr als etwa 1500 Personen bequem beherbergen wollen, ein **zweites** *und ein* **drittes** *Amphitheater einrichten, welche mit ihren vordersten Reihen derart über den hintersten Sitzreihen des ersten bzw. zweiten Amphitheaters anzuordnen sind, daß diese in eine Art von* **Laubenumgang** *zu liegen kommen als bevorzugteste Plätze der Ehrengäste. (20)*

Die von Littmann nach Fuchs Text gefertigten Grundrisse und der Längsschnitt (Abb. 1a–c) zeigen also einen Zuschauerraum aus drei übereinandergelegten, keilförmigen Kreissegmentausschnitten, der als Volkstheater für 1500 Menschen gedacht war. Dieser Zuschauerraum ist von auffällig geräumigen Foyer- und Wandelräumen umgeben, die im Erdgeschoß jeweils über seitliche Vorbauten zu betreten sind, welche neben der Wandelhalle des Ersten Obergeschosses noch zwei weiteren Foyersälen Platz bieten.

In diesem Amphitheater sollte sich das *Drama* ereignen, das Fuchs freilich anders definierte als wir es zu handhaben gewöhnt sind. Indem er den ephemeren Charakter des Theaterspiels hervorhob, war für ihn *Drama* nicht das als Spielgrundlage verwendbare, aber auch unabhängig davon rezipierbare Stück Literatur, sondern das theatralische Gesamtkonzept einer Aufführung – fußend auf Bewegung. Der *Autor* war demnach identisch mit dem Regisseur, der die »Kunst der szenischen Zusammenordnung« betreibt, so daß der Text nur potenziell für die konkrete Produktion von Belang war und *Drama* die Partitur aus Bewegung und Handlung meinte, insofern Fuchs den Tanz, nicht die Literatur als theatrale Keimzelle betrachtete (21). Letztlich war das Theater, war das *Drama* für ihn eine durchaus eigenständige Kunst:

> Sie [die Schaubühne] entsteht nicht zur Vollkommenheit durch ein gleichwertiges Zusammenwirken aller Künste, sondern sie ist **eine Kunst für sich**. (..) Das Drama ist möglich ohne Worte, ohne Ton, ohne Szene und ohne Gewand, rein als rhythmische Bewegung des menschlichen Körpers. Aber die Kunst der Schaubühne kann ihre Rhythmen und ihre Formen bereichern aus dem Vermögen **aller** anderen Künste (..). (22)

Der Naturalismus und das literaturabhängige Theater hingegen mißachteten diesen Umstand, denn

> Für das ›Literatur-Theater‹ ist die dramatische Kunstform nicht Zweck des Theaters, sondern Mittel zum Zweck (..). Daß in dem industrialisierten Deutschland der 80er und 90er Jahre ein derartiges Theater entstehen mußte, ist begreiflich. Die sozialen Kämpfe, die ökonomischen, ethischen, ständischen Umschichtungen, die sich in dem neuerstandenen Deutschland der Industrie-Großstädte vollzogen, beanspruchten auch die ungeheure Publizität des Theaters als Tribüne. (23)

Hier deutet sich an, mit welchem Gespür Fuchs im Grunde das Theater als Repräsentation der gesellschaftlichen Entwicklungen verstand, damit auch diese analysierte und das Ziel der Einheit der Spielenden und Schauenden auf eine allgemeinere Ebene transponierte. Aus dieser Prämisse leitete er seine Theater-, also Gesellschaftskritik ab, die derjenigen Littmanns durchaus entsprach: Die Hoftheater wie die Massen- und Geschäftstheater hätten durch den Vorrang der Literatur im gängigen *Drama* Geschmack und Qualitätsbewußtsein des breiten Publikums verdorben; auf Kosten einer zeitgemäßen Ästhetik und des künstlerischen Fortschritts (24) werde nach wie vor die *große Oper* bevorzugt, fehle es an einheitlichen Ensembleleistungen und könne auch das Übermaß an Bühnentechnik nicht darüber hinwegtäuschen, daß das Ranglogen-Guckkastentheater des Barock für jene zeitgemäße

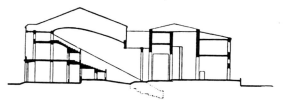

1a Max Littmann: Entwurf für Georg Fuchs
»Schaubühnen« -Text (1905), Längsschnitt

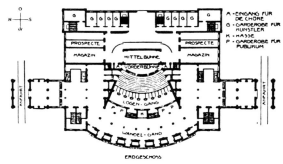

1b Grundriß Erdgeschoß

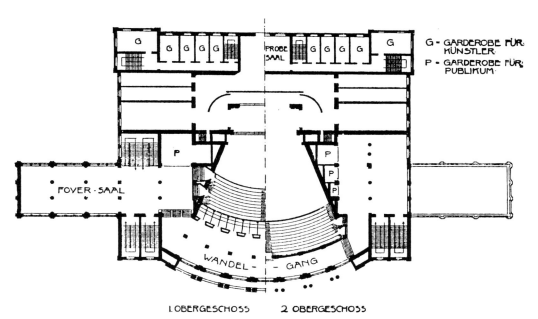

Prof. M. Littmann-München

Grundriss-Skizze für ein Schauspielhaus mit drei-
fachem Amphitheater: erstes und zweites Obergeschoss

1c Grundriß 1. und 2. Obergeschoß

Ästhetik ungeeignet sei (25). Littmann verlängerte diese Beobachtung der Überbewertung alles Technischen auch auf die für ihn unerfreuliche Entwicklung der Stadt- und Raumplanung hin und zeigte so ein geradezu seismographisches Problembewußtsein (26).

Aber obwohl sie Volkstheater oder auch Laientheater und demokratischere Zuschauerräume anstrebten, argumentierten Fuchs und Littmann bei genauem Hinsehen durchaus geisteselitär. Zwar erhofften sie eine Gesellschaft ohne feudale Ständeunterschiede, repräsentiert durch das *neue Drama* in neuen räumlichen Zusammenhängen, aber als bürgerliche Intellektuelle grenzten sie sich durchaus vom *großen Publikum* ab. Dafür sprechen auch jene *Lauben-*, also Logenumgänge für *Ehrengäste*, die sich Fuchs von Anfang an in seinem ›gestapelten‹ Amphitheater vorstellte und die Littmann dann, liebevoll mit einem separierten Wandelgang versehen, in seine Zeichnungen übersetzte (Abb. 1a/b)[18].

Ganz im Geiste des Darmstädter Konzepts und gegen den Gebrauch der Zeit wünschte Fuchs für die Innenausstattung keinen über Konstruktionsmerkmale und akustische Hilfen hinausgehenden Bauschmuck, außer einer bunten, das Tageslicht atmosphärisch verwandelnden Glaskuppel. So sollte das Tageslicht gleichsam als eingefangenes Naturelement, sowohl die Raum- wie Bühnenatmosphäre erzeugen, indem die Hauptspielfläche des *Proszeniums* »*ihr Licht von oben durch eine zwischen Kuppel und Bühnendach verankerte Glasdecke*« empfängt, deren »*Lichteinfall durch Vorhänge und andere Abdeckungen*« reguliert werden kann (27). Zur Sicherheit waren allerdings auch Lichtquellen an der Decke des Zuschauerraums vorgesehen (28).

Neben der natürlichen, historisch konsequenten Struktur des Aufführungsortes war für Fuchs die *Einheit der Festgemeinde* ein formbestimmendes Kriterium. Zu ihrer Wahrung dienten die ideale Lage an einem ›locus amoenus‹ ebenso wie die geräumigen Foyers, in denen sich die festliche Gesellschaft entfalten kann[19] sie bestimmt aber vor allem auch den Aufbau des Aufführungsortes selbst. Denn

> *(..) ferner kommt es uns darauf an, niemals zu vergessen, daß das Drama seinem Wesen nach* **eins** *ist mit der festlichen Menge. Denn es ›ist‹ ja erst, wenn es von dieser erlebt wird. Spieler und Zuschauer, Bühne und Zusschauerraum sind ihrem Ursprung nach nicht entgegengesetzt, sondern eine* **Einheit.** *(29)*[20]

---

18   Hierbei handelte es sich offenbar um jene Diskrepanz, die Manfred BRAUNECK als »Widerspruch zwischen der ästhetischen Überhöhung des einzelnen durch die exzeptionelle Form seiner Lebenskultur (..) und der Utopie einer den Alltag aller Menschen durchdringenden Ästhetik« in der »geistigen Konzeption des Jugendstils« kennzeichnet. (✧12 20. Jahrhundert S.73)

19   »Da wir nicht gekommen sind, um uns zu belehren oder pflichtschuldigst einen ›Kunstgenuß‹ auszustehen, sondern um mit vielen anderen ein großes gemeinsames Erlebnis zu haben, so begeben wir uns zunächst in die seitlich angeordneten, hellen Säle, oder hinaus in den Garten, wo um springende Brunnen und an gedeckten Tischen schon eine festlich gekleidete Menge versammelt ist.« (✧37 FUCHS, Schaubühne S.43)

20   In seinem 1908 zum Künstlertheater erschienenen Theorietext »Die Revolution des Theaters«, der die grundlegende Inhalte der »Schaubühne der Zukunft« ergänzt und den Erfahrungen anpaßt (vergl. ✧38 Vorwort S.VIIIf.), vertiefte FUCHS diesen Ansatz: »Nicht malerische, nicht plastische Wirkungs-und Bildabsichten sind es also, welche die ›Reliefbühne‹ hervorbrachten; nein: sie ist die (..) aus dem Drama selbst sich zeugende Raumform. (..) Da das dramatische Erlebnis erst Realität wird in der Seele des Zuschauers, **so muß das Drama auch den Zuschauerraum bauen,** d.h. es muß das räumliche Verhältnis zwischen

Er betonte, daß die Mißstände des bestehenden konventionellen Theaters nicht durch »*technische Neuerungen, maschinelle Erfindungen, Tricks und Apparate*« behoben werden könnten, »*sondern einzig in architektonischen Lösungen, durch welche es der bildenden Kunst gestattet wird, dem Drama und dem Darsteller den günstigsten Rahmen zu schaffen und dem Zuschauer die günstigsten Aufnahmebedingungen*«, gefunden würden (30).

Fuchs leitete also seine Reformkonzeption aus seiner praktischen Erfahrung als Dramatiker und Regisseur ab, indem er, inspiriert von Nietzsches historischem Entwicklungsmodell, von den Grundgesetzen des Theaterspiels ausging. So stellte er Rhythmus und Bewegung, sowohl im körperlichen wie seelisch-geistigen Sinne, in den Mittelpunkt theatraler Kunst, betonte die Notwendigkeit der alles verschmelzenden Kommunikation, die real nur »*entsteht in jedem Augenblicke (..), in welchem es als raum-zeitlich bedingte Bewegungsform **erlebt** wird*« (31).

> *(..) wir bestehen ja auf der Einheit der Festgemeinde, der Gebenden und Empfangenden. Die gesamte Bühnenanlage ist von geringer Tiefe im Verhältnis zu ihrer Breite (6:10 etwa). Wir wollen keinen Guckkasten, kein Panorama, sondern eine Raumausbildung, welche bewegten, menschlichen Körpern möglichst günstig ist, sie zu einer rhythmischen Einheit zusammenfaßt und zugleich die Schallwellen nach dem Zuhörer zu begünstigt. Nicht das perspektivische, tiefe Gemälde, sondern das Flache Relief ist also maßgebend. (32)*

So bedeutete *Relief* Nähe, die Einheit einer Gemeinde Erlebender und Spielender.

Max Littmanns Überlegungen zu einer Reform des konventionellen Theaters mündeten schließlich auch in die Reliefbühne, auch er leitete, wie schon seine Vorbilder aus dem 18. und 19. Jahrhundert, vor allem Schinkel und Semper, daneben auch Schiller und Goethe, das reliefartige Bühnenbild und seine Bevorzugung des amphitheatralen Zuschauerhauses direkt aus einer (architektonischen) Antikerezeption ab. Was ihn vor allem antrieb, war die Überzeugung, daß eine neue zeitgemäße (Theater-)Ästhetik nur durch eine adäquate Raumaufteilung, nicht aber durch eine mit etwas neuester Technik versehene Zweiraum-Aufteilung herkömmlicher Art entfaltet werden kann. Wie Fuchs suchte er nach räumlich-baulichen anstelle technischer Lösungen (33)[21]. Aber Littmanns Relief resultierte aus einem Anspruch, der die reale Welt neu ordnen wollte, wo Fuchs rauschhafte Gemeinschaftsrituale erhoffte.

Bühne und Zuschauerhaus die unmittelbarste Ausdrucksform für den Weg sein, den das Drama weiter geht, nachdem es sich aus einer **körperlichen** Bewegungs-Rhythmik an der Bühnengrenze (..) in eine **geistige** Bewegungs-Rhythmik gewandelt hat. Das Proszenium ist deshalb das wichtigste architektonische Glied im Theater, weil es den Raum betont, in dem jene geheimnisvolle Transformation sich vollzieht (..).« (✧38 S.99)

21 Auch schon sein Lehrer, der Königliche Maschinendirektor in München, Carl LAUTENSCHLÄGER, bemühte sich um Verbesserungen der technisch-baulichen Bedingungen in den Theatern und war kein geringerer als der Erfinder der Drehbühne. Daneben war er Mitbegründer der Münchner Shakespearebühne, in der ein schlichtes neues Raumkonzept versucht wurde, das FUCHS mehrfach als Anregung erwähnte. LITTMANN ging aber noch weiter. Ihm genügte es nicht, daß diese Neuerungen nur den Umbau beschleunigten, ohne Einfluß auf die herrschende Theaterästhetik auszuüben. (✧39 LITTMANN, Fragen S.5 und 16f.)

Entsprechend dachte sich Fuchs eine auf ganzer Länge durch Stufen mit dem Zuschauerraum verbundene und ins Parkett hineingewölbte Vorbühne als *eigentlichen Schauplatz* seines Theaters. Diesem Proszenium folgen mit einer flachen Mittel- und noch flacheren
Hinterbühne zwei weitere Bühnenpartien – jeweils durch wenige, ansteigende Stufen voneinander geschieden. Der Mittelbühne kommt so lediglich die Aufgabe zu, Dramen, die
raumbedürftiger sind oder Massenszenen vorsehen oder auch Schauplatzwechseln genügend Platz zu bieten; ansonsten sah Fuchs vor, daß die von der Vorbühne durch *eine doppelte
Pfeilerstellung,* getrennte Mittelbühne verdeckt bleiben solle:

> *Von Pfeilerstellung und Bogenausbildung umrahmt bleibt hinten eine weite Öffnung, welche für
> gewöhnlich durch ein einfarbiges Stück Stoff oder einen Teppich verhangen wird. Es liegt nahe,
> diesen Teppich gelegentlich nach der Art der Gobelins ornamental auszuzieren und durch die
> Art und Weise, wie diese Auszierung erfolgt, den Schauplatz zu kennzeichnen. (34)*

Entsprechend stößt die mit einer festen Wand abschließende Hinterbühne seitlich jeweils
auf Prospektmagazine, so daß die Prospektwechsel umweglos und schnell über Laufkatzen
abgewickelt werden könnten. Die Ausstattung des Bühnenraums bedarf bei dieser Anlage
keines Schnürbodens und keiner Unterbühne mehr und auch den unvermeidlichen Eisernen Vorhang ließ Fuchs seitlich fahren.

> *Durch den Fortfall des Schnürbodens und der Unterbühne ergibt sich jedoch nicht allein eine
> große Ersparnis an den Baukosten, sondern vor allem auch die Möglichkeit, die Schallwirkung
> nach dem Zuschauerraume beträchtlich zu verstärken (35)*

– wie sich auch die Glasdecke über dem Bühnenhaus auf die Akustik günstig auswirke, da so
»*der Schall nicht nach oben hin zerflattert*«.

An der Rückfront des Bühnenhauses hat Littmann über alle drei Geschosse eine lange
Kette von Künstlergarderoben aufgereiht. Im Zweiten Obergeschoß war zentral über dem
Bühnentor nach außen an eine eher bescheidene Probebühne gedacht. Vergleicht man Littmanns wesentlich elaboriertere Ausführungen in seinen sonstigen Entwurfzeichnungen,
kann man annehmen, daß die Situierung der betriebspraktischen Räume wie Magazine und
Garderoben (die ja beileibe nicht alle betriebsnotwendigen Räumlichkeiten ausmachen)
von ihm als theaterbau-erfahrenem Architekten eher provisorisch angedeutet waren. Weiterhin fällt an dem Längsschnitt auf, daß zwar das gläserne Dach über der Vorbühne, nicht aber
die farbige Glaskuppel umgesetzt wurde. Hier mag ebenfalls das Wissen um die akustische
Problematik von Kuppeln in Theatern das Ideal gestutzt haben. Und: ohne daß sich bei
Fuchs eine entsprechende Erwähnung findet, schlug Littmann in Gestalt gestrichelter Linien
ein versenkbares Orchester vor. Das mag bei dem Erfinder des *Variablen Proszeniums* nicht
erstaunen, paßt aber auffällig schlecht zu der konzepttragenden Rolle, die Fuchs gerade
dem Proszenium durch Argument und Ausstattung zudachte und entsprach kaum der Ne-
benrolle der Mittelbühne, die im Falle einer Orchesternutzung ja der einzig verbleibende
Aufführungsort wäre. Fuchs ging es eindeutig nicht um eine Mehrspartennutzung im üblichen Sinne, sondern um die Schaffung des *neuen Dramas* und die *Einheit der Festgemeinde.* So
hatte Littmann bereits den Skizzen für ein Festspielhaus Erfahrungen und Ideen aufgeprägt[22],

---

22 In seiner 1908 erschienenen Monographie über seinen Bau des Großherzoglichen Hoftheaters in Weimar,
     in dem LITTMANN zum ersten Mal seine Idee des »Variablen Proszeniums« verwirklichte, erwähnt er, daß

2a Max Littmann: Münchner Künstlertheater
    (1908), Fassade

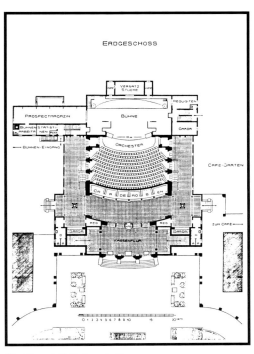

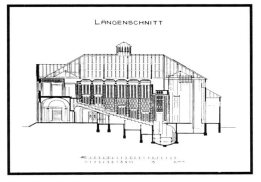

2c Längsschnitt

2b Grundriß Erdgeschoß

2d/e Zuschauerraum

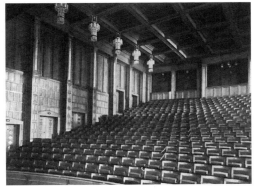

2e

die auf das Künstlertheater-Konzept verweisen, das er interessanterweise auch weitgehend als seine Erfindung deklarierte (36).

Das Münchner Künstlertheater war dann dasjenige Theaterbauprojekt, in dem sich einige Jahre später dieser erste Schnittpunkt der Ansätze beider und für Fuchs der Schlußpunkt seiner Theaterreformarbeit materialisieren sollte.

Für 1908 war in München die Kunstgewerbe-Ausstellung *München 1908* geplant und seit dem Frühjahr 1907 stand fest, daß auf dem Ausstellungsgelände auch ein Theater errichtet werden sollte. Nachdem Fuchs erfolgreich auf sein Konzept aufmerksam zu machen vermochte, griff die Ausstellungsleitung tatsächlich darauf zurück. Daraufhin gründete sich am 31. Mai 1907 zügig der *Verein Münchner Künstlertheater*, von Prinz Rupprecht protegiert und aus einer Reihe von Bildhauern, Malern und Mäzenen bestehend, aber außer Fuchs bemerkenswerterweise ohne Mitglieder aus der Literatur oder vom Theater (37), dem schließlich am 3. April 1908 der Neubau übergeben wurde. Dieses Ausstellungstheater (Abb. 2a–c), für 250 000 Mark mit vergleichsweise geringen Mitteln errichtet, trug als Teil der Ausstellung natürlich deren Zeichen: So mußte es sich den Vorgaben eines komplett durchgeplanten Umfeldes unterwerfen und war von vornherein weder für die Dauer noch für dauernde Bespielung errichtet, während Fuchs eigentlich an eine regelmäßige sommerliche Festspieleinrichtung gedacht hatte. Littmann verwendete deshalb nur für die tragenden Teile, die Treppenhäuser und das Sockelgeschoß Beton und ließ alles andere in Holzfachwerk ausführen. Dieser Umstand half ihm, die ungewohnt schlichte Innenausstattung (Abb. 2d/e) zu begründen, ohne auf Fuchs Reformansatz eingehen zu müssen[23].

Die Rücksichten auf die Gesamtanlage verlangten außerdem eine Haushöhe, die mit den als zentralen Gebäuden angelegten *Bavaria und Ruhmeshalle* nicht in Konkurrenz geraten konnte. So war Fuchs Konzept, das ohne Schnürboden und Bühnenturm auskam, von großem Vorteil[24].

Im Vergleich zum Ursprungskonzept, das ja als Volkstheater für 1500 Besucher gedacht war, ging das Künstlertheater von vornherein von der geringeren Zuschaueranzahl von 642 aus. Insofern mußten die Sitzpartien hier nicht gestapelt werden, sondern Littmann konnte ein steiles, 22 Reihen umfassendes, in 6 *Ringe* á 1 bis 6 Reihen unterteiltes Amphitheater

bereits 1905 erste Lösungsskizzen für Weimar entstanden waren (nicht aber, daß bereits Prosceniums-lösungen greifbar waren); so ist denkbar, daß die Idee des Patents bereits Gestalt besaß und auch in die Ideenskizzen des Festspielhaus-Entwurfes einfloß. (✧41 LITTMANN, Hoftheater S.20)

23 »Nachdem aber mit der Erfüllung einer großen Reihe feuerpolizeilicher Auflagen diese Konstruktions-weise ermöglicht worden war, wollte der Verfasser im Hauptraum des Gebäudes, in dem Auditorium selbst, durch eine landläufige Stuckdekoration einen massiven Bau nicht vortäuschen und entschloß sich deshalb zur Vertäfelung des ganzen Raumes mit Holz«, was sich zudem ungemein günstig auf seine akusti-schen Qualitäten auswirkte. (✧40 LITTMANN, Künstlertheater S.29)

24 LITTMANN erwähnt diesen Umstand in einer etwas anderen Kausalität, was insofern keinen Sinn ergibt, als ein Bühnenturm der ohnehin geplanten Reliefbühnenanlage nicht entspricht: »Ich griff deshalb auf einen von mir früher bereits gemachten Vorschlag zurück [Verweis auf die »Schaubühne der Zukunft«], verzich-tete zunächst auf jedwede Oberbühne und brachte auf diese Weise Zuschauerraum und Bühne unter ein Dach.« (✧40 Künstlertheater S.25/27)

errichten, das hinten von einer Reihung Logen mit 23 Plätzen abgeschlossen wurde. Auch die Verkehrs- und Foyeranlagen gerieten dementsprechend viel kleiner und vor allem die möglichst raumsparend situierten Funktionsräume in einem Arbeitsbereich von asymmetrischem Grundriß wirken provisorisch. Seine Bühnenrückwand fällt mit der Hausbegrenzung zusammen und Garderoben fanden nur im Ersten Obergeschoß Platz. Daß es außer einem Prospektmagazin keine weiteren Magazine gab, deutet an, daß man sich vorwiegend auf gemalte Prospektflächen verlassen wollte.

Eine Dreiteilung der Bühne blieb weiterhin gestaltbestimmend, aber gegenüber den Skizzen von 1905 offenbaren sich entscheidende Unterschiede: Nicht nur daß der Vorschlag eines versenkbaren Orchesters unter der Vorbühne nun ausgeführt war, jetzt betrug die Proszeniumsöffnung 10 m Breite, die gesamte Bühne hingegen 18,75 m, bei 8,70 m Tiefe. Vergleicht man beide Grundrisse, fällt unschwer auf, daß somit das Proszenium (als überdecktes Orchester) räumlich tiefer ausfällt und jetzt ohne Stufen vom Zuschauerhaus getrennt ist, wie auch die drei Bühnenabschnitte nicht mehr durch Stufen voneinander abgesetzt wurden. Darüberhinaus war die Mittelbühne ungleich tiefer (38) und die Hinterbühne, zum Nutzen optischer Illusionierung gar versenkbar[25]. Littmann erwähnt, daß aufgrund des neuen künstlerischen Prinzips der Reliefbühne wie auch des Fehlens einer Oberbühne die Bühneneinrichtung vom bisher Üblichen abweiche und unter Mitarbeit von Fritz Erler im künstlerisch-technischen und dem Königlichen Maschinerie-Direktor Julius Klein im bühnentechnischen Bereich neue Lösungen entwickelt wurden. Als solche benannte er das bedingt flexible, seitlich mit Türmen versehene und höhenverstellbare Portal, das, hier das erste Mal eingesetzt, seitdem immer wieder in Zweiraumtheater eingebaut wurde, ein Wandelpanorama, das die Hinterbühne nach hinten abschließt und sowohl elektrisch wie auch per Hand bedient werden kann und für die Bühnengestaltung Mauern (wohl eine Art Praktikabel), die »vom Magazin aus über die ganze Bühne gefahren werden und durch mancherlei Stellungen zueinander und durch Beigabe von Versatzstücken zu den verschiedenartigsten Bühnenbildern verwendet werden können« (39).

Als weiterer Gegensatz zum Konzept für ein Festspielhaus wurde im Künstlertheater die Nutzung des elektrischen Lichts in allen seinen bisherigen Möglichkeiten angestrebt. Verwendet wurde sogar ein erweitertes Farbspektrum der Scheinwerfer, eine verfeinerte indirekte Rampen- und eine speziell auf diese Bühnenvariante abgestimmte Soffittenbeleuchtung[26].

So verwandelte sich das Festspielhaus-Konzept in das Künstlertheater, also in ein Schauspielhaus, dessen Name bereits die Mitarbeit bildender Künstler programmatisch einforderte. Zwar war dieser Schwerpunkt unter anderem bereits im Konzept von 1905 angelegt,

---

25 LITTMANN begründete zwar die Anlage im Sinne der »Schaubühne der Zukunft«, argumentierte daneben aber inkonsequenterweise auch mit der Illusion (◇40 Künstlertheater S.32f.), so auch FUCHS (◇38 Revolution S.116).

26 FUCHS erklärte inzwischen das Licht zum »wichtigsten Träger der Raumwirkung«. »Die moderne Elektrotechnik stellt uns Möglichkeiten zur Verfügung, die nicht auszunützen geradezu ein Kulturfrevel wäre.« Deshalb schwebte ihm eine enge Zusammenarbeit zwischen Technikern und den ausstattenden Künstlern vor. (◇38 Revolution S.111f., s.a. das Vorwort S.IX)

als ein populärer Reformgedanke der Zeit beherrschte er die Gestalt des Baus allerdings völlig – was einen bei einer solchen Besetzung des Trägervereins nicht wundern darf (40). Seinen Ausdruck sollte er vor allem in der Reliefbühne finden, die »*lediglich als* **Rahmen** *für das Drama*« dient; »*sie hat nicht mehr die Aufgabe einer* ›*naturgetreuen*‹ *Darstellung der Örtlichkeit, denn sie will letztere lediglich durch vereinfachte stilisierte Dekorationen* ›*andeuten*‹«, wie Littmann sie zu erklären versuchte (41). Von Fuchs wurde die bestimmende Mitarbeit der Maler und Bildhauer als dienlich angesehen, um

> (..) *das Ewige aller dramatischen Meisterwerke aus der Verstaubung verbrauchter Darbietungs-Manieren zu lösen und mit unserem allgemeinen kulturellen Empfinden wieder in unmittelbare Wechselwirkung zu setzen.*

Die Bühnenkonzeption des Künstlertheaters biete solch eine Nutzung nicht nur an, sie erzwinge sie (42); dabei solle die Malerei aber als echte Malerei[27], nicht als Realität suggerierende Augentäuschung eingesetzt werden und vor allem das Spiel dezent unterstützen, denn es galt im Grunde immer noch das mit Behrens geteilte Prinzip:

> *Es kann nie nachdrücklich und nie oft genug gesagt werden, daß alles außer dem Geschehnis, dem Drama, alles außer der körperlichen und sprachlichen Bewegung, nur* **Mittel zum Zweck** *dieser Bewegung ist (..) alles dient nur, um die Ausdrucksformen des Dramas zu* **verstärken**. *(43)*

Die Realität des **Künstler**theaters war allerdings eine andere.

Beide, Fuchs wie Littmann, waren durch die theoretische Schrift »*Das Problem der Form*« des Bildhauers Adolf von Hildebrand beeinflußt, in der die Reliefwirkung für die Künste vom Ansatz einer visuellen Theorie her analysiert worden war (44). Hildebrand arbeitete neben den Malern Benno Becker und Fritz Erler auch am Baukonzept des Künstlertheaters mit und formulierte schließlich dessen Aufgabe sehr einperspektivisch und ausschließlich:

> *Die Zwecke, welche das Künstlertheater verfolgt, beruhen vor allem in einer Klärung des Verhältnisses zwischen der dramatischen und bildenden Kunst, inwieweit letztere auf der Bühne in Betracht kommt. (45)*

Natürlich traf das für die beiden Urheber des Konzepts nicht allein den Kern ihrer Ziele (46), während die praktische Theaterarbeit in diesem Neubau die Definition Hildebrands erfüllte und offenbar alsbald erwies, daß diese bildende Kunst auf der Bühne nicht sehr *in Betracht kommt*. So löste sich der Verein 1909 nach einer erfolglosen Saison mit eher konventionellem Spielplan auf und das Reformtheater stand auf dem Theatermarkt zur Disposition[28].

---

27 Für diesen Zweck schienen FUCHS die Münchner Maler, denen ohnehin oft vorgeworfen wurde, sie seien zu theatralisch, sehr geeignet; als besonders geeignet nannte er u.a. Hans von MARÉES (✧37 Schaubühne S.77) und fand auch Anregungen bei der älteren Malerei und den Präraffaëliten. Angesichts seiner Zeit in der Jugendstil-Hochburg Darmstadt war das eine bemerkenswerte Auswahl.

28 So mietete unter anderen auch Max REINHARDT 1908 das Haus, nicht ohne unter dem »Kindersärgel von beengter Spielfläche« zu leiden, das »auch inszenatorische Genialität nur für eine überschaubare Anzahl von Regieeinheiten zu bewältigen vermochte.« (✧51 HUESMANN S.22)
Liest man allerdings FUCHS Einschätzung des Erfolgs des Künstlertheaters in »Die Revolution des Theaters«, erhält man einen anderen Eindruck. PRÜTTING nennt ihn denn auch »eine propagandistische Begabung«, die an »Hochstapelei« heranreiche (✧58 S.230). Die Arbeit des Künstlertheaters behandelt vor allem ✧49 GROHMANN detailliert (ab S.22, besonders S.22-26).

Man muß trotz Fuchs euphorischer, die Tatsachen offenbar verdrängender Bewertung des Projekts somit konstatieren, daß sich seine *Schaubühne der Zukunft* in Gestalt und Arbeit des Münchner Künstlertheaters, trotz allen unermüdlichen Engagements und gerade wegen all der deshalb eingegangenen Kompromisse, **nicht** verwirklichen ließ. Keine Stufen verbanden mehr Bühne und Publikum, ein Portalrahmen trennte im Gegenteil *Gemeinde* und *Fest*, das Proszenium war nicht mehr das Zentrum, sondern nur **eine** Möglichkeit unter anderen[29]. Der ausschlaggebende Grund mag darin zu suchen sein, daß Fuchs Teile seines komplexen Gedankengebäudes herausisolieren ließ und diese dann ganz andere Ziele nähren mußten; bei ihm und Behrens war der **Raum** der Bühne zum **Relief** reduziert worden, im Künstlertheater wurde dann das Relief gar zum **Bild** zusammengepreßt. Aber Bewegung und Rhythmus können sich nun einmal nur im Raum, nicht aber in einem Bild entfalten und Relief und Bewegung können nur auf eine Weise sinnvoll verknüpft werden: wenn die Bewegung über die Fläche oder eben die Bühne hinausgreift – so definiert sich das Relief und so konzipierte Behrens. Fuchs beging den Fehler, das Ausgreifen des Rhythmus und der Bewegung über den Bühnenraum hinaus rein geistig und immateriell werden zu lassen. Der von ihm offenbar mitgetragene Teilrückfall Littmanns in konventionelle Formen ließ seine Reform endgültig ins Leere laufen.

Richard Dehmel: Der Literat als Theaterbaumeister

Peter Behrens entwickelte neben Georg Fuchs seine Ideen vor allem gemeinsam mit dem seinerzeit als Dichter hochgeschätzten Richard Dehmel, der ihm dann auch mit seinem Festspiel DIE LEBENSMESSE das genau seinen Vorstellungen entsprechende Stück schrieb. 1901 konnte Behrens mit der Inszenierung dieses Festspiels wenigstens eine Kostprobe seiner Ansätze veröffentlichen, wenn auch nicht in dem eigens dafür und für entsprechend konzipierte Dramen entworfenen Baukonzept. Über diese konkrete Zusammenarbeit hinaus unterhielten beide einen regen freundschaftlichen Briefwechsel und auch Dehmel zeigte großes Interesse an der Reformierung des Theaterwesens[30]. In seinem Aufsatz »*Theaterreform. Ein soziales Kapitel*« legte er zwischen 1905 und 1909 seine eigene Reformtheorie nieder, und auch er schrieb, wie der Untertitel schon nahelegt, dem Theater eine bedeutende gesellschaftliche Funktion zu. Auch sein Ansatz wurzelt in einer Analyse der gesellschaftlichen Problematiken. Dehmel glaubte an eine enge Beziehung zwischen ästhetischen und ethischen, ja politischen Belangen. Dabei stand er allerdings den zahlreichen Reformansätzen des vorigen Jahrhunderts skeptisch gegenüber. Sie hätten angesichts so mancher

29 Auf den Fotos für die Dokumentation des Neubaus (Abb. 2d/e) ist bemerkenswerterweise die Bühne nur hinter dem Vorhang zu ahnen; **der** Schwerpunkt des Reformkonzepts blieb dem konventionellen Blick eine Art ›blinder Fleck‹.

30 Noch 1903 verhandelten DEHMEL und BEHRENS über weitere Aufführungen der LEBENSMESSE mit einem Reisebühnen-Konzept u.a. in Berlin, wie Briefen von BEHRENS an DEHMEL zu entnehmen ist, die im Dehmel-Archiv der Staats- und Universitätsbibliothek Hamburg vorliegen.

verwirklichten Neuerung bei den »bösen Theaterdirektoren samt ihren kapitalistischen Helfers-helfern«, die »gar nicht so bockbeinige Unmenschen [sind], wie ihr tragisches Renommee sie hinstellt«, einfach zu wenig für eine Massenkultur, eine alle umspannende Volkskultur er-reicht. Wie Dehmel in diesem Text die Effekte der Reformer bis dato aufrechnet[31] und sich mit der Kritik am kaptalistischen Theater und dem Kapitalismus, auch den sozialistischen Ambitionen, dem Antikenideal, der Technikeuphorie, den Nationaltheaterbestrebungen und der elitären Haltung der Machthabenden von allen Glaubensmustern seiner Zeit unmißver-ständlich verabschiedet, zeigt seine hohe Einschätzung der Bedeutung des Theaters für die gesellschaftlichen Zusammenhänge und ein Gespür für die Tragweite der eigenen Zeit-problematik. Dehmel erkannte zwar sarkastisch die Unzulänglichkeit der bisher versuchten Mittel und Methoden, wußte auch, daß es um die Wiedererlangung verbindlicher gesell-schaftlicher Werte für alle gehen mußte, ahnte aber wohl nur im Ansatz die wachsende Veränderung der gesellschaftlichen und sozialen Strukturen, wenn er am Ende prognosti-zierte:

> Wahrscheinlich aber werden die stärksten Antriebe zur Umformung unseres Bühnen-Un-wesens garnicht aus der Theaterwelt selbst hervorgehn, sondern – wie stets in der Kunstge-schichte – aus volkswirtschaftlichen Wohlstandsformen. (..) In finanzieller wie kultureller Rich-tung liegt bei dem haushälterischen Sinn unserer Zeit das Ziel ja fast handgreiflich nahe, diese Ausstrahlung der Geselligkeit auf den dramatischen Brennpunkt zu concentrieren, und es sind wohl nicht immer politische Revolutionen für derlei soziale Reformen vonnöten. (47)

Aus Furcht vor den erahnten, möglicherweise gewaltsamen politischen Umwälzungen hoff-te Dehmel auf die Wirkung eines befriedenden kultivierten Kapitalismus, verfiel bei aller Verächtlichkeit in die ebenso reaktionäre wie romantische Hoffnung, daß alles wieder werde wie in einer imaginären heilen Welt der Vergangenheit:

> O nein, ihr tadellos reinlichen Herrschaften all: ihr sollt durchaus nicht (..) das unsaubre Ge-schäft betreiben, euch mit Hans Jedermann anzubiedern! (..) Lernt endlich wieder die Politik handhaben, mit der die gekrönten Parvenüs der Renaissance Ehrfurcht erweckten! Begreift, daß die Schönheit ein Machtmittel ist, und daß die eigenmächtigsten Künstler die macht-vollkommensten Machthaber sind! Sucht euch nur dreist die besten aus und richtet mit ihnen Festhäuser ein, die eure standesbewußten Häupter mit der selbstherrlichen Glorie umgeben! Dann wird sich auch bald das begehrliche Volk auf sein bestes Selbstbewußtsein besinnen. Dann wird es seine Führer zwingen, ihm ähnliche Feste zu verschaffen. (..) Dann wird jede Volksklasse im Theater den repräsentativen Typus ihrer menschlichen Lebenswerte suchen. (..) Aber – ruft der realpolitische Leser – das sind ja lauter Zukunftsschlösser; soll in der Zwi-schenzeit denn rein garnichts für die Reform des Theaters geschehen? - Das wäre vielleicht in der Tat das Beste (..). (48)

---

31   – und sich dabei in seinem Eifer selbst ironisiert: »Ach, auch ich entwarf einst mit Peter Behrens einen
     wunderschönen liturgisch-plastisch-koloristisch-architektonischen Plan zur Aufführung meiner ›Lebens-
     messe‹, und wir hätten's uns eigentlich sparen können; man bräuchte uns einfach die Chorhalle des Kölner
     Doms zur Verfügung zu stellen, und wir würden bald – den selben Erfolg erleben (..)« (◇36 Theaterreform
     S.11)

Der Künstler tritt in diesem Essay als von den tatsächlichen Entwicklungen enttäuschter Erzieher, Kämpfer gegen die Entfremdung und für soziale Fürsorge und schließlich als Prophet auf, der angesichts seiner Furcht vor einer unvertrauten, potenziellen gesellschaftlichen Gewalt historische Lösungsmuster empfiehlt, indem er von einer ehedem, aber nicht mehr mächtigen Gruppe die Neuordnung der Verhältnisse einfordert. Solch ein Ansatzfehler konnte nicht fruchten und so resignierte Dehmel auch schließlich.

Zunächst hatte er mit seinem ersten, 1895 fertiggestellten Drama DER MITMENSCH nicht nur die Problematik der Umsetzung baulicher Reformvorschläge vorausgesehen, sondern sogar einer seiner Hauptfiguren, dem innovativen Architekten Peter Wächter ein selbstentwickeltes Theaterbaukonzept (Abb. 1) zugeschrieben[32]. Durch seine Hauptfigur erläutert er seine Vorstellungen:

> (..) das ist die Kuppel, mit drehbarer Bühne drunter, in vier Segmenten, drehbar und mit Fahrstühlen, durch beide Stockwerke durch, vier Bühnen; einfach Kulissennachschub wissen Sie. Und ebenso vier Zuschauerräume, oben zwei, unten zwei, kreuzweis übereinander, hier in der Außenrotunde, unter der Stützkuppel (..). Oder auch zwei Räume bloß, zwei bis sechs, je nachdem (..). Oder nur ein Raum, Cirkus sozusagen, für große Festspiele und so weiter. Mit verstellbaren Wänden, die kein Geräusch durchlassen (..) Sodaß es keine Störungen mehr gibt durch Zwischenakte (..) – und keine schlechten Plätze mehr gibt! (..) Und alles, sehen Sie, in einer neuen Architektur! von meinem neuen Metall getragen! (..) – feuersicher natürlich. (..) ein neuer Glasstoff, durchbrochen, bunt natürlich; durch Dächer und Kuppeln das Innenlicht lassend. (49)

Dieses eigene Baukonzept ist insofern hochinteressant als es eine erweiterte Vorfassung des Entwurfs von Behrens für Darmstadt darstellt, erweitert in Hinblick auf die technischen Möglichkeiten, wenn auch abweichend davon in Hinblick auf die Zielsetzung: Dehmel ging es bei diesen ersten Überlegungen zum Theaterbau offenbar in erster Linie um technische Lösungen[33]. Bei Behrens findet sich die Spannung der Grundformen zwischen griechischem Kreuz und Kreis, wie die Art der Beleuchtung wieder, während die neue, ja innovative Variabilität und die dynamischen Möglichkeiten, die Dehmel sich zu einem sehr frühen

---

32 In dem Stück sind zwei Geschehnisebenen miteinander verknüpft: Auf der ›emotionalen‹ Ebene geht es um eine intensive Bruderbeziehung zwischen dem genialen, aber weltabgewandten Architekten Peter Wächter und seinem Bruder Ernst, der ihn finanziell unterhält; und um Peter Wächters allseits unerwünschte Liebesbeziehung mit Thora Nathan, der Tochter seines jüdischen Geschäftspartners, die tragisch endet. Auf der ›geschäftlichen‹ Ebene geht es um Peter Wächters Erfindung eines neuartigen metallenen Baustoffs und eines völlig neuartigen Konzeptes für ein Theater, um deretwillen er in Verhandlung mit dem finanziell maroden Bankhaus Nathan steht. Nathan ist bei dem skrupellosen Geschäftsmann Eickrott verschuldet und bräuchte dringend die Rechte an dem Patent Wächters, um sich zu sanieren; dabei interessiert er sich allerdings nur für den Baustoff, nicht aber für das Theater, das wiederum Wächter sehr wichtig ist. Am Ende gelingt es, einen ebenso theaterinteressierten Geschäftsmann für Wächters Ideen zu gewinnen, während DEHMEL die ›bösen Kapitalisten‹ scheitern läßt.

33 In seinem Brief an Arno HOLZ vom 22.3.1895 schreibt er »(..) Bin jetzt übrigens auch unter die Erfinder gegangen. In meinem neuen Drama kommt ein Entwurf zu einem neuen Theater vor, der erstens die neue Bühnentechnik auf einen neuen Trab bringt, zweitens (nach dem Urteil eines Architekten) die Vollendung der Centralbau-Idee der Renaissance sein soll.«

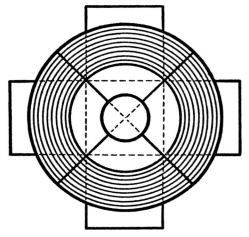

1   Richard Dehmel: Theaterreformbau-Konzept
     für »Der Mitmensch« (1895)

Zeitpunkt der Reformgeschichte erträumte[34], unbeantwortet bleiben mußten. Zum einen konnten die Architekten solche Lösungen noch nicht umsetzen, zum anderen wollten sich Behrens und Fuchs allein auf bauliche Lösungen und die *Einheit der Festgemeinde* verlassen, wo in Dehmels Phantasie sich technische und bauliche Lösungen bereits vermählt hatten.

Indem Dehmel in seinem Stück dem Entwurf auch eine ›Rolle‹ im Handlungszusammenhang zuwies, verlieh er seiner Ablehnung reiner ›Kapitalisten-Seelen‹, wie etwa Nathan oder Eickrott, sowie seiner heimlichen Hoffnung auf den idealistischen *Kaufmann* als gesellschaftlichem Deus ex machina Ausdruck[35], aber Dehmels Hoffnung erfüllte sich nicht oder trug nicht die erhofften Früchte – und auch die im Dialog mit Peter Behrens ersonnenen Lösungen realisierten sich nicht.

Hellerau: Ein Saal im Schnittpunkt der Reformansätze

Das Objekt, dessen Porträt nun skizziert wird, vereinigte die Hoffnungen fast aller Bereiche der Reformierungseuphorie seiner Zeit auf sich: Hervorgebracht aus der Spannung der Ideen der Lebens-, Arbeits-, Lehr-, Architektur- und Theaterreformbewegungen entsprach seine Materialisierung womöglich der Quersumme aller Wünsche und Forderungen (wie alle Farben des Spektrums gemeinsam wieder weißes Licht ergeben) – oder dem größtmöglichen Kompromiß. So erstaunt es auch nicht, daß am Ende für die Bildungsanstalt Jaques-Dalcroze in Hellerau kein wahrhafter Theaterbau errichtet wurde, sondern schlicht ein Raum konzipiert, der Aufführungen ermöglichte, eine bestimmte Auffassung von theatraler Kommunikation repräsentierte und gleichzeitig als Teil eines größeren Ganzen auch in dessen Sinne nutzbar war. Hierbei prägten die Bedürfnisse des Musikerziehers Emile Jaques-Dalcroze wie die Ideen des Theaterreformers und Szenographen Adolphe Appia und des Malers Alexander Salzmann die Lösung Heinrich Tessenows. Die Bildungsanstalt war ihrerseits Teil des von ihrem Mäzen und Befürworter Rolf Dohrn gar als Zentrum und Keimzelle einer besseren Gesellschaft verstandenen Gartenstadt-Projektes Hellerau und so verkörperte der Bau auch die Hoffnung auf eine Realisierung alternativer, also sozial und human orientierter Lehr- und Lebensformen. Dies offenbart nicht zuletzt Dohrns Entscheidung

---

34 Die Tendenz zur kreisrunden Bauform ist dabei bereits mehrfach von den Erneuerern im antikisierenden Geiste durchgespielt worden, besonders in Hinblick auf Volks- und Massentheater (z.B. von DAVIOUD und BOURDAIS 1875 für eine Pariser Volksoper, Andreas STREIT 1887 für ein Wiener Reformtheater oder Adolf LOOS 1898 für ein Massentheater) und wird auch noch Thema bleiben, verblüffend ist vielmehr seine technische Vision absoluter Variabilität, die erst in den 20er Jahren thematisiert wird und in ihren Details an Vorschläge der 50er Jahre gemahnt (z.B. die Fahrstühle für den Szenenwechsel an Friedrich GUNKELS rundes Arena-Konzept von 1954 und die variable Raumkonstellation an HAUSMANNS und SCHLEGLS Wettbewerbsvorschlag für Düsseldorf 1959).

35 In einem Brief an einen E.R. schreibt er 1902, daß die »Kaufleute« sich auf vielen Gebieten fruchtbar betätigen könnten und erwähnt »gewisse neue Theater-Ideen, die nur auf den Unternehmer warten, um ihre Lebenskraft zu erweisen.« Aus einem Brief an MÜLLER VAN DEN BRUCK aus dem gleichen Jahr ist aber bereits jene Skepsis herauszulesen, die das resignierende Resümee des »Theaterreform«-Aufsatzes kennzeichnet.

für Tessenow als ausführenden Architekten. Dessen Arbeiten wurden im Kreuzfeuer der Ansichten bekannt, weil er Architektur in erster Linie als soziale, weniger als ästhetische Aufgabe verstand und behandelte. Angesichts dieses komplexen Hintergrunds erstaunt das derart schlichte und zweckmäßige Resultat (Abb. 1a). Um den Gehalt dieser Reformarchitektur einschätzen zu können, verfolgt man am besten die einzelnen Ideenstränge, die zu seiner konkreten Gestalt geführt haben.

1888 gründete Karl Schmidt die *Dresdner Werkstätten für Handwerkskunst* mit dem Ziel, durch die Zusammenarbeit von Handwerkern und Künstlern der entfremdenden industriellen Produktion von Möbeln rehumanisierende Arbeits- und Herstellungsmethoden entgegenzusetzen. Damit stand er der sich 1907 endgültig konstituierenden Werkbund-Bewegung nahe und expandierte bis zu diesem Jahr, in dem die Dresdner auch mit den Münchner Werkstätten fusionierten, erheblich. Schmidt beabsichtigte, aufs Land zu gehen und den nötigen Umzug mit dem Projekt einer Gartenstadt-Gründung zu verbinden, um eine Modellsiedlung für menschengemäßes Arbeiten, Leben und Wohnen der arbeitenden Schichten zu errichten. Damit verknüpfte er folgerichtig seine ideal(istisch)en Vorstellungen von humanen Produktionsweisen mit jenen das humane Leben und Wohnen betreffenden, die auf den Engländer Ebenezer Howard zurückgingen[36]. Richard Riemerschmidt entwarf in diesem Sinne die Gestalt Helleraus und auch Tessenow war als Spezialist für sozialen Wohnungsbau an seiner Errichtung beteiligt (50).

Wolf Dohrn, der Sekretär des Deutschen Werkbundes, war Mitarbeiter Karl Schmidts und Mitinitiator Helleraus. Er beabsichtigte, in Hellerau eine freie Schulgemeinde zu installieren, änderte aber zunächst seine Pläne als er 1909 den Schweizer Musikpädagogen Emile Jaques-Dalcroze und seine Methode der Rhythmischen Gymnastik während dessen Tourneeabstecher in Dresden kennenlernte. Dohrn, der an die Verwirklichung eines idealen Staates durch die Erneuerung des Erziehungswesens glaubte, sah in Jaques-Dalcozes Arbeit einen gangbaren Weg dafür und band ihn daraufhin zielsicher in die Gartenstadt ein. 1910 nahm Jaques-Dalcroze – zunächst in einem räumlichen Provisorium – seine Arbeit in Hellerau auf. Hatte Dohrn allerdings die Bildungsanstalt für die musikalische Erziehung der Hellerauer Arbeiterkinder vorgesehen und geplant, ihr später noch ein Landerziehungsheim anzuschließen, realisierten sich diese volksnahen Ansätze tatsächlich nur teilweise: Jaques-Dalcroze folgte aus Genf nämlich der Großteil seiner Studenten am Konservatorium nach und sie bildeten nun das Gros seiner Schüler; außer Pflichtveranstaltungen für die Kinder der Bewohner und die Verortung der Bildungsanstalt gab es keine Bezüge zur Einwohnerschaft, obwohl doch auch Kurse für die Erwachsenen den Ansätzen der Reformer entsprochen

---

36   HOWARD hoffte, sich mit dem Konzept eines ländlich unabhängigen Lebens im Umkreis einer nicht zu großen Stadt der rücksichtslosen Funktionalisierung und gnadenlosen Explosion der Großstädte entgegenstellen zu können. Dieser ›soziale‹ Ansatz versprach sich von der Individualisierung der Produktionsmethoden und der Bindung der arbeitenden Menschen an den eigenen Boden als Alternative zur Vermassung in den Großstädten und der Landflucht eine Befriedung der konfliktreichen Verhältnisse seit der industriellen Revolution. (vergl. dazu ◇23 MAGNAGO LAMPUGNANI S.31f. und 130)

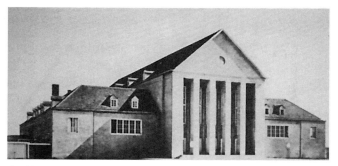

1a Heinrich Tessenow: Bildungsanstalt Jaques-Dalcroze
in Hellerau (1912), Fassade

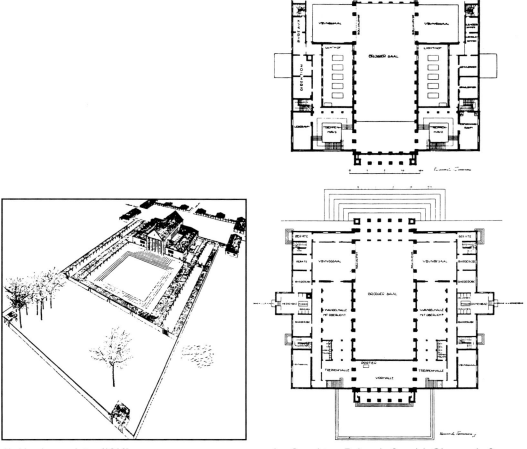

1b Vogelperspektive (1910)

1c Grundrisse Erdgeschoß und 1. Obergeschoß

hätten. Die Bildungsanstalt bereicherte Hellerau also um eine kulturelle Einrichtung, nicht aber um ein konzeptionelles Element[37].

Emile Jaques-Dalcroze seinerseits war von den weltverbessernden Ansprüchen Wolf Dohrns eigentlich überfordert. Er hatte bei der Entwicklung seiner rhythmischen Lehrmethode im idealen Fall zwar auch sozial wirken wollen, als Empiriker sprach er da aber von Möglichkeiten, während seine Ansätze sich in der Arbeit mit Individuen und kleineren Gruppen erst allmählich zur Methode konkretisierten. Gerade aber diese potenziellen Möglichkeiten seiner Arbeit an einem für die Zeit neuralgischen Punkt verführten offenbar dazu, die reale Substanz der Methode mit Forderungen und Wünschen zu befrachten.

Ursprünglich war Jaques-Dalcroze Musiker, Komponist und zuletzt Lehrer am Konservatorium in Genf gewesen, wo ihm an seinen Studenten die Unfähigkeit, musikalische Rhythmen einzuhalten, von ihm Arhythmie genannt, auffiel. Die Ursache lag seiner Meinung nach in einer Trennung zwischen Geist und Körper, das heißt, der Unfähigkeit des Körpers, die Erkenntnisse und das Streben des Geistes umzusetzen. Aus Übungen zur Vereinigung beider entwickelte er seine berühmte Methode und zielte dabei auch auf die Freisetzung von Körper- und Seelenausdruck, damit die Schulung der Empfänglichkeit ins Gleichgewicht zu den dadurch evozierten Ausdrucksmöglichkeiten gerate. Auf diesem Wege gelangte er unversehens von der rein musikpädagogischen Intention in den Bereich allgemeiner, besonders theatraler Ausdrucksschulung und an diesem Punkt wurde eine Zusammenarbeit mit Appia für ihn interessant (51).

Adolphe Appia war wie Jaques-Dalcroze Musiker und darüberhinaus ein glühender Wagnerianer, dessen tiefe Enttäuschung über die gängige Inszenierungspraxis der Musikdramen Wagners ihn erst zu theatraler Reformarbeit trieb. 1890/91 ließ er sich deshalb sogar an der Dresdner Hofoper und am Wiener Burgtheater in Belangen der Bühnen- und Lichttechnik ausbilden (52). Appias Ziel war zunächst eine angemessene Inszenierungspraxis für diese Gesamtkunstwerke, die für ihn selbst in Bayreuth nicht gegeben war, in der Theaterlandschaft seiner Zeit vorzubereiten und durchzusetzen, also die verstaubte Ausstattung, die inkompetente Darbietung der Sänger und die inadäquate Übersetzung der Musik in die Inszenierung von der Bühne zu verbannen. Nach seiner theaterpraktischen Phase versuchte er, seine Wünsche und Erfahrungen theoretisch zu fassen. Seine Schriften *»La Mise en Scène du Drame Wagnérien«* und *»Die Musik und die Inscenierung«* erschienen 1895 und 1899. Besonders letztere verdeutlicht die Basis seines Reformansatzes: Für den

---

37 »Die elitäre Selbstbezogenheit der Rhythmiker bestimmte uneingeschränkt das offizielle Geschehen in Hellerau. Das der Institutsmitglieder war so ausschließlich auf künftige Zeiten und Generationen fixiert, daß die Bedürfnisse der Gegenwart vernachlässigt wurden. Mit dem obligatorischen Rhythmikunterricht der Kinder war die sozialpädagogische Arbeit bereits erschöpft. (..) Das Institut war vor allem ein Hort künstlerisch und pädagogisch Gleichgesinnter, der fast im Gegensatz zum ursprünglichen Programm der Gartenstadtgründer stand. (..) Zusammenfassend ist zu sagen, daß die Veranstaltungen der Bildungsanstalt als erstes Ziel die aufklärende Selbstdarstellung vor der Öffentlichkeit hatten (..) um mit den gezeigten Leistungen eine gerechte Beurteilung der Bemühungen zu erreichen und ihnen den Ruf des Esoterischen und Sektiererischen zu nehmen (..).« (◊48 GIERTZ S.146f.)

Musiker Appia war die Musik die elementare künstlerische Ausdrucksform; deren Botschaft hätten die Mittel des Theaters sichtbar werden zu lassen:

> Indem die Musik dem Künstler den vollen Anblick dessen erschließt, was er bis dahin nur dunkel und passiv empfunden, macht sie ihn fähig, es auch Anderen zu übermitteln. Was früher der Künstler unbewußt und für sich allein im Traume vollzogen, das verwirklicht nun bewußt und für alle Menschen der Dichter, der zum Musiker geworden, oder besser gesagt: der Dichter, in welchem der Musiker sich geoffenbart hat. (53)

Unüberhörbar findet sich da eine hierarchische Bewertung zwischen dem, was Appia das *Wortdrama* nennt, und dem für ihn überlegenen *Wort-Tondrama*. Dies entwickelt er aus einem von der Musik her geschärften Bedürfnis nach der künstlerischen (An-)Ordnung von Zeit und damit Raum.

> Wir haben gesehen, daß, wenn die Inszenierung den Rang eines Ausdrucksmittels im Drama einnehmen soll, sie eines ordnenden Princips bedarf. (..) Im Wortdrama scheint der Dichter durch den Umfang und die Aufeinanderfolge seines Textes dafür zu sorgen. Doch es scheint nur so. Denn der Text an sich besitzt kein festes, bestimmtes Zeitmaß, und jene Zeit, die von keinem Texte ausgefüllt wird, die Pausen, sind schon gar unmeßbar. Wollte man das Zeitmaß für Wort und Schweigen auch mittels des Chronometers feststellen, so würde es doch noch immer bloß vom willkürlichen Gutdünken des Autors oder des Inszenierers abhängen, nicht aber **notwendig** dem ursprünglichen Schöpfungsgedanken entspringen. (..) Die Musik dagegen setzt nicht nur das Zeitmaß und die Aufeinanderfolge der Vorgänge im Drama fest, sondern vom darstellerischen Standpunkt muß sie (..) als die **Zeit selbst** betrachtet werden. (54)

Bemerkenswert ist zum einen Appias immenser Ordnungs- und Präzisionsanspruch der auslösenden Idee gegenüber, der sich vor allem in der Kategorie Zeit manifestiert, und zum anderen der damit zusammenhängende Werktreue-Anspruch, der autonome kreative Dimensionen des Theaters negiert und, wie spontaner menschlicher Leistung überhaupt, der Interpretation der Vorlagen zutiefst skeptisch gegenübersteht. Vielmehr erfüllte für Appia die Bühne die Aufgabe, die Musik zu verräumlichen, und der Darsteller, sie zu verkörpern. So wandte er sich zwar von den Doktrinen des Naturalismus ab, insoweit diese die Lebensechtheit zu spiegeln bemüht waren, forderte aber eben diese Gesetze für die Übersetzung der Musik ein[38], schuf dadurch eine in sich geschlossene ästhetische Welt und gelangte so außerdem auf ein viel höheres Abstraktionsniveau der Bühnenmittel. Die Darsteller waren hier nicht mehr der Angelpunkt der Aufführung, sondern **ein** Teil der Inszenierung unter mindestens gleichberechtigten, allesamt der Ordnung der musikalischen Partitur unterworfenen. Unter deren Vorherrschaft aber wird die menschliche Bewegung vom Rhythmus bestimmt und damit dem Tanz zumindest angenähert[39] – und der Tanz, als »*das rhythmische*

---

38 »Dem Interpreten des bloßen Wortdramas dient das tägliche Leben in seinen äußeren Erscheinungen als Vorbild für das Zeitmaß und die Aufeinanderfolge seines Spiels. (..) Im Wort-Tondrama hingegen empfängt der Darsteller nicht nur die Suggestion für sein Spiel, sondern auch die bestimmte Angabe für dessen genau einzuhaltende Verhältnisse.« (◇32 APPIA, Inszenierung S.12)

39 »Das musikalische Zeitmaß ist von weitestgehender ästhetischer Bedeutung; denn einzig durch dies Zeitmaß kann heutzutage die bewegliche Menschengestalt im Kunstwerk mitwirken. Diese menschliche Gestalt inmitten einer mit ihren Verhältnissen übereinstimmenden Umgebung wäre an sich schon ein Kunstwerk. (..) Es giebt jedoch noch eine andere Art, die menschliche Gestalt mit in den Ausdruck hereinzuzie-

Leben des Menschenkörpers« verstanden, ist der Rhythmischen Gymnastik verwandt. Solch ein Darsteller vermittelt nun zwischen der musikalischen Zeitordnung und dem Raum des Geschehens, der entsprechend zum *musikalischen* Raum wird, einem plastischen Raum, der die Widergabe des von der Musik ausgehenden Bewegungsrhythmus erst ermöglicht[40]. Insofern fand die Kulissenmalerei in diesem Konzept zwangsläufig ihr Ende. Und indem die plastische Körperlichkeit der Bühne materielle Realität besitzt, bietet sich der Einsatz inszenierten Lichts als grundlegendes Ausdruckmittel an, nicht zuletzt auch aufgrund seiner ästhetischen Qualität:

> *(..) die drei Elemente, welche zusammen das unbelebte Bühnenbild ausmachen, sind nicht als gleichwertig zu betrachten, sondern die Beleuchtung und die plastische Aufstellung der Dekorationen im Raume sind der Malerei an Wert überlegen.*

> *(..) Was in der Partitur die Musik, das ist im Reiche der Darstellung das Licht: das Ausdruckselement im Gegensatz zum Elemente des andeutend orientierenden Zeichens. Das Licht kann, gleich der Musik, nur das ausdrücken, was dem ›inneren Wesen aller Erscheinung‹ angehört.*
> *(55)*

Dabei war Appia bereits die Unzahl lichttechnischer Möglichkeiten bewußt, ohne sie erprobt oder umgesetzt zu haben. Trotzdem war das Licht für ihn kein autonomes Ausdruckmittel, sondern blieb an die Musikpartitur gebunden.

Als Appia 1906 an einem Kurs für Rhythmische Gymnastik bei Jaques-Dalcroze teilnahm, lag die Nutzbarmachung dieser Trainigsmethode für seine Theaterreform nahe: Mit ihrer Hilfe schien es möglich, die Körperschulung der Sänger des *Wort-Tondramas* vorzunehmen und sie zu befähigen, sich in die musikalische Partitur-Ordnung, gleich Tänzern, in die Inszenierung einzufügen; mit Hilfe der Gymnastikklassen Jaques-Dalcrozes war es außerdem möglich, das Verhältnis zwischen dem sich bewegenden Menschen und der Raumgestaltung experimentell zu erforschen. Zwischen 1906 und 1910 arbeiteten beide zusammen, indem Appia dabei die räumlichen Aspekte seiner Theaterreform erprobte und die Übungsräume ständig umgestaltete, während Jaques-Dalcroze seinen Ansatz verräumlichen und dabei versuchen konnte, sein Ideal der griechischen *Orchestik* umzusetzen (56); 1909 entstanden die *Rhythmischen Räume* (Abb. 2) und prägten dann die Trainingsarbeit in Hellerau. So gelangte Appia zu einer höheren Einschätzung des menschlichen Beitrags zur Inszenierung und zu einer konsequent plastischen und abstrahierenden Auffassung der räumlichen Bühnengestaltung. Und Jaques-Dalcroze ›inszenierte‹ geradezu die Jahresergebnisse und Werkstatteinblicke auf den Hellerauer Schulfesten.

---

hen, und zwar, indem man die Grundverhältnisse der Musik auf sie überträgt, ohne daß die Mitwirkung des Wortes nötig wird: dies geschieht durch den Tanz (..): das **rhythmische** Leben des Menschenkörpers.« (✧32 Inscenierung S.35/37)

40   »Dieser gewissermaßen musikalische Raum, zu welchem die Inscenierung für das Wort-Tondrama wird, muß demnach ein ganz anders gearteter sein als derjenige, in welchem der bloße Wortdichter sein Drama zu verwirklichen sucht. (..) Denn wie ich (..) darlegen werde, – messen die von der Musik festgesetzten Bewegungen des Darstellers den Raum, lassen das musikalische Zeitmaß gleichsam im Raum Gestalt gewinnen und bestimmen dadurch auch die Verhältnisse der gesamten übrigen Inscenierung.« (✧32 Inscenierung S.11f. und 15)

1d Vortragssaal (Zuschauertribüne)   1e Vortragssaal (Bühne)

2   Adolphe Appia: »Die rhythmischen Räume«
     (1906–10)

Nachdem Wolf Dohrn Jaques-Dalcroze an Hellerau binden konnte, beauftragte er Heinrich Tessenow, ein Gebäude für die Bildungsanstalt zu entwerfen, das acht Übungssäle, einen großen Vortragssaal sowie Wohn- und Verwaltungsräume umfassen und später noch um ein Landerziehungsheim erweitert werden sollte. Bis Tessenow den endgültigen Entwurf umsetzen konnte, mußte er noch einige Schwierigkeiten von seiten der Maßgeblichen in Hellerau und zwei Standortwechsel über sich ergehen lassen, denn Richard Riemerschmidt tat sich – vom Jugendstil her kommend – schwer, den schmucklosen, stark an der Funktion orientierten, wenngleich traditionsgebundenen Charakter der Tessenowschen Entwürfe zu akzeptieren und mobilisierte seinen ganzen Einfluß dagegen[41]. Doch Dohrn hielt an Tessenow fest und so errichtete dieser zwischen April 1911 und Juni 1912 eine die Hauptstraße Helleraus integrierende Schulanlage, bestehend aus dem Hauptgebäude, dessen Herz der Vortragssaal war und das die Übungs- und Verwaltungsräumlichkeiten beherbergte, mehreren kleineren Wohnhäusern, durch Laubengänge verbunden, einem Garten und einem vertieften Übungsplatz im Freien, dessen rahmende Stufen auch als Sitzplätze für Zuschauer tauglich waren (Abb. 1b). Das Hauptgebäude wurde dominiert von dem die Mittelachse beschreibenden tempelartig gegiebelten Trakt, der die Eingangshalle und den Vortragssaal überdachte und an den sich die anderen Gebäudeteile symmetrisch und u-förmig um Lichthöfe gelegt, anschmiegten (Abb. 1c). Dieser Vortragssaal war eine rektanguläre Raumkonstellation für wechselnde Nutzung, deren Gesamtgestalt wie ein Antoniuskreuz angelegt war, während der Raumeindruck einen länglichen rechteckigen Saal nahelegt. Dies liegt daran, daß der Saal mit und ohne seitliche Raumauswüchse nutzbar war: Während des täglichen Schulbetriebs konnte über die drei Räume, durch Rolläden abgetrennt, als separierte Übungsräume verfügt werden und im Falle einer Aufführung dienten die Nebenräume als Nebenbühnen und der Festsaal wurde zu zwei Dritteln mit ansteigendem Gestühl und Treppen für maximal 600 Zuschauer bestückt (Abb. 1d), die ansonsten im vertieften Orchestergraben deponiert wurden; der übrige Teil verwandelte sich durch Praktikabel in jenen *musikalischen* Raum, in jene szenographische Landschaft, die Appia jeweils entwarf (Abb. 1e). Außer einer trennenden Orchestervertiefung war der gesamte Saal eine alle umfassende Einheit, schon dadurch intensiviert, daß auch die völlig neuartige Lichtanlage das Raumganze einbezog: Ganz im Geiste Appias war bereits während der Phase im Provisorium des Dresdner Landhauses der Maler Alexander Salzmann mit den verschiedensten Experimenten für eine elaborierte und variantenreiche Beleuchtungstechnik befaßt gewesen, deren Ziel es eben nicht war, natürliche Lichtqualitäten zu imitieren, sondern die Partitur der Musik mit anderen Mitteln, mit dem Spiel von Licht und Schatten, den Abstufungen diffusen und den atmosphärischen Möglichkeiten gefärbten Lichts visuell zu spiegeln[42]. Schließlich ließ er den gesamten Raum, alle Wände und die Decke, mit unzähligen, teilweise farbigen Lämpchen besetzen und spannte helle, harzgetränkte Leinwand davor. Die Lämpchen konnten mit einer entsprechenden Regulierungstechnik fließende Abstufungen diffusen Lichts im ganzen Raum oder in bestimmten Partien erzeugen, nur in der Decke gab es einige Spots. Das war keine Bühnen-

---

41   Dabei ist bemerkenswert, daß er sich an der Architektur, nicht aber an dem die Hellerauer Institution sprengenden Geist der Einrichtung stieß..

42   Alexander SALZMANN spielte eher mit der Idee, reine Lichtpartituren zu entwickeln, APPIA lehnte dies ab. (erwähnt ◇48 GIERTZ S.127)

beleuchtung mehr, dies war ein Leuchtraum, der entsprechenden Eindruck auf die Zeitgenossen machte[43] und Appias Forderung zu einer technischen Musterlösung werden ließ
(57). Er selbst befand sich in Bezug auf die Hellerauer Aktivitäten in der Position einer
›grauen Eminenz‹[44]. Er lieferte Anregungen und Maßstäbe, arbeitete aber nur in sehr geringem Umfang, eben als Szenograph, mit, während er es Salzmann überließ, diese hochinteres-
sante technische Lösung zu entwickeln, und Jaques-Dalcroze, die Umsetzung dieser Ideen
ebenso wie die Möglichkeiten dieses Raumes, zum Beispiel mit der Inszenierung eines Aktes aus Glucks Oper ORPHEUS UND EURYDIKE auf dem Schulfest von 1912, der Öffentlichkeit vorzuführen.

Man muß den Anfeindungen, die Tessenows Bauansatz von der Hellerauer Seite erfuhr,
entgegenhalten, daß seine schlichte, klare, uneitle und sich dem Stilgerangel entziehende
Interpretation der Aufgabe eine ideale Lösung war, um die Fülle der Anforderungen und
Wünsche zu bewältigen. Denn:

*Das besonders Schwierige der Bauaufgabe lag darin, einen Bau zu schaffen, dessen einzelne
Räume so anzulegen und zu bilden waren, daß sie immer tauglich sind, mehreren zum Teil
ganz verschiedenen Zwecken zu dienen (..). (58)*

Darauf antwortete Tessenow mit einem Bau, der Jaques-Dalcroze Räume bot, die sich im
Sinne Appias auf einfachste Weise variieren ließen und daneben ebenso zum Arbeiten wie
zum Leben genutzt werden konnten, einen Zentralsaal anzulegen, der zum täglichen Ausprobieren ebenso geeignet war wie zur Präsentation der Arbeitsergebnisse, der also Trainings-
raum, Labor, Avantgardebühne und gleichzeitig vollkommen neutral und so fern aller
Theaterkonventionen war[45], daß er all den Forderungen nach Einheit von Bühne und Zu-

---

43 Martin BUBER analysierte seine Eindrücke begeistert: »Die Bühne ist nichts anderes als was mit ihr ge-
    schieht; aber alles was geschieht, ist untereinander streng und klar geschieden durch die Art wie es ge-
    schieht: die uns keinen wesensgleichen Raum vortäuscht, sondern uns einen von unserm wesensverschie-
    denen Raum, den Raum des Dramas darstellt. Dieser Raum des Dramas ist technisch aus zwei Elementen
    aufgebaut: dem Substrat der Verwandlung und dem verwandelnden Agens. Das Substrat sind etliche schlichte,
    graue Stoffflächen und Stoffbahnen, die die Bühne umgrenzen und gliedern. Das Agens ist das diffuse Licht,
    das nicht episodisch herausreißend wie der übliche Scheinwerfer, sondern im Gleichmaß großer Flächen
    und Perioden wirkt. (..) die Stoffe können bald weich, bald fest, bald flach, bald rund erscheinen, und mit
    ihrer Wandlung wandelt sich das Bild des Raumes, den das Licht aus einem eingeschränkten zu einem ins
    Unendliche offenen, aus einem (..) sich selber bedeutenden zu einem Unnennbares andeutenden macht.«
    (zitiert ohne Quellenangabe bei Walter H. ROMSTÖCK »Bühnenbild und Szene im 20. Jahrhundert« IN:
    BAUKUNST UND WERKFORM 8 (1955) S.241) Dabei ist daran zu erinnern, daß diese Effektmöglichkeiten
    auf den gesamten Raum auszudehnen waren, auch wenn wahrscheinlich während der Aufführungen die
    Lichtgestaltung sich vorwiegend auf den ›Bühnenbereich‹ konzentrierte.

44 1925 charakterisierte der Oberspielleiter des Stadttheaters Basel WÄLTERLIN APPIA so: »Adolphe Appia,
    bereits ein Sechziger, ist fast sein ganzes Leben lang im Dunkeln geblieben (..). Er findet im Stillen die
    Anwendung der Rhythmik, er souffliert einem anderen die Beleuchtungsanlage, er lebt auf mit dem mit-
    lebenden Publikum, das er braucht. Von ihm stammt die Inszenierung des Orpheusaktes in Hellerau. Er
    erfindet dann in Genf die Bewegungen und Raumgestaltungen zu den jährlichen Jaques-Dalcroze-Fest-
    spielen (..).« (IN: BTR 1 (1925), S.5)

45 Dies spricht unbedingt für TESSENOWS aufgabenorientiertes Arbeiten als originäre Leistung und persön-
    liches ›Stil‹merkmal, denn er hatte seine wichtigste Lehrzeit ausgerechnet bei Martin DÜLFER, einem der
    gefragtesten konventionellen Theaterbaumeister der Zeit absolviert und mit ihm beim Bau des Dortmun-
    der Theaters 1903/1904 zusammengearbeitet. (s. ✧61 WANGERIN/WEISS S.14)

schauerraum, nach plastischer Szenographie und Lichtpartitur, nach musikalischer Inszenie-
rung und rhythmischer Bewegung entsprach. Und dazu auch noch die Tempel-Idee der
Lebensreformer in seiner äußeren Erscheinung und die expansiven schulreformerischen
Ansätze Wolf Dohrns befriedigen konnte.

Das Experiment währte bis zum Bergtod seines Förderers Wolf Dohrn, der mit dem Ausbruch des Ersten Weltkriegs zusammenfiel. Vor allem deswegen verließ der dem Krieg ablehnend gegenüberstehende Jaques-Dalcroze mit seiner internationalen Schülerschaft
Hellerau endgültig. Seine Methode entwickelte sich an verschiedenen Orten Europas weiter
– und überlebte sogar in Hellerau den Krieg.

Jacques Copeau: Theater auf dem nackten Brett

Deutschland war in der Zeit zwischen Jahrhundertwende und Erstem Weltkrieg durchaus
das Zentrum der Formensuche, wenn es um Theaterspiel und Theaterbau ging. Sogar die
Reformer des Auslands kamen, um Resonanz zu finden und sich mit Gleichgesinnten austau-
schen zu können. Aber auch die Theaterszenen anderer europäischer Länder häuteten sich.
In Frankreich begann kurz vor dem Ersten Weltkrieg der ehemalige Theaterkritiker Jacques
Copeau seine Arbeit als Regisseur, Theaterleiter und Begründer des modernen französischen Theaters (59) und seinem Ensemble entstammte die nächste Generation erneu-
ernder französischer Regisseure, wie Louis Jouvet, Charles Dullin, Jean Vilar oder auch
Marcel Marceau. Copeau selbst baute auf den Errungenschaften André Antoines, des Grün-
ders des Théâtre Libre und wichtigsten Vertreters des französischen Naturalismus auf, stand
in Kontakt mit Adolphe Appia und Emile Jaques-Dalcroze, beschäftigte sich auch mit Georg
Fuchs Reformbemühungen, suchte selbst aber etwas anderes in der Theaterarbeit und setzte
ihnen allen, ebenso wie dem Geschäftstheater und der manierierten Rhetorik der Comédie
française, einen auf die elementaren Mittel reduzierten Ansatz entgegen.

Wenn er in der Inszenierungsarbeit und der Schauspielausbildung auch auf die Methode Jaques-Dalcrozes zurückgriff, Fuchs grundsätzliche Forderung nach der Retheatralisierung
des Theaters bekräftigte, wie Reinhardt den Schauspieler und die klassischen Texte als Säulen des Theaters ansah, unterschied er sich dennoch von allen auch ein bißchen: Copeau
praktizierte ohne schweren konzeptionellen Balast ein bescheidenes Theater, das nie der
Versuchung erlag, den humanen Maßstab seiner Kunst zu überschreiten. Er lehnte technischen Aufwand ebenso ab wie die interdisziplinäre Idee des Gesamtkunstwerks, seine Ausstattungen blieben karg und sollten die Darstellungsfähigkeit des Schauspielers ergänzen,
nicht übertrumpfen oder gar ersetzen. Was der Mensch mit seinem Körper im Raum nicht
auszudrücken vermag, blieb eben ungesagt, aber dessen Ausdrucksfähigkeit verfeinerte
Copeau in seiner Inszenierungsarbeit wohl auf beeindruckende Weise. 1913 schrieb er in
seinem Antrittsmanifest »Un essai de rénovation dramatique«:

> Es mit dieser oder jener attraktiven Formel zu halten, heißt immer, sich für das Theater eigent-
> lich nur nebenbei zu interessieren. Sich für die Erfindungen der Ingenieure und Elektriker zu
> begeistern, heißt (..), in welcher Form auch immer, mit Tricks zu arbeiten. Alte oder neue, wir
> lehnen sie alle ab! Gut oder schlecht, rudimentär nur oder vervollkommnet (..), wir verneinen

die Bedeutung jedweder Maschine (für das Theater)! (..) Die Zwänge der Bühne und ihre Künstlichkeit werden uns disziplinieren und zwingen die ganze Wahrheit in den Gefühlen und Handlungen unserer Personen zu konzentrieren. Mögen die anderen Richtungen [des Theaterspiels] vergehen; uns aber lasse man für das Neue Theater ein nacktes Brett! (60)

Er reduzierte die Theatermittel auf all jene Elemente, die immer und nahezu überall das Theater ausmachen: den Menschen in seinen kreativen und expressiven Möglichkeiten, einen Ort mit angemessenen Rezeptionsbedingungen, ein paar Requisiten, Dinge von zeichenhaftem Charakter und einen den Inhalt des Spiels vorgebenden Text. Demgemäß definierte Copeau seinen Inszenierungsbegriff:

Unter Inszenierung verstehen wir: den Entwurf einer dramatischen Aktion. Das ist das Zusammenwirken der Bewegungen, der Gesten und Haltungen, der Einklang von Gesichtsausdruck, Sprechen und Schweigen; es ist die Totalität des szenischen Spektakels, die ausgeht von einem einzigen Gedanken, der sie entwirft, ordnet und mit sich in Einklang bringt. Der Regisseur entwickelt unter den Spielern jenes verborgene, aber sichtbare Band, jene wechselseitige Sensibilität und geheimnisvolle Korrespondenz der Beziehungen (..). (61)

So erübrigte es sich für ihn, das *Theater der Zukunft*, das ja alle Reformer im Munde führten, theoretisch zu fundieren; es genügte schlicht, Theater zu praktizieren und die Arbeitsweise in den Menschen als den Trägern des Spiels auszusäen, das Theater durch sie leben zu lassen. Copeaus derart am Menschen orientiertes Konzept betrachtete ihn ganzheitlich und so bildete das Ensemble seines Théâtre du Vieux-Colombier eine Lebensgemeinschaft, die im Studio des Theaters auch zusammenwohnte und ihre Arbeit als Persönlichkeitsschulung auffaßte. Auch als Copeau sich 1924, nach endgültiger Abgabe der Leitung des Vieux-Colombier, aufs Land zurückzog und ihm etliche Schauspieler folgten, hatte dies mit einer bewußten Definition von Leben und Arbeit zu tun. Leben und Theater verschmolzen miteinander, wurden austauschbar wie ehedem bei den wandernden Theatertruppen, die Lebensreform bedingte übergangslos eine reformierte Theaterarbeit – ohne den Anspruch der Allgemeingültigkeit wurde die Idee vorgelebt und durch die pädagogische Arbeit in der dem Theater angeschlossenen Schauspielschule der nächsten Generation übergeben[46].

Das Théâtre du Vieux-Colombier eröffnete Copeau 1913 im Saal des L'Athenée Saint-Germain (Abb. 1), den er zuvor vom Architekten Francis Jourdain leicht umbauen ließ (Abb. 2). Dieser erste Umbau betraf vor allem die Beseitigung des Orchestergrabens und den Abschluß des Zuschauerraums dem Foyer gegenüber, nur die Proszeniumsloge auf der linken Seite wurde übernommen. Einheitliche Wand- und Türverkleidungen gaben dem Saal nun etwas Geschlossenes. Die Sitzanordnung des rechteckigen, leicht ansteigenden Parketts, das durch zwei Laufgänge in der Länge geschitelt und erschlossen war, wurde durch eine der Längsachse folgende Reihe von Oberlichtern tagsüber beleuchtet. In dieser beschei-

---

46 »(..) wir repräsentieren keine Bewegung (..) Wir vertreten keine Formel mit der Gewißheit, daß daraus das Theater von Morgen entspringen müsse. Darin besteht der Unterschied zwischen uns und jenen Unternehmungen vor uns. (..) diese verfielen unbewußt in die Unklugheit, ihren Handlungsspielraum durch ein revolutionäres Programm einzuengen. (..) Wir wissen nicht, wie das Theater von Morgen auszusehen hat. Wir verkünden nichts. (..) Indem wir aber das Théâtre du Vieux-Colombier gründeten, haben wir einen Freiplatz für die Inspiration von Morgen geschaffen.« (◇33 COPEAU S.27, Übersetzung von S.K.)

1 Saal des L'Athenée Saint-Germain vor dem Umbau zum Théâtre du Vieux-Colombier

2 Das Théâtre du Vieux-Colombier nach dem ersten Umbau (1913)

3a Das Vieux-Colombier nach den Veränderungen durch Louis Jouvet (um 1920)

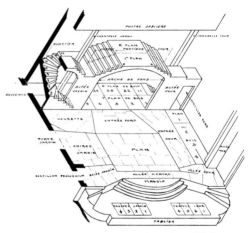

3b Grundstruktur der Bühne (zwischen 1920 und 1924)

3c/d Ausstattungsvarianten im Vieux-Colombier (nach 1920)

denen und immer noch recht konventionellen Zweiraum-Anlage spielte das Ensemble allerdings nicht lange: Der Ausbruch des Ersten Weltkriegs führte zum Rückzug aus Paris und zu einem zweijährigen *Gastspiel* im Garrick-Theater in New York. Zwischen 1919 und Copeaus Rückzug vom Vieux-Colombier 1924 bespielte die Gruppe wiederum ihr Pariser Haus, das diesmal nach den Vorstellungen Copeaus und seines Ensemblemitglieds Louis Jouvet verändert wurde – nun im Sinne von Copeaus Wort vom *nackten Brett*, dem *trétau nu*, das bald zum Schlüsselbegriff für seinen ›armen‹ Spielstil geworden war (Abb. 3a/b). Copeau und Jouvet hatten die Zweiraum-Trennung aufgelöst, indem sie den engen Portalrahmen abrissen und die Bühne nach vorne über den ehemaligen Orchestergraben hinaus in den Sitzbereich zogen. So wurde die Bühne nicht nur in Breite und Länge geräumiger, sondern es entstand auch ein einheitlicher Raumeindruck. Eine dreiteilige Bühne war entstanden: Im Bereich des ursprünglichen Orchestergrabens befand sich eine Vorbühne mit acht Klappversenkungen, das durch ein zentrales, konvex vorspringendes und zwei seitlich konkav führende Treppchen mit der zentralen Bühnenplattform verbunden war. Die Hinterbühne bestand aus festen Bühnenaufbauten: Eine brückenartige Arkade überspannte einen schmalen Raum und ermöglichte das Spiel auf zwei Ebenen. Die obere Ebene war durch Treppen als rhythmisches Auf und Ab angelegt, während eine gerundete Treppe beide Ebenen verband. Der feste Hinterbühnenaufbau signalisiert schon, daß die Nutzer einer so beschaffenen Bühne keine aufwendigen baulichen Veränderungen für jede Produktion wünschen. Zugleich bekannten sie sich zum Geist des Elisabethanischen Theaters, in dessen festen Häusern die Hinterbühne mit den überdachten Nischen und der Galerien-Ebene für Spiel oder Musik zur Grundausstattung der Bühne gehörten (Abb. 4). Mit wenigen Handgriffen und Ausstattungsstücken wurde diese Bühne für die verschiedenen Produktionen des Vieux-Colombier eingerichtet (Abb. 3c). Die Krönung der Einfachheit war die Ausstattung für Molières LES FOURBERIES DE SCAPIN von 1921, die aus einem simplen Holzpodest als Bühne auf der Bühne bestand (Abb. 3d).

So unaufwendig wie sich diese Spielart gebärdete, konnte sie mühelos an jedem Ort stattfinden, und so ließ Copeau dann in seinen späteren Jahren während der Tourneen, die seine Truppe *Les Copiaux* durch ganz Frankreich unternahm, teilweise an Freilichtorten auf kunstvollen, aber mobilen Holzgerüsten spielen (Abb. 5). Damit beeindruckte er Frankreichs Theaterszene nachhaltig. Noch 1950 berief sich Pierre Sonrel, der von der französischen Regierung für Theaterbaufragen eingesetzte Architekt, auf Copeaus Wirken:

Schon vor mehr als 15 Jahren veranstaltete Jacques Copeau (..) Aufführungen, in denen der Ort des Spiels und die Anordnung der Zuschauer ganz von ihm selbst bestimmt wurden. Diese Erfahrungen haben ihn in der Idee bestärkt, daß szenische Schauplätze ganz anders als die des klassischen Theaters gefunden werden könnten und sich daraus eine beträchtliche dramatische Bereicherung ergeben würde. (..)

Die ›Direction des Spectacle et de la Musique‹ interessiert sich besonders für jene Anstrengungen. (..) Und schon scheinen diejenigen, die den Hauch der grandiosen Stätten einmal geatmet haben, in den ihnen gebotenen Räumen zu ersticken (..) und sie verlangen nach Dichtungen und Bauwerken, ohne künstlerische Komplikation, einfach und menschlich. (..)

Abschließend lassen sie mich mit Copeau sagen: ›Es handelt sich nicht darum, das perfekteste Theater der Welt zu errichten, sondern das einfachste und gesundeste (..). Was wir brauchen ist kein Meisterwerk der Maschinerie, sondern ein Meisterwerk des architektonischen Ausdrucks. Wir brauchen nicht den letzten Schrei, sondern den ersten.‹« (62)

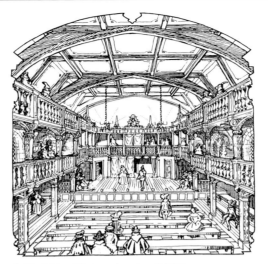

4 Blackfriars Theatre, London (1596)

5 Freilichtgerüst der Les Copiaux (nach 1924)

Max Reinhardt: Der Zirkus oder die *Dritte Bühne*

Max Reinhardts Theaterarbeit war in nahezu einzigartiger Weise mit der Erprobung neuartig strukturierter und ungewöhnlicher Spielorte verknüpft, da er sich als ausgesprochener Theaterpraktiker, sowie Theaterunternehmer Alternativen zum Zweiraumtheater und Guckkastenprinzip nicht nur erträumte und theoretisch zu begründen suchte, sondern mit Konsequenz und Risikofreude realisierte und ausprobierte. Auf der anderen, der inhaltlichen Seite genügte es ihm als gelerntem Schauspieler, der zum Spielleiter wurde, die Ausdrucksfülle einer hermetisch theatralischen Welt auszuleben, ohne direkte Korrespondenz mit der Realität zu suchen oder die theatralen Einflußmöglichkeiten auf die reale Welt zu versuchen. Er betonte immer wieder, daß es ihm auf die Errichtung einer Gegenwelt der Phantasie und der ästhetischen Erfahrung ankam, oder genauer: daß er mit seiner theatralen Gegenwelt die Defizite im Gefühlshaushalt der Alltäglichkeit auszugleichen suchte[47]. Aber anstatt sich in einem Theaterwinkel träumend zu verkriechen, erspürte Reinhardt ein allgemeines Bedürfnis nach Ausflügen in die ›schönen‹ Welten und benutzte die Mittel der kapitalistischen Wirklichkeit, um ein Theaterimperium nach barockem Zuschnitt zu errichten; einerseits konnte ihm bedenkenlos jeder Ort zu einem theatralischen Ort werden und er wählte die Aufführungsorte nahezu wie die Besetzung nach den Erfordernissen der Stückprojekte aus, andererseits bemühte er alle verfügbaren und auch die noch nicht verfügbaren Techniken des Theaters, um seine Inszenierungen in mikrokosmischer Geschlossenheit erscheinen zu lassen[48]: Die ganze Welt ist Bühne, die Bühne die ganze Welt.

---

47 In seiner »Rede über den Schauspieler«, die er zwischen 1928 und 1930 offenbar mehrfach gehalten hat (vergl. die Quellenerörterung von Hugo FETTING IN: ✧43 REINHARDT, Schriften S.500f.), machte er eine ganzheitliche Kritik an der bürgerlichen Gesellschaftsmaske faßbar: »Wir turnen täglich, um unsere Muskeln, unsere Glieder zu stärken, damit sie nicht einschrumpfen. Aber unsere seelischen Organe, die doch für eine lebenslängliche Arbeit geschaffen sind, bleiben ungebraucht und verlieren daher mit der Zeit ihre Leistungsfähigkeit. Und doch hängt unsere seelische, geistige, ja sogar körperliche Gesundheit auch von der unverminderten Funktion dieser Organe ab. (..) Unsere Erziehung freilich arbeitet dem entgegen. Ihr erstes Gebot heißt: Du sollst verbergen, was in dir vorgeht. So entstehen die sattsam bekannten Verdrängungen, die Zeitkrankheit der Hysterie und am Ende jene leere Schauspielerei, von der das Leben voll ist. (..) der gesellschaftliche Kodex hat selbst den Schauspieler, also den berufsmäßigen Gefühlsmenschen, korrumpiert.« (✧43 Schriften S.325f.) Allerdings teilte REINHARDT so jenen ›Humanismus‹ seiner Zeit, der den Unzufriedenen zur Flucht verhalf, ohne die eigentlichen Problemquellen auszutrocknen.

48 Entsprechend war REINHARDT eine irritierende und ambivalent beurteilte Erscheinung in der Szene der Reformer; wo sie fochten und formulierten und zumeist ihre Ideen kaum oder kaum lange realisierten, betrieb REINHARDT Experimente, gebrauchte und erprobte neue Techniken und realisierte sie auch noch mit finanziellem Erfolg. Ein sprechendes Exempel sind da z.B. seine Sommergastspiele im Künstlertheater im Anschluß an dessen Scheitern nach nur einem Jahr. Der Bau kam REINHARDT durch seine gute Akustik, das Oberlicht über der Bühne und die versenkbare Hinterbühne entgegen, allerdings kritisierte er die Anlage der Portale und die Enge der bespielbaren Bühne und mit letzterem also das Herzstück von FUCHS Theorieansatz (»Über das Münchner Künstlertheater« IN: ✧43 Schriften S.134f.). In seinem programmatischen Text »Künstlerische Fragen der Schaubühne« sprach Max LITTMANN bereits 1907 den Vorsprung des »vielgeschmähten und vielgelobten« REINHARDT in Bezug auf die Entwicklung der Reliefbühne und die engere Verbindung zwischen Bühne und Zuschauerraum an (S.19). HUESMANN erwähnt, daß REINHARDT seine Idee des Rundhorizonts im Oktober 1906 patentieren ließ und seine neue, auf der Verwendung von LAUTENSCHLÄGERS ja eigentlich als Umbau-Erleichterung entwickelten Drehbühne

Auf Wiens kleinen Bühnen als Schauspieler ausgebildet und alsbald auch in das Deutsche Theater Otto Brahms in Berlin aufgenommen, war Reinhardt zunächst ein Mitglied der Hochburg des deutschen Naturalismus. Ab 1898 löste er sich mit einer Gruppe anderer Brahm-Schauspieler, die sich *Die Brille*, später *Schall und Rauch* nannten, auf kabarettistischen und zuerst noch privaten Wegen aus der Truppe heraus und baute dann in kurzer Zeit zusammen mit seinem Bruder Edmund, der lebenslang für die geschäftlichen Belange der Reinhardt-Unternehmen zuständig war, einen Theaterkonzern mit Zentrum in Berlin auf. Also auch seine Kritik und Neuansätze versuchten, wie die der meisten Theaterreformer der Jahrhundertwende, gegen die naturalistische Ästhetik zu halten. Zwar verleugnete oder mißachtete Reinhardt seine naturalistische Herkunft nicht, er suchte aber das bei Brahm erworbene Handwerkszeug für andere Ziele und eine andere Konzeption einzusetzen.

Was mir vorschwebt, ist ein Theater, das den Menschen wieder Freude gibt. (..) Das heißt nicht, daß ich auf die großen Errungenschaften der naturalistischen Schauspielkunst, auf die nie vorher erreichte Wahrheit und Echtheit verzichten will! Das könnte ich nicht, auch wenn ich es wollte. Ich bin durch diese Schule gegangen und dankbar, daß ich es durfte. (..) Aber ich möchte ihre Entwicklung weiterführen, sie auf anderes anwenden als auf Zustands- und Umweltschilderung, (..) möchte das Leben auch von seiner anderen Seite zeigen als der pessimistischer Verneinung, aber ebenso wahr und echt auch im Heitern und erfüllt von Farbe und Licht. (63)

Für Reinhardt blieb der Schauspieler – und damit auch das Ensemble – das eine, elementare Standbein seiner theatralischen Welt[49]. Dabei wünschte er sich einen anderen Darstellungsstil, bei dem die Sprachkunst nicht unwesentlich war:

(..) ich glaube an ein Theater, das dem Schauspieler gehört. (..) ich bin Schauspieler, empfinde mit dem Schauspieler, und für mich selbst ist der Schauspieler der natürliche Mittelpunkt des Theaters. (..) ich werde an meine Schauspieler die höchsten Ansprüche stellen. (..) Ich will schöne Menschen um mich haben; und ich will vor allem schöne Stimmen hören. Eine gepflegte Kunst der Sprache (..) mit dem Pathos von heute. (64)

Die Besetzung hing unmittelbar von Reinhardts Interpretation des Stückes – seinem zweiten Standbein – ab. So hatte sich alles den Vorstellungen einer absolut bestimmenden und nahezu allmächtigen Regisseursfigur zu fügen[50]. So zum textdienenden Herrscher über alle Mittel

---

beruhende Ästhetik in aller Munde war. (✧51 HUESMANN S.14, Anm. 35; vergl. ✧54 KINDERMANN S.6, ✧47 FUHRICH/PROSSNITZ S.50f.)

49 Genau in jenem Sinne nämlich, daß er immer noch über Möglichkeiten zwischenmenschlichen Austauschs verfügt, die allgemein gesellschaftlich verschüttet zu sein scheinen. »Wir können heute über den Ozean fliegen, hören und sehen. Aber der Weg zu uns selbst und zu unsern Nächsten ist sternenweit. Der Schauspieler ist auf diesem Weg. (..) Die autosuggestive Kraft des Schauspielers ist so groß, daß er nicht nur innere seelische, sondern ohne technische Hilfsmittel tatsächlich auch äußere körperliche Veränderungen hervorzubringen vermag«, schrieb er in seiner »Rede über den Schauspieler« (✧43 Schriften S.327). Von daher war REINHARDTS unermüdlicher Drang, Schauspieler und Publikum zu verbinden, begründbar und auch seine Instrumentalisierung aller Arten von Orten und Räumen. »Jede Möglichkeit, den Schauspieler in innige Berührung mit seinem Auditorium zu bringen, muß wahrgenommen werden. Der Zuschauer darf nicht den Eindruck haben, daß er nur ein unbeteiligter Außenstehender sei.« (»Über das ideale Theater« (1928) ✧43 Schriften S.343)

50 REINHARDT bezog die Legitimation für seine ästhetische Zentralposition aus dem Respekt dem Dichterwollen gegenüber: »Nach meiner Überzeugung liegt die Aufgabe des Regisseurs im wesentlichen darin,

des Theaters geworden und durch die erfolgreiche Arbeit seines eigenen Theaterunternehmens befreit, verwirklichte der Regisseur Reinhardt ohne langes werbendes Theoretisieren auch die Nutzung für das Theater ungewöhnlicher Aufführungsorte und machte sie zu einem wesentlichen Ingredienz des ästhetischen Gesamtkonzeptes jeder Produktion. In seinem Wunsch, jedem Stück – und jedem Dramentyp – die überzeugendsten Interpretations- und Rezeptionsbedingungen zu schaffen, beschränkte er sich weder darauf, für einen Haustyp nur bestimmte Stücke auszuwählen, noch einen Reformbau zu kreieren, der möglichst variabel gestalt- und bespielbar sei, sondern schon 1901 äußerte er seinem Dramaturgen Arthur Kahane gegenüber:

> Man müßte eigentlich zwei Bühnen nebeneinander haben, eine große für die Klassiker und eine kleinere, intime, für die Kammerkunst der modernen Dichter (..) Und eigentlich müßte man noch eine dritte Bühne haben, lachen Sie nicht, ich meine es in vollem Ernst, und ich sehe sie schon vor mir, eine ganz große Bühne für eine Kunst monumentaler Wirkungen, ein **Festspielhaus**, vom Alltag losgelöst, (..) in der Form des Amphitheaters, ohne Vorhang, ohne Kulissen, vielleicht sogar ohne Dekorationen, und in der Mitte, ganz auf die reine Wirkung der Persönlichkeit, ganz aufs Wort gestellt, der Schauspieler, mitten im Publikum, und das Publikum selbst, Volk geworden, mit hineingezogen, selbst ein Teil (..) des Stückes. (65)

Als Reinhardt 1905 die Direktion des Deutschen Theaters in Berlin übernahm, das er 1906 nach seinen Ansprüchen umrüsten ließ, und ihm im gleichen Jahr das Kleine Haus der Kammerspiele, das das Ergebnis der Umnutzung des Tanzlokals *Embergs Salon* war, hinzufügte, hatte er bereits einen Teil der gewünschten Konstellation geschaffen. Die Idee des Massentheaters, die für seine Ästhetik die wirkliche Herausforderung bedeutete, lebte er zunächst in Provisorien aus. Da offenbarte sich unverblümt sein Wunsch nach lebendiger Kommunikation innerhalb einer Theaterwelt, die er in die Antike-Argumentation seiner Zeit gekleidet hatte und die bei ihm zur *modernen Antike* wurde.

> Wenn ich für meine Inszenierung des ›König Ödipus‹ den Zirkus wählte, so konnte es sich hierbei naturgemäß nicht um eine äußerliche Kopie des antiken Theaters handeln. Für mich kam es darauf an, die Tragödie des Sophokles aus dem Geiste unserer Zeit wieder aufleben zu lassen, sie den Bedingungen und Verhältnissen der heutigen Zeit anzupassen. Es konnte mir nicht in den Sinn kommen, jene antike Szene wieder hinstellen zu wollen, zu deren Voraussetzung der freie Himmel und die Masken gehören. Das Wesentliche des Zusammenhanges zwischen der heutigen und der alten Bühne sah ich für meinen Teil darin, ob es gelingen könnte, die Dimensionen wieder zu schaffen, mit denen die großen Wirkungen des antiken Theaters so eng verknüpft waren. (..)

jedem Werke die Bedingungen zu schaffen, die dem Dichter selbst vorgeschwebt haben mögen.« (»Das Theater der Fünftausend« (1911) ✧43 Schriften S.330, vergl. auch »Von der modernen Schauspielkunst und der Arbeit des Regisseurs mit dem Schauspieler« von 1915, ✧43 Schriften S.304ff.). Woher er das Wissen um jenes bezog, erläuterte er freilich nicht. Von der Literatur her erklärte er auch sein Spiel mit der räumlichen Gestaltung: »Sicherlich wird auch die Rahmenbühne fortbestehen. Denn man wird sie immer für einzelne Theaterstücke großer Schriftsteller, die ihre Werke nur für diese Bühne schrieben, brauchen. Aber die Rahmenbühne ist nicht die Bühne der Zukunft und der Dramatiker der Zukunft wird seine Schauspiele nicht für einen so beschränkten Raum schreiben.« (»Über das ideale Theater« ✧43 Schriften S.343)

*Ein Kontakt zwischen Publikum und Darsteller ergibt sich, der ungeahnte anonyme Wirkungen
auslöst. Der Zuhörer wird in weit höherem Grade als sonst mit den Geschehnissen verbunden.
Für die Schauspielkunst kommt wieder der Satz zu Ehren: Am Anfang war das Wort. So leitet
sich eine Entwicklungsmöglichkeit der Sprechkunst des Schauspielers ein, der wieder lediglich
auf die Kraft des Wortes gestellt wird. (..)
Mir wird nun nachgesagt, daß ich mit meinen Versuchen die heutige Form des Theaters ver-
werfen wolle. Das fällt mir beileibe nicht ein. Das heutige Theater muß mit seinen erprobten
Werten schon deshalb bestehen bleiben, weil für diese seine Form klassische Dichtungen
geschaffen wurden. (..) Brauch ich es ausdrücklich zu betonen, daß für mich der Zirkus mit
allen seinen Vorzügen und Mängeln erst einen Anfang, ein Provisorium bedeutet? (..)
Sollte es gelingen, das ›Theater der Fünftausend‹ ins Leben zu rufen, so wäre damit die Möglichkeit gegeben, weite Kreise der Bevölkerung als Besucher heranzuziehen, denen heute aus
wirtschaftlichen Gründen der Eintritt versperrt ist. Und würden sich Tausenden und aber Tausenden die Tore öffnen, so könnte das Theater auch in unseren Tagen zu einem sozialen Faktor
werden. (66)*

Reinhardt eröffnete den Reigen seiner Provisorien 1911 mit der Inszenierung des KÖNIG
ÖDIPUS von Sophokles in der Neuen Münchner Musikhalle. Dieses Ausstellungsbauwerk
war ursprünglich eine von Wilhelm Bertsch errichtete AusstellungsHalle gewesen, die der
dem Deutschen Werkbund nahestehende Architekt Theodor Fischer 1909 durch den Einbau eines amphitheatralen Sitzgerüstes und eines mobilen Podiums in einen musikalischen
Veranstaltungsort verwandelte. Außer der zirkusartigen Sitzeinrichtung und dem Bühnen-
podest enthielt dieser Raum keinerlei theaterübliche Technik und Ausrüstung (Abb. 1a/b).
Aus diesem insofern schlichten Raum für ungefähr 3000 Zuschauer führte Reinhardt dann
die Inszenierung durch die Hallen Europas, beginnend mit einem Gastspiel im Zirkus
Schumann in Berlin[51] (Abb. 2). Ähnliches vollzog er mit Karl Vollmoellers MIRAKEL, für das
allerdings abweichend von aller Schlichtheit eigens die Londoner Olympia-Hall in eine
gotische Kathedralarchitektur mit vielen technischen Raffinessen verwandelt wurde
(Abb. 3). In Breslau inszenierte er 1913 in der Jahrhunderthalle Gerhard Hauptmanns
FESTSPIEL IN DEUTSCHEN REIMEN aus Anlaß der Jahrhundertfeier der Befreiungskriege
gegen Napoleon. Jene Jahrhunderthalle, just von Max Berg für die Ausstellung errichtet
(Abb. 4a/b), wurde dann offenbar Reinhardts und Hans Poelzigs Vorbild für einen Massen-
theaterbau und ihre erste gemeinsame Erfahrung damit, denn Poelzig gestaltete unter
Reinhardts Beratung den Innenraum aus. Ihre Raumaufteilung, ihre Verteilung von Agierenden

---

51 Mit diesen Zirkus-Inszenierungen erregte REINHARDT seinerzeit natürlich einiges Aufsehen, das sich
    einerseits in heftiger Kritik äußerte (wie z.B. in Franz Ferdinand BAUMGARTENS Schrift »Zirkus Reinhardt«
    von 1920, der letztendlich REINHARDT der »Kunstzertrümmerung« zeigt), andererseits eine gedankliche
    Brücke zwischen Zirkus und Theater schlug und zum Reiz erhob: So wurde das bekannte Münchner Archi-
    tektenbüro HEILMANN & LITTMANN (!) 1913 beauftragt, für den Zirkus Stosch-Sarrasani in Dresden
    ein festes und gleichzeitig multifunktionales Bauwerk zu errichten, das »nicht nur zirzensischen Spielen
    dienen soll, sondern das auch für eine Benutzung des Raumes für grosse Darbietungen im Stile Reinhardts
    geeignet ist, ferner Musikaufführungen, Varietés und Massenversammlungen eine wirksame Folie gewährt.«
    (DIE BAUWELT 9 (1913) S. 17, dort finden sich auch die genauen Daten des Baus)

1a/b Theodor Fischer: Neue Münchner Musikhalle (1909), Innenraum

2   Zirkus Schumann, Berlin (um 1870), Grundriß

3   Olympia Hall, London, Szenographie für
     Reinhardts »Mirakel«-Inszenierung (1912)

und Schauenden strebte Reinhardt dann auch beim Umbau des Großen Schauspielhauses an[52]. Entscheidend an all diesen Hallenproduktionen war die Auflösung der Bühnenanlage im bisher üblichen Sinn und damit verbunden die theatrale Aktivierung des **gesamten** Raums.

Parallel zu seinen Inszenierungserfolgen auf den großen Tourneen, suchte Reinhardt fortgesetzt nach einem geeigneten festen Haus; seit 1911 wurden von ihm diverse Möglichkeiten der Verwirklichung, verschiedene Vorentwürfe verschiedener Architekten erwogen. Nicht nur der Regierungsbaumeister Hermann Dernburg, der sich schon mit Volkstheaterbau befaßt hatte, erstellte einen Neubau-Entwurf für ein riesiges Ring- und Drehbühnenprojekt (Abb. 5), auch Oskar Strnad entwickelte die erste Fassung seines Schauspielhaus-Projektes mit Ringbühne 1917 auf Anregung Reinhardts[53] (Abb. 6a/b) und vor allem war der Erwerb des Zirkus Schumann bereits im Gespräch und wurde mit verschiedenen Zuständigkeiten verhandelt. Im Juni 1917 war es dann soweit: Georg Fuchs, der sich seit Max Reinhardts Gastspielen im Künstlertheater mit ihm verbündet hatte, unterrichtete ihn per Telegramm davon, daß Albert Schumann sein Haus »*kriegsverhaeltnissehalber weit unter grundstueckswert*« zum Verkauf freigab. Nach umfangreichen Verhandlungen (67) erstand Reinhardt schließlich das sehr zentral und ganz in der Nähe seines Konzernsitzes gelegene Baukonstrukt, das selbst bereits das Ergebnis der Umnutzung einer Markthalle aus dem Jahre 1867 war und in den 70er Jahren des vorigen Jahrhunderts als Zirkus zunächst umgenutzt, dann umgebaut wurde (Abb. 2). Der nunmehr erneute Umbau wurde von Schwierigkeiten auch nicht verschont: Einerseits war die Zeitqualität angesichts des ausbrechenden Ersten Weltkriegs und aller seiner Folgen, wie das Hinauszögern des Baubeginns und die Verzögerungen durch zahlreiche Streiks, die Materialknappheit und inflationsbedingte Geldnot, nicht günstig, andrerseits ergaben sich umfangreiche Probleme durch die baulich wenig geglückte Grundstruktur der ursprünglichen Markthalle und der Baurückstände der ersten Umnutzung (68).

---

52 »Der Schauplatz gliedert sich in eine kreuzförmig gestaffelte dreiteilige Bühne im Ausbaubereich, die mit einem sternenbesäten blauen Vorhang von der im Zentralgrund angelegten Orchestra abgetrennt werden kann. Dazwischen dehnt sich eine schwarze Riesentreppe zwischen zwei Bogenpfeilern. Wie in Kensingtons Olympia-Hall muß die Szene des Jahrhundertfestspiels 2000 Komparsen fassen (..) Aus den bogenförmig ansteigenden Zuschauertribünen stürzen sich breite Zugangsschächte in die Arena hinab.« Ein wichtiger Bestandteil der Inszenierung war hier die Arbeit mit der Lichttechnik. (◊51 HUESMANN S.26)

53 HUESMANN erwähnt, daß REINHARDT dieses Projekt für die Schweiz erwogen hatte (◊51 S.29), aber STRNAD entwickelte es dann 1921/22 ohne Auftrag weiter. Dabei kam es ihm zunehmend auf die Erfahrbarkeit von »Raum an und für sich« an, weniger auf einen konkreten Architekturentwurf – wofür es freilich recht genau ausgeführt ist: »(..) nicht das ›Gesehene‹, das man gewöhnlich Architektur nennt, zu formen, sondern das ›Um mich‹ zu fassen. (..) Das fortwährend Bewegte des unendlichen Raums in bewußte Harmonie zu bringen. Die Pläne meines Projektes sind daher keineswegs leicht zu lesen. Zu sehen ist eigentlich nichts (..)« (IN: WASMUTHS MONATSHEFTE 1921/22, S.181) Er versuchte, dies Ziel mit einem überkuppelten Zentralbau zu erreichen, dessen steiles Parkett für 3600 Zuschauer ein kreisrunder Bühnenring umrahmt. Der Bühnenring wird durch mehrere Säulen von dem festen Teil der Bühnenanlage getrennt, die Zwischenräume zwischen sechs Säulen können zum Bühnenring hin geöffnet werden oder verschlossen bleiben, während Treppen die feste Vorbühne mit den Arbeitsbereichen unter dem Parkett verbinden. Ein Problem besteht hier darin, daß das Parkett durch seinen überaus steilen Anstieg von der Bühne nicht richtig umklammert wird, sondern die zusätzlichen Vorbühnenpartien an den Seiten von einem großen Teil des Publikums überhaupt nicht gesehen werden können.

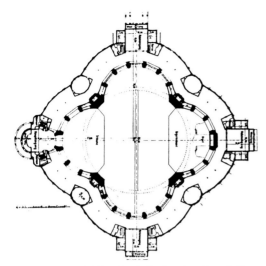

4a   Max Berg: Jahrhunderthalle, Breslau, Grundriß

4b   Innenraum

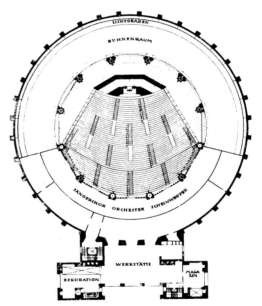

6a   Oskar Strnad: Ringbühnenprojekt (1921/22),
       Grundriß

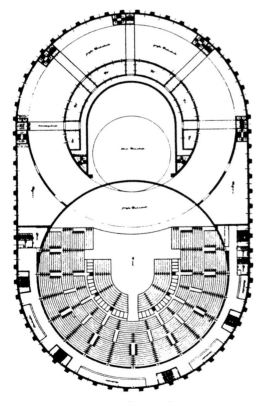

5   Hermann Dernburg: Ring- und
       Drehbühnenprojekt (um 1911), Grundriß

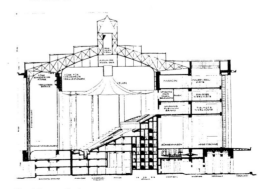

6b   Längsschnitt

Reinhardt stellte sich nach seinen Erfahrungen mit all den Hallen- und Zirkusbauten auf den Tourneen schließlich einen halbkreisförmig um eine zentrale Bühne gelegten Zuschauerraum vor, der durchaus den Charakter eines Zirkusrunds beibehalten durfte (Abb. 7a). Und: Er bestand auf der Erhaltung und Neugestaltung der direkt über der Orchestra situierten Kuppel, was eine herausfordernde Aufgabe in Hinblick auf die Raumakustik darstellte. 1918 stürzten das Bühnenhaus und die gesamte Südwand ein und verschiedene Architekten versuchten nun, Dernburgs Entwurf von 1913 zu vereinfachen und Reinhardts Vorstellungen anzupassen; das war 1916/17 zunächst Gustav Knina, dann 1918 Wilhelm Kratz, etwas später auch noch Ernst Moritz Lesser[54]. Schließlich hatten aber all die ›Köche‹ dieses recht verdorbenen baulichen ›Breis‹ alsbald hinter Hans Poelzig zurückzustehen, der durch die Vermittlung des Kunsthistorikers Karl Scheffler wegen eines stilistischen Gutachtens hinzugezogen wurde. Poelzig entwickelte gleich im Anschluß an die Baubegehung noch im Café auf einer Serviette einen Lösungsvorschlag, der ihm von nun an die Bauleitung einbrachte und bereits alle Anlagen der endgültigen Realisierung an sich trug. Der von der Architekturgeschichte als einer der ersten expressionistischen Architekten erachtete künstlerische Einzelgänger Poelzig hatte, wie Karl Scheffler ihn charakterisierte, angesichts der Verfahrenheiten des Umbaus für die Aufgabe genau die richtige Hand:

Poelzigs merkwürdiges und auffälliges Talent bewegt sich auf einer Grenzscheide dahin. Drastisch ausgedrückt könnte man sagen: es bewegt sich dahin zwischen Genie und Kitsch, zwischen dem Sakralen und dem Banalen, zwischen dem Monumentalen und Aufgeblasenen, zwischen dem Gehaltvollen und Routinierten, zwischen sittlichem Ernst und Unternehmerleichtsinn. (..) Er ist ein genialischer Improvisator, ein Mann, der in einer halben Stunde mit sich über die Form einig ist. (..) Im Phantastischen sogar steckt bei Poelzig viel architektonische Tüchtigkeit; und dadurch wird selbst das an sich Unstatische architektonisch, wirklich und lebensfähig. (69)

Sehr richtig verwies Scheffler darauf, daß die für Poelzig verbliebene Aufgabe eigentlich keine architektonische mehr war, sondern darin bestand, all dem Vorgeformten den Anschein der Einheitlichkeit abzuzwingen, also eine Kulisse für etwas zu schaffen, dessen tatsächliche Struktur zu verbergen war und von ihm eben nicht mehr bestimmt werden konnte. Diese Kulisse vereinte bei Poelzig aber beides nicht nur scheinbar, sondern geriet teilweise sogar zur substantiellen Lösung – wie im Falle der berühmten Kuppel, auf die Reinhardt als Raum- und Gebäudezentrum nach wie vor bestand (Abb. 7b): Die von Poelzig ersonnenen Stalaktiten lösten nicht nur weitgehend die immensen akustischen Probleme, sondern verliehen dem ganzen Aufführungort seinen unverwechselbaren Charakter. Das andere zentrale Problem war die Vielzahl von Stützen, die noch beredt von den alten Bauphasen erzählten und aus Sicherheitsgründen nicht entfernt werden durften. So bestimmten schließlich die Reste alten Eisenfachwerks aus der Markthallen-Zeit die Rhythmik der Außengestalt (Abb. 7c), die in den vielen Bögen der tiefroten Außenhaut ein neues Gesicht erhielt;

---

54   Walter Curt BEHRENDT klärte POELZIG in einem Brief vom 2. Januar 1918 darüber auf, daß diese Architekten-Kür zunächst seilschaftsgebunden war: »(..) soweit ich sehe, sind die Leute vom ›Theater der 5000‹ (eine Gmbh !) mit dem Architekten Lesser, einem dollen Bauschieber, kapitalistisch vertrustet. Der Knabe ist ihr Hauptgeldgeber.« (IN: ✧59 SCHIRREN S.38)

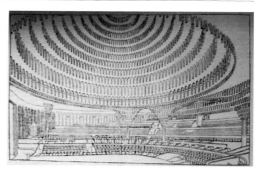

7b Skizze der Kuppellösung

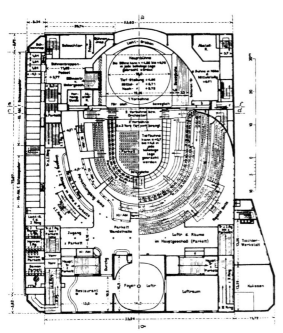

7c Skizze der Fassade

7a Hans Poelzig: Großes Schauspielhaus, Berlin
(1918/19), Grundrisse Erdgeschoß (links) und
1. Obergeschoß (rechts)

7d Der Zuschauerraum

7e Die Stützenlösung in der Wandelhalle

7f Der Bühnenbereich

diese Bogenästhetik wurde im Innern beantwortet (Abb. 7d). Dort waren die Stützen teilweise Attrappe, teilweise gestaltete Altlasten, um die Regellosigkeit ihres Auftretens zu kaschieren. Zu diesem Zweck diente auch das Konzept indirekter Beleuchtung im gesamten Publikumsbereich, dem die Stützen nicht unwesentlich von Nutzen waren (Abb. 7e); Poelzig nutzte sie sehr raffiniert als Lichtquellen und inszenierte so gewissermaßen auch die Stimmung und Atmosphäre der Foyers durch Licht und Farben[55]. Vergleichbare Probleme ergaben sich auch für den Aufführungsraum; die Kuppel war nur auf der Zuschauerseite von Stützen getragen, die Bühnenseite erschien dagegen unharmonisch kahl. Mittels der Weiterführung seines Bogen- und vor allem des Stalaktitenmotivs versuchte Poelzig, dem Raum eine einheitliche Erscheinung zu verleihen (Abb. 7f), besonders auch dann, wenn die Bühne durch den neuartigen, seitlich beweglichen Eisernen Vorhang verschlossen blieb (70).

Der Theaterbau übernahm somit vom Zirkus die Sitzanordnung, halbkreisrund um eine Orchestra-Anlage gelegt, die auch bestuhlt werden konnte und 20 m in der Tiefe und 13 m in der Breite maß. Daran schlossen sich drei einzeln und hälftig zu hebende oder zu senkende Vorbühnen an, von denen die mittlere auch als Orchestergraben dienen konnte und schließlich folgte eine technisch hochelaborierte Hauptbühne, die eine Drehbühnenanlage enthielt, in jede beliebige Lage gebracht werden konnte und von einem Kuppelhorizont rückwärtig abgeschlossen wurde, der sich bei Bedarf durch einen Wolkenapparat in einen realistischen Himmel verwandeln ließ. Die Lichttechnik befand sich überhaupt auf dem für damalige Verhältnisse neuesten Stand. Durch dieses Bühnenkonglomerat konnten in diesem Haus ganz unterschiedliche räumliche Konzepte inszeniert werden; so fand bei DANTONS TOD zum Beispiel die Aktion ausschließlich im Bereich der Vorbühne statt, während bei den RÄUBERN nur auf der Hauptbühne agiert wurde. Dennoch war die Variabilität des Großen Schauspielhauses eine rein theoretische: bei einer maximalen Sichtlinie von nicht weniger als 47 Metern und durch die zahlreichen Stützen, die immer wieder das Blickfeld zerscheitelten, war das Spiel im Vorbühnenbereich unverhältnismäßig rezeptionsfreundlicher, während bei Bespielung der ›Haupt‹bühne von den 3412 Plätzen 31% eine unzureichende, 50% eine unplastische Sicht boten (71).

Bei all diesen Problemen war es Poelzig aber immerhin gelungen, der fordernden Vision des Theatermannes Reinhardt eine architektonische Phantasie entgegenzusetzen, die umso

---

55 Diese Foyers erregten seinerzeit durchaus Aufsehen. »Man muß die Vorhallen, die Treppen, das Foyer vorher gesehen haben, um zu ermessen, was geleistet worden ist. Mit einem einzigen Kreuzgewölbemotiv hat Poelzig die Garderobenräume einheitlich gestaltet und dabei die zufälligen eisernen Stützen (..) so geistreich benutzt, als gehörten sie in sein System. Blickt man so in die am Abend hell erleuchteten Räume, in die roten Vorsäle, in das grüne Foyer, findet man sich zwischen den seltsam modellierten palmenartigen Gebilden, die wie fremdartige Säulen aussehen, (..) sieht man zum ersten Mal in die grelle Farbigkeit, die vom Fußboden zur Decke, vom Dunkeln ins Helle übergeht und die durch die sensationelle Art der Beleuchtung nur noch verstärkt wird, so gerät man in eine Art von Zauberoperstimmung.« (Karl SCHEFFLER IN: KUNST UND KÜNSTLER 5 (1920), S.231f., auch abgedruckt IN: ✧42 POELZIG, Schriften S.138) »Sie [die Erholungsräume] sind für einen höheren Zweck gedacht. Wer in ihnen wandelt, soll in dem wirklichkeitsfernen Schwebezustand erhalten werden, den das Spiel erzeugt hat (..)« (Fritz STAHL IN: WASMUTHS MONATSHEFTE 1920/21 S.3) Zumindest in diesen Foyers fand REINHARDTS Anspruch an das Theater seine volle Erfüllung.

mehr ruhig Szenographie bleiben konnte, als Reinhardt in Gustav Knina einen erfahrenen Techniker für alle Aspekte der Bühnentechnik bemühen konnte – ein überzeugend funktionstüchtiges Ergebnis wurde dabei allerdings nicht erzielt.

Am 28. November 1919 wurde das neue Haus endlich mit der Wiederaufnahme des KÖNIG ÖDIPUS eröffnet und mußte sich seitdem einer regen Auseinandersetzung mit der Öffentlichkeit und nicht zuletzt den eigenen Zielsetzungen stellen. Viele Klassiker-Inszenierungen scheiterten ausgerechnet daran, daß sich die Texte nicht in die Großraumdynamik übersetzen ließen und im Raum ertranken (72). Alles in allem konnte Reinhardt seine Hoffnungen und Ziele mit diesem opulenten Bauwerk nicht verwirklichen, schon gar nicht in einer Zeit, die zunehmend in ökonomische und gesellschaftliche Turbulenzen hineinsteuerte. Seine phantastische Alternative zur Realität mußte gerade in der rauhen Nachkriegszeit mit den Realitäten kollidieren: Obwohl in der ersten Spielzeit 130 000 Abonnenten angeworben werden konnten, gefährdete die schwellende Inflation den Haushalt des Theaters und torpedierte Reinhardts Sozialkonzept, denn gerade die *neuen* Publikumsschichten mußten ans nackte Überleben denken. Und die Raumbedingungen erfüllten die Volkstheater-Hoffnungen nicht, erreichten ebensowenig jene emotionale Einheit der Zuschauermassen und arbeiteten Reinhardts Streben nach der schönen Sprache vollkommen zuwider. Die Schauspieler konnten die Distanzen nur mit einem entsprechend plakativeren Spielstil bewältigen, viele verweigerten sich schließlich sogar den stimmlichen und überhaupt physischen Anforderungen (73). Auch Reinhardt mußte all die Probleme zugeben. Er verknüpfte das ausgerechnet mit seinem Rücktritt von der Leitung der Berliner Theater. Von nun an machte er sich rar in Berlin und verlagerte seinen Arbeitsschwerpunkt nach Salzburg, wo er seinen Spielortansatz in der Salzburger Stadtlandschaft, auf dem Domplatz, in der Kollegienkirche, der Felsenreitschule, dem Heckentheater des Mirabellgartens.. noch weitgehend unbehindert ausleben konnte. ›Volk‹ und Publikum des Großen Schauspielhauses mußten in Berlin zurückbleiben. Der Neubau wurde noch eine Weile bespielt, aber weitgehend an fremde Hände verpachtet; im Zweiten Weltkrieg zerstört, erstand er danach als *Friedrichstadt-Palast*, als **der** Amüsierbetrieb der DDR wieder auf.

Alles in allem haftet dem Projekt etwas Gewaltsames, ein ›Um-Jeden-Preis‹ an, was daran liegen mag, daß die treibende Idee noch den Geist der Reformkriterien der Jahrhundertwende an sich trug. Was zehn Jahre früher, vor dem Einschnitt des Ersten Weltkriegs, noch seine Berechtigung gehabt haben mag, wurde nun in einer neuen Ära in Frage gestellt und mit deren Kriterien und Erfahrungen konfrontiert[56]. Das wurde offenbar auch sogleich empfunden:

> Dennoch ist sowohl der Architekturstil Poelzigs wie der Theaterstil Reinhardts ein Abschluß. Beides ist, sowohl den Instinkten wie den Mitteln nach, großstädtisch in der äußersten Konsequenz. Die Großstadt aber ist, in Deutschland wenigstens, eine Bildung, die zunächst stille

---

56 »Aber mit dem Großen Schauspielhaus begann Reinhardts Krise. (..) Neue Kämpfe waren, nach der Revolution, um das Theater entbrannt. Neue Regisseure, an ihrer Spitze Jessner, hatten Berlin erobert«, schrieb Herbert IHERING und zeihte REINHARDT denn auch eines eigenützigen Rückzugsverhaltens. (zitiert IN: ✧47 FUHRICH/PROSSNITZ S.114)

stehen, dann zurückgehen und endlich langsam zerfallen, jedenfalls aber schnell korrumpieren wird. So betrachtet ist das Große Schauspielhaus noch eine Frucht der vorkriegerischen Entwicklung, es ist, bei allem Idealismus, der es geschaffen hat, auch ein Gebilde jener Großmannssucht, die seit manchem Jahrzehnt die Bevölkerung Deutschlands regiert (..). Es ist notwendig sich bei der Beurteilung des Geleisteten klar zu machen, daß Reinhardt und Poelzig wie Beauftragte der Zeit wirken, die mit viel Talent, Geschick und Schwung das Unausbleibliche verwirklicht haben, daß sie aber auch, während sie die Rollen von Erneuerern und Geschmacksreinigern spielen, eine von weit her kommende Entwicklung zum Abschluß bringen. Was aber (..) natürlich auch wieder nicht geschehen kann, ohne daß sich Ideen der Zukunft einmischen. (74)

Wenn auch das genaue Gegenteil von Karl Schefflers Prognose der gewiß sterbenden Großstädte eintrat, hatten doch genau diese *Ideen der Zukunft* Sinn und Ziel des Großen Schauspielhauses überholt. Bei ihnen endete die Inszenierbarkeit zumindest urbaner Realität und tatsächlich beherrschte die 20er Jahre ein sehr andersgearteter Geist.

c. ERGEBNISSE

Es durchzog alle Reformimpulse: Der Naturalismus hatte zwar der Theaterästhetik wieder eine Form, der Theaterarbeit wieder Thema und Sinn gegeben, bald erschien aber die Form zu eng, die Aufgabe zu speziell und zu wenig theatral, dieser endlich wieder begehbare Weg zu kurz[57]. Die Überwindung der Bühne des 19. Jahrhunderts konnte auf verschiedenen, wenn nicht gar gegensätzlichen Wegen vor sich gehen. Entsprechend unterschieden sich die Reformansätze und gaben der Entwicklung ein facettenreiches Gesicht: So arbeiteten die, die wie Fuchs, Behrens, Dehmel und auch Littmann im Theater eine gesellschaftlich wirksame Kraft sahen, neben jenen, die wie Appia, Craig, Reinhardt oder Copeau das Theater als eine realitätsunabhängige oder gar der Realität sich entgegenstellende Welt verstanden und die auf die Themen der Zeit höchstens in einer theaterimmanenten, indirekten Zeichensprache anspielten.

Die erste Definition von Theater stellte dem Abbildcharakter und der distanzierten Betrachtungsweise des Naturalismus eine Idee der Nähe, des direkten Kontaktes zwischen Spielenden und Schauenden entgegen. Ihre Verfechter suchten eine inszenierte, kultischen Handlungen ähnliche Durchdringung zu erreichen und erhofften sich von diesem Kult die Entstehung einer die Gesellschaft umfassenden neuen Kultur. Entsprechend entwarfen sie sich Räume, in denen Nähe, eben jene feierliche Durchdringung möglich war, an Orten, an denen aufführungsrahmende Feste stattfinden konnten. Am liebsten sollten an solchen

---

57 Der Naturalismus bediente sich einer distanzierten Rezeptionshaltung: Wie in der Skinner-Box der Verhaltensforscher untersucht und analysiert der Zuschauer dieses Stück künstlich erzeugter ›Natur‹, diese Situation, die ihre Inszeniertheit durch die perfektionierte Illusion zu verbergen trachtet. Er fühlt mit und bleibt doch außerhalb. Dazu eignete sich die Guckkastenbühne der Hoftheater und Amüsierbetriebe ungemein und wurde geradezu zu einer Waffe dieser Ästhetik. Zeitgleich und keineswegs zufällig wurde mit der Fotografie experimentiert.

Orten Volksmassen Platz finden, damit sie durch das Ereignis zur Einheit amalgamiert werden könnten. Sie enthoben die konventionelle Literatur der Führungsrolle im Theater, allerdings ohne die klassischen Stücke abzulehnen, und definierten ihr Theater vom Rhythmus,
von der Bewegung und dem visuellen Arrangement her, wovon sie sich die Erweckung
großer emotionaler Kräfte erhofften, die auch auf das tägliche Leben übergehen sollten und
was zur großer Wertschätzung des Tanzes, vor allem des modernen Ausdruckstanzes führen mußte. In ihrer Interpretation des antiken Theaters fanden sie Vorbild und Argument für
die erstrebte Durchdringung von Theater und Gesellschaft. Aber genaugenommen ging es
ihnen um das Leben, um die Gesellschaft, weniger um das Theater.

Auch die Architekten brachten natürlich ihre fachspezifischen Fragen und ihr Ringen
um Selbstdefinition in die Aufgabe Theaterbau ein. Sie alle suchten nach kultureller Einheit,
sei es, daß Behrens damit einen nahezu alles betreffenden Arbeitsansatz meinte und von
Form und Stil sprach, daß Littmann als Theaterbaumeister mit den Zuschauerräumen vorsichtig
gesellschaftliche Reformarbeit zu leisten hoffte, daß Tessenow auf flexibel-funktionale Weise zwischen den Bedürfnissen der Nutzer der Bildungsanstalt und der Gartenstadt zu vermitteln wußte, oder daß Poelzig einen Zirkus verkleidete und dabei ausgerechnet seine
Foyer-Lösungen zu Ruhm gelangten – ihre Arbeit stellte sich in jedem Fall dem gesellschaftlichen Ganzen, und genau deshalb öffneten sie sich für die Theaterreformen, während
andere Architekten nach wie vor historisierende Musentempel errichteten.

Demgegenüber stand ein Verständnis von Theater, das auf der Bildung eines rein theater-
spezifischen Ausdrucksinstrumentariums gründete und es als eine Welt ganz eigenen Charakters begriff, in der allein die Regeln des Regisseurs gelten. Die Bühne wurde zum eigenständigen Stimmungs- und Ausdrucksraum, zum autonomen Kunstobjekt, das keinen besonderen Ort, kein bestimmtes Baukonzept, manchmal sogar keinen Darsteller mehr brauchte.
Den einen war die ganze Welt Bühne, letzteren die Bühne die ganze Welt.

Nur Reinhardts Arbeit vereinte im Grunde beide Haltungen in sich. Er öffnete diesen
Ansatz dahingehend, daß er zwar mit den verschiedenen Theatertypen spielte, ebenso aber
beliebige andere und eigentlich nichttheatrale Orte stückabhängig zur Bühne auf Zeit bestimmte. Er bildete so gesehen die Synthese beider Ansätze: Der Raum, ja der Ort wurde
zum Zeichen, zur eigenständigen ästhetischen Kategorie und drang gleichzeitig in die Welt
in die Gemeinschaft ein, um sie durch das Spiel zu transformieren. Seine Bemühungen um
Festspiele waren die zwingende Konsequenz daraus.

Ansatzunterschiede enthüllten auch die räumlich-örtlichen Vorstellungen. Da versuchten
die Anhänger der Reliefbühne, die Malerei, das Bühnen-**Bild** also, als Unterstützung heranzuziehen und bevorzugten technische Armut, die sich beispielsweise in der Verwendung von
Naturlicht und bescheidener, eher traditioneller Bühnenmaschinerie äußerte. Für sie war
der unmittelbare menschliche Kontakt elementar und dafür waren spezielle bauliche Struk-
turen unbedingt wichtig, damit der an der Feier teilnehmende Mensch selbst Bewegung und
Plastizität in die Aufführung und ihr Umfeld einbrächte. Wir sahen aber am Beispiel des
Künstlertheaters, daß dieser reine Bildansatz nur dann zu Theater werden kann, wenn die
Bewegung tatsächlich über die Bühne hinausdringt. Im Grunde ist für sie die Gestaltung der
Bühne selbst nicht mehr entscheidend und man bräuchte keine ›Künstler‹ dafür.

Im Rahmen der autonomen Theaterästhetik waren die Mittel einer plastischen Bühnengestaltung zentral, die mit Praktikabeln, vor allem aber Licht als dem neuen theatralen Ausdrucksmittel arbeitete und dabei zwar von baulichen Gegebenheiten, nicht aber einer technisch-funktionalen Grundausstattung unabhängig war. Hier ›lebte‹ die Bühne, bevor der Mensch sie betrat, **sie** prägte **seine** Bewegungsmöglichkeiten gemäß ihres räumlichen ›Textes‹. Dieser Raum wurde zu einer vom Regisseur erschaffenen Ordnung, der der Darsteller beigeordnet wurde. So mag es nur konsequent erscheinen, daß die Vertreter der plastischen Szenographie als erste die menschenleere Bühne erträumten, denn die Spontaneität und Individualität, die der Mensch auf der Bühne miteinbringt, wurde von ihnen als chaotische Unberechenbarkeit, als Unzulänglichkeit empfunden – die das empfindliche ästhetische Gleichgewicht dieser von ihrem autokratischen Schöpfer durchinszenierten Welt stören könnte.

Dann gab es noch den Ansatz derjenigen, die ihr Theater in erster Linie auf den Schauspielern und den (klassischen) Texten gründeten, die sich ganz auf elementares Theaterhandwerk verließen und entsprechend überall dort Theater machen konnten, wo sich Menschen zu versammeln vermögen. Sie waren materiell am unabhängigsten, benötigten wenig Technik, wenig Architektur, denn ihre Reform vollzog sich innerhalb der Schauspielkunst und der humane Maßstab bestimmte alles weitere[58].

Trotz der skizzierten Ansatzunterschiede ergaben sich charakteristische Merkmale, die zeigen, daß alle Erneuerungsversuche nur verschiedenartige Antworten auf die gleichen Fragen gaben, denn

► es ist auffällig, daß im Grunde alle Projekte Ausfluß einer in sich verwobenen Avantgardeszene waren, deren Mitglieder sich gegenseitig anregten oder voneinander abgrenzten, immer aber aufeinander bezogen. Ihr Hauptbetätigungsfeld befand sich in Deutschland und dennoch handelte es sich nicht um eine rein deutsche Bewegung. Deutschland aber war das Zentrum des Austauschs und vor allem der Realisierung der Entwürfe - wenn überhaupt im Geiste der Reformansätze neu gebaut wurde, dann in Deutschland.

► Wie es einer Phase, die der Idee künstlerischer Synthese anhängt, gemäß ist, haben sich letztendlich alle am Theater- und Theaterbauprozeß beteiligten Funktionsgruppen auch für die Möglichkeiten alternativen Theaterbaus engagiert: Architekten wie Max Littmann oder Peter Behrens spezialisierten oder engagierten sich über lange Zeit für neuartige Theaterbaukonzepte, Regisseure wie Reinhardt oder Copeau spielten mit der Kategorie ›Ort‹ und veränderten die Bausubstanz vorhandener Gebäude nach ihren ästhetischen Bedürfnissen, Szenographen wie Appia oder Craig verstanden die Bühne als Raum, als ein autonomes Kunstwerk, als abstrakte Landschaft aus Bewegungen, Licht, Musik und stellten so die konventionellen Definitionen von Theaterspiel und Theaterbau in Frage, Ausdruckstänzer emanzipierten sich von der höfischen Tradition, führten ihre Kunst auf die Grundsätzlichkeiten Rhythmus und Bewegung zurück, meldeten ihre spezifischen Ansprüche an Bewegungs-

---

58 Bei diesem Vergleich geht es um die Essenz der Tendenzen, denn natürlich erfuhren die Ansätze aller mit der Zeit und in der Praxis Veränderungen.

räume an und prägten auch die Vorstellungen von einer neuen Theaterästhetik, Musiker wie Appia und Jaques-Dalcroze verräumlichten die Umsetzung ihrer Kunst, verbanden sie synkretistisch mit Bewegung, Körperlichkeit, Licht und Raumgestaltung, Dramaturgen wie Georg Fuchs schufen einer veränderten räumlichen Kommunikation die Theorie und sogar ein Literat wie Richard Dehmel thematisierte Reformtheaterbau im Drama selbst und schrieb Szenarien für Reformaufführungen. Für sie alle hing die Selbstbewußtwerdung des Theaters eng mit der Abkehr von der konventionellen Auffassung des Aufführungsortes und also mit dem Ausschöpfen anderer räumlich-örtlicher Möglichkeiten zusammen.

▶ Bis auf das Große Schauspielhaus und das Théâtre du Vieux Colombier, die in den Metropolen und Theater-Zentren Berlin und Paris beheimatet waren, entstanden die Neubauten im wesentlichen in Versuchsumgebungen: Das Künstlertheater im Rahmen einer zeitüblichen Großausstellung und die Bildungsanstalt Jaques-Dalcroze mit ihrem Mehrzwecksaal als Bestandteil einer lebensreformerischen Gartenstadt. Wäre die Idee von Behrens und Fuchs realisiert worden, hätte auch sie ihren Platz in der Kolonie-Situation Darmstadts gefunden. Hier dringt noch einmal die Tendenz des 19. Jahrhunderts durch, Neues erst einmal in künstlich errichteten Umgebungen, in denen die geistigen Konstrukte der Zeit präzise zu Illusionen von Wirklichkeit arrangiert wurden, scheinbar machbar werden zu lassen, ohne die realen Problemursachen an der Wurzel ausreißen zu müssen.

▶ Kaum ein Erneuerungskonzept, das in verwirrender Umbruchzeit mit seinen Theaterreformen nicht auch gleich auf die Reformbedürftigkeit der Gesellschaftsstrukturen gestoßen wäre. Die Wahrnehung dieser komplexen Verwobenheiten lag für Theater wie Architektur als zutiefst öffentliche Künste nahe. Dabei sollten die Probleme der verarmenden Massen und der zerspaltenen Gesellschaft unter den Stichworten *Volk* und *Nation* richtig gedeutet sein und von Theaterseite durch National-, Volks- und Massentheater gelöst werden. Spätestens die Realisierungen deckten aber den an die intellektuell-bürgerliche Lebenswelt gebundenen, anachronistischen Charakter dieser traditionellen Utopien auf[59].

▶ Entsprechend neigten besonders die Konzepte, die Theater- und Gesellschaftsreformen vermischten, vor allem jene, die einen neuen Kult beschworen, genauso wie der konventionelle Theaterbau dazu, das Theatergebäude in die Hülle eines Tempels zu kleiden, Gestalt wie Lage zumindest implizit daran zu orientieren. Aber auch mit den neuen Mitteln der abstrakten Szenographie ließen sich hervorragend mystische Stimmungen kreieren. Nach dem nüchternen und zuweilen pessimistischen Naturalismus haftete nahezu allen Erneuerungstheorien eine unterschwellig sakrale Tendenz, eine Sehnsucht nach Erlösung von der Wirklichkeit und nach höherem Sinn an.

---

59 So schrumpfte FUCHS großer Festspielhaus-Entwurf zu einem kleinen Versuchstheater zusammen und LITTMANNS ›demokratisches‹ Amphitheater erhielt doch auch Logen und ein trennendes Portal; die Bewohner von Hellerau nahmen nie wirklich an der Ausbildung der Bildungsanstalt teil (wenngleich die Aufführungen dann vom ›Volk‹ für das ›Volk‹ veranstaltet wurden); Max REINHARDT sprach zwar von der ›Masse‹, griff aber gedanklich ebenso wie viele andere auf die ferne griechische Polis, nicht auf die existierende großstädtische Masse zurück und so gab er sein Massentheaterideal just in dem Moment auf, als durch die verschärfte Situation des Nachkriegs sich das ›Volk‹ wahrhaftig als ›Masse Mensch‹ entpuppte. Nur von vornherein bescheidenere, auf das Theater oder architektonische Funktionalität konzentrierte Versuche, wie etwa die COPEAUS, blieben an diesem Punkt ungefährdet.

► Wurde ein Projekt realisiert, was in unseren Fällen bedeutet, eine Theorie, eine Überzeugung an die Meßlatte der Realität angelegt, war sie in jedem Fall gefährdet, Substanz zu verlieren. Sofern ein öffentliches Haus gebaut wird, sprechen gesellschaftliche Kräfte mit, und Kompromisse zwischen Gewohntem und Ungewöhnlichem, zwischen Materiellem und Idealem werden fällig[60].

► Von den tatsächlich errichteten und bespielten Projekten – und das waren von den vorgestellten doch die meisten – existierte keines wirklich lange. Die Ausstellungsbauten wurden vom Ersten Weltkrieg zerstört, fast könnte man sagen, von der Realität eingeholt, andere wie das Große Schauspielhaus, Hellerau oder das Vieux Colombier, überstanden ihn zwar, denn die Räume blieben erhalten, die Konzepte aber, die sie materialisiert hatten, waren nun überholt.

► Der Regisseur wurde zunehmend zur zentralen Figur der Theaterarbeit, vor allem aber zu **der** schöpferischen Größe der theatralen Kunst, zum Beherrscher aller Mittel, zur Inkarnation eines theatralen Autonomie-Anspruchs, der selbst die festen Mauern des traditionellen Gehäuses seinen Vorstellungen gefügig zu machen wußte. So waren am Ende dieser Phase alle erdenklichen Orte zu theatralischen Orten, die Bühne als abgegrenzter Bereich zu einem elastischen Gestaltungsmittel geworden und als ausschließlicher Platz des theatralen Geschehens deutlich infrage gestellt[61].

Mit all dem waren weder der Theaterbau noch das Theater im allgemeinen revolutioniert, aber die nächste Generation von Veränderern konnte nunmehr auf eine Tradition **nach** Wagner zurückblicken.

---

60 Sei es, daß – wie in dem rüden Fall Georg Fuchs – der Architekt, die Auftraggeber oder weitere Interessentengruppen ihre Überzeugungen dazumischten und den Ansatz verwässerten, oder daß, wie im Falle Reinhardts, die Zeitqualität unaufhaltsam über den Ansatz hinwegwalzte, oder daß letztendlich, wie im Falle Helleraus, nur die schützende Hand eines mächtigen Förderers und eine Konzentration aller Beteiligten auf das Elementare eine klare, sachdienliche Lösung ermöglichten. Es zeigt sich auch hier: je konzentrierter und bescheidener das Ziel einer alternativen Lösung ausfiel, je unabhängiger ein theaterästhetischer Ansatz von gebauten Formen blieb, umso weniger theaterfremde Kompetenzen forderten Kompromisse und desto größer war die Chance einer nicht allzu getrübten Umsetzung.

61 FUCHS und BEHRENS trachteten nach größtmöglicher potenzieller Durchdringung der ehedem getrennten Sphären, sie inszenierten Feste; DEHMEL gar löste die Starrheit der Anordnung in seinem Entwurf durch variable Technik. So wurden Größe und Anordnung veränderbar; APPIA und CRAIG arbeiteten mit prinzipiell fexiblen Hilfsmitteln: Praktikabeln und Licht; COPEAU und REINHARDT bewegten ihr Theater auf zahlreichen Gastspielen über Land und fügten ihre Inszenierungen nahezu überall ein, beide bauten oder nutzten vorhandene Bausubstanz einfach um; sogar die Architekten lösten das Feste auf.

(1)   Adolf LOOS »Ornament und Verbrechen« (1908) IN: ◇15 CONRADS S.16f.
(2)   KAPNER (s.o.) S.347
(3)   ◇78 HILBERSEIMER S.8f.
(4)   IN: BAUWELT 25 (1912)
(5)   ◇20 GIEDION S.47 und 280
(6)   zitiert IN: Propyläen Kunstgeschichte Bd.12: Die Kunst des 20. Jahrhunderts. 1880-1940. Hrsg. von Guilio Carlo ARGAN.- Berlin 1977 S.101
(7)   »Die Lebensmesse von Richard Dehmel. Als festliches Spiel dargestellt von Peter Behrens«, erschienen IN: DIE RHEINLANDE. Monatsschrift für deutsche Kunst (Januar 1901) S.3-15
(8)   BEHRENS »Feste des Lebens und der Kunst« IN: ◇12 BRAUNECK, 20. Jahrhundert S.48f.
(9)   s. BEHRENS, Lebensmesse (s.o.) S.14f.
(10)   Peter BEHRENS »Die Dekoration der Bühne« IN: DEUTSCHE KUNST UND DEKORATION 6 (1900) S.401
(11)   BEHRENS, Feste (s.o.) S.46
(12)   ebd. S.49
(13)   BEHRENS, Lebensmesse (s.o.) S.4
(14)   dazu sein Aufsatz »Die Dekoration der Bühne« (s.o.)
(15)   IN: Deutsche Kunst und Dekoration 7 (Januar 1901) S.200-213
(16)   ebd. S.200
(17)   ebd. S.211
(18)   s. dazu ◇58 PRÜTTING S.90ff.
(19)   ◇37 FUCHS, Schaubühne S.39ff.; alle Hervorhebungen gemäß Quellentext.
(20)   ebd. S.45
(21)   s. ebd. S.100ff. und ◇38 Revolution S.133ff. Hier entwickelt er seinen Dramenbegriff und sein Verhältnis zum Literaturtheater ausführlich.
(22)   ◇37 FUCHS, Schaubühne S.41
(23)   ◇38 FUCHS, Revolution S.136; noch zur Literatur: ebd. S.87f. und 93ff.
(24)   s. dazu ◇38 FUCHS, Revolution S.26ff., 138ff und 149f.
(25)   s. dazu ◇38 FUCHS, Revolution S.26ff., 138ff. und 149f.
(26)   ◇39 LITTMANN, Fragen S.4
(27)   ◇37 FUCHS, Schaubühne S.43
(28)   Zu den Lichtquellen äußert sich FUCHS ebd. auf den Seiten 46f. und 57. Er beruft sich mit der Verbindung zwischen Beleuchtung und Akustik dabei auf Schinkel (S.46 und 48).
(29)   ebd. S.38f.
(30)   ◇38 FUCHS, Revolution S.109
(31)   ebd. S.60
(32)   ◇37 FUCHS, Schaubühne S.47
(33)   ◇39 LITTMANN, Fragen S.7 und 22 und ◇38 FUCHS, Revolution S.19f.
(34)   ◇37 FUCHS, Schaubühne S.48
(35)   ebd. S.57
(36)   ◇40 LITTMANN, Künstlertheater S.25/27
(37)   s. ◇58 PRÜTTING S.175, auch ◇51 HUESMANN S.19
(38)   Woher Walter GROHMANN seine genauen Maße nimmt, enthüllt er zwar nicht, aber er ermißt in seiner Analyse die Tragweite dieser Abweichungen und liefert in seiner Dissertation von 1935 eine interessante Kritik. (◇49 S.16)
(39)   ◇40 LITTMANN, Künstlertheater S.31/33
(40)   Vergl. ◇58 PRÜTTING S.175
(41)   ebd. S.31
(42)   ◇38 FUCHS, Revolution S.114f.
(43)   ◇37 FUCHS, Schaubühne S.79
(44)   Vergl. ◇38 FUCHS, Revolution S.102 und ◇39 LITTMANN, Fragen S.13

(45)   Zitiert in ✧21 JANSSEN S.69 und der Denkschrift zur Eröffnung des »Münchner Künstlertheaters, München/Leipzig 1908, S.9; in diesem Sinn formuliert auch ✧40 LITTMANN, Künstlertheater S.7 den ersten Satz seiner Monographie.

(46)   s. dazu ✧58 PRÜTTING S.196; er verweist dort auf die Ansätze in »Deutsche Form«.

(47)   ✧36 DEHMEL, Theaterreform S.23

(48)   ebd. S.21

(49)   ✧35 DEHMEL, Mitmensch S.85f.

(50)   s. dazu ✧61 WANGERIN/WEISS S.25 und ✧48 GIERTZ S.117

(51)   Eine eingehende Analyse der Ansätze Jaques-Dalcrozes legt ✧48 GIERTZ vor. Vergl. zu diesem Punkt S.11ff.

(52)   s. ✧55 LEEPER S.114

(53)   ✧32 APPIA, Inscenierung S.116

(54)   ebd. S.10f.

(55)   ebd. S.17, sowie 81

(56)   Dazu erläuternd ✧48 GIERTZ S.112.

(57)   ✧48 GIERTZ behandelt die Lichtanlage auf den S.125ff. genauer.

(58)   TESSENOW IN: ✧61 WANGERIN/WEISS S.29

(59)   Zu Jacques COPEAU liegen vorwiegend französische Titel vor. Einführend zu nutzen wären z.B.: ✧12 BRAUNECK, 20. Jahrhundert S.61f. und 83f., ✧25 ROOSE-EVANS S.42ff., ✧46 DOISY.

(60)   ✧33 COPEAU S.29ff., zitiert nach der Übersetzung von Elke KEHR IN: ✧12 BRAUNECK, 20. Jahrhundert, S.62

(61)   ebd. S.61.

(62)   Aus SONRELS Vortrag auf der Bühnentechnischen Tagung 1950 in Berlin, abgedruckt IN: BTR 5 (1950), S.13 und 14.

(63)   REINHARDT »Über ein Theater, wie es mir vorschwebt« 1901 zu seinem Dramaturgen Arthur KAHANE, IN: ✧43 Schriften S.64

(64)   ebd. S.65

(65)   ebd. S.67

(66)   REINHARDT »Das Theater der Fünftausend« (1911) IN: ✧43 Schriften S.330f.

(67)   ✧51 HUESMANN S.27ff. schildert detailliert Verlauf und Probleme der sich durch den Ersten Weltkrieg über Jahre hinziehenden Verhandlungen. Vergl. auch ✧43 REINHARDT, Schriften S.203ff.

(68)   Der technische Bauleiter Paul SYDOW nannte das Gebäude denn auch »Ein Kind des Krieges und der Revolution, des Kaiserreichs und der Republik« und beschreibt die gesamte Problematik (WASMUTHS MONATSHEFTE 1920/21 S.1ff.). Dazu auch Theodor HEUSS in seiner POELZIG-Biographie (✧50 S.47)

(69)   Karl SCHEFFLER »Das Große Schauspielhaus« (1920) IN: ✧ 42 POELZIG, Schriften S.138

(70)   Vergl. POELZIGS Text »Der Bau des Großen Schauspielhauses« IN: ✧42 Schriften S.123f. (ursprünglich IN: Das Große Schauspielhaus. Schriften des Deutschen Theaters, hrsg. von Max REINHARDT, Berlin 1920, S.119-122)

(71)   ✧3 IZENOUR S.292ff. und ✧51 HUESMANN S.35

(72)   ✧54 KINDERMANN S.19

(73)   vergl. ✧51 HUESMANN S.35f.

(74)   Karl SCHEFFLER (s.o.) IN: ✧42 POELZIG, Schriften S.136

2. Die 20er Jahre: REVOLUTION

a. CHARAKTERISTIK

Das Leben rollt so mächtig ab, daß alles Bewegung wird. Der Rhythmus ist so dynamisch, daß sogar der ›Ausschnitt des Lebens‹, den man von seinem Platz im Café aus sieht, ein Schauspiel wird. (..)
Es ist ein schweres, ein dürres, ein genaues Leben. (..) Zeit und Dimension ganz scharf gefaßt – die Sekunde und der Milimeter das ständige Maß – ein Wettrennen nach Vervollkommnung – so daß der Erfindungsgeist zur äußersten Anspannung getrieben wird. Ein Zeitalter, dessen Lehrmeister der Krieg war, der alle Werte bloßgelegt hat, Gesamtrevision der moralischen und materiellen Werte. (..) Nach vier Jahren dieses Paroxysmus findet sich der moderne Mensch wieder in einem gesellschaftlichen Zustand, der kein Frieden ist; er findet sich auf einer anderen Ebene, wo der Wirtschaftskrieg ihm keine Atempause gönnt; es ist ein anderer Krieg, ebenso erbarmungslos wie jener.

Fernand Léger:
Das Schauspiel

Tendenzen der Theaterszene

Der Erste Weltkrieg verursachte auch eine veränderte Wahrnehmung der Dinge. Nicht, daß die anstehenden Probleme und Aufgaben wesentlich ihr Gesicht geändert hätten, aber daß die notwendigen Veränderungen zwangsläufig und unabhängig von theoretisierender Gesinnung eintraten, war deutlich genug geworden. Hatte doch der Krieg vorgeführt, daß der Wandel nicht durch Verstehen und Überzeugungen der Menschen bewirkt und kontrolliert werden konnte, sondern die fälligen Veränderungen einfach mitvollzogen werden mußten. Der Wunsch, den gesellschaftlichen Nullpunkt als Anlaß für eine Revision der Werte oder eine Umdefinition gesellschaftlicher Strukturen zu nutzen, war weitgehend geweckt, aber paradoxerweise der Handlungsspielraum außergewöhnlich eng: Der Wiederaufbau und die damit verbundene wirtschaftliche Last schränkten ihn überall ein. In Deutschland und Österreich, den Verliererländern, kamen die Reparationslasten und die Umstellung von der Monarchie auf eine schlagartig einsetzende Demokratie hinzu und in der Sowjetunion sollte nach der Revolution aus einer maroden wirtschaftlichen Situation heraus ein kommunistischer Modellstaat erschaffen werden. Eines hatte der Krieg europaweit verdeutlicht: technische und maschinelle Möglichkeiten verlängerten die menschlichen Reichweiten auf bisher unvorstellbare Weise, sie veränderten die Gesichter der Städte durch Verkehr und Industrie, die Kommunikation durch Mobilität und neue Medien..

Auf all diese Erfahrungen reagierten die Künste. Sie spiegelten die Situation und suchten sie zu bewerten. Das Ergebnis war eine Vielzahl avantgardistischer Strömungen und die endgültige Zuordnung der einzelnen Künstler zu Gruppen und Ismen, war ihr neben den eigentlichen künstlerischen Arbeiten stets öffentliches Bekenntnis zu einer bestimmten Defintion von Kunst und immer auch der Welt. Natürlich kann nicht behauptet werden, daß all diese Bewegungen die Frucht der Kriegserfahrung waren – im Gegenteil: etliche der maßgeblichen Avantgarden konnten auf Wurzeln vor oder während des Krieges zurückblicken – aber was zuvor entweder entschärftes Spiel in ästhetischen Bereichen oder extremistische Ausnahme geblieben war, wurde durch die allgemeine Entladung bestätigt und verstärkt.

In Ermangelung wirklicher Betätigungsfelder, tatsächlicher Möglichkeiten der Anwendung realitätsverändernder Theorien und durch seine einzigartige Kraft, die verschiedensten Kunstgattungen und -richtungen in sich aufzunehmen, ohne sie völlig zu assimilieren, war das Theater lange **das** Labor der verschiedensten Künste und Weltanschauungen. So spiegelte es genauso die Kräfte der Beharrung wie die neuen künstlerischen Themenstellungen. Und insofern die Avantgarde versuchte, einem gewandelten Verständnis der Weltordnung Ausdruck zu verleihen, auch den neuesten Themen der Zeit – nicht ohne selbst betroffen zu sein und ebenso einer eingehenden Neudefinition seiner Aufgaben, Mittel und Möglichkeiten zu bedürfen.

Eine Reihe von Erscheinungen, Tendenzen und Fragestellungen prägte sich in diesem Kontext aus:

▶ So gab es eine auffällige Tendenz, die Vorführung technischer Möglichkeiten zum Inhalt von Aufführungen zu machen. Nachdem nämlich der vergangene Krieg der erste in solchem Ausmaß von technischen Instrumentarien bestimmte in der Geschichte war, avancierten die Technik, die Maschine, die von ihnen evozierte, an sie gebundenen Rhythmik, Dynamik, Mobilität und damit ihre Bedeutung für die Künste und das Leben zu einem zentralen Thema. An diesem Themenkomplex schieden sich, wie zu erwarten, die Geister: Einige, wie zum Beispiel der oben zitierte Fernand Léger, begrüßten die Technik, jedoch nicht ohne Skepsis, die Futuristen etwa feierten die Technik nach wie vor uneingeschränkt in allen Bereichen, die Autoren und Künstler des expressionistischen Theaters lehnten sie wegen ihrer Kriegserfahrungen z.B. ab. Die Rolle, die bis dahin dem (menschlichen) Rhythmus für die Theaterschöpfung zugesprochen wurde, übernahm nun die Idee der Dynamik, einer beschleunigten Bewegtheit, deren Tempo, Mobilität und auch Präzision bald nur noch von Automatenschöpfungen erfüllt werden konnte. In den Phantasien vieler Künstler, die am Theater die Eindimensionalität des Bildes oder die Starre der Plastik zu überwinden trachteten, wurde die Bühne schließlich bevorzugt von stereometrisch geformten Puppen und frappierenden Maschinerien bevölkert, deren Elterngeneration in Craigs Über-Marionetten vermutet werden kann. In diesen Tendenzen zur Reduktion des Menschen auf eine Funktionsmaschine kulminierte eine Entwicklung, die im 19. Jahrhundert bei Kleist oder E.T.A. Hoffmann ihren Anfang nahm und beide Jahrhunderte verklammert.

Selbst da, wo Technik nicht explizit thematisiert wurde, eroberte sie unermüdlich weiteren Spielraum. Der Apparat der Bühnentechnik schwoll an[1]. Parallel dazu faßte Friedrich

Kiesler in seinem Katalog zur *Internationalen Ausstellung Neuer Theatertechnik* (IAT) den Begriff ›Technik‹ so weit, daß letztendlich sogar die Spiel'technik' des Schauspielers und damit auch die skeptische Haltung der Expressionisten darin untergebracht werden konnte.

▶ Anders formulierten sich die Gegenpositionen. Max Reinhardt zum Beispiel war zwar nicht technikfeindlich, betonte aber durchgehend die zentrale Rolle menschlicher und seelischer Dimensionen in seinem Theater – auch als explizites Gegengewicht zum Automaten und zur emotionshemmenden totalen Kontrolle. Eine andere starke Bewegung in diesem Sinne war der Expressionismus: Unmittelbar beeindruckt von den Erfahrungen des Krieges am eigenen Leibe, erlangte eine Reihe junger Autoren[2] bald eine exponierte Stellung im deutschen Theater. Ihre Stücke, Plädoyers gegen die Ordnung der *Väter*, für eine im Humanen verankerte Gesellschaft, verliehen ihrer Sinnsuche und Orientierungslosigkeit Ausdruck und schufen einen neuen Mythos des Menschen. Sie eröffneten dem Theater schließlich eine unverwechselbare Dramaturgie und Ästhetik. Objektivierbarer Sinn und ersichtliche Struktur waren aufgegeben zugunsten der subjektiven Reduktion von Sprache und anderen theatralen Zeichen, der Verzerrung der Bilder durch den emotionsgeladenen Blick auf die Welt, zugunsten der exzentrischen Ausdrucksfähigkeit eines dynamischen Rhythmus, der der maschinellen Kraft die menschliche Energie entgegenhielt. Intensiver Einsatz des Lichtes ermöglichte ruhelose Sprünge und Schnitte im Handlungsverlauf, die eine Brücke zum Instrumentarium des Films schlugen. In der ersten Phase war die Bühne der unbestimmte Ort einer hymnischen Feier subjektivistischer Ideale, gegen Ende, im *schwarzen Expressionismus*, zerschlugen ein dichter Pessimismus und ungehemmte Gewaltsamkeit das letzte Stück haltenden Rahmens. Der Expressionismus hinterließ eine Schauspielergeneration mit eigentümlicher Spieltechnik, Regisseure, die ihre kargen, rhythmischen Inszenierungen dem *Individuum* weihten, verfeinerte Möglichkeiten der Lichtdramaturgie, von Psychologismus gereinigte, klare Bühnenmittel – und einen tiefen Eindruck auf den deutschen Stummfilm, der einige seiner beeindruckendsten Produktionen (wie DAS CABINETT DES DOKTOR CALIGARI oder DER GOLEM..) expressionistischer Inspiration verdankte.

▶ In Ermangelung realer Möglichkeiten, das Bedürfnis der Künstler und Architekten nach Sprengung des traditionellen Raum- und Zeitgefüges umzusetzen oder auch nur rhythmisierte oder mechanisierte Bewegung und den simultanen Einsatz der Mittel zu erproben, wandten sich viele eigentlich theaterferne Künstler, Maler, Bildhauer und sogar Architekten, dem Modellraum Theater zu, der am wirklichkeitsähnlichsten Raum, Zeit, Bewegung und einen Ausschnitt Gesellschaft zu enthalten schien. Das Theater hatte sich durch die zunehmende Thematisierung der Gesamtkunstwerk-Ideen, die wachsende Beachtung plastisch-räumlicher Gestaltungsmöglichkeiten und die frühzeitige Auseinandersetzung mit neuen techni-

---

1 1926 konstatierte z.B. Paul ZUCKER in seiner Darstellung der Theater- und Kino-Neubauten eine wachsende Bedeutung technischer Möglichkeiten für die Gestaltung des Theaterbaus (beispielsweise in Hinblick auf die Feuergefahr durch elektrisches Licht und den Eisernen Vorhang, aber ebenso im Bereich der Zu- und Abfahrt eines anwachsenden Wagenparks.. – wie natürlich auch der Bühnentechnik selbst) und bemerkte: »Diese höchst realen Notwendigkeiten beeinflussen vom Technischen aus die Formgebung, ebenso vom Soziologischen her die Umschichtung der Gesellschaft und im künstlerischen Sinne die (..) veränderte Auffassung vom Wesen des Theatralischen.« (✧10 ZUCKER S.6)

2 – etwa Ernst TOLLER, Arnolt BRONNEN, Ernst BARLACH, Walter HASENCLEVER oder Georg KAISER..

schen Mitteln schon zuvor für diese Entwicklung geöffnet. So wurde es zum Schauplatz
neuer Vorschläge zur ästhetischen und gesellschaftlichen Entwicklung. Dieser Schauplatz
besaß darüberhinaus den Vorteil, viel überschaubarer als die grenzenlose Wirklichkeit zu
sein, was mit der Tendenz zur Abstraktion korrespondierte. Im Sinne von Tairows These:
»*Die Kunst stellt nicht die Natur dar. – Sie schafft ihre eigene Natur*«, wurden mit ihrer Hilfe
Gegenbilder zur Realität entworfen, die manchmal zur Flucht verhalfen, oft aber den Wirklich-
keitsentwurf der Zukunft versuchten oder Themen und Probleme in eine Form brachten,
die die Analyse erleichterte; wieder einmal bezog das Theater innovative Energie aus seiner
Weltähnlichkeit, aus einer im Sinne Légers sogar scheinbaren Austauschbarkeit beider.

    All das blieb natürlich nicht ohne Einfluß auf die Ästhetik des Bühnenraums: Die mei-
sten Stilrichtungen der Bildenden Kunst hielten Einzug auf den Bühnen, wegen ihrer höchst
flexiblen Ausdruckskraft, unaufwendigen Handhabung und der entmaterialisierenden Qualität wurde die Lichttechnik immer verfeinerter eingesetzt und so war der Schritt über
Projektionen hin zum Einsatz des Films als Realitätszitat naheliegend.

▶   Während sich die visuellen Künste einen wichtigen Platz auf der Bühne erarbeiteten,
wurde die Initialrolle, die die Literatur für das Theater spielt(e), von diesen Richtungen in
Zweifel gezogen. Die Texte wurden wie Rohmaterial im Inszenierungsprozeß weiterverar-
beitet, die lebenden, mitwirkenden Autoren hatten sich dem Regisseur zu unterwerfen
oder ins Team einzugliedern. Hingegen gewann der Tanz an Bedeutung, schließlich ›tanzten‹
sogar die Dinge und Formen im Theater der Gegenstände und der Zuschauer sollte durch
visuelles Training für die Bewältigung des technisierten Alltags- und Arbeitslebens präpa-
riert werden. Dies führte eher zu trivialen Darbietungsformen wie Zirkus oder Varieté. Die
Schauspieler bedienten sich zweier Möglichkeiten, ihre Kunst zu verteidigen: Sie verfeinerten ihre Körperausdruckskräfte und legten weniger Wert auf die sprachlichen Mittel[3] oder
sie insistierten auf den konventionellen Verhältnissen.

▶   Diese Tendenzen förderten Erfolg und Wirkung des neuen Mediums Film. Weil es sich
zunächst noch um Stummfilm handelte, konnten die großen, kapitalstarken Filmkonzerne
Hollywoods ihre Filme auch europaweit zeigen und verdrängten seit dem Krieg die einhei-
mischen Produktionen. In Deutschland erstarkte die Filmindustrie zwar direkt nach dem
Krieg bis 1923 kurzfristig, weil hier bedingt durch die Geldabwertung ungemein billig pro-
duziert werden konnte, alsbald aber dominierten amerikanische Filme auch hier den Markt.
Nur in der Sowjetunion, wo der Film als billigste Kunst gefördert wurde, nahm der Anteil
und Erfolg eigener Filme seit 1924 – auch grenzüberschreitend – deutlich zu. Zunächst
einmal verdrängte die Filmindustrie all jene traditionellen Domänen des Theaters, die der
reinen Unterhaltung dienten, und erreichte dort ein klasseneinendes Massenpublikum, während die Theater mit Kunstanspruch von der neuen ›Konkurrenz‹ weitgehend unberührt

---

3   »Nicht nur die Schauspieler, auch ihre Leiter, Regisseure, Dramaturgen, die Theaterkritiker und Theater-
    schriftsteller glauben und lehren noch immer, es sei die Aufgabe der Schauspielkunst, die Worte der Dich-
    tung ›darzustellen‹ (..). Sie ahnen nicht, daß das Wort der Schauspielkunst gar nicht **wesentlich** ist. Sie
    wissen nicht, daß es eine **absolute Schauspielkunst** gibt, d.h. eine Schauspielkunst **ohne das Wort**«,
    beschrieb Rudolf BLÜMNER, Sturmbühnen-Mitglied, aber auch Regisseur und Lehrer in REINHARDTS
    Institutionen, diese Überzeugung. (IN: ✧68 Katalog der IAT S.31) Diese Ablösung vom Gerüst des Dramas
    und des Wortes war aber für viele Schauspieler zunächst schwer mitzuvollziehen.

blieben. Viele Theaterbauten wurden so in Kinos umgewandelt, da gerade zu Beginn der Entwicklung noch kein spezifischer Bautyp geschaffen worden war. Es schien zunächst lukrativer, in Kino-Neubauten nach amerikanischem Vorbild zu investieren als in neue Theater. Von Anbeginn als kommerzielles Unternehmen betrieben, war der Film wirtschaftlich dem Theater haushoch überlegen.

Eine andere Überschneidung beider Medien ergab sich durch die parallele Tendenz zum Visuellen, zum Beispiel in der gegenseitigen Beeinflussung der räumlichen Konzeptionen, wie in der Wechselbeziehung zwischen der Ästethik des expressionistischen Theaters und des Stummfilms. In Ermangelung fertiger Selbstdefinitionen angesichts des allgemeinen Paradigmenwechsels und der sich ständig weiterentwickelnden Filmtechnik, brach zunächst Konkurrenzangst bei den Theaterleuten aus[4]. Während sich also das Theater vom Film bedroht fühlte, experimentierten gerade Maler gerne mit dem neuen Instrumentarium: die Dynamik der Großstädte, eine zum Grotesken neigende Sicht, bewegte Trickbilder, all das entsprach ihrer Weltwahrnehmung und ließ sich wunderbar mit dem neuen Medium ausbauen. Wenngleich solche Ansätze kaum eine Chance auf professionelle Umsetzung und ein größeres Publikum hatten, waren letztlich sie es, die das ureigene Instrumentarium des Films entwickelten. Als um 1929 der Tonfilm einsatzfähig wurde, mußte erneut eine spezifische Filmästhetik definiert werden. Zunächst lehnte sich das Kino ein letztes Mal verstärkt an das Theater an, verfilmte mit dokumentarischer Qualität das Zeitstück, bevor es sich endgültig als unabhängig begriff.

▶   Aber auch das Theater selbst war im Begriff seine überkommenen Mittel auf ihre Brauchbarkeit hin zu überprüfen und so richteten die progressiven Truppen und Regisseure angesichts der immer noch Einfluß nehmenden Zensur, starker konservativer Kräfte oder auch materieller Erfolgszwänge Studios und Laboratorien ein, in deren Rahmen neue Ästhetiken definiert, neue Mittel ausprobiert und gleichzeitig eine neue kreative Generation herangebildet werden sollte. Meyerhold und Piscator gründeten ebenso Studios wie Reinhardt. Eine weitere Variante stellte die Bauhaus-Bühne dar. Es verschärften sich die Gegenpositionen, die vor dem Krieg von Kammerspielen und ›Großen Schauspielhäusern‹ eingenommen wurden, durch eine noch größere Diskrepanz zwischen der konventionellen Form und einem zeitgemäßen Zielpunkt der Theaterarbeit.

▶   Der Zielpunkt war die Neuordnung einer als zerstört, als zerschlagen empfundenen Welt – auch die Neuordnung der sozialen Strukturen.

Dafür entstand ein Theater, das weder eine Alternative zur Realität noch eine Vision ferner Zukunft anbieten wollte, sondern sich als Mittel im politischen Kampf des Jetzt verstand und direkt und zeitgleich in das alltägliche Leben seines Publikums hinein wirken wollte. Selbst Regisseure, die, wie der vom Expressionismus geprägte, sozialdemokratische

---

4   Das wirkte sich auch unmittelbar auf die Bühnentechnik aus. Die Ankündigung der Tagung der technischen Bühnenvorstände 1930 offenbart ein in dieser Hinsicht aufschlußreiches Programm, das zeigt, wie aufmerksam am Theater die Entwicklung des Films wahrgenommen wurde:»Es sind bis jetzt vorgesehen: Die Projektionstechnik im Dienste der Theaterdirektion (..) – Anwendung des Films im Sprechtheater (mit Vorführung verschiedener Filme (..)) – Bühnenanlagen in Lichtspielhäusern (Besichtigung des Großkinos im Deutschlandhaus) (..)« (Aus: BTR 2 (1930) S.12)

Leopold Jeßner, keine revolutionären Ambitionen hegten, bezogen sogar mit ihren Inszenierungen der Klassiker-Dramen Stellung zum gesellschaftlichen status quo. Daneben
wurde durch eine deutlich politischen Definition Theater gezielt als Instrument zur Schaffung einer anderen Gesellschaft eingesetzt, als Keimzelle der kritischen Analyse und der
Aufforderung zur Revolution (in Deutschland), oder als Vorbild für die Belebung der ›neuen‹ Gesellschaft **nach** der Revolution (in Rußland). Entsprechend konnte sich dieses Theater auf Kundgebungen, in Arbeiterkneipen oder durch die Aufhebung der Rampe mit jener
Realität leicht vermengen. Der gemeinschaftliche Weltvermeidungsrausch der Vorkriegszeit
sollte dem gemeinschaftlichen Rausch des politischen Veränderungswillens weichen. Die
sozialistischen Züge verstärkten sich unter dem Vorbild der Sowjetunion in Deutschland
partiell zu umstürzlerischen Ambitionen. Von dem revolutionären Theater sollte eigentlich
bevorzugt ein Arbeiterpublikum angesprochen werden, tatsächlich wurde dies kaum erreicht, denn gerade die deutschen Arbeiter hegten weitgehend konventionelle Vorstellungen vom Theater, fühlten sich von der politisch gemäßigten Volksbühne besser vertreten
oder spielten selbst Laientheater nach traditionellem Muster. Sogar die KPD vertrat eine
eher konventionelle Theaterästhetik, während Erwin Piscator oder seit der Weltwirtschaftskrise verstärkt Agitprop-Gruppen mit immer neuen Effekten jonglierten.

Das politische Theater schuf sich auch seine eigenen Stücke. Aus dem Humus des abgelebten Expressionismus entwickelte Bertolt Brecht mit seinen Lehrstücken und der Konzeption des Epischen Theaters eine Gegenposition, einen kopfigeren Ansatz. Dies war der
Versuch, Probleme wieder als objektivierbar zu begreifen, im Glauben an die belehrende
Wirkung verfremdet und gleichnishaft vorgetragener Zusammenhangsanalysen – und an
die durch Theater vermittelbare Gesellschaftsveränderung im Geiste des Marxismus. Brecht
setzte alle potenziellen Theatermittel nicht harmonisierend, sondern kontrastiv ein, um die
unzulänglichen gesellschaftlichen Zusammenhänge zu entlarven.

Für die zutiefst gegenwärtigen Themen entwickelte sich mit dem Zeitstück eine eigene
dramatische Form, die vergänglich war wie frisches Obst; oder das politische Theater schrieb
sich die vorhandene Dramenliteratur zum Zeitstück, zur Propaganda um und inszenierte
tendenziöse Analysen über die Texte hinweg. Entsprechend wandelte sich in diesem Theater die Funktion des Schauspielers vom Star zum politischen Arbeiter, zum überzeugten
Agitator. Und der Regisseur war der beherrschende Knotenpunkt der gleichberechtigten
Fäden. Theaterproduktion wurde zur Arbeit für die Gemeinschaft, ihre Produktivität eher
an maschineller Leistung orientiert als an Begriffen der Kunst; sogar das junge Massenunterhaltungsmedium Film wurde herangezogen und mit seiner Hilfe ein dokumentarischer Zug
eingeführt. Ironischerweise mußten sich auch diese Theater, gerade auch Piscators Projekte,
in Deutschland den Regeln der kapitalistisch organisierten Geschäftstheater unterwerfen,
was ihre Existenz konsequent gefährdete, während das politische Theater in der Sowjetunion
als Spiegel der gesellschaftlichen Selbstversicherung funktionieren sollte.

Über diese beiden Länder hinaus gab es allerdings keine explizit politischen Dramaturgien[5].

---

5   Dabei muß man sehen, daß in ihnen auch die tiefgreifendsten gesellschaftlichen Veränderungen des Zeitraums stattgefunden hatten und entsprechend der Versuch, eine komplexe ästhetische (Um-)Ordnung und
     Neudefinition zu schaffen, seine Entsprechung auf allgemeinster Ebene finden mußte.

Bei dieser Zusammenstellung markanter Bewegungen und Tendenzen der Theaterszene der 20er Jahre darf nicht vergessen werden, daß es sich dabei in keinem Fall um **das** Theater der 20er Jahre handelte, sondern um all jene Randerscheinungen, die deshalb so spannend sind, weil sie sich mit relevanten Themen der Zeit auseinandersetzten, die aber das etablierte, konventionelle Theater keinesfalls ersetzten. Das übliche Theater der 20er Jahre hatte ein anderes Gesicht: Es war immer noch das Theater der Guckkästen, der Schauspielstars und einer bestimmenden Dramen-, meist Klassiker-Literatur, das teilweise bereits die Impulse der Fortschrittlichen **vor** dem Krieg aufgenommen hatte, sich aber im Rahmen eines weitreichenden Geschäftstheaterbetriebs kaum Experimente leisten konnte. Das allgemeine Interesse an künstlerischem Theater nahm allein schon deshalb ab, weil das soziale und wirtschaftliche Chaos der Weimarer Republik die Publikumsstrukturen umgestülpt hatte[6]. Besonders in Berlin war die Szene von Geschäftstheatern geprägt. Gleichzeitig aber vollzog sich eine Dezentralisierungsbewegung in Deutschland, die dadurch gestärkt wurde, daß die meisten Städte die alten Hoftheater, die sich als Geschäftstheater kaum erhalten konnten, in ihre Obhut nahmen und ein Kulturtheaterkonzept pflegten, das die wirtschaftlichen Krisen der Weimarer Republik tatsächlich besser überstand als die kommerziellen Privattheater. Letztere hatten ihr Programm wohl zu sehr der neuen Unterhaltungskonkurrenz, dem populären Kino angenähert. In einer solchen Situation kann es nicht erstaunen, daß an Theater-Neubauten, gar unerprobte Alternativen zum Guckkasten nicht gedacht wurde[7].

In den anderen europäischen Ländern veränderte sich in der Theaterlandschaft eigentlich wenig. Was an Innovativem ans Licht drang, wird uns im Objektteil begegnen.

Die 20er Jahre weisen von ihrer künstlerischen Energie her eine markante Entwicklung auf. Zunächst mußten sich die durch den ersten großen, technisch bestimmten Krieg freigesetzten Emotionen, Selbstversicherungsversuche und Veränderungswünsche ausformulieren – das war die Phase neuer Ideale, im versachlichenden oder gefühlsbestimmten

6   Günther RÜHLE faßt all dies unter dem Stichwort »Die große Veränderung« zusammen. Er schreibt in »Der Horizont des Jahrhunderts«: »Das angestammte Publikum der Theater wird damals durch vielerlei Vorgänge zerstört: durch die Inflation, die den Bildungsbürger verarmt und die Inflationsgewinnler in die Theater treibt, die ihrerseits (..) das Geldpublikum mit Trivialitäten, Zoten und Reißern anlocken. Das Unterhaltungstheater vom Boulevardstück bis zur Nacktrevue erhält speziell in Berlin einen solchen Auftrieb, daß es zu einem eigenen Phänomen der zwanziger Jahre wird. Selbst in der Provinz schwächt sich das literarische Interesse.« (IN: ◇26 RÜHLE, Theater in unserer Zeit S.29)
7   Eher versuchten sich einzelne Städtchen und Gemeinden durch Umnutzungen zu behelfen. So berichtete die DEUTSCHE BAUZEITUNG 35 von 1927 z.B., daß in Mühlhausen in Thüringen die Umwandlung der Kornmarkt-Kirche in ein Theater unter der Leitung eines »bekannten Architekten« geplant war; in ihrer Nummer 26 aus dem Jahre 1929 wird die Umnutzung des Berliner Ostbahnhofs in ein Variététheater erwähnt. Auch REINHARDTS Umnutzungskonzeption in Salzburg wäre wohl trotz aller theoretischen Begründetheit ohne diese ökonomische Problematik kaum so konsequent ganz ohne Festspielhaus durchgeführt worden.
    Bei dem ansonsten bevorzugten konventionellen Theaterbau kümmerte man sich von staatlicher Bauherrenseite eher um Probleme der Feuersicherheit (immer noch beeindruckt und teilweise auch noch heimgesucht von der Feuerproblematik der Vergangenheit) als etwa um Fragen innovativer Raumanordnung.

Gewand. Sogar die inhumane Technik schien noch beherrschbar und gezielt einsetzbar. Allmählich gewann dann aber Resignation darüber Raum, daß die Visionen die zähe Realität nicht überwanden. Hatten zunächst progressive Kräfte die neuen Werte des Zeitalters ausgerufen, versuchten nun die Herolde alter Werte des gesellschaftlichen Chaos und der ökonomischen Probleme Herr zu werden. Gegen Ende des Jahrzehnts setzten sich zunehmend die konventionellen, die ›rechten‹ Kräfte durch – selbst der Sozialismus der Sowjetunion gefror in der reaktionären und gewalttätigen Pose des Stalinismus. Während den erneuernden Impulsen des Beginns jegliche Mittel zur Realisierung fehlten, investierten schließlich die reaktionären Mächte Unsummen in rückwärtsgerichtetes Repräsentationsgebaren. Am Ende aber verbindet fast alle diese Bewegungen das eine Bemühen: dem Chaos eine überschaubare Ordnung entgegenzuhalten, notfalls aufzuzwingen.

Die Situation der Architektur

In den theoretischen Schriften der Architekten und der von ihnen gebildeten Gruppen nach dem Krieg taucht der Begriff *Ordnung* so auffällig häufig auf[8], daß man daraus nur auf ein tiefes Mißbehagen über eine Situation schließen kann, über die man aus den herkömmlichen Perspektiven heraus keinen Überblick mehr gewinnen konnte. Der Krieg stellte nicht nur eine Baupause dar, die durch die wirtschaftliche Not und die politischen Umbrüche in einigen Ländern Europas nur noch verlängert wurde, er offenbarte vor allem die Notwendigkeit, die Kriterien und Diskussionsgegenstände der Vorkriegszeit neu zu bewerten. Im Grunde bedeutete er auch für die Architekten ein Korrektiv der Irrtümer, Fehleinschätzungen und Illusionen, die die Auseinandersetzungen bis dahin bestimmt hatten, indem er in einer ›Weltausstellung‹ ganz eigener Art gnadenlos jene Zeichen und Mittel der neuen Ära vorführte, die zuvor nicht anerkannt, ins Denken nicht einbezogen worden waren.

Dazu muß man sehen, daß dies der erste Krieg war, der, parallel zur Entwicklung der Wissenschaften natürlich, die räumliche Wahrnehmung fundamental veränderte, insofern er den ehedem unmittelbaren, sinnlichen Kontakt zu Feind und Schlachtfeld duch die mediale Vermittlung technischer Prothesen ersetzte[9]. Damit betraf er das Arbeitsgebiet der

---

8   »Der Architekt verwirklicht durch die Handhabung der Formen eine Ordnung, die reine Schöpfung seines Geistes ist, (..) die man als im Einklang mit der Weltordnung empfindet, (..) Baukunst ist eine Frage des Gestaltens. Geist der Ordnung.« (LE CORBUSIER 1920). ▶ »Unsere Zeit ist ein Feind jeglicher subjektiven Spekulationen hinsichtlich Kunst, Wissenschaft, Technik usw. Der neue Geist, der schon fast das gesamte Leben regiert, wendet sich gegen animalische Spontaneität (Lyrismus), gegen die Herrschaft der Natur, gegen Schnörkel und übertriebene Kochkunst. Um etwas Neues bauen zu können, brauchen wir eine objektive Methode – das heißt: ein objektives System.« (VAN DOESBURG/VAN EESTEREN 1923) ▶ Die Architekten »sind sich bewußt, (..) daß die Veränderung der konstitutiven Ordnungsbegriffe unseres gesamten geistigen Lebens sich auch auf die konstitutiven Begriffe des Bauens bezieht.« »An erster Stelle steht im Stadtbau das Ordnen der Funktionen (..)« (CIAM, Erklärung von La Sarraz 1928) ▶ »Der Kampf mit der Ästhetik des Chaotischen nimmt seinen Lauf. Nach einer zur Bewußtheit gewordenen Ordnung wird verlangt.« (El LISSITZKY 1929)..

9   »Von Veteranen des Ersten Weltkriegs bekommt man immer wieder zu hören, daß sie den Feind, den sie töteten, nie gesehen hätten. Das besorgen von jetzt an andere für sie. (..) Die durch die indirekte Sicht

Architekten weniger materiell, als Architektur zerstörende Kraft, sondern als geistige Herausforderung, die ein gewandeltes Raum- und Zeitverständnis, neue Funktionsbereiche, ein erweitertes Materialspektrum zu bedienen forderte, ohne daß gleichzeitig alle traditionellen Bauaufgaben nunmehr abgelöst waren. Die Mobilität erforderte nicht nur eine andere Infrastruktur, sie verdeutlichte nochmals, daß die Städte *unbrauchbare Instrumente* seien (1).

Wie bereits durch Industrialisierung und massenhaften Bevölkerungszuzug offenbar geworden war (aber nicht gelöst), legte sie auch eine andere Wahrnehmung des Bauwerks nahe, an dem nun mit immer höherer Geschwindigkeit vorbeigefahren wurde. Wie es der Kubismus mit seiner simultanen Darstellung verschiedener Perspektiven und der Zerlegung der Formen in ihre Grundmuster schon vorgeschlagen hatte, plante die neue Architektur endgültig die Baukörper vollplastisch durch, aus einem Gedanken entwickelte sich wie beim Neoplastizismus aus dem Innen das Außen heraus und einige Richtungen neigten wie Le Corbusiers Purismus etwa, der Gestaltung mittels eines elementaren Systems, eines *Baukastens* zu. Oder aber der plastische Bau sollte in einen Dialog mit seiner städtischen oder landschaftlichen Umgebung eintreten, wie László Moholy-Nagy erläuterte:

früher schuf man aus sichtbaren, meßbaren, wohlproportionierten baumassen geschlossene körper, die man raumgestaltung nannte; heutige raumerlebnisse beruhen auf dem ein- und ausströmen räumlicher beziehungen in gleichzeitiger durchdringung von innen und außen, oben und unten, auf der oft unsichtbaren auswirkung von kräfteverhältnissen, die in den materialien gegeben sind. (..) die aufgabe endet nicht beim einzelbau. schon heute zeigt sich die nächste stufe: raum in allen dimensionen, raum ohne begrenzung. (2)

Bezeichnend ist, daß trotz der Vermassung der Städte und entsprechender Raumnot das Gebäude als Vollplastik propagiert wurde. Aber dieses neue zeitabhängige Verhältnis zum Raum verstieg sich in den Phantasien einiger Architekten, die durch die Erfahrung der Fortbewegungstechnik beeindruckt waren, zum antitektonischen, aus der Erdbindung und Erdenenge befreiten Bau und alsbald zur Bebauung des Weltalls selbst[10].

bewirkte Phasenverschiebung gab dem Soldaten das Gefühl, weniger zerstört, als vielmehr entwirklicht, entmaterialisiert zu werden. Die sinnlich erfahrbare Realität verschwand hinter einer Überbetonung visueller Bezugspunkte.« (S.25f.) »Entfernung, Tiefe, dritte Dimension – in den wenigen Kriegsjahren war der Raum zum Operationsfeld, zum Kriegstheater einer dynamischen Offensive geworden, einer großen energetischen Veranstaltung. (..) Die Einfallsgeschwindigkeit, im Krieg und für die Kriegsindustrie von entscheidender Bedeutung, wurde nach dem Krieg zum entscheidenden Kriterium für die Herstellung von Kommunikations- und Transportmitteln, die Kommerzialisierung des Luftraums.« (S.49) In ◇31 »Krieg und Kino« versucht Paul VIRILIO das beiden gemeinsame Thema der (visuellen) Wirklichkeitswahrnehmung zu beschreiben und zu deuten.

10 Friedrich KIESLERS Konzept für einen »Raumstadtbau« wäre da ein Beispiel, für das er die Loslösung der Architektur vom Erdboden forderte und ein »Bausystem von Spannungen (tensien) im freien Raume« vorschlug (IN: ◇15 CONRADS S.92) oder als Extrem Kasimir MALEWITSCHS »Suprematistisches Manifest« von 1924: »Alles das [die Gewohnheiten des Gestern] ist Elektizismus, wenn man es vom Zeitalter des Aeroplans und des Funks her betrachtet. Selbst das Automobil gehört eigentlich schon in die Rumpelkammer, auf den Friedhof des Elektizismus, wie der Telegraf und das Telefon auch. Die neuen Behausungen des Menschen liegen im Weltraum.« (IN: ◇15 CONRADS 82f.) Freilich wird da in der Theorie versucht, zu laufen, bevor die Gesellschaften gehen können..

Die intensivere Nutzung der Technik stellte die Architektur aber nicht nur vor neue
Aufgaben und Probleme, sie lieferte auch neue Lösungsmöglichkeiten. So ermöglichte erst
der Eisenbeton die freie plastische Gestaltung des Baukörpers oder die Befreiung der äußeren Begrenzung von der tragenden Funktion, so daß zum Beispiel Wände durch verglaste
Außenhäute ersetzt und die Durchdringung der Bereiche erreicht werden konnte. Oder
künstliches Licht schuf eine abweichende nächtliche Ästhetik und konnte ganze Gebäude
in Leuchtreklamen auflösen. Die materiell-technischen Möglichkeiten und die Ideen der
Rationalisierung des Bauvorgangs bedingten einander.

Die Trennung zwischen Architekt und Ingenieur hätte nun endgültig aufgehoben werden
können, sie schlug aber teilweise schon wieder in ihr Gegenteil, nun die Verherrlichung des
Ingenieurwesens um, der Bau wurde als Maschine dynamisiert und seine künstlerische Raum-
magie durch »*die Überwindung des Ungeklärten, des ›Geheimnisvollen‹ und Chaotischen*« (3) als
rational benutzbar vorgeführt. Andererseits wurde vor den Gefahren eines rein
technizistischen Denkens vielstimmig gewarnt, denn, so befürchtete Erich Mendelsohn 1928:
> »*(..) wird die Technik Selbstzweck, so führt die mechanische Theorie zur Überschätzung tech-
> nischer Erfindungen und macht aus der Technik einen Götzen. Deshalb keine Verfälschung des
> menschlichen Geistes durch Mechanisierung. Im Gegenteil, die planvolle Einstellung der Natur-
> kräfte in den Dienst des Menschen schafft erst das Fundament für Politik und Wirtschaft. Auf
> dem Fundament der Wirtshaft wächst erst die Gesellschaft, die Kultur.*
> *Es ist das Problem des Neuen Weltbauens: Die Endlichkeit der Mechanik plus der Unendlich-
> keit des Lebens.*« (4)

Auch die Hoffnung auf einen neuen Stil war noch nicht aufgegeben. Jede einzelne der entstehenden Richtungen engagierte sich für nichts weniger als **den** Stil, **die** Architektur, die
Gegenwart und Zukunft adäquat sein sollte, die sogar der gesellschaftlichen Gesamtent-
wicklung die entscheidenden, prägenden Impulse zuleiten sollte. Vor allem in jenen beiden
Ländern, in denen der Krieg bzw. die Revolution die einschneidensten Veränderungen mit
sich gebracht hatten, in Deutschland und in der Sowjetunion, aber ebenso bei den europäischen Architektur-Avantgarden, formulierte sich die Forderung nicht nur nach der künstlerischen, sondern der gesellschaftlichen Führung der Architekten; nun, nach dem Versagen
der politischen Klasse, fühlten sie sich berufen, sogar das Staatsgebäude zu errichten. Da
die Kunst als Abbild des Lebens und Architektur als die führende Kunst propagiert wurde,
sollte es den Architekten zukommen, das Leben zu gestalten, ob nun Bruno Taut einen
ausgeführten Plan der neuen Gesellschaft zeichnete (5) oder es bei De Stijl hieß:
> *Wir müssen begreifen, daß Kunst und Leben keine voneinander getrennten Gebiete sind. (..)*
> *Wir fordern statt dessen, daß unsere Umwelt nach schöpferischen Gesetzen aufgebaut werde*
> *(6) –*

in jedem Fall wurde eine enorme utopische Potenz und der Anspruch, eine zeitechte Gesellschaft der Gegenwart zu konzipieren, freigesetzt[11]. Als Vorstufe schlossen sich enge Ver-

---

11 So forderte schon GROPIUS Lehrer Peter BEHRENS, der ja die Idee der Form und des Stils als Ausfluß der
     gesellschaftlichen Mentalität auffaßte, auf dem Ersten Deutschen Architektentag 1919 nicht nur unmißver-

bände, eifrig publizierende Gruppen zusammen, die angesichts ihres meist absoluten Anspruchs freilich in inhaltliche Auseinandersetzungen verstrickt waren. Es existierten sehr unterschiedliche Ansätze nebeneinander, so daß sich je nach Gegenstand, Themenschwerpunkt und Region völlig verschiedene Architekturgeschichten der 20er Jahre schreiben ließen.

Die Gruppierungen unterschieden sich nach ihrer Selbsteinordnung in den chronologischen Zusammenhang: ob sie sich als revolutionär, also traditionsfeindlich, oder als reformerisch, Traditionen transformierend definierten. Dezidiert konservative Tendenzen gab es angesichts der Nachkriegssituation zunächst kaum. Demnach würde man auf der einen Seite auf den Expressionismus stoßen, dessen individualistische, exzentrische Vertreter bereits vor und während des Krieges wirkten, oder auf den Traditionalismus, der im Grunde auf die sozialen Konzepte und Utopien des 18. Jahrhunderts zurückgriff und ausdrücklich den humanen Maßstab an alle Bauaufgaben legte, oder Ideen organischen Bauens, deren naturorientierter, regionaltraditioneller und an einzelne Architekten-Persönlichkeiten gebundener Ansatz bereits seit Ende des vorigen Jahrhunderts aufkam. Auf der anderen Seite stand der streng progressive Rationalismus der konstruktivistisch-revolutionären Architektur der sowjetischen Avantgarde, der holländischen De Stijl-Bewegung, des französischen Purismus Le Corbusiers oder des Neuen Bauens in Deutschland. Geeint wurden all diese Ansätze nur durch die vorbehaltlose Anerkennung der Nachkriegssituation, aus der sie mittels sachlich-technischer und ökonomischer Herangehensweisen eine sozial befriedigende Gesellschaft der Zukunft errichten wollten. Während die traditionsgebundenen Richtungen unter dem Begriff *Volk* die Perspektive des schaffenden wie nutzenden Individuums mit den Erfordernissen einer technisierten Massengesellschaft zu harmonisieren trachteten, taten sich die Rationalisten durch ihre radikale thematische Zäsur in der Anerkenntnis und Klärung des Ist-Zustands leichter, verfielen andererseits aber auch schneller in eine utopistische Haltung. Dieser Unterschied offenbart sich deutlich in Fragen der Stadtpla-

ständlich die Gleichberechtigung der Architektur neben den anderen Künsten, sondern weitergehend eine »enge Zusammenfassung aller Künste unter Führung der Architektur«, die zu nichts weniger als einer »geistigen Arbeitsgemeinschaft der Menschheit« führen sollte (IN: WASMUTHS MONATSHEFTE 1919/20, zusammengefaßt von Alfred WIENER). Entsprechendes Ideengut legte auch Bruno TAUT 1918 als »Architektur-Programm« vor, das dann als Leitlinie des Arbeiterrates für Kunst, in dem sowohl GROPIUS als auch TAUT maßgebend waren, weiterwirkte (s. ◇15 CONRADS S.38ff.) Den Kern bildete auch hier eine mit der künstlerischen Reform verknüpfte soziale Utopie: »Kunst und Volk müssen eine Einheit bilden. Die Kunst soll nicht mehr Genuß weniger, sondern Glück und Leben der Masse sein. Zusammenschluß der Künste unter den Flügeln einer großen Baukunst ist das Ziel.« (ebd. S.42) Dieser Optimismus, mit architektonischen Mitteln politisch wirken zu können, bestimmte deutlich auch die Bemühungen der Architektur-Avantgarde der Sowjetunion. El LISSITZKY brachte diese Überzeugungen 1929 zum Ausdruck: »Unserem Baukünstler ist klargeworden, daß er durch seine Arbeit als aktiver Mitarbeiter an dem Aufbau der neuen Welt teilnimmt. Für uns hat das Werk eines Künstlers keinen Wert ›an und für sich‹, keinen Selbstzweck, keine eigene Schönheit, alles dies erhält es nur durch seine Beziehung zur Gemeinschaft. (..) Die Architektur gilt als führende Kunst (..) Architekturfragen werden Massenfragen.« (»Ideologischer Überbau« IN: ◇15 CONRADS 112f.)

nung: Massenunterkünfte, Massenfortbewegung, Massenunterhaltung, Massenindustrie.. waren die Herausforderungen. Die sinnvolle Planung des städtischen Funktionsgefüges war angesichts der technischen Entwicklungen dringend, aber auch eine reine Glaubensfrage, weil sich die wirklichen Bedürfnisse der zukünftigen Stadt zu einer beunruhigenden Unbekannten verdichteten. Die ›Reformer‹ folgten, wenn sie überhaupt überindividuelle, städtische Konzepte erarbeiteten, der Erhaltung der Überschaubarkeit zu: die in Großstädten faktisch überholten, historisierenden, dezentralisierten Siedlungsformen galten als Gegenrezept zur Vermassung. Die ›Revolutionäre‹ betrachteten die Stadt in ihrer strikten Ablehnung der bestehenden, *alten* Städte als eine funktionserfüllende Maschine(rie) der sozialen Hygiene und waren berauscht von der Idee des absolut Neuen.

Der entscheidende Paradigmenwechsel bestand andererseits in der Eigenbewertung der Architektur nach Kriterien der Nützlichkeit und Zweckmäßigkeit, die die Bewertung nach künstlerischen schrittweise, aber unaufhaltsam abzulösen begann. Was ehedem der Schönheit verpflichtet war, sollte nun funktional sein. Und wurde die *Schönheit* vorher von der Ausdrucksfähigkeit und Ausdrucksqualität des Bauwerks bestimmt, enstand sie nun als Produkt der Zweckerfüllung[12]. Der Anspruch der Zweckmäßigkeit spiegelte sich zum Beispiel in der Entwicklung industrialisierter Baumethoden oder des Designs, also der Gestaltung industrie- wie funktionsgerechter Gebrauchsgegenstände für die Massennutzung. Dieser Wechsel zeichnete sich nicht nur innerhalb der theoretischen Äußerungen der Architekten ab, sondern vollzog sich oft innerhalb einer Bewegung, sogar einer Karriere. Die weltweiten wirtschaftlichen Probleme dieser Phase und die Erfahrung der Vermassung ließen eigentlich keinen Raum mehr für ästhetische Sichtweisen. Probleme, deren Verlauf noch gar nicht abzuschätzen war, mußten möglichst schnell, sparsam und sozial, am besten human gelöst werden. Die Fortschritte auf technischem Gebiet und die Vereinfachung der Methodik, also die Reduzierung auf ein elementares, aber variables Schema (wie vom Kubismus vorgedacht), Standardisierung, industrielle Vorfertigung schienen der Weg zur tragbaren gesellschaftlichen Ordnung, die Funktionalität, nicht Hierarchien ausdrücken sollte[13]. Fragen des Stils etwa oder der Schönheit verblaßten aus dieser Perspektive. Ludwig Mies van der Rohe schuf dafür die kompakte Formel:

12 Bruno TAUT formulierte 1928 (nach seiner visionären Phase) einen geradezu dynamischen Schönheitsbegriff:»Formwerdung des Zwecks oder der Bestimmung ist demnach der erste Schritt zur Sinnfälligkeit neuer Baukunst und somit die wichtigste Grundlage einer neuen Ästhetik. An Stelle der Schönheit des Hauses tritt die Schönheit der Vorgänge im und am Hause.« (IN:»Architektur in der Krise?« BAUWELT 29 [1928] S.3)

13 Selbst ein Vertreter organischer Ansätze, wie Hugo HÄRING, definierte Gesellschaft und Gestaltung [»Kunstgewerbe« = Design] im Wechselspiel des Nutzens:»Das Kunstgewerbe ist nicht nur vom Standpunkt des Künstlers oder des Handwerks, sondern auch von der Gesellschaft aus anzusehen. Die Erzeugnisse des Kunstgewerbes sind typische Geschöpfe der Gesellschaft. (..) Die Gesellschaft braucht heute keine Standeseinrichtungen mehr, sondern Gebrauchsgegenstände. An diesen sollen auch keine Überreste von Standeseinrichtungen mehr angebracht sein.« (»Formulierungen zur Neuorientierung im Kunstgewerbe« IN: ✧15 CONRADS 98ff.)

Baukunst ist raumgefaßter Zeitwille. Lebendig. Wechselnd. Neu. (7)

Wir kennen keine Form, sondern nur Bauprobleme. Die Form ist nicht das Ziel, sondern das Resultat unserer Arbeit. Es gibt keine Form an sich. Das wirklich Formvolle ist bedingt, mit der Aufgabe verwachsen, ja der elementarste Ausdruck ihrer Lösung. Form als Ziel ist Formalismus, und den lehnen wir ab. Ebensowenig erstreben wir einen Stil. (8)

Die Zeitqualität entschied im Grunde so die alte Werkbund-Diskussion zugunsten des Typs und gegen den Architekten als Künstler. So verlangte immer weniger der Künstler die gesellschaftlich-kulturelle Führung, sondern der Organisator brauchbarer, ›arbeitender‹ Ding- und Umwelt. Die Tragik gerade jener nutzorientierter Architektur bestand in der tatsächlichen Unmöglichkeit ihrer Umsetzung. Angesichts der maroden wirtschaftlichen Situation wurde, wenn überhaupt, tendenziell auf erprobte Weise gebaut; Neues hätte zunächst einmal Investitionen benötigt. Die Ideen und Visionen mußten weitgehend theoretisch verarbeitet werden. Sehr viele Architekten begriffen in dieser Zeit den Szenenbau des Theaters als halbreales Labor für ihre Ideen, was natürlich Szenographie und Theaterbau frische Impulse zuführte und aufwertete. Und vor allem waren die reaktionären Beharrungskräfte faktisch sehr viel wirksamer, wie das Beispiel der Papier gebliebenen Revolutionsarchitektur der Sowjetunion drastisch vorführt.

Am Ende des Jahrzehnts wurde noch nicht einmal mehr traditionalistisch gebaut, sondern der reaktionäre Rückgriff auf eine *Antike* wiederholt. Die Frage angemessener Architekturlösungen wurde endgültig in den Rahmen ideologischer Feindbilder gezwängt und damit gelähmt[14], das heißt, fortschrittliche Architekten kamen schlecht zum Zuge; das heißt auch, daß eine nur gedachte Architektur keinerlei Reibung mit dem Bauprozeß und dem Material erfahren konnte und sich immer mehr verstieg. Vielfach zog sie sich in die freibleibenden Nischen zurück: Ausstellungen und eben – Arbeiten für das Theater[15], während die Muster voriger Jahrhunderte eine reaktionäre Renaissance erfuhren.

Die verschiedenen europäischen Länder waren in unterschiedlichem Ausmaß von den Nachwirkungen des Krieges und der Wirtschaftsengpässe betroffen. Je nachdem wie sehr, stellte sich auch die Bauintensität, die Art der Aufträge und der Typus des Auftraggebers dar. So

14 Hier rächte sich letztendlich das Sakrileg, das die Architekten an politischer Macht begehen wollten. Die ließ sich nicht auf der kreativen Spur überholen. »Blickt man aufs Ganze, das die Avantgarde in den russischen und westeuropäischen zwanziger Jahren geleistet hat, so ist es mit Händen zu greifen, daß die Künste und Architekturen bei weitem nicht nur widergespiegelt haben, sondern Eigenes und Neues hervorbrachten. Dieses Neue ist von den Sozialutopisten, also den politischen Revolutionären, bekämpft und gefürchtet worden. Sie konnten nicht zulassen, daß das Reich der Freiheit in Beton und Glas errichtet wird, bevor es gekommen ist, das heißt bevor es sich gesellschaftlich ereignet hat.« (Adolf Max VOGT: russische und französische Revolutionsarchitektur. 1917. 1789.- Braunschweig/Wiesbaden 1990 S.243f.)

15 Wobei man sehen muß, daß natürlich auch der Theaterbau selbst stagnierte. »(..) wir haben noch keinen Stilkanon, mit dem wir festlich spielen könnten – wir haben auch kein Geld. (..) die technischen, wirtschaftlichen Anlagen, die Wohnungsbeschaffung müssen da sein, wenn wir nicht zugrunde gehen wollen. Die Festbauten kommen der praktischen Notwendigkeit nach in letzter Linie«, erklärte Hans POELZIG 1926 (IN: DAS KUNSTBLATT [1926] S. 197)

kann man in Ländern wie Italien, Frankreich oder England nicht, wie in Deutschland oder der Sowjetunion, von einer Dichte progressiver Bestrebungen sprechen; die Avantgarde konzentrierte sich da auf einzelne Persönlichkeiten. In Holland, wo die Baupolitik erfolgreicher gesteuert wurde, konnten die Progressiven sogar vergleichsweise viel in öffentlichem Auftrag errichten, während in Deutschland und Rußland von der großen Dichte an sozialen Konzepten erschreckend wenig zur Ausführung gelangte.

b. OBJEKTE

Das Bauhaus: Theater aus dem Labor für das gestaltete Leben

Das Bauhaus war und ist eine Bewegung mit dynamischem Momentum. Sein Ziel: Einheit in der Vielfalt und die Überwindung des Ich-Kultes,
schrieb Walter Gropius, der lebenslang analysierend, verarbeitend, aber auch immer wieder bestätigend auf die Arbeit des von ihm konzipierten Staatlichen Bauhauses zurückblickte, 1960, also 27 Jahre nach dessen Schließung in Deutschland (9), und umriß damit die grundsätzlichen Ansätze der Institution und ihres Arbeitsgebietes formelhaft prägnant.

Die Idee der *Einheit in der Vielheit* verkörperte schon der programmatische Rückgriff auf die Bauhütten des mittelalterlichen Kathedralbaus bei der Namenswahl für die Schule. In seinem »Programm des Staatlichen Bauhauses in Weimar« erläuterte Gropius 1919:
Das Endziel aller bildnerischen Tätigkeit ist der Bau! *Ihn zu schmücken, war einst die vornehmste Aufgabe der Bildenden Künste, sie waren unablösliche Bestandteile der großen Baukunst. Heute stehen sie in selbstgenügsamer Eigenheit, aus der sie erst wieder erlöst werden können durch bewußtes Mit- und Ineinanderwirken aller Werkleute untereinander. (..)* **Architekten, Bildhauer, Maler, wir alle müssen zum Handwerk zurück!** *Denn es gibt keine »Kunst von Beruf«. Es gibt keinen Wesensunterschied zwischen Künstler und Handwerker.* **Der Künstler ist eine Steigerung des Handwerkers.**
Und daraus ergab sich konsequent die Zielsetzung:
Das Bauhaus erstrebt die Sammlung alles künstlerischen Schaffens zur **Einheit, die Wiedervereinigung aller werkkünstlerischen Disziplinen** *– Bildhauerei, Malerei, Kunstgewerbe und Handwerk – zu einer neuen Baukunst als deren unablösliche Bestandteile. Das letzte, wenn auch ferne Ziel des Bauhauses ist* **das Einheitskunstwerk – der große Bau –,** *in dem es keine Grenze gibt zwischen monumentaler und dekorativer Kunst. (10)*
Damit bezog sich Gropius auf die alte Werkbund-Diskussion und auf die sich gerade nach dem Ende des Ersten Weltkriegs und im Zuge der revolutionären Umwälzungen in Rußland formulierenden Forderungen der Architekten nach einer Gesundung und Selbstbewußtwerdung der Künste, ja der Gesellschaft unter Führung und Anleitung der Baukunst. Er sah dabei die Notwendigkeit, diesem gedanklichen Impuls nun im Rahmen einer Schule für Gestaltung Leben einzuhauchen und eine Zukunft zu eröffnen, denn:
Der neue Baugeist fordert von Grund auf neue Voraussetzungen für alle gestaltende Arbeit. Werkzeug jenes gestrigen Geistes ist die ›Akademie‹. Sie brachte die Entblutung des gesamten Werklebens – der Industrie und des Handwerks – vom künstlerischen Menschen, und dies

zog dessen völlige Vereinsamung nach sich. In starken Zeiten wurde dagegen das gesamte gestaltende Werkleben des Volkes vom künstlerischen Menschen befruchtet, weil er mitten darin stand (..). Die Erziehung der Akademien dagegen hatte zur Wirkung, daß sich ein breites Kunstproletariat entwickelte, das schutzlos dem sozialen Elend preisgegeben war, weil es, in einen Genietraum eingelullt, zum Künstlerdünkel erzogen wurde, (..) ohne daß ihm das Rüstzeug der wirklichen Ausbildung gegeben wurde (..) Der pädagogische Grundfehler der Akademie war die Einstellung auf das außerordentliche Genie, anstatt auf den Durchschnitt. (11)[16]
Gropius strebte zwar zunächst mit seinem Lehrkonzept und dem Stil seiner Schulleitung konsequent die Umsetzung einer expressionistisch-historisierenden Idee der Bauhütte an –
Die Schule ist die Dienerin der Werkstatt, sie wird eines Tages in ihr aufgehen. Deshalb nicht Lehrer und Schüler am Bauhaus, sondern **Meister, Gesellen und Lehrlinge** *(12)*
– er versuchte daneben aber, vor allem den Forderungen nach einer stärkeren Demokratisierung, den allgemeinen gesellschaftlichen Belangen und den tatsächlichen Bedürfnissen der Industrie und Wirtschaft zuzuarbeiten. So erfaßte bereits das Programm von 1919 nicht nur Ausbildungsmethodik und -ziele, sondern es entwarf auch die Züge des Zusammenlebens an der Schule und der in- und externen Kooperation:

16 Nun, nach dem Krieg, wurde in fast allen Lagern dezidierte Kritik an der bisherigen Akademieausbildung und ihren Kriterien laut. So sahen Bruno TAUT und die Mitglieder des Arbeitsrates für Kunst, dem auch GROPIUS angehörte, in der Nachwuchsbildung den Keim für eine neue Gesellschaftsordnung und forderten deswegen gleich die Befreiung des künstlerischen Unterrichts von »staatlicher Bevormundung« und entsprechend die Auflösung der Staatlichen Akademien. Aber selbst weniger auf Gesellschafsveränderungen erpichte, konservativere Stimmen, wie z.B. der Münchner Regierungsbaumeister Hermann GÖRGEL, standen darin interessanterweise den Ideen von TAUT und dem Arbeitsrat für Kunst grundsätzlich nahe. GÖRGEL sprach von der gesellschaftlichen Verantwortung der Architektur (»Der Architekt ist nicht nur seinem Auftraggeber, sondern der ganzen Welt gegenüber verantwortlich. Ein Bauwerk ist nicht zu korrigieren (..)«) und vertrat ebenfalls die Idee: »Die Zeiten der künstlerischen Zersplitterung und Überproduktion – wie auch die jüngste Vergangenheit – bedürfen zu ihrer inneren Sammlung und Gesundung vielleicht nichts so sehr als: **Hierarchie unter die Architektur.**« Seine Kritik der Architekten-Ausbildung fußte auf der mangelnden Berücksichtigung des Räumlichen, obwohl Architektur sich als Raumkunst definieren müßte. Schädlich seien der Schwerpunkt, der auf dem Zeichnen am Reißbrett liegt, die »Beschäftigung mit historischen Stilen« und inzwischen der Gebrauch von zweidimensionalen Photographien. Sein Vorschlag war: »Man sollte an den Fachschulen einen großen, veränderbaren Versuchsraum zur Verfügung haben, in welchem Decke und Wände zu verschieben und die Beleuchtung, ferner die Türen, Fenster, Einbauten usw. nach Belieben zu ändern wären« (»Architekturästhetik« (≈1918), das Schlußwort findet sich IN: BAUWELT 23 (1918) S.3ff.). Ebenso forderte TAUT: »[Unterstützung] für ein gutgelegenes Experimentiergelände (..), auf welchem die Architekten große Modelle ihrer Ideen errichten könnten. Hier sollen auch in naturgroßen, vorübergehenden Bauten oder Einzelteilen neue bauliche Wirkungen (..) erprobt, vervollkommnet und der großen Masse gezeigt werden. (..) Werkstätten mit Handwerker- und Künstlerkolonien auf dem Experimentiergelände.« (TAUT »Architekturprogramm« IN: ◇15 CONRADS S.38f.) Hier werden angesichts der neuen Aufgaben Laborräume für die Präzisierung und Überprüfung der neuen, noch unerprobten Lösungen und Sichtweisen gefordert. Einrichtung und Struktur des Bauhauses kam dem am nächsten.

(..)
Mitarbeit der Studierenden an den Arbeiten der Meister.
Auftragsvermittlung auch an Studierende.
Gemeinsames Planen umfangreicher utopischer Bauentwürfe – Volks- und Kultbauten – mit
weitgestecktem Ziel. (..)
Ständige Fühlung mit Führern des Handwerks und der Industrien im Lande. Fühlung mit dem
öffentlichen Leben, mit dem Volk durch Ausstellungen und andere Veranstaltungen. (..)
Pflege freundschaftlichen Verkehrs zwischen Meistern und Studierenden außerhalb der Arbeit;
dabei Theater, Vorträge, Dichtkunst, Musik, Kostümfeste. Aufbau eines heiteren Zeremoniells
bei diesen Zusammenkünften. (13)

Das Signifikante am Bauhaus war, daß die hier formulierten programmatischen Ansprüche
nicht nur hehre Forderungen und idealistische Wünsche blieben, sondern die Institution
Bauhaus zum Synonym für ihre Übersetzung in die Tat, für ihre Belebung wurde. Indem es
gelang, die nicht zu unterschätzenden Energien des Visionären in die Aufgaben der Gegenwart zu investieren, entstand eines der wenigen Labors für das Leben im 20. Jahrhundert.
Bei aller zunächst expressionistischen ›Romantik‹ dieses Gedankenguts, die sich zum Gutteil den vernichtenden Erfahrungen von Krieg und auch wirtschaftlicher Niederlage verdankte, war Gropius Modell doch so sehr an den epochebestimmenden Fragen von Gesellschaft und Kunst orientiert, wurde es so offen und flexibel gehandhabt, daß es sogar
Paradigmenwechsel vom Expressionistischen zum Konstruktiven oder vom Wahrnehmungs-
transzendentalismus zum Wahrnehmungspositivismus (14) ertrug, ohne sich der ursprünglichen Ideen zu begeben. Der romantisierende Rückgriff auf ein Muster der Vergangenheit,
bisher ein bewährtes Mittel der Gegenwartsflucht, erwachte in diesem Falle zu gegenwarts-
wirksamer Virulenz – weil Gropius zwar ein bewährtes Handlungsmuster zitierte, das alte
Wertgefüge und dessen Zielsetzungen aber durch das aktuelle ersetzte.

Vor dem Krieg stellte Henry van de Velde, nicht zuletzt auch als Leiter der Großherzoglichen Sächsischen Kunstgewerbeschule, die Frage, wie das kreative Individuum in Zeiten
industrieller Produktion und sozialer Wandlung seine handwerkliche Arbeit unter gesellschaftlicher Sinnwahrung aufrecht erhalten könnte. Als Walter Gropius im April 1919 seine
Lehrtätigkeit in Weimar aufnahm und die Kunstgewerbeschule mit der Großherzoglichen
Sächsischen Hochschule für bildende Kunst programmentsprechend vereinte, nahm er damit auch van de Veldes Thema der Handwerklichkeit und des Individuums wieder auf. Nur
war seine Antwort eine andere. Was er in seinem Rückblick als *Überwindung des Ich-Kultes*
bezeichnete, wandte sich vor dem Hintergrund dieses Ausbildungs- und nicht zuletzt
Lebenskonzeptes gegen jede Isolation des Künstlers in einer l'art pour l'art-Haltung, suchte
die enge Anlehnung der gestaltenden Arbeit auf die gemeinschaftliche Gesellschaft und ihre
Produktionsbedingungen, war gegen Weltfremdheit gerichtet, erstrebte die Reibung verschiedener Positionen aneinander und begrüßte die dadurch evozierten Veränderungen:
»*Vermeidung alles Starren; Bevorzugung des Schöpferischen; Freiheit der Individualität, aber stren-
ges Studium*«, wie es im Programm hieß; es arbeitete also auf das kompetente, engagierte
Individuum hin, das sich in ständiger Auseinandersetzung mit einer kompetenten Gemeinschaft befindet. Was sich hier abzeichnete, war ein schöpferischer Kommunismus, lebbar
und fruchtbar unter den Voraussetzungen eines Umfeldes aus Kreativität und Kompetenz,

utopisch als gesellschaftliches Modell, als das es freilich nur begrenzt intendiert war. Vielmehr sollte in diesem Labor das Rüstzeug einer neuen Kultur ermittelt und eine neue
›Forscher‹generation herangebildet werden. Aber just zu einer Zeit, in der die Relevanz
dieser Themen genauso offen wie kontrovers verhandelt wurde, sah sich das Bauhaus während seiner gesamten Geschichte in Deutschland heftigen politischen Reaktionen gegenüber, die durchaus auch für das Schicksal der Institution bestimmend wurden. Schon allein
die Zusammenlegung der beiden ehemals Großherzoglichen Kunstschulen und die programmatische Umbenennung war 1919 nur mit den ›linken‹ Stimmen der SPD, USPD und
KPD eines der ersten Gemeindeparlamente der neuen Republik möglich geworden. Später
sorgte an derselben Stelle eines der ersten nationalsozialistischen Gemeindeparlamente
für die Schließung in Weimar – und den Umzug nach Dessau. Nicht zu reden von dem
Umzug nach Berlin 1932 und der endgültigen Schließung in Deutschland, die 1933 einem
Verbot lediglich zuvorkam. Suspekt war das Bauhaus nicht zuletzt wegen seiner sozialutopistischen Ansätze und deren modellhaftem Ausleben im Kleinen, vor allem aber wegen der
Zusammensetzung seines Meisterkollegiums, das unter Gropius Leitung als Auffangbecken
der avantgardistischen Strömungen aufgefaßt wurde. Als Auffangbecken, aber auch als Gärfaß,
denn innerhalb der Schule selbst blieb der Diskurs stets lebendig und weitgehend kontrovers – und damit tritt das dritte Kriterium zutage, das Gropius in seinem eingangs zitierten
Brief in die Bauhaus-Formel einband: Den Charakter einer Bewegung, auch im Sinne des
Sich-Bewegenden, des Dynamischen. Führt man sich lediglich das Programm vor Augen,
entsteht womöglich der Eindruck, es wäre Gropius auf eine expressionistische Gesellschafts-
vision angekommen, vor allem auch dann, wenn man sich die Besetzung seines ersten
Meisterstabes oberflächlich vor Augen führt: Den Grundkurs betreute der expressionistische
Maler Johannes Itten, desweiteren waren die Mitglieder der Malergruppe *Der Blaue Reiter*,
Kandinsky und Klee, vertreten und die ab 1921 existierende Bauhausbühne leitete zunächst das *Sturmbühnen*-Mitglied Lothar Schreyer. Aber bald wechselten einige Mitglieder
des Kollegiums, andere konnten dazugewonnen werden, die sehr sachlichen Strömungen
aus Holland und der Sowjetunion verfingen sich eine Weile und letztendlich wurde das
Bauhaus, der *Bauhaus-Stil*, als konstruktivistisch oder funktionalistisch gehandelt.. -«Vermeidung alles Starren«. Bestimmend war dabei die Reibung der Richtungen und Disziplinen, des
Individuellen am Typ (gerade auch im industriellen Sinne), des Labors an den Fabrikhallen,
die solange währte, bis eben unter jener Bezeichnung *Bauhaus-Stil* nichts Überflüssiges, nur
die essentielle Schnittmenge aller Aspekte übrig blieb[17].
    Das Bauhaus floß mit den Tendenzen mit und so blieb es mit seinen handwerklich boden-
ständigen Mustern durchgehend ein Raum für konsequentes Experimentieren und Realisie-

---

17 »Im stilgeschichtlichen Vorfeld des Konstruktivismus wuchs eine Disposition zum Konstruktiven, die aber
    ihrer Herkunft nach nicht rational kalkulierend, sondern romantisch empfindsam intendiert war. Die Ge-
    ste der Empfindung, die sich im Expressionismus ekstatisch gebärdete, schlug nach innen, wurde introver-
    tiert, verlangsamte sich, wurde gläsern, kristallin, tektonisch. Der Stil der tektonisch-kristallinen Romantik
    stand bei Kriegsende im Ausklang des Expressionismus bereit, den Theorien des Konstruktivismus zu
    begegnen, die in den folgenden Jahren, aus zwei Richtungen, aus Holland und aus Sowjetrußland kommend,
    in der Mitte Europas aufeinandertrafen. Das war die Situation am Bauhaus in den frühen 20er Jahren.«
    (Eberhard ROTERS »Maler am Bauhaus« IN: Propyläen Kunstgeschichte Bd.12: Das 20. Jahrhundert. 1880–
    1940, S.218)

ren in einer immer technisierteren Wirklichkeit. Entsprechend modifizierte Gropius zur Bauhaus-Ausstellung 1923 seinen Vereinheitlichungsgedanken: Aus *Einheit in der Vielfalt* wurde *Kunst und Technik – eine Einheit*, die Betonung des Diskurses zwischen Kunst und Leben.

Es war unser Bestreben, den schaffenden Künstler aus seiner Weltfremdheit zu reißen und ihn in die Welt, diese aus den Realitäten des Alltags zusammengesetzte Welt, wieder einzugliedern; gleichzeitig wollten wir aber auch die starre, fast ausschließlich auf materielle Dinge ausgerichtete Vorstellungswelt des Geschäftsmannes erweitern und durch ein neues Bewußtsein seines Menschentums auflockern.

Die Phase des expressionistischen Weltschmerzes war damit überwunden, Vertrauen in die eigene Handlungsfähigkeit und Überzeugungskraft gewonnen.

1928 gab Walter Gropius die Leitung des Bauhauses an den Schweizer Architekten Hannes Meyer ab und 1930 übernahm sie Mies van der Rohe, der 1932 den politisch notwendigen Umzug nach Berlin vollzog, bevor es sich 1933 auflösen mußte. Ein Teil des Kollegiums ging nach Chikago, wo ihm zunächst der langjährige Mitstreiter Laszlo Moholy-Nagy vorstand, bevor er die *Chikago School of Design* gründete, bis heute ein direkter Abkömmling des Bauhauses.

Der Zusammenschluß der Künste bedeutet aber nicht eine Isolierung der etwa sogenannten bildenden Künste, sondern es soll jede Schranke zwischen den Künsten überhaupt, ja sogar zwischen Kunst und Wissenschaft ebenso wie zwischen Architektur und Ingenieurwesen grundsätzlich durchbrochen werden. Deshalb hat das Bauhaus Theateraufführungen veranstaltet, in denen die Beziehung z.B. von der bildenden Kunst zur Bühne und zur Musik dargestellt werden. (..) Daß Feste, Musikaufführungen, auch das Kino als eine sehr wichtige moderne Erscheinung in diesem Gesamtleben nicht vernachläßigt worden sind und mit gleicher Energie ihre entschlossene künstlerische Form fanden, ist selbstverständlich. (15)

Seit 1921 war am Bauhaus die Bühnenwerkstatt als Einrichtung fest installiert. Ihre Einrichtung lag aus mehreren Gründen konzeptionell und pädagogisch nahe, denn

Das Bühnenwerk ist als orchestrale Einheit dem Werk der Baukunst innerlich verwandt; beide empfangen und geben einander wechselseitig. Wie im Bauwerk alle Glieder ihr eigenes Ich verlassen zugunsten einer höheren gemeinsamen Lebendigkeit des Gesamtwerks, so sammelt sich auch im Bühnenwerk eine Vielheit künstlerischer Probleme, nach einem übergeordneten eigenen Gesetz, zu einer neuen größeren Einheit.

Allerdings sollte die Bauhausbühne nicht nur dazu dienen, für die Schüler der Institution die Idee der Synthese und der *Einheit in der Vielheit* spürbar werden zu lassen, sondern natürlich auch Anstöße zu einer »Reinigung und Erneuerung der heutigen Bühne« geben.

In ihrem Urgrund entstammt die Bühne einer metapysischen Sehnsucht, sie dient also dem Sinnfälligmachen einer übersinnlichen Idee. Die Kraft ihrer Wirkung auf die Seele des Zuschauers und Zuhörers ist also abhängig von dem Gelingen einer Umsetzung der Idee in sinnfällig-optisch und akustisch wahrnehmbaren Raum.

Das Bauhaus arbeitet an der Entwicklung dieser Bühne.

Diese Ansprüche bestimmten den Arbeitsweg:

Klare Neufassung des verwickelten Gesamtproblems der Bühne und ihre Herleitung von dem Urgrund ihrer Entstehung bildet den Ausgangspunkt der Bühnenarbeit. Die einzelnen Probleme des Raums, des Körpers, der Bewegung, der Form, des Lichts, der Farbe und des Tons werden erforscht, die Bewegung des organischen und des mechanischen Körpers werden erforscht, der Sprachton und der Musikton werden gebildet, der Bühnenraum und die Bühnenfigur werden gebaut. Die bewußte Anwendung der Gesetze der Mechanik, der Optik und der Akustik ist entscheidend für die gesuchte Bühnengestalt. (16)

Dieses Programm von Walter Gropius entsprach vor allem dem Gesicht, das Oskar Schlemmer von 1923 an der Bauhausbühne gab und umreißt ihre Wesensmerkmale. Nicht nur die Idee totaler synthetischer Kooperation klingt da an, auch die Verknüpfung *metaphysischer* Wirkziele mit einer eher physikalisch-wissenschaftlich anmutenden Methodik, die sich vor allem aus einem zutiefst elementaren Blickwinkel der Aufgabe annäherte.

Oskar Schlemmer war Maler, Bildhauer und Tänzer, und sein künstlerischer Ansatz harmonierte entsprechend mit dem der Institution[18]: Er installierte dort eine theatrale Ästhetik, die vor allem im Visuellen und im Räumlichen verankert war[19], er erprobte das Bühnenkostüm aus einer gestalterischen Sicht heraus, die von der menschlichen Figur hin zum Automaten, zur Puppe führte. Er führte die humane Dimension an ihre Grenzen, ohne sie zu mißachten oder zu negieren. Ihm ging es darum, das Verbindende zwischen Mensch und der Technik, die für ihn nun einmal zur Mentalität der Zeit gehörte, zu erforschen, um schließlich beide zu ihrem Recht kommen zu lassen.

*Zeichen unserer Zeit ist die **Abstraktion**, die einerseits wirkt als Loslösung der Teile von einem bestehenden Ganzen, um diese für sich ad absurdum zu führen oder aber zu ihrem Höchstmaß zu steigern, die sich andererseits auswirkt in Verallgemeinerung und Zusammenfassung, um in großem Umriß ein neues Ganzes zu bilden.*

*Zeichen unserer Zeit ist ferner die **Mechanisierung**, der unaufhaltsame Prozeß, der alle Gebiete des Lebens und der Kunst ergreift. Alles Mechanisierbare wird mechanisiert. Resultat: die Erkenntnis des Unmechanisierbaren.*

Und nicht zuletzt sind Zeichen unserer Zeit die neuen Möglichkeiten, gegeben durch Technik und Erfindung, die oft völlig neue Voraussetzungen schaffen und die Verwirklichung der kühnsten Phantasien erlauben oder hoffen lassen.

18 Angesichts dieser Züge kann es nicht erstaunen, daß Lothar SCHREYER der die Bauhausbühne zunächst von 1921-23 leitete, alsbald nicht mehr in die inhaltliche Entwicklung paßte; er stand noch für den expressionistisch-emphatischen Geist der Anfangszeit. Zwar teilte er mit GROPIUS das Ziel eines Theaters als Zeichen für überreale Welten (das, was GROPIUS das »Metaphysische« nennt) und die Hoffnung, mit Hilfe des Theaters wieder eine einheitliche Kultur schaffen zu können, nur vollzog SCHREYER die Bauhaus-Hinwendung zum Technischen nicht mit, seine Idee von Kultur blieb eher dem Gemeinschaftskult der Vorkriegszeit verwandt. So paßte die Idee seines Theaters, das sich vor allem auf die menschliche Stimme stützte, ins Bauhaus bald nicht mehr. SCHREYER mußte mit der Definition des Theaters von Raum und Mechanik her kollidieren, in der der Mensch bei Bedarf auch durch Technik oder Puppe ersetzbar war.

19 »Gern gebe ich zu, daß ich von der Malerei und Plastik zum Tanz kam, daß ich aber gerade dessen Wesentliches, die Bewegung, um so höher schätzen mußte, da jene Ausdrucksgebiete ihrem Wesen nach statisch, starr sind (..).« (Aus seinem Tagebuch, 7. September 1931 IN: ✧83 SCHLEMMER, Katalog S.31f.)

Die Bühne, die Zeitbild sein sollte und besonders zeitbedingte Kunst ist, darf an diesen Zeichen nicht vorübergehen. (17)

Natürlich mußte er sich da der Abstraktion bedienen, auf der Stufe des Elementaren operieren, um diese Synthese von Mensch und Technik zu erzeugen.

Der Mensch ist sowohl ein Organismus aus Fleisch und Blut als auch ein Mechanismus aus Maß und Zahl (18),

lautete seine Formel der Schnittmenge und genau diese versuchte er sichtbar und fühlbar werden zu lassen. So verwandelte das von ihm entwickelte Bühnenkostüm den Menschen und Tänzer in eine Plastik aus geometrischen Grundformen oder grundsätzlichen Gestalt-Themen, und dann setzte er ihn als bewegliche Form zu einem grundsätzlich mathematischen Raum in Beziehung, dessen strukturierende Gesetze ihn besonders interessierten, um beider Zusammenspiel zu erforschen.

Der Organismus Mensch steht in einem kubischen, abstrakten Raum der Bühne. Mensch und Raum sind gesetzeserfüllt. Wessen Gesetz soll gelten? Bewegen wir uns im Freien, in unbegrenzter Räumlichkeit, so wird der Tanz entsprechend fessellos, überschwenglich, dionysisch sein – mit Recht. Bewegen wir uns im Raum, so sind wir notgedrungen ›raumbehext‹, Teil desselben, von ihm umfangen und befangen, daraus je nach Feinnervigkeit und Intensität des Tänzerwillens ein Raumtanz sich ergeben wird, der Raum und Körper zu einer unlöslichen Einheit verbindet. (19)

So mußte er zwangsläufig auf ein Bild des Menschen stoßen, bei dem weder das ›Natürliche‹ noch das ›Seelisch-Literarische‹ vorrangig war, sondern das Raumgefühl[20]. Hier offenbart sich immer wieder, daß Schlemmer die Bühne von der Bildenden Kunst her instrumentalisierte – und so nannte er sein Labor bezeichnenderweise Bühne, nicht Theater – denn natürlich mußten mit diesem Ziel sämtliche **Vor**urteile und **Vor**stellungen, also sämtliche Konvention einer Theaterkultur aufgehoben sein. Es ging um

Einfachheit, verstanden als das Elementare und Typische, daraus sich organisch das Vielfältige und Besondere entwickelt: Einfachheit verstanden als die tabula rasa und Generalreinigung von allem eklektizistischen Beiwerk aller Stile und Zeiten. (20)

Was dabei allerdings entstand, war weder eine an sonst erfahrbarer Realität orientierte noch wirklich autonome Bühnenästhetik, sondern eine, die sich in der extremen Spannung der zeitentsprechenden Gegensätze entfaltete und diese verlebendigte – vor allem in der Spannung, die zwischen den Bedürfnissen des Humanen und der Mechanisierungs- und Verwissenschaftlichungstendenz der Zeit spürbar war. Schlemmer suchte mit seiner Vorge-

---

20 Somit betrachtete SCHLEMMER den Raum auch als Grundlage jedweder Form des Theaters: »Die Bühnenkunst ist eine Raumkunst (..)«.
»Die charakteristische künstlerische Qualität in Oskar Schlemmers Werk ist seine Deutung des Raumes. In seiner Malerei wie in seiner Bühnenarbeit für Ballett und Theater zeigt sich deutlich, daß er den Raum nicht nur mit bloßem Sehvermögen, sondern mit dem ganzen Körper, mit dem Tastgefühl des Tänzers und des Schauspielers erlebte. Er verwandelte seine Beobachtungen der sich im Raum bewegenden menschlichen Figur in die abstrakte Sprache der Geometrie und der Mechanik.« (Walter GROPIUS »Die Aufgaben der Bühne im Bauhaus« IN: ✧75 Die Bühne am Bauhaus S.88)

hensweise durchaus den humanen Maßstab zu verteidigen – »*Resultat: die Erkenntnis des Unmechanisierbaren*« – und immer wieder verwies er in seinen Schriften darauf, daß dem mathematischen Element seiner Ästhetik eine ebenso starke emotionale Komponente zugehöre[21]. Schlemmer – und das ist bezeichnend für seine Bühnenarbeit – ging nicht wirklich von der Bildenden Kunst zum Theater über, sondern – wenn man seine Bilder neben Aufführungsfotos sieht – er belebte die Szenerien, die er auch in der Fläche gestaltet, in der Zeitdimension, in Bewegung und ihrer Wandelbarkeit (21). Ebenso wie seinen Bildern bereits das Thema Figur im Raum eignet und sich darin der Aspekt Bewegung deutlich ankündigt, sind seine Bühnenarbeiten in einem vollständig artifiziellen Rahmen und Raum angesiedelt. Er überwand aber trotz seines immensen Bedürfnisses nach einer luziden Ordnung, die seit Appia immer wieder als Ariadnefaden aus dem Labyrinth der unvermeidlichen Umwertung aller Werte bemüht wurde, die Idee des Menschen als Maschinisten einer berechenbaren, aber entmenschten Welt, indem seine Bühne ein Ort der Synthese, vor allem aber eines Dialogs war, an dem der verkörperte Mensch fortgesetzt teilhatte[22]. Somit tanzte Schlemmers Arbeit genauso über alle Widersprüche zwischen Vision und Tatsächlichkeit, zwischen Glaube und Analyse hinweg wie Gropius Schulkonzept auch[23].

Wie dieser sah Schlemmer seine Raum-Arbeit in einem größeren Zusammenhang, denn es »*stehen für uns im vordergrund des interesses naturgemäß folgende elemente: der **raum** als teil des größeren gesamtkomplexes **bau**«, aber trotzdem oder gerade deshalb ist es so bezeichnend, daß die Bühnenwerkstatt und die anderen Theaterexperimente am Bauhaus niemals über eine aufregende eigene Bühneneinrichtung verfügten[24]. In der Weimarer Zeit fanden

21 Sein geradezu romantischer Geist wird in seiner Definition der »Tänzerischen Mathematik« deutlich, wenn er schreibt:»»Mathematik ist Religion‹ (Novalis), weil sie das Letzte, Feinste, Zarteste ist. Gefahr ist nur da, wo sie das Gefühl tötet und das Unbewußte im Keim erstickt.« (IN: ✧101 WINGLER S.128) Entsprechend beschrieb er in »Mensch und Kunstfigur« wie der Tänzer alle Komponenten in sich vereint und dann – demgegenüber vertieft – 1928 in »Abstraktion in Tanz und Kostüm« wie der »Raumtanz« von der »Feinnervigkeit« des Tänzers abhängt:»Raum und Körper sind hier die Instrumente des Tänzers, die er um so besser spielen wird, je intensiver er sie erlebt, erfühlt, empfindet. « (✧83 Katalog S.26)
22 »es ist die frage, ob die mechanische bühne als selbständige gattung zu denken ist und ob sie auf die dauer zu verzichten vermag auf dasjenige wesen, das hier nur als ›vollkommener maschinist‹ und erfinder tätig ist: den **menschen**. da wir die vollkommene mechanische bühne vorerst nicht haben (..), ist uns der mensch ein wesentliches element. er wird es auch sein und bleiben, solange die bühne lebt.« (SCHLEMMER »Bühne« IN: BAUHAUS 3 (1927) S.1f.)
23 »Utopie? – Es bleibt in der Tat verwunderlich wie wenig bis heute nach dieser Seite verwirklicht wurde. Die materialistisch-praktische Zeit hat in Wahrheit den echten Sinn für das Spiel und das Wunder verloren. Der Nützlichkeitssinn ist auf dem besten Weg sie zu töten. Voll Erstaunen über die sich überstürzenden technischen Ereignisse nimmt sie diese Wunder des Zwecks als schon vollendete Kunstgestalt, während sie tatsächlich nur die Voraussetzungen zu ihrer Bildung sind. ›Kunst ist zwecklos‹ insofern die imaginären Bedürfnisse des Seelischen zwecklos zu nennen sind.« (SCHLEMMER, Kunstfigur IN: ✧83 Katalog S.19f.)
24 »Ferner sehe ich [als] eine erste Voraussetzung für sinngemäße Bauhaus-Bühnenarbeit die Notwendigkeit einer Bühne selbst, aus deren Bedingungen heraus erfahrungsgemäß sich erst die Form entwickeln kann. Diese Haus-Bühne fehlt und ist angesichts des Raummangels im Bauhaus nicht zu erhoffen«, notierte SCHLEMMER 1923 in sein Tagebuch. (IN: ✧95 SCHEPER S.76)

1a Walter Gropius: Bauhaus-Neubau in Dessau (1925)

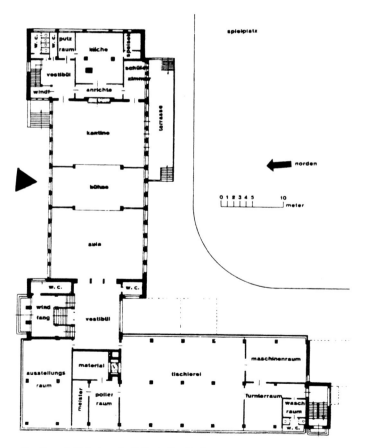

1b Grundriß Erdgeschoß (▶ = Kantine)

die Aufführungen im von Walter Gropius umgebauten Stadttheater in Jena statt und als sich im Dezember 1924 das Bauhaus in Weimar auflöste, um dann im März des folgenden Jahres im von Gropius entworfenen Neubaukomplex in Dessau wiederzuerstehen (Abb. 1a), bemächtigte sich die Bühnenwerkstatt unter Schlemmer dort des schlicht eingerichteten Vortragspodiums, dessen einzige Raffinesse darin bestand, zwischen Aula und Kantine gelegen, nach beiden Seiten potenziell offen zu sein (Abb. 1b-e). So war es sowohl möglich, sich ein Auditorium auszusuchen als auch die Kantine als Hinterbühne zu verwerten oder alle drei Räumlichkeiten als großen Festsaal zu nutzen[25]. Wohl ließen sich in Schlemmers Augen auf dieser Bühne grundsätzliche Versuche zur Theaterästhetik umsetzen:

> *während in weimar mangels einer eigenen bühne die produktionen auf irgendeinem fragwürdigen vorstadtpodium vorgeführt werden mußten, sind wir nunmehr durch den neubau in dessau in der glücklichen lage, eine ›hausbühne‹ zu besitzen. ursprünglich nur als vortragspodium und für veranstaltungen kleineren stils vorgesehen, verfügt sie doch über die notwendigsten einrichtungen, um ernsthaft an bühnenprobleme heranzugehen. diese liegen für uns im grundsätzlichen, elementaren, in der bloßlegung ihres primären sinns (22)*

– gleichwohl war sie nicht das, was Gropius Äußerung:

> *Den bewegten, lebendigen, künstlerischen Raum vermag nur der zu schaffen, dessen Wissen und Können allen natürlichen Gesetzen der Statik, Mechanik, Optik und Akustik gehorcht (..). Eine besondere Bedeutung für unsere Arbeit gewinnt das architektonische Problem des Bühnenraumes. (23)*

oder Schlemmers Ankündigung:

> *Der neue Theaterbau wird kommen; er wird aus Glas, Eisen, Beton sein und sein Inneres ein Wunderwerk technischer Einrichtungen, die sich unverhüllt darbieten, Sammelstätte neuer Erfindungen auf den Gebieten der Optik, Mechanik, Akustik.*
> *Es wird die in Etagen organisierte Raumbühne kommen, schiebbar, drehbar, versenkbar (..) (24)*

erwarten lassen. Aber diese Idee sollte sich erst im großen, konsequenten Projekt verwirklichen, hierfür forschte die Bühnenwerkstatt, die sich in zahlreichen Produktionen über die Analyse der visuellen, körperlich-räumlichen Mittel allmählich dem Erzählerischen annähern sollte.

> ***laut, wort, sprache*** *– wir gestehen es, daß wir davor zunächst vorsichtig halt gemacht haben, nicht um es zu negieren, sondern um es, seiner bedeutung wohl bewußt, langsam zu erobern. (25)*

---

25 SCHEPER gibt die genauen Daten der Einrichtung: »Der Aulaboden ist zur Bühne hin abgeschrägt, so daß eine Bühnenrampe von 0,47 m Höhe entsteht. Die Kantine dagegen hat die gleiche Bodenhöhe wie die Bühne. Mit 13,08 m entspricht die Breite des Bühnenraumes der des Verbindungstraktes [des Gebäudes]. Der Bühnenraum besteht aus einer 8,48 m breiten, 7,27 m tiefen, 5,00 m hohen Hauptbühne, die von zwei 3,30 m breiten, 7,27 m tiefen und 4,30 m hohen Nebenbühnen flankiert wird. Die beiden jeweils 6,48 m und 3,80 m hohen Bühnenausschnitte werden jeder von zwei Stützpfeilern von 0,31 m Breite und 0,63 m Tiefe seitlich begrenzt. Zur Ausstattung des Bühnenraums gehört ein ›vierreihiges Schienensystem für fahrbare Wände, Requisiten usw.‹ Außerdem stehen 72 qm Praktikabel zur Verfügung, mit deren Hilfe der Bühnenboden um 0,50 m erhöht werden kann, die aber auch als ›szenisches Baumaterial‹ benutzbar sind. Scheinwerfer sind in den beiden Nebenbühnen installiert.« (✧95 SCHEPER S. 137f.)

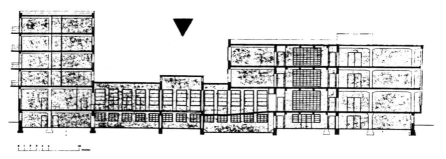

1c Längsschnitt (▼ = Kantine)

1d Die Bauhausbühne zwischen Kantine und Aula

1e Zuschauerraum der Aula

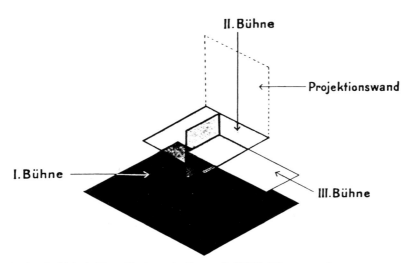

2a Laszlo Moholy-Nagy: Mechanische Exzentrik (1923), Bühnenanordnung

Ein aufwendiger Bau wäre allemal zu teuer[26], aber auch zu bindend gewesen. Stattdessen entstanden eine *Mathematik* der Bühnenkunst, neue Theaterbauprojekte auf dem Papier und im Modell und ein theatralisiertes Gemeinschaftsleben.

In den berühmten Bauhaus-Festen vereinte sich eine Gemeinschaftskultur, die ihre Wurzeln in der Lebensreform-Bewegung zu haben scheint und den Wünschen aller Kult-Theoretiker entsprochen haben müßte, mit einem unermüdlichen Gestaltungswillen, der bei jeder Gelegenheit die Richtigkeit seines Ansatzes zur Diskussion stellte. Das Ergebnis war eine Theatralität, die auf die Wurzeln des Spiels zurückging und in ihrem Wert für die grundsätzliche Definition des Theaters nicht zu unterschätzen ist. Diese bedurfte keines abgegrenzten Raumes mehr, im Fest vermengten sich Akteure und Zuschauer, zumeist in einer Person. Das Festliche wurde nicht auf das Theater aufgepfropft, sondern das Theater entsprang wieder dem Fest. Insofern war eine Bühne zwischen Aula und Kantine nur richtig.

Gropius stellte die Idee des Baus leitmotivisch über Arbeit und Konzeption des Bauhauses und faßte das Theater als wesensverwandtes Konzept auf. Demgemäß wurden während der gesamten Lebensdauer der Schule, auch völlig unabhängig von der Arbeit der Bühnenwerkstatt theatrale Ausdrucksformen, sowohl in der Gemeinschaftskultur wie im Arbeitsexperiment, praktiziert, überprüften auch andere Werkstätten ihre Ansätze in sehr freien, absolut konventionslosen theatralen Formen und Förmchen. Im Rahmen einer Schule für Gestaltung war es nur konsequent, wenn vor allem die visuellen Aspekte der Theaterkunst zum Zuge kamen. Und entsprechend ging es nicht allen, die so experimentierten, um eine grundsätzliche Reform des Theaters als solchem; vielmehr resultierte aus dem Mangel dieses Interesses eine völlige Vorurteilslosigkeit, die sich ja auch auf die Arbeit der Bühnenwerkstatt übertrug. Man kannte am Bauhaus keine ›hohe‹ oder ›niedere‹ Form des Theaters; nur ein Gegenbild gab es: das gedankenlose kommerzielle Theater. Aber selbst dessen Formen wurden aufgenommen und unter anderen Vorzeichen weiterverwendet.

———••••———

László Moholy-Nagy brachte sein Arbeitsthema – die Dynamisierung, die Verzeitlichung des Raums – in seine Bauhaus-Tätigkeit 1923 schon mit ein und baute es dort weiter aus. Vom Theoretischen her kommend, bettete er nun seine Arbeit in einen ungleich komplexeren Zusammenhang ein. Und doch blieb damit eine verwissenschaftlichte Herangehensweise verbunden, die weit über die laborartige Arbeitsweise Schlemmers hinausging, insofern sie gar keinen Glauben mehr an transzendente Sinnzusammenhänge mehr kannte. Für Moholy zielte seine experimentelle Kunst auf die Nutzbarmachung ihrer Ergebnisse in der Realität ab, auf die Chance, als biologisches Wesen Mensch durch die Kunstrezeption mit den neuen

---

26   »(..) für die Bühnenwerkstatt gelten viel engere präzisere Grenzen. Hier muß man erwähnen, daß kaum Geldmittel (der Etat der Werkstatt für alles betrug Mitte der 20er Jahre für ein Semester 100 RM!) oder andere Fachleute zur Verfügung standen.« (Werner HERZOGENRATH IN: ✧80 Bauhaus Utopien S.306)

Seinsbedingungen wie sie durch Technik und Dynamik verursacht wurden, vertrauter zu werden (26). Bei ihm fand sich ein quasi pädagogischer Ansatz. Für diese Zielsetzung waren ihm das Theater (neben dem Film und besonders der Fotographie) ein ideales Testgebiet, weil es zum einen ein ästhetischer Raum war, in dem eine Menschenmenge in Beziehung zum Kunstwerk gesetzt werden konnte – eine Beziehung, die sich Moholy unter dem Vorzeichen der räumlichen Erfahrung eng und verwoben dachte[27], während sie gleichzeitig überindividuell angelegt war[28], andererseits die ideale Kunstform, weil sie die Gleichwertigkeit der Ausdrucksmittel ebenso erlaubte wie sie den ephemeren Charakter einer angestrebten, frei beweglichen Kunst per se verkörpert. Diesen Aspekt des Theaterraums wollte Moholy konsequent weiterentwickeln und so versuchte er, die Reststatik der Szenographie auszulöschen, indem er in seinen Ausstattungen für HOFFMANNS ERZÄHLUNGEN in der Krolloper 1928 beispielsweise das Prinzip des von ihm entwickelten *Lichtrequisits* (1922–1930) zur Anwendung brachte[29] und ein *Theater der Totalität* erträumte.

Selbstverständlich ist zu einer solchen Bewegungsorgansation die heutige GUCKKASTENBÜHNE nicht geeignet.

Die nächste Form des entstehenden Theaters wird auf diese Forderungen -in Verbindung mit den kommenden Autoren – wahrscheinlich mit schwebenden HÄNGE- UND ZUGBRÜCKEN kreuz und quer, aufwärts und abwärts, mit einer in den Zuschauerraum vorgebauten Tribüne usw. antworten. Außer einer Drehvorrichtung wird die Bühne von hinten nach vorn und von oben nach unten verschiebbare Raumbauten und PLATTEN haben, um Geschehnisteile (Aktionsmomente) der Bühne in ihren Einzelheiten – wie die Großaufnahme des Films – beherrschend hervorzuheben. Es könnte an die Stelle des heutigen Paterrelogenkreises eine mit der Bühne verbundene Laufbahn angebracht werden, um die Verbindung mit dem Publikum (etwa in zangenartiger Umklammerung) zu ermöglichen.

Die auf der neuen Bühne entstehenden und möglichen NIVEAUUNTERSCHIEDE VON BEWEGLICHEN FLÄCHEN würden zu einer wirklichen Raumorganisation beitragen. (27)

27 »Eine weitere Bereicherung wäre es, wenn die Isolation der Bühne aufgehoben würde. Im heutigen Theater sind Bühne und Zuschauer zu sehr voneinander getrennt, zu sehr in Aktives und Passives geteilt, um schöpferisch Beziehung und Spannung zwischen beiden zu erzeugen. Es muß endlich eine Aktivität entstehen, welche die Masse nicht stumm zuschauen läßt, sie nicht nur im **Innern erregt**, sondern sie **zugreifen**, mittun und auf der höchsten Stufe einer erlösenden Ekstase mit der Aktion der Bühne zusammenfließen läßt.« (MOHOLY-NAGY »Theater, Zirkus, Variété« IN: ◇75 Die Bühne im Bauhaus S.54f.)

28 »Das bedeutete u.a., daß die bisher in den Mittelpunkt der sogenannten ›KAMMERSPIELE‹ gestellten Phänomene unterbewußten Seelenlebens oder phantastischer und realer Träume kein Übergewicht mehr haben dürfen. (..) Der heutige ZIRKUS, die OPERETTE, VARIÉTÉ, amerikanische und andere CLOWNERIE (Chaplin, Fratellini) haben in dieser Hinsicht und in der Ausschaltung des Subjektiven – wenn auch noch naiv, äußerlich – Bestes geleistet und es wäre oberflächlich, die großen Schaustellungen und Aktionen dieser Gattung mit dem Wort ›Kitsch‹ abzutun (..). Es ist ein für allemal festzustellen, daß die so verachtete Masse – trotz ihrer ›akademischen Rückständigkeit‹ – oft die gesundesten Wünsche und Instinkte äußert. Unsere Aufgabe bleibt immer das schöpferische Erfassen der wahren und nicht der vorgestellten (scheinbaren) Bedürfnisse.« (MOHOLY-NAGY ebd. S. 52f.)

29 »ein versuch, aus licht- und schatten raum entstehen zu lassen. u.a. wandeln sich hierdurch kulissen zu requisiten zur schattenerzeugung um. alles ist durchsichtig und alle durchsichtigkeiten fügen sich zu einer überreichen, doch noch faßbaren raumgliederung.« (◇73 MOHOLY-NAGY, Material S.219)

Wenngleich Moholy daran lag, Leben, menschliches Leben, und Technik unter Zuhilfenahme von Kunst zu versöhnen, so nahm seine auf diesen Zweck ausgerichtete Kunst nicht die Perspektive des Menschen, sondern die der Technik ein. Insofern erschien der Mensch auf seiner Bühne weder als Ziel noch als Störung, sondern als Reiz, als Sensation etwa neben anderen Sinnesreizen, anderen Sensationen. So begründet sich der Titel seines Beitrags für das Bauhaus-Buch *Die Bühne im Bauhaus: Theater, Zirkus, Variété*. Der Mensch blieb rein körperliche Erscheinung und diese Körperlichkeit verweist auf die Sachwelt, nicht auf die geistige Welt. Oder aber das reine Theater bedurfte für Moholy nicht mehr unbedingt des humanen Protagonisten, der Mensch hatte hieran vor allem als allumfassender Spielleiter, als geistige Ordnungsmacht am Schalthebel seinen Platz[30]. In seiner *Mechanischen Exzentrik* die er im Bühnenbuch 1923 veröffentlichte, reizte Moholy den Ansatz des Experimentators und Spielleiters ganz aus. Das theatrale Ereignis bestand aus einer partitur aus Farblichtreizen, Ton- und Musikfolgen verbunden mit Bewegungsreizen. Um die räumliche Wirkung seiner Licht- und Bewegungsorgie zu optimieren, erdachte er gleich die passende Bühnenanordnung dafür (Abb. 2a/b): Und zwar sehen wir eine dreifache Bühnenanlage vor allem in die Vertikale konzipiert, wobei die *I. Bühne*, »*für größere Formen und Bewegungen*« gedacht, die Basis für die anderen beiden ergibt, während die *II. Bühne* »*mit aufklappbarer Glasplatte für kleinere Formen und Bewegungen*« da ist und die *III. (Zwischen)Bühne* mechanische Musikapparate beherbergen sollte. All dies lief bei Moholy unter der Bezeichnung *Variété*, im Sinne dynamischer, *wilder* Abwechslung.

Blieb Schlemmers Ansatz immer auf eine isolierte ästhetische Wirklichkeit bezogen, verwirklichte Moholy seine Ästhetik und ließ sie nicht nur betrachten, sondern möglichst vom ›Publikum‹ vollziehen. An die Grenzen von theatraler Darbietung und Skulptur (und gleichzeitig in deren Schnittmenge) geriet er mit dem *Kinetisch konstruktiven System*, an dem er zusammen mit Alfred Kémeny zwischen 1922 und 1928 arbeitete, und das eine erlebbare Plastik darstellt, in der Publikum und Aktöre auf spiraligen Bewegungsbahnen in die Tiefe geschleudert werden (Abb. 3)[31]. Und auch die Mechanische Exzentrik bediente sich des Publikums – als passives Vollzugsobjekt. Moholy ging vom malerischen Charakter zum zwangsläufig plastischen der konstruktivistischen Kunst über. Der Mensch war nicht mehr

30 »Wie es unmöglich ist zu fragen, was ein Mensch (als Organismus) bedeutet oder darstellt, so ist es unzulässig, bei einem heutigen ungegenständlichen Bilde, da es eine Gestaltung, also auch ein vollkommener Organismus ist, ähnlich zu fragen. (..) Ebenso muß das **Theater der Totalität** mit seinen mannigfaltigen Beziehungskomplexen von Licht, Raum, Fläche, Form, Bewegung, Ton, Mensch (..) künstlerische Gestaltung: ORGANISMUS sein.« (MOHOLY-NAGY »Theater (..)« IN: ✧75 Die Bühne im Bauhaus S. 50)

31 In seinem Buch ✧73 »Vom Material zur Architektur« beschrieb MOHOLY, die Funktionsweise des Systems: »der bau enthält eine äußere bahn mit spiraler steigung zur beförderung des publikums, daher mit geländer. statt stufen rollrampe. abschluß oben und zugleich verbindung zur äußeren spiralrampe: eine horizontale halbringplattform, der ein fahrstuhlschacht angegliedert ist. ihr oberes ende ist gelenkig. das untere läuft in eine horizontale ringplattform aus, die mit einem rollband das publikum durch eine rutsche herausschleudert. die horizontale ringplattform schleudert in verbindung mit dem fahrstuhl und durch die drehung des ganzen baues alles abwärts. die bewegungsbahn dafür ist die innerste spirale (publikumsbeförderung, daher geländer). parallel zu der äußeren bahn eine weitere spirale mit größtmöglicher steigung zur beförderung der leistungsfähigeren aktöre. kein geländer, sonst wie äußere bahn. über der oberen plattform für das publikum eine dreiviertel kreisringfläche, die abschluß der bahn der aktöre ist, zugleich verbindung mit einer rutschstange parallel zu dem publikumsbefördernden fahrstuhlschacht. (..)« (S.205)

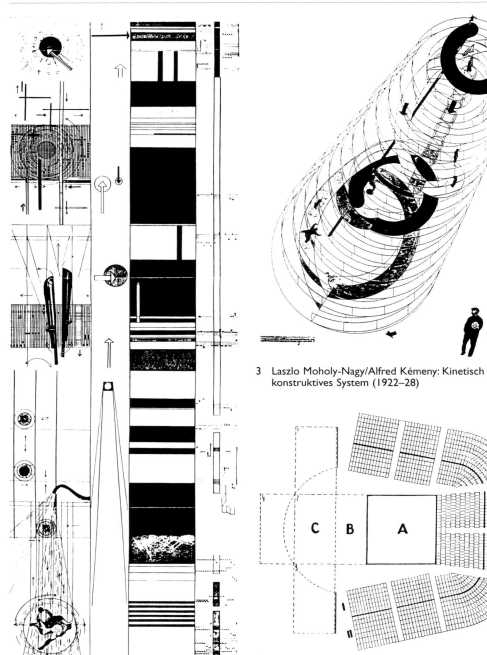

2b Ein Ausschnitt aus der »Partitur«

3 Laszlo Moholy-Nagy/Alfred Kémeny: Kinetisch
konstruktives System (1922–28)

4a Farkas Molnar: Entwurf für ein U-Theater (1923),
Grundriß des Schemas

Teil eines der ästhetischen Welt immanten Bildes oder einer Wirklichkeit der Rezeption, er war nunmehr Teil und Ziel einer Versuchsanordnung.

———◆•◆———

Moholy-Nagy kam erst 1928, nach seinem Weggang vom Bauhaus, bei seiner Bühnengestaltung für HOFFMANNS ERZÄHLUNGEN mit der Theaterpraxis in Berühung, außerdem war er kein Architekt, so daß seine Überlegungen zum Aufführungsort zumeist verschriftlicht blieben. Einen konkreten Entwurf, der auf Moholys Arbeit und Gedankengut fußt, entwickelte Farkas Molnar, der als Bauhaus-Absolvent und dann Mitarbeiter im Atelier von Gropius der Schule auch weiterhin nahestand, da er somit in der zunächst noch inoffiziellen Architektur-Werkstatt arbeitete. Sein Entwurf und die eingehende Erläuterung für ein U-Theater wurden ebenfalls 1923 in *Die Bühne im Bauhaus* veröffentlicht (Abb. 4a-c). Berührungspunkte mit Moholy ergaben sich einmal in der Kombination mehrerer Bühnen: Molnar unterschied sie nach ihren typbedingten Möglichkeiten im Verhältnis zu der, wie der Name besagt, U-förmigen Zuschaueranlage, die die zentrale Bühne A hufeisenartig umfaßt. Bühne A dient der Möglichkeit, das Geschehen vollplastisch und völlig offen zu vermitteln, während Bühne B der bekannten Reliefwirkung entsprechen soll und von Bühne C, die dem Guckkasten-Prinzip am nächsten kommt, durch zwei seitlich bewegbare Metallplatten vorhangartig getrennt werden kann. Alle Bühnen sind vertikal beweglich, können dementsprechend als Orchesterplatz dienen und sind dem Publikum bei Bedarf zugänglich, *»so daß aus dem räumlichen Zusammenhang eine Mithandlung des Publikums entstehen kann«* (30). Auch für Schauplatzwechsel in der Vertikalen ist gesorgt, indem Molnar über Bühne B noch eine Bühne D auf Ranghöhe *»für Musik und Bühnenhandlung«* vorsah. Dazu gibt es noch einen Beleuchtungsapparat und einen Aufzug mit Verbindung zu den Rängen, der etwa Luftakrobatik ermöglicht hätte. Auch *»Hängende Brücken, Zugbrücken zwischen Bühnen und Rängen«*, wie sie Moholy bereits vorschwebten, wurden von Molnar für sein völlig variables Bühnen-instrument berücksichtigt. Die andere Gemeinsamkeit zwischen diesem Entwurf und Moholy-Nagys betrifft den dem Variété und dem Sensationstheater nahestehenden Theaterbegriff – wie Molnars Collage *»Das U-Theater im Betrieb«* verdeutlicht (Abb. 4d) – so daß nicht nur ausgiebig für Lichttechnik, Akustik- und Geruchsapparatur gesorgt war, sondern auch Luftakrobatik ihre Ausrüstung bereits in der Grundausstattung fand. Die Idee der gleichberechtigten Simultaneität des Gezeigten ist umsetzbar, eine Simultaneität, die sich sowohl horizontal wie vertikal aufspannen läßt – und damit Moholys Ziel des Raumerlebnisses nahekommen könnte. Hinzu kommt im U-Theater-Entwurf noch, daß Molnars Entwurf neben diesen absolut zeitverwurzelten, unkonventionellen Ansätzen auch Raum für traditionelle (Guckkasten, Amphitheater mit zentraler Bühnenanlage) und bereits neuere Bühnenformen (Reliefbühne) ermöglichte. Interessant ist, daß er für diese Ideenskizze grundsätzlich auf die alte Anordnung des Amphitheaters zurückgriff, womöglich weil sie ihm am variabelsten erschien. Bei allem utopistischen Gehalt – im Angesicht der herrschenden Theaterpraxis – enthält sie viele realisierbare Züge.

———◆•◆———

Während diese Ansätze von Laszlo Moholy-Nagy und Farkas Molnar in keinem direkten Zusammenhang mit der Arbeit der Bauhausbühne standen, aber stellvertretend für eine

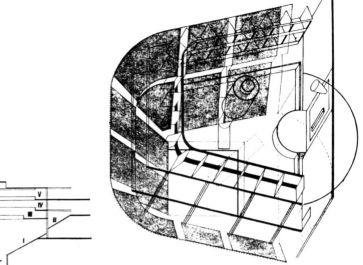

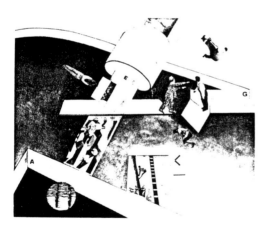

4b Längsschnitt

4c Isometrie

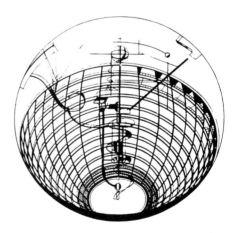

4d »Das U-Theater im Betrieb«

5 Andreas Weininger: Kugeltheater-Entwurf
   (1927), Isometrie

Haltung, die für die Verbindung zwischen Kunst und Technik, Kunst und Leben im Theater einen hervorragenden Experimentalraum fand, ist Andreas Weiningers Kugeltheater das Erzeugnis eines langjährigen Mitglieds der Bühnen-Werkstatt und der Bauhaus-Band. Dennoch ist sein Projekt kaum praxisnäher als jene Versuche, im Gegenteil: Neben seiner Arbeit in der Bühnen-Werkstatt Theo van Doesburgs De Stijl-Konzept nahestehend, arbeitete Weininger die Prinzipien der zweiten Bauhaus-Ära mit aller Konsequenz aus, peilte er die gleichen Ziele, aber jenseits aller Vorstellbarkeit an. Seine Entwürfe zwischen 1923 und 1927 für Raumbühne und abstrakte Revuen fanden im Kugeltheater-Projekt (Abb. 5) ihr Extrem.

Dabei handelt es sich um eine kugelförmige Stahlgerüstkonstruktion, die zwar arenagemäß über eine kreisrunde Zentralbühne verfügt, deren Hauptaktionsfeld aber in einer die Zentralachse sichtbar machenden Anlage für Akrobatik aller Art besteht. Sie ist der Zugang zu Plattformen, vor allem aber Rutschen und Spiralen, die teils die Achse umspielen, teils Verbindungen zu den oberen Innenbegrenzungen der Kugel herstellen. Während das Innenvolumen des Baukörpers so mit Aktion und Bewegung erfahrbar gemacht und belebt werden soll, finden sich die Zuschauer auf mehr als der Hälfte der Innenfläche plaziert; im untersten Teil im runden Amphitheater, oben anschließend in Reihen mit Logen für je sechs Sitze, die sich allesamt während der Darbietungen drehen sollten. Somit rückte Weininger dem Prinzip des perspektivgebundenen Barocktheaters in einer aperspektivischen, hochtechnisierten und dynamischen Vision zu Leibe. Und mehr noch: Ergänzte der Architekt Molnar in seiner Erläuterung zum U-Theater:

Die Nebenräume, Eingänge, Vestibül, Treppenanlagen, Garderoben, Restaurants und Barlokale liegen außerhalb des gezeichneten Grundrisses, und sind im Entwurf zu ergänzen (28),
verweigerte sich Weininger eigentlich der Architektur und verlieh vor allem einem Prinzip, dem durch Bewegung erfahrbaren Raum, eine Gestalt. Dies mit dem gleichen pädagogischen Grundanspruch an die Kunst wie Moholy:

*die raumbühne, das raumtheater als der ort mechanischen schauspiels. **die bewegung** ausgangspunkt der primären mittel (..); zu einer mechanischen synthese gestaltet, im gegensatz zur statischen synthese der architektur.(..)*
die zuschauer befinden sich auf dem inneren kugelrand in einem neuen raumverhältnis; sie befinden sich infolge übersicht des ganzen, infolge der zentripetalkraft in einem neuen optischen, akustischen, psychologischen verhältnis; (..) das mechanische theater, um seine aufgaben ganz zu realisieren, beansprucht für sich die im dienste der zweckmäßigkeit befindliche, hochentwickelte technik.– zweck: den menschen durch gestaltung von neuen bewegungsrhythmen zu neuen betrachtungsweisen zu erziehen. (29)

Im Bauhaus war die Ebene inhaltlicher Werte- und Prioritätendiskussionen längst zugunsten einer Methoden- und Materialanalyse im zeitgerechten Sinne verlassen worden, deren Ergebnisse dann aber imstande sein sollten, anstehenden Inhalten, welcher Art auch immer, eine zeitehrliche Form anzubieten. Es ging nicht mehr darum, ob die Zeichen einer neuen Epoche willkommen und erwünscht seien, sondern darum, unter der unvermeidlichen Herrschaft dieser Zeichen all das zu erretten, was als notwendig und von Wert erachtet wurde.

Dazu war das Akzeptieren des technischen Charakters der Zeit unerläßliches und zentrales Thema – gleichgültig, ob Gropius die Technik im Dienste des Menschen entdämonisieren oder Moholy die Wahrnehmungsmuster des Menschen an die Erfordernisse der Technik anpassen wollte[32].

In diesem Geist wurde das Theater am Bauhaus zu einer Forschungsmethode, einem Arbeitsprozeß jenseits aller Ideen von Festlichkeit und gerade dennoch zum selbstverständlichen Element aller Feste. Da hatte das Theatrale etwas vom gemeinschaftsbildenden Ritual, in dem eine gestaltete Lebensweise heiter erprobt und beschworen wurde.

Auf der anderen Seite erstreckte sich die Laborarbeit für das Theater auf Annäherungen über elementare Ideen und entsprechend (und sicher auch wegen ganz praktischer Dinge wie der Etatgröße) vollzog sich die Entwicklung eines alternativen Bühnenraums und Theaterbaus in der Theorie und auf dem Reißbrett. So entwickelte sich am Bauhaus vor allem eine Argumentation. Hinzu kommt, daß sowohl die Bauhausbühne wie auch die anderen Entwicklungen, die sich des Theatralen bedienten, nicht aus der Theatertradition kamen, sondern diese unbefangen aus Sicht der Malerei oder Architektur überwanden. Dabei führten ihre Experimente auch zum noch jungen Film, vor allem zum Trickfilm oder Filmtrick. Auf der Ebene der Versuche, die am Bauhaus stattfanden, ist oftmals noch gar nicht entschieden, ob sie dem neuen Theater oder dem Film dienen werden, sie alle aber stehen in einer inneren Verbindung zum Totaltheater-Projekt, das Walter Gropius dann im Auftrag des Theatermachers Erwin Piscator ersinnen wird.

Das Totaltheater-Projekt: Theaterbau als große Raum-Maschine

*als **erwin piscator** mir die planung seines neuen Theaters übergab, stellte er mit der kühnen selbstverständlichkeit seines ungebrochenen temperaments eine fülle utopisch erscheinender forderungen auf, die darauf abzielten, ein technisch hochentwickeltes, variables theaterinstrument zu schaffen, das den veränderlichen anforderungen verschiedener spielleiter genüge, und das in hohem grade die möglichkeit biete, die zuschauer aktiv an dem scenischen geschehen teilnehmen zu lassen, um es für sie wirksamer zu machen. dieses bühnenraumproblem hatte mich und meine freunde am bauhaus seit langem beschäftigt. der willkommene*

32 »Zuerst konzentrierte sich unsere Arbeit ganz bewußt auf das, was heute zur vordringlichsten Aufgabe geworden ist: der Versklavung des Menschen durch die Maschine Einhalt zu gebieten, indem man die Produkte der Technik organisch in das Leben einbaut, ihnen einen eigenen Wirklichkeitsgehalt gibt und so die durch die Technik drohende Gefahr einer Gesetz- und Sinnlosigkeit vom Menschen abwendet«, erklärte GROPIUS im Rückblick 1952 (IN: DIE NEUE STADT 7 (1952) S.276). Demgegenüber stand MOHOLYS Umerziehungseuphorie:»Ohne alle Imponderabilien des menschlichen Lebens damit lösen zu wollen, kann man sagen, daß der Aufbau des Menschen die Synthese aller seiner Funktionsapparate ist, d.h. daß der Mensch einer Periode dann der vollkommenste ist, wenn die ihn aufbauenden Funktionsapparate bis zur Grenze ihrer Leistungsfähigkeit ausgebildet sind. Die Kunst bewirkt diese Ausbildung (..) indem sie zwischen den bekannten und den noch unbekannten optischen, akustischen und anderen funktionellen Erscheinungen neue Beziehungen herzustellen zwingt.« (ROTERS zitiert ohne Quellenangabe IN: Propyläen Kunstgeschichte Bd.12: Das 20. Jahrhundert. 1880–1940, S.219)

auftrag piscators und die hartnäckigkeit seiner forderungen, brachte die endliche lösung (..).
(31)

Walter Gropius kokettiert hier ein wenig mit den hohen Ansprüchen, die Erwin Piscator an seinen Entwurfsauftrag knüpfte, wohl nicht ohne Befriedigung darüber, im Laborraum seiner Schule solchen, alle Konventionen sprengenden Wünschen eines Theaterpraktikers bereits vorgearbeitet zu haben. Das 1927 von Gropius im Auftrag von Piscator ausgearbeitete Projekt eines *Totaltheaters* schien endlich die Möglichkeit zu bieten, sowohl die am Bauhaus erarbeiteten Grundsätzlichkeiten anwenden als auch die utopischen Höhenflüge in der Theaterpraxis erden zu können.

Sogar in der Theaterlandschaft der agilen bis agitatorischen 20er Jahre war Piscator eine durchaus herausfordernde Persönlichkeit. Die Teilnahme des jungen Schauspielers als Soldat am Ersten Weltkrieg bedeutete einen tiefgreifenden Einschnitt in sein Verhältnis zu Kunst und Gesellschaft.

Endgültig begrub der Krieg unter Stahlgewittern und Feuerlawinen den bürgerlichen Individualismus. (..) Was zurückkehrte hatte nichts mehr gemeinsam mit jenen Begriffen von Mensch, Menschtum oder Menschlichkeit, die in der guten Stube der Vorkriegswelt als Prunkstücke die Ewigkeit einer gottgewollten Ordnung symbolisiert hatten. (32)

Durch die November-Revolution in Deutschland, vor allem aber die russische Oktober-Revolution und die Errichtung des Sowjetstaates motiviert, betrachtete er sich fortan nicht mehr als Künstler, sondern als Mann des Klassenkampfes, war für ihn das Theater nicht mehr eine Institution der Kunst oder der Unterhaltung, sondern ein pädagogisches Instrument der Gesellschaftsveränderung. Zunächst sollte seine Arbeit auf die Proletarier und Arbeiter einwirken, wobei er sich aller denkbaren Mittel bediente, um seine Inhalte dieser theaterungewohnten Zielgruppe zu vermitteln. In seinem Konzept eines *Proletarischen Theaters*, das er 1920/21 formulierte, distanzierte er sich dennoch von allen damals vorstellbaren Formen eines Arbeitertheaters:

Hier handelte es sich nicht um ein Theater, das Proletarische Kunst vermitteln wollte, sondern um bewußte Propaganda, nicht um ein Theater für das Proletariat, sondern um ein Proletarisches Theater. Hierin unterschied sich unsere Bühne nicht nur von der ›Volksbühne‹, nach deren Muster es sich eine Besucherorganisation schaffen wollte (..). Wir verbannten das Wort ›Kunst‹ radikal aus unserem Programm, unsere ›Stücke‹ waren Aufrufe, mit denen wir in das aktuelle Geschehen eingreifen, ›Politik treiben › wollten. (33)

Entsprechend dieser Definition und Ziele von Theaterarbeit trug das proletarische Theater neuartige Züge; so sollte ein aus der Mitte der Arbeiter gewählter Ausschuß über die Einhaltung der »kulturellen und propagandistischen Aufgaben« wachen, also an der Theaterleitung teilhaben und so die Produktionsarbeit der Idee der Kollektivität entsprechen. Entscheidender aber war die Wirkung dieser Politisierung auf die theatralen Mittel und die entstehende Ästhetik: Unter der Maßgabe »Einfachheit im Ausdruck und Aufbau, klare eindeutige Wirkung auf das Empfinden des Arbeiterpublikums«, wandelte Piscator die Einstellung zur literarischen Vorlage grundlegend. Da es weitgehend an geeigneten Stücken fehlte, bediente er sich hemmungslos vorhandener Quellen: *Bürgerliche* Stücke wurden durch die Art der Inszenierung und ergänzende Texte bewertet, kommentiert und so kritischer Analyse ausgesetzt. Keine Verpflichtung zur ›Werktreue‹ etwa hinderte den moralisch-politisch legitimierten Regisseur sogar Textveränderungen im Sinne der politischen Zielsetzung vorzunehmen. Der ansonsten an der Inszenierung mitarbeitende Autor verlor seine traditionelle Vormachtstellung, seine Texte waren nicht mehr der Anlaß von Aufführungen, sondern hatten die aus dem Inszenierungsprozeß entsehenden Bedürfnisse nach Text zu befriedigen[33]. Diese Texte sollten keinen zeitlosen Wertvorstellungen genügen, im Gegenteil - die direkte Auseinandersetzung mit der Situation des Heute, ganz im Sinne eines Tagesjournalismus wurde angestrebt, so daß Inszenierungskonzepte und Texte in kürzester Zeit welken konnten. In einer sehr wandelbaren Epoche enthielt ein auf die Gegenwart bezogenes Zeittheater kein Moment mehr, das nicht ephemer gewesen wäre[34].

Auch vom Schauspieler verlangte Piscator, daß er sich nicht mehr als Künstler der Darstellung begriff, sondern als Prophet, als Vertreter einer neuen Gesellschaftsordnung: Das Theater *»wird allmählich den bürgerlichen ›Berufsschauspieler‹ entbehren können, indem es aus der Mitte der Zuschauer die Darsteller gewinnt«.* Theater und politische Kundgebungen, Theater und Leben verschmolzen, gingen im Idealfall ineinander über. Praktisch arbeitete Piscator mit einem neuen, dem politisch motivierten Menschenbild seines Theaters gemäßen Schauspielertypus[35].

Ein derart in den Dienst der Ideologie genommenes Theater wollte anfangs sein Publikum nicht extra zu sich hinpilgern lassen, denn es suchte sich ganz bestimmte Zielgruppen aus. Das bedeutete für den Aufführungsort zunächst, daß er ebenso ephemer und flüchtig gehandhabt wurde wie das inszenierte Konzept.

---

33 »Die Literatur, die unser Theater braucht, um seine Aufgabe zu erfüllen, hat gerade erst angefangen, sich zu entwickeln. (..) Vieles wird hier durch gemeinschaftliche Arbeit mit dem Theater zu schaffen sein. Und wahrscheinlich wird gerade die Notwendigkeit, aus den Gegebenheiten des Betriebes heraus zu arbeiten, zu ganz neuen dramatischen Resultaten führen. (..) Bis zum Tage der Aufführung gibt es bei uns kein ›fertiges Stück‹. Der Autor ist für unser Theater ein Mitarbeiter wie jeder andere (..)«, schrieb PISCATOR noch 1927. (»Das Politische Theater« IN: ✧74 Schriften 2 S.29)

34 »Immer waren es doch nur ›Stücke‹, in des Wortes Bedeutung, Stücke der Zeit, Ausschnitte aus einem Weltbild, aber nicht das Totale, das Ganze, von der Wurzel bis in die letzte Verästelung, niemals die glühende Aktualität des Heute, die überwältigend aus jeder Zeile der Zeitung aufsprang. (..) Was mir damals vorschwebte, war eine viel engere Verbindung mit dem Journalismus, mit der Aktualität des Tages.« (PISCATOR »Das proletarische Theater« IN: ✧74 Schriften 1 S.39f.)

35 Dieser Ansatz durchzog PISCATORS ganze Arbeit während der 20er Jahre: »Wir können in unseren Stücken keine Gelegenheit für den Schauspieler sehen, persönliche Ambitionen durchzusetzen. Wir müssen von ihm verlangen, daß er sich als Träger unserer Sache und nicht als Träger einer Rolle fühlt. (..) Der Schauspieler muß an unserem Theater sich zu jenem Typus des kollektiven Menschen entwickeln, der seine Kraft aus der Verbundenheit mit der allgemeinen Sache schöpft.« (»Das politische Theater« IN: ✧74 Schriften 2 S.29)
    Daraus folgte unweigerlich: »Nicht das Individuum mit seinem privaten, persönlichen Schicksal, sondern die Zeit und das Schicksal der Massen sind die heroischen Faktoren der neuen Dramatik. (..) eine Zeit, in der die Beziehungen der Allgemeinheit untereinander, die Revision aller menschlichen Werte, die Umschichtung aller gesellschaftlichen Verhältnisse auf die Tagesordnung gesetzt sind, kann den Menschen nicht anders sehen, als in seiner Stellung zur Gesellschaft und zu den gesellschaftlichen Problemen seiner Zeit, d.h. als politisches Wesen.« (IN: ✧74 Schriften 2 S.131f.)

Das Proletarische Theater spielte in Sälen und Versammlungslokalen. Die Massen sollten in ihren Wohngebieten erfaßt werden. Wer je mit diesen Lokalitäten zu tun gehabt hat, mit ihren kleinen Bühnen, die den Namen kaum noch verdienen (..), der kann sich vorstellen, unter welchen Schwierigkeiten wir den Begriff des Theaters aufstellten. (34)

Durch die Radikalität dieses Konzeptes isolierte sich Piscator in Deutschland allerdings, denn er übertraf damit selbst die Vorstellungen der linksgerichteten Parteien und Organisationen und fand somit keine finanzielle Absicherung. In jenem Deutschland, in dem die November-Revolution scheiterte, war, anders als in der Sowjetunion, kaum jemand daran interessiert, den Klassenkampf zu finanzieren. So scheiterten alle Projekte, die Piscator seit 1919 unermüdlich betrieb[36]. Angesichts dieser gesellschaftlichen Realität verfeinerte er seine Auffassungen und auch seine Mittel. Er übernahm 1924 mit Alfons Paquets FAHNEN seine erste Regie an der Berliner Volksbühne. In dieser Inszenierung setzte er zum ersten Mal Lichtbildprojektionen ein – und seitdem elaborierte er den Einsatz technischer Mittel. Vor allem Licht, Projektionen und Film wurden von ihm in unvergleichlicher Weise als Mittel der Verdeutlichung und des Kommentars eingesetzt (Abb. 1). Piscator schuf eine Dramaturgie, in der die Technik zum konstitutiven Element schlechthin wurde[37].

Es ist kein Zufall, daß in einem Zeitalter, dessen technische Schöpfungen alle anderen Leistungen turmhoch überragen, eine Technisierung der Bühne eintritt. Und es ist ferner nicht zufällig, wenn diese Technisierung gerade von einer Seite her einen Anstoß erfahren hat, die sich im Widerspruch mit der gesellschaftlichen Ordnung befindet. Geistige und soziale Revolutionen sind immer mit technischen Umwälzungen eng verknüpft gewesen. Und auch die Funktions-änderung der Bühne war nicht denkbar ohne eine technische Neugestaltung des Bühnen-apparates. (35)

36   Im Grunde bedurfte das politische Konzept der Unterstützung der politischen Gemeinschaft, des Staates. GROPIUS zog aus seinen Erfahrungen in der Zusammenarbeit mit PISCATOR diesen Schluß, allerdings ganz im Sinne evolutionärer Wandlungen: »Aber - wie sollen wir weiterkommen, ohne die Realität neuer, gebauter Häuser? Wo sind die Bauherren? Ich glaube, in erster Linie obliegt es dem Staat, dem erstarrten Theater als Hüter des kulturellen Lebens im Volke vom Bau her neue Impulse zu geben. (..) Vom Geschäfts-theater kann kein neues Leben kommen. Ich fordere das staatliche Versuchtheater!« (IN: ✧66 Apollo S.121) PISCATOR war hingegen bewußt, daß er von einem Staatsgebilde, das er zu revolutionieren gewillt war, keine Förderung erwarten konnte. »Ich hatte schon immer den Standpunkt vertreten, daß ein Theater, wie wir es projektierten, imstande sein mußte, sich selbst zu erhalten (..). Nicht das Theater als Institution war überlebt, sondern seine Dramatik und seine Formen. Ein Theater, das die Probleme unserer Zeit aufgriff, das dem Bedürfnis des Publikums nach dem Erlebnis seines Daseins entgegenkam, unfeierlich, rücksichtslos, mußte das stärkste allgemeine Interesse finden, mußte zugleich ein Geschäft sein.« (»Das Politische Theater« IN: ✧74 Schriften 1 S.121f.)

37   So baute Traugott MÜLLER für die Inszenierung von TOLLERS HOPPLA, WIR LEBEN! 1927 eine vierstök-kige Szenographie, die dem gesellschaftlichen ›Bau‹ synonym sein sollte; für den KAUFMANN VON BERLIN von MEHRING (1929) war der Bühnenaufbau - der erhofften gesellschaftlichen Bewegung ent-sprechend - in umfänglicher Weise dynamisiert, für die Inszenierung von HASEKS SCHWEIJK 1928 ließ PISCATOR die Bühne zum Laufband werden oder für RASPUTIN (1927) verwendete er die bezeichnende Globusbühne (Abb. 2).

Er betonte gegenüber seinen Kritikern, die ihm vorwarfen, die Technik als Selbstzweck einzusetzen, immer wieder:

*Alle Mittel, die ich angewandt hatte und noch anzuwenden im Begriff stand, sollten nicht der technischen Bereicherung der Bühnenapparatur dienen, sondern der **Steigerung des Szenischen ins Historische.***

Diese Steigerung, die untrennbar verbunden ist mit der Anwendung der Marxschen Dialektik auf das Theater, war von der Dramatik nicht geleistet worden. Meine technischen Mittel hatten sich entwickelt, um ein Manko auf der Seite der dramatischen Produktion auszugleichen (36)

– und um der Guckkasten-Bühne ein Stück weit jene Deutlichkeit abzuringen, die ihm für seine Arbeit unerläßlich schien. Gemäß seiner Zielsetzung, die Massen zu überzeugen, ohne ihrer Phantasie zuviel zu überlassen, orientierte er sich an den Möglichkeiten des Films, die für die Bühne darin bestanden, dem Geschehnisablauf durchgängiges Fließen zu ermöglichen und den dargestellten Szenen simultan dokumentarisch wirkende Bilder entgegenzuhalten, die Inhalte konterkarrierend dazu in Beziehung setzend. Die Projektionstechnik vermittelte, neben der Möglichkeit schneller Herstellung und rascher Wechsel während der Aufführung, Bildern, Zeichen und Texten eine visuelle Eindrücklichkeit und einen Anschein überpersönlicher Authentizität, die im Bereich der Bühnengestaltung völlig neu waren. Dadurch war die Realität **draußen** auch **im** Theater präsent, ebenso wie durch das ›Publikum‹ als Ausschnitt der Gesellschaft, das zum Teil konstituierend für die Wirkung der Inszenierungen war. Umgekehrt sollte durch die Wirkung auf das Publikum der Gehalt des Inszenierten in die Gesellschaft hinausgetragen werden. Ihr Fest feierten diese Ausdrucksmittel in Piscators Revuen wie ROTER RUMMEL (1924) oder TROTZ ALLEDEM! (1925), in denen in atemloser Folge, ohne Zeit für gedankliche Distanz zu lassen, Szene auf Szene prallte. Alle Mittel waren erlaubt: »Musik, Chanson, Akrobatik, Schnellzeichnung, Sport, Projektion, Film, Statistik, Schauspielszene, Ansprache«. Die Kraft einer suggerierten Wahrhaftigkeit war in Piscators Theater vom Schauspieler, also der humanen Kommunikation, auf die technisch bedingte visuelle Kommunikation übergegangen.

*Die (..) Notwendigkeit der **größten Anschaulichkeit** (..) sprengt den begrenzten Raum der Guckkastenbühne, eröffnet ihn zum vierdimensionalen Theater mit der **lebenden** Kulisse. Die lebende Kulisse ist der Film.*

Die Begriffe Zeit und Raum sind im Film aufgehoben; analog dem Bühnenvorgang erstehen aus Vergangenheit, Gegenwart und Zukunft die kulturellen, wirtschaftlichen, politischen Hintergründe und Entwicklungen; sie werden in jedem Umfang lebendig und beispielhaft dokumentiert.

*Neben den Film tritt als halbstarre Kulisse die **Projektion** (..). Sie vermittelt Anschauung durch die Reproduktion aller erreichbaren und geeigneten Einzelheiten. (..)*

Die Bühne selbst hat sich der Forderung nach größter Anschaulichkeit unterwerfen müssen. Sie wurde beweglich als Ganzes und muß beweglich werden in allen kleinsten Teilen. Die schwerfällige Maschinerie muß dem minutiösen Willen des Regisseurs untertan werden, eine einzige große Spielfläche, das gewaltigste Requisit. Die Beleuchtung verliert alle Abhängigkeit vom Raum, gewinnt Leben und wandelt. (37)

Indem Piscator nicht in der Literatur, sondern in den Möglichkeiten der Technik sein wichtigstes Ausdrucksmittel fand (darin unterscheidet sich sein Episches Theater grundsätzlich von dem Brechts), indem er die Wirkmöglichkeiten des Theaters an denen des Films und seiner Erfolge beim unbedarften Publikum orientierte, wuchs seine Abhängigkeit vom Materiellen, von den Möglichkeiten des Aufführungsortes natürlich. Wegen seines traditionsverhafteten Geistes und seiner begrenzten Möglichkeiten konnte ihm das Muster der Guckkastenbühne keinesfalls genügen.

> *Mir schwebte so etwas wie eine Theatermaschine vor, technisch durchkonstruiert wie eine Schreibmaschine, eine Apparatur, die mit den modernsten Mitteln der Beleuchtung, der Verschiebungen und Drehungen in vertikaler und horizontaler Weise, mit einer Unzahl von Filmkabinen, mit Lautsprecheranlagen usw. ausgerüstet war. **Deshalb brauchte ich in Wirklichkeit einen Theaterneubau,** der die Durchführung des neuen dramaturgischen Prinzips technisch ermöglichte. (..)*
>
> *Die Architektonik des Theaters steht in engstem Zusammenhang mit der Form der jeweiligen Dramatik resp. beide stehen in Wechselwirkung zueinander. Dramatik und Architektonik zusammen aber gehen in ihren Wurzeln zurück auf die gesellschaftliche Form ihrer Epoche. (38)*

1926 gründete er die sehr kurzlebige erste Piscatorbühne, 1927 vermittelte ihm die Schauspielerin Tilla Durieux die Unterstützung des Industriellen Ludwig Katzenellenbogen, die Piscator alsbald für den Neubau eines Theaters nach seinen Vorstellungen bemühen wollte, während er im Theater am Nollendorfplatz, der Interimslösung, ausharrte. Für die Konzeption der Theatermaschine bot es sich an, Walter Gropius zu beauftragen.

Gropius bewies mit dem Entwurf für Piscator, daß das Theater für ihn nicht nur eine pädagogisch wirksame Entsprechung für seine Gesellschaftsutopie blieb, der Theaterbau nicht nur ein theoretisches Forschungsproblem, das sich entweder in der Kleinschrittigkeit oder aber der bedingungslosen Vision erschöpfte. Hiermit legte er in einem großen und nachhaltigen Wurf sein Credo in Bezug auf das Theater als gesellschaftlich geprägter wie prägender Kraft vor. Dabei blieb er konsequent Architekt, ein dem Theater, den Theaterleuten zuarbeitender Spezialist, der ohne Auftrag und Wunsch keine Phantasien aufs Papier warf; der sich der Zeitdimension seiner Aufgabe im Verhältnis zur Vergangenheit ebenso bewußt war wie zu Gegenwart und Zukunft; dessen Theaterbegriff undogmatisch blieb und keine Hierarchien praktizierte. Daraus resultierte ein Konzept, das die technischen Möglichkeiten seiner Zeit und den Geist, der sich in der Programmatik der Bauhaus-Arbeit äußerte, zum Bau – als Instrument verstanden – zum vielseitigen und volltönenden *Raum- und Lichtklavier* für den neuen allmächtigen Spielleitertypus verschmolz, in dessen Hand sich alle Fäden der Einzeldisziplinen zum Theaterkunstwerk aus einem Guß verknoten sollten – und den Piscator verkörperte. Auch zur *Raummaschine,* die sich die Rezipienten ebenso einverleibte wie die Akteure.

> *Dies sind die Forderungen für das Theater der Zukunft und seine Form: Universale architektonische Zusammenfassung aller raumbildenden Faktoren, aus deren zweck- und zielbewußter Gliederung sich die menschliche Zusammenfassung ergibt, das volksverbindende Gemeinschaftstheater, das Zentrum lebendigen Geistes für die Masse. Einheit des Spielraums und des Schauraums; Gliederung, aber nicht Trennung. (39)*

Mit diesem Projekt trachtete Gropius nicht nur, sein Motto, *Kunst und Technik* - eine neue Einheit, wörtlich zu verwirklichen, wie er es zuvor schon in seinen Entwürfen für Fabrikanlagen versucht hatte, sondern es gelang ihm eindringlich, die inzwischen traditionell gewordene und selten überwundene Trennung, ja Feindschaft zwischen Architekten und Bauingenieuren in einer Person aufzuheben[38]. So zeichnet sich mit diesem leider nie realisierten, aber in jedem Entwurfsstrich für die Realisierung intendierten Konzept nicht nur ein Meilenstein alternativer Theaterarchitektur ab, sondern auch eine neue Ära der Architektur.

Der Theaterbau und seine Architektur ist das räumliche Gefäß der gesamten dramatischen Handlung; die Art seines Aufbaus kann nur aus den vielfältigen Bedingungen entwickelt werden, die das Bühnenkunstwerk selbst stellt.
*Ich glaube, daß eine Reinigung und Erneuerung des Theaters, das im materialistischen Zeitalter der Maschine im Unterschied zu hohen Kulturen der Vergangenheit die tiefsten Beziehungen zur menschlichen Empfindungswelt verloren hat, nur von einer elementaren Klärung des umfassenden Problems der Bühne her in allen ihren theoretischen und praktischen Auswirkungen möglich ist, und zwar in dem Maße, wie das Leben der Völker an Einheit der geistigen Haltung gewinnt. Denn die Bühne ist ein Widerspiel des Lebens. Sie kann nur dann - über den begrenzten Kreis einer geistigen Schicht hinaus – ein Sprachrohr für alle sein, wenn sie die Zauberformel findet, die in der Seele **aller** Volksschichten zündet. In ihrem Urgrund entstammt die Bühne einer metaphysischen Sehnsucht, sie dient also dem Sinnfälligmachen einer übersinnlichen Idee. Die Kraft ihrer Wirkung auf die Seele des Zuhörers und Zuschauers ist demnach abhängig vom Gelingen einer Umsetzung der Idee in sinnfällig Wahrnehmbares, in Wort, Ton, Raum. (40)*[39]

Der romantische Glaubensgehalt, den sich Gropius, wie es scheint, konsequent bewahrte, ist in dem Ziel seiner Arbeit insgesamt und damit auch in der Aufgabe des Theaterbaus enthalten: Das Theater sollte von Grund auf erneuert werden, um in der Vermittlung *metaphysischer* Sinnmuster den verschütteten Kern einer unzerteilten Gesellschaft, die einheitliche Volksgemeinschaft, wieder freizulegen, um mit Hilfe der Technik gerade jenen von der Technisierung zerstörten Zusammenhang zwischen Zweck und Empfindung wiederherzustellen. Also durch den Einsatz der Technik für humane Ziele die Wirkung derselben Technik als Mittel zur Ausbeutung des Menschen wieder aufzuheben. Das Theater steht nun im Wirkungswechselspiel zum gesellschaftlichen Leben, es repräsentiert den Zeitgeist ebenso wie es ihn als gesellschaftliche Kultureinrichtung beeinflußt. Dies obliegt allerdings den Theaterpraktikern, nicht den Architekten – womit sich wiederum Gropius lebensnahe Ein-

---

38   Für sein Totaltheater konnte GROPIUS mindestens zwei Patente anmelden: Sowohl seine Lösung des variablen Zuschauerraums mittels zweier zentraler Drehscheiben, wie auch jene im Bereich der Projektionstechnik wurden anerkannt.

39   In Walter GROPIUS Schriften findet sich das von ihm für die Architektur eingeforderte Mittel der Standardisierung verwirklicht: Bestimmte Partien und Ideengehalte tauchen über Jahrzehnte kaum verändert in leicht gewandelten Zusammenhängen wieder auf. Das läßt darauf schließen, daß diese Teile seiner Ideengebäude ebenso elementar und wahrhaftig für ihn waren, wie die bewährten Elemente seiner Architekturen. Entsprechend enthält obiger, 1967 herausgegebener Textausschnitt aus einem Vortrag, der 1934 in Rom gehalten wurde, seinerseits Elemente, die uns aus der Bauhaus-Zeit bekannt sind und das Aufgabenbild der Theaterarchitektur und die Definition von Theater enthalten, die im Totaltheater-Entwurf verwirklicht werden sollten, genauso wie man dieselbe Spannung zwischen romantischer Energie und realitätsanalytischem Impetus wiederentdecken kann.

1 Erwin Piscator: Szenenbild »Fahnen« von
Alfons Paquet, Volksbühne Berlin (1924)

2 Erwin Piscator: Szenenbild »Rasputin«,
Theater am Nollendorfplatz, Berlin (1927)

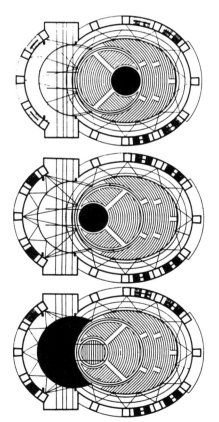

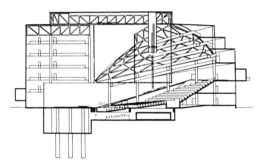

3b Längsschnitt

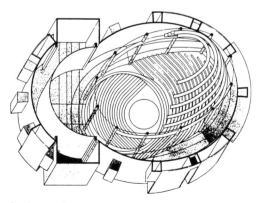

3a Walter Gropius: Totaltheater-Projekt (1927),
Grundrisse der verschiedenen
Nutzungsmöglichkeiten

3c Isometrie

schätzung seiner Mittel zeigt. Zwar wirkt die Theaterarchitektur auf die Theaterarbeit, und damit indirekt auf die gesellschaftliche Reformarbeit, aber die faktischen Bedürfnisse der Theaterleute bestimmen ihrerseits die Physiognomie des Baus, den der Architekt ihnen entwirft. Piscator wollte ein *Instrument*, eine *Maschine*, Gropius entwarf sie ihm.

Mit Gropius Entwurf (Abb. 3a–c) beschreibt man tatsächlich eine weitgehend wandelbare Maschinerie, eher Prozeß denn Substanz. Das zeigt sich schon an der Außenhaut des gesamten Rezipiententrakts, die aus Glas besteht (Abb. 3d) und somit weniger eine Form zeigt als vielmehr das System der inneren Infrastruktur offenbart. Gropius verschachtelte im Baukörper zwei Formen ineinander: Die innere zentrale Ellipsenform, die der Raummaschine, also dem eigentlichen Theaterraum entspricht, ist in eine weitere Außenhaut eingebettet, die die Ellipse locker umhüllt, so daß in den Zwischenräumen beider Formen andere Funktionsbereiche Platz finden (Abb. 3b/e): im vorderen, verglasten Teil, die Wege und Aufenthaltsräume der Zuschauer, in der hinteren verputzten und vor den Blicken geschützten Hälfte ein Turm aus Arbeitsräumen und Magazinen. Während der öffentliche Gebäudeteil, den Innenraum zitierend, halbrund abschließt und sich den zum Bühnenteil hin absteigenden Sitzreihen entsprechend, schräg in den quadrigen Bühnenbau keilt, verbindet ein schmales Rückgrat entlang der Mittelachse beide Teile (Abb. 3f). Es enthält die Ausrüstung eines Teils der Projektionstechnik. Das äußere Erscheinungsbild gestaltete Gropius also ohne Interesse an einer verbergenden, autonomen Außenskulptur; Glas bohrt sich in Beton, der öffentliche Bereich penetriert den Produktionstrakt und bei der Nutzung der Zweiraum-Konstellation entspricht der geöffnete Portalrahmen, die Nahtstelle beider Funktionsbereiche, präzise der Nahtstelle der Außenarchitektur beider Baukörper. Das würde bei Arena-Bespielung bedeuten, daß die gesamte theatrale Aktion genau in jenem Teil stattfände, der von außen baulich auch als öffentlicher ausgewiesen ist. Hier ist Öffentlichkeit auch dahingehend gesteigert, daß das innere Geschehen nicht mehr vom Leben draußen abgetrennt, elitär herausgeschält wird, sondern durch die Glashaut der Kontakt mit dem Ringsum gewahrt bleibt; ›Publikum‹ und ›Volk‹ oder ›Masse‹ sind nicht mehr unterschieden, die Arbeit des Theaters kann in den gesellschaftlichen Raum hineinwirken – Funktion und Bedeutung kommunizieren perfekt.

Das Herzstück des Entwurfs ist vor allem die elliptische Raum-Maschine mit all ihren Möglichkeiten und Effekten (Abb. 3a/g), die von Gropius selbst eingehend beschrieben wurde:

mein ›totaltheater‹ (d.r.p.a.) ermöglicht es dem jeweiligen spielleiter mit hilfe sinnreicher technischer einrichtungen innerhalb derselben vorstellung auf der tiefenbühne oder auf dem proscenium oder auf der rundarena bzw. auf mehreren dieser bühnen zugleich zu spielen [3a]. das ovale zuschauerhaus ruht auf zwölf schlanken säulen. hinter drei säulenintervallen einer ovalspitze ist die **dreiteilige tiefenbühne** *angeordnet, die zangenartig die vorgeschobenen zuschauerreihen umfaßt. es kann auf der mittleren oder auf einer der seitenbühnen oder auf allen drei bühnen zu gleicher zeit gespielt werden. ein doppelreihiges horizontales paternosterwerk fahrbarer bühnenwagen [3g: ► 5] ermöglicht einen sehr schnellen, sehr häufigen wechsel der scenerien unter vermeidung der nachteile einer drehbühne. hinter den säulen des zuschauerraumes in verlängerung der seitenbühnen führt ein breiter, mit den amphitheatralischen sitzreihen ansteigender umgang*

3d Fassadenansicht des Modells

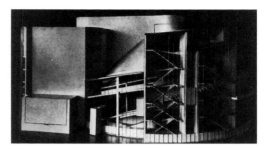

3e Seitenansicht des Modells

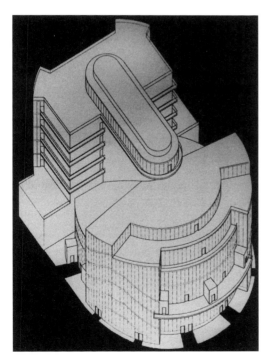

3f Außenisometrie

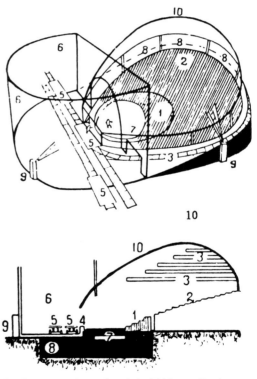

3g Funktionsschema (vergl. die Zahlen im Text)

*ringsherum [▶ 3], auf dem bühnenwagen von der tiefenbühne hergefahren werden können, so
daß sich gewisse scenische vorgänge um die zuschauer herum abspielen können.
die kleinere vordere parkettscheibe [▶ 7] ist versenkbar, so daß sie im keller von den sitzreihen
befreit als prosceniumsspielebene vor der tiefenbühne benutzt werden kann, von den vorderen
zuschauerreihen [▶ 1] zangenförmig umfaßt. (..)*
eine vollständige verwandlung des hauses *tritt aber ein, wenn die große parkettscheibe
um ihren mittelpunkt um 180 grad gedreht wird [3a]! dann liegt die in ihr eingebettete,
versenkbare kleine scheibe als allseitig von ansteigenden zuschauerreihen umgebene rundarena
zentrisch in der mitte des hauses!* ***auch während der vorstellung*** *kann diese drehung
vollzogen werden! der schauspieler gelangt auf die rundarena entweder über treppen von
unten oder auf dem in dieser scheibenstellung zur tiefenbühne zurückführenden gang, oder
von der decke her durch herablaßbare gerüste und treppen [Abb. 3b], die also auch senk-
rechte spielbewegungsvorgänge über der rundarena gestatten. (..)
in meinem ›totaltheater‹ habe ich nicht nur für die drei tiefenbühnen die möglichkeit der
filmprojektion auf den gesamten rundhorizont [3g: ▶ 6] mit hilfe eines systems von verschieb-
baren filmapparaten vorgesehen, sondern kann auch* ***den gesamten zuschauerraum -***
wände und decken [▶ 10] ***-unter film setzen*** *(d.r.p.a.). zwischen den zwölf tragsäulen des
zuschauerraums werden zu diesem zweck projektionsschirme [▶ 8] ausgespannt, auf deren
transparenten flächen aus zwölf filmkammern [▶ 9] zu gleicher zeit von rückwärts gefilmt
wird (..). gleichzeitig kann ergänzend ein zweiter komplex von filmapparaten von einem im
innern des zuschauerraumes herabgelassenen filmturm aus auf die gleichen projektionsflächen
von innen her filmen. hier ist auch der wolkenapparat aufgestellt, der z.b. von seinem zentri-
schen punkt aus auf das deckengewölbe des hauses wolken, sternbilder oder abstrakte
lichtgebilde projiziert. also anstelle der bisherigen projektions****ebene*** *(kino) tritt der projektions-
****raum****. der reale zuschauerraum, durch lichtabsenz neutralisiert, wird kraft des projektionslichtes
zum raum der illusion, zum schauplatz der scenischen ereignisse selbst. (41)*

Formen ebenso wie Bewegungen – in diesem Theaterraum ist alles rund und kreisend. Das
wirkt sich auch auf die Form der Tiefenbühne aus, die rückwärts von einem festen Rundhorizont geschlossen, von einem apsisrunden Umgang umrahmt wird, der zu beiden Seiten der
Bühne in zwei kleinen Nebenbühnen ausbuchtet. Sie versorgen die Bühne wie den Gang um
das Zuschauerhaus mit Bühnenwagen und an ihrer geringen Größe wird deutlich, daß das
Totaltheater kaum für einen Repertoirebetrieb konzipiert war.

Die Bühne ist nur unwesentlich höher als die kleine Bühnenscheibe auf der Zuschauerdrehscheibe angelegt, so daß der Übergang von der Tiefenbühne zur Scheibenbühne oder
zum Rezeptionsraum bewußt erleichtert ist. Und auch durch den von Akteuren wie Zuschauern gemeinsam zu benutzenden Umgang und die beiden großen, die Sitzreihen durch-
ziehenden Gänge ist die Durchdringung beider Bereiche vorbereitet.

Auch wenn es für Gropius zur Perfektion des maschinellen Ablaufs gehörte, den 2000
Zuschauern uneingeschränkte Sicht und Hörbarkeit zu bieten, bleiben allerdings nach heutigen Erfahrungen Zweifel, ob das für sämtliche Plätze erreicht worden wäre: Bei Drehung
der zentralen Scheibe gibt es immer einen Bereich im Haus, in dem sich die Zuschauer
hätten unnatürlich verdrehen müssen, um direkte Sicht auf die Bühne zu erlangen (Abb. 3h).
Wenn z.B. auf der dreifach unterteilbaren Guckkastenbühne nur der mittlere Bereich be-

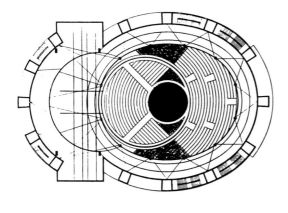

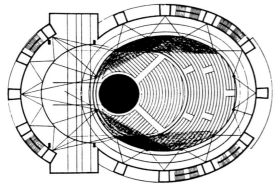

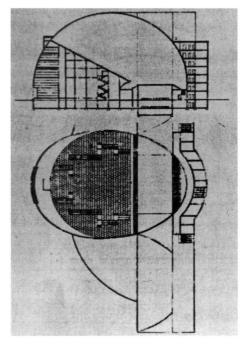

3h Bereiche mit eingeschränkter Sicht

4   Traugott Müller: Alternative zu Gropius
     Totaltheater-Entwurf (1928)

spielt und also die trennenden Stützen aufgestellt würden, säßen über ein Drittel der Zuschauer sichtbehindert. Die Nutzung der unterteilten Guckkastenbühne empfiehlt sich also nur, wenn die vordere Hälfte des Hauses ohne Projektionsschirme zwischen den Stützen bliebe. Auch erscheint mir der Einsatz der Zentralarena im selben Bestuhlungsbereich nur dann problemlos, wenn tatsächlich Drehstühle vorgesehen waren, die Gropius meines Wissens nicht erwähnt (42), die aber unbedingt ins Konzept passen würden, um die Wahrnehmung von umlaufender Handlung und Projektion zu erleichtern[40].

Wie die äußere Architektur durch die gläserne Außenhaut ihre Körperhaftigkeit verliert, so ist auch der Innenraum des Hauses nur scheinbar feste Materie. Schon die Möglichkeit, ohne Umbauten Gestalt und Wirkweise der Innenarchitektur variieren zu können, ist ein Angriff auf Vorstellungen vom Gebäude als notwendig statisches Gebilde. In dem Moment, in dem Gropius Vision einer den Gesamtraum erfassenden Projektion umgesetzt würde, löste sich die Materialität der Raumbegrenzungen, die Raumform, die räumliche Erscheinung gänzlich in einer filmechten Illusion auf, würde alles, was fest schien, beweglich, unbegrenzt wandelbar und erzählend. Gropius wollte seine Architektur in Anerkenntnis des ephemeren Charakters des Theaterspiels, vor allem des Filmeffekts, aufgelöst, dahinter vollständig verschwinden sehen. Damit verabschiedete er sich radikal von jenem Selbstbewußtsein des Architekten, das auf gestalteten und dekorierten Baumassen oder Stilbegriffen gründete und so erscheint die nicht unumstrittene Bezeichnung Funktionalismus für seine Handschrift in diesem Falle nur überzeugend. Das Totaltheater wäre weniger **gewesen**, es hätte tatsächlich **funktioniert**. Durch dieses Zurückstehen von Schöpfer und Form hinter den möglichen Funktionen und Wirkungen kann sich erst die Möglichkeitspalette eines Instrumentes entfalten. Nicht nur, daß bei Bedarf alle klassischen Bühnenformen zitiert werden könnten und somit zeitbegrenzt wieder verbindlich würden, auch was gezeigt wird, unterliegt keinerlei Diskriminierung oder Einschränkung: Das Totaltheater war als ein Mehrzweckhaus intendiert, mit dem in letzter Konsequenz allen alles gezeigt werden sollte[41].

40   Der amerikanische Spezialist für Theaterakustik, George C. IZENOUR, nimmt darüberhinaus an, daß aufgrund der ovalen Kuppelgestalt der Decke und der Größe des Raums die akustischen Qualitäten des Totaltheaters katastrophal ausgefallen wären: »(..) another virtuoso architect remaking the theater in the image what **he** thinks it should be, with the inevitable dome inviting yet another acoustical catastrophe. There would have been a somewhat better but still slim chance of its working out if the auditorium had been closed off overhead by convex splayed surfaces generated from the spring line of the sloping dome, cutting the total room volume approximately in half.« (✧3 IZENOUR, S.96) PISCATOR erwähnt 1959 zwar, daß mit der Ei-Form des Innenraums das »Zerflattern des Tons« unterbunden werden sollte, aber womöglich wurden die Probleme der Akustik auch unterschätzt. (✧74 Schriften I S.241; s. auch ✧78 HILBERSEIMER S.79)

41   »Keine der drei klassischen Raumformen, Rund-, Relief- und Tiefenbühne allein, sondern nur ihre Summe wird dem Umfang der räumlichen Partitur des kommenden Bühnenspiels gerecht werden können, das, wieder von den Geschehnissen des Lebens selbst getragen, alle realen und transzendentalen Wirkungsmöglichkeiten des theatralischen Wortes, der Musik, des Tanzes, des sportlichen Wettspiels und des Films gleichzeitig im szenischen Raum zu mobilisieren und so die Massen aufzurütteln und zu ergreifen vermag.« (✧66 GROPIUS, Apollo S.117)

Interessant ist, daß der ›Techniker‹ Gropius, der zunächst einmal die Werkstatt des Theaters offenlegte und die Dynamik und Zeitlichkeit für den Rezipienten erfahrbar werden ließ, zugleich inhaltlich auf den Effekt der perfekten Illusion abzielte und damit den Tendenzen der reaktionären Bühnenästhetik durchaus nahestand. Nur daß er mit technischer Hilfe und aus einem gewandelten Raumverständnis, ja Raumanspruch heraus den Zuschauer der Illusion nicht gegenüberstellte, sondern ihn in sie hineinversetzte. »*Somit würde das Schauspielhaus selbst, aufgelöst in den sich verändernden und illusorischen Raum der Einbildung, der Aktionsraum werden.*« (43)

Der synthetische Charakter des Totaltheater-Konzeptes (in gewisser Weise der *Einheit in der Vielheit*) bezog sich nicht nur auf die potenzielle Verwendung aller traditionellen Bühnenformen oder verschiedenster Darbietungsinhalte, sondern - weniger offensichtlich - auf die Zusammenfassung der bis zum Zeitpunkt erarbeiteten Alternativen zum Zweiraumtheater-Schema. Darin sind die älteren Ansätze ebenso enthalten wie die Vorarbeiten, die im Bauhaus-Labor geleistet wurden. Aus der Reformtradition führte Gropius selbst van de Veldes Werkbundtheater und Poelzigs (vor allem ja Reinhardts) Umbau des Großen Schauspielhauses als »*die einzigen praktisch durchgeführten versuche, die das erstarrte problem des theaterbaus aufgelockert und grundsätzlich verändert haben*«, an, (44). Nicht nur, daß die seinerzeit von Georg Fuchs propagierte Reliefbühne in den 20er Jahren offenbar bereits zum Standardkanon der Bühnenformen gehörte (wie auch an anderen Äußerungen der Bauhaus-Bühnenforscher abzulesen war), Gropius trieb sowohl die Kuppel aus Reinhardts Idealprojekt des Großen Schauspielhauses für alles überspannende Projektionsillusion wie auch den möglichen Wechsel zwischen den Bühnenformen weiter, alle seine Vorläufer durch die Dynamisierung des Raumes weit überflügelnd, ihre Baugestalten auf die Strukturen reduzierend. Daneben wurzelte die Verwendung von gläsernen Bauhüllen und die Wirkung der die Strukturen enthüllenden Transparenz nicht nur in Gropius eigenen Entwürfen, wie er es in seiner Fabrik für die Kölner Werkbundausstellung bereits beeindruckend versuchte, sondern sie verwies darüberhinaus auf seine Adaption und Verfeinerung der industriellen Bauweise des 19. Jahrhunderts und auch auf die Erdung der gläsernen Luftschlösser, die von Paul Scheerbart und Bruno Taut etwa zu Zeiten des Ersten Weltkriegs beschworen worden waren[42]. Vor allem aber griff er auf seine »*freunde am bauhaus*« zurück, um »*die fülle utopisch erscheinender forderungen*«, die Piscator an ihn herantrug, zu erfüllen:

▶   Mit Molnars U-Theater teilte das Totaltheater den Anspruch, die Bühnenformen, traditionelle wie alternative, wechseln oder auch kombinieren zu können; das Grundschema beider Konzepte beinhaltete eine zentrale Bühne, um die die Zuschauer entsprechend her-

---

42   Zu jener Zeit huldigte TAUT in seinen Entwürfen wie Texten Paul SCHEERBARTS »Glasarchitektur«-Utopien. GROPIUS scheint, zumindest in seinen Arbeiten, den Mystizismus durchgängig rational fruchtbar gemacht zu haben, der ihn mit dem architektonischen Expressionismus und seinen Gruppierungen verband. Zwar gehörte er bezeichnenderweise auch der von Bruno TAUT gegründeten Zeitschrift DIE GLÄSERNE KETTE an, verfolgte aber konsequent im Jetzt praktizierbare Entwürfe. (wie auch ✧76 FRANCISCONO in seiner Untersuchung herausgearbeitet hat, S.124)

umgeordnet werden, wobei Gropius allerdings auf den Rang verzichtete. Gemeinsam ist beiden Entwürfen auch die Installation einer technisch nutz- und bespielbaren Einrichtung über dem Raumzentrum, die bei Molnar aber von der eigentlichen Bühnenanordnung separiert bleibt.

▶ Mit Weiningers Kugeltheater hat es das prinzipielle Spiel mit einer stereometrischen Grundform gemein, die bei Weininger reines Schema blieb, bei Gropius Ellipsenform natürlich ummantelt werden mußte. In beiden Fällen aber wurde die Gestalt nicht als Form (also äußerlich), sondern als Volumen von innen her erfahrbar. Da beide aperspektivische runde Formen wählten, lag die Dynamisierung des Raums im Sinne einer Drehung auf den Hand, wobei beim Totaltheater die Drehung keine Dauererfahrung sein sollte, sondern für gezielte Effekte eingesetzt werden. Ebenso bot sich der Versuch an, im Bereich des Zentrums einen vertikalen Handlungsstrang und damit die Erfahrung einer anderen räumlichen Dimension zu installieren. Gropius Treppen sind natürlich nur ein Rudiment der Aktionsspindel im Kugeltheater.

▶ Die Dynamisierung des Schauspielhauses, die auch die Rezipienten als Teil einer Maschinerie einbegriff, entsprach natürlich auch den Vorstellungen, die Moholy-Nagy für seine theatralen Versuchsanordnungen (so sein *Kinetisches Modell*) vorschwebten, nur daß Gropius den Zuschauer letzlich weniger erforschen als beeindrucken wollte. Moholys Arbeit fand allerdings vor allem in dem ausgiebigen Einsatz der Projektionstechnik ihre Erwiderung: Seine Ansätze, durch inszenierte Projektionen wie in der *Mechanischen Exzentrik* und durch den gezielten Einsatz von Licht, Schatten und Reflexion (wie in seinem *Lichtrequisit*) räumlich-dynamische Erfahrungen zu vermitteln, erlebten in Gropius dreidimensionaler, alles Starre auflösender Projektionswelt und in der allumfassenden Einsetzbarkeit der Anlage ihre Steigerung – wenngleich sich auch hier wieder der Unterschied in der Intention verbirgt: Ging es doch Gropius eher um einen emotionalen, surrealen oder ideologischen Effekt, Moholy hingegen um einen abstrakten, analysierenden, Verstehen evozierenden.

▶ Auch die Idee des keine Hierarchien des Dargebotenen akzeptierenden Ansatzes war schon der Bauhaus-Arbeit eigen und mußte zwangsläufig ein solches Mehrzwecktheaterbau erzeugen.

Trotzdem bei diesem Projekt zwei einander ergänzende Geister zusammenwirkten, dürfen Gropius und Piscators Ideen und Ansätze nicht vermengt und als identisch eingestuft werden. Ihre Gemeinsamkeiten bestanden in ihrer Kritik am Zustand der existierenden Gesellschaft, den beide mit den Mitteln ihres Fachs verändern helfen wollten. Für beide war ›Gesellschaft‹ letztendlich die Idee einer allumfassenden Gemeinschaft, die auch und vor allem die Lage der sozial Benachteiligten bedenken sollte. Für Piscator war das Endziel der kommunistische Staat, der durch die kollektive Zusammenarbeit auf dieses Ziel hin vorzubereiten war, für Gropius das kulturell geeinte Volk, dessen Kultur von kreativen Teams geprägt wurde – für beide war der Individualismus Zeichen einer überlebten Epoche und das Theater ein Instrument gesellschaftsumbildender Bemühungen. Ihre Arbeit für die Zukunft basierte auf dem Akzeptieren-Können des technischen Charakters ihrer Gegenwart und dem Einsatz der Technik als Handlungshilfe. Beide arbeiteten dabei mit emotionalen Wirkmöglichkeiten, aber – und hier gabeln sich ihre Wege – was bei Piscator als aufklärerisch begründete Propaganda auftrat, die letzlich den Geist der Zuschauer über die Gefühle erreichen wollte und mit den Wirklichkeitszitaten, derer sie sich bediente, nur scheinbar

ein Abbild der Realität schuf, wurde bei Gropius im Bewußtsein der feinsinnig indirekten
Ausdrucksmöglichkeiten des Theaters zum offenen Anspruch der Illusionierung – »*Denn
wie der Geist den Körper baut, so bildet der Bau den Geist um*«. Piscator wollte mit aufkläre-
rischem Anspruch die umwälzende Revolution vorbereiten, der praktische und zugleich
mystizistische Architekt hoffte auf eine Evolution des Geistes durch Toleranz den Gegebenheiten gegenüber[43]. Für ihn waren Piscators Forderungen vor allem die Herausforderung,
seinen Ansatz im bewährten Modellraum des Theaters zu erproben, für Piscator bot Gropius
genau den kreativen Standard und jenes funktionelle Verständnis seiner Aufgabe, das seinen
Erfahrungen und Zielen dienstbar war.

Die sich verschlechternde Wirtschaftslage erschwerte es, die nötigen Geldmittel für den
Neubau zusammenzutragen. Ein geringes Defizit ließ das Projekt scheitern und eines der
revolutionärsten, aber auch am engsten mit der Praxis verwobenen Konzepte eines alternativen Theaterbaus Entwurf bleiben[44].

Die Würfelbühne: Die stereometrische Feier der Ordnung

1919 hatte der österreichische Architekt und Otto Wagner-Schüler Hans Fritz die
Innsbrucker Kammerspiele unter der Intendanz von Ferdinand Exl im Sinne seines Würfel-
bühnen-Systems errichtet, aus dem hier innerhalb von zwei Jahren an 200 verschiedene
Ausstattungen entwickelt wurden. Zwar konnten in den Kammerspielen nicht alle Finessen
des Systems umgesetzt werden, dennoch erregte es zu seiner Zeit Aufmerksamkeit, obwohl Hans Fritz nicht als einer der maßgeblichen Architekten erachtet wurde. Es fand
offenbar weitere Abnehmer in Deutschland und Frankreich (45) und wurde 1924 auch von
Friedrich Kiesler auf der Internationalen Ausstellung Neuer Theatertechnik in Wien vorgestellt.

43   Noch 1935 veröffentlichte GROPIUS in ✧67 »Die neue Architektur und das Bauhaus« (S.28) seine evolu-
     tionäre Grundtendenz: »Die Lösung hängt von der veränderten innerlichen Einstellung des Einzelnen zu
     seinem Werk, nicht von der Verbesserung der äußeren Lebensumstände ab. Der Wille zur Umstellung auf
     den neuen Geist ist deshalb von entscheidender Bedeutung für neue aufbauende Arbeit.« So hoffte er, die
     Entfremdung überwinden zu können..
44   Noch 1928 entwarf PISCATORS Szenograph Traugott MÜLLER ein unaufwendigeres, kleineres und billige-
     res Theater für ihn (Abb.4), das unübersehbar GROPIUS Entwurf adaptierte, aber weder im mindesten
     dessen Möglichkeiten zitieren könnte noch selbst je realisiert wurde. Dabei war dem Arbeitsbereich mehr
     Raum zugewiesen, indem MÜLLER u.a. den Baugrund in der Vertikalen vollständig ausnutzte. Dafür gab es
     nur **eine** Zuordnung von Zuschauern und Aktion, die durch eine auch die Außenform bestimmende Gesamt-
     kuppel zusammengefaßt wurden, ohne daß in diesem steilen Parkett tatsächlich eine materielle Durch-
     dringung möglich gewesen wäre. »Müller ordnete alle Büroräume unter dem Zuschauerraum an und
     gewann damit sehr viel Platz hinter der Bühne für technische Umbauten« – ein Aspekt, den GROPIUS
     vielleicht zu sparsam bedient hatte. (s.✧100 WILLETT S.73)

Schon 1913 schloß Fritz sein Studium mit einem Entwurf für ein *Theater der Dreißig-tausend* ab (Abb. 1). Während er aber da noch aus derTendenz zu stereometrischen Grund-formen eine riesige Festanlage komponierte, deren Aufführungsort im Kern vielleicht antik anmutet, deren Form hingegen an eine ägyptische Tempelanlage erinnert, bestand sein be-rühmtes Würfelbühnen-Konzept vor allem aus der Kontraktion und Versachlichung eben jenes stereometrischen Prinzips zu einem Instrument der Szenographie[45], obwohl auch das Gesamtgebäude und das Umfeld durchgeplant waren. Ein Übergang von der Repräsen-tation zur Funktion, vom Statischen zumVariablen hatte sich vollzogen.

Das Würfelbühnen-System bestand aus einem Baukastensatz stereometrischer und frei miteinander kombinierbarer Praktikabel für die plastische Szenengestaltung (Abb. 2a) und einer variablen Bühnenanlage (Abb. 2b). Im Katalog der IAT erläuterte Fritz sein Konzept:
Die Würfelbühne ist eine systematische Ausgestaltung des Bühnenhauses und seines Requisits zur Erfüllung neuzeitiger Szenengestaltung. Mathematische Gliederungen und daraus gefol-gerte geometrische und kubische Körper ermöglichen die Auflösung der Szenenbaumittel in verschiedenartig verwendbare Bauelemente.
Konstruktive und nur darin formbestimmte Körper ermöglichen jede Szenenform und ergeben bei gemäß geformtem Bühnenhaus dem Szenenbau die unbegrenzte Wandelbarkeit. Sie geben eine Wandelbarkeit, die das Szenenbaumittel zum Material gestaltet, das jeder künstlerischen Intuition gefügig ist und so Spiel und Spielraum in einheitlicher Bildung ermöglicht.
Sie ermöglichen jede, jedem Bühnenwerk gemäße Eigenart und neben der Stilbühne auch jene realistischer Szenenbildung und geben dabei der Gesamtauswirkung ihrer Darstellungs-form immer einen bühnengemäßen von Naturalistik und historischer Stilnachahmung befrei-ten Stil, der es an sich hat, jene Stimmung, auch jene, historischer Reminiszenzen voll in Wirkung zu bringen. Die Würfelbühne ermöglicht bei einmaliger Investition der Bühnenkunst die Unabhängigkeit vom finanziellen Aufwand des Theaterbudgets und gibt ihr das Mittel zu immer neuen subjekitivst beeinflußbaren Schöpfungen. (46)
Die beigefügten Skizzen offenbaren ein Arsenal von Praktikabeln für die differenzierte Ge-staltung von Bühnenboden,Wandelementen,Treppen, vorgefertigten Fenstern,Türen .., die wohlgeordnet und überschaubar an der Stelle der Hinterbühne magaziniert wurden (Abb. 2c).

---

45 Hieran wird spürbar, daß Hans FRITZ ein Schüler Otto WAGNERS war, jenes Architekten, der sich im konservativen Wien in die Isolation versetzte, als er die Prinzipien der Baukunst für sich radikal neu bestimmte und damit eine Generation von Architekten in seiner berühmten Schule für die von der Zeit-qualität geprägten neuen Richtungen und Auffassungen öffnete.WAGNER verabschiedete sich vom Archi-tekten als Spezialisten für dekorative Fassaden und die Gestaltung im Sinne des traditionellen Formenkanons und führte seine Schüler zum Gebrauch der stereometrischen Grundformen und zum funktionsorien-tierten Gestalten. So bediente seine Ausbildung das gleiche Ausdrucksmuster wie der Kubismus, so daß sein tschechischer Schüler Pavel JANÁK in Prag eine kubistisch orientierte Stilrichtung begründete. (Zur Wagnerschule ◊92 POZZETTO, zur Schule und den stereometrischen Tendenzen Otto Antonia GRAF »Die vergessene Wagnerschule«.–Wien o.J. (= Schriften des Museums des 20. Jahrunderts Wien 3), beson-ders S. 12ff.)

1   Hans Fritz: Theater der Dreißigtausend (1913)

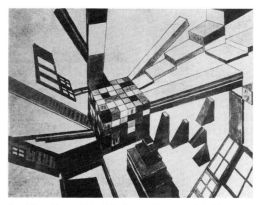

2a Hans Fritz: Würfelbühnen-Konzept (1919),
     Bauelemente

2b Das Bühnenhaus

2c Das Magazin

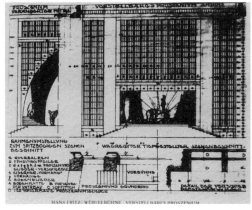

2d Das verstellbare Proszenium

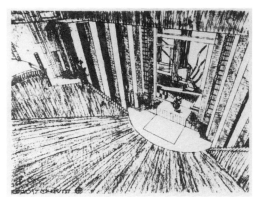

2e Blick auf die Bühne

2f   Szenenbild zu »Totentanz« von Kranewitter
     (1919–21)

2g   Szenenbild zu »Elektra« von Hofmannsthal
     (1919–21)

Auch die Variabilität der Bühne beruhte nicht auf Mechanik, sondern ebenfalls auf einem frei kombinierbaren, feinen Raster aus Bodenelementen: Auf vier Wagenbahnen konnten die verschiedenartigen Elemente hin- und hergeschoben und zu Bodenlandschaften zusammengestellt werden. Die Soffitten, die den oberen Abschluß bildeten, dienten ausschließlich der Installation von Lichttechnik und waren selbst lichtabsorbierend. Die hintere Abschluß-fläche des Bühnenraums bestand aus einer Projektonswand für Hintergrundprojektionen (47), die Hauptbühne lag zwischen zwei etwa gleich großen Nebenbühnen. Wie groß der einsehbare Bühnenraum tatsächlich ausfiel, hing von der Einrichtung des variablen Portals ab, das Hans Fritz aus einer Vielzahl gitteriger Segmente gebildet hatte, die einzeln und in beliebig großen Partien, sowohl horizontal wie vertikal zu verschieben waren (Abb. 2 d/e). So konnten die Spielleiter nicht nur die Intensität des Kontaktes zwischen Bühne und Zuschauerraum durch die Größe der Bühnenöffnung feinsinnig abstimmen, sondern, wenn sie sich überhaupt für einen Portalrahmen entschieden, auch dessen präzise Gestalt; sogar für Bogenformen hatte Fritz eine Lösung erdacht. Das Konzept endete aber nicht an der Rampe, sondern schloß ein in die Arena des Zuschauerraums vordringendes, tiefer als die Bühne gelegenes Proszenium ein, das durch Treppen sowohl mit dem Zuschauerraum wie der Bühne verbunden war. Der Raum für die 800 Zuschauer war vom Licht einer Glas-kuppel erleuchtet, das den Raum »in die Unendlichkeit« zu heben schien (48) und so als Mittel der räumlichen Entmaterialisierung offenbar erfolgreich war.

Der Gesamtbau zitierte einerseits die sakrale Zentralbau-Gestalt mit Kuppel, anderer-seits aber wurde das leicht Mystifizierende durch Ladenreihen, die das Haus nach außen abschlossen und in denen »dem Theaterbetrieb nahestehende Artikel« geführt wurden, profanisiert. Da der hintere Teil des Hauses von einer Parkanlage umgeben war, in der sich modern ausgestattete Wohnungen für Schauspieler befanden, offenbart sich darin der Ver-such einer Art Künstlerkolonie-Bildung im Kleinen[46]. Dabei wurde gerade soviel modernes Leben, genau soviel geschäftliche Realität in die autonome Theaterenklave integriert, daß der im Grunde exklusive Grundgedanke eher unterstützt als gestört wurde.

Führt man sich die verschiedenen Züge dieses während des Krieges entwickelten Konzepts sämtlich vor Augen, enthüllt sich, daß es genau auf der Trennungslinie zwischen den Ideen der Vorkriegszeit und dem Geist der 20er Jahre angesiedelt ist.

Aus der Not seiner Vorgänger, alternative Theaterbaukonzepte nur im Rahmen einer Künstlerkolonie unterbringen zu können, schuf Fritz von vornherein eine Art Kolonie-Umfeld für sein Theater, egal, wo es situiert sei; legte er um den sakralisierten Innenraum eine säkulare Außenschicht aus Läden und ließ so beide Bereiche, das Feierliche und das Ge-schäftliche, einander penetrieren. Auch der Zuschauerraum und der Bühnenbereich waren durch die Proszeniumslösung verklammert, aber angesichts der bereits diskutierten Ideen

---

46   »Durch diese bedeutungsvolle Einrichtung wird der Künstler aus den Unzulänglichkeiten und Geschmack-
     losigkeiten der üblichen Wohnungsverhältnisse herausgehoben und in Räume versetzt, die durch ihre
     moderne, d.h. zweckmäßige Einrichtung die Lebens- und Schaffenskraft zu entfalten und zu steigern ver-
     mögen.« (✧94 ROCHOWANSKI S.141)

der Durchdringung beider Bereiche eigentlich nur peripher – der eigentlich innovative
Ansatz fing bei Fritz erst dort an, wo der Zuschauerraum endet. Denn die Auffassung von
Szenographie, der die Würfelbühne zuarbeitete, war gegen naturalistische und historisierende
Ausstattungstraditionen gerichtet und orientierte sich an der Stilbühne und jenen inzwischen teilweise Praxis gewordenen Neuerungen, die Appia und Craig gemeint hatten. Besonders Craigs Bemühungen um ein variables, im Wesen dynamisches System der Bühne-
gestaltung, das 1907 in den *screens* eine umsetzbare und patentierte Lösung fand[47], wurde
nun aus architektonischer, rationaler Perspektive gespiegelt. Fritz versuchte gewissermaßen, diese Ästhetik des Andeutens und der Abstraktion, diese konsequent plastisch-räumli-
che Ausgestaltung des Spielraums durch ein System handhabbar zu machen, das weder
technisch noch per se emotional angelegt war, sondern funktional und formal zergliedernd.
Wo der Künstler Craig das Licht als Katalysator zwischen der systematisierten Bühnengestaltung und der angestrebten suggestiven Ausdruckskraft immer schon mitdachte, mit-
fühlte, zog sich der Architekt Fritz hinter das organisierte Material zurück und betonte
nicht nur die »*unbegrenzte Wandelbarkeit*«, sondern auch die stilistische Neutralität seines
Instrumentariums. So entstanden in Innsbruck in der Tat völlig verschiedenartige Szenographien, darunter auch frappierende Reminiszenzen an Craigs Ästhetik (Abb. 2f/g).

In seiner Erläuterung berief sich Hans Fritz auf ein mathematisches Gliederungssystem und
er bediente sich »*geometrische[r] und kubische[r] Körper*« in einem »*konstruktiven*« Sinne.
Durch die Aufspaltung der Gesamtform in viele kleinere Elemente, die durch den Rahmen
der Systematik immer wieder neu kombinierbar sind, erreichte er die Optimierung der
Wandelbarkeit, also eine gesteigerte Integration der Zeitdimension in seine räumlich-pla-
stische Konzeption. Zwar nicht als Dynamik, aber in einem ephemeren Sinne, der dem
Theater naturgemäß entgegenkommt. Auch dieses Grundprinzip der geometrisierenden
Abstraktion, mit dessen Hilfe das Material optimal verfügbar wird, wurzelte in den Bemühungen des Kubismus vor dem Krieg, es strahlte aber noch viel weiter aus und schlug sich
auch in der fortschreitenden Standardisierung und Rationalisierung des Bauwesens nieder.
Wenn Fritz die Sparsamkeit und Einfachheit seines Systems hervorhob, die den Ausstattungs-
etat und den Arbeitsaufwand gering hielten, reagierte er damit nicht allein auf die marode

---

47   »1907 entwarf Craig Skizzen für bewegte Szenen, die sogenannten ›moving scenes‹, die den Regisseur in
     die Lage versetzen sollten, die architektonischen Elemente, Körper und Flächen vom Bühnenboden in die
     Höhe des Raums zu heben bzw. aus der Höhe herabzulassen, kurzum in jede beliebige Richtung zu bewe-
     gen. (..) Farbiges Licht bzw. farbige Lichtprojektionen waren die wesentlichen Gestaltungsmomente; erst in
     der Lichtgestaltung, in der Lichtbewegung wurde der szenische Raum geschaffen. Diese Skizzen, ›frozen
     moments of action‹ genannt [s. Abb. 1–3, Kapitel 1.a)], entstanden in seiner Theaterwerkstatt in Florenz (..).
     Die Idee der total in Bewegung versetzten Bühnenarchitektur ließ sich freilich zu der Zeit noch nicht
     realisieren. Als praktische Nutzanwendung entstanden statt dessen die sogenannten ›screens‹ als eine Art
     Kompromißmodell. Das waren paraventartige, beidseitig verwendbare und monochrom farbige Leinwand-
     schirme, die bis zur Höhe des ganzen Bühnenraums reichten und mit denen die verschiedensten
     Raumkonstellationen gestellt werden konnten. Craig ließ sich dieses Sytem im Januar 1910 patentieren.«
     (✧13 BRAUNECK, Regie S. 89f.)

wirtschaftliche Nachkriegssituation, er griff im Geiste auch dem industrialisierten Bauen vor, für das sich Architekten wie Gropius und Mies van der Rohe einsetzten, weil sie die Überlebensfähigkeit einer Bautätigkeit, die sich weiterhin primär auf handwerkliche Methoden stützte, bedroht sahen. Seit 1923 etwa drängten sie darauf, eine rationalisierte Fertigungsweise mit standardisierten Grundelementen zu akzeptieren[48]. Exakt jener Streitpunkt, der jahrelang den Werkbund in zwei Lager spaltete, wurde durch die Notwendigkeit eines raschen und finanzierbaren Wiederaufbaus noch brisanter. Die Nachkriegssituation argumentierte faktisch und unmißverständlich gegen die konservative Haltung. Vor diesem Hintergrund kann die Würfelbühne auch als Argument für die Standardisierung, zugeschnitten auf das Problem der Bühnengestaltung, gelesen werden, die Argumente glichen einander jedenfalls – und so verwundert es nicht, daß Fritz das Prinzip seiner Würfelbühne nicht nur auf den Film, sondern schließlich, ganz im Sinne der rationalistischen Architektur, im *Mathma*-Haus auf den Wohnbau übertrug.

Hans Fritz erstrebte mit der Würfelbühne durch den mathematisch geordneten Zugriff auf das Gestaltungsmaterial Wandlungsfähigkeit und jene stilistische Offenheit, mit der es der mathematischen Systematik möglich ist, in eigener Formelsprache die Dinge der Welt zu repräsentieren. Was er mit dieser abstrahierend-analytischen Zersplitterung der Formen erreichte, war die Vorstufe einer technisch bedingten Dynamik im Theater, der Raum-Maschinen und scheinbarer Grenzauflösungen, war das variable, das ephemere Bauen.

Wsewolod E. Meyerhold: Die reduzierte Utopie

Das nun folgende Projekt besitzt eine lange und spannende Vorgeschichte, vor allem wenn man bedenkt, daß es durch und durch eine Idee der Aufbauphase der Sowjetunion kurz nach dem Bürgerkrieg war und doch erst allmählich, zwischen 1929 und 1933, Gestalt gewann; daß es unmittelbar der revolutionären Theaterarbeit Wsewolod E. Meyerholds entsprang, wie er sie nach der Oktober-Revolution praktizierte, und doch erst zur Diskussion stand, als Meyerholds Arbeit längst der scharfen Kritik eines sich wandelnden Systems ausgesetzt war, und daß letztendlich seine Wurzeln in einer zensierten und abbverbotenen Inszenierung gründeten. Da dem Projekt des Meyerhold-Theaters keine ›berühmten‹

---

48   Wie Walter GROPIUS für sein rationalisiertes Bauverfahren warb, erinnert deutlich an die Argumentation des Würfelbühnen-Konzepts: »Wie aus einem Baukasten können diese Baueinheiten zu verschiedenen Häusern im Trockenbauverfahren zusammengesetz werden (..). (..) Aber bevor das geschehen kann, müssen alle Teile des Hauses, Decken, Wandplatten, Fenster, Türen, Treppen und Installationsteile, normiert werden. Die Normierung dieser auswechselbaren Teile setzt der individuellen Gestaltung, die wir alle wünschen, keine Grenzen, und die Wiederholung der Einzelteile und der Materialien in verschiedenen Baukörpern wird im Städtebau ordnend und beruhigend auf uns wirken (..). Denn obwohl jedes Einfamilienhaus und jeder Wohnblock den Charakter unserer Zeit trägt, bleibt der Eigenart des Individuums durch die Variationsmöglichkeit der Teile genügend Spielraum, sich auszuwirken (..)« (✧67 GROPIUS, Die neue Architektur S. 16) Insgeheim erhoffte sich GROPIUS auf diesem Wege auch die Schaffung eines neuen Stils.

Architekten-Persönlichkeiten ihre Handschrift aufprägten, kristallisieren sich in dem Konzept in erster Linie die Bedürfnisse eines wirkunsgsbewußten Theaterpraktikers heraus.

Der Schauspieler, Regisseur und Theaterpädagoge Wsewolod E. Meyerhold war von Anbeginn seiner Karriere an eine Persönlichkeit des Theaters, die in jeder Phase der russischen, später sowjetischen Theaterlandschaft wichtige Positionen bekleidete. Zunächst war er der Kopf derjenigen Bewegung in der Schule seines Lehrers Stanislawski, die dessen Stil kritisierte und eine Modifizierung anstrebte; sein Konzept nannte er das *bedingte Theater*; trotzdem war er von Stanislawski ausersehen, dessen Studio des Künstlertheaters in Moskau zu leiten, was allerdings Projekt blieb. Er inszenierte für die Kaiserlichen, später Staatlichen Bühnen, auch für die Petersburger Oper, nachdem er 1902-1905 schon mit einer eigenen Truppe gearbeitet hatte. Noch im ganz jungen und durch den Bürgerkrieg ungefestigten Sowjetstaat gehörte er sofort zu den wenigen Künstlern, die sich für die neuen Ideale engagierten und wurde 1920 Leiter der Theaterabteilung im Volkskommissariat für Bildungswesen und Leiter des Ersten Theaters der RSFSR. Ab 1921 leitete er die Staatlichen Theaterwerkstätten, ab 1922, nach Unstimmigkeiten, seine eigene Werkstatt, die alsbald zur staatlichen Ausbildungsstätte avancierte; 1923 wurde er nicht nur geehrt, sondern auch noch ins ZK gewählt; bis 1924 inszenierte er vorwiegend an den Staatlichen Bühnen und seitdem entwickelte sich sein Meyerhold-Theater zu einer Institution im Staat. Vergegenwärtigt man sich Meyerholds (Arbeits-)Biographie, mag das Nebeneinander von offizieller Anerkennung und revolutionärem Geist auffallen. In seiner Arbeit spiegelte sich diese Spannung in der Durchmischung von fundierter Handwerklichkeit und experimentierfreudigem Utopismus, im Festhalten an den traditionellen Komponenten und dem gleichzeitigen Versuch, der Umwertung dieser Elemente im Geiste einer autonomen und darüberhinaus freiheitlich gesonnenen Theaterkunst.

So kritisierte Meyerhold am System Stanislawskis, daß die Kunstfertigkeit im Umgang mit der psychischen Ausdruckskraft der Schauspieler keinerlei Gegengewicht auf der körperlichen Ausdrucksebene finde, zumal ihn der Psychologismus des Naturalismus nicht reizte. Schon in seiner vorrevolutionären Arbeit suchte er die Annäherung an die Volkstheatertraditionen Europas, etwa des Barock- oder Mysterien-Theaters, und Japans. Kennzeichnend für die europäischen Traditionen waren die enge Verbindung zum Volk als Publikum; sie wollten sich einerseits einem ungebildeten, aber ungehemmt mitgehenden Publikum mitteilen[49], andererseits reagierten sie auf dessen Äußerungen, durch Integration oder die Regeln des Stegreifspiels. Diese enge Verbunden-, ja Verflochtenheit drückte sich im Aufführungsort aus, der kein spezifischer Theaterort war, sondern sich entweder zum Inhalt oder zum Publikum bewegte, also entweder in Kirchen oder auf Marktplatzgerüsten situiert war. An der japanischen Tradition reizte ihn die Deutlichkeit, mit der das Spiel als

---

49   Die Mysterien-Spiele erfüllten ursprünglich die Aufgabe, den des Lesens Unkundigen in der Kirche die wesentlichen Inhalte der Heiligen Schrift zu veranschaulichen und gerieten durch die Emphase des Laienspiels und der Tänze in die Nähe ritueller Feiern, die die Kirche freilich nicht guthieß, aber ein Stück weit dulden mußte.

Kunstprodukt erkennbar blieb, und auch in Japan war die Beziehung zum Publikum eng gehalten. In Meyerholds System sollte daher der Schauspieler durch verfeinerte Körperkommunikation den Ideengehalt, der von der Dichtung vorgegeben und von der Regie für das Theater umgesetzt wird, auf eindeutige, leicht verständliche Weise dem Publikum vermitteln und dabei forderte er von ihm zunehmend die Freiheit und Fähigkeit, dessen Reaktionen sofort mitverarbeiten zu können. Bereits 1907 faßte er das ideale System so auf, daß alle Beteiligten am theatralen Prozeß die Freiheit der Interpretation besäßen und etwas eigenes beitragen müßten. In seinem *bedingten* oder *stilisierten Theater*

> *läßt der Regisseur sein Schaffen, in das vorher das Schaffen des Autors eingeflossen ist (Regisseur und Autor sind hier eine Einheit), auf den Schauspieler übergehen. Nachdem der Schauspieler über den Regisseur das Schaffen des Autors in sich aufgenommen hat, stellt er sich dem Zuschauer (hinter dem Schauspieler stehen Autor und Regisseur) und öffnet ihm seine Seele, wodurch er die Wechselwirkung zwischen zwei Grundlagen des Theaters, dem Schauspieler und dem Zuschauer, vertieft. (49)*

X———————X——————————X——————————X–
Autor Regisseur Schauspieler Zuschauer

So zählte für ihn das Publikum stets zu den kreativen Kräften des Theaters und später kam in seinem politisch idealen Theater der Zusammensetzung des Publikums für die unmittelbare Darstellung sogar immer größere Bedeutung zu:

> *Die bedingte Methode verlangt schließlich noch nach einem vierten **Schöpfer**; das ist der **Zuschauer**. Das bedingte Theater schafft Inszenierungen, in denen der Zuschauer mit seiner Vorstellungskraft ›schöpferisch‹ beendet, was in einer Szene angedeutet wurde (50)*

- aber das beinhaltet,

> *daß die Arbeit des Schauspielers, obwohl sie voll und ganz im Zusammenwirken mit dem Publikum geleistet wird, dem Grundkonzept der Aufführung untergeordnet werden muß. (51)*

Später formulierte er deutlich:

> *(..) der Schauspieler [muß] die Verbindung, die Wechselbeziehung zum Publikum herstellen (..). Das ist ein großes Problem, das überhaupt nicht untersucht ist, aber studiert werden muß. (..) Ein und dieselbe Aufführung wird in der Nuancierung einzelner Stellen für jedes Publikum verschieden sein. (..) Der Schauspieler muß wissen, vor wem er spielen wird. (52)*

Dieser Ansatz, der die Rezeption des theatralen Vorgangs eher als Kommunikation denn als Kunstbetrachtung verstand, schuf ein scheinbar ambivalentes Verhältnis zur Rolle der literarischen Vorlage darin, das Meyerhold immer wieder angekreidet wurde. Zwar war er überzeugt, daß die Entwicklung des Theaters der der Literatur nachfolge[50], gleichzeitig beharrte

---

50 »Irgendwo las ich, **die Bühne schaffe die Literatur**. Das stimmt nicht. (..) Das **Neue Theater** entspringt der **Literatur**. Beim Bruch mit der dramatischen Form, ging die Initiative stets von der Literatur aus. (..) Die Literatur beliefert das Theater mit Stoffen. Das tun nicht nur die Dramatiker, die Beispiele

er beständig darauf, daß das Theater weder Aufgabe noch Möglichkeit habe, sie präzise zu übersetzen, sondern daß es als unabhängige Kunst mit eigenen Gesetzen die Literatur als Auslöser für das Spiel nehme. So kann sie vom Regisseur in Hinblick auf die Wirkung der Inszenierung als reines Rohmaterial benutzt werden, deren Ziel der Dialog mit dem Publikum, die Übermittlung einer Botschaft mit künstlerischen Mitteln, nicht die Repräsentation der Literatur ist. In seinem Ansatz vermischten sich solcherart der Grundzug des Literaturtheaters mit der Auffassung des Theaters als autonomer Kunstform – eine quasi synkretistische Haltung. Er beharrte auf dem Sinngehalt, den er der literarischen Vorlage entlieh, und bestand gleichzeitig auf der unabhängigen Wahl der Mittel in einer Theaterästhetik, die auf dem Rhythmus und der Ausdrucksfähigkeit des Körpers gründete und zunehmend in einem Konkurrenzkampf mit dem Film das neue Medium zitierte und auch dessen Dramaturgie – die kurzen Sequenzen, harten Schnitte, das Verweben von Inhalten unabhängig von Zeit und Raum – über die Dramentexte stülpte.

Als Prämissen für den Kontakt zwischen Schauspielern und Publikum blieb auch der konventionelle Aufführungsort nicht unhinterfragt. So war Meyerhold ein konsequenter Gegner der Zweiraumtheater. Sie verkörperten genau jene Trennung, die die Möglichkeit gemeinsamer Arbeit aufhob – und repräsentierten jenes gesellschaftliche Elitedenken, das auch schon seinem Volkstheater-Ansatz vor der Revolution fremd war[51]. Seine Ideen von räumlich-örtlicher Unabhängigkeit und die vollendete Idee seines dramaturgischen Credos verwirklichte er nach 1918 mit Inszenierungen, die im Alltäglichen, in Fabriken, auf Straßen situiert waren und perfekt mit den neuen Massenveranstaltungen, in denen das Theatrale mit dem Politischen verschmolz, harmonierte. Der Höhepunkt dieser Arbeitsweise fand 1920 zur Feier des Dritten Jahrestages der Oktober-Revolution statt, als er die ERSTÜRMUNG DES WINTERPALAIS im gesamten Stadtviertel und unter Beteiligung der Massen mehr organisierte als inszenierte. Gerade in den frühen Jahren der Sowjetunion vermischten sich die Bereiche von Theater und Politik auch räumlich. Im Theater wurde Ideologisches propagiert, auf der Straße wurde die Politik zum Spektakel. Die Folge waren neuartige Theaterform- und Theaterraumbegriffe, wie das Laienspiel in den neuartigen Klub-

neuer Formen liefern, sondern auch die Kritik, die alte Formen verwirft.« (1907) (MEYERHOLD »Die Geschichte und Technik des Theaters« IN: ✧72 Schriften I S.116)
»Wie in der Vergangenheit so bleibt auch in der Gegenwart das Schicksal des Theaters durch und durch abhängig vom Bündnis des Dramatikers mit dem Schauspieler.« (1930) (MEYERHOLD »Rekonstruktion des Theaters« IN: ✧98 TIETZE S.202)
51	So schrieb er 1907 über seine Konzeption des ›bedingten Theaters‹, das er sich als stilisierte, also antinaturalistische Ästhetik vorstellte:»Das stilisierte Theater befreit den Schauspieler von der Dekoration, indem es ihm den dreidimensionalen Raum schafft und ihm die Möglichkeit natürlicher körperlicher Bewegung gibt. Durch die stilisierten Mittel der Technik erübrigt sich die komplizierte Theatermaschinerie, die Inszenierungen werden so einfach, daß der Schauspieler auf einen Marktplatz gehen und sein Werk unabhängig von Dekorationen und Dingen, die speziell fürs Theater eingerichtet wurden, frei von allem Äußerlich-Zufälligen vorführen könnte. (..) Durch den Wegfall der Rampe bringt das stilisierte Theater die Bühnenfläche auf die Höhe des Parterres und indem es Diktion und Bewegung der Schauspieler auf den Rhythmus aufbaut, kommt es dem **tänzerischen Element** wieder näher, während das Wort hier leicht in melodisches Schreien und Schweigen übergehen kann.« (MEYERHOLD, Geschichte IN: ✧72 Schriften I S.134)

Theatern, die gerade Meyerhold sehr förderte. In seiner nunmehr konstruktivistischen Vision war das professionelle Theater nur noch als Übergang zu einem umfassenden Laientheater, zum Theater **vom** Volk, geplant.

So mag es verständlich sein, warum Meyerhold so mühelos die Ziele der bolschewistischen Revolution übernehmen konnte. Ein proletarisch ausgerichteter Staat schien sein Ideal der gesellschaftlichen Gleichheit und der allgemeinen Freiheit zu bedienen, ihm widmete er seine Arbeit. Mit Emphase setzte er sich für den *Theateroktober* ein, worunter er nach der politischen Revolution nun die Revolutionierung des Theaters verstand. Letztendlich mußte er dazu seine Methoden nur leicht präzisieren, organisch fügten sich einige Aspekte der Agitationskunst, wie Projektionen politischer Losungen oder die Integration von Filmsequenzen oder die Typisierung des Personals oder die Umarbeitung der Stückvorlagen zu Nummernfolgen im Sinne des Epischen Theaters von Brecht etwa in sein System ein. Das neue Thema, das nun die Theaterkunst Meyerholds anleitete, war in Anlehnung an die konstruktivistische Bewegung das der Arbeit. Er adaptierte einen Arbeitsbegriff für die Kunst, der wie der staatsprägende zutiefst von der modernen industriellen Produktion geprägt war. Sein Theater arbeitete für die Zielgruppe des Industrieproletariats -

Der für die neue Klasse arbeitende Schauspieler wird alle Kanons des alten Theaters neu überprüfen. Der ganze Stand der Schauspieler wird unter andern Voraussetzungen antreten. Die Arbeit des Schauspielers wird in der Arbeitsgesellschaft als Produktion betrachtet werden, die für die richtige Organisation der Arbeit aller Bürger notwendig ist. (53)

Seine körperbewußte Arbeitsmethode für den Schauspieler ›taylorisierte‹ er zur *Biomechanik*[52] (Abb. 1) und teilte damit die Begeisterung für die rhythmische Ästhetik maschinenbestimmter menschlicher Arbeit, die in der frühen Sowjetunion herrschte. Damit wollte er gleichzeitig vorbildlich auf die Arbeiter wirken (54).

---

52 F. W. TAYLOR (* 1856), amerikanischer Ingenieur und Firmenchef, entwickelte um die Jahrhundertwende ein System der Effizienzsteigerung für die industrielle Produktion, basierend auf »wissenschaftlicher« Analyse der notwendigen Produktionsbedingungen und umgesetzt als Arbeitsorganisation, die sich bestimmter Trainingsmethoden, der Stoppuhr und des gesteigerten Stücklohns bediente. Analyse und Methode bezogen sich einzig auf die menschliche Arbeitskraft mit dem Ziel, ihre optimale Verwertung zu gewährleisten. (s. z. B. André HÉRON, Der Taylorismus. Grundsätze, Methoden, Doktrin. IN: KURSBUCH 43 (1976) S. 1 ff.) In der Sowjetunion erlebte der Taylorismus eine ambivalente Bewertung. »Vor der Oktoberrevolution bekämpften die sozialistischen Parteien den Taylorismus als modernste und rücksichtsloseste Form der kapitalistischen Ausbeutung. Lenin widmete ihm als dem ›wissenschaftlichen System der Schweißauspressung‹, das ›die Versklavung des Menschen durch die Maschine‹ auf die Spitze treibe, 1913 und 1914 zwei Artikel. (..) Angesichts der alarmierenden gesamtwirtschaftlichen Situation trat er jedoch seit Mitte März 1918 für eine schwerwiegende Kurskorrektur ein. (..) Lenin lehnte zwar weiter die sogenannte negative Seite des Taylorismus scharf ab: die Intensivierung der Arbeit unter rücksichtslosem Raubbau an Gesundheit und Leben der Arbeiter, meinte aber, die ›positive‹ Seite, nämlich die Steigerung der Arbeits**produktivität** durch verbesserte Arbeitsorganisation usw., lasse sich sozusagen aus dem kapitalistischen Taylorismus herauslösen und sozialistisch anwenden.« (Aus: Rainer TRAUB, Lenin und Taylor IN: s. o. S. 146 ff.) Den Begriff ›Bio-Mechanik‹ verwendete auch der vom Taylorismus beseelte Leiter des Zentralen Arbeitsinstituts GASTEV für seine tätigkeitsspezifischen Drillmethoden für Arbeiter. Dabei schien ihn eine Art Arbeits- und Maschinenästhetik euphorisiert zu haben. (vergl. TRAUB IN: s. o. S. 150 ff.)

Wenn man einen erfahrenen Arbeiter bei seiner Arbeit beobachtet, merkt man in seinen Bewe-
gungen folgendes: 1. das Fehlen überflüssiger, unproduktiver Bewegungen, 2. Rhythmik, 3. das
richtige Finden des Schwerpunktes seines Körpers, 4. Ausdauer. Die auf diesen Grundlagen
aufgebauten Bewegungen zeichnen sich durch ›tänzerische Leichtigkeit‹ aus (..), hier erreicht
die Arbeit die Grenze zur Kunst

— und diente als Vorbild für eine auf die Gesellschaft der Arbeit ausgerichtete Schauspielkunst, deren Schauspieler

*1. die natürliche **Fähigkeit zur reflektorischen Erregbarkeit** besitzen [muß]. Ein Mensch,*
der diese Fähigkeit beherrscht, kann sich entsprechend seinen physischen Gegebenheiten um
ganz verschiedene Rollenfächer bewerben; 2. der Schauspieler muß ›physisch in Ordnung‹
sein, d.h. er muß gutes Augenmaß haben, Ausdauer besitzen, in jedem Moment den Schwer-
punkt seines Körpers kennen.

Aufsitzend auf der Prämisse, daß der Mensch einer Maschine gleich, mit der er die
Unterworfenheit unter die Gesetze der Mechanik teilt, berechnet werden könne, wurde
die Arbeit ästhetisiert und die Kunst *organisiert* und *taylorisiert:*

Der Anblick eines richtig arbeitenden Menschen bereitet ein gewisses Vergnügen. Das betrifft
in vollem Umfang auch die Arbeit des Schauspielers im Theater der Zukunft. In der Kunst geht
es immer um die Organisation von Material. Der Konstruktivismus hat vom Künstler gefordert,
daß er auch zum Ingenieur wird. Die Kunst muß auf wissenschaftlicher Grundlage basieren,
das gesamte Schaffen des Künstlers muß ein bewußter Prozeß sein. Die Kunst des Schau-
spielers besteht in der Organisation seines Materials, d.h. in der Fähigkeit, die Ausdrucksmittel
seines Körpers richtig auszunutzen. In der Person des Schauspielers kongruieren der Organi-
sator und das, was organisiert werden soll (..). In einer Formel ausgedrückt sieht das so aus:
$N = A1 + A2$ *(..)*

Die Methode der Taylorisierung ist auf die Arbeit des Schauspielers genauso anwendbar wie
auch auf jede andere Arbeit, bei der man maximale Produktivität zu erreichen trachtet. (55)

Praktisch bedeutete diese Haltung, daß in Meyerholds Studio, in dem schon immer Mittel
der Körperkommunikation zentrales Arbeitsgebiet waren, diese Mittel nun nach den neuen
›Erkenntnissen‹ und den konstruktivistischen Ansätzen zu einer Körper**sprache** im wört-
lichen Sinne ausgefeilt wurden, die neben der Geschichte vor allem von der Körperbeherr-
schung, Disziplin und Rhythmik des neuen Arbeiter-Menschen erzählte. Besonders in
Meyerholds Inszenierung von Fernand Crommelyncks DER GROSSMÜTIGE HAHNREI
1922 kamen seine biomechanischen Ideen vollkommen zur Anwendung.

Daneben hatte nicht nur die szenographische Ausrüstung seiner Inszenierungen, sondern im Idealfall auch das ganze Gebäude den Produktionen zuzuarbeiten.

Vor allen Dingen haben wir gegen das Statische des Theatergebäudes zu kämpfen, für organi-
sche Dynamik - für eine Dynamik, wie sie uns im Hamburger Hafen entzückt, wo die Maschi-
nen den Transport vom fahrenden Schiff zum rollenden Zug leicht bewältigen. Bei der Erstel-
lung des Projekts [für das Theater der Zukunft] muß man von den utilitaren, von den organi-
schen Bedürfnissen ausgehen. Man muß Bedingungen für das Erleichterte, Transportable, Be-
wegliche schaffen - so entstünde die Dynamik der modernen Bühne. (56)

Demnach wäre sein »phantastisches, utopisches« Maximalprojekt, das er 1927 im »*Gespräch*
mit jungen Architekten« (57) ausmalte, keine geistig-technische Vision ungeahnter Tricks und

Effekte gewesen, sondern ein Arbeitsinstrument, das ausschließlich in Meyerholds alltäglichen Erfahrungen wurzelte und eine Reihe von Wünschen befriedigen sollte:

▶ *»Es ist bisher üblich, das Theatergebäude in Zuschauerraum und Bühne aufzuteilen. Diese festgewurzelte Auffassung halten wir für falsch. Heute müssen wir sagen: Es gibt nur ein einziges Gebäude, ein Ganzes – ein Theater. Es gibt nicht den passiven Zuschauer und den aktiven Schauspieler. Der heutige Zuschauer ist Mitwirkender des Schauspiels von morgen.«* Eine weitere Idee war, daß auf diese Weise etwa Autos das Haus durchqueren könnten.

▶ Deshalb sollte es eine direkte Verbindung von der Straße zur Bühne und zur Bühne überhaupt geben.

▶ Der Bühnenbereich sollte *»für das Erleichterte, Transportable, Bewegliche«* vollkommen dynamisiert sein;

▶ die Vertikale zumindest potenziell miteinbezogen werden.

▶ *»Die Bühne ist so einzurichten, daß jeden Augenblick an beliebiger Stelle eine Versenkung möglich wird. Man muß Höhenunterschiede schaffen. Nach dem Muster des vollkommenen Schiffes bauen.«*

▶ *»(..) überall wird Schlange gestanden, nicht das kleinste belegte Brötchen ist zu kriegen.«* Eine verbesserte Infrastruktur hielt Meyerhold gerade auch in Hinblick auf die Konkurrenz des Kinos für wichtig.

▶ *»In den heutigen Theatern aber ist die Garderobe des Schauspielers eine Hundehütte.«* Also: *»Der Schauspieler würde ein Bad in den Garderoberäumen brauchen, eine Dusche, um den ganzen Staub und Schmutz abwaschen zu können, den der Körper während der Arbeit angenommen hat.«*

▶ *»Wir müssen die Möglichkeit haben, Klänge aus verschiedenen Höhen, von verschiedenen Stellen her kommen zu lassen, bald aus der Tiefe des Raumes, bald von unten, bald von oben. Hier habt ihr Architekten eine Aufgabe: Mächtige und wendige Maschinen zu bauen und ausfindig zu machen, die imstande wären, rasch alle Musikgeräte an verschiedene Stellen des Theaters zu transportieren.«*

▶ *»Die Nebenbühnen – das ist das Elend aller Theaterbauten von heute. Die Nebenbühnen sollten breiter sein als die Bühne selbst. Die Bühne muß als riesiges Aufmarschgelände betrachtet werden.«*

▶ Und sogar staubfreiere Fußböden fügte Meyerhold in seine Wunschliste ein.

In Ermangelung eines entsprechenden Bauprojekts über lange Jahre hinweg, das sich der wirtschaftlich durch den Bürgerkrieg und ökonomische Strukturprobleme stark angeschlagene Sowjetstaat nicht leisten konnte, optimierte Meyerhold in einzigartiger Weise die Instrumentalisierung der Ausstattung. Dabei konnte er sich einer ganzen Reihe konstruktivistischer Künstler und Architekten bedienen, deren Umsetzungsmöglichkeiten ihrer eigenen Konzepte aus denselben Gründen stark beschnitten war[53]. Eigentlich widersprach diese

---

53 Die Szenographie für Emile VERHAERENS MORGENRÖTE (1920) (Abb. 2) z.B. bezog das Parkett, und damit das Publikum, als Volksmasse mit ein; eine Treppe in den Orchestergraben wie auch das stete Licht im gesamten Raum versuchten, die Trennung der traditionellen Bereiche vor allem suggestiv wegzusprengen. Insbesondere MEYERHOLDS Zusammenarbeit mit den konstruktivistischen Künstlern führte zu Ergeb-

1   Meyerholds System der »Biomechanik«

2   Wsewolod E. Meyerhold/Wladimir Dimitrijew:
Szenenbild »Morgenröte« von Emile
Verhaeren (1920)

3   Meyerhold/Ljubow Popowa: Spielgerüst für
»Der großmütige Hahnrei« von Fernand
Crommelynck (1922)

4   Szenenbild »Hahnrei«

5   Meyerhold/Wawara Stepanowa:
Spielkonstruktionen für »Tarelkins Tod« von
Alexander Suchowo-Kobylin (1922)

künstlerische Arbeit zutiefst den Grundsätzen der konstruktivistischen Theorie, die letzlich die Kunst als sinnlos abschaffen, ihre Leistungen in einem gesellschaftlichen Entwicklungsprozeß auflösen wollte und das Theater, selbst das geistesverwandte Theater Meyerholds, als Kunstäußerung auffaßte[54]. Aber angesichts der Tatsache, daß bei aller Nützlichkeit kaum ein konstruktivistischer Bauentwurf, kaum eine konstruktivistische Idee realisiert wurde, während das Theater durchaus ›arbeitete‹ und wirkte, muß es ironischerweise als wichtigstes Versuchsfeld dieser Theorie gewertet werden[55] (58).

Zwischen 1926 und 1929, in der Zeit nach der ersten politischen Euphorie, beschäftigte sich Meyerhold mit Inszenierungsplänen für Sergej M. Tretjakows Stück ICH WILL EIN KIND, das eine kritische Auseinandersetzung mit den in der Sowjetunion inzwischen entwickelten Werten darstellte. Als Mitarbeiter für die szenographische Gestaltung wählte er, der schon seit einiger Zeit darauf wartete, endlich in einem seinen Vorstellungen gemäßen Gebäude zu arbeiten, den konstruktivistischen Architekten und Künstler El Lissitzky. Lissitzky,

nissen, die einen völlig neuartigen Charakter trugen. Die Höhepunkte fielen in das Jahr 1922 mit seinen Inszenierungen von Fernand CROMMELYNCKS DER GROSSMÜTIGE HAHNREI und Alexander SUCHOWO-KOBYLINS TARELKINS TOD. Für den HAHNREI entwickelte Ljubow POPOWA gemeinsam mit der Truppe, die dafür die Bühne des Zon-Theaters – des späteren Meyerhold-Theaters – bezeichnenderweise bis auf die Brandmauer entrümpeln mußte, eine Gerüstkonstruktion (Abb. 3), die die Örtlichkeiten nur noch andeutete und vor allem als Instrument des Spiels, als Turngerät für die in Produktions-Overalls ›biomechanisch‹ agierenden Schauspieler diente (Abb. 4). Im Grunde war das Gerüst ein Hinweis auf die alte Bretterbühne, die nunmehr in den Guckkasten eingepflanzt war, um ihn zu ignorieren. In TARELKINS TOD enwickelte Wawara STEPANOWA statt einer großen, allgemeinen Konstruktion im Raum viele kleine Spielkonstruktionen, die teilweise mitagierten und vielfältig einsetzbar waren (Abb. 5). Im Rahmen einer vom Futurismus und dem Zirkus inspirierten Inszenierung ging die Ausstattung in der Requisite auf und verschmolz so noch elementarer mit dem Spiel des Menschen – und beeinflußte es. 1923 verwendeten MEYERHOLD und POPOWA dann für Sergej M. TRETJAKOWS Übertragung DIE ERDE BÄUMT SICH eine echte Maschinerie; zwar war ihr Kran nur aus Holz, ansonsten agierten aber Autos, Motorräder, Lastwagen auf der Bühne; Für D.E. konzipierte MEYERHOLD 1924 bewegliche Wände und erzeugte mit ihnen und einer rasanten Scheinwerfer-Dramaturgie den Eindruck wilder Dynamik. Danach schlug sein Konstruktivismus wieder nach innen, in den interpretatorischen Bereich um; verwandelte er in OSTROWSKIS WALD 1924 zwar noch eine Textumarbeitung in schnittartige Kurzsequenzen, konstruierte Maschinen gepaart mit echten Gegenständen (Abb. 6), so fand er doch immerhin zum Theaterkostüm zurück; für GOGOLS REVISOR mit dem er die Gesellschaft der Entstehungszeit analysieren wollte, ließ er die Textstruktur unangetastet und seine Bühne auf der Bühne trug historische Materialien (Abb. 7), die ihm die Kritik eines Rückfalls in die alte Dekoration eintrugen, obwohl er eigentlich den gleichen Kriterien folgte wie bisher.

54   Jelena RAKITIN beschreibt, wie selbst nach dem Erfolg des HAHNREI die orthodoxen Konstruktivisten MEYERHOLDS Arbeit nur insofern verteidigten als »»er den Kanon theatraler Küchengeheimnisse vollständiger aufzeigt als andere und den Ursprung der szenischen Illusion nicht verdeckt. In diesem Sinne ist seine Arbeit revolutionär und – solange die spekulative Kunst dominiert – unentbehrlich. Wenn man Meyerhold sein Theater nimmt, so ist das ein Schlag gegen die Sache, die das absolute Verschwinden des Theaters beschleunigt.‹« (✧93 S.223)

55   – zumal auf der Bühne erprobte Möbel und Bekleidung z.T. sogar in die Produktion gingen. (Vergl. ✧93 RAKITIN S.220ff.)

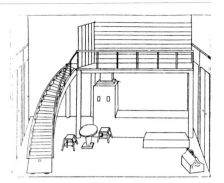

6   Meyerhold: Bühne für »Der Wald« von Alexander
    Ostrowski (1924)

7   Meyerhold: Ausstattung für »Der
    Revisor« von Nikolai Gogol (1926)

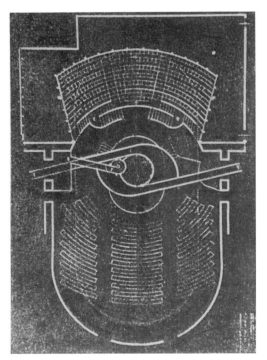

8a Meyerhold/El Lissitzky: Szenographie zu
    »Ich will ein Kind« von Sergej M. Tretjakow
    (1926), Grundriß

8b Das Gesamtmodell

ein Schüler Malewitschs und der Schöpfer der *Proun*-Räumlichkeitsstudien und des *Wolken-bügel*-Entwurfs, war durch seine Plakate und Ausstellungskonzepte wie Meyerhold ein Propaganda-Spezialist. Er begnügte sich nicht damit, die Bühne zu gestalten und hier und da beide Bereiche zu verknüpfen – unter der damals üblichen Bezeichnung *Rekonstruktion* sah sein Konzept einen völligen Umbau des Innenraums vor[56] (Abb. 8a–c). Dem Grundriß läßt sich entnehmen, daß er bezeichnenderweise die Spielkonstruktion genau im Bereich des Proszeniums und des Portals anlegte, die die beiden Funktionsbereiche der konventionellen Anordnung voneinander abgrenzt. Dafür wurde ein Teil der Zuschauer über der ehemaligen Bühne plaziert. Während die runde Hauptspielfläche erhöht auf schlanken Stützen steht, geht der Zuschauerraum, den zwei breite Gänge dritteln, die eventuell auch für Aufmärsche geeignet wären, unmerklich in den Spielbereich zu ebener Erde über, den hinten eine halbhohe konkave Wandfläche abschließt. Das auf der ehemaligen Bühne plazierte Publikum sitzt oberhalb dieser Wand, die durch spiralig gestaltete Treppen zu vier Gängen überwunden werden kann, und hat ungetrübte Sicht auf die erhöhte Spielfläche. Auch hier besteht nicht nur potenziell, sondern durch die Treppen ostentativ eine Verbindung beider Bereiche. Der Spielbereich selbst ist weniger ein Spielgerüst oder eine Spielmaschinerie, wie Popowa es für den GROSSMÄCHTIGEN HAHNREI konstruiert hatte, seine Konstruktion verkörpert vielmehr Bewegung schlechthin – eingefroren oder gebannt wie im Momentausschnitt der Fotografie – die nur durch die menschliche Bewegung erfahrbar und wiederbelebt werden kann. Über einer ovalen Fläche, nur eine Treppenhöhe über dem Bodenniveau und in der Mitte geöffnet zu einem kreisrunden Schacht in die Tiefe, erhebt sich das Hauptspielfeld in Gestalt eines spiraligen Strudels. Auf verschiedenen Höhen führen von den Seiten kommende Rampen in gerundeter Abwärtsbewegung auf das kreisrunde, gläserne ›Taifun-Auge‹ zu, in das sie einmünden. Hier sind die konzentrierteren Szenen denkbar, während sich Lissitzky wohl vorstellte, »*über die Rampen ›Autos, Straßenbahnen, Kanonen, Pferde, Regimenter, Demonstrationen‹ auf die Bühne zu leiten, um das Theater an der Dynamik des Alltagslebens teilhaben zu lassen. Umgekehrt sollte auch das außerhalb des Theaters chaotisch verlaufende Leben im Knotenpunkt der Spirale auf der Bühne organisiert werden.*« (59) Die zuhöchst gelegene Rampe mündet in eine schmale Wendeltreppe, die auch beide Spielplattformen verbindet. Die Treppen, die zum oberen Sitzbereich führen, nehmen nicht nur das Treppen-Thema wieder auf, sie sind ebenfalls so gestaltet, daß sich der Eindruck zweier Zuflüsse von oben in einen kleinen Strudel einstellt, der beide in einem Abfluß bündelt. In diesem Gefüge kann man sich sehr dynamische Bewegungsabläufe für Massenszenen vorstellen. Plakativ hatte Lissitzky ein Spruchband rund um den gesamten Raum angebracht, so daß der Aktion nicht nur eine anleitende Überschrift beigesellt ist, sondern beim Lesen des Textes die rundliche Raumgestalt wahrgenommen, die Drehbewegung, das zentrale Motiv des szenographischen Konzepts, mitvollzogen werden muß.

---

56   Der Begriff ›Rekonstruktion‹ wurde in dieser Phase der Sowjetunion nicht im sonst üblichen Sinne von ›Wiederherstellung‹ gebraucht, sondern meinte Auf- oder Umbau. (s. ✧98 TIETZE S.231)

In jedem Falle kann Lissitzkys Szenographie vor allem aus der Sicht seiner Arbeit auch als konstruktivistische Plastik bewertet werden[57]. Bezeichnenderweise wurde sie in diesem Fall und zu jener Zeit nicht einmal mehr auf dem Theater realisiert; sie war zu teuer, aber vielleicht auch zu konsequent.

In dieser Inszenierung hätte Meyerhold seine neue Auffassung der Zusammenarbeit von Mensch und Szenographie, von Schauspieler und Zuschauer verwirklichen können: Die völlige Verflechtung von Schauspielern und Publikum und Handlung in allen (räumlichen) Dimensionen, unterstützt von den kurzen filmschnittartigen Szenen Tretjakows, deren rasche Szenenwechsel im Guckkasten nicht funktioniert hätten. Und der Aufwand eines totalen Umbaus hätte vielleicht die Notwendigkeit neuartiger Theatergebäude plakativ veranschaulicht.

Aber wie sehr Meyerhold es auch für angebracht hielt, dieses Stück in dieser grundsätzlich wandelbaren Szenographie zu inszenieren, Argwohn und Skepsis der Offiziellen wollten nicht weichen. Zwar wurde noch einmal gestattet, eine zweite Fassung zu versuchen, für die Tretjakow etliche Szenen strich und Meyerhold vorschlug, das offensichtlich heikle Thema als theatrale Diskussionsveranstaltung zu anzulegen[58], schließlich aber fielen das Stück, das Ausstattungs- und das fertige Inszenierungskonzept der Zensur zum Opfer.

Obwohl Meyerhold nunmehr bedingt durch den politischen Kurswechsel immer umstrittener wurde und auch er sich immer weiter von der propagandistischen Arbeitsweise zurückzog und seine Gesellschaftsanalyse hinter der Literatur verschanzte, hielt er daran fest, daß das Theater eines grundsätzlich andersgearteten Raumgefüges bedürfe. Als er sich dann 1930 über die »Rekonstruktion des Theaters« äußerte, konzentrierten sich seine Forderungen vorsichtig auf das Grundsätzliche:

Und welcher Theaterraum schwebt uns für die Schaffung der neuen Aufführung vor? Vor allem muß man die Logen beseitigen und auf die Anordnung der Sitzplätze nach Rängen ganz verzichten. Nur der Aufbau des Zuschauerraumes nach Weise des Amphitheaters eignet sich

---

57 Hubertus GASSNER stellt im Katalog ◇84 Raumkonzepte die Stilmittel zusammen, derer sich die konstruktivistischen Künstler bedienten, um das Tempo und den Rhythmus, die sie als hervorragende Züge der Zeitqualität empfanden, sichtbar werden zu lassen (S.11ff). LISSITZKY thematisierte in diesem Konzept konsequent zwei davon: Die Spirale und die Treppe, teilweise als Kombination beider - in der Wendeltreppe.

58 Am 15. Dezember 1928 versuchte MEYERHOLD in einem »Vortrag über den Inszenierungsplan zu dem Stück ›Ich will ein Kind haben‹ von S. M. Tret'jakow« ein letztes Mal, das Projekt zu retten, indem er sich von der Schematisierung der Figuren im Stück distanzierte, um gleichzeitig durch die Anlage der Inszenierung als geplante Disskussionsveranstaltung »Mißverständnisse« im Publikum zu verhindern und den geforderten psychologischen Realismus bei der Anlage der Figuren vermeiden zu können. In diesem Sinne erläuterte oder rechtfertigte er auch den Umbau des Theaters als Grundlage für die Diskussionen: »Wir haben viel an dem Bühnenmodell gearbeitet (im Jahre 1926), fünf Varianten des Modells wurden geschaffen. Aber ich begnüge mich nicht mit den früheren Varianten. Ich werde auf Grund des Diskussionsergebnisses eine neue Variante machen. (..) Ich dehne den Zuschauerraum auf die Bühne aus. Die Sitzplätze auf der Bühne werden wir verkaufen, einen Teil davon aber den Organisatoren überlassen, die an der Diskussion während und nach der Aufführung teilnehmen.« (IN: ◇98 TIETZE S.146f.)

8c Der Bühnenbereich in der
    Modellrekonstruktion

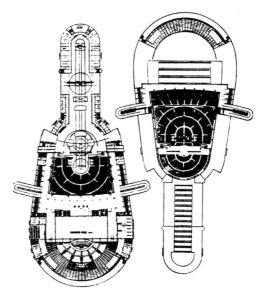

9a Grigorij B. Barchin: Entwurf für ein Theater in
    Swerdlowsk (1932), Grundrisse zweier
    Ebenen

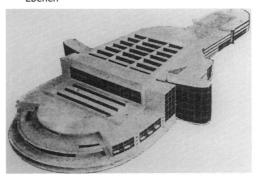

9b Modell (außen)

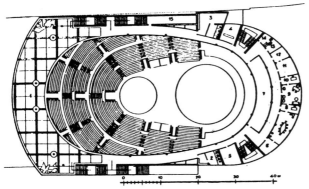

10a Sergej E. Wachtangow/Mikhail G.
     Barchin: Theater für Meyerhold
     2. Fassung (1931/32), Grundriß:
     •1 Foyer •2/3 Toiletten
     •4 Regiezimmer •5 Musikbibliothek
     und Instrumentenfundus
     •6 Raum des Musikalischen Leiters
     •7 Orchestergraben •8 Schreibstube
     •9 Direktion •10 Sekretariat
     •11 Technische Direktion
     •12 Inzpizient •13/14 Toiletten
     •15 Raucherzimmer

für eine Aufführung, die durch gemeinsame Bemühungen von Schauspieler und Zuschauer zustande kommt; denn bei einer solchen Anordnung der Sitzplätze wird das Publikum nicht in derartige Kategorien eingeteilt: hier das Publikum ersten, höheren Ranges, dort das Publikum zweiten Ranges (..) Außerdem muß die Guckkastenbühne endgültig abgeschafft werden. Nur unter dieser Bedingung kann man die Aufführung tatsächlich dynamisch machen. Die neue Bühne macht es möglich, das langweilige System der Einheit des Ortes und die Einzwängung der Bühnenhandlung in vier bis fünf umfangreiche Akte zu überwinden, und zwar deshalb zu überwinden, damit die Bühnenmaschinerie bei der Vorführung schnell wechselnder Episoden Geschmeidigkeit erlangt. Mit der neuen Bühne, die kein Bühnenpersonal hat und deren Spielflächen sich horizontal und vertikal bewegen lassen, können andere Verwandlungsformen für die schauspielerische Darstellung und Wirkung kinetischer Konstruktionen genutzt werden. (60)

Inspiriert von Lissitzkys Ausstattung für ICH WILL EIN KIND arbeitete er seit 1930 mit den Architekten Sergej E. Wachtangow und Mikhail G. Barchin endlich an einer Konzeption für ein Meyerhold-Theater nach seinen Vorstellungen. Beide hatten für ihn bereits die Ausführung einiger seiner Ausstattungen betreut und waren mit seinen Vorstellungen vom Aufführungsort genauestens vertraut. Barchin war auch der Partner seines Vaters, des konstruktivistischen Architekten Grigorij B. Barchin, der einige Theater für den neuen Staat entworfen und auch realisiert hatte[59]. Insgesamt enstanden drei Fassungen. Die erste von 1930/31 änderte nur die Gestalt und damit die Beziehungen innerhalb des vorhandenen Aufführungsraums[60]. Die zweite Fassung erwog einen Neubau für 2000 Zuschauer auf dem alten Grundriß (Abb. 10a/b). Dabei wurde darauf verzichtet, den Aktionsbereich in das Zentrum zweier unterschiedlich großer Sitzkomplexe zu legen, stattdessen schmiegt sich eine recht steile Arena-Anlage, der elliptischen Raumform folgend, an den Großteil der Innenwandfläche an. Die Zugänge zu den Plätzen sind zahlreich und geräumig — worauf Meyerhold ja Wert legte — lassen sich aber kaum mehr für Aufmärsche verwenden, was bei

59 1932 parallel zu den Überlegungen für das Meyerhold-Theater z.B. das Theater für Swerdlowsk, das vom Raumschema LISSITZKYS beeinflußt zu sein scheint (Abb. 9a/b), insofern sich der Zuschauerbereich durch die Bühnenanlage in zwei unvermittelte Partien trennen läßt, eine Struktur, die gerade bei den offiziellen Preisgerichten anerkannt war (S. Kapitel 3.b), weshalb vielleicht MEYERHOLD und LISSITZKY hofften, Zustimmung für ihr Umbauprojekt zu finden. »The Swerdlowsk plan included a great flexible space which could serve as a theatre for 4000, an assembly hall for 6000, or, when the stage is lowered and included in the floor area, for 8000.« (Mikhail G. BARCHIN über seinen Vater IN: ✧110 SHVIDKOVSKY S.84) Die Theatervariante des Mehrzweckkonzepts ist mit seinem ausladenden Proszenium hinwiederum dem Grundschema des Meyerhold-Projektes verwandt.

60 »Die erste Fassung (1930/31) erhielt einen großen Teil des alten Theaters: Vorhalle, Foyer, Treppenhaus und sogar ein kleines Auditorium im Hintergrund des großen. Die einzigen Bereiche, die grundlegend verändert wurden, waren der Zuschauerraum und die Bühne, die vollständig abgerissen werden sollten, um einen neuen Zuschauerraum in den sich ergebenden Raum zu bauen. Die grundsätzliche Gestalt war ein Rechteck mit gerundeten Enden. Die Bühne war von gleicher Gestalt, traf mit einem Ende auf das eine Ende des Auditoriums und besaß zwei Drehbühnen gleichen Durchmessers.« (✧64 BARCHIN/ WACHTANGOW S.73, Übersetzung von S.K.)

Lissitzkys Konzept noch der Fall gewesen war. Der Aktionsbereich ragt wie eine Zunge weit in den Raum hinein, wird also von drei Seiten eingesehen, um die axonometrische Sichtlinie zu erreichen, die für Meyerhold als einzige eine plastische Rezeptionsweise ermöglichte (61), und verfügt über zwei Drehbühnenanlagen verschiedener Größe – eine kleinere liegt sogar jenseits der Raummitte. Sie könnte auch bestuhlt werden, so daß bei einer guckkastenartigen Ausstattung ein Parkett für 150 Personen entstünde. Direkt neben der größeren Drehscheibe ist der Aktionsraum durch zwei breite Zugänge unmittelbar von außen zu betreten oder passierbar. So können Materialien, vielleicht auch Fahrzeuge hereingebracht und andererseits Aufmärsche mühelos geleitet werden. Insgesamt könnte man das Verhältnis zwischen Gesamt- und Geschehnisraum vom Grundriß her als das Ineinanderschachteln eines Ovals und einer Ellipse beschreiben. Dabei fehlen Hinter- und Nebenbühnen völlig. Entgegen seinen Überlegungen von 1927 entsprach es Meyerholds tatsächlicher szenographischer Arbeitsweise eher, daß für materialreiche Szenenwechsel oder Repertoirespielpläne kein Raum eingeplant war; seine Ausstattungen fügten sich als Gesamtheit in die Inszenierungen ein und konnten im wesentlichen so stehen bleiben[61]. Dennoch entwickelten die Architekten als Erweiterung der Möglichkeiten ein Schienensystem in der Decke, etwa für den Transport von Praktikabeln. Weitere räumliche Variabilität war dadurch gewährleistet, daß die Drehscheiben vertikal beweglich waren, also auch als eine Art Bassin oder als Podium verwendet werden konnten. Eigentümlich war die Wahl weiterer technischer Mittel: Der gesamte Innenraum konnte mit Filmprojektionen übergossen werden und die Decke bestand aus Milchglas, das Naturlicht einließ und auch elektrisch zu beleuchten war (die Idee, die Transparenz der Glasdecke durch ein einziehbares Dach zu steuern, ließ sich nicht umsetzen). Hier vereinten sich die Volkstheater-Tradition, auf die sich Meyerhold ja ursprünglich berief, und die Technik der Entstehungsgegenwart – das Naturlicht der Aufführungen im Freien, wie im barocken Volkstheater oder wie in der ERSTÜRMUNG DES WINTERPALAIS, und die eindrucksvollen Möglichkeiten des komplexen ästhetischen Licht-Produkts Film. Hatte Meyerhold in der »*Rekonstruktion des Theaters*« noch die in allen Dimensionen bewegliche, *industrialisierte* Bühne gefordert, so blieb die technische Version für das neue Theater vergleichsweise bescheiden, aber im Zentrum seines Theaters stand konsequent »*das Bündnis des Schauspielers mit dem Dramatiker*«,

> *weil alle hochkomplizierten Fragen der Theaterkultur unserer Tage sich zu der allerwichtigsten Frage zusammenziehen, nämlich zu der Frage, von wem und auf welche Weise in den Zuschauerraum jene Ladung an Willen übertragen wird, ohne die wir heute keinen Raum voller Zuschauer vorstellen können, dessen Organisierung nicht bezweckt, eine Theateraufführung als eine gewisse kommerzielle Fiktion ablaufen zu lassen, sondern dazu dient, daß am nächsten Morgen nach der Aufführung mit noch größerer Energie die Maschinen des Aufbaus in Gang gesetzt werden. (62)*

---

61 1931 äußerte er in einem Gespräch über eine seiner Inszenierungen: »Allmählich kommen wir sogar dahin, uns gänzlich von Bühnengerüsten zu befreien, aber die Zeit ist noch nicht reif dafür, denn um sich von diesen Konstruktionen frei zu machen, muß die gesamte Bühne umgebaut werden. Wir haben ein Theater entworfen, in dem es überhaupt keine Bühne mehr geben soll. An dem Projekt wird bereits gearbeitet.« (MEYERHOLD IN: ✧72 Schriften 2 S.243)

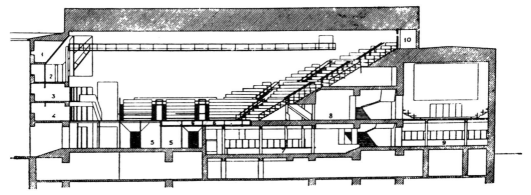

10b Längsschnitt: •1 Ton •2 Orchester •3/4 Künstlergarderoben •5 Unterbühne •6 Entfernbare Bühnenpartie •7 Künstlerdurchgang •8 Foyer •9 Eingang zum Kleinen Haus •10 Filmprojektor

11 Außenentwurf mit dem »kreativen Turm«

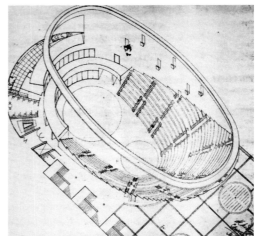

12b Innenisometrie

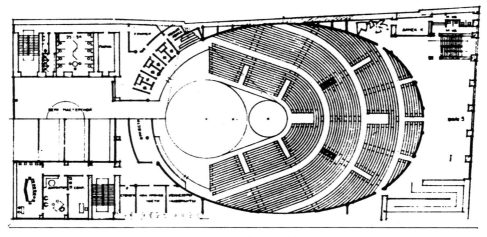

12a 3. Fassung des Theaters für Meyerhold (1932/33), Grundriß

An den Schmalstellen kontrapunktisch angelegt befanden sich auf der einen Seite die
öffentlichen Räume der Foyers, Zugänge und Garderoben für die 2000 Zuschauer, auf der
anderen die unmittelbaren Vorbereitungsräume für die Aufführung, also auch die von Meyerhold propagierten verbesserten Garderoben für die Schauspieler in direktem Anschluß an
den Spielbereich, damit sie die Aufführung permanent verfolgen und ihren Auftritt nahtlos
einfügen könnten; **über** ihnen das Orchester, verdeckt oder offen.

Da Meyerhold Wert darauf legte, auch alle anderen kreativen Kräfte einer Produktion
in angemessenen Arbeitsräumen unterzubringen, der Baugrund aber keine Vergrößerungen
zuließ, sollte an einer Ecke des Gebäudes durch einen Turm Raum in der Höhe gewonnen
werden (Abb. 11). Diese ungewöhnliche Idee widersprach allen bisher üblichen Gestalten
eines Theatergebäudes – sie entsprach eher dem Grundmuster einer Kirche, ohne diese
Assoziation zu beabsichtigen – und war sogar im Sowjetstaat heftig umstritten, bevor sie
offiziell genehmigt wurde.

Nachdem feststand, daß die vermutlich zur Verfügung stehenden Mittel keinen Neubau
auf dem Baugrund des bestehenden Meyerhold-Theaters zuließen, wurde 1932/33 als dritte
Fassung erneut ein Umbaukonzept entwickelt (Abb. 12a/b), das das Prinzip der zweiten
Variante soweit wie möglich in das vorhandene Gebäude fügte und entsprechend in ver-
kürztem Raum die Bühne und die 1600 Zuschauer enger zusammenband. Das korrespondierte durchaus mit Meyerholds ungewöhnlichem Wunsch, in Ermangelung großzügiger
Foyeranlagen und als Ausdruck eines Theaters, das sich ausschließlich über seinen Nutzen
für die Gemeinschaft definierte, auch den Bühnenbereich für den Pausenaufenthalt freizu-
geben und so demonstrativ alle Trennungen zu überwinden. In diesem Theaterbau-Konzept
wurde betont alles traditionell Trennende eliminiert: Portal, Rampe, Orchestergraben.

Neben dem Theater konnte dieser eher unspezifische Raum viele Arten anderer Veranstaltungen, etwa sportliche Wettkämpfe, politische Kongresse oder Zirkusveranstaltungen,
beheimaten und so verwundert es nicht, daß der schließlich ausgeführte Umbau, den weder
Barchin und Wachtangow bis zur Fertigstellung betreuen durften noch Meyerhold jemals
nutzen konnte, lange Zeit als Tschaikowsky-Saal der Veranstaltung von Konzerten diente –
schließlich mit dem Signum des stalinistischen Geistes, der neoklassizistischen Fassade, versehen.

Meyerholds Vorstellungen des Theaterbaus entsprachen genau dem jeweiligen Stand seiner
ästhetischen Überzeugungen und praktischen Erfahrungen. Nach und nach verlagerte sich
da der Schwerpunkt vom eher Technizistischen wieder zum eher Humanen, ohne von seinen
grundsätzlichen Vorstellungen von Theater als hierarchiefreier Kommunikationseinrichtung
jemals abzuweichen.

Meyerhold muß wohl in erster Linie als ein hingebungsvoller Theatermann verstanden
werden, der in einer Phase, in der politische Realität und Utopie zu verschmelzen schienen,
seine Arbeit dem Aufbau eines idealen Staates weihte. Nicht lange, und die wirtschaftlichen
Notwendigkeiten entkleideten nach und nach den Sowjetstaat seiner idealistischen Ambitionen, die Utopie hatte mühseliger Alltäglichkeit zu weichen. In diesem Moment begann
sich Meyerhold zu distanzieren, Kritik an der Entwicklung zu üben und setzte sich damit ins
Aus, denn eine andere Linie, jenseits der alten Ideale hatte sich durchgesetzt[62]. Während

man Tairow und Stanislawski verzieh, sich niemals völlig auf die neue, vor allem **eine** politische Linie eingelassen zu haben, verzieh man Meyerhold zunächst die Distanzierung und
schließlich sein politisches Bekenntnis nicht, das unter Stalins Herrschaft das falsche war. Er
starb 1940 unter bis heute ungeklärten Umständen in stalinistischer Haft.

Friedrich Kiesler: Die Raumbühne oder Theater in der Achterbahn

*Das heutige Theater verlangt eine Vitalität wie sie das Leben hat und diese Vitalität mit der
Kraft und dem Tempo der Zeit. Die Spannkraft solcher Spiellebendigkeit hat an der Rampe
nicht genug und nicht an Ecken, dem Da und Dort, ihr Atem saugt den Bühnenraum voll, sie
verlangt nach Weite, Unbändigkeit der Bewegung, nach Raum im wahrsten Sinne des Wortes.
Das kann ihr eine Bildbühne, deren Spiel und Szenerie auf dekorative Frontalwirkung einge-
stellt ist, nicht geben. Der neue Wille sprengt die Bildbühne, um sie in Raum aufzulösen, wie es
das Spiel verlangt. Er schafft die Raumbühne, die nicht nur a priori Raum ist, sondern auch als
Raum erscheint. (63)*

Eigentlich war der österreichische Maler und Architekt Friedrich Kiesler eher zufällig zu
einem Auftrag für das Theater gekommen – 1922/23 wurde er mit der Ausstattung für
Karel Čapeks technikkritisches ›Science-Fiction‹-Drama W.U.R. beauftragt, das im Berliner
Theater am Kurfürstendamm seine deutsche Erstaufführung erlebte. Damit erlangte seine
bisherige, latente Beschäftigung mit dem Theater, die nach eigenen Angaben 1916 begann,
eine hochakute Phase. In Kieslers Arbeit vertiefte sich nun eine aktive und öffentliche
Auseinandersetzung mit den Grundsätzlichkeiten der Theaterkunst und der Diskrepanz
zwischen der traditionell orientierten Theaterpraxis und den eigentlich zeitgerechten Ide-
en, die ihn dann lebenslang weiterbeschäftigen wird. Sein Ziel war die Abschaffung der
Bildbühne, um in den Köpfen seiner Zeitgenossen Platz für die seiner Meinung nach zeitgemäße Raumbühne und ihre Ausdrucksmöglichkeiten freizuräumen.

Für W.U.R. entwickelte Kiesler noch eine reine Guckkasten-Ausstattung, die vor allem in
einem die gesamte Aufführung begleitenden und prägenden Hauptprospekt aus technisch-
visuellen Einrichtungen von nahezu prophetischem Charakter bestand (Abb. 1a)[63]. Er instal-

---

62 »Als Meyerhold 1929 mit Majakovskijs ›Wanze‹ erneut gegen kleinbürgerliche Borniertheit zu Felde zieht
    und 1930 im ›Schwitzbad‹ die Bürokraten anprangert, stößt er teilweise auf heftige Ablehnung. Die Zeiten
    haben sich geändert. Meyerhold ist nicht mehr der anerkannte Führer der revolutionären Theateravantgarde.
    (..) In den Kritiken der RAPP [Russische Assoziation Proletarischer Schriftsteller] klingt jedoch zum ersten
    Mal jene feindliche Note an, die sich später zu wütenden Attacken gegen Meyerholds ›Formalismus‹ aus-
    wächst und schließlich, zur Zeit des stalinistischen Terrors, zur Schließung des Meyerhold-Theaters und
    zur Verhaftung seines Leiters führt.« (✧98 TIETZE, Das Neue Theater S.37)
63 Es ist anzunehmen, daß die einzelnen szenischen Orte des Stücks noch weitergehend gekennzeichnet
    waren, soviel könnte man auch einem einzigen erhaltenen Szenenfoto (Abb.1b) entnehmen; genaueres
    Material scheint aber nicht (mehr) zu existieren. (Das ist einer sorgfältigen Analyse von ✧90 Barbara
    LESÁK S.70ff. zu entnehmen, die auch das Szenenfoto zeigt, S.81)

1a Friedrich Kiesler: Bühne zu »W.U.R« von Karel Čapek (1923)

1b Szenenbild (im Versuchslaboratorium)

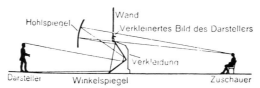

1c Schema eines Tanagra-Theaters

1d Blick von der Seite auf den Prospekt

lierte darin optische Technik, die nicht nur den bereits etablierten Film zitierte, sondern durch Verwendung eines Tanagra-Apparates (Abb. 1c)[64] auch etwas ermöglichte, das aus heutiger Sicht an die Live-Übertragungen des Fernsehens erinnert. Sein Hauptprospekt suggerierte eine für die damalige Zeit bewußt utopische Kontrollmaschinerie, die aber in ihrer flachen, bestenfalls reliefartigen Anlage, trotz ihres teilweise technischen Funktionierens noch als Bühnen-**Bild** verstanden werden muß (Abb. 1d). Wenn in dieser reliefartigen Suggestion einer Maschinerie Filmprojektionen und Tanagra-Tricks das Bild belebten, zeigte Kiesler mit präzisem Gespür auf, wie die unvermeidliche Bedeutungssteigerung der vierten Dimension in der Kunst die Möglichkeiten und die Ästhetik des planen Bildes beeinflußte[65]. Kieslers Technikbegeisterung schuf dabei eine Ästhetik, die bei geistesverwandten Künstlergruppen wie den Konstruktivisten oder der De Stijl-Bewegung viel Anklang fand und ihm unmittelbar zu Bekanntheit und wertvollen Kontakten verhalf. Daß diese die Technik feiernde Ausstattung im Gegensatz zur letztendlich skeptischen Aussage des Stückes stand, störte die Begeisterten nicht im geringsten.

Während die »*elektro-mechanische*« Kulisse für W.U.R. noch als Versuch dastand, die neuen Möglichkeiten einer technizistischen Welt für die Ausstattung einer Guckkasten-Bühne fruchtbar werden zu lassen, betonte Kiesler demgegenüber in seinem ersten theatertheoretischen Text, »*Das Theater der Zeit*«, aus dem gleichen Jahr:

> *Die Bühne ist keine Kiste mit einem Vorhang als Deckel, in die Panoramen eingeschachtelt werden. Die Bühne ist ein elastischer Raum. Die Mauern des Theaters sind Notbehelf. (Das Ideal ist die freistehende Bühne.) (64)*

Damit eröffnete er nicht nur seine umfangreiche Kritik an der Guckkasten-Bühne, sondern mit diesem Text wollte er unumwunden die Probleme des Theaters an der Wurzel packen, die er als einen Aspekt der Krise seiner Zeit entlarvte – der in der Unfähigkeit bestand, die gegenwärtigen Themen anzuerkennen und anzunehmen.

> *Die Krise des Theaters ist eine Krise des Alters. Nichts anderes. Das gute alte Theater hat zu sterben vergessen. Es feiert Auferstehung in neuen Masken. (..) Soll das Theater noch etwas zu*

64   LESÁK beschreibt die Technik der Apparatur genauer: Sie »besteht aus zwei senkrecht zueinander stehenden Spiegeln und einem Hohlspiegel; sie ist bis auf eine kleine vor dem Hohlspiegel liegende Öffnung durch eine Wand verdeckt. Die in 5–6 m Abstand hinter der Wand spielenden Personen spiegeln sich in den ebenen Spiegeln so, daß ihr Bild mit dem Kopf nach unten in den Hohlspiegel geworfen wird. Dieser kehrt das Bild abermals um; dem Zuschauer erscheint es, 8-10mal verkleinert, plastisch auf einer vor der Öffnung aufgebauten Miniaturbühne.« (◇90 LESÁK S.76)

65   Im Katalog der IAT, beschrieb er er das in seinem Text »De la nature morte vivante«: »Erster Versuch einer elektro-mechanische Kulisse. Die Bildstarre ist zum Leben erweckt. Die Kulisse ist aktiv, spielt mit. De la nature morte vivante.« Dann stellte KIESLER anschaulich seine Mittel der Verlebendigung vor: »Bewegung der Linien; grelle Kontrastierung der Farben. Überleitung von Relief-Formen bis zur Rundplastik **Mensch** (Schauspieler). Bewegungsspiel farbiger Lichter und Scheinwerfer auf der Kulisse. (..) Links eine große Irisblende (..) Die Blende öffnet sich langsam: der Filmprojektor rattert, auf der Kreisfläche spielt ein Film, blitzschnell angekurbelt; die Blende schließt sich. Rechts, in die Kulissen eingebaut ein Tanagra-Apparat. (..) Der Seismograph (in der Mitte) rückt stoßweise vorwärts. Die Turbinenkontrolle (Mitte unten) rotiert ununterbrochen.« (IN: ◇68 Katalog der IAT S.20f.)

sagen haben, soll es ein lebendiger Faktor der Zeit sein, dann muß es aus dem Boden der Zeit wachsen. (65)

Kiesler plädierte für eine gründliche Lösung und versuchte auch einen Vorschlag:

Nicht die Geste muß sich ändern, sondern der Geist selbst. Uns interessiert weder das Pathos, noch die Mimik des Einzelnen, sondern die Emanation des Ganzen. (..) Der Dramatiker ist der Ingenieur des Bühnenkunstwerks (..) Es handelt sich darum, nicht eine neue Fassade zu zeigen, sondern vom Grundriß aus neu aufzubauen. Das Schlagwort heißt jetzt: Werkkommune. (Das hat natürlich nichts mit Politik zu tun.) Die Fabrik, das Orchester, das Theater, das sind Beispiele idealer Werkkommunen. (66)[66]

Im Grunde wollte Kiesler die statischen und reaktionären gesellschaftlichen Kräfte durch die Diagnose ihres Theaters angreifen, provozieren und teilweise lächerlich machen. So ist hier - wie in vielen seiner weiteren Schriften - der Anteil der Polemik gegen das Bestehende höher als der Anteil konstruktiver und konkreter Neukonzeptionen. Die bestanden im wesentlichen darin, daß in einer völlig neuen räumlichen Konstellation (die Bühne möglichst freistehend und elastisch..) die »*überindividuelle dynamische Raumgestaltung*« (67) das theatrale Ereignis verlebendigen sollte. Das theatrale Ereignis aber würde für die Teilnehmer zum Erlebnis von Raum, Licht, Farbe, Dynamik und den neuen Baumaterialien. Die verschiedenen künstlerischen Disziplinen – allen voran die Schauspielkunst – sollten sich in diesem vom Gesamtkunstwerk oder Ideen des Totalen Theaters inspirierten Modell in kooperativer Einheit auflösen. Gezielt wählte Kiesler den Begriff *Kommune*. Auch wenn er sich dabei explizit gegen politische Konnotationen verwahrte, bezog sich dieses Reizwort der Zeit doch gezielt und unvermeidlich auf genau jenes Modell, dessen Verwirklichung gerade in der Sowjetunion zur staatstragenden Aufgabe erklärt worden war. Provokant wurden Orchester und Theater mit Produktion in Fabriken verglichen und damit die Denkgewohnheiten auf zweierlei Weise erschüttert, indem die Kriterien moderner Industrieproduktion auf die Kunst übertragen und die traditionelle Werthierarchie gegen sachorientierten Kommunismus ausgetauscht wurden.

Trotz seines viel gründlicheren avantgardistischen Theorieansatzes kam Kiesler in der Praxis nur kleinschrittig vorwärts; zunächst vom Bühnen**bild** zum Bühnen**raum**. So war sein nächster Schritt, als weiterer Kompromißversuch, für die deutsche Erstaufführung von Eugene O'Neills Stück KAISER JONES, das Berthold Viertel 1924 im Berliner Lustspieltheater mit seiner eigenen Truppe herausbrachte, den Guckkasten als Raum erfahrbar zu machen. Seine Kernidee bestand in folgendem:

Der Bühnenboden wird gehoben und steigt allmählich zur schrägen Ebene an. Der Szenengrundriß wird jetzt vom Beschauer genau eingesehen. Jede aus zeitlicher Präzision der Bewegung wachsende räumliche Distanzierung kommt zu klarer kubischer Wirkung. Die Seitenab-

---

66 Ausdrücklich wandte er sich auch gegen stilistische Kompromißlösungen: »Aber die Entwicklung der Künste hat das realistische Panorama von der Bühne weggefegt. Und alle neustilistischen panoramatischen Verjüngungsversuche (Kubismus, Konstruktivismus, eklektizistischer Klassizismus) sind aussichtslos. Sie sind nichts weiter als reformierte Bühnenmaskeraden (..).« (»Das Theater der Zeit« IN: ◊90 LESÁK S.42)

*deckungen der Szene schließen sich nach der Tiefe immer mehr zusammen, wodurch das
Spiel in den rückwärtigen Ecken wegfällt. Die Bühnendecke neigt sich leicht im Winkel der
obersten Zuschauergalerie. Die Bühne erweist sich jetzt als ein vierkantiger Trichter, der sich
aus ihrer Tiefe in den Zuschauerraum öffnet. Der Schauspieler wird auf dieser Bühne von
jedem Platze des Theaters ganz gesehen, seine Stimme klingt von allen Stellen der Bühne
gleich laut und akzentuiert. Die große Fläche des Hauptprospekts dominiert nicht mehr als
Hintergrund. Sie ist ein schmaler Streifen geworden, der für ein Bild nicht mehr taugt. Die
Bühne ist leer, sie wirkt als Raum, als Dekoration befriedigt sie nicht. Sie wartet darauf, durch
Spiel verlebendigt zu werden. (68)*

Durch eine sich sukzessiv und pausenlos wandelnde Ausstattung der Fluchtszenen im Ur-
wald vermittelte sich die Atmosphäre der Flucht nicht allein durch den Schauspieler, sondern wurde vom Raum mitvollzogen. Damit stellte Kiesler – interessanterweise unter der
Bezeichnung *Raumbühne* – einen Anspruch an die Bühnentechnik, der offensichtlich nicht
dem tatsächlichen Standard seiner Zeit entsprach – schon gar unter den Bedingungen der
Guckkasten-Bühne[67]. Die unvermeidlich langen Umbaupausen tilgten genau den erwünschten Effekt. Kiesler schrieb das Problem der allzu kurzen Vorbereitungszeit zu und arbeitete
im Anschluß auf dieser Erfahrungsgrundlage das Konzept einer fließenden Raumverwandlung
innerhalb von 45 Minuten aus (Abb. 2), das er dann in seinem Katalog der Internationalen
Ausstellung neuer Theatertechnik (kurz: IAT) in Wien vorstellte. In seinem Begleittext bezog er sich ausdrücklich auf die zu verwendenden Materialien und betonte: »*Keine Malerei.*«
Damit versuchte er, unabhängig vom technischen Problem, erst einmal eine autonome und
konstruierte Spielszenerie. Er wollte die typischen Theatermaterialien »*Weichholz, Sperr-
holz, Samt, Schirting, Tuch, Seide, Gaze. Stoffmaterial gefärbt. Holzmaterial gebeizt*« (69) verwen-

---

67 In dieser Hinsicht scheint der seine Theorie der 20er Jahre zusammenfassende Text »Debacle des Thea-
    ters. Die Gesetze der G.-K.Bühne«, den er im gleichen Jahr veröffentlichte, diesen Versuch, aus einer
    Guckkasten-Bühne eine Raumbühne zu machen, zu kommentieren und auszuwerten: »Der Szenengestalter
    steht vor einer schwierigen Aufgabe, wenn er die Guckkastenbühne für ein zeitgenössisches Spiel einrich-
    ten und nicht die Arbeit eines Posamentiers leisten soll. Die elektro-mechanische Arena mit ihren elektro-
    mechanisierten Spielern steht ihm noch nicht zur Verfügung. Er muß sich mit Übergangstheatern abfinden.
    (..) Unsere Schauspieler meiden die Tiefe der Bühne, sie benützen jede passende und unpassende Gelegen-
    heit, um sich an die Rampe zu flüchten. (..) Die Tiefe der Bühne ist unter solchen Umständen zwecklos,
    unökonomische Raumverschwendung, ein Vakuum, eine Verlegenheit, wirkt als Ausstellungsraum. (..) Weder
    Bühnenbau noch Regie haben ihm [dem Schauspieler] die Möglichkeit geboten, jene elementare schauspie-
    lerische Intensität zu entwickeln, die nicht nur illustrierendes Sprechen und Gestikulieren ist. (..) Die
    Dynamik, die sich solchem Spiel ergäbe, brauchte nur eine rhythmische Überleitung auf die Umgebung des
    Spielers, die räumlichen Begrenzungen des szenischen Grundrisses hätten diese Bewegungen vorzubereiten,
    aufzunehmen, zu kontrastieren, hätten mitzuschwingen wie die Resonanzwände eines Toninstruments. Dann
    erst könnten wir mit der Möglichkeit absoluter Spieleinheit rechnen. Diese Spieleinheit bleibt aber uner-
    reichbar auf der Bildbühne.« (◇68 Katalog der IAT S.45f., 50, 52) So ergibt sich als »Gesetzmäßigkeit der
    G.-K.-Bühne« u.a.: » (..) 2. Es gibt nur ein Raum-Hauptelement der G.-K.-Bühne: Die Bewegung. 3. Das
    plastische Element der G.-K.-Bühne ist nicht die Kulisse, sondern der Mensch. (..) 4. Optisch kann Raum
    nur auf vierfache Art erkannt werden: I. Durch Erfassen des Grundrisses, II. durch Frontwechsel des Gegen-
    standes, III. durch Ablesen des Schlagschattens, IV. durch Bewegung des Objekts.« (ebd. S.57)

den und bekräftigte so seinen Glauben an die Realisierbarkeit dieses Ansatzes, träumte aber letztendlich von »*Licht, das sich mit Glas und Metall verbindet*« (70). Wieder wurde sein – noch beschränkter – Anspruch an Technik und Dynamik nur in der theoretischen Skizze ›erfüllbar‹.

Indem Kiesler dann die Künstlerische Leitung der Internationalen Ausstellung neuer Theatertechnik in Wien übertragen wurde, gestaltete sich 1924 für ihn zum Jahr der intensivsten öffentlichen Vorstellung und Erprobung seiner Ideen. Er nutzte diese Möglichkeiten. Im Katalog der Ausstellung sind nicht weniger als fünf Texte Kieslers zur Beschreibung des *Theaters der Zeit* enthalten. Sie könnten als die verschiedenen Stufen der Annäherung an sein Ideal gelesen werden, die zu einem nicht unerheblichen Teil mittels Kritik und Polemik gegen das übliche Theater erklommen wurden und so zur Hinterfragung der Konventionen aufreizen wollten. »*De la nature morte vivante*« (71) erläuterte seine W.U.R.-Ausstattung, die *Mechanische Raumszenerie* wollte schließlich die Szenographie für KAISER JONES verfeinern. In »*Abrüstung der Kunst*« rief er zu jener handelnden Experimentierfreudigkeit auf, für die ihm die Ausstellung einen Rahmen bot[68] – und das in einer Zeit, die zumeist von reinen Papier-Projekten geprägt war; und auch angesichts des Umstands, daß er zwar Versuche der Umsetzung unternahm, jedoch sein eigentliches Idealprojekt mangels technischer Möglichkeiten unter dem Titel »*Das Railway-Theater*« ohne illustrierenden Entwurf als reine Textgestalt vorstellte. »*Debacle des Theaters*« (72) schließlich war die Zusammenfassung seiner Theorie des Theaterraums – Kritik und Entwurf, Satire und Analyse in einem. Mit seiner abschließenden Auflistung und Diskussion der Gesetzmäßigkeiten der Guckkasten-Bühne, die einerseits versuchte, den Blick der Gewohnheit gegen den einer ›wissenschaftlichen‹ Distanz zu vertauschen, andererseits durch das Ergebnis die Unangemessenheit des Guckkastens für die Bedürfnisse der Gegenwart nachzuweisen, bereitete Kiesler ein Konzept wie das *Railway*-Theater mental vor.

Schon die Bezeichnung *Railway* für sein Idealtheater der 20er Jahre kennzeichnet bildhaft dessen Charakter, denn mit *Railway* spielte Kiesler auf eine damals sehr beliebte und sensationelle technische Spielerei der Jahrmärkte an: die Achterbahn, die in Wien mit dem englischen Begriff für Eisenbahn bezeichnet wurde. Dieses Bild impliziert Mobilität in höchstem Maße und eine Dynamik, die sich auf alle Dimensionen des Raumes erstreckt.

Die Raumbühne des Railwaytheaters, des Theaters der Zeit, schwebt im Raum. Sie benützt den Boden nur mehr als Stütze für ihre offene Konstruktion. Der Zuschauerraum kreist in schleifenförmigen elektromotorischen Bewegungen um den spärischen Bühnenkern. (73)

Das Revolutionäre an diesem Konzept bestand in einer Technik, die nicht nur die Bühne, sondern vor allem den Zuschauerraum in Bewegung versetzen sollte; wie in einer Achterbahn sollte der Zuschauer an sich selbst die theatralische Wirkung des Raums und der Geschwindigkeit der neuen Technik erfahren – im Geiste von Amüsement, Sport, Unterhaltung, denn:

---

68 »Die schöpferische Jugend bleibt in Projekten stecken, befriedigt sich mit Plänen, Mansardenillusionen. Das Publikum will Realitäten.« (KIESLER, Abrüstung IN: ◇68 Katalog der IAT S.5)

Der Sportplatz schafft, was Architektonik und Spiel betrifft, die Impulse für die bauliche Anlage unseres Theaters. (74)

Mit diesem Konzept wollte sich Kiesler deutlich von allem distanzieren, was bisher als Theater bekannt war und so wandte er sich zum wiederholten Male gegen den »*individualistischen Schauspieler*«, gegen die Kulissen-Ausstattung, an deren Stelle er milieuschaffende Filmprojektionen vorschlug, gegen die Abhängigkeit von der Literatur und unterschied peinlich genau zwischen dem Arena-Konzept der Antike, das er als *Zentraltheater* bezeichnete, und seiner Vorstellung von einer Raumbühne, deren Vorbild die wertfreie Räumlichkeit der Kugel war.

Das Theater der Zeit ist ein Theater der Geschwindigkeiten. Deshalb ist seine konstruktive Form und das Spiel der Bewegung polydimensional, das heißt: sphärisch.

Damit war auch Aufgabe und Funktion des Theaters neu definiert. Nicht mehr Stück oder Darstellungskunst, sondern das Erlebnis der Theatermaschine an sich, die die Technik als Sensation erfahrbar werden ließ, war Kern und Ziel von Kieslers Theatervision.

Der Dichter unserer Zeit ist Ingenieur der mit höchster mathematischer Präzision berechneten optophonetischen Spielsymphonie.

Erstmals kam Kiesler dem konventionellen Theater nicht mehr einen einzigen Schritt entgegen. Die Dramen- oder Stückvorlage war durch eine die Sinne reizende Show ersetzt. Aber sein Entwurf blieb Sprache, im Katalog fügte er dem Text keine Skizze bei[69].

Darüberhinaus bot die Ausstellung selbst die Chance, eine weitere Stufe auf dem Weg zu seinem Ideal im Experiment zu erproben. Kiesler baute die erste Raumbühnen-Anlage in den Mozartsaal des Wiener Konzerthauses. Er erreichte damit zwar nicht sein hochgestecktes Ziel eines Railway-Theaters, verwirklichte aber eine weitere machbare Zwischenstufe zwischen ihm und der noch im Guckkasten eingefangenen Ausstattung für KAISER JONES.

Diesmal beschränkte sich Kiesler auf eine unbewegliche Bühnenkonstruktion, die er in einen bestehenden Aufführungsort integrieren mußte (Abb. 3a-c)[70]. Der Konzertsaal bestimmte allerdings weniger das in ihm stattfindende Theater vor als etwa ein Guckkasten-Theater. Kiesler ließ die Parkettreihen entfernen und errichtete an ihrer Stelle seine Konstruktion, so daß die Zuschauer ausschließlich im Rang plaziert waren.

Die Raumbühne war ein denkbar einfacher, zum Teil zinnoberrot bemalter Skellettbau aus Holz- und Eisenelementen, der sich in drei Teile gliederte: in eine vom Parkett ansteigende, spiralförmig gewundene, eine halbe Umdrehung beschreibende Rampe; in einen mittleren Ring, in den die Rampe einmündete; und in eine vom Mittelring abgesetzte, nach oben gehobene runde Plattform. Diese hatte einen Durchmesser von 7 m, verfügte über eine Art Reling und war vom Mittelring und von der Basis nur über zwei schmale Eisenleitern bzw. eine breite

---

69   Barbara LESÁK nimmt an, daß KIESLER seine Idee noch nicht bis zur Darstellbarkeit ausgefeilt hatte, daß aber seine Zeichnung des ›Endless Theatre without stage‹, 1925 veröffentlicht, die nachträgliche Illustration dieser Idee darstellt. (✧90 S.50) Berücksichtigt man dann KIESLERS Aussage, er hätte seit 1916 an dem Konzept gearbeitet, müßte man demnach annehmen, daß er das Projekt hauptsächlich konzeptionell und schriftlich entwickelte und erst um 1924 zeichnerisch fixierte.

70   – für die sein Freund B.F. DOLBIN die offiziellen Konstruktionszeichnungen anfertigte, da KIESLER kein abgeschlossenes Architekturstudium vorweisen konnte.

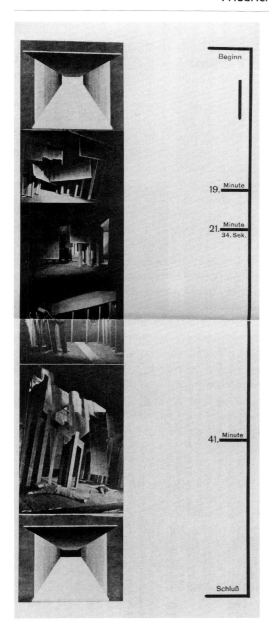

2 Friedrich Kiesler: Verwandlungskonzept für
»Kaiser Jones« von Eugene O`Neill, Berlin
(1924)

3a Friedrich Kiesler: Die Raumbühne auf der IAT
(1924)

3b/c Modellrekonstruktion von zwei Seiten

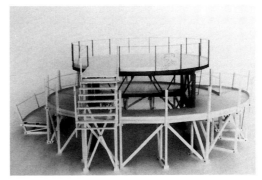

3c

Holztreppe zu erreichen. Im Innern des Raumbühnen-Turms befand sich auf der Mittelachse
ein Aufzugschacht für einen Fahrstuhl, der zum mittleren Ring führte. (75)
Kiesler hatte als Substitut für wirkliche, technisch bewirkte Dynamik in der Spirale die
Gestalt mit der, auch im Stillstand, größten dynamischen und räumlichen Suggestivkraft
gewählt. Diese Raumbühnen-Version unterschied sich von allen bisherigen Arena-Versu-
chen dadurch, daß der bespielbare Raum nicht nur in seiner horizontalen Relation zu den
Zuschauern kalkuliert war, sondern durch die ansteigende Rampenspirale und die weit vom
Boden abgehobene Hauptspielfläche auch die vertikale Dimension erfahrbar werden ließ.
Dies auch dadurch, daß die Zuschauer, auf dem Rang quasi vom Boden abgehoben, die
Konstruktion also aus einer räumlich erhöhten Position wahrnahmen. Damit war allerdings
der Kontrast zwischen Aktion und Rezeptionsort wieder verringert worden. Problema-
tisch war vor allem, daß die der Rampe folgende Bewegung der Darsteller nie vollständig
beobachtet werden konnte, da das die obere Bühnenplattform tragende Mittelgerüst den
Blick immer wieder behinderte. So blieben angesichts der hufeisenförmigen Plazierung des
Publikums die Rampe und der Mittelring als Spielorte ungünstig, abgesehen davon, daß die
Sichtverhältnisse keineswegs Kieslers eigener Forderung: »*Jeder Vorgang auf der Bühne muß*
von allen Plätzen des Zuschauerraumes eindeutig klar übersehen werden können« (76), entsprach. Natürlich kam es nicht allein darauf an, stets die gesamte Konstruktion zu über-
blicken, sondern eine durchdachte und offene Lichttechnik erlaubte eine differenzierte Lichtdramaturgie; es konnte sowohl die gesamte Anlage gleichmäßig ausgeleuchtet als auch Teile
mittels Scheinwerfern herausgehoben, der Blick konzentriert werden. Kiesler hatte einen
Beleuchtungsmast mit beweglichen Armen erdacht, mit dessen Hilfe z.B. Verfolger zur Wirkung kamen. Durch das zwangsläufige Fehlen des Vorhangs mußten Schauplatz- oder auch
Szenenwechsel ohnehin mittels des Lichtes inszeniert werden.

Somit hatte Kiesler die erste Reformbühne der 20er Jahre bis zur prinzipiellen Bespielbar-
keit realisiert[71]; wobei sich allerdings der Eindruck vertiefte, daß die Bühnenkonstruktion
als 1:1-Modell ihrer Ursprungsidee verstanden, nicht aber im Zusammenhang der räumlichen Umgebung des Konzerthaussaales bewertet werden darf; vielmehr verwies ein Schild
mit einem Zitat aus dem *Railway-Theater*-Text an einer Rednertribüne im Saal trotzig darauf,
daß das *Railway-Theater* als das Theater der Zeit und somit als der eigentliche Rahmen
dieser Bühne zu verstehen sei (Abb. 3e) – und deren »*Zuschauer kreist in schleifenförmigen*
elektromotorischen Bewegungen um den sphärischen Bühnenkern«.

Erst 1926, kurz vor seiner endgültigen Übersiedlung in die USA, brachte Kiesler auf der
New Yorker Theaterausstellung eben jenen Entwurf heraus, der unter der Bezeichnung

---

71   Sie diente erfolgreich den zahlreichen, die IAT begleitenden Vorträgen als Rednertribüne, wurde von ver-
     schiedenen modernen Tanztheater-Ensembles genutzt, war Schauplatz der Uraufführung von Paul
     FRISCHAUERS Seelendrama IM DUNKEL, löste dadurch heftige Erörterungen ihrer Tauglichkeit aus, wobei
     dieser wiederholte Kompromißversuch KIESLERS nicht vollends überzeugen konnte, und auch die Proben
     zu Yvan GOLLS deutscher Uraufführung von METHUSALEM (Abb.3d) fanden auf ihr statt, bis diese Pro-
     duktion schließlich an urheberrechtlichen Querelen scheiterte. (Genaueres zur Nutzung der Raum-Bühne
     IN: ✧90 LESÁK S.132ff.)

3d Proben zu »Methusalem« von Yvan Goll auf
    der Raumbühne

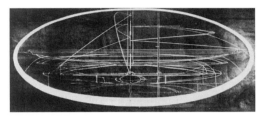

4a Friedrich Kiesler: Universal-Konzept
    (1916–26), Längsschnitt

3e Rednerpult auf der IAT

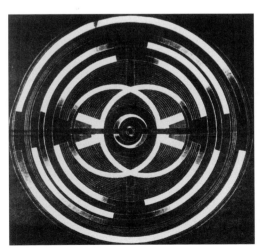

4b Grundriß

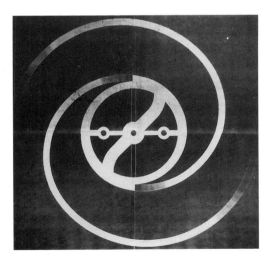

4c Die Bühne

Universal oder *Endless Theatre without Stage* den Ansprüchen seines *Railway-Theater*-Textes zeichnerisch Gestalt gab (Abb. 4a/b). Kiesler betonte, daß dieses Konzept auf jahrelangen Vorüberlegungen zwischen 1916 und 1924 beruhte und bestätigt damit die Annahme einer unbedingten Verwandtschaft zum Railway-Theater. 1930 gab er dessen Aufnahmekapazität für 100.000 Zuschauer an und meinte also wiederum Besuchermengen, die sich in dieser Größenordnung eher am Sportplatz orientieren (77).

> *Die gesamte Struktur ist von einer doppelten Hülle aus Stahl und geschweißtem Glas einge-*
> *faßt. Die Bühne (im Entwurf weiß wiedergegeben) eine endlose Spirale. Die verschiedenen*
> *Ebenen sind durch Fahrstühle und Plattformen miteinander verbunden. Plattformen mit Sitzen,*
> *Bühnen und Fahrstühlen sind freischwebend, übereinander und nebeneinander im Raum auf-*
> *gespannt. Die Struktur ist ein elastisches Bau-System aus Drahtseilen und Plattformen, entwik-*
> *kelt nach dem Vorbild des Brückenbaus. So kann sich das Drama im Raum frei entwickeln und*
> *ausdehnen. (78)*

Wenngleich die Entwurfsskizzen, vermutlich wegen des Versuchs, die Beweglichkeit, Wandelbarkeit, Elastizität der Idee zu veranschaulichen, soweit von den sonst gebräuchlichen Mustern abweichen daß ihre präzise Deutung nicht ganz leicht ist, läßt sich doch unschwer herauslesen, daß das *Universal-Theater* ein gemeinsames Kind der schriftlichen *Railway-Theater*-Skizze und der praktisch erprobten Raumbühne der Wiener Theaterausstellung war: die Zuschauer scheinen mittels eines Drahtseil-Systems durch den Raum zu sausen; so entfaltet sich die Anordnung von Aktions- und Rezeptionsbereich nicht nur auf horizontaler Ebene flexibel, sondern erobert den Raum frei in allen Dimensionen. Der zentrale Bühnenkern der Railway-Bühne wurde nun durch die noch ausladender ausfallende Spirale des Wiener Versuchs ersetzt (Abb. 4c). In diesem Entwurf wurde die Polydimensionalität der Sphäre völlig ausgeschöpft, konventionelle Ausstattungspraktiken hatten nicht die geringste Chance auf sinnvolle Anwendung, auch wenn Kiesler wieder vom *Drama* sprach, wohl aber seine *optophonetische Spielsymphonie* meinte. Die materielle, technische Seite orientierte sich vertrauensvoll und enthusiastisch am Ingenieurbau. Im gleichen Jahr 1926 beeindruckte Kiesler nämlich mit seinem Konzept des *Raumstadtbaus* seine Freunde von De Stijl, indem er die Lösung der Architektur von den Zwängen der Schwerkraft noch weitertrieb als sie und auf stadtplanerische Dimensionen übertrug. Seine Thesen lauteten:

> *Ich fordere den Vitalbau, die Raumstadt, die funktionelle Architektur: den Bau, der der Elastizi-*
> *tät der Lebensfunktion adäquat ist:*
> *1. Umwandlung des sphärischen Raums in Städte.*
> *2. Uns vom Erdboden loslösen, Aufgabe der statischen Achse.*
> *3. Keine Mauern, keine Fundamente.*
> *4. Ein Bausystem von Spannungen (tensien) im freien Raume.*
> *5. Schaffung neuer Lebensmöglichkeiten und durch sie die Bedürfnisse, die die Gesellschaft*
> *umbilden (79)*

– und formulieren genau die selben Prinzipien, die das Universal bestimmten. Eine entsprechende Vision erschien aber auch schon im »Theater der Zeit« als Text:

> *Der Boden verschwindet, denn er ist nur der Abschluß eines Stockwerks. Ich sause schachttief*
> *abwärts. Ein Seilanker reißt micht in die Höhe und setzt mich in einen Fahrkorb, in dem ich*
> *wieder langsam zu Boden schwinge. Unmerklich ist der Raum Wald geworden.*
> *Ich bin das Licht, das sich mit Glas und Metall verbindet. (80)*

Der Zuschauer durchmißt und erfährt also den Raum, die Spielleitung muß das Geschehen für jeden Anlaß frei und anders in ihm plazieren. Die räumliche Anordnung würde so zu einem Teil der Inszenierungsarbeit und des ästhetischen Erlebnisses.

Die Präsenz dieser Vorstellung offenbart sich in allen vorigen, unillustrierten Texten, aus dieser Wurzel speisten sich die anderen Kompromißlösungen, die bestenfalls Aspekte davon im Experiment abtasten wollten. Hält man sich Kieslers Text, »*The Theatre is Dead*«, aus dem gleichen Jahr vor Augen, zeigt sich deutlich, daß er seit 1926 nicht mehr kompromißbereit war:

> *Das Theater ist tot.*
> *Wir arbeiten nicht für neue Dekorationen.*
> *Wir arbeiten nicht für neue Literatur.*
> *Wir arbeiten nicht für neue Beleuchtungseffekte. (..)*
> *Wir arbeiten nicht für die neuen Schauspieler.*
> *Wir arbeiten nicht für die neuen Theater.*
> *Wir arbeiten für Theater, die das Theater überlebt haben. Wir arbeiten für den gesunden Körper einer neuen Gesellschaft, und wir haben Vertrauen in die Stärke neuer Generationen, die sich ihrer Probleme bewußt sind. (81)*

In futuristischer Attitüde hoffte er also nunmehr auf die allgemeine Zeitentwicklung.

Friedrich Kiesler war wahrscheinlich der erste, der mit dem Begriff der *Raumbühne* operierte, zumindest war er der erste der dieser Konzeption zu Aufmerksamkeit und einer greifbaren Gestalt verhalf - spätestens als er die Aufgabe der Künstlerischen Leitung der Internationalen Ausstellung neuer Theatertechnik konsequent dazu ausnutzte, die gängigen Vorstellungen der Bühne aufzuweichen. Verfolgt man seine veröffentlichten Äußerungen zum Theaterbau, könnte der Eindruck entstehen, er hätte erst schrittweise, über die Szenographie zum Theaterbau vorstoßend, ein immer revolutionäreres Konzept von Theater und seinem Aufführungsort ausgebildet. Tatsächlich aber war seine revolutionäre Konzeption sogar älter als seine Tätigkeit für das Theater. Alle Schritte scheinen dem Bemühen zu entspringen, ganz im Sinne seines Aufrufs: »*Genug der Projekte. Wir brauchen Wirklichkeiten*« seine Ansprüche an jeder greifbaren Aufgabe zu wetzen, seine absolute technisch-dynamische Konzeption mit dem Machbaren der Zeit zu verknüpfen. Die Korrumpierung der eigenen, absoluten Idee sollte die gleichzeitige Korrumpierung der todesstarren Konventionen bewirken. Dabei erschöpfte sich seine Auseinandersetzung mit dem Theater nicht in sich selbst. Sie wurzelte tief in seinem Unbehagen über die allgemeine Weigerung, den Charakter, die Möglichkeiten und die Mentalität der eigenen Gegenwart anzuerkennen. So scheint seine Vielseitigkeit gerade in der ephemeren, pluralistischen und umweglos gesellschaftlich wirkenden Theaterkunst das effizienteste Medium gefunden zu haben, dieses reaktionäre Eingefrorensein zu kritisieren und aktiv zu erschüttern. Kiesler erspürte die wahrhaften Themen der Zeit präziser als er selbst verarbeiten konnte.

Zunächst versuchte er, seine Ideen in Europa schrittweise zu etablieren, sie vor allem erst einmal auszuprobieren und durch propagandistisch überaus wirkungsvolle Manifeste und Texte bekannt zu machen. Dann ging er in die USA. Blieb im Europa der 20er Jahre zunächst fast alle kreative und zeitgerechte Energie in der Theorie stecken, erhoffte sich Kiesler wohl in der Neuen Welt bessere Bedingungen für Umsetzungen und eine gegenwärtigere Mentalität. Seine anhaltende Beschäftigung mit dem Problem des Aufführungsortes erhielt dort eine andere, eine ›amerikanische‹ Färbung und sein technisch-dynamischer Raum-Begriff mündete in seinen Architektur-Begriff der organischen Endlosigkeit. Das Problem Raumbühne wird hingegen erst im Deutschland der 50er Jahre eine eigentümliche Diskussionsfreudigkeit anregen.

Der italienische Futurismus: Theater in Thermen und Eiern

Im Grunde finden wir im Futurismus die Mutter der Avantgardebewegungen der 20er Jahre oder zumindest ihren konsequentesten Vorreiter. Er wurde von italienischen Künstlern hervorgebracht, die ihre ersten Anregungen in Paris erhielten, seine Lebensdauer bezeugt seine Flexibilität und Vitalität: von 1909 bis in die 40er Jahre hinein gab es eine futuristische Bewegung oder zumindest futuristische Tendenzen in Italien. Während all der Zeit war Filippo Tommaso Marinetti eine, wenn nicht **die** zentrale Figur einer Geisteshaltung, die in wandelnder Besetzung Künstler aller Disziplinen anzog. Dabei ging es keineswegs nur um künstlerische Ansätze und Experimente, der Futurismus erstrebte einen konsequenten Mentalitätswandel in der Gesellschaft, ein anderes Verständnis dessen, was eine der Moderne angemessene Gestaltung des Lebens und der Umwelt sei. Das finale Thema war nichts Geringeres als die *Neukonstruktion des Universums* und in diesem Sinne begann die Diskussion mit der Hinterfragung und Neudefinition sowohl der Einzelkünste als auch ihrer komplexen Kooperation. Dies bestimmte vor allem die erste Phase des Futurismus, die bis zum Ende des Ersten Weltkriegs währte, während der sogenannte *Zweite Futurismus* im Verlauf der 20er Jahre in erster Linie einen Dialog mit den inzwischen überall erwachten Avantgarden und auch politischen Erneuerungsbestrebungen auslebte. Die Erfahrung des von vielen von ihnen idealisierten Krieges und seiner Auswirkungen ließ sie einen noch engeren Zusammenhang ihrer Kunst mit dem Leben und auch dessen politischer Alltäglichkeit anstreben, so daß schließlich die futuristische Ideologie und vor allem die Bemühungen Marinettis in der faschistischen ›Neukonstruktion‹ Italiens durch Mussolini ihre Erfüllung fanden.

Den Anfang der Bewegung prägte das seismographische Gespür einiger Künstler der verschiedenen Disziplinen für die immer mehr lebensbestimmend wirkenden, aber in Alltag und traditioneller Kunst weitgehend vermiedenen Erscheinungen, die vom technischen Standard der Zeit ausgelöst waren. Mit der betonten Euphorie der Ingenieure erklärten sie die Dynamik, wie sie durch die Maschine ermöglicht wurde, zum traditionsersetzenden Movens von Gegenwart und Zukunft. Und indem sie die neuentdeckte vierte Dimension provokant zur Geschwindigkeit und Plötzlichkeit potenzierten, sie zum Ideal von Kunst und Alltag hochstilisierten, erhält ihr Ansatz im Rückblick einen frappierend visionären Charakter. Sie rückten präzise jene Kategorie in den Mittelpunkt ihrer Arbeit, die der tatsächlich alles wandelnde Faktor ist, und wurden kraft ungeteilter Bejahung dessen zur Vorhut der Avantgarde, zur Avantgarde der Avantgarden.

Diese Zeitqualität des Dynamischen, verstanden als das Kraftgeladene, Aktive, Plötzliche, Energetische, sich ständig Erneuernde, bestimmte den Kanon ihrer Themen, Ziele und Vorlieben. Die Umgangsform, die ihnen zur Bewältigung da angemessen schien, könnte man als Sensualismus bezeichnen und bestand im Verzicht auf die logischen Beherrschungsmuster der Tradition, in der Fähigkeit, die Dinge wertfrei als autonome Erscheinungen wahrzunehmen und somit völlig kreativ, originell, genialisch mit ihnen zu verfahren. Aus diesem Thema und solcher Methode folgten unzählige Experimente innerhalb der Künste, im Rahmen ihres Dialogs untereinander und in der Konfrontation mit der Öffentlichkeit. Sie operierten mit der Geschwindigkeit, der Bewegung als neuem Schönheitsmaßstab, mit wandelbaren, immateriellen Sinnesreizen wie Gerüchen, Licht, Farbe, Atmosphäre, der Simultaneität von Erscheinungen, die dann grenzauflösend, synthetisch, in gegenseitiger Durchdringung verarbeitet wurden; sie elaborierten neue technische Medien wie die Fotographie, die im *Fotodynamismus* zur Akkumulation einer Reihe sukzessiver Augenblicke erweitert wurde, und dem Film, der als völlig autonomes Medium zum Instrument der Neukonstruktion des Universums werden sollte (82); sie begeisterten sich für Maschinen, besonders die, die Geschwindigkeit erzeugen, und für den Verkehr, die Mobilität; sie verherrlichten die Großstadt als Synonym all ihrer Ideale. Am Ende war mit diesen künstlerischen Experimenten und Äußerungen intendiert, Denken und Verhalten auf die Gegenwart und ihre Anforderungen einzustimmen und somit für die Zukunft zu öffnen. Die Wirkung eines hedonistischen Quietismus in Italien auf das Auftreten der Futuristen ist nicht zu unterschätzen, denn der aufrüttelnde und provozierende Ton, die propagandistischen Mittel und die Lautstärke ihres Auftretens wurden dadurch angestachelt. Wie ernst sie, bei aller Komik ihres Tons, all das nahmen, mag ihre Verherrlichung der aggressiven Energie und wandelnden Kraft des Krieges beweisen, die nicht nur Behauptung blieb, sondern sich in ihrer aktiven Teilnahme und im Fronttod Umberto Boccionis und Antonio Sant' Elias zum euphorischen Selbstopfer steigerte.

Der *Zweite Futurismus* offenbarte dann eine der die Bewegung immer wieder aufladenden Spannungen – jene zwischen einer allgemeinen, europäischen Relevanz ihrer Ansätze, die dann auch in einen universalen Reformanspruch mündete, und der national orientierten Stoßrichtung auf ein faschistisches Italien hin, das sich nach dem reaktionär-konservativen Hedonismus nun durch eine Mischung aus zukunftsfixierter tabula-rasa-Erneuerung und imperialem Vergangenheitskult zu legitimieren trachtete.

Die Futuristen waren die erste vorwiegend künstlerische Bewegung, die sich von Anfang an auch systematisch der neuen Möglichkeiten des anbrechenden Informationszeitalters bediente: Sie teilten ihre Auffassungen nicht erläuternd in Aufsätzen und buchgebundenen Schriften mit, sie warfen während aufsehenerregender Spektakel und an ungewöhnlichen Orten mit Flugblättern um sich, sie bestückten mit Aufrufen und Manifesten Zeitschriften aller Art oder gründeten ihre eigenen Organe. Neben der künstlerischen Umsetzung ihrer Überzeugungen leisteten sie in bisher nicht gekanntem Umfang Öffentlichkeitsarbeit: ihre ›Theorie‹ und ihre inhaltliche Entwicklung ist in einer Vielzahl von Manifesten festgehalten. Daneben konfrontierten sie das Publikum, ihre Umwelt überhaupt, freiwillig oder unfreiwillig, während Aktionen und Soiréen mit ihrem Denken und ihrer Erscheinung. Immer laut, provozierend, destruktiv, angriffslustig. So haftet dem Charakter ihrer Äußerungen eine unverhohlene Nähe zum theatralischen Auftritt an (Abb. 1), dabei eine Qualität des Theaters ausbauend, die heute wahrscheinlich vom Fernsehen bedient würde und auf dem Sektor der Kunst sich inzwischen in Aktionsformen wie Performances, vor allem aber Fluxus und Happenings manifestiert hat[72]. Aber neben dieser eher prophetischen Nutzung des Öffentlichkeits- und Skandalpotenzials des Theaterauftritts war das Theater, und bald darauf auch der Film, für die Futuristen die ideale synthetische Kunstform, in der sowohl die Idee der Grenzauflösung, der Durchdringung (der Disziplinen in diesem Falle) als auch die Neukonstruktion des Universums zu erproben war. Der Einfluß der futuristischen Kriterien führte schließlich auch zur Schaffung einer autonomen Filmkunst, die sich nicht als Epigone des Theaters gebärdete (83). Ihr Theater war ein zuhöchst lebendiges, also eines, das aktuell, improvisiert, intuitiv im spontanen Dialog mit dem Publikum erstehen und auf wertfreier Offenheit aufbauen sollte. In seiner Offenheit lebte es von unerschöpflicher Kreativität und der freien Kombinierbarkeit, Durchdringung, Synthese seiner autonomen Mittel. Sein Vorbild war die Mentalität des urbanen Lebens. Für das Theater schrieben sie sogenannte *Sintesi*, die die Sprache des Sinns entkleideten oder in Laute zerlegten, oder solche, deren Handlung völlig grotesk, alogisch und sinnverweigernd waren und sich allen konventionellen Strukturen der Dramatik widersetzten. Oder Luigi Russolo ersetzte Musik durch gezielt komponierten ›Lärm‹, wofür er auch die entsprechenden Instrumente baute.. Man bediente sich der Überraschung als Ausfluß unkanalisierter Kreativität und unterhaltsamer Komik. Der alogische Charakter, die Vorliebe für Groteskes, aus simultaner Konfrontation des Unvergleichbaren entstehenden Unsinn, für Aberwitz, die Verhunzung traditioneller Formen.. dienten vor allem dazu, Raum für ein neues Bewußtsein zu schaffen und Versuche des Publikums, die Rezeption über die Logik zu kontrollieren, um die wahrnehmungsschulenden Absichten zu umschiffen oder die aktive Erfahrung zu vermeiden, von vornherein zu torpedieren. In seinem Manifest »*Das Variété*« (1913) nahm Marinetti dieses als Sinnbild dafür, daß das futuristische Theater die Würde des Verstandes und des Verstehens negiert und jede theatrale Tradition, die darauf aufbaut, durch Schülerstreiche lächerlich macht, und auch im Manifest »*Das futuristische, synthetische Theater*« (1915) wurde betont, daß das futuristische Theater größten Wert auf die aktive Teilnahme des Publikums legt, zunächst noch als unfreiwillig Erleidende, schließlich als freiwillige Spektakelteilnehmer, und jederzeit bereit sei, respektlos die Rampe zu überspringen.

Ihre konstruktiven Ansätze bestanden in der Schaffung eines vom Darsteller unabhängigen Theaters der Gegenstände, der Formen, der physikalischen und chemischen Erscheinungen, der Maschinen als Sinnbild für Präzision und Schnelligkeit – und nicht zuletzt in der Revolutionierung der Szenographie, indem die Errungenschaften der bildkünstlerischen Bemühungen auf dem Theater zum Leben erweckt wurden. Denn das Streben nach dem dynamischen Ausdruck von Energie sprengte zwangsläufig die Fläche des Tafelbildes und fand auf der Bühne den ihr angemessenen Ort zwischen leblosem Abbild und urbanem Leben.

---

72 »Mit dem Futurismus hingegen wird die Kunst zu einer Kunstaktion, d.h. zu einem Willen, Optimismus, Angriff, Besitz, Durchdringung, Freude, rohe Wirklichkeit in der Kunst (..) geometrischer Glanz der Kräfte, Vorwärtsprojektion. Folglich wird die Kunst Gegenwart«, formulierten Giacomo BALLA und Fortunato DEPERO 1915 in »Die futuristische Neukonstruktion des Universums« und schlossen so ephemere (theatralische) Dinge wie »Feuerwerk – Wasser – Feuer – Rauch« in den Kanon ihrer Materialien ein. (IN: ✧87 Katalog »Wir setzen den Betrachter (..)« o.S.)

Das Beispiel Theater demonstriert deutlich die Notwendigkeit, zwei einander bedingende Züge des italienischen Futurismus zu separieren: den aufweichenden, zerstörerischen und den schaffenden, neugestaltenden Zug. Ihr radikaler Antikonservatismus, ihr provozierendes Auftreten, ihr teilweise widersinniges Argumentieren dienten lediglich dazu, den Boden für ihr zentrales Anliegen zu bereiten, das die Anerkenntnis und den kreativen Gebrauch der Mittel der Gegenwart, also der technischen Möglichkeiten und das aus dem Umgang mit ihnen resultierende Empfinden für Dynamik, Simultaneität sowie der Freude an den Möglichkeiten der Zukunft meinte. Da sie sich angesichts ihres universellen Anspruchs an allen denkbaren Themen versuchten, kann man nur mit Hilfe dieser Unterscheidung die verwirrende Komplexität ihrer Aktivitäten entwirren. Auseinandergehalten werden müssen entsprechend auch die Äußerungen in den Manifesten und die künstlerischen Ausdrucksformen, denn die Beseitigung der Konventionen schuf Raum für neue Formen, die allerdings nicht wieder in Konventionalität erstarren sollten, sondern offen und wandelbar bleiben. Das Theater besetzte nun beide Nischen; es war einerseits Instrument der zersetzenden Provokation, andererseits Ziel einer angemessenen Formsuche und sogar ein Modell des universellen Rahmens.

Was einen futuristischen Theaterbau anbelangt, mag es erstaunen, daß sich trotz des erheblichen Interesses an architektonischen Problemen die Originalität in Bezug auf den Aufführungsort lange in der Mißachtung fixierter Rampen erschöpfte. Aber es ist einleuchtend, daß man es nützlich fand, die kritisierte Form aufscheinen zu lassen, um sie in der Konfrontation mit den Kriterien und Produkten der neuen Kunst- und Gestaltungsmittel zu desavouieren, daß man das Publikum zu konfrontieren wünschte und somit die schroffe Gegenüberstellung der Zweiraum-Anordnung als Front im Kampf gegen das Alte und Statische instrumentalisierte. Das bedeutete für das Theater, daß die neuen Themen, Inhalte und Erschei-nungen bis zu einem gewissen Grad mühelos in den alten Gehäusen dargeboten werden konnten. Diese architektonische Anspruchslosigkeit erklärt sich zudem aus dem italienischen Theatersystem, das auf der zeitbegrenzt zusammengestellten, wandernden Truppe fußt. Auch das von Rodolfo de Angelis seit 1921 mit einem futuristischen *Sintesi*-Programm durch Italien reisende *Theater der Überraschung* verstand sich nicht als festes Ensemble an einem festen Ort und mußte sich ergo mit den an den Gastspielorten vorhandenen Häusern arrangieren. Dieser Umstand wurde zunächst nicht hinterfragt, ging es doch um die Reformierung des Denkens, nicht des Theaters, und so erreichte man die Menschen wenigstens landesweit. In diesem Sinne war das Theater kein eigener Problemgegenstand der futuristischen Philosophie, sondern ein Kampfinstrumentarium, eine geistige Waffe. In der vertrauten Schachtel lauerte der futuristische Jack in the box, immer bereit, die Grenze zwischen Kunst und Leben zu überspringen.

Aber auch von einer anderen Seite ist dieses Phänomen zu betrachten: Mit Dynamik als zentraler inhaltlicher und ästhetischer Kategorie diskutierten die futuristischen Künstler zwar automatisch auch Raumgestaltung jeglicher Art, in der sich ihre bewegte neue Welt abspielen könnte, taten sich Maler und Bildhauer als progressive Szenographen hervor, ihr Einfluß auf die zeitgleiche Architektur Italiens blieb allerdings sehr schwach. So mag es nicht verwundern, daß sich futuristische Künstler erst ziemlich spät zur architektonischen Hülle ihrer Spektakel äußerten.

Marinetti widmete erst sein letztes Theatermanifest und seinen letzten größeren Beitrag zum Futurismus vor seinem Tod 1944 der räumlichen Unterbringung seiner in all den Jahren zuvor proklamierten Theaterästhetik. Im *Totaltheater*-Manifest von 1933 beschrieb er ausführlich das Haus und was sich in ihm abspielen sollte (84).

Es besteht die Notwendigkeit, den Zuschauer kühn aus seiner gehorsamen und unterwürfigen Unbeweglichkeit zu befreien und ihn in Bewegung zu versetzen. Seit 23 Jahren fechten wir für das Recht der Simultaneität in der Theater-Kunst, was das Konzept einer Einzelbühne verdammt und behauptet, daß jede Episode im Leben auf eine unbegrenzte Zahl gleichzeitiger Episoden von entweder widerstreitender oder begünstigender Natur bezogen ist, die dazu dienen, sie mit Bedeutung und Dramatik anzureichern. Wir schlagen vor, die Zuschauer um mehrere runde Bühnen kreisen zu lassen, auf denen mehrere verschiedene Aktionen sich gleichzeitig innerhalb eines weiten Spektrums der Intensität entfalten. Dies wird durch eine bekräftigende Organisation von Cinematographie, Radiophonie, Telefon, elektrischem Licht, Neonlicht, Luftmalerei, Luftdichtung, Taktilismus, Humor und Gerüchen gesteigert. (85)

Er dachte dabei also natürlich an ein Theater der totalen und simultanen Sinnesreize aller Art, das er sich in einem gerundeten Kuppelraum von 200 m Durchmesser vorstellte, dessen Hauptbühne in einem Abstand von 5 m parallel zur Wand, 2 m hoch und 10 m breit verlaufen und so das Publikum als geschlossener Ring von allen Seiten umfangen sollte. Dementsprechend stellte sich Marinetti vor, daß die Foyers im Untergeschoß jederzeit – also auch während der Darbietung – über Fahrstühle zu erreichen seien. Unterhalb und entlang der Hauptbühne ist ein Wassergraben, der »*See oder Fluß, Wasserfälle, Sturzflüge, Bootsrennen, Selbstmorde, Effekte des Unterwasserlebens, vervielfachte Reflektionen*« (86) verkörpern und ermöglichen könnte. Und innerhalb der Ringbühne sollten sich noch 11 weitere runde Bühnen befinden, auf denen sich all die Aktionen simultan abspielen, und die unterirdisch miteinander verbunden sind. Das Publikum sitzt auf zirkulierenden Drehsesseln, die sich mit unterschiedlicher Geschwindigkeit im Raum fortbewegen und zusätzlich mit Telefonen versehen sind, so daß die Zuschauer auch untereinander »*wie verstreute Militärtruppen*« kommunizieren könnten, wenn sie nicht gerade an den theatralen Aktionen teilnehmen, sich im Foyer aufhalten oder gar auf dem Wassergraben fahren. Außerdem befinden sich an diesen Sesseln Apparaturen, die Gefühls- und Geruchseindrücke übermitteln. Die Gerüche werden gezielt ausgewählt, ausgestreut und ebenso präzise wieder abgesogen. Im Zentrum der Kuppel ist ein Gerät für Projektionen aller Art aufgehängt, so daß ihre gesamte Innenfläche unter Projektion gesetzt werden kann.

Damit hatte Marinetti schließlich all die baulichen Notwendigkeiten und Extravaganzen benannt und organisiert, die sich aus seinem Totaltheater, aus dem Bombardement mit alltäglichen Sinneseindrücken in unalltäglicher Kombination und Dichte, aus einer Mischung aus Kunstäußerungen und Teilnahme von Laien ergaben. Dieses futuristische Idealtheater mit den Ausmaßen eines Massenveranstaltungsortes blieb allerdings eine rein verbale Skizze.

Es sei denn, man möchte eine Verbindung zu Enrico Prampolinis Architekturskizzen sehen, die kurze Zeit vor dem Manifest entstanden. Prampolini war eine zentrale Gestalt des *Zweiten Futurismus*, eines futuristischen Theaters jenseits reiner Selbstdarstellung und die treibende Kraft der futuristischen Revolutionierung der Bühnenausstattung. Bekannt wurde er durch seine Szenographie-Experimente, die ihn auch in andere europäische Länder führten. Prampolini baute mit seiner Betonung des Aufführungsraumes als zentralem theatralen Ausdrucksmittel auf jener futuristischen Theateraktivität auf, die die Auseinandersetzung mit den Möglichkeiten der Malerei angesichts einer technizistischen und verwissenschaftlichten Allgemeinentwicklung in den beweglich-plastischen Rahmen des Theaters trieb. Beseelt von einem tiefen Glauben an das Neue und einer daraus abgeleiteten Zukunftseuphorie, ignorierte er das Theater als historisch gewachsene Kunstform, berief sich gerade noch auf die Überwindungsversuche des humanen Maßstabs etwa bei Craig und Tairow, um letztlich auf seine menschenleere Maschinenbühnen-Vision hinzuarbeiten. 1913, bald nach Aufnahme seines Malereistudiums, den römischen Futuristen beigetreten, umriß er mit seinem Text »*Die Chromophonie – Die Farbe der Töne*« sein Interesse an der Verknüpfung der neueren naturwissenschaftlichen Erkenntnisse mit Selbstverständnis und Aufgaben der Malerei; die Übertragung der feinstofflichen Perspektiven, etwa einer Atomphysik oder der Relativitätstheorie, bewies für ihn die Relevanz von Abstraktion und der atmosphärischen Kraft der Farbnuancierung als angemessenem Kanon der Mittel. 1915 skizzierte er im Manifest »*Futuristische Bühnenbildnerei*« grob seinen Ansatz für das Theater: Auf dem Begriffsinstrumentarium der Futuristen fußend, lehnte er mit der typischen Angriffslust die Konventionen des überkommenen Theaters, vor allem des zweidimensionalen, statischen Bühn**bildes** ab und wollte dessen Kriterien der Naturillusion und der Konzentration auf das menschliche Spiel ersetzt wissen durch die bekannten Ideen von Dynamik, Licht, Farbe, nicht verstanden als Mittel gemalter Flächen, sondern als autonome Ausdruckskraft, und technischer Sensationen. Seine eigentliche Zielrichtung und Argumentation formulierte er aber erst 1924 mit dem Text »*Die futuristische Bühnenatmosphäre*«. Hier konkretisierte er seine Vorstellungen einer sukzessiven Entwicklung des konventionellen, im Guckkasten gefangenen Bühnenbildes (die er als *Bühnensynthese* bezeichnete) über die *Bühnenplastik* (womit die Ausstattung und damit Verräumlichung der Bühne durch eine abstrakte Architektur mit eigener Realität gemeint war) hin zur *Bühnendynamik*, die schließlich die vierte Dimension in räumlicher Bewegung veranschaulicht. Filigran unterschied er die Kategorien *Fläche – Volumen – Raum* und definierte Raum nur in Verbindung mit der Bewegung als solchen. Das Ziel dieser Schöpfung bestand in der Schulung und Öffnung der sinnlichen Wahrnehmungsfähigkeit der Zuschauer für die Phänomene ihrer realen, nunmehr von völlig neuen Erfahrungen geprägten urbanen Umwelt und schließlich in der Erweckung eines Denkens und Weltverständnisses, das den Ereignissen der Maschinenwelt und dem wissenschaftlichen Denken gemäß sei – Theater als *Arena für die geistige Gymnastik.* Insofern wies das Theater Prampolinis über sich hinaus, wollte es ausstrahlen, war es weltanschaulich, wenn nicht sogar im weitesten Sinne religiös, zumindest metaphysisch motiviert. Dieser Eindruck drängt sich auf, wenn Prampolini bei seinem Versuch, das kaum faßbare, nahezu Immaterielle der neuen Themen – Licht, Energie, Atmosphäre, Zeit – mit Hilfe der Bühne sichtbar werden zu lassen, vom Theater als »*Ort der Enthüllung des tragischen, dramatischen und komischen Mysteriums, jenseits der menschlichen Vorstellungswelt*«, vom Theater als »*Tempel der geistigen Abstraktion*« sprach, den Raum

als »*metaphysischen Nimbus der Umwelt*« definierte und seinen Text mit den Worten ab-
schloß:

> *Jede **Aufführung** ist ein **mechanischer Ritus** der ewigen Transzendenz der Materie; sie ist
> eine magische Offenbarung eines spirituellen und wissenschaftlichen Geheimnisses. [**Das
> Theater ist:**] eine panoramaartige Aktionssynthese, die als mystischer Ritus des
> spirituellen Dynamismus verstanden wird, und ein Zentrum spiritueller Abstrak-
> tion für die Zukunftsreligion.* (87)

Indem Prampolini das Theater zum Kultort eines Bewußtseins machte, das jenseits menschlicher Wahrnehmungsfähigkeiten liegt, wurde der Mensch auf dem Theater automatisch
überflüssig und blieb nur noch als Betrachter relevant. Ersetzt wurde seine Bühnenpräsenz
durch Prampolinis Schauspieler-Raum:

> *Die Umwelt ist die geistige Projektion der menschlichen Handlungen.*
> *Wer kann also den Inhalt der dramatischen Handlung besser hervorheben und aufzeigen als
> der Raum, der in der szenischen Umwelt den Rhythmus bestimmmt?* (88)

Und natürlich konnte der für ganz andere Zwecke eingerichtete Guckkasten diesem Be-
gehren kaum genügen.

> *Wir haben der traditionellen Guckkastenbühne die **polydimensionale futuristische Raum-
> bühne** gegenübergestellt. Die Guckkastenbühne und die Dramatik des zeitgenössischen Theaters
> entsprechen nicht mehr den technischen und ästhetischen Forderungen der neuen theatra-
> lischen Sensibilität.* (89)

Die Vision des Aufführungsraums, die Prampolini dem entgegensetzte, beschreibt unver-
kennbar eine arena-artige Anordnung mit einer zentralen Bühnenerhebung, Trägerin der
»*polydimensionalen Konstruktion des Bühnenraumes*«:

> *Das Theater zeichnet sich in seiner Architektur ab im Zentrum eines Tales von spiralförmigen
> Flächen (Terrassen). Auf diesem **dynamischen Hügel** erhebt sich kühn die **polydimensio-
> nale Konstruktion des Bühnenraums**, Irradiationszentrum der futuristischen Bühnen-
> atmosphäre. (90)*

Mit diesen Texten beschrieb Prampolini, wie gesagt, seine Vision des Idealen; seine Praxis
entfaltete sich oft auf der Stufe der *Bühnenplastik* vor allem brach er alle Konventionen,
indem er den Schauspieler vollkommen durch technische Effekte ersetzte. Oft weitete er,
in Ermangelung anderer Bühnenformen, einfach die malerischen Möglichkeiten im Bühnenkasten aus, wenngleich er sich immer wieder um Fortschritte auf dem Weg zu seiner *Bühnendynamik* bemühte. Neben einer Ausstattung aus fluoreszierenden abstrakten Formen für
ein Marionettenspiel etwa oder der Schaffung eines Teatro del colore (zusammen mit Achille
Ricciardi), Versuchen mit farbigen Nebeln, Lichtprojektionen und Welten aus abstrakten
Volumen stellte sein *Magnetisches Theater* (Abb. 2) einen Höhepunkt dar[73].

---

73   Dessen Modell zeigte er 1924/25 auf der Ausstellung für angewandte Kunst in Paris. Diese elektrisch
     betriebene Maschinerie aus sich ständig bewegenden, plastischen Leuchtelementen, Lautsprechern, Projek-
     tionsbildschirmen.. ist wohl als jenes »Zentrum des theatralischen Raumes« gedacht, das er zeitgleich in
     der »Futuristischen Bühnenatmosphäre« beschrieb. Auf dem Theater wurde es nie realisiert.

1   Karikatur einer futuristischen Soirée

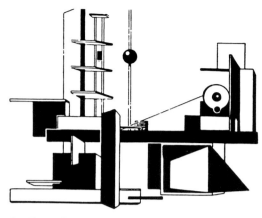

2   Enrico Prampolini: Magnetisches Theater
    (1924/25)

3   Enrico Prampolini: Entwurf für ein Theater
    (1930), Fassade

4a Enrico Prampolini: Entwurf für ein Ei-Theater
    (1940/41), Außenansicht

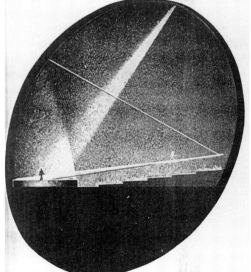
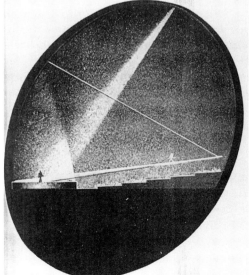

5   Die Thermen des Septimius Severus auf dem
    historischen Palatin

4b Längsschnittartiger Einblick in das Ei-Theater

Währenddessen schienen, wie im Text von 1924 angedeutet, auch Überlegungen zu einem adäquaten Theatergebäude herangereift zu sein, für die in der ›normalen‹ Situation des italienischen Theaters kaum auf Realisierung gehofft werden konnte. Aber Prampolini versuchte, die Möglichkeiten zu nutzen, die ihm die Weltausstellungen eröffneten – und elaborierte eine frappierende Gestalt für sein Theater: Aus dem Jahr 1930 existiert eine wahrscheinlich für die Weltausstellung in Chikago 1933 entworfene, perspektivische, symmetrische Zeichnung, die einen freistehenden Bau zeigt, dessen Zentrum eine Kugel ist (Abb. 3) und darin Marinettis Ringbühnen- und Kuppelraum-Konzept verwandt. Die Kugel, deren Innenvolumen mit dem Aufführungsraum identisch ist, ragt aus einem flachen Baukomplex hervor, dessen gerillte Front die Horizontale sehr betont und damit eine intensive Spannung zwischen der dadurch erzeugten Bodenständigkeit der Vorbauten und dem Eindruck der Schwerelosigkeit herstellt, der der Kugel aufgrund ihres minimalen Kontaktes mit der Erdoberfläche anhaftet. Diese verstärkt ein vertikaler, plastischer, dienstbündelartiger Schmuck im zentralen Spalt, der Blick und Zugang zur Kugel freigibt. So machte Prampolini die Verschiedenheit der Aufgabenbereiche deutlich: die erdenschweren Verkehrs- und Arbeitsräume hier, der abgehobene, auf ›Höheres‹ verweisende Aufführungsraum dort. Das Theater als eine in sich gerundete Welt, *Organismus für die spirituelle Erziehung der Gemeinschaft* oder als das neuerschaffene Universum selbst.

1940/41 führte er die Idee für die Weltausstellung weiter, die für 1942 in Rom geplant war, um im Zweiten Weltkrieg unterzugehen, und schuf schließlich einen höchst eigenwilligen Entwurf: das Ei-Theater. Aus der Kugel wurde das Ei, aus der stereometrischen die organische Form, mehr Urbild des Werdens als des Seins.

Eine seiner Skizzen (Abb. 4a) vermittelt den Eindruck eines umweltlosen Ei-Körpers, der die Erde kaum berührt, mehr schwebt als von ihr getragen wird. Der Baukörper ist leicht geneigt und sitzt auf einem durch perspektivische Linien strukturierten und rhythmisierten Platz auf. Selbst der Anbau, der den Eingangsbereich enthält, liegt im Profil als flach konkaver Bogen da, der die Erde scheinbar nur peripher berührt. In der Kompromißlosigkeit der Form und der Leere des Umfeldes hat dieses ›Theater‹ alle Bezüge zu Architektur, alle Reminiszenzen an von Menschenhand Errichtetes abgestreift; es **ist** einfach, scheint in der dynamisierten Form und Stellung kreatives Potenzial auszubrüten und wurde von Prampolini durch die Leere ringsum, die Überdimensionierung dieser bekannten Gestalt oder auch das Fehlen eines gebauten Umfeldes fast metaphysisch inszeniert; in jedem Fall berührt die monolithische und organische Urform des Eis irrationale Bereiche und Erwartungen.

Das Innere (Abb. 4b) erinnert an die Beschreibung des idealen Aufführungsortes von 1924: In der Ideenskizze finden sich die amphitheatralen Sitzterrassen und die Bühnenerhebung wieder, zwar nicht in der *Talsohle*, sondern zur einen Raumbegrenzung hin verschoben, ergänzt durch Rampen, die von der Bühne aus frei in den Raum hineinragen. Wichtig schien es Prampolini gewesen zu sein, auf die elementare Funktion des Lichtes für diesen Aufführungsort hinzuweisen: Die gesamte Innenhaut scheint mit Lichtquellen bestückbar zu sein. Prampolini brach allerdings die Konsequenz und Bedingungslosigkeit seiner Ei-Form auf, indem er die sich anbietende Mulde am tiefsten Punkt nicht für eine Bühne nutzte und die Sitzreihen, sie konzentrisch umkreisend, an die Innenhaut schmiegte, sondern das Grundniveau um ein Drittel der Gesamthöhe anhob, so daß nun der ebene Boden die Ei-Form rücksichtslos durchschneidet und für das Raumempfinden zu einer Kuppel reduziert. Es bleibt reine Spekulation, ob im unteren Drittel womöglich Verkehrsräume situiert werden sollten. Während das Äußere dem Anspruch des Überraschenden, Metaphysischen und, durch die strebende Schräglage und das Oval, Dynamischen entspricht, zieht sich die Innenstruktur auf die denkbar neutralste Anordnung, das Amphitheater, zurück und überläßt alles weitere der jeweiligen Aufführung; die Technik war bei Prampolini Gegenstand und Aussage des kreativen Akts, nicht dessen Instrument. Aber für Innen wie Außen werden Urmuster der Gestaltung herangezogen. Bei der Kühnheit dieses Ansatzes wäre durchaus spannend gewesen, zu sehen, wieviel Tribut einer Realisierung hätte gezollt werden müssen.

＊・＊・＊

Ganz aus tatsächlich vorhandenem, ja historisch römischem Material ließ Anton Giulio Bragaglia hingegen sein Teatro Sperimentale degli Indipendenti realisieren. Bragaglia, Sohn des Direktors einer italienischen Filmgesellschaft, war wahrscheinlich die vielseitigste Persönlichkeit der italienischen Avantgarde, unabhängig vom Futurismus wirkend, dem er während des Krieges kurzzeitig mit seinen Experimenten für einen »Fotodynamismus« angehörte, und ansonsten ebenso nahestand wie allen anderen europäischen Neuerungsideen. Natürlich teilte er einige Schwerpunkte der Futuristen durch sein Interesse an der künstlerischen Bewältigung der Bewegung, die sich in seinen Versuchen, Bewegung und Zeitlichkeit über das Medium der Fotographie oder des Films vermittelbar zu machen, genauso wie in seiner Auffassung der Theaterkunst äußerte. Auch sein synthetisches Kunstverständnis, seine Vorliebe für alles Neuartige, für hemmungslose Kreativität und überraschende Effekte lassen auf eine teilweise gleichartige Mentalität schließen, wenngleich Bragaglia in vielerlei Hinsicht seinen eigenen Weg einschlug: Neben der Klarheit seines geistigen Ansatzes war er doch in erster Linie Praktiker und, insofern er für alles offen war, Organisator. Seine synthetischen Interessen waren kein verbaler Anspruch, sondern er lebte sie in seiner an Gesamtkunstwerk-Ideen orientierten, als Totaltheater intendierten Theaterarbeit aus, die das Theater nicht benutzte, sondern als autonome Kunstform respektierte. Darüberhinaus vereinigte er in einer Person den Avantgardisten und den Theaterhistoriker und fundierte sein Engagement für alles Neue in der Achtung und Kenntnis der historischen Entwicklung der Künste und ihrer Grundgesetze. Wenn er an einem überraschenden Theater interessiert war, meinte dies weniger die Schocktechnik, um alles Konventionelle ad absurdum zu führen und dadurch das Publikum umzuerziehen, sondern die Unterhaltsamkeit, die das Publikum spielerisch durch amüsante Erfahrungen für das Neue öffnen sollte, die Spontaneität, mit der aus dem vorhandenen Material immer wieder andersartige Inszenierungen entstanden. Und letztendlich war Bragaglia weniger auf Italien konzentriert als an den europäischen Regungen insgesamt interessiert und teilte weder den futuristischen Nationalismus noch das politische Engagement für den Faschismus.

Da also Bragaglia weniger das Alte zerstören, vielmehr auf seiner Basis eine zeitgemäße Entwicklung stützen wollte, weniger das Theater als Medium der Selbstdarstellung, sondern im Sinne eines autonomen, eines *theatralischen* Theaters betrieb, schuf er als einziger eine feste, beständige Einrichtung – und sprengte damit auch die italienische Konvention des

fahrenden Theaters: Er brachte mit seinem Teatro Sperimentale degli Indipendenti in Rom
das erste Teatro stabile, das erste ortsfeste Ensemble Italiens hervor, dessen Idee er nach
dem finanziellen Zusammenbruch 1930 ab 1936 in seinem Teatro delle Arti ausbaute. Dieser
stete Rahmen ermöglichte ihm, in Italien Regie als künstlerische Aufgabe zu konstituieren
und bei aller Bescheidenheit der räumlichen Gegebenheiten die vielfältigen Möglichkeiten der
plastischen Szenographie als wichtiges Standbein seiner theatralen Ästhetik zu installieren.
Die Bescheidenheit seiner Bühne wiederum veranlaßte die Rückbesinnung auf die bewährten Theatermittel, so zum Beispiel die Verwendung von Masken, die bei Bragaglia natürlich
beweglich werden mußten, auf die Kraft intuitiver Schauspieler-Persönlichkeiten und der
wirkungsvollen Tricks der Vereinfachung; sie förderte auch die Verwendung subtiler Lichttechnik, die immateriell und atmosphärisch gestaltete und von Bragaglia im Gegensatz zum
Antipsychologismus der Futuristen als *Psychologisches Licht* aufgefaßt wurde – und nicht
zuletzt die emotionale Mitarbeit des Publikums. Das *theatralische* Theater, sein *Totales* Theater, entstand für ihn durch den gleichberechtigten Austausch zwischen Schauspieler,
Szenograph und Autor. Und so bot er fast allen jungen europäischen Autoren in Italien eine
Aufführungsmöglichkeit ihrer Stücke[74] und gab vor allem auch vielen futuristischen
Szenographen, unter ihnen Prampolini, die Gelegenheit, ihre Vorstellungen zu erproben. All
dies, ohne ein hermetisches System zu schaffen, sondern vollkommen geöffnet für die
Lösungen, die sich aus dem spontanen Umgang mit den jeweiligen Mitarbeitern und dem
Material ergaben.

Aber das Teatro Sperimentale degli Indipendenti war nicht nur Sammelpunkt des
Theaternachwuchses und neuer Autoren im Rahmen einer Einrichtung, die man als avant-
gardistisches Kulturzentrum auffassen könnte, sondern als erweiterte Fortsetzung der 1918
als einer der ersten Galerien in Rom gegründeten Casa d'Arte Bragaglia, stellte Bragaglia
dem italienischen Publikum auch die neuesten europäischen Kunstströmungen vor.

Der Ort, an dem all dies stattfand, war darüberhinaus mehr als markant, geradezu bezeichnend: Bragaglia entdeckte in der Sammlung der Vittorio-Emanuele-Bibliothek in Rom die
Pläne der verschütteten und inzwischen mit dem Palazzo Tittoni überbauten Thermen des
Septimius Severus aus dem 2. Jahrhundert auf dem Palatin. Der komplexe Grundriß (Abb. 5)
reizte ihn und so beauftragte er den noch jungen, gerade mit seinem Studium fertigen
Architekten Virgilio Marchi 1920 in diese Struktur eine Galerie mit fünf Ausstellungsräu-
men, ein Restaurant, eine Bar (Abb. 6a/b) und ein Theater (Abb. 6c) einzurichten. Bevor sie
im Januar 1922 in Betrieb genommen werden konnten, mußten die Räume erst von Erdreich
und Sickerwasser befreit werden, denn über einem Teil von ihnen befand sich ein Garten,
während das Gemäuer ansonsten die Grundmauern für den darüber errichteten Palazzo in
der Via d'Avignonesi 6/7 abgaben. Trotz moderner Heizungs- und Lüftungsanlagen konnte

---

74   – ohne daß er der Literatur die Schlüsselfunktion für das Theater zuerkannte, im Gegenteil: er war lange
     Zeit der Hauptopponent Silvio D'AMICOS, des Vertreters betont textzentrierter Erneuerungsbestrebungen
     für das Theater und focht mit ihm in einem ausgedehnten Kritikerstreit. (s. dazu »Bragaglia - Künstler und
     Prophet« IN: MASKE UND KOTHURN 4 (1966) S.332f.)

6a/b Virgilio Marchi: Bar des Teatro Sperimentale degli Indipendenti (1922)

dem Sickerwasser nicht Einhalt geboten werden und so verblendete Marchi in einem Teil der Räume das Mauerwerk mit dünnen Zementwänden, hinter denen das Wasser frei rinnen und, im Boden der Zwischenräume gesammelt, schließlich abgeleitet werden konnte. Diese Wände aus Eisen und Zement paßten sich allen gewünschten Formen und Falten an, so daß sich das, was Marchi selbst als erste *solide und praktikable futuristische Architektur* bezeichnete (91), der gebauten Struktur der Römerzeit bediente, um diese dann im Sinne der futuristischen Atmosphäre zu dekorieren. Marchi, der sich selbst als futuristischer Architekt verstand und das Streben nach Dynamik durch die Aufhebung des gebauten Charakters der Architektur zugunsten einer von manchen als expressionistisch verstandenen, scheinbaren Gewachsenheit zu übersetzen trachtete, schuf damit wohl eine seiner interessantesten Arbeiten[75]. Besonders die Bar beeindruckte durch ihre Atmosphäre, die aus dem Zusammenspiel von Marchis dynamischen Wandformen der von ihm und Guiseppina Bragaglia gestalteten Möblierung und der *psychologischen* Beleuchtung, die Bragaglia dem Raum gab, bestand.

Der Theaterraum bot Platz für 400 Zuschauer und besaß eine 9 x 9 m große quadratische Bühne, deren technische Möglichkeiten, abgesehen von der verfeinerten Lichtanlage für Bragaglias *Psychologisches Licht*, gering waren. Der Blick war offenbar mehr auf den Zuschauerraum dieses Kammertheaters gerichtet, der, wenngleich er nicht so großzügig ausfallen konnte, wie Marchi es zunächst zeichnerisch erträumte (Abb. 6d), aus einem Rang á 6 Logen und einem Parkett bestand, dessen Neigung durch eine doppelte Schraubenmechanik variabel war (Abb. 6e). Zwischen dem Auditorium und der recht hohen Bühne lag ein Orchestergraben, während eine große Stütze das hohe Tonnengewölbe des Raums resolut erdete und gleichzeitig das hintere Ende des offenen Theaterraums andeutet, wenn er ohne rückwärtige Wand in das Gangsystem auslief, das nun Foyer war. Das Theater wurde in den höchsten und zentralen Raum der Therme gebaut, den Bragaglia nicht zuunrecht als *Basilika* bezeichnete, denn die inneren Hallen solcher Anlagen wiesen oft basilikale Querschnitte auf, so daß sich die Becken des Frigidariums, des Tepidariums und Caldariums in hohen Hallen befanden.

In diesem Theater entstand kein Stil, kein System; der intuitive Praktiker Bragaglia ließ hier aus der spontanen Zusammenstellung des Materials immer wieder anders und neu geartete Theaterabende entstehen, ohne an einer theoretischen Unterfütterung dieser Praxis interessiert zu sein; seine Theorie galt ausschließlich der Erforschung des historischen Theaters und verstand sich da als wissenschaftlich. Dieses historische Interesse führte allerdings zur extravaganten Heimat seines Theaters und so bewies er nicht nur, daß der Geist der Moderne auch leben könne, ohne die Vergangenheit ausrotten und verdrängen zu müssen, sondern durch die Bescheidenheit der Bühnenanlage auch, daß Theater Ereignis, nicht Maschinerie ist – ohne Technik prinzipiell abzulehnen[76]. Der eigentliche Aufführungsort mag

---

75   – denn im Grunde hatte sich futuristische Architektur ohnehin nur als Innenausstattung verwirklicht.
76   So schuf er mit der »Multiplen Bühne« 1924 ein System des Szenenwechsels (Abb. 7) (wahrscheinlich für ein Zweiraum-Theater), das in der Therme allerdings nicht zu realisieren war. Und von seiner Inszenierung des UBU ROI von Alfred JARRY wurde berichtet, daß aufgrund der beeindruckenden Wandlungsfähigkeit der Bühnen-Atmosphäre der Techniker zum gefeierten Star der Aufführung avancierte.

6c Theatersaal

6d Entwurf des Theatersaals

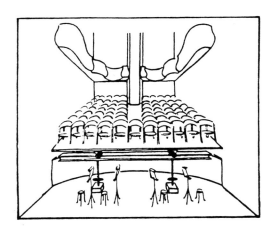

6e System des verstellbaren Parkett-
Neigungswinkels

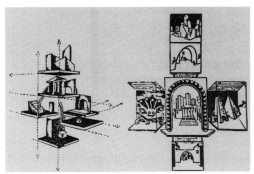

7 Anton Giulio Bragaglia: System der »Multiplen
Bühne« (1924)

also auf den ersten Blick wenig spektakulär erscheinen, das Umfeld eines ausgegrabenen und umgenutzten historischen Ortes für ein Avantgardezentrum, in dem Theater an den Bewegungen der modernen Kunst partizipierte, kündet aber von einem geradezu subversiven, aber auch konstruktiven, den Dialog der Künste schürenden Geist. Vor allem, wenn man bedenkt, daß Mussolini, dem Bragaglia nie anhing, nach seinem Einzug in Rom 1922 hier, direkt über seinem Kulturzentrum Wohnung nahm. Dieser Ort unter der Erde erzählt von der antizyklischen Haltung Bragaglias, der sich in die Erde zurückzog, als der Futurismus nach Öffentlichkeit und der Faschismus nach Repräsentation strebten, und der neues Leben und eine neue, europäische Ästhetik in die antiken Ruinen füllte, als Mussolini sie freilegen ließ, um die vergangene imperiale Macht in Dienst zu nehmen. Und angesichts solcher Theaterkonventionen und der politisch festgeschriebenen Rolle der Kunst in diesem Italien konnte der Samen einer autonomen künstlerischen Moderne wohl besser in der Erde keimen, lebte er dort unterhalb all der räumlichen und himmelstürmenden Ambitionen des Regimes in einer Art künstlerischer Gebärmutter.

Der interessante Unterschied zwischen der Arbeit Bragaglias und Prampolinis liegt also in der Perspektive: Bei dem ersten blieb es die humane Perspektive, die durchaus allen Formen menschlicher Kreativität nahestand und gleichzeitig das Entstanden-Sein akzeptierte und sogar vergegenständlichte, bei letzterem war es die eines Religion gewordenen Technizismus, der die Sphären menschlicher Wahrnehmungsfähigkeit und Biologie zu übersteigen und zu verlassen trachtete. Bragaglia grub sich mitten in die historische und gegenwärtige Stadt ein und schuf vor allem einen **Ort** für kreativ-avantgardistische Aktivität, einen Ort für das Zeigen und einen Ort für das Betrachten und Wahrnehmen. Prampolini versuchte, sein Theater von der Welt abzusondern, ihm den den Charakter einer abgeschlossenen eigenen Welt zu geben, in der das Abstrakte, Geistige, Metaphysische erfahrbar werden sollte. Er entwarf einen Tempel für ein Theater, das das Produkt von Kunst und Wissenschaft war. Bragaglia ging unter die Erde, Prampolini wollte sie kaum noch berühren. Bragaglias Theater war einer der Orte, an denen Prampolini seine Kunst verwirklichte, seine Bauentwürfe blieben hingegen Utopie.

Im Gegensatz zur Haltung der futuristischen Soiréen und theatralischen Provokationen, die ja schwerpunktmäßig mit dem Regelwerk der Dramatik wie auch einem von der Dramatik geknebelten Theater ins Gericht gingen, hatten Bragaglia wie Prampolini die Stufe der Ablehnung längst zugunsten einer positiven Formsuche überwunden, wovon auch die vitale Ausstrahlung einer vegetabilen Architektur oder die Wahl der schöpferischen Gestalt schlechthin, des Eies, erzählen. Die ätzende Spontaneität des unberechenbaren Angriffs der Anfangszeit konnte demnach entweder zur Antriebsenergie vitaler Praxis werden – oder, wie bei Marinetti, Literatur bleiben und zur Ideologie gerinnen.

c. ERGEBNISSE

Nach all diesen sehr eigenwilligen Beispielen stellt es vermutlich keine Übertreibung dar, in den 20er Jahren das eigentlich revolutionäre Jahrzehnt des 20. Jahrhunderts zu sehen. Revolutionär nicht allein wegen der markanten Qualität einer postrevolutionären und Nachkriegszeit, sondern vor allem, weil die Herausforderung der dringend anstehenden totalen Neubewertung der Dinge vom größten Teil der geistigen und künstlerischen Elite angenommen wurde. Die Suche nach Lösungen der *Zukunft* beeinflußte ganz ausgeprägt die Arbeit der per se gesellschaftlichen Ausdrucksformen Theater und Architektur[77]. Daß die überkommenen Wertmuster nicht mehr wirklich funktionierten, keine angemessenen Antworten auf die veränderten Bedingungen wußten, wurde bereits im 19. Jahrhundert gespürt, aber gleichzeitig von den enormen Fortschritten und neuen Machbarkeiten auf technischem Gebiet übertönt. Nun aber hatte es sich erwiesen, daß weder die Fortschritte auf dem Gebiet der Technik noch auf dem der Wissenschaft oder Bildung den gesellschaftlichen und kulturellen Kollaps Europas verhindern konnten. Aber gerade weil man im Rahmen dieses Fortschritts über scheinbar weitreichende menschliche Einflußmöglichkeiten auf die Entwicklung der Dinge zu verfügen glaubte, schockierte das Gefühl der Ohnmacht umso mehr. Das Ergebnis war der durchdringende Impetus, den als Chaos empfundenen Verhältnissen eine kompromißlose, zeitentsprechende Ordnung aufzupressen. Dabei wurde das Theater zum Labor, in dem die Grundgesetze und -elemente der angeblich neuen Welt ermittelt wurden. Prämisse war weiterhin die Überzeugung, durch rationale Erkenntniskräfte, den empfundenen Kontrollverlust aufheben zu können[78]. Nachdem noch kurz vor dem Krieg die meisten künstlerischen Neuerungen sorgsam aus einer historischen Logik heraus entwickelt worden waren, gesellschaftliche Änderungen den vorsichtigen Charakter sukzessiver Reformen trugen, dominierten nun in der Nachkriegszeit zwei Überzeugungen: die eine begründete den totalen Neuanfang durchaus noch aus einer historischen Kausalität heraus, die andere aber verwarf alle Vermittlungsbestrebungen zwischen Vergangenheit und einer Mixtur aus Gegenwart und Zukunft. In beiden Fällen handelte es sich lediglich um **Wege**, um Methoden; das **Ziel** bestand in der Schaffung einer vom Menschen bestimmten und beherrschten Ordnung, die in der Lage sein sollte, die Gegensätze zu versöhnen und der Gemeinschaft die Identität wiederzugeben. Diese beiden Färbungen bestimmten die Arbeit der Künstler. Daneben blühten weiterhin konservative bis reaktionäre Tendenzen, die versuchten, alles **wieder** ins Lot zu bringen, statt **neu** zu ordnen.

▶ Ein absolutes Novum in der Geschichte der Phantasien zum Theaterbau findet sich sogleich mit einer gewissen Häufigkeit: Wie sich am Totaltheater, Kieslers *Universal* oder Moholy-Nagys *Kinetischem System* und Weiningers Kugeltheater ablesen läßt, wurde zum ersten Mal das Arrangement der Rezeptionsanordnung im Theater mit technischer Hilfe

---

77 »Die Rastlosigkeit der sich selbst in der Gegenwart immer wieder in die Zukunft übersteigenden Modernität nimmt gewissermaßen die Zukunft in die Gegenwart hinein. Sie ist im Grunde revolutionär. Für sie ist die ›nächste Zukunft‹ der Moment des großen Wandels, in dem alles anders wird als früher«, beschreibt der Soziologe René KÖNIG das gleiche Phänomen. (»Zukunftserwartungen, Ziele und Ansprüche der Gegenwartsgesellschaft« IN: DER ARCHITEKT 3 (1965) S.128)

78 Den Höhepunkt stellt in diesem Sinne das Würfelbühnen-Konzept dar: Nicht nur die Bühne erreicht die absolute Wandelbarkeit über ein elementares und rationales System, auch die Schauspieler wurden in ihren Wohnbauten dem Theater zuge**ordnet**. Ganz im Sinne von Hannes MEYERS Credo: »Bauen ist nur Organisation: soziale, technische, ökonomische, psychische Organisation.« Entsprechend wurde das Theater nicht mehr als autonome Kunst verstanden, sondern als Instrument des Lebens.

fließend – Zuschauern sollte nicht nur Dynamik vorgeführt, sondern sie selbst in den Fluß der Dinge integriert werden. Der Zuschauer wurde zu einer Art Passagier. So verarbeiteten die Projekte das Phänomen der rasch voranschreitenden Technisierung, das in den Groß-städten etwa durch den anschwellenden Verkehr alltäglich wurde. Es bestand in der Dyna-misierung fast aller Lebensprozesse – der eigenen (Fort)Bewegung ebenso wie der Apper-zeption oder Rezeption fremder. Die seit einigen Jahren auch die Newtonsche Physik über-holende Einbettung des räumlichen Denkens in einen zeitlichen Rahmen, die Integration der vierten Dimension also, bedeutete eine grundlegend veränderte Beziehung des Men-schen zu seiner Umwelt. Die durch die Technik ermöglichte Mobilität bedingte einen veränder-ten Erfahrungsrahmen[79]. All dies äußerte sich in den Schaffensprozessen auf zweierlei Weise: als Beweglichmachung des traditionell Statischen und in der Bevorzugung ephemerer Mittel, so daß das Theater ganz automatisch zu einer der bevorzugten experimentellen Kunst-formen wurde[80]. Die Architektur trachtete ihre Gebundenheit an die Schwerkraft zu über-winden, sie stieg auf Pilotis und verringerte ihre Grundfläche bei gleichzeitiger Potenzierung ihres Volumens. Die Theaterarchitektur sollte fähig sein, ihren Grundriß zu wandeln oder wurde gar als Maschinerie aufgefaßt, in die das Publikum einsteigt wie in ein Flugzeug oder – eine Achterbahn. Die Inszenierungen bevorzugten nahtlos fließende Abläufe, häufige Schnitte, plötzliche, überraschende Effekte.., die plastische Szenographie **ist** nicht mehr, sie **arbeitet**, bis im Extrem diese Arbeit selbst zur theatralen Sensation wird. Räumlichkeit wurde in allen Dimensionen thematisiert: Ereignisse eroberten die Vertikale, Polydimensionalität, Simultaneität, Kreis- und Spiralenbewegungen sollten das Volumen des Aufführungortes spürbar werden lassen. Nur noch in der Verkehrsplanung fusionierte Dynamik so intensiv mit Architektur.

Die Dynamik ergriff dabei materielle wie immaterielle Sphären: Materielle Dynamik erfaßte beispielsweise den Zuschauerraum, in dem jahrhundertelang bestenfalls die Klapp-sitze beweglich waren, und der nun in die Lage versetzt werden sollte, während der Aufführ-rung mechanisch seine Beziehung zum Spielgeschehen zu verändern, ebenso wie die Aus-stattung durch wandelbare Bühnengerüste. Die immaterielle Dynamik wurde durch die fließende Suggestivität des Lichtes hervorgebracht, das länger schon als Ausdrucksmittel eingesetzt wurde und nun durch die Konfrontation der Künste und des Theaters mit dem neuartigen Massenmedium Film ungeahnte Möglichkeiten der Wirkung dazueroberte.

---

79 Diese Erfahrung fand z.B. einen deutlichen Ausdruck in LÉGERS These der Theatralität des Alltags. Diesem Großstadt-Schauspiel entsprachen am ehesten Massenspektakel wie Variété, Sport, Jahrmarkt oder die kommerziellen Amüsiertheater und das Kino. Die Verflochtenheit zwischen Theaterbau und urbanem Umfeld wurde betont, wie an Hermann GINZELS Schlußwort zum Problem des neuen Theaterbaus 1929 ablesbar wird: »Auch morgen müssen wir noch in unseren alten Theaterhäusern Theater spielen, erst übermorgen stehen wir vielleicht an einer Schwelle, denn dieses Problem ist nicht zuletzt ein solches der neuen Stadt-anlage.« (Hermann GINZEL »Theaterbau für übermorgen« IN: DIE TRIBÜNE 1929/30 S.544) Die Archi-tekten bestätigten diese Wahrnehmung durch eine aufbrandende Auseinandersetzung mit der Stadtpla-nung, die ihre erste Fixierung in der Charta von Athen (1933) erfuhr.

80 So sprengte die Malerei ihre Bildfläche und ging nach der Verzeitlichung ihrer Sujets **in** der Fläche zum Arrangement **außerhalb** des Bildrahmens über, über die bewegliche Plastik zur theatralen Inszenierung. PRAMPOLINIS Ansatz ist ein Beispiel für solche Überlegungen, der Konstruktivismus insgesamt oder die Übersetzung KANDINSKYscher Malerei in ein »Mechanisches Ballett« am Bauhaus wären weitere..

► Im Grunde leistete von nun an der Film die angestrebte Dynamisierung des Bildes. So war das Theater gezwungen, sich auf seine räumlichen Ausdrucksmöglichkeiten zu besinnen und daraus resultierte konsequent die Einschätzung gegenwartsoffener Künstler, daß die bildhafte Rezeption im Guckkasten-Theater, gar das Bühne**bild** oder auch die flache Reliefbühne überholt seien. Das konventionelle, traditionelle Theater hingegen empfand das Kino bald als bedrohliche Konkurrenz[81]. Aber die Integration von Projektion und Filmsequenzen ermöglichte auch die Dynamisierung der Szenographie wie sie sich in der wachsenden Vorliebe für expressive Lichtdramaturgien vorbereitete – denn Licht ›fließt‹, Film auch. Darüberhinaus waren Projektionen und Filmpassagen nun zusätzliche Zeichenträger der Inszenierungen. Dem *Psychologischen Licht* Bragaglias entsprechend verfügen sie über eine suggestive, immaterielle Überzeugungskraft, die besonders gerne von den politisch engagierten Theaterleuten eingesetzt wurde. Hier bot sich die Chance, Teile ›authentischer‹ Realität in die Vorstellung einzumengen[82]. Gemäß Virilios These, daß schon die veränderte Kriegstechnik und -strategie des Ersten Weltkriegs die Kontinuität von Raum und Wahrnehmung zerstört habe[83], desintegrierte auch im theatralen Rahmen der Film das durchschaubare Raumgefüge, mehr noch: er zersplittert die Chronologie durch die simultane Präsentation von Konserve und realem Spiel oder die Vermischung der Zeitebenen. Die Lichttechnik schien noch befähigter, die Architektur des Theaters aufzulösen, ganz im Sinne von Gropius immateriellem Projektionsraum. Was besonders realistisch wirkte, war in Wahrheit die technische Variante der Illusion, eine immense Simulation.

► Diese dynamischen Raumentwürfe arbeiteten als Ganzes mit den Aufführungen mit. Als Spiegel gesellschaftlicher Strukturen ähnelten sie eher einem revolutionären Weltenrad, die statischen Konzepte pflegten die ›demokratische‹, wenig differenzierende Amphitheater-Gestalt. Ziel war, die Vision einer kollektiven Gesellschaft, einer engen sozialen Verflochtenheit bis hin zu einer Art kreativen Kommunismus zu realisieren. Diese Ansätze reichten von

81 KIESLER unterschied da sorgfältig in seinem ›Debacle-Text‹: »Die Fläche mit täuschender Räumlichkeit ist Wurzel eines neuen Spiels, des Kinos, geworden. Das Raumspiel ist die Wirkungskraft des Theaters.« (✧68 S.55) Er empfahl, beide Kunstformen getrennt zu begreifen und spielte damit auf diese Schwäche an, beide Medien in Konkurrenz zueinander zu setzen. Die Futuristen beispielsweise arbeiteten in beiden Kunstformen getrennt voneinander, sie waren die ersten, die mit beweglichen Kameras drehten und so endgültig den Betrachterstandpunkt relativ werden ließen.

82 »Das Theater begnügte sich nicht mehr, sich der Wirklichkeit in **Ausschnitten** zu bemächtigen, es wollte sie **total**. Um aber die **Totalität** der Welt auf die Bühne zu bringen, bedurfte es neuer Ausdrucksmittel. So nahm ich zum Beispiel als wichtigstes Mittel der Ausdruckssteigerung den **Film** ins Theater hinein.« (Erwin PISCATOR »Totaltheater und totales Theater« IN: ✧74 Schriften 2 S.346) Der autokratische Regisseursmaschinist, für den die Theatergehäuse erdacht wurden, und der allmächtige Filmregisseur entsprachen einander.

83 Er schreibt u.a.: »Diese Filmer, die ›das Bild aus der Bahn werfen‹ (..), hatte ihrerseits der Krieg aus der Bahn geworfen. (..) Der Krieg hatte ihnen die militärische Technologie in Aktion als höchstes Privileg der Kunst dargestellt. Die technologische Überraschung löste in der Avantgardeproduktion der unmittelbaren Nachkriegszeit eine sagenhafte Fusion/Konfusion aus. Während Kriegsaktualitäten und chronophotographische Flugdokumente in den Archiven verschwanden, in den Geheimtresors der Militärarchive oder in Privatsammlungen von Kriegserinnerungen, boten die Filmer dem großen Publikum diese technologischen Effekte als neuartiges Schauspiel dar und setzten so den Krieg und die von ihm ausgelöste Formenzerstörung fort.« (✧31 VIRILIO, Krieg S.36)

der Bildung demokratischer Produktionsteams[84] über künstlerische Bewegungen und Ismen, die teilweise, ähnlich politischen Parteien, Reformkonzepte vertraten, bis hin zu Projekten, die sich unverhohlen als Instrument zur Errichtung einer besseren Gesellschaft betrachteten[85]. Was zunächst noch die Züge des Spielerischen trug, wenn sich am Bauhaus die inspirierte Gemeinschaft auf theatral inszenierten Festen selbst feierte, so daß die Bühne mit dem Festraum verschmolz, inhaltsfreie Massenspektakel wie der Zirkus, das Variété oder Sportveranstaltungen als Vorbild für zeitgemäßes Theater und seine Bauform beschworen wurden oder der Futurismus auf groteske, überraschende Weise die Grundfesten des Bestehenden erschüttern wollte, steigerte sich letztlich zur Vision einer produktiven, Arbeit leistenden Gesellschaft, deren Mitglieder ganz im Sinne maschineller Organisation harmonisch und hierarchiefrei für die Gemeinschaft wirkten. Die kollektive Produktion spendete einer Kultur ohne bindende Riten Sinn und Ziel und machte das Theater zu ihrem Labor. Da so gesehen alle ›arbeiteten‹, schwand der ideelle Unterschied zwischen Zuschauer und Schauspieler; als letzte Konsequenz wurde bei Meyerhold der einst heilige Raum der Bühne für jeden zugänglich gemacht.

▶ Es stand angesichts der unübersehbar wachsenden Relevanz der Technik für das alltägliche Leben spätestens seit dem Krieg an, das Verhältnis des Menschen zur Maschine als Abbild seiner selbst zu definieren. Aus diesem dynamischen Kult der Produktion oder der Arbeit erwuchs daher eine Bewertung des Menschen, deren Kriterien stark durch die Erfahrung von maschineller Leistung geprägt war[86]. Aber in Theorien und Ästhetiken der Zeit wurden alle denkbaren Zuordnungen vorgeschlagen und auch auf dem Theater ausprobiert: Da finden wir besonders in den Arbeiten von Kiesler, Moholy-Nagy, Prampolini oder der Biomechanik die technikeuphorische Position, die die verläßliche Maschine dem unberechenbaren Menschen vorzog und ihn ihr anpassen wollte, ebenso wie bei Lothar Schreyer und vielen Expressionisten das Insistieren auf dem menschlichen Maßstab, oft gepaart mit einer Ablehnung der Maschine, und schließlich etwa bei Schlemmer, Meyerhold, Bragaglia oder im Totaltheater-Projekt die Versuche, beide miteinander zu verschmelzen und in einem produktiven Gleichgewicht zu versöhnen. Das Resultat solchen Bemühens war eine technoïde, auf sein Funktionieren fixierte Betrachtung des Menschen und gleichzeitige Humanisierung der Maschine als Protagonist. Bei diesen theatralen Experimenten zeigte sich dann die ganze Doppelbödigkeit einer technikzentrierten Sicht: Der Mensch, der durch die Darbietung

---

84 – wie sie die Arbeit am Bauhaus prägte oder der idealen theatralen Kooperation entsprach, die z.B. PISCATOR, MEYERHOLD und auf provozierende Weise KIESLER vertraten und für die Hans FRITZ Schauspielerwohnungen in den Theaterbau integrierte.

85 – da vor allem das sozialistisch intendierte Theater PISCATORS und MEYERHOLDS, aber auch der Futurismus und verschiedener Kräfte am Bauhaus; als eher theoretische Stimme ist KIESLER anzusehen.

86 Das verwundert nur wenig, wenn man bedenkt, daß die Maschine letztlich dem Menschen insofern verwandt ist, als sie auf dem partiellen (oder im Roboter totalen) Nach- und Ausbau seiner Fähigkeiten beruht, was die Futuristen als erste Bewegung provokant hervorhoben. Und es verwundert angesichts der geradezu spontaneitätsablehnenden Tradition der Theater-Avantgarden nicht, daß die Tendenz zu vollkommen kontrollierbaren Marionetten oder präzisen Tänzen nun in dem Bemühen gipfelte, den Menschen vollends von der Bühne zu verbannen und durch Maschinen oder die Vorführung ›arbeitender‹ Dingwelt zu ersetzen.

technischer Funktionen oder die rationalistische, elementare Betrachtungsweise seines Körpers befähigt werden sollte, mit der im Grunde verwandten Maschine vertraulich umzugehen, sie zu beherrschen, wurde mit ihrer Hilfe beherrschbar, körperlich, psychisch, physiologisch penetrierbar wie nie zuvor.

Die epochale Erfahrung der Menschenmasse führte letztlich im avantgardistischen Theater zu einer bemerkenswerten Unterscheidung zwischen dem Menschenmaterial auf der Bühne, das genauso organisiert wurde wie die technischen Effekte, und der Führerpersönlichkeit des Regisseursmaschinisten, in dessen Händen alle Schalthebel und Fäden der Inszenierung zusammenlaufen; der gesellschaftliche Führungsanspruch vieler Architekten der Zeit spiegelte das gleiche Phänomen. Das theaterbauliche Ideal war dementsprechend *»die große raummaschine, mit der der leiter des spiels je nach seiner schöpferischen kraft sein persönliches werk gestalten kann«*[87].

▶ Betrachtet man die bauliche Gestalt vieler Theaterbauprojekte, fällt ein Hang zu Formen der niederen Stereometrie auf, der angesichts der Tendenzen der zeitgleichen Architekturentwicklung keinesfalls verwundert. Diese Auffassung goß Hans Fritz deckungsgleich in ein rationales Bühnensystem um. Aber die Baulösungen zeigen in der Bevorzugung runder Formen noch ein weiteres Charakteristikum. In dieser geometrischen Urform meinte man offensichtlich, **das** rationale System der Dynamik gefunden zu haben. Mehr noch: Mit der Kugel scheint die Architektur, die naturgemäß die Gesetze der Schwerkraft zu gewärtigen hat, diese Abhängigkeit, zumindest dem Anschein nach, aufzukündigen. Diese Ambition setzt eine vergeistigte Auffassung des eigentlich doch per se pragmatischen und sinnlichen Prozesses des Bauens und Nutzens voraus, in der die Rationalität bereits ins Metaphysische umschlägt. So stellen die Kugelformen bei Weininger und Prampolini architektonische Extreme dar, aber schon wenn man die Entwürfe beider vergleicht, fällt ein wesentlicher Unterschied ins Auge: Während Prampolini in beiden Entwürfen durch die **äußere** Rundform frappiert, handelt es sich bei Weininger weniger um ein sphärisches Gebäude als vielmehr um ein Konzept für die Erfahrung eines runden Volumens, eines runden Raums, die sich primär durch **Drehen** vermittelt. Das hat sein Konzept z.B. mit dem Totaltheater und Kieslers *Universal* (wie letzlich auch mit Lissitzkys rund umlaufenden Schriftband für Meyerholds Projekt) gemeinsam und es entspricht einer Dynamik, die im Theater den Raum weniger linear erobert als vielmehr Bewegung zentriert. Im Zentrum bleibt das Spielgeschehen oder der rezipierende Mensch als letzte Verankerung und Kontrolle der Dyna-

---

87 »Nicht das Individuum mit seinem privaten, persönlichen Schicksal, sondern die Zeit und das Schicksal der Massen sind die heroischen Faktoren der neuen Dramatik. (..) Der Mensch auf der Bühne hat für uns die Bedeutung einer gesellschaftlichen Funktion. Nicht sein Verhältnis zu sich, nicht sein Verhältnis zu Gott, sondern sein Verhältnis zur Gesellschaft steht im Mittelpunkt.« (PISCATOR »Grundlinien der soziologischen Dramaturgie« IN: ✧74 Schriften I S.129) Ob nun Oskar SCHLEMMER den Menschen elementarisierte, indem er die Mechanik seines Körpers erforschte, oder PISCATOR das Individuum zur Masse vereinfachte, für unterschiedliche Ziele wurde dieselbe Methode bemüht: Standardisierung, wie GROPIUS sie u.a. als »die Abscheidung des Wesenhaften und Unpersönlichen vom Persönlichen und Zufälligen« definierte. (✧67 GROPIUS, Neue Architektur S.12)

mik. Kiesler bezeichnete in seinem *Debacle*-Text die Kugel als den »*Inbegriff des Räumlichen*« und deutete damit das Bedürfnis aller Architekten an, die veränderte und verändernde vierdimensionale Definition des Raumes zu be**greifen**. Deshalb traf seine Idee der *Raumbühne* auch einen Nerv der Zeit. Das Theater als Simulator neudefinierter Realität, als Labor für jene, die den Kern er**fassen** wollten – also der Architekten vor allem.

Im Grunde stellt diese Feier des Sphärischen die dynamische Steigerung jener Bemühungen dar, die das Theater als Kultort mit einer Kuppel ausrüsteten[88] – erst als Fenster zur Welt, das das Universum in Form des Naturlichts einließ, dann als kosmische Projektionsfläche für Himmelsillusion, schließlich als Abbild des Universums eben, in dem die Bewegung der Planeten nachempfunden werden kann[89]. Kuppeln (als Halbkugeln) und Kugelformen beschäftigen den alternativen Theaterbau in auffälliger Weise und verraten, daß dieser Bauaufgabe zu keiner Zeit die Möglichkeit einer rituellen Qualität abgesprochen wurde. In den 20ern schlug sich die kultische Aufgabe der Erfassung des Universums ebenso wie ein Kult der Arbeit darin nieder.

► Die immensen Ambitionen, die während der 20er Jahre von den verschiedensten (künstlerischen) Disziplinen an die Theaterästhetik herangetragen wurden, und die umfassende, über den eigentlichen Gegenstand bewußt hinausweisende Bedeutung dieser künstlerischen Aufgabe läßt sich gebündelt an dem zentralen Begriff *Totalität* ablesen, der Gropius Entwurf für Piscator denn auch den programmatischen Namen gab. *Totalität* war die erweiterte Fassung jener Idee, die sich vor dem Krieg zunächst in der Anlehnung an Wagners Gesamtkunstwerk-Ästhetik, dann überhaupt in den Bemühungen um künstlerische Synthese äußerte: Jetzt waren Künstler bestrebt, nicht nur die Disziplinen hierarchiefrei zu verschmelzen, auf dieser Grundlage strebte man die Verschmelzung von Kunst und Wissenschaft, Kunst und Alltag an – Theater in der Funktion eines Realitätsmodells. Diese Rolle war zwar schon immer die des Theaters gewesen, das Verständnis von Realität und Alltäglichkeit aber durchlief tiefgreifende Wandlungen. Welcher Schwerpunkt, welches Ziel auch immer der Theaterarbeit vorangestellt wurde, mit dem Begriff der *Totalität* war in jedem Fall die Tendenz gemeint, innere wie äußere Begrenzungen zu durchbrechen: Die Grenzen, die bis dato der Wahrnehmung und der Erfahrung im Theater (und im Leben) gesetzt waren, wurden mit Hilfe technischer, auch wissenschaftlich fundierter Tricks überschritten – eine Ästhetik der Überraschung, der sinnlichen Sensation entstand und rückte Theater, Variété oder Zirkus der Wissenschaft näher. Die räumliche und zeitliche Begrenztheit wurde durch den kalkulierten menschlichen Zugriff des Organisator-Regisseurs überschritten - die vertikale Bewegung genauso erobert wie die Organisation der Zeitdimension durch die

88 Vor allem, wenn man sich deutlich macht, das die Kuppel traditionell **das** universal und transzendental gemeinte Bauelement war. Zunächst für religiöse Bauten spezifisch, übernahm das 19. Jahrhundert auf seiner Suche nach Sinnmustern dieses Merkmal, um profanen, meist gesellschaftlichen Bauaufgaben Gewicht und Sakralität zu verleihen; auch die »Musentempel« sollten so aufgewertet werden.

89 Interessant ist, daß die Kugel dann tendenziell zur organischen Form des Ovals transformiert wurde; hinter rationalen Ansätzen schimmerte ein tatsächlich metaphysischer Impetus durch, wie er sich in PRAMPOLINIS Ei-Skizze durch das beinahe Verlassen der Erde andeutet.

demonstrative Mobilität der technoïden Bühne, simultane Darbietungen oder die dadurch ermöglichte Zerlegung der Chronologie; die Grenzen zwischen einer theatralen Welt und einer realen durch die Indienstnahme des Publikums innerhalb des Aufführungsortes - sei es durch seine äußerlich aktive Teilnahme oder seine biologische oder psychische Infiltration, sei es mit politischer Zielsetzung oder wahrnehmungsschulender Pädagogik – oder durch die Transparentmachung und gar Auflösung der Mauern zwischen beiden Sphären aufgehoben[90]. Schließlich wurden nicht zuletzt die Landesgrenzen porös: die künstlerischen Bewegungen wirkten europaweit oder gar international (die Architektur sprach gar von einem *Internationalen Stil*) die Künstler wurden mobil, arbeiteten sogar und wirkten nicht nur in verschiedenen Ländern.

Eines bedingen diese Ansätze natürlich: der enge Rahmen einer Bühnenschachtel und die bedingungslose Grenze einer Rampe zwischen Aktion und Zuschauern entsprechen ihnen unmöglich. Genauso wie die progressiven Architekten von der Überzeugung beseelt waren, daß die von ihnen entworfenen Gehäuse und Städte in der Lage seien, die gesellschaftlichen Abläufe zu bestimmen und zu beeinflussen und sogar eine politische, zumindest gesellschaftliche Führung beanspruchten, war den meisten Theaterreformern nur allzu klar, daß eine neue Dramaturgie oder Ästhetik nicht ohne darauf abgestimmte Bauten denkbar war. Je radikaler und traditionsfeindlicher der Ansatz desto utopischer und radikaler der entsprechende Entwurf[91].

▶ Die revolutionären Ziele und die Überzeugung von der wirklichen Strahlkraft ästhetischer Konzepte, die sich nicht zuletzt darin äußerte, daß architektonische Schulen wie der Konstruktivismus oder De Stijl verlangten, daß am Ende der neuen Entwicklung das Leben den künstlerischen Vorgaben so deckungsgleich zu entsprechen hätte, daß sich eine Unterscheidung fortan erübrige, führten ebenso wie der traditionsnegierende Pioniergeist dazu, Konzepte und Bauprojekte zu propagieren, die jenseits der ersten Euphorie und Verzweiflung nur noch auf eine eher ferne Zukunft oder in den experimentellen Rahmen einer Ausstellung zu projizieren waren – und damit war genau jenes Band zwischen Kunst und Leben überdehnt, das die künstlerische Innovationskraft so fest knüpfen wollte. In dieser Tendenz

90 – wenn GROPIUS das Foyer verglast, MEYERHOLD große Tore für Fahrzeuge und Umzüge von draußen benötigt oder, wie auch Hans FRITZ, ein Glasdach bevorzugt..

91 Daß darin auch ein Gutteil realistischer Einschätzung der Ausstrahlung und Wirkmöglichkeiten von Architekur und Theater enthalten war, belegen ganz theoriefreie Berichte, wie z.B. der Tut SCHLEMMERS über die Wirkung des Umzugs des Bauhauses nach Dessau:»Man zog ein und damit in eine ganz andere Welt. Denn schließlich kam man ja aus einem im Jugendstil von Van der Velde errichteten Haus und war etwas romantisch angehaucht. Deshalb stimmte auch vieles nicht mehr, seitdem wir uns in Glas und Stahl bewegten. Das große Umformen begann. (..) Das Handwerk der Zukunft wurde als schöpferische Vorarbeit für die industrielle Produktion bezeichnet.« (IN: THEATER HEUTE 5 (1965) S.37) - oder René FÜLÖP MILLERS Äußerung über das revolutionäre sowjetische Theater (MEYERHOLDS u.a.): »Sowohl die konstruktivistischen Bühnendekorationen wie auch das biomechanische Spiel können nur aus der revolutionären Atmosphäre Rußlands heraus verstanden werden. Die neuen Mittel dieser Bühne, die Sprache und die Bewegungen der Schauspieler erscheinen jedem Kunstgeschmack so ungewohnt, daß man sie ohne Kontakt mit der russischen Wirklichkeit zunächst bloß als Bluff zu empfinden vermag.« (IN: ✧68 Katalog der IAT S.69)

zur Übertreibung ist eine der Ursachen für das eklatante Mißverhältnis zwischen Entwurf und Realisierung der Konzepte zu suchen. Am Ende wurde noch nicht einmal die Sowjetunion, das einzige Ergebnis einer durchgeführten Revolution, zu jenem Idealstaat, als der sie intendiert war. Im Gegenteil: die Verhältnisse wurden fast mehr denn je von finanziellen Belangen diktiert. Ein Blick auf die tatsächlich umgesetzten und betriebenen Projekte unserer Beispielreihe zeigt, daß nur das eine Chance hatte, was bereit war, auf vorhandenem Material aufzubauen: Die Würfelbühne, die in konventionelle Bühnenhäuser einzubauen ist, die Umnutzungen Bragaglias oder auch Reinhardts und die Arbeit des Bauhauses, soweit sie der Industrie zuexperimentierte. Ökonomische Belange, hinter denen sich mächtige Beharrungskräfte offenbaren, diktierten in Wahrheit das Geschehen. Diese im Grunde antirevolutionären Beharrungskräfte[92] standen den revolutionären Veränderungsbemühungen während des ganzen Zeitraums entgegen; sie fielen in der emotional aufgeladenen Nachkriegszeit vielleicht weniger auf, weil ohnehin alles neu aufgebaut werden mußte. Sobald aber deutlich wurde, daß sich Utopia nicht kurzfristig errichten ließ, wurde der Sog konservativer Denkmuster immer mitreißendender.

92 VOGT weist sie sogar in LENINS kultureller Haltung nach und begründet dieses Phänomen mit einer Konkurrenz zwischen der politischen und der kulturellen (architektonischen) Revolution, so daß die Architektur-Utopie keine Chance auf Umsetzung **vor** der Umsetzung der politischen Utopie hatte. (Adolf Max VOGT: Russische und französische Revolutionarchitektur. 1917. 1789. – Braunschweig/Wiesbaden 1990, s. Abschnitt 24)

(1)   – als die sie ✧20 GIEDON beschrieb, S. 464

(2)   ✧73 Laszlo MOHOLY-NAGY, Material S.203 und 222

(3)   El LISSTZKY »Ideologischer Überbau« IN: ✧15 CONRADS S.112

(4)   IN: ✧15 CONRADS S.101

(5)   In seinem »Architekturprogramm« von 1918.

(6)   Cornell van EESTEREN/Theo van DOESBURG »Kommentar zu Manifest V« IN: ✧15 CONRADS S.63

(7)   MIES VAN DER ROHE »Arbeitstheater« IN: ✧15 CONRADS S.70

(8)   MIES VAN DER ROHE »Baukunst und Zeitwille« IN: DER QUERSCHNITT 1924

(9)   Siegfried GIEDION zitiert GROPIUS Brief an den Dritten Geisteswissenschaftlichen Kongreß 1969 in seinem Vortrag über »Das Bauhaus und seine Zeit« IN: BAUKUNST UND WOHNFORM 2 (1962) S.59

(10) IN: ✧15 CONRADS, S.47f.

(11) ✧67 GROPIUS, neue Architektur S.30

(12) GROPIUS »Programm des Staatlichen Bauhauses in Weimar« IN: ✧15 CONRADS S.48

(13) ebd. S. 48f.

(14) Vergl. Eberhard ROTERS »Maler am Bauhaus« IN: Propyläen Kunstgeschichte Bd.12: Das 20. Jahrhundert. 1880-1940. S. 219

(15) Bruno TAUT »Das Staatliche Bauhaus in Weimar« IN: DIE BAUWELT 45 (1923) S.644

(16) ✧67 GROPIUS, neue Architektur S.58f.

(17) SCHLEMMER »Mensch und Kunstfigur« IN: ✧83 Katalog S.7

(18) SCHLEMMER, »Tänzerische Mathematik« IN: V101 WINGLER, Bauhaus S.128

(19) SCHLEMMER, Kunstfigur (s.o.) S.13

(20) SCHLEMMER, Mathematik (s.o.) S.129

(21) ✧95 SCHEPER führt das Dilemma zwischen Malerei und Bühne, das SCHLEMMER 1925 auslebte, vor, S.121

(22) SCHLEMMER »Bühne« IN: BAUHAUS 3 (1927) S.1

(23) GROPIUS »Die Arbeit der Bauhausbühne« IN: ✧101 WINGLER S. 72

(24) SCHLEMMER »Der entfesselte Bühnenraum« IN: BÜHNENTECHNISCHE RUNDSCHAU 6 (1927) S.7

(25) SCHLEMMER IN: BAUHAUS 3 (1927) S.2

(26) Vergl. ROTERS (s.o.) S. 219

(27) MOHOLY-NAGY »Theater, Zirkus, Variété« IN: ✧75 Die Bühne im Bauhaus S.55

(28) MOLNAR »U-Theater« IN: ✧75 Die Bühne im Bauhaus S.58

(29) ebd. S.60

(30) WEININGER IN: BAUHAUS 3 (1927) S.5

(31) ✧65 GROPIUS, Moderner Theaterbau S.6

(32) PISCATOR »Grundlinien einer soziologischen Dramaturgie« IN: ✧74 Schriften 1 S.130

(33) PISCATOR »Das Politische Theater« IN: ✧74 Schriften 1 S.36

(34) ebd. S.40

(35) ebd. S.134

(36) ebd. S.132f.

(37) PISCATOR »Was ich will« IN: ✧74 Schriften 2 S.25f.

(38) PISCATOR »Das Politische Theater« IN: ✧74 Schriften 1 S.122f./124

(39) ✧66 GROPIUS, Apollo, S.117

(40) Walter GROPIUS »Theaterbau«. Der Text wurde 1934 zunächst als Vortrag konzipiert und dann später IN: ✧66 »Apollo in der Demokratie« wieder veröffentlicht, S.115

(41) ✧65 GROPIUS, Moderner Theaterbau S.6f. - Die mit [▶] gekennzeichneten Ziffern im Text verweisen auf die Innenisometrie (Abb.3g).

(42) ✧102 WOLL S.129f. Auch ✧100 WILLETT S.201 beschreibt den Entwurf entsprechend.

(43) GROPIUS »Die Aufgaben der Bühne im Bauhaus« IN: ✧75 Die Bühne im Bauhaus S.92

(44) ✧65 GROPIUS, Moderner Theaterbau S.6

(45)   Der VOLLMER erwähnt dies, leider ohne genauere Angaben (AllgemeinesLexikon der Bildenden Kün-
        ste, Hrsg. von Hans VOLLMER S.167)
(46)   IN: ◇68 Katalog der IAT S.12
(47)   Eine detaillierte Darstellung gibt ◇94 ROCHOWANSKI
(48)   ebd. S.141
(49)   MEYERHOLD »Die Geschichte und Technik des Theaters« IN: ◇72 Schriften 1 S.123f.
(50)   MEYERHOLD »Das bedingte Theater« IN: ◇71 Theateroktober S.61f.
(51)   MEYERHOLD »Die Kunst des Regisseurs« IN: ◇98 TIETZE S.166/168
(52)   MEYERHOLD »Ideologie und Technologie im Theater« IN: ◇72 Schriften 2 S.264
(53)   MEYERHOLD »Der Schauspieler der Zukunft und die Biomechanik« IN: ◇98 TIETZE S.73
(54)   Dazu ◇98 TIETZE »Das neue Theater« S.13f.
(55)   MEYERHOLD, Schauspieler der Zukunft (s.o.) IN: ◇98 TIETZE S.73f.
(56)   MEYERHOLD »Gespräch mit jungen Architekten« (1927) IN: ◇98 TIETZE S.162
(57)   IN: ◇98 TIETZE S.161ff.
(58)   s. dazu ◇79 HOOVER, Meyerhold S.235
(59)   Hubertus GASSNER »Zum Rhythmus in Bild- und Bühnenwerken des Konstruktivismus« IN: ◇84 Raum-
        konzepte S.18
(60)   MEYERHOLD »Die Rekonstruktion des Theaters« IN: ◇71 Theateroktober S.131
(61)   s. ◇64 BARCHIN/WACHTANGOW S.70
(62)   MEYERHOLD, Rekonstruktion (s.o.) IN: ◇98 TIETZE S.203
(63)   Friedrich KIESLER »Debacle des Theaters« IN: ◇68 Katalog der Internationalen Ausstellung neuer
        Theatertechnik (IAT) S.53
(64)   IN: ◇90 LESÁK S.43
(65)   ebd. S.42
(66)   ebd.
(67)   ebd. S.44
(68)   Debacle (s.o.) IN: ◇68 Katalog der IAT S.54
(69)   KIESLER IN: ◇68 Katalog der IAT, S.24
(70)   KIESLER »Das Theater der Zeit« IN: ◇90 LESÁK S.43
(71)   IN: ◇68 Katalog der IAT S.20f.
(72)   ebd. S.43ff.
(73)   KIESLER »Das Railway-Theater« IN: ◇68 Katalog der IAT S.11
(74)   ebd.
(75)   ◇90 LESÁK S.120
(76)   KIESLER, Debacle (s.o.) IN: ◇68 Katalog IAT S.46f.
(77)   IN: ARCHITECTURAL RECORD Mai 1930 o.S.; auch IN: ◇81 Katalog Wien [1975] S.23 zitiert.
(78)   ◇81 Katalog Wien [1975] S.23 (Übersetzung aus dem Englischen von S.K.)
(79)   KIESLER »Raumstadtbau« IN: ◇15 CONRADS S.92
(80)   IN: ◇90 LESÁK S.43
(81)   In deutscher Übersetzung unter dem Titel »Eintritt 75 Cents« IN: ◇90 LESÁK S.69
(82)   Vergl. das Manifest »Der futuristische Film« von 1916 IN: ◇87 Katalog »Wir setzen den Betrachter (..)«
        o.S.
(83)   Vergl. Mario VERDONE »Das futuristische Schauspiel« IN: ◇82 Katalog Futurismo S.111ff.
(84)   Abgedruckt IN: ◇97 TAYLOR S.70ff.
(85)   ebd. S.70f. (Übersetzung von S.K.)
(86)   ebd. S.72 (Übersetzung von S.K.)
(87)   »Die futuristische Bühnenatmosphäre« IN: ◇12 BRAUNECK, 20. Jahrhundert S.101f.
(88)   ebd. S.101
(89)   ebd. S.100
(90)   ebd. S.102
(91)   – im 11. Kapitel seines Buches ◇70 »Architettura futurista« S.91, das die Casa Bragaglia behandelt.

3. DIE 30er JAHRE: ESKALATION

a. CHARAKTERISTIK

Wenn wir heute auf all das zurückblicken, was Piscator vor seiner Abreise 1931 aus Deutschland hatte erreichen können, wissen wir, was er damals nicht wissen konnte: Daß diese Veränderungen keine Fortsetzung fanden. (..) in die Zeit seiner Abwesenheit von Deutschland aber fällt der offenkundige Bruch – in der Geschichte Deutschlands, in Piscators Entwicklung und Karriere und in den kulturellen Entwicklungen ganz allgemein. (1)

Dabei ist der wahrhaft dünne Schnitt, der die charakteristischen Themen der 20er Jahre von denen der anschließenden Phase trennt, sehr unterschiedlich zu setzen; bei Piscator trat er 1931 auf, in Deutschland endgültig 1933, in der Sowjetunion eigentlich schon 1929, mit dem Beginn der Alleinherrschaft Stalins, wie auch im selben Jahr landesübergreifend mit der Weltwirtschaftskrise. Was dieser Phase ihr eigenes Gepräge verleiht, ist die Reaktion auf die offensichtlich nicht realisierbaren Träume von hochtechnisierten, menschenwürdigen, modernen, industrialisierten und nicht zuletzt geordneten Lebensverhältnissen. Inzwischen war nicht mehr zu übersehen, daß der Alltag hier von Arbeitslosigkeit, dort von wirtschaftlicher Unterentwicklung, allerorten von Uneinigkeit in den politischen Zielen und Machtkämpfen geprägt war; die Architekten, Avantgardisten und Utopisten hatten nicht wirklich die Macht übernommen, sie hatten es sich nur eingeredet. Aber es brauchte mehr als Konzepte und Selbstbewußtsein, um das Leben umzugestalten. Kapitalistische Geschäftspraktiken beherrschten die Realität, die technik- oder sozialutopistischen Entwürfe zielten auf eine Zukunft, die nicht in der Gegenwart verankert war. Tatsächlich schien man sich wie *Alice hinter den Spiegeln* nur umso weiter von den eigentlichen Zielen zu entfernen je ambitionierter man darauf zustrebte. Nachdem Ideale wie Modernität, Dynamik, Produktivität oder Universalität nicht das bewirkten, was man sich von ihnen versprochen hatte, stellten sich Sinn- und Wertfragen wiederum neu.

Daß wir Güter produzieren und mit welchen Mitteln wir fabrizieren, besagt geistig nichts. Ob wir hoch oder flach bauen, mit Stahl oder Glas bauen, besagt nichts über den Wert dieses Bauens. Ob im Städtebau Zentralisation oder Dezentralisation angestrebt wird, ist eine praktische, aber keine Wertfrage. Aber gerade die Frage nach dem Wert ist entscheidend. Wir haben neue Werte zu setzen, letzte Zwecke aufzuzeigen, um Maßstäbe zu gewinnen. (2)

So wie Mies van der Rohe auf der Tagung des Deutschen Werkbunds 1930 modifizierten viele Künstler und Architekten, beeindruckt von der Erfahrung immer weiter zunehmender Vermassung, mangelnder sozialer Absicherung, ungelöster Verkehrsprobleme oder der urbanen Wucherung ihre Ansätze und die Gruppierungen zersplitterten in zerstrittene Fraktionen.

Ich glaube, in erster Linie obliegt es dem Staat, dem erstarrten Theater als Hüter des kulturellen Lebens im Volke vom Bau her neue Impulse zu geben. Welche Kluft liegt zwischen dem heutigen Geschäftstheater und dem klassischen Theater der Griechen, die der Staat erhielt. Vom Geschäftstheater kann kein neues Leben kommen. Ich fordere das staatliche Versuchstheater! (3)

Da, wo die Einzelinitiativen macht- und ergebnislos geblieben waren und sich der freie Markt durch seine inhumanen und asozialen Praktiken selbst diskreditiert hatte, erscholl, wie auch von Walter Gropius 1934 geäußert, vermehrt der Ruf nach dem Staat, der es seinerseits immer weniger Privatinitiative und kleinen Gruppen überlassen wollte, die Menschenmassen zu formieren und zu bewegen. Er plante die industrielle Entwicklung, leitete die Theater, organisierte die Bevölkerung, suchte nach Bauformen, die seiner Selbstdarstellung entgegenkamen, schrieb Wettbewerbe aus, vergab Aufträge nach seiner Wahl. Das galt nicht nur für den Theaterbau. Und wer so handelte, war allerdings nicht mehr der griechische Idealstaat[1]. Angesichts der Entwicklungen in Deutschland, Italien, Spanien und der Wandlung des Bolschewismus in den Stalinismus war staatlich zentralisierte Macht die Konsequenz aus einer von Massen geprägten Zivilisation, der sich die auf der Teilhabe des Individuums beruhende Idee der Demokratie nicht erwehren konnte. Nun war der Zeitpunkt gekommen, an dem die chaosvermeidenden, (gesellschaftliche wie ästhetische) Ordnungen entwerfenden Utopisten auf die realen Grenzen der Zeitqualität prallten.

Widersprüche traten an die Oberfläche und erhärteten sich: Trotz der regelnden Kräfte, die der präzisen Technik zugeschrieben wurden, litten die Menschen Mangel an Grundsätzlichem. Es fehlte an menschenwürdigen Unterkünften, identitätsstützenden Umgebungen, der Möglichkeit, Arbeitsstätten ohne lange Verkehrswege zu erreichen. Die homogene Masse der Stadtbevölkerung ähnelte den gesichtslosen Erzeugnissen der Industrieproduktion, für die sie arbeitete. Die Rufe nach einer Rehumanisierung wurden immer lauter, denn es war allenthalben spürbar, daß der humane Maßstab längst verloren war. Gleichzeitig schritt der Prozeß der Internationalisierung des Handels und Handelns und die Technisierung aller Bereiche noch weiter voran. Man erhoffte sich Lösungen von hygienisch verbes-

---

1   Die ehemaligen Revolutionäre, die Neuerer bekannten sich nun zu jener Tendenz, die verborgen unter den demokratischen Behauptungen, längst Konzept geworden war: Künstler wie LE CORBUSIER, die sich dem Staat nicht wirklich unterwerfen wollten, offenbarten schon lange eine elitäre Konzeption, um ihren Führungsanspruch weiter zu behaupten: »Die Kunst unserer Zeit ist an ihrem Platz, wenn sie sich an die Elite wendet. Die Kunst ist nicht volkstümlich... sie ist eine notwendige Nahrung für die Elite, die sich sammeln muß, um zu führen; die Kunst ist ihrem Wesen nach aristokratisch und es ist natürlich, daß sie diese Führungsaufgabe auf höchster Ebene, mit Hilfe des Staates, vollbringen möchte«« (LE CORBUSIER: 1922. Ausblick auf die Architektur. [Vers une architecture].– Frankfurt a.M./Berlin 1963, S.85) Die zentralistischen Staaten kehrten diese Beziehung zwischen künstlerischer Elite und Staat natürlich um. Ihre Machthaber sprachen zwar vom Volk, verfolgten allerdings das gleiche elitäre Denkmodell.

serten Wohnungen, die immer noch nicht durchgesetzt waren[2], der Abschaffung der Großstadt zugunsten eines Netzes ländlich-agrarischer oder -industrieller Kleinsiedlungen[3] oder
der strikten Unterteilung der Großstadt in Funktionsbereiche – letztendlich alles Ansätze,
die den Ausbau des Verkehrsnetzes und zunehmender Mobilität notwenig machten[4]. Und
wieder wurden die Muster der Vergangenheit herangezogen, weil die Probleme der Gegenwart den Blick auf eine zu bewältigende Zukunft versperrten; die ›Aufgeklärten‹ beschworen
traditionell die Antike, die Traditionalisten träumten von Zeiten glücklichen ländlichen Lebens,
der Nationalsozialismus kreierte eine mythische Ideologie aus germanischem Heldenkult
und biedermeierlichen Reichsidyllen und selbst Stalin, der sich als Erbwalter der marxistisch-

2   So erklärte Siegfried GIEDION ungefähr 1930 in seinem Buch »Befreites Wohnen«: »**Schön** ist ein Haus,
     das unserem Lebensgefühl entspricht. Dieses verlangt: **Licht, Luft, Bewegung, Öffnung.** (..) Die wichtig-
     ste Aufgabe des heutigen Bauens, die Wohnung für die Leute mit dem kleinsten Einkommen, ist bis heute
     ungelöst.« (IN: Beilage zu BAUMEISTER 1 (1930) S.B11) Die Lösung, die Architekten wie er oder GROPIUS
     vorschlugen, war das standardisierte Bauen mit verbesserter hygienischer Ausstattung, genaugenommen
     die industrielle Erschaffung der Menschenwürde. Angesichts der elenden Wohnverhältnisse zu vieler letzt-
     lich ein verständlicher Vorschlag.
3   – eine Lieblingsidee der traditionalistischen Richtung unter den Architekten, die nicht zuletzt auf die
     Gartenstadt- und Reformmodelle der Jahrhundertwende zurückgriffen. Der architektonische Traditionalis-
     mus war natürlich schon per definitonem vergangenheitsorientiert, aber ebenso konsequent am ›humanen
     Maßstab‹ interessiert. Diese Argumentation übernahm zunächst der Nationalsozialismus im Zuge seiner
     reaktionären Mythen. Tatsächlich offenbarte sich auch hier wieder der gelebte Widerspruch: die einzigen
     Maßnahmen in diesem Sinne betrafen an Produktionsstätten angeschlossene Siedlungsbauten und
     -gründungen in Wolfsburg (Volkswagen) und Salzgitter (Hermann-Göring-Werke); ansonsten wurden die
     Großstädte, vor allem Berlin umgestaltet.
4   LE CORBUSIER und die vom CIAM mitverabschiedete Charta von Athen zum Städtebau schlugen 1933
     ein Konzept vor, das die »vier Schlüsselfunktionen wohnen, arbeiten, sich erholen, sich bewegen« fein-
     säuberlich voneinander trennte und ordnete, um den chaotischen Zuständen der Großstädte entgegenzu-
     wirken. Gleichzeitig sollte der Verkehr nicht überbewertet werden, denn die »neuen mechanischen Ge-
     schwindigkeiten haben das städtische Milieu in Unordnung gestürzt, indem sie eine ständige Gefährdung
     mit sich bringen, Verkehrsengpässe und -lähmungen hervorrufen und die Hygiene bedrohen«. (IN: ✧15
     CONRADS S.132) Wie aber können die getrennten Funktionsbereiche verbunden werden, wenn nicht
     durch Verkehr?: »Die Stadt und ihr Gebiet müssen mit einem Verkehrsnetz ausgestattet werden, dem
     Gebrauch und den Zwecken exakt angeglichen, das die moderne Technik des Verkehrs begründen wird.
     Man muß die Verkehrsmittel klassifizieren und unterscheiden und für jede Art eine Fahrbahn schaffen, die
     der Natur des benutzten Fahrzeugs entspricht.« (ebd. S.133) Hier zeigt sich deutlich der unüberwindbare
     Widerspruch zwischen der Mobilität der Zeit, die sich nicht mehr abschaffen ließ und überallhin Güter
     und Ideen transportierte, so daß alle regionalen Traditionen und Entwicklungen, also der wirklich ›humane
     Maßstab‹, über diese zentralisierten Einflußkanäle infiltriert und schließlich getilgt wurde. Dies wird z.B. in
     der Sowjetunion deutlich, wo einerseits den Regionen eine gewisse kulturelle Unabhängigkeit zugestanden
     wurde, andererseits der zentralisierte Machtimpetus eines STALIN die Möglichkeiten landesweiter Kon-
     trolle und Beeinflussung zu ihrem Nachteil ausnutzte. (s. Wolfgang PEHNTS Aufsatz »Architektur« IN:
     Propyläen Kunstgeschichte Bd.12: Die Kunst des 20. Jahrhunderts. 1880–1940. S.345) Die Lehrsätze der
     Charta von Athen sind, aufbauend auf der falschen Prämisse der totalen Ordnung, voller Widersprüche.
     Am Ende dachte man aus Ablehnung der asozialen kapitalistischen Geschäftspraktiken dem Staat mit nai-
     vem Idealismus eine Kontrollfunktion und Macht zu, die in den zentralistischen Regimen des gleichen
     Jahrzehnts ihre reale, wenn auch nicht die erwünschte Antwort fand.

leninistischen Lehre propagierte, erklärte die Neorenaissance zum neuen Staatsstil und verriet mit dieser Vorliebe auch seine Wertschätzung ihres Machtbewußtseins. Nur daß diese Illusionen vergangener Idyllen inzwischen mit den Mitteln der neuesten Technik erzeugt wurden, verdrängte man. Alle diese Modelle gaben die Idee der demokratischen oder kommunistischen Gleichwertigkeit aller Gesellschaftsmitglieder zugunsten der Gegenüberstellung führender Eliten und geführter Massen auf.

Die Auseinandersetzung mit einem Theater für die Massen prägte auch die kargen letzten Erneuerungsimpulse seit dem Ende der 20er Jahre. Nachdem zu Beginn des Jahrzehnts in der Sowjetunion kurzzeitig Massentheater an den Festtagen des *Roten Kalenders* durchgeführt worden war, galt seit Stalins Herrschaft explizit revolutionäres Theater als eher suspekt, wohingegen die aus bürgerlichen Wurzeln entsprungenen Theater auch jetzt wie selbstverständlich weitergepflegt wurden. In Deutschland dagegen bildete sich erst ab Mitte der 20er Jahre in der Tradition der Gewerkschaftsfeste eine sozialdemokratische Festtheater-Kultur für die proletarischen Massen, die sich bewußt von den bürgerlichen Festspielen abheben wollte und um 1932 ihren Höhepunkt erlebte, kurz bevor 1933 die Nationalsozialisten mit dem *Thingtheater* ihr Massentheater-Konzept realisieren wollten. Dieses koexistierte allerdings weiterhin mit den von Intendanten wie Gustaf Gründgens, Saladin Schmidt oder Heinz Hilpert geführten Stadttheatern und ihrem Stadttheaterrepertoire - wie überhaupt in allen europäischen Ländern das je konventionelle Theater das beherrschende geblieben war. In Deutschland wurde allerdings das System umfassend zentralisiert: Sämtliche Bereiche der Kultur verwaltete man ab 1933 zentral über die Reichskulturkammer, die ihr unterstellte Reichstheaterkammer sollte dabei über die Einhaltung der ideologischen Reinheit der Theaterarbeit wachen und stand allen Verbänden und Organisationen dieses Bereichs vor. Dem Reichsdramaturgen waren sämtliche Spielpläne zur Genehmigung vorzulegen. So hatte eine umfassende Zensur die Kultur wieder fest im Griff. Dies und die Unvereinbarkeit der herrschenden Ideologie mit geistig oder *rassisch* Artfremdem verursachte noch eine weitere sehr eigentümliche Massenbewegung: Nie zuvor in der Geschichte des Theaters mußten so viele Theaterleute ins Exil gehen und versuchen, von ihrer Sprache und ihrem Publikum abgetrennt ihre Kunst auszuüben – was dem größeren Teil von ihnen nicht gelang.

b. OBJEKTE

Antonin Artaud und der magische Raum

Die Idee des Theaters, die nur in einer magischen, furchtbaren Verbindung mit der Wirklichkeit und mit der Gefahr Gültigkeit besitzt, kann nicht fortwährend prostituiert werden.
*Wird die Frage nach dem Theater auf diese Weise gestellt, so muß sie allgemeine Aufmerksamkeit erregen, wobei stillschweigend angenommen wird, daß das Theater infolge seines körperlichen Charakters und weil es nach **Ausdruck im Raum**, dem einzig realen nämlich, verlangt, den magischen Mitteln der Kunst und des Wortes in ihrer Gesamtheit eine organische Entfal-*

tung (..) erlaubt. Aus alledem geht hervor, daß man dem Theater erst dann sein spezifisches Wirkungsvermögen zurückgeben wird, wenn man ihm seine eigne Sprache zurückgibt. (..) Diese Sprache ist nur durch die dynamischen Möglichkeiten des Ausdrucks im Raum zu definieren, die den Ausdrucksmöglichkeiten des dialogischen Wortes entgegengesetzt sind. Und was das Theater überhaupt noch dem Wort zu entreißen vermag, sind seine Möglichkeiten der Expansion außerhalb der Wörter, seine Möglichkeiten der Entwicklung im Raum, der dissoziierenden, vibratorischen Wirkung auf die Sensibilität. (4)

So leitete Antonin Artaud 1932 sein erstes Manifest zum *Theater der Grausamkeit* ein, mit dem er sein verstörendes, metaphysisch orientiertes, aus der Schnittstelle verschiedener avantgardistischer Ideengehalte, seiner eigenen Theatererfahrung und seinem persönlichen körperlich-seelischen Leidensweg entsprungenes Theaterkonzept zu fassen versuchte. Zwischen 1932 und 1938 sammelte er seine Überlegungen in dem 1938 erschienenen Essay-Band »*Das Theater und sein Double*« der seinerzeit, wie auch Artauds Theaterarbeit selbst, wenig Resonanz, eher Unverständnis und Ablehnung erntete, nach dem Krieg aber zunehmend zur ›Bibel‹ des frei arbeitenden Theaters der Erfahrung, des alternativen Theaters überhaupt wurde.

Artauds Arbeit und Überzeugungen sind nicht von seinem Lebenskampf gegen die Übermacht von Schmerzen, Opium, Erfolglosigkeit und der Außenseiterrolle des nicht ›Normalen‹ zu trennen. Seit einer Meningitis im Kindesalter kränklich und unter permanenten Kopfschmerzen leidend, aber auch unter der nicht endenden Abhängigkeit vom Opium und seinem verständnislosen Elternhaus, verwundert es nicht, wenn er mit seismographischer Überempfindlichkeit alle Trost- und Wurzellosigkeiten der modernen Zivilisation erspürte und aus einer Position des Nichts-mehr-zu-verlieren-Habens bis zur letzten Konsequenz benannte. Selbst der verkörperte Schauplatz der Rücksichtslosigkeit des *Lebens* als solchem, stellte sich Artaud als **Schau**spieler, als Autor und zeitweilig als Theaterleiter und Regisseur selbst aus, angetrieben von seinem Glauben an die schöpferische Kraft dessen, was die kopf- und wortlastige Zivilisation *Chaos* nennt und eines Lebensbegriffs, der im Tod wurzelt. In der Schöpfung dachte er also die unvermeidliche Zerstörung aller Formen mit, indem er die Unzerstörbarkeit der schöpferischen Energie, des *Geistes*, aber voraussetzte[5]. So gesehen zielte seine Ästhetik auf etwas jenseits des in der Realität Erfaßbaren und mußte sich an den Konventionen wie letztlich auch an den weltverändernden, revolutionären Avantgarden reiben, denn aus einer solchen Definition von Theater resultiert zwingend deren politische Unbrauchbarkeit[6] – zumindest nach den üblichen Begriffen von Politik (5).

---

5   »Wo Einfachheit und Ordnung herrschen, kann es anscheinend weder Theater noch Drama geben, und das echte Theater entspringt, wie übrigens auch die Poesie, doch auf anderen Wegen, einer werdenden Anarchie (..)« (»Das alchimistische Theater« IN: ✧103 Double S.54)

6   Zwischen 1924 und 1926 gehörte ARTAUD der surrealistischen Bewegung um André BRÉTON an, mit der er zunächst grundsätzliche Ansichten teilte: vor allem die traditionsablehnende Attitüde und die Skepsis gegen eine rationalistische Sichtweise, der die Bereiche des Traums, des Unbewußten, der assoziativ-spontanen Ausdruckstechniken entgegen- oder gleichgesetzt wurden. Die grundsätzliche Differenz der Ansichten entstand in der Frage des Bezugs zur politischen Wirklichkeit: Während sich BRÉTON und der größte Teil der Gruppe als revolutionär betrachteten und insofern in die politischen Zusammenhänge eingreifen

»Intuitiv erkannte Artaud im Mythos das dynamische Zentrum einer Theateraufführung« (6). Was er letztlich der Welt offenbaren wollte, waren die von seinen existenziellen Erfahrungen provozierten Erkenntnisse des Wesentlichen, die so sehr vom allgemein Zugelassenen abwichen, daß ihm selbst seine avantgardistischen Freunde kaum noch folgen konnten. Entsprechend verstand Artaud unter Grausamkeit auch keine Feier von Gewalt und tätlicher Entwürdigung, er verstand darunter *»Unerbittlichkeit, Durchführung und erbarmungslose Entschlossenheit, nicht umkehrbare, absolute Determination«*, die bei vollem Bewußtsein erfahren werden. *»Das Bewußtsein verleiht der Ausübung eines jeden Lebensvorgangs seine Blutfarbe, seine grausame Nuance, ist doch das Leben eingestandenermaßen stets jemandes Tod.«* (7) Er beschrieb damit lediglich sein Thema: die Unerbittlichkeit menschlicher Existenz, wenn ihr die humanistische, distanzierend rationalistische Maske abgerissen, die Distanz zwischen Verstand und Körper, zwischen Beschautem und Beschauendem aufgehoben wird.

Das Theater schien Artaud das einzig adäquate Medium für seine existenzielle Botschaft zu sein und das nicht von ungefähr: Zum einen ist es jene kollektive Kunst, die ursprünglich den metaphysischen Ritualen der Gemeinschaft entsprungen war, zum anderen ist der Schauspieler/Tänzer der einzige Künstler, der den eigenen Körper zum Medien(s)einer Botschaft macht, diese also im Grunde distanzlos erleidet – wie Artaud den *Schatten des Lebens* als krankender Körper. Die Distanz zwischen Subjekt und Medium ist aufgehoben, der sinnliche Kontakt unmittelbar. Entsprechend zeichnete Artauds Verständnis vom *echten* Theater das Bemühen aus, jegliche Distanz vernichten und damit der allgemeinen Entfremdungstendenz entgegenwirken zu wollen. Sein Theater repräsentierte nicht mehr etwas außerhalb Bestehendes, sondern war als *»Selbst-Repräsentation des Sichtbaren und sogar des rein Sinnlichen«* (8) gedacht. Gleichzeitig bestand Leben für Artaud in der Einmaligkeit, Nichtreproduzierbarkeit; kaum eine Kunstform entzieht sich aber so konsequent der präzisen Wiederholung wie das ephemere Theater, es ist der einzige Ort, *»wo eine Gebärde unwiederholbar ist«* (9). Ungleich den ästhetisch-revolutionären Zielen der Gruppierungen der 20er Jahre, das *Leben* zu reformieren, zielte Artauds Theaterarbeit nicht auf das alltägliche, sondern auf das *geistige* Leben ab, das im magischen Ritual des Theaters wieder erfahrbar gemacht, materialisiert werden sollte und in den Teilnehmern eine Sensibilität für die rational wie verbal nicht erfaßbaren Bereiche erwecken helfen. So wich sein Denken eigentlich entwicklungsgeschichtlich hinter das aufgeklärte Denken, hinter das zergliedernd unterscheidende Analysieren in die Dimension analoger Spiegelungen der Totalität zurück. Sein

wollten, lehnten das ARTAUD und mit ihm Roger VITRAC ab. Während BRÉTON Mitglied der kommunistischen Partei wurde, war ARTAUD kompromißlos überzeugt, daß erst durch die geistige Transzendierung eine grundsätzliche Veränderung möglich werde. »Wir brauchen Wirkung, doch ohne praktische Konsequenzen. Die Wirkung des Theaters erstreckt sich nicht auf die soziale Ebene. Noch weniger auf die moralische und psychologische.« »Ein wirkliches Theaterstück stört die Ruhe der Sinne auf, setzt das komprimierte Unterbewußte frei, treibt zu einer Art virtuellen Revolte, die übrigens nur dann ihren ganzen Preis wert sein kann, wenn sie virtuell bleibt und den versammelten Kollektiven eine schwierige und heroische Haltung auferlegt.« (Brief über die Sprache IN: ✧103 Double S.124/Das Theater und die Pest ebd. S.30) Im Dezember 1926 wurde ARTAUD aus der Gruppe ausgeschlossen. (vergl. ✧109 KAPRALIK S.69f.)

Theater war als Gegenkonzept gedacht, als Therapie gegen die Traditionen und Tendenzen angelegt, die mit Hilfe rationalisierender Differenzierung auf einer ungefährlichen und durchschaubaren, aber sterilen, und damit unfruchtbaren Weltordnung bestanden[7].

> *Wie jede magische Kultur, die von angemessenen Hieroglyphen gestiftet wird, besitzt auch das echte Theater seine Schatten; und von allen Sprachen, allen Künsten ist es die einzige, die noch Schatten hat, die ihre Begrenztheit durchbrochen haben. (..)*
>
> *Unsere versteinerte Vorstellung vom Theater paßt zu unserer versteinerten Vorstellung einer Kultur ohne Schatten, in der unser Geist, wie er sich auch drehen und wenden mag, nur der Leere begegnet, während der Raum voll ist.*
>
> *Das echte Theater hingegen, weil es sich bewegt und lebendiger Werkzeuge bedient, stört weiterhin Schatten auf, wo das Leben fortwährend versagt. Der Schauspieler, der nicht zweimal dieselbe Geste macht, sondern der Gesten macht, bewegt sich, und ganz gewiß mißhandelt er Formen, doch hinter diesen Formen und dadurch, daß er sie zerstört, erreicht er wieder, was die Formen überlebt und ihr Fortleben sichert. (10)*

Artaud wandte sich immer wieder gegen ein literatur- und sprachhöriges Theater wie es, vor allem auch in Frankreich, Dogma war und betonte (ganz in der Tradition der Autonomiebestrebungen der alternativen Theatertheoretiker) die Existenz und Gültigkeit einer jenseits der Wortsprache angesiedelten *Sprache* der Bühne, die sich der ganzen Vielfalt der Ausdrucksmöglichkeiten bediente: der Laute, Gesten, Geräusche, Musik, Kostüme, Requisiten, Sujets, des Lichtes und nicht zuletzt der Begegnung der Akteure und Zuschauer in einem mit Zeichen angefüllten Raum. Ihr traute er sogar eine präzise Einsetzbarkeit und Dekodierbarkeit zu[8]. Sein Totalitätsanspruch bezog sich auf die gegenseitige Spiegelung einer Vielzahl sinnlich-materieller Ausdrucksmittel, die aus dem Raum heraus, nicht auf dem Papier

---

7   »Alle unsere Vorstellungen über das Leben müssen zurückgenommen werden in einer Zeit, in der nichts mehr dem Leben anhängt. Und diese schmerzliche Trennung ist die Ursache dafür, daß die Dinge Rache üben, und die Poesie, die nicht mehr in uns ist, und die wir nicht mehr in den Dingen wiederzufinden vermögen, enspringt mit einem Male der schlechten Seite der Dinge; nie zuvor hat man so viele Verbrechen gesehen, deren sonderbare Willkür sich allein durch unser Unvermögen erklärt, das Leben in Besitz zu nehmen. Wenn das Theater dazu da ist, unseren Verdrängungen Leben zu verleihen, so drückt sich eine Art grausamer Poesie durch sonderbare Handlungen aus, die durch Entstellung der Lebenswirklichkeit demonstrieren, daß die Lebensintensität ungebrochen ist (..). Doch wie nachdrücklich wir auch Magie forderten, im Grunde haben wir Angst vor einem Leben, das sich ganz und gar im Zeichen echter Magie abspielen würde.« (»Das Theater und die Kultur« IN: ✧103 Double S.11)

8   »Es geht um nichts Geringeres als um die Änderung des Ausgangspunktes der künstlerischen Schöpfung und die Umstürzung der gewohnten Gesetze des Theaters. Es geht darum, die artikulierte Sprache durch eine von ihr abweichende Natursprache zu ersetzen, deren Ausdrucksmöglichkeiten der Wörtersprache ebenbürtig sein werden, deren Ursprung aber an einem noch verborgeneren und weiter zurückliegenden Punkt des Denkens erfaßt werden wird. Die Grammatik dieser neuen Sprache bleibt noch zu finden. An ihrer Spitze steht, ihr Material ist die Gebärde.« (»Zweiter Brief über die Sprache« IN: ✧103 Double S.118)
    »Da die Unterwerfung des Theaters unter das Wort eine gegebene Tatsache ist, darf man sich fragen, ob das Theater nicht zufällig seine eigene Sprache besitzt (..). Sollte es diese Sprache geben, so müßte sie jedenfalls notwendigerweise mit der Inszenierung verschmelzen, und zwar mit der Inszenierung betrachtet

der Wortsprache erschaffen werden[9], und einer unbegrenzt schaffensfähigen, geistigen Dimension von Welt und Leben. Mit dieser Totalität, die sich in keiner Weise in der Summe der verschiedenen Künste erschöpft, wollte er den *Raum* also den Aufführungsort füllen:

> *Es gilt eine Vorstellung vom allumfassenden Schauspiel wieder zu entdecken. Das Problem besteht darin, den Raum sprechen zu lassen, ihn zu erhalten, zu erfüllen (11),*

formulierte er in seinem *Ersten Manifest zum Theater der Grausamkeit* und meinte beiderlei: das Begreifbarwerden der geistigen Welt und dazu das Füllen des Raums mit den Zeichen der körperlichen Theatersprache.

> *Wir schaffen Bühne wie Zuschauerraum ab. Sie werden ersetzt durch eine Art von einzigem Ort ohne Abzäunung oder Barriere irgendwelcher Art, und dieser wird zum Theater der Aktion schlechthin. Zwischen Zuschauer und Schauspiel, zwischen Schauspieler und Zuschauer wird wieder eine direkte Verbindung geschaffen werden, denn der im Zentrum der Handlung befind- liche Zuschauer wird von ihr umhüllt und durchzogen. Diese Umhüllung rührt von der Gestalt des Zuschauerraums her.*
>
> *So geben wir die jetzigen Theatersäle auf und werden einen Schuppen oder irgendeine belie- bige Scheune nehmen, die wir gemäß den Prozeduren umbauen lassen werden, die zur Archi- tektur bestimmter Kirchen oder heiliger Stätten und bestimmter zentraltibetanischer Tempel geführt haben.*
>
> *(..) Der völlig schmucklose Zuschauerraum wird von vier Wänden umschlossen sein und das Publikum wird unten, in der Mitte des Raumes, auf drehbaren Stühlen sitzen, so daß es dem Schauspiel folgen kann, das sich rundherum abspielt. Und wirklich wird das Fehlen einer Büh- ne im üblichen Sinne des Wortes zur Entfaltung der Handlung in allen vier Ecken des Zu- schauerraums führen. (..) Außerdem werden oben um den ganzen Zuschauerraum herum Galerien laufen, wie auf bestimmten mittelalterlichen Bildtafeln. Auf diesen Galerien werden die Schauspieler, soweit es die Handlung erfordert, sich von einem Ende des Saales bis zum andern verfolgen können; (..) Die Handlung wird sich kreisförmig auflösen, wird ihre Kurve von Raumebene zu Raumebene, von einem Punkt zum andern ausweiten, Höhepunkte werden plötzlich entstehen, werden wie Feuersbrünste an verschiedenen Stellen aufflammen (..) Denn die Verteilung der Handlung auf einen riesigen Raum wird die Ausleuchtung einer Szene und die verschiedenen Ausleuchtungen einer ganzen Aufführung dazu zwingen, das Publikum ebenso zu erfassen wie die handelnden Personen; (..) Immerhin wird in der Mitte eine Stelle reserviert bleiben, die zwar nicht als eigentliche Bühne dienen, aber es dem Hauptteil der Handlung ermöglichen soll, sich im Bedarfsfall zu sammeln und zu schürzen. (12)*

als: 1. visuelle und plastische Verwirklichung des Wortes, 2. als Sprache all dessen, was auf einer Bühne unabhängig vom Wort gesagt und bezeichnet werden kann, was seinen Ausdruck im Raum findet (..). (..) das Theater mit den Möglichkeiten des Ausdrucks durch Formen und alles, was Gebärde, Geräusch, Farbe, Plastik usw. ist, verbinden, heißt, es wieder in seinen religiösen und metaphysischen Blickwinkel stellen, heißt, es mit dem Universum wieder versöhnen.« (»Orientalisches und abendländisches Theater« IN: ◇103 Double S.73ff.)

9   »Ein Autor, der nicht direkt mit dem Bühnenstoff befaßt ist, der sich nicht auf der Bühne bewegt, indem er sich an ihr orientiert und die Kraft seiner Orientierung dem Schauspieler unterwirft, hat in Wirklichkeit seine Mission verraten.« (»Zweiter Brief über die Sprache« IN: ◇103 Double S.120f.)

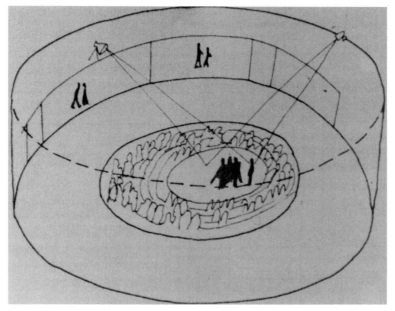

1 Schema von Artauds idealem Aufführungsort

Das Bild seines Aufführungsortes, das Artaud im *Ersten Manifest* beschrieb (Abb. I), ist ein Konzept für totale räumliche Durchdringung, das sich ohne technisch-suggestive Tricks allein in der Anlage und Organisation des Raumes verwirklicht. Dieser Raum, der keine separaten Bereiche mehr kennt, also auch keine Bühne, war gänzlich mit den Zeichen der Theatersprache zu füllen, seine potenziellen, aber normalerweise unsichtbaren Inhalte galt es zu offenbaren. Theater war für Artaud eine vom Raum abhängige Ausdrucksform. Die Zuschauer umringen die Handelnden, werden aber vor allem von Handlung und Aktion eingeschlossen, mit dem Ergebnis der zwingenden Teilhabe aller. Eine Distanziertheit scheint unmöglich. Auch eine Distanzierung von ›normalen‹ Gebäuden, eine Erhöhung des Theaters wird durch die Umnutzung schlichter Nutzgebäude tätlich abgelehnt. Die Magie der Orte entsteht nicht aus Architektur, sondern durch die an ihnen vollzogene Handlung, für die das Innere nach alten magischen Traditionen, wie dem geschlossenen Kreis oder dem Zentralraum, eingerichtet wird.

Mit dieser Überzeugung war es natürlich Artauds Bestreben, das Theater zu erneuern, und also die Mentalität seiner Zeit zu heilen. Sein magisches Theater war eigentlich als Massentheater gedacht, letztlich als lebendiges, nicht duplizierbares Fest, das überall stattfinden kann und bei dem alle sowohl spielen als auch schauen[10], seine tatsächliche Arbeit fand hingegen im Kreise avantgardistischer Eliten und in gemieteten Guckkastentheatern statt. Gerade im klassikerorientierten Frankreich mußte Artaud unweigerlich zum totalen Außenseiter werden, wenngleich seine Haltung in Alfred Jarry etwa, nach dem Artaud, Roger Vitrac und Robert Aron ihr zwischen 1926 und 1929 sporadisch aufführendes Theaterprojekt benannten, und seine Raumkonzeption in Giullaume Apollinaire durchaus Vorläufer besaß[11]. Proben- und Aufführungsräume für das Théâtre Alfred Jarry zu finden, war schwer genug, für sein *Theater der Grausamkeit* wollte Artaud dann einen festen Ort durch den Mäzen Henry Church finanziert bekommen, mit dem er 1932 verhandelte. Und da dachte er an einen Schuppen, eine Kapelle oder eine stillgelegte Fabrik, am ehesten an einen Schuppen (13). Seine *grausame* Festlichkeit konnte überall stattfinden, wo man Menschen zu versammeln vermag.

Aber: Das *Theater der Grausamkeit* blieb vorerst Theorie, später erst reinkarnierte sich sein Geist in verschiedenen Projekten.

Artaud starb 1948 nach langen Jahren in Heilanstalten, gesundheitlich und psychisch zerrüttet, an Krebs.

10   »(..) das Theater der Grausamkeit [setzt sich] zum Ziel, wieder zum Massenschauspiel zurückzukehren; in der Bewegung bedeutender, doch konvulsivischer und gegeneinander getriebener Massen etwas von jener Poesie zu suchen, die an den heute viel zu seltenen Tagen, an denen das Volk auf die Straße geht, in den Festen und in der Menschenmenge ist.« (»Das Theater und die Grausamkeit« IN: ✧103 Double S.90)

11   APOLLINAIRE schwebte für sein Stück DIE BRÜSTE DES TERESIAS (1927) »Ein rundes Theater mit zwei Bühnen« vor, »eine in der Mitte, die andere bildet eine Art Ring um die Zuschauer herum und wird die große Entfaltung unserer modernen Kunst ermöglichen«. (s. ✧108 GRIMM S.94) Auch ihm ging es um die gegenseitige Durchdringung jener traditionell so scharf getrennten Bereiche Bühne und Zuschauerraum. ARTAUD wollte allerdings diesen einheitlichen Raum mit ganz anders gearteten Zeichen füllen.

Klubs und Paläste: Die Theater der sowjetischen Massen

In der Sowjetunion hatte sich die Situation allgemein wie auch in Hinblick auf die (Theater-) Neubautätigkeit um 1930 herum spürbar geändert. Gab es nach der Revolution eine Fülle von Ideen und Inspiration, aber nur wenige Möglichkeiten der Umsetzung, so wurde inzwischen intensiver im staatlichen Auftrag gebaut, aber gleichzeitig dachte offiziell niemand mehr daran, der politischen Revolution wirklich eine entsprechende Revolution der Künste folgen zu lassen. Während dringende alltägliche Bauaufgaben bewältigt werden wollten, waren die fortschrittlichen Künstler längst an vorwiegend entwerfende Arbeit gewöhnt und erschöpften überdies ihre Kräfte in den Kämpfen der divergierenden Gruppierungen. Während in den unterschiedlichen Regionen noch Stiltraditionen nachwirkten, gewannen im überregionalen und repräsentativen Bauen neoklassizistische Tendenzen schließlich die Oberhand.

Allerdings war der Theaterbau eine der ersten Bauaufgaben, die gleich nach der Revolution in Angriff genommen wurde. Zwischen 1917 und 1920 entstanden 7ooo Klub-Theater (14), für deren Errichtung sich gerade auch Meyerhold intensiv einsetzte; eine zweite Bauwelle rollte in der zweiten Hälfte der 20er Jahre über das Land, in deren Fluß »ungewöhnliche Grundrisse geschaffen, neue Interieurs entworfen und neue räumliche und künstlerische Formen gestaltet« wurden (15) (Abb. 1). Das Neuartige an ihnen bestand darin, daß sie vor allem dem Laienspiel der Arbeiter einen Aufführungsort und eine Heimat geben sollten; und daß dieser Aufführungsort daneben noch andere Aufgaben zu erfüllen hatte, indem er Teil eines Baukonglomerats war, das als eine Art Kulturzentrum die staatlich gewünschte Arbeiterkultur entwickeln und die politische Agitation und Propaganda in alle Landesteile tragen helfen sollte[12]. Dieser Zug des Funktions- und Baukonglomerats haftete den meisten originär sowjetischen Bautypen, all den *Palästen* der Arbeit, den Sowjet- und Kulturpalästen an. Ebenso

---

12 CHAN-MAGOMEDOW schreibt über sie: »Der Massenbau von Arbeiterklubs während der zweiten Hälfte der zwanziger Jahre übertraf bei weiten den Bau anderer Gebäude für kulturelle Massenarbeit. Das ist vielfach damit zu erklären, daß die Klubs in der Lage waren, sozusagen viele Funktionen anderer Gebäude für Kultur, Bildung und Veranstaltungen aufzunehmen. Während der ersten Jahre der Sowjetmacht als eine Form der Vereinigung der Arbeiterklasse auf dem Gebiet der Massenagitationskunst entstanden (..), erreichte der Arbeiterklub in der zweiten Hälfte der zwanziger Jahre eine komplizierte Verflechtung von Funktionen und organisatorischen Formen. (..) Unter solchen Umständen war es sinnvoller, sich entweder für eine größere Spezialisierung zu entschließen oder für die weitere Differenzierung dieses Gebäudetyps (..). Die Schwierigkeiten, welche sich im Werdegang eines solchen Typs des Gesellschaftsbaus wie des Arbeiterklubs ergaben, spiegelten den widersprüchlichen Charakter überhaupt wider, der innerhalb des Suchens nach Gebäudetypen und Siedlungsweisen, die in sozialer Hinsicht neu waren, herrschte. Die wesentliche Änderung, die der soziale Auftrag innerhalb der Entwicklung der neuen Gesellschaft selbst erfuhr, die nicht gültig gelösten Probleme sozialistischer Siedlungsweise und neuer Lebensform, der Kampf verschiedener theoretischer Konzeptionen (..), alles das (..) führte teilweise dazu, daß die Bedeutung der 'sozialen Kontakte' in der Freizeit überbewertet wurde. Das Bestreben, alle Abläufe des Alltags und der Erholung zu kollektivieren, offenbarte sich zweifellos in solchen neuen Gebäudetypen dieser Zeit (..)« (✧106 S.457f.)

der Anspruch, dem revolutionären Charakter der Staatsform und Ideologie entsprechend, adäquate und neuartige, also gewissermaßen alternative Bauformen zu schaffen. Aber:

> Über allem Bauen schwebt eine Problematik. Das ist leicht erklärlich, wenn man bedenkt, daß Rußland seine Wirtschaft und Kultur planmäßig aufbauen will - also ohne traditionelle Entwicklung. Daher ist es auch nicht verwunderlich, wenn die Problematik um die neue Kultur beim Klub- und Theaterbau deutlicher als sonstwo hervortritt. Das Suchen nach dem Neuen findet leider meist im Äußeren seinen Ausdruck. Der Eindruck des Massigen und Bombastischen soll fast immer erreicht werden. Selbst in Flachbausiedlungen - meist aus Holz - in der Provinz muß der Klub etwas Besonderes sein, ebenso das Theater. **Früher war es die Kirche, die den Akzent im Stadtbild gab, heute sind es der Klub und das Theater.**
> Die Kernfrage der gesuchten Theaterart liegt im Innern, in der Bühne, im Spiel, im Verhältnis von den Zuschauern zu den Spielern. Man kennzeichnet es mit ›Massentheater‹, ›Proletarisches Theater‹. Das neue Theater soll nicht mehr Stätte der Erholung und der Beschaulichkeit sein (..), die Massen sollen mitspielen. Das Theater soll nicht der Muse dienen, es soll politisch wirksam sein, im Spiel selbst und in der Berichterstattung und Demonstration, für Ratssitzungen und Massenversammlungen, für Schulung und Aufklärung der Massen. Das Klubtheater dient in der Hauptsache der künstlerischen Selbsttätigkeit. Dagegen wird in jeder größeren Ansiedlung noch ein Massentheater erstehen, das den vorangeführten Zwecken dienen soll,

schrieb 1932 der zu der Zeit in Moskau ansässige Architekt Ernst Gondrom kritisch (16). Zunächst zog das neue Regime in die Paläste des besiegten Adels ein, kurz darauf schuf es sich seine eigenen. Im Grunde enthielt bereits dieses Begriffszitat jenen Geist, der die architektonische Entwicklung schließlich wieder in den Verzierungsdrang eklektizistischer Klassizismen münden ließ. Und eigentlich ging es die ganze Zeit nicht um die Kunstform Theater, sondern um die Inszenierung des Lebens, der Freizeit, um Theater als Kommunikationsform und damit als potenziell agitatorisches Medium.

In den 30er Jahren wurde endlich im größeren Stil gebaut – zunächst noch im Sinne der Architektur-Erneuerer, alsbald als weitere Neorenaissance –, der Staat schrieb Wettbewerbe aus und erteilte Bauaufträge. Neben dem Palast der Sowjets in Moskau zwischen 1931 und 1933, vor allem nun für Massen- und *Synthese*theater, nach den Klubs nun auch wieder für reine Schauspiel- und Opernhäuser: 1930 in Rostow am Don, 1931 in Iwanowo-Wosnessensk und Nowosibirsk, zwischen 1930 und 1931 in Charkow, 1932 in Swerdlowsk..

Die Auflagen für *Paläste* und diese riesigen Theater ähneln einander auffallend[13]. Immerhin ging es in all diesen Fällen um Versammlung einer Menge, um Rezeption, also die Kom-

---

13   Die Theaterbauten sollten einen Versammlungsraum bieten, der neben Theateraufführungen eben auch für »Sportveranstaltungen, Meetings, Lektionen, Versammlungen«.. geeignet war. In Charkow wurde z.B. ein Einraum-Theater für 4000 Personen angestrebt, das auch als Sportarena, Versammlungsort, Zirkus, Aufmarschgelände, Agitbrigaden-Spielstätte.. dienen konnte. (vergl. ✧106 CHAN-MAGOMEDOW S.478). Demgegenüber verlangte die Ausschreibung für den Palast der Arbeit in Moskau 1922 einen Saal für 8000 Menschen, kleinere Säle für Theater, Konzerte, Versammlungen, Lektionen, Kino.. und neben politischen Funktionsräumen noch ein Museum und einen Speisesaal. (vergl. S.400f.)

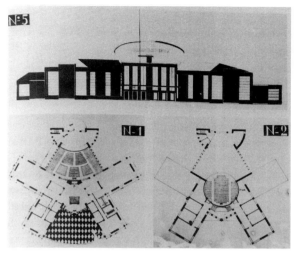

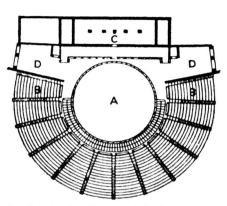

1   Konstantin S. Melnikow: Klub »Frunse« in Moskau
    (1928), Fassade und Grundrisse verschiedener
    Ebenen

2   Griechisches Theater: A Orchestra
    B Sitzreihen C Skene D Parodoi

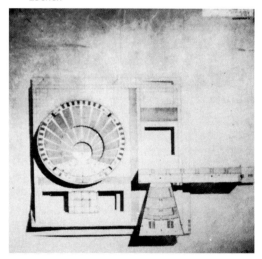

3   Moisei Y. Ginsburg: Wettbewerbsentwurf für
    einen Sowjet-Palast (1932)

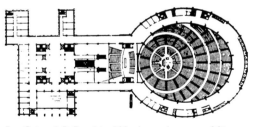

5   Grigorij B. Barchin: Wettbewerbsentwurf für
    ein Theater in Swerdlowsk (1932)

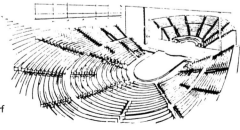

4   Brüder Wesnin: Wettbewerbsentwurf
    für den Palast der Arbeit (1922/23)

munikation zwischen den vielen und den wenigen, aber auch um die Zurschaustellung einer geeinten Masse selbst. Angesichts der Größe des räumlichen Volumens bewegte sich das *Neue, Traditionslose* im Rahmen rangloser Amphitheater und eben all jener technischen Spielereien, die eine variable Nutzung und variable Platzkontingente ermöglichten. So entstanden die Bezüge zur Gestalt des antiken Theaters nicht, wie bei den Volkstheater-Entwürfen des vorigen Jahrhunderts, aus einer theoretisch erarbeiteten Position heraus, sondern aus parallelen Bedürfnissen: In beiden Fällen handelte es sich um ein Massentheater, in dessen Rahmen sich die politisch-gesellschaftliche Ordnung selbst darstellen und feiern wollte, um mit diesem konventionalisierten Akt das Gemeinschaftsgefühl zu beschwören (Abb. 2/3).

Für die Massenversammlungen, bei denen die Rednertribüne weniger Platz benötigt als das Spiel, wurde der der amphitheatralen Anordnung zugrundeliegende Kreis gerne vollendet, um möglichst viele möglichst nah ans Zentrum zu rücken: Ein Beispiel wäre Moisei Y. Ginsburgs Wettbewerbsentwurf für den Sowjetpalast von 1932 (Abb. 3) oder der Vorschlag der Brüder Wesnin für den Palast der Arbeit von 1922/23 (Abb. 4).

Bei den variablen Massentheater-Entwürfen gab es interessante Versuche, trotz der riesigen, für Aufmärsche gedachten Bühne ohne technische Unterstützung, nur über die Nähe, den Kontakt zwischen den Bereichen so gut wie möglich zu erhalten. Vor allem der Wettbewerb für Swerdlowsk 1932 erbrachte dazu Vorschläge: Grigorij B. Barchin wollte die Bühne zwischen zwei verschieden große Amphitheater legen (17) (Abb. 5) und Nikolai A. Ladowsky verlegte gar drei Zuschauerräume an den drei Seiten einer immensen rechteckigen Bühnenanlage (Abb. 6), die, dem antiken Urtypus entsprechend, entlang der Mittelachse des Gebäudekomplexes mit einer Orchestra in die Arena ragt, während die Sitzreihen der seitlichen Auditorien die halbrunde Außenform nicht aufnehmen und stattdessen parallel frontal verlaufen. Auf diese Weise könnte man auch ›intimer‹, direkt vor ihnen spielen, ohne die Auditorien selbst verändern zu müssen. Bei ihrem Siegerentwurf für das Theater für musikalische Massendarbietungen in Charkow dachten die Brüder Wesnin ebenso wie Barchin an die Möglichkeit zweier einander gegenüberliegender Arenen durch verschiedene Möglichkeiten der Bühnenbestuhlung (Abb. 7a/b). Die auswählenden Preisgerichte scheinen diese Möglichkeit geschätzt zu haben, denn sowohl in Swerdlowsk wie in Charkow sollten diese Vorschläge die Ausführung bestimmen[14].

Moisei Y. Ginsburg nahm hingegen Gropius‹ Vorschlag einer durch technisch bewirkte Drehung erzeugten Variabilität hinzu. Abgesehen davon, daß seine trapezförmige Bühne in Guckkasten-Manier bespielbar war, konnte sie auch mit parallel verlaufenden Reihen bestuhlt werden (Abb. 8a–d); man könnte nur das ebenfalls bestuhlbare Proszenium bespielen oder aber es wird, ganz wie bei Gropius Totaltheater, eine kleinere Parkettscheibe um 180° gedreht, so daß das ehemalige Proszenium zur zentralen Bühne wird.

14 BARCHIN baute seinen Entwurf in Swerdlowsk tatsächlich, während der Bau in Charkow nach einer ausgedehnten Findungsphase nie zur Ausführung kam, weil währenddessen Kiew zum Zentrum der Ukraine ernannt wurde.

6a Nikolai A. Ladowsky: Wettbewerbsentwurf für Swerdlowsk (1932), Anlage

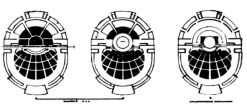

7a Brüder Wesnin: Siegerentwurf für ein Theater für musikalische Massendarbietungen in Charkow (1930/31), Grundrisse der Varianten

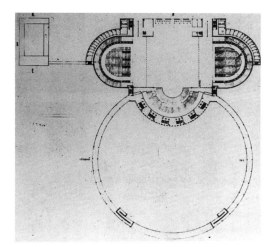

6b Grundriß

7b Außenansicht

8a Moisei Y. Ginsburg: Wettbewerbsentwurf für Swerdlowsk (1932), Variante für Aufmärsche zwischen zwei Auditorien

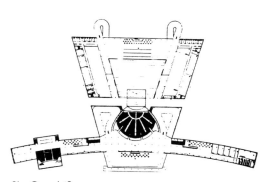

8b Grundriß

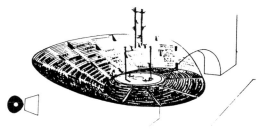

8c Variante mit zentraler Bühne

Nach der intensiven Auseinandersetzung gerade auch westlicher Architekten mit dem Theaterbau bei gleichzeitiger Unmöglichkeit der Umsetzung, erstaunt ihre zuweilen rege Beteiligung an sowjetischen Wettbewerben nicht. Besonders der Wettbewerb in Charkow versammelte viele westliche Vorschläge. Von den 142 eingereichten Entwürfen kamen 91 aus dem Ausland, unter ihnen auch die von Theaterbau-›Spezialisten‹ wie Walter Gropius oder Hans Poelzig. Interessant ist, daß gerade diese ›westlichen‹ Entwürfe bemüht waren, räumliche Variabilität über die Portalzone und den Bühnenbereich zu erreichen - ein Thema das die 50er Jahre beschäftigen wird. Walter Gropius schob so beispielsweise seinen kreissegmentförmigen Zuschauerraum um einer engen Beziehung beider Bereiche willen tief in das Bühnenhaus selbst hinein, so daß die ersten Parkettreihen und der potenzielle Orchestergraben hinter dem Portalrahmen liegen (Abb. 9a/b). Ansonsten verließ er sich ganz auf die Möglichkeiten des *Projektionsraums* und enttäuschte all jene, die in den Erfinder des Totaltheaters besonders große Hoffnungen gesetzt hatten.

So gut wie alle bisher genannten Enwürfe zeichnet eine enge Übereinstimmung zwischen ihrer inneren Struktur und der schmucklosen Außengestalt aus. Etliche sind im Eingangsbereich mit langgestreckten Baupartien versehen, die wie einladend ausgebreitete Arme die Menschen anziehen und sammeln sollten. Aber:

Man will Massentheater bauen für Massenspiele, für Spiele, die das Neue verkörpern, den kulturellen und wirtschaftlichen Aufbau, das Geistesleben usw. Und man muß mit Achselzukken feststellen, daß es solche Stücke noch gar nicht gibt. Viel wird probiert und geschrieben, jedoch hat sich noch nichts herauskristallisiert. (18)

Der Zeitraum von vier Jahren (von 1930 bis 1933) war hinsichtlich der Eindringlichkeit, mit der nach einem Typ des Massentheaters gesucht wurde, der verschiedenartigen originellen Ideen für die räumliche Organisierung und Verwandlung eines universal zu nutzenden Saales eine außerordentliche Erscheinung der Architektur des zwanzigsten Jahrhunderts. Aber diese Suche und diese Ideen wurden praktisch nur wenig in die Tat umgesetzt. (19)

Im Grunde suchte man nach einem Standardtyp, der landesweit errichtet werden konnte. Je nach Bedarf in verschiedenen Größen, aber überall mit den gleichen Bühnenabmessungen und der gleichen Bühnentechnik versehen, so daß die Produktionen zentral erstellt und dann landesweit gezeigt werden konnten. Ganz im Sinne eines Theaters im Dienste der Politik, vor allem ganz im Sinne der Politik Stalins, wäre so eine zentrale Kontrolle und Einflußnahme möglich gewesen. 1930 wurde von M.J. Korilko ein solcher Standardtyp ausgearbeitet, der dann ab 1931 von Alexander Grinberg u.a. in Nowosibirsk ausgeführt wurde (20). Korilko hüllte ein Paket technischer Verwandlungssysteme in ein raumgreifendes, aber streng geometrisches Schema (Abb. 10a–c), in dem der Kreis eine tragende Rolle spielt, da ein Großteil der Verwandlungstechnik auf Drehbewegung beruht: Zwei einander entsprechende, kreisförmige Gebäudekomplexe spiegeln sich an einer zentralen Achse, die von einem länglich-schmalen Trakt gebildet wird. Der etwas größere Kreisbau ist überkuppelt und enthält den amphitheatralen Zuschauerraum, die anderen Bereiche dienen der technischen Aus-

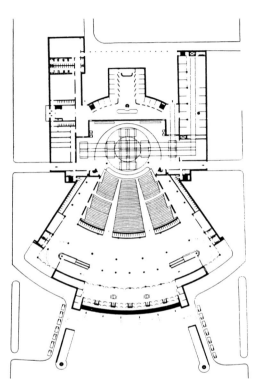

9 Walter Gropius: Wettbewerbsentwurf für Charkow (1930/31)

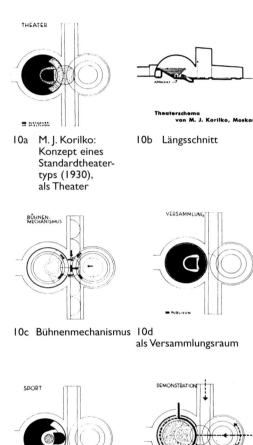

10a M. J. Korilko: Konzept eines Standardtheatertyps (1930), als Theater

10b Längsschnitt

10c Bühnenmechanismus

10d als Versammlungsraum

10e als Sportarena

10f für Demonstrationen

stattung. Der größte Teil der Sitzreihen ist fest und verfolgt die Rundung eines größeren Kreises; ein kleineres Parkett, in Bühnennähe situiert, kann gedreht, gehoben und verschoben werden, so daß eine Zentralarena entsteht. Die Bühne besteht zum einen aus dem sichtbaren Teil zweier gegeneinander rotierender Drehringe, die unterhalb des Parketts weiterverlaufen, um dort mit Dekoration bestückt oder aber bestuhlt zu werden, und zum anderen aus einer kleineren, in der Mitte teilbaren Drehscheibe, deren Mittelpunkt genau auf der Tangente des Zuschauerhauses liegt. Sie ermöglicht also eine Guckkasten-Variante, während die Ringbühne für eine unverstellte Verbindung von Spiel- und Schaubereich sorgt. Um das kleine Parkett verläuft außerdem ein Gang auf Bühnenhöhe.

Diesen öffentlichen Gebäudetrakt dachte sich Korilko als tambourlose Halbkuppel, deren Öffnung zum Guckkasten ein hochgefahrener Kugelausschnitt ist. Sein Absenken läßt einen geschlossenen Kugelraum entstehen. Deshalb war auch von einem *Panorama-Planetarium-Theater* die Rede (21). In den Drehringen und der Bühnendrehscheibe, die in der Kombination schon eine Vielzahl von Verwandlungsmöglichkeiten eröffnet, erschöpft sich aber Korilkos Konzept noch lange nicht: Die kleine Drehscheibe konnte ebenso in die Mitte des zweiten Kreisbaus geschoben werden, wo sie im Zentrum zweier ebenfalls gegeneinander rotierbarer Ringe ruht. Auf diese Weise könnte sie vollständig mit Dekoration bestückt werden. Die Bühnendrehringe vermochten ebenso die zweite Hälfte der sichtbaren Drehscheiben-Bühne in nahtloser Folge neu zu bestücken.

Die Drehscheibenhälften passen darüberhinaus in den länglichen Gebäudetrakt, wo immer neue Dekorationen bereitstehen können. Entsprechend mißt er zu jeder Seite noch einmal zwei Kreisdurchmesserlängen. Über seiner Mitte befand sich dann auch noch ein Schnürboden und letztendlich war im Zentrum des Zuschauerhauses ein Projektionsapparat geplant, der die gesamte Kuppel unter Projektion zu setzen vermag und materielle Dekorationen eigentlich weitgehend überflüssig macht.

Bei diesem Typus handelte es sich offenbar weniger um **eine** Standardlösung als vielmehr um eine Akkumulation bühnentechnischer Vorschläge der letzten Jahrzehnte, die letztlich zu einem uhrwerkgleichen Transportmechanismus für Bühnendekorationen kombiniert wurden. Nicht nur, daß der traditionelle Schnürboden ebenso sein Recht erhielt wie die längst standardisierte Drehbühne Lautenschlägers, auch Gropius‹ Projektionsraum stand Pate und Drehring-Varianten, die z.B. Hermann Dernburg (zwei sich überschneidende Kreise), Oskar Strnad (Ring um den Zuschauerraum) und der polnische Architekt Szymon Syrkus (zwei gegeneinander rotierende Ringe um den Zuschauerraum) nacheinander behandelt hatten, wurden ›synkretistisch‹ vereint (22). Dieser technische Pluralismus verweist darauf, daß die bestehenden Theater nicht grundsätzlich ersetzt werden sollten – das konnte sich die Sowjetunion nicht leisten –, sondern auch die Produktionen älterer, nicht standardisierter Theater auf Tournee gehen. Der Zentralisierungsgedanke erfaßte alle Möglichkeiten – solange sie technischer Natur waren und die Ausstattung betrafen.

Natürlich war auch dieses Konzept als Mehrzweckgebäude geplant: Abgesehen von den Möglichkeiten für Theaterspiel konnte durch Abschluß des Kuppelrunds und die Bestuhlung der Bühne bis auf einen Umgang um das kleine Parkett ein Versammlungsort geschaffen werden (Abb. 10d) und durch Drehen, Verschieben und Heben des kleinen Parketts eine Sportarena (Abb. 10e). Auch Aufmärsche fanden überall Einlaß und Durchgänge (Abb. 10f).

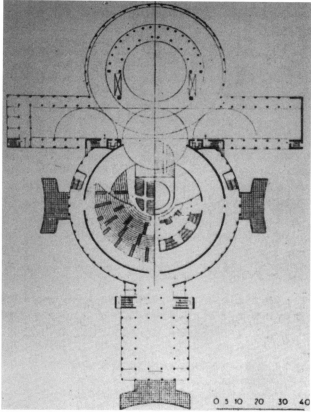

11a Alexander Grinberg: Entwurf eines Theaters für
Nowosibirsk (1931), Grundriß

11b Modell

11c Die ausgeführte Fassade

Und Kino-Vorführungen wurden durch die ausgefeilte Projektionstechnik ebenfalls möglich.

Dieses Konzept wurde von dem Architekten Alexander Grinberg 1931 für Nowosibirsk in eine realisierbare bauliche Hülle gekleidet, die 3000 Menschen fassen sollte (Abb. 11a/b). Grinberg nahm die Geometrie des Konzeptes auf und goß sie in ihre stereometrischen Entsprechungen um. Die Kugel des Zuschauertraktes und die rechteckigen Formen von Schnürboden oder Vestibül etwa waren von oben deutlich zu erkennen, das Thema Kreis tauchte in den die Kugelgestalt umziehenden und scheinbar tragenden Ringen wieder auf. Mit dieser horizontalen Linienführung, die sich um den Gesamtbau fortsetzt, band Grinberg auf dem Grundriß eines lateinischen Kreuzes die verschiedenen Körper zu einem Komplex zusammen. Unter Beteiligung verschiedener deutscher Ingenieure wurde das Projekt in Angriff genommen, jedoch verzögerte sich aufgrund der Materialknappheit der Bau so lange, bis sich Grinbergs Außenhaut den schmucktrunkenen Tendenzen der Neorenaissance anpassen mußte, die schließlich die Ausdruckskraft der stereometrischen Formen völlig auflösten (Abb. 11c). Es blieb bei dieser einzigen Ausfertigung des *Typs*. Genauso blieb es bei diesem repräsentations- und schmucktrunkenen neuen Stil. Und diese Periode der sowjetischen Architektur währte die nächsten zwanzig Jahre.

Die nationalsozialistischen Thingtheater: Versuch eines ›Staats‹theaters

In Deutschland waren die Nationalsozialisten bestrebt, ihrer Ideologie in allen Lebens- und Kulturbereichen Ausdruck zu verleihen. Zwar übernahm man die überkommene Theaterkultur, sofern sie keine politisch zuwiderstehende Positon vertrat, während gleichzeitig die personelle Besetzung der Häuser grundsätzlich, wenngleich weniger streng als in anderen Bereichen nach *rassisch-völkischen* Kriterien umgestaltet wurde und es von nun an keine Arbeitsmöglichkeiten für Avantgarden mehr gab, und doch suchte man zusätzlich dazu nach einem ureigenen Ausdruck der *Völkischen Dramaturgie*. Entsprechend gering war das Interesse am Neubau konventioneller Häuser[15] und stattdessen wurde seit der *Machtergreifung* vielmehr das Konzept der Thingspiele und die Errichtung zahlreicher, über das ganze Land verteilter Thingplätze lanciert. Schon im Sommer 1933 wurde dazu der *Reichsbund der Deutschen Freilicht- und Volksschauspiele* gegründet. Unter Berufung auf die germanische Volksversammlung, den Thing, versuchte man mit der Schaffung dieses Theaters, den Ideen und dem Vokabular der nationalsozialistischen Ideologie Ausdruck zu verleihen, große Volksmengen unterschieds- und klassenlos zu versammeln und in das Spiel einzubeziehen. Der Name unterstrich gleichzeitig die vorrangig politische Tendenz und Zielrichtung dieses ›neuen‹ Theaters.

---

15   Neu gebaut wurden in dieser Periode eigentlich nur das Theater in Dessau und das sogenannte »Grenzlandtheater Saarbrücken«. Ansonsten glich man in verschiedenen Theatern (vor allem in Berlin) die Interieurs dem Stil des Regimes an und baute vor allem »Führerlogen« in sie ein.

1   Feierstätte auf der Lorelei (1939)

2   Feierstätte und Freikorps-Ehrenmal Annaberg (1938)

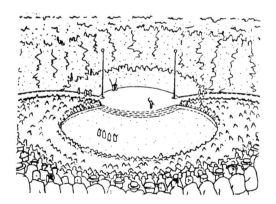

3a   Schemaskizze eines Thingplatzes

3b   Modell des Schemas

*Diese Thingstätten sind keine Orte der Volksbelustigung und deshalb auch keine Stätten für ein
Theater, das im wechselnden Spielplan im alten liberalistischen Sinne heute interessant, morgen
amüsant, aber immer standpunktlos ist. Sie sollen Weihestätten, Kultstätten unseres völkischen
Lebens sein; auf ihnen haben nur kultische Spiele, die aus dem völkischen, politischen oder
sozialen Leben unseres Volkes stammen, Platz. Hier wird unser Volk bei seinen großen festlichen
Kundgebungen, zu denen auf diesen Plätzen die künstlerische Gestaltung gefunden werden
soll, zum Erlebnis seiner großen Aufgabe geführt (23),*
faßte es 1933 der Schauspieler Otto Laubinger, der inzwischen zum Präsidenten der Reichstheaterkammer avanciert war. Um *geistige Eingliederung in die Volksgemeinschaft* in der *Volks-
schule des Theaters* ginge es. So bestimmte er 1934 sogar, daß die Bezeichnungen *Thingspiel*
und Thingplatz erst nach Prüfung durch den Reichsdramaturgen, Rainer Schlösser, und Genehmigung durch den Propagandaminister Goebbels, einem eingetragenen Warenzeichen
vergleichbar, geführt werden durften (24). Die Wurzeln dieser Idee sind bei den mittelalterlichen Mysterienspielen, wie sie etwa in Oberammergau als Passionsspiel noch überlebt
hatten, und, uneingestanden, auch bei den Volkstheater-Konzepten des vorigen Jahrhunderts wie den sozialdemokratischen Festen seit der zweiten Hälfte der 20er Jahre zu finden, obgleich das Theater der Weimarer Republik explizit das *kulturbolschewistische* Feind-
bild lieferte.

In absehbarer Zeit sollten 400 Thingplätze errichtet werden (25).

*(..) es [handelt] sich bei der Einrichtung dieser Thingplätze um architektonische Aufgaben (..),
für die es keine oder nur wenige Vorbilder gibt, und (..) die Architekten [müssen sich] bei der
Durchbildung ganz von den Vorstellungen der Guckkastenbühne, aber auch von den Vorstellungen des antiken Freilichttheaters freimachen (..), um die Voraussetzungen für das Aufmarsch-
und Bewegungsspiel und den festlichen Aufmarsch bei Kundgebungen zu erfüllen (..). (26)*
Die Thinplätze waren Freilichteinrichtungen inmitten der Natur an ›geheiligten‹, ›geweih-
ten‹ Plätzen der Geschichte errichtet: Hünengräber, Schlachtfelder, Ruinen.. wurden ausgewählt. Dort fügte man Arenen mit bis zu 25.000 Sitzplätzen, also für bis zu 50.000 Teilnehmer in die Landschaft ein (Abb. 1/2). Sie verfügten zwar über ausgeprägte Lichtanlagen und
andere technische Mittel, aber es fehlte weitere Illusionsmaschinerie. Die Wirkung sollte
vor allem vom Ort und der Menschenkulisse der Versammelten ausgehen.

Das Schema der Thingplätze (Abb. 3a/b) bestand in Arenen, oftmals mit breiten Gängen, die
parallel zu den Sitzreihen für Aufmärsche und dezentralisiertes oder gar simultanes Spiel
vorgesehen waren. Der so entstehenden Orchestra schloß sich nicht immer ein skenenartiges
Gebäude an, sondern oft ein Stück Landschaft: Wald, Fels, ein Panorama. In einigen Fällen
bestand wohl die Spielfläche aus einer Kombination von Orchestra und einer weiteren
erhöhten Bühne. Immer war sie für Aufmärsche und Spiel über offene Zugänge erreichbar.
Zwar wurde dieses Spiel auf Thingplätzen als »*in gewissem Sinne traditionslos*« propagiert
(27), besieht man sich aber die Modelle der Thingplätze oder ihre Schemata, hält man sich
etwa eine der ersten und größten Thingplätze, die Dietrich Eckhart-Freilichtbühne auf dem
Olympia-Gelände in Berlin vor Augen (Abb. 4a/b), ist die Verwandtschaft zum griechischen
Theater nicht zu übersehen. Im Gegenteil, das Zitat ist ungewöhnlich präzise: vom Standort
in der Natur und der Anpassung an das natürliche Gelände über die charakteristische
Anordnung einer nahezu kreisrunden Orchestra, umgeben von konzentrischen Sitzreihen

4a Dietrich-Eckhart-Freilichtbühne,
Olympiagelände, Berlin (1936), Überblick

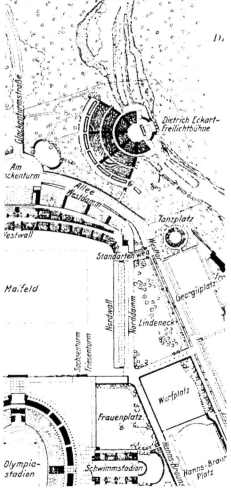

4b Lageplan

bis hin zur angestrebten volks-›kultischen‹ Nutzung reicht die Anlehnung, die sich zwingend aus diesem Konzept ergibt. Zwar sollte diese Einrichtung die Züge einer genuinen Schöpfung der staatsprägenden Ideologie tragen, andererseits vermittelten diese Bauwerke »wie die meisten Staatsbauten im Dritten Reich – durch ihre Formensprache dem Zeitgenossen den Eindruck, als sei von je geschichtlich Bedeutsames in ihr vollzogen worden, als sei sie von je Schauplatz und Mittelpunkt eines riesigen Imperiums gewesen« (28). Da sich aber die Übereinstimmung mit dem impliziten antiken Vorbild auch auf die Aufführung unter freiem Himmel und zu bestimmten feierlichen Terminen erstreckte, kam mit dem nordischen Klima alsbald ein Problemfaktor ins Blickfeld, der solche Freilicht-Ereignisse lediglich in der trockeneren und wärmeren Jahreszeit erlaubte[16]. Das war **ein** Problem der Thingplatz-Konzeption und eines, das früh absehbar war. Ein anderes bestand darin, daß kaum brauchbare Literatur für diese Aufführungskonzeption entstand und demnach die Zahl der entstehenden Thingplätze in ein grobes Mißverhältnis zu der der aufführbaren Spiele geriet[17]. So litt das Konzept, nachdem 40 Thingplätze eingerichtet worden waren, bereits seit 1935 unter Krisenerscheinungen. Zwar konnte 1936 im Rahmen der Olympischen Spiele mit der Uraufführung von Eberhard W. Möllers FRANKENBURGER WÜRFELSPIEL noch ein international beachteter Erfolg verbucht werden, dennoch entzog Goebbels der Bewegung nach den Spielen in Berlin die Unterstützung, ohne die sie sich trotz der späteren Errichtung dreier weiterer Spielstätten, Bad Segeberg (1937), Annaberg (1938) (Abb. 2) und Loreley (1939) (Abb. 1), nicht erholen konnte. Es hatte sich letztlich erwiesen, daß das Theater als Propagandamittel nicht so leistungsfähig war, wie Film und Rundfunk etwa. Und inzwischen hatte der Staat seine Selbstinszenierung in Form von politischen Feiern und Großkundgebungen vervollkommnet (Abb. 5), für die die neuen staatsrepräsentierenden Architekturen und Albert Speers Parteitagskulissen (Abb. 6) den weitaus wirkungsvolleren Hintergrund abgaben[18]. So wur-

16 »Festspiele und große Volksschauspiele werden sich aber nicht auf diese Thingplätze, also auf Veranstaltungen im Sommer, beschränken können. Sie haben ihre sinnvolle Aufgabe an allen großen nationalen Festtagen, deren viele in die rauhe Jahreszeit fallen. Sie sollen an allen Orten begangen werden können. Und hier entstehen Verlegenheiten. Im monumentalen Zuschnitt sprengt das große Volksfestspiel den üblichen Theaterrahmen (..). Es bleibt vorerst nur der Ausweg in die Stadthallen und Sportpaläste. Zunächst mangelt es hier an einer Beleuchtungsanlage zu den notwendigsten Wirkungen, und an dekorativen Möglichkeiten, - so sehr das große heroische Spiel einer neutralen, aber freilich angemessenen und würdigen Szene entspricht«, umriß schon 1933 Karl VOGT, der Spielleiter des Nationaltheaters Mannheim, als Praktiker die absehbaren Probleme einer solchen ideologisierten Idealspielstätte. (IN: BTR 6 (1933) S.9ff.)

17 »Dazu wurde die Inszenierung immer schwieriger. Je weiträumiger die Thingstätten angelegt wurden, desto mehr blieb es den technischen Apparaturen überlassen, ob und wie die Handlung verfolgt werden konnte. Akustische Verzerrungen führten zu grotesken Fehlwirkungen. Dazu war die Handlung oftmals zeitlich überdehnt. Und nicht selten trieben Wind und Regen die Monumentalkulisse ›Volksgemeinschaft‹ auseinander.« (✧105 BRENNER S.106)

18 »Was im Thing-Experiment nicht gelungen war, nämlich dem Nationalsozialismus ästhetisch geformten, überhöhten Ausdruck zu geben, das leistete die Architektur in abgewandelter Form. Die nationalsozialistischen ›Bauten des Glaubens‹, die ›Bauten der Gemeinschaft‹, die Umwandlung der Städte und Landschaften nach einem zentralen und totalitären Ordnungsprinzip, sie fügten sich, mehr und mehr erkennbar, zu einem ideologischen Raster, der für die Bevölkerung verpflichtende Lebensrahmen aufstellte«, lautet die These von Hildegard BRENNER (✧105 S.129). Tatsächlich machte die Errichtung repräsentativer Staats- und Verwaltungsgebäude einen Großteil der nationalsozialistischen Bautätigkeit aus.

5 Aufmarsch der NSDAP in München (1938)

6 Albert Speer: Lichtdom auf dem
Reichsparteitag der NSDAP (1936)

den die *Volksschauspiele* alsbald durch das politische Schauspiel abgelöst, das keines literarischen Textes mehr bedurfte. In dessen Mittelpunkt

> *stand nicht der Mensch als Individuum, sondern als namenlose Masse. Sie war Darsteller,*
> *Zuschauer und Dekoration zugleich. Was wäre der Staat gewesen ohne den Hintergrund, die*
> *Dekoration seiner begeisterungstrunkenen Masse? Ganze Straßenzüge und Plätze bildeten*
> *die Bühne, ganze Städte das Bühnenbild. Das Totale Theater des 20. Jahrhunderts war erreicht.*
> *(29)*

In dieser ›Theaterarchitektur‹ konnte schließlich kaum noch zwischen Bausubstanz und
Dekoration, zwischen Architektur und Publikum, zwischen Darstellern und Publikum,
Architektur und Spektakel, Inhalt und Form, Theater, Politik und ›Leben‹ unterschieden
werden. Alles ging ineinander über, alles war ephemer:

> *Bald schon baute Speer nicht einmal mehr, sondern begnügte sich mit projizierter Architektur.*
> *Als er in Hitlers Auftrag die gigantischen Perspektiven des Aufmarschplatzes auf dem Nürn-*
> *berger Zeppelinfeld plante, ersetzte er die Steinsäulen seines ersten Entwurfs durch die Licht-*
> *säulen von hundertfünfzig Flakscheinwerfern, die, senkrecht zum Himmel gerichtet, der Menge*
> *den Eindruck vermitteln sollten, sich in einer Versammlungshalle mit sechstausend Meter Decken-*
> *höhe zu befinden, die sich bei Morgengrauen im Raum auflöste (30)*

— so wie eines Tages dieses ganze Staatsgebilde im Zweiten Weltkrieg.

c. ERGEBNISSE

Schon seit Jahrzehnten erhofften sich ambitionierte Theaterreformer von der Umgestaltung des Theaterbaus, des Theaters überhaupt, die Verbesserung der gesellschaftlichen Verhältnisse. Seit dem letzten Krieg erwarteten die avantgardistischen Bewegungen von der Akzeptanz des ›Modernen‹ und der Gestaltungskraft der Kreativen die Schaffung eines neuen Zeitalters. All diese Ideen und Bemühungen scheinen in diesem Jahrzehnt vor dem Zweiten Weltkrieg Resonanz zu finden, aber ebensogut zu scheitern. Während sich die Künstler in dieser Phase zurückhielten oder gar zurückzogen, versuchten nun die staatlichen, die gesellschaftlichen Mächte, sich zu ihrem Nutzen des unmittelbaren kommunikativen, aber auch des repräsentativen Potenzials des Theaters zu bedienen. Dabei traten ganz eigentümliche Themen und Umbewertungen jener Themen, die die 20er Jahre bewegt hatten, zutage.

► Wie alle Reformkonzepte, die auf gesellschaftliche Wandlung hinauswollten, trachteten auch die zentralistischen Initiativen, ein Standardtheater einzurichten, das den Aufgaben der staatlichen Repräsentation und der Propaganda entsprechen sollte. Die Vereinheitlichung der Bautypen hätte die gewünschte Kontrolle und damit auch die Vereinheitlichung der Inhalte zur Folge gehabt. Da es darum ging, die ganze Bevölkerung und nicht nur interessierte Liebhaber zu erreichen, war man bestrebt, Lösungen für den größtmöglichen Rahmen zu finden. Nicht zuletzt entsprach die Monumentalität der angestrebten Theater jener beeindruckenden Größe, von deren Aura sich die totalitären Staaten ohnehin gern repräsentieren ließen. Wenn an diesen Orten große Menschenmengen Inszeniertes sahen, aber vor allem selbst inszeniert wurden, und ihre Präsenz einen erheblichen Anteil an der psychischen Wirkung dieses ›Theaters‹ hatten, kam es im Grunde nicht mehr auf rational über-

 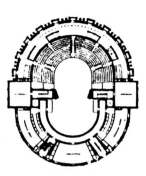 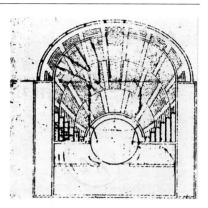

1   Carl Friedrich Schinkel: 2   Andreas Streut: 3   Adolf Loos: Entwurf für ein Theater
    Skizze für ein Theater   Reformtheater-Entwurf   für 4000 Besucher (1898)
    (um 1825)   (1887)

zeugende Inhalte an, sondern auf einen Akt ebenfalls (ideologisch) standardisierter Kommunikation. Einer Kommunikation allerdings, die sich jenseits des Instrumentariums der Wortsprache abspielte. Insofern ›funktionierten‹ diese Aufführungsorte aus der Perspektive künstlerischer Kommunikation, schon gar eines Literatur- oder Schauspielertheaters durch ihre Überdimensioniertheit kaum, aber sie bedienten die Wünsche eines gesellschaftlichen Polittheaters. Auf diese Weise nutzte der Staat als ›Regisseur‹ jenes visuell-technische Instrumentarium, das die avantgardistischen Regisseursmaschinisten zuvor erschlossen hatten. So ist es kein Zufall, daß die Thingspiel-Idee und die Idee der Standardisierung in der Sowjetunion von Anfang an räumliche Konzepte umsetzten, während sie nicht imstande waren, den inhaltlichen Mangel aufzufüllen. So ist es ebenfalls kein Zufall, daß in der Sowjetunion Mehrzweck-Konzepte angestrebt wurden, denn die politische Kommunikation konnte verschiedene Formen annehmen, unter denen das Theater nicht die wichtigste war. Auch Artauds wortlose Theatersprache verweist auf dieselben Wurzeln in den zahlreichen antiliterarischen, visuellen Theaterreform-Ansätzen, denen nun als suggestive *Sprache* eine über das Theater hinausreichende Nutzung zukam. *Kunst* und *Leben* näherten sich einander tatsächlich an, aber doch anders als erhofft.

►   Auf der Suche nach einem Standardtyp griff man unübersehbar auf das antike Grundschema des vom Kreisrund abgeleiteten kreissegmentförmigen Amphitheaters um eine Orchestra, in den meisten Fällen mit anschließender erhabener Bühne, zurück, also auf jenes Muster, das schon der Neoklassizismus Schinkels und Sempers und in Folge die Volkstheater-Entwürfe des späten vorigen Jahrhunderts oder etwa Max Reinhardt und Oskar Strnad wieder aufgriffen (Abb. 1a–c). Offenbar bot es nach wie vor die günstigste Lösung für das Problem, eine möglichst große Menge möglichst nah an das Geschehen heranzubringen. Die in das Publikum hineinragende Orchestra war einer der Wege, ein anderer war eine eigene Umsetzung der Forderung nach Simultaneität, indem man entweder mehrere Zuschauerbereiche an dieselbe Bühne anschloß (was auch räumliche Flexibilität ermöglicht)

oder aber das Auditorium mit bespielbaren Gängen oder Bühnen durchzog oder umkrei-
ste. Dachten die ›Staats‹theater dabei eher an Aufmärsche und Agitation, zwang Artauds
Spiel auf dem Bühnenring, der die Zuschauer auf ihren Drehstühlen mit seinem *allumfassenden Schauspiel* nahezu umzingelte, die Idee zu ihren Ursprüngen in kultischen Handlungen
zurück.

▶ Betrachtet man die erstellten Entwürfe für die Massentheater-Wettbewerbe, fällt eine
Tendenz zu runden Grundrissen (und teilweise entsprechend sphärischen Baukörpern) auf.
Natürlich hängt dies auch mit der Kreissegmentform des amphitheatralen Schemas zusammen, das schon von den Römern für ihre Spiele zu vollständigen Kreis- oder Ovalarenen
zusammengefügt wurde. Gleichzeitig war es die Antwort auf die Dreh- oder Spiralbewegung
gewordene Dynamik zahlreicher Theaterraumkonzepte der 20er Jahre, die sich nun in einer etablierten Vorliebe für drehende Verwandlungstechnik niederschlug. Korilkos Standardtyp
ist dafür ein aufwendiges Beispiel und Artauds Drehstuhl-Idee ein simples. Beantworteten
die Kugelformen einiger Entwürfe der 20er Jahre mit ihrer transzendierenden Tendenz, die
Schwerkraft zu überwinden, die kultische Sinnsuche des Theaterbaus seit dem 19. Jahrhundert im Geiste von Stereometrie und Dynamik, wurden diese Lösungen jetzt mehr
oder minder offen etabliert. Das alte Amphitheater und Gropius‹ Totaltheater-Vorschlag
gingen in der Sowjetunion in der Feier der Massen sowie eines Kultes der (maschinellen)
Arbeit unterschiedlich geglückte Synthesen ein, die zunehmend von den Zeichen der Neorenaissance überlagert wurden. Interessant ist dort, daß die runde Form bald nicht allein
den Aufführungsort betraf, sondern in den meisten Fällen den gesamten, multifunktionalen
Baukomplex in den Kreis einband. In den Kreis, aber nicht mehr in die Kugel, denn offensichtlich hatte sich das Interesse am Runden im Kreis und seiner technischen wie psychologischen Dynamik geerdet.

Bei Artaud hingegen standen die technischen Möglichkeiten des Kreises völlig hinter
seiner kultischen Bedeutung und Ausstrahlung zurück, hinter der Funktion des mythischen
Zirkels, die sich in Stonehenge ebenso findet wie in den Traditionen des Zentralraums, den
das 19. Jahrhundert so gerne zitierte, um profanen und administrativen Ritualen eine sakrale
Aura zu verleihen. Artaud wollte zurückgehen an die Wurzeln des Menschseins, wobei ihn
nicht die Form, sondern die sakrale Wirkung interessierte, die Idee des Nicht-entrinnen-
Könnens aus dem heiligen Kreis. Damit bezog er sich auf heilige Handlungen, die noch vor
dem antiken Urmodell des Theaters galten, um ihre magische Kraft zu beschwören und
dem Theater wieder einzuverleiben.

Des gleichen magischen Musters wollte sich auch das Thingtheater-Modell bedienen,
indem sich die nationalsozialistischen Theaterstrategen auf alte, mythische Muster beriefen,
wenngleich sie in der praktischen Ausführung unweigerlich in das Zitat des partiellen Runds
der griechischen Antike verfielen. Schließlich hatten die Griechen versucht, den kultischen
Akt für Menschenmassen zu organisieren und im Theaterspiel zu zivilisieren.

▶ Was aber hiermit ein neuer unverhohlener Zug dieser Phase in den 30er Jahren war, ist
das Bemühen einerseits der totalitären Staatsmächte, andererseits des extremen Zivilisations-
kritikers Artaud das Scheitern der utopistischen Konzepte der Moderne durch die Beschwörung der Mythen und eine urtümlich sakrale Kommunikationsweise zu beantworten. Der
Unterschied bestand darin, daß Artaud die Qualität des verlorenen Prozesses restituieren
wollte, während die Potentaten bemüht waren, die Machtstrukturen mit einer mythisch-

heroischen Aura zu bemänteln und nicht zuletzt unter Berufung auf vergangene Kulturmacht zu legitimieren. Dies gilt für Hitlers ebenso wie für Stalins Regime. Die Bevölkerung schien nach der Phase versuchter, scheinbarer und gescheiterter Demokratie und Selbstverantwortlichkeit danach zu dürsten, in geordneter und etablierter Macht aufgefangen zu werden. Die Instrumentarien rationalistischer Denkmuster waren inzwischen irrationalen Ansätzen dienstbar geworden. Für alle diese Versuche gilt letztlich was Jerzy Grotowski über Artaud sagte:

> Er trug jedoch der Tatsache keine Rechnung, daß in unserem Jahrhundert, in dem sich alle Sprachen verwirren, sich die Gemeinschaft einer Theateraufführung unmöglich mehr mit dem Mythos **identifizieren** kann, weil es keinen einzigen gültigen Glauben gibt. Nur die **Konfrontation** ist möglich. Artaud träumte davon, durch das Theater neue Mythen zu schaffen, aber dieser wunderschöne Traum erwuchs aus seinem Mangel an Genauigkeit. Denn obwohl die Mythen bereits die Grundlage oder den Rahmen für die Erfahrung von ganzen Generationen bilden, werden nur die Nachgeborenen neue Mythen schaffen können, und nicht das Theater. (31)

► Damit war eine Umbewertung des Aufführungs**ortes** vollzogen, eben in dem Sinne, daß das zu lösende Problem nicht mehr in erster Linie die Innenraumgestaltung, die technischen Effekte und Funktionen, als Selbstzweck gar, ja nicht einmal mehr die Beziehung zwischen Aktion und Rezeption betraf, ohne den genius loci zu berücksichtigen[19]. Zuvor waren bei Theaterbauprojekten die Orte wegen der Verkehrsanbindung oder der Zusammensetzung des Publikums wichtig gewesen, man diskutierte je nach gewünschter Wirkung die zentrale oder die periphere Lage. Ganz so legte man in der Sowjetunion ein Netz von landesweiten Theater- und vor allem Kommunikationszentren aus oder errichtete Klubtheater an bestimmten Orten, um spezielle Zielgruppen zu erreichen. Die zentralisierte Macht schuf sich so nach altem römischem Muster Ableger-Zentren, um überall präsent zu sein. Genau so dachte auch die Reichskulturkammer an ein landesweites Netz von Thingstätten. Anders aber verhielt es sich mit dem ›kultischen‹ Aspekt: Wollten die Nationalsozialisten ihre Thingstätten möglichst an historisch *geheiligten* Orten situieren, um sich auf die mythischen Aspekte der Volksvergangenheit zu berufen und die Gemeinschaft darauf einzuschwören, kam es in Artauds *Grausamem Theater* darauf an, im Aufführungsraum jene Distanzlosigkeit zum Spiel und letztlich zu transzendenten Ebene herzustellen, die überall dort stattfinden kann, wo der ›magische Kreis‹ gezogen wird und, im Gegenteil, möglichst überall stattfinden **soll,**

---

19 Interessant ist, daß der tschechische Theatertheoretiker Jindrich HONZL im gleichen Zeitraum, nämlich 1937, Überlegungen zum Theaterraum anstellte, die genau diese Auffassung des Ortes umrissen: »A stage does not become a dramatic factor only when actors **begin** to act on it, and **prior to** the appearance of actors it is not a space that, speaking theatrewise, is without significance or negligible. Anyone who is in the slightest informed about the relations of the primitive theatre to its stage – knows that the place or site of a stage, by its very nature, is theatrically or dramatically effective. The substance of the stage and its natural or artificially organized structure is capable not only of a dramatic effect but dramatic effects are also produced by the place, the venue, of the stage, by its spatial position, its relation to the human community, and by its socially real or religious symbolized significance.« (»Spatial Problems of the Theatre« IN: INTERSCAENA 2 (1970) S.3)

weil die erschaffende Weltenergie überall existent ist. Insofern benötigte sein *Grausames Theater* keine speziellen Gebäude mehr, sondern konnte alle ausreichend großen Baulichkeiten umnutzen und zum Aufführungsort erklären. Versuchten noch die Thingspiele ihr Konzept und die selben Stücke in einem Netzwerk verschiedener Orte, deren Gestalt, wie auch bei den griechischen Freilichttheatern, von den örtlichen Eigenheiten mitbestimmt wurden, zu potenzieren, »*wollte [Artaud] die Wiederholung überhaupt tilgen. (..) Die Wiederholung scheidet Kraft, die Präsenz und das Leben von sich selbst. Diese Scheidung ist die ökonomische und berechnende Geste dessen, was sich aufschiebt, um sich aufzubewahren, dessen, was die Verausgabung vorenthält und der Angst nachgibt*« (32). So stand dieses Theater des Überall, das in diesem Sinn subversiv ist, weil es nicht mehr geortet werden kann und den Staat nicht als Gott anerkennt, dem Theater als flächendeckender Ortung eines (geistigen und räumlichen) Herrschaftsbereiches gegenüber.

▶ Hierbei handelt es sich schließlich um die zwei Gesichter des einen Anspruchs nach Totalität, der inzwischen von dem Streben nach der totalen Kunst auf die totale, die totalitäre Macht übergegangen war. Die total(itär)e Macht braucht zu ihrem Erhalt die totale Kontrolle und die totale Infiltration. Sie wollte möglichst alle Bereiche ordnen und beeinflussen und versuchte, sich des Theaters als eines Instrumentes zu bedienen.

Artaud meinte hingegen die totale Energie, das totale schöpferische Chaos, dessen universale Fülle sich zu jeder Zeit und an jedem Ort ausdrücken und materialisieren kann. Wenn auch er, wie viele Reformer und Avantgardisten seit Wagner, die Synthese der verschiedensten Ausdrucksmittel für das Theater forderte, wies doch sein Ansatz über diese ästhetische, ja sogar die grenzenlose Lebenstotalität wie auch die der totalitären Mächte hinaus, indem sie sich auf die verlorene Einheit des Geistes, die Totalität von Immanentem und Transzendentem bezog, die sich mit Hilfe der Welt der Materie niemals kontrollieren oder ordnen läßt; die sich in der Vermeidung des Begriffs *Gott* auch der Idee einer transzendenten Macht, die es immanent zu spiegeln gilt, entzog. Den Ordnern und Chaos-Vermeidern unterstellte er Angst und Versagen vor genau dieser existenziellen Form von Leben und stellte damit all diese so sehr um Sinn und Werte bemühten Gestaltungsversuche, für die die Theaterkonzepte nur Indikatoren waren, als das Letzte vermeidende Irrwege bloß. Wenn diese distanzaufhebenden Ansätze vom Zuschauer die totale Hingabe wollten, die schließlich in allen Fällen in das – hier organisierte, dort ekstatische – Fest mündeten, sollte sich in der politischen Tradition diese Hingabe auf die Staatsmacht beziehen, bei Artaud auf eine jenseitige Ebene. Damit stellte sich die Problematik von Individuum, Masse und Macht der wenigen über die vielen neu dar, denn angesichts des grausamen Lebens waren diese Hier-

20 »Vom Text und vom Gott-Schöpfer befreit, würde der Inszenierung damit ihre schöpferische und instaurierende Freiheit wiedergegeben. Regisseur und Teilnehmer (die fortan keine Schauspieler **oder** Zuschauer mehr wären) wären nicht mehr Werkzeuge und Organe der Repräsentation. Heißt das, daß Artaud es abgelehnt hätte, dem Theater der Grausamkeit den Namen der **Repräsentation** zu geben? Nein, vorausgesetzt man verstünde wohl den schwierigen und mehrdeutigen Sinn dieses Begriffs. (..) [Die Szene] wiederholt und **re**-präsentiert nicht länger mehr die **Präsenz**, die anderswo und vor ihr bestünde, deren Fülle älter als sie [ist], die auf der Szene abwesend wäre, und die de jure auf sie verzichten könnte (..)

archien bedeutungslos. Hier endet der Zwang zur Repräsentation, den schon die an der Funktionalität orientierten Reformer zu überwinden versuchten, endgültig[20].

Somit standen sich in dieser Phase vor dem Krieg immante und tranzendente Lösungsversuche gegenüber, die letztlich weit über das Gebiet des Theaters hinauswiesen, denn auf der Suche nach neuen Standardtypen wurden nicht nur die bisherigen Konventionen offiziell in Frage gestellt, man reizte auch die Möglichkeiten theatraler Kommunikation bis zum Letzten aus. Dabei offenbarte sich, daß eine Massengesellschaft keinen natürlichen Ausdruck im Theater finden kann, denn die Quantitäten der Mengen und Maße lassen sich **nicht** beliebig steigern, ohne den künstlerischen Charakter zugunsten eines politischen opfern zu müssen; denn gerade das Theater läßt sich nur begrenzt ideologisch kontrollieren, genausowenig letztlich wie das *Leben*; denn am Ende konnten die neuen Werte und Mythen das Bedürfnis nach der Erschaffung von Sinn nicht erfüllen, weil sie die Realität der Macht und des Profits letztlich nur verbrämten oder vielleicht verdrängten, nicht aber überwanden. Wenn Artaud mit seiner Forderung nach Distanzaufhebung und Hingabe an die Lebensgesetze (und gleichzeitig damit der des Todes) eine Theater- als eine grundlegende Zivilisationskritik vorbrachte, wies er den Utopisten eine Richtung, die zwar das Hoffen verlängerte, aber materielle Wirklichkeit überschritt und gering achtete. Diese transzendente Haltung kann sich kein Staat des 20. Jahrhunderts erlauben. Deren Versuche einer totalen Gestaltung mündeten in den ersten totalen, also den alle Begrenzungen der Schauplätze sprengenden, den alles erfassenden Krieg. Der Krieg »(..) weitete (..) sich nicht mehr nur räumlich aus, sondern ergriff die gesamte Wirklichkeit, ohne Grenzen und Ziel.« (33)

Die grausame Repräsentation muß mich einkleiden. Die Nicht-Repräsentation ist daher originäre Repräsentation, wenn Repräsentation auch noch Entfaltung eines Ausmaßes, eines Milieus vielfältiger Dimensionen, erzeugende Erfahrung seines eigenen Raums heißt.« (◇107 Jacques DERRIDA S.358f.) Bei Hugo HÄRING, einem der Väter des Designs, heißt es 1931 in seinen »Bemerkungen zum ästhetischen Problem des neuen Bauens« auf andere Bereiche bezogen und doch ganz sinnverwandt: »Das **Ziel** des neuen Bauens war (..) vor allen Dingen eine Beseitigung des Gegensatzes zwischen den Gebrauchsformen und den Kunstformen an den Gegenständen, was natürlich nur heißen kann, daß an Gebrauchsformen eine Welt selbständiger Kunstformen nicht mehr möglich ist.« (IN: BAUWELT 19 (1931) S.614) Und ein Jahr später zum »Haus als organhaftem Gebilde«: »Der Künstler steht in innerstem Widerspruch zur Form der Leistungserfüllung, solange er seine Individualität nicht aufgibt; denn es handelt sich bei der Arbeit an der Form der Leistungserfüllung nicht um die Verwirklichung der Individualität des Künstlers, sondern um die Verwirklichung der Wesenheit des Gegenstandes. Alle ›einzelnen‹ (..) stehen der Entwicklung hindernd im Wege (..). Aber die Fortschritte enstehen auch nicht ohne sie, die einzelnen, die Künstler und starken Persönlichkeiten.« (IN: ◇15 CONRADS S.117) – Das Problem der Repräsentation schwelte ja schon mindestens seit der Werkbund-Diskussion.

(1)   ◇100 Willett S.65
(2)   MIES VAN DER ROHE »Die neue Zeit« IN: ◇15 CONRADS S.114
(3)   GROPIUS, Apollo IN: ◇12 BRAUNECK, 20. Jahrhundert S.169
(4)   ARTAUD »Theater der Grausamkeit« (Erstes Manifest) IN: ◇103 Double S.95f.
(5)   s. dazu ◇107 DERRIDA S. 371
(6)   ◇126 GROTOWSKI »Er war nicht ganz er selbst« S.113
(7)   ARTAUD »Erster Brief über die Grausamkeit« IN: ◇103 Double S.110
(8)   ◇107 DERRIDA S.300
(9)   ARTAUD »Schluß mit den Meisterwerken« IN: ◇103 Double S.80
(10)   DERS. »Das Theater und die Kultur« IN: ◇103 Double S.14
(11)   DERS. Erstes Manifest (s.o.) IN: ◇103 Double S.105
(12)   ebd. S.102ff.
(13)   s. ◇109 KAPRALIK S. 137
(14)   Vergl. ◇106 CHAN-MAGOMEDOW S.435
(15)   Michail BARCHIN »Probleme der Entwicklung von Theater- und Klubgebäuden in der sowjetischen
        Architektur der Jahre 1917-1940« IN: ◇2 Der Raum des Theaters S.96
(16)   Ernst GONDROM »Der Theaterbau im neuen Rußland« IN: DEUTSCHE BAUZEITUNG 44 (1932) S.
        860
(17)   s. auch den Abschnitt über MEYERHOLD
(18)   GONDROM, Theaterbau (s.o.) S.860
(19)   ◇106 CHAN-MAGOMEDOW S. 479
(20)   Dazu: Ernst GONDROM, Theaterbau (s.o.) IN: DEUTSCHE BAUZEITUNG 44 (1932) S.860ff.
(21)   s. ◇106 CHAN-MAGOMEDOW S.467
(22)   Die Projekte von STRNAD und DERNBURG sind im Abschnitt über REINHARDTS Großes Schau-
        spielhaus abgebildet und behandelt.
(23)   s. Otto LAUBINGER »Das nationalsozialistische Volkstheater« IN: BTR 6 (1933) S.7
(24)   s. die entsprechende Verordnung IN: DER AUTOR September 1934 S.7. abgedruckt bei Joseph WULF:
        Theater und Film im Dritten Reich. Eine Dokumentation.- Frankfurt/a.M./Berlin 1983 S.182f.
(25)   s. LAUBINGER, Volkstheater (s.o.) S.7
(26)   ebd. S.6
(27)   ebd. S.6
(28)   ◇104 BARTETZKO S.139
(29)   ◇27 Ottmar SCHUBERTH S.115
(30)   ◇31 VIRILIO, Krieg S.108f.
(31)   ◇126 GROTOWSKI »Er war nicht ganz er selbst« S.113
(32)   ◇107 DERRIDA, S.372
(33)   ◇31 VIRILIO, Krieg S.111

4. DIE PHASE 1945–1960: RESTAURATION

a. CHARAKTERISTIK

Tendenzen der Theaterszene

Und wieder (und immer noch) galt es für die Überlebenden eines Weltkrieges Europa neu zu ordnen. Wieder ging Deutschland als Verlierer aus einem Krieg hervor, aber eigentlich hatten alle europäischen Kriegsteilnehmer nicht ›gewonnen‹. Nach den Kriegshandlungen ging das Gerangel um eine Neuordnung Europas, gar der *Welt* weiter. Dem totalen Krieg folgte der *Kalte Krieg*, der Frontlinie folgte der *Eiserne Vorhang*, die hermetische und bald fixierte Grenze zwischen einer westlichen und einer östlichen Politbühne, deren ›Intendanten‹ behaupteten, ihr Publikum von dem destruktiven Schauspiel auf der jeweils anderen Seite abschirmen zu müssen. Das »*Kriegstheater [wird] ersetzt durch die Theaterwaffen – ein zwar veralteter, für die Situation aber aufschlußreicher Begriff, den die Militärs da verwenden*« (1).

Aufschlußreich ist auch, daß nach diesem Krieg, in den vor allem die deutsche Zivilbevölkerung flächendeckend einbezogen war, eine der ersten Lebensäußerungen darin bestand, Theater zu spielen. Was da in Trümmern und Notbehelfen aller Arten von Laien, gebeutelten Ensembleresten und rasch zusammengewürfelten privaten Truppen zelebriert wurde, erinnert an Jean-Louis Barraults These vom Theater als der *Kunst des Todeskampfes*:

> *(..) man muß diese Stille brechen, diese Gegenwart stören; man beginnt zu sprechen, Lärm zu machen; man wirft mit Ideen um sich, man interessiert sich für Politik, man diskutiert mit dem einen, streitet mit dem andern. Als Reaktion auf dieses Todesbewußtsein will man sich des Lebens bewußt werden. (2)*

Am Ende wird solches Theater zur »*Schulung der virtuellen Kraft, die man in den Fällen realer Kraftlosigkeit nützen kann. Eine Energieschulung, man ›lädt sich auf‹.*« (3)

Die deutsche Nachkriegszeit begann demgemäß mit einer Art Theater-Boom[1] und entsprechend selbstverständlich erschien es den Städten und Gemeinden alsbald, (wieder)

---

[1] »Was an Spielorten und Beschäftigten zur Verfügung stand, betrug ungeachtet der oft provisorischen und desolaten Zustände immer noch mehr als im gesamten ›Großdeutschen‹ Reich zum Zeitpunkt des Kriegsbeginns. (..) In Brandenburg, einem Land der damaligen sowjetischen Besatzungszone, gab es ein Jahr nach Kriegsende die unglaubliche Menge von eintausend theatralischen Wandertruppen. In der Stadt Berlin zählte ein örtlicher Theaterkritiker an einem beliebigen Tag des Februar 1946 zweihundert verschiedene theatralische Veranstaltungen und fragte zu Recht: ›..welche Stadt der Welt hat das heute noch?‹« (✧124 Schneider S. 13f.)

Theaterensembles zu unterhalten und ihnen Spielstätten zu errichten. Dem Theater-Boom folgte der Theaterbau-Boom. Diesmal war das Theater weder Tummelplatz welterneuernder Kunst-Avantgarden noch selbstbewußter Theatertruppen, es war das Theater aller, Teil einer Kultur, die zunächst »*eine Sache des wiedergefundenen Kontakts unter Menschen, etwas zum Anfassen und Mitmachen für jedermann*« (4) war. Noch 1955 war es immerhin möglich, bei einem der um Neuorientierung und Dialog bemühten *Darmstädter Gespräche* mit einem Thema *Theater* und einer Ausstellung zum Theaterbau Interesse und Aufsehen zu erregen[2]. Theater der Bürger sozusagen, nicht aber ein Theater des Staates mehr. Den Unterhalt stellten als sein Oberhaupt die Länder und Städte zur Verfügung – Stadttheater also. Gemacht wurde es von einer handverlesenen Schar von Regisseurs-Intendanten, die meistens noch der Zeit vor 1945 entstammten. In den Dienst eines Literaturtheaters stellten sich als Zugpferde Gustaf Gründgens, Karl-Heinz Stroux, Hans Schalla oder Oscar Fritz Schuh. Sie herrschten nahezu autokratisch über die größeren Häuser, waren zumindest Intendant und ihr eigener erster Regisseur in einem.

Unmittelbar nach dem Krieg bevorzugte man zwar Lustspiel- und Klassikerinszenierungen, alsbald aber wurde offenbar, daß eine Konsolidierung der frisch erwachten Theaterbegeisterung ohne neue Stücke nicht denkbar sei, und man hatte bereits lange vor Kriegsausbruch ersatzlos den Anschluß an die Entwicklung des Dramas verpaßt. Den Besatzern kam dieser Durst nach neuen Texten nur gelegen. Sie nutzten dieses Interesse, um neben politischen und wirtschaftlichen Maßnahmen mit Hilfe ihrer Autoren auch ein anderes Denken, eine andere Weltanschauung in deutsche Köpfe einzupflanzen. Dabei griff jede Besatzungsmacht natürlich auf die Dramatik ihres Landes zurück. Spätestens nach der Gründung der Bundesrepublik baute das deutsche Theater der 50er Jahre auf einem breiten Fundament eigentlich fremdsprachiger Theatertexte auf[3].

Die wenigen deutschsprachigen Autoren, die seit 1933 unbehelligt weiterschrieben, hatten oder fanden ihre Heimat am Züricher Schauspielhaus. Auch Brecht hatte einige Stücke dort herausbringen können. Das gleiche galt für emigrierte Schauspieler, Dramaturgen und Regisseure, deren größter Teil alsbald die Arbeit in Deutschland wieder aufnahm.

2   »Das Gespräch selbst ist hier das Resultat – ein Gespräch, das kein Fachgespräch sein soll, sondern, wie es in den Grundsätzen für diese Darmstädter Veranstaltungen heißt, ›für sein Publikum und für die Öffentlichkeit‹ geführt wird. Einen größeren Erfolg kann man wohl kaum haben, als daß rund zweitausend Menschen zusammenströmen und zwei Tage lang einem Gespräch über Probleme des Theaters mit gespannter Aufmerksamkeit folgen (..). Im Gegensatz zu den meisten hyperkritischen Referenten der Tageszeitungen meine ich, daß das den Aufwand durchaus gelohnt hat.« (Hans ECKSTEIN in seinem Bericht über die Darmstädter Ereignisse IN: BAUEN UND WOHNEN 8 (1955) S.413)
3   Besondere Erfolge konnten Stücke Thornton WILDERS oder z.B. Robert ARDEYS LEUCHTFEUER neben den französischen von Jean ANOUILH, Paul CLAUDEL, Jean GIRAUDOUX oder Jean Paul SARTRE verbuchen, während die englische Dramatik erst später, in den 60er Jahren ihre Stunde haben wird. Natürlich förderten die Sowjets in ihrer Zone die Aufführung verschiedener russischer Autoren, während sie bestimmte amerikanische Stücke der Zensur unterwarfen. Durch die immer spürbarer werdende, erst geistige, dann politische Teilung Deutschlands, wirkten sie kaum darüber hinaus und begründeten bald das Theaterleben der DDR.

Diesem Umfeld entstammten Friedrich Dürrenmatt, Max Frisch oder Carl Zuckmayer, die ersten erfolgreichen Autoren deutscher Sprache.

Mit der Währungsreform 1948 erfuhr die lebendige Theaterszene erst einmal einen Rückschlag: Die Publikumszahlen sanken wegen des wirtschaftlichen Einbruchs noch einmal, worauf die Mehrheit der kleinen privaten Truppen aufgeben und die Beschäftigten der Stadttheater Gagensenkungen hinnehmen mußten. Kurz darauf aber erblühte in paralleler Entwicklung zur Wirtschaft die staatlich subventionierte und verwaltete deutsche Theaterszene. Im Gegensatz zu Frankreich, England und auch der eigenen Vorkriegsgeschichte vollendete sich in der Bundesrepublik bereits eine durchgreifende Dezentralisierung. Traditionell war schon immer über das ganze Land ein dichtes Netz von Ensembles und Aufführungsorten gespannt gewesen, nun brach zudem auch die wertmäßige Hierarchie, nach der Berlin immer als der Gipfel der Qualität und Lebendigkeit angesehen wurde, ein gut Stück ein. Wichtige Theaterleute der 50er Jahre errangen ihre Erfolge nicht nur in Hamburg oder München oder Frankfurt am Main, sondern ebenso in Darmstadt, Düsseldorf und Göttingen. Auch dies sicherlich ein Grund dafür, warum Theater flächendeckend in aller Munde war. Jede Region konnte nun eine Rolle in der Szene spielen und über ihr Theater Selbstbewußtsein entwickeln. Dieses Theater der Länder und Städte war ein Ergebnis, aber nicht minder ein stabilisierender Faktor des föderalen Systems im neuerstandenen deutschen Staat.

Durch das wieder Perspektiven eröffnende Wirtschaftswunder wuchsen dann allmählich die Ansprüche an Vielfalt und Repräsentativität, und natürlich die Wünsche nach Absicherung.

Hatte man in der Nachkriegszeit den Spielplan bewußt eingegrenzt auf das, was aktuell und was möglich war, so sollte nun wieder die Totalität des Repertoires entstehen. Damit war aber im Grunde die experimentelle Bühne schon gestorben. (5)
Unterstützt und legitimiert wurde diese Tendenz nicht zuletzt durch eine aufblühende, junge Theaterwissenschaft, die es als ihre Aufgabe ansah, eine breite Kenntnis der historischen Erscheinungen von Theater, Bühne und vor allem Drama auszustreuen und damit, unabhängig von der Stringenz eigener (ohnehin abgerissener) Entwicklungslinien, alle historischen Vorstufen der Gegenwart verfügbar machte, gleichzeitig aber Erscheinungen außerhalb ihres konservativ-historischen Blickwinkels gerne niederargumentierte.

Bezeichnend für die Mentalität der Theaterarbeit jener Jahre ist das sogenannte *Düsseldorfer Manifest.* Gustaf Gründgens und eine beachtliche Reihe szeneprägender Theaterleute, dazu einige Rundfunk-Intendanten und Verleger, bekannten sich in diesem Text zu einem Gedankenaustausch zur Förderung des dramatischen Nachwuchses, zu Etathoheit und -ehrlichkeit und – werktreuen Interpretationen der Stücke[4]. Der Text erweckt den

---

4   Der weitgehende und getreue Wortlaut war: »Davon ausgehend, daß im Mittelpunkt des Theaters nichts als die unverfälschte Wiedergabe der Dichtung zu stehen hat, haben sich die Beteiligten bei völliger Wahrung ihrer persönlichen Freiheit zu einem laufenden Gedankenaustausch entschlossen, um eine gesunde, echte Tradition, die im Laufe der letzten Jahrzehnte immer mehr geschwunden ist, zu schaffen und zu erhalten. Sie sind der Überzeugung, daß es an der Zeit ist, sich zu wehren: gegen unsachliche Einflüsse auf

Eindruck als wehrten sich wackere Theaterleute gegen eine hochproblematische Situation. Dabei konnte kaum jemand die Notwendigkeit der Aktion nachvollziehen (auch viele Theaterleute nicht) und trotzdem erregte sie, wie Belange des Theaters zu jener Zeit ohnehin, großes öffentliches Interesse, während die Unterzeichnenden in nachträglichen Stellungnahmen alle Brisanz des angeschlagenen Tones zu verharmlosen trachteten und dennoch der Mißverständlichkeit nicht abhalfen (6). Wie auch immer diese Bekundung im einzelnen gemeint war, so wird doch deutlich genug, daß hier führende Theaterleute der Literatur **die** Leitrolle für ihre Arbeit zuschrieben, mehr noch: ihr eine unantastbare Würde zusprachen, die gegen negativ zu bewertende *Experimente* von Theaterseite zu beschützen sei. Wie das praktiziert werden sollte, ließ man freilich im Dunkeln, wohl aber galt es, potenziellen autonomen Entwicklungen von vornherein den Boden zu entziehen. Tatsächlich versuchten gerade die Regie-Autokraten ihrer Zeit, ihre immense Macht innerhalb des Theatersystems durch Gehorsam gegenüber den Dichtern zu legitimieren, damit »*Goethe wieder wie Goethe und Schiller nicht wie Strindberg gespielt werde*« (7). Sieht man genau hin, richtet sich die Werktreue-Forderung gegen die Theaterarbeit von Rückkehrern, gegen Piscator und Kortner, die nicht alle alten Anschauungen, aber immer noch Experimente, also ästhetische Suchprozesse als notwendig erachteten[5]. Sie richteten sich auch gegen den Heimkehrer Brecht, der, mit österreichischem Paß versehen, nach Ost-Berlin ging und sein legendäres Berliner Ensemble aufbaute. Trotzdem blieb er im Osten umstritten, weil seine Stücke und seine Theaterarbeit nicht dem offiziell bevorzugten *Sozialistischen Realismus* entsprachen, im Westen hingegen wurde sein Werk im Zuge eines lebendigen Antikommunismus nahezu boykottiert.

Man war sehr bemüht, sich gegen die Ideen und Tendenzen der 20er Jahre abzugrenzen. Ein weiterer Diskussionsgegenstand, der die ganze Ambivalenz der Theaterästhetik jener Jahre offenbart, war der Einsatz von Bühnentechnik: Auf der einen Seite zwang die Nachkriegssituation, *arme* Mittel zu entwickeln oder wiederzuentdecken, die bald einsetzende Prosperität wollte sich andererseits auch in technisch aufwendigen Bühnenhäusern zeigen. Das fand nicht die Zustimmung aller. Viele erhofften sich von der Armut der Mittel einen

den Aufbau der Spielpläne, gegen eine willkürliche Interpretation der Dichtung durch ungerechtfertigte Experimente, die sich zwischen Werk und Zuhörer drängen. Die besondere Sorge gilt der Weiterentwicklung der deutschen Dramatik. (..) Bei der Verwaltung öffentlicher Mittel ist die volle Verantwortung für einen **ehrlichen** Theateretat eine selbstverständliche und anerkannte Bindung. Darüberhinaus soll der freischaffende Geist in aller Unabhängigkeit wirken können. (..)« (abgedruckt u.a. IN: DIE ZEIT vom 16.10.1952)

5   PISCATOR äußerte sich 1959 bei seinem Vortrag auf der 32. Bühnentechnischen Tagung genau dazu: »Sicher hat das Theater seine Experimentierfreudigkeit der zwanziger Jahre durch den Nationalsozialismus eingebüßt und auch in der Restaurationsepoche nach 1945 nicht wieder gefunden. Daß heute die Stücke von dekadenten, sogenannten Avantgardisten als kühne Experimente offeriert werden, zeigt die ganze Passivität des gegenwärtigen Zustands. Wie schwerfällig wir geistig geworden sind, sehen wir daraus, daß man sich grundsätzlich gegen Experimente sträubt: Keine Experimente! Das ist aber die wichtigste Aufgabe der Kunst überhaupt und des Theaters im besonderen: geistiges Vorfeld zu sein für jede Art von Entwicklung und auf allen Gebieten des Lebens Untersuchungen anzustellen (..).« (IN: ✧74 Schriften 2 S.236)

anhaltenden Impuls für eine strengere und einfachere Theaterästhetik. Man distanzierte sich dabei gerne von der Begeisterung für alles Technische der 20er Jahre und setzte dieser das Wort, den Stil, den Menschen entgegen[6]. Undeutlich blieb dabei aber die Verwendung des Begriffs *Technik* und damit die Richtung der Abgrenzung. Piscator brachte das auf den Punkt:

Technik war schon in den zwanziger Jahren der Sack auf den man schlug. Und der Esel, den man meinte, war in diesem Fall der Fortschritt. Hinter diesem Widerstand gegen die Technik verbirgt sich auch heute die wiederaufgenommene oder leichtfertig fortgesetzte Reaktion. (8)

Natürlich triumphierte ein Theater technischer Effekte alsbald über ein Theater des *nackten Bretts*. Das Bild vom Theater als rein geistiger Erscheinung, die nichts mit Technik und Arbeit zu tun hat[7], stimmte einfach nur scheinbar in einer Zeit, die auch von immer mehr anderen Medien mitgeprägt wurde. Aber unpolitisch sollte Theater sein. Entsprechend skeptisch wurden alle Ansätze betrachtet, die das Publikum in allzu enge Berührung mit dem Spiel zu bringen gedachten. Obwohl das Theater gerade auch zu Beginn dieser Phase große allgemeine Anteilnahme erfuhr, sollte es keinesfalls mit Belangen des Lebens vermengt werden, mehr als eine »inaktive ›Aktivierung‹ des Publikums« schien bedenklich[8]. Theater wurde vor allem als repräsentativer Luxus gefördert.

Abgesehen von all diesem kennzeichnete aber dennoch ein Hang zu *armer* Ästhetik, zu einem Stil, der als *abstrakt* bezeichnet wurde und zunächst ganz elementar gemeint war, die

6 »Daß die Dichtung im Mittelpunkt stehe, ist das erste Ziel unserer heutigen [Theaterbau-]Entwürfe. Die Technik, die in den zwanziger Jahren sich zum Alleinherrscher aufschwang und Spiel und Dichtung ihrer Mechanik unterwerfen wollte, wird nun zurückgebogen zum Diener des Spiels, das wiederum dem Wort anheimgegeben ist.« (✧7 SIMON S.232) »Die Bretter, welche die Welt bedeuten, sind in den letzten Jahrzehnten in solcher Weise motorisiert worden, daß es dem Künstler, der sie betreten und beleben soll, mitunter recht ungemütlich wird (..) Man suche durch einen bedeutenden Stil zu ersetzen, was an szenischen Transportmitteln abgeht, wie es A.W. Schlegel schon für Goethes Theater rühmte.« (Carl NIESSEN zum ›Drehbaren Zuschauer‹ IN: BTR 2 (1951) S.11) »Die Entwicklung der Technik auf dem Theater zeigt deutlich vom Menschen weg auf die Schau. (..) Jeder Einbau von Drehbühnen und anderen illusionsgebenden Mechanismen verführt zum Revuecharakter. Dieser Weg entfernt von der Dichtung (..).« (Gustav Rudolf SELLNER IN: DIE NEUE STADT 7 (1952) S.291)

7 – wie Siegfried MELCHINGER es ausgerechnet in seinem Buch mit dem Titel »Theater der Gegenwart« ausmalte: »So stehen denn diese gewaltigen Gebäude tagsüber leer in den Städten, zwecklos, unausgenützt; zu bestimmten Zeiten ist im Kassenraum ein kleiner Andrang, auf der Bühne tun ein paar Schauspieler so, als ob sie spielten, denn da niemand da ist, vor dem sie spielen könnten, außer dem Regisseur (..), erscheint dieses Treiben noch zweckloser als es ohnedies ist; (..) – was für eine Welt, aus Jahrtausenden zu uns gekommen und mit den Errungenschaften der letzten Jahrzehnte verkleidet, Zauber in Technik verwandelt und Technik zum Zaubern verwendet, **einem** auf jeden Fall entzogen und niemals zu unterwerfen: dem Zweck.« (✧118 S.28f.) Wer schon einmal ambitionierter Theater**arbeit** beigewohnt hat, kann weder dem Bild noch MELCHINGERS weltfremden Schluß zustimmen.

8 – wie Hans CURJEL es bei seiner rückblickenden Analyse nannte. (IN: WERK 9 (1960) S.298f.) Siegfried MELCHINGER sah die Problematik der Aktivierung des Publikums in ihrer utopisch virulenten Wirkung: »Ihr Ziel ist die Veränderung der Welt. Aktivierung des Publikums heißt: es zur Veränderung der Welt aufzurufen.« (✧118 S.35) In diesem Gedankenmodell wird jeder theatrale Ausbruch aus der Konvention in eine politisch bedenkliche Ecke gestellt; nicht zuletzt verzögerte ein solches Credo anfangs erneuernde Impulse.

Inszenierungen der Zeit. Man hatte die Entdeckung gemacht, wie wenige Mittel genügen, um auf dem Theater präzise zu erzählen[9]. Sie wurzelten zwar im Nachkriegstheater, das trotz beschränkter Mittel so überraschend überzeugende Ergebnisse gezeitigt hatte, wie auch in der Hingabe der Inszenierungen an den Text und den spielenden Menschen, bildeten andererseits die Parallele zu den ungegenständlichen Tendenzen in den Bildenden Künsten[10] und garantierten so *Modernität*.

Die Verarmung des Theaters in den ersten Nachkriegsjahren war ehrlich. Dann kam das Wirtschaftswunder, und sie wurde plötzlich zur Mode. Es verschwindet die ›Dekoration‹ von der Bühne, man wird immer abstrakter, alogischer und symbolistischer. Unser heutiger Zustand ist konformistisch, und so ist der Zustand der Bühne das Ausweichen in den ›Stil‹ (9),
beklagte Piscator oder Dürrenmatt, als Autor der Zeit, bemängelte:

So ist denn das heutige Theater zweierlei, einerseits ein Museum, andererseits aber ein Feld für Experimente, so sehr, daß jedes Theaterstück den Autor vor neue Aufgaben, vor neue Stilfragen stellt. (..) Es gibt keinen Stil mehr, sondern nur noch Stile, ein Satz, der die Situation der heutigen Kunst überhaupt kennzeichnet, denn sie besteht aus Experimenten und nichts anderem, wie die heutige Welt selbst. (10)

Das aber tangierte die werktreue Theaterkunst nicht weiter, sie barg sich hinter den Autoren und pflegte gezähmte *Modernität*, die ihre eigentliche Konservativität etwas tarnte, oder *Überladung und Überhitzung, Rausch und Hypnose sind nicht mehr aktuell. An ihre Stelle tritt innere Spannung, Beherrschung, Zurückhaltung, mehr piano als ständiger Lärm der Leidenschaften. (11)*

Diese Definition von Theater als Präsentationsstätte für Dramentexte, dieses Aufgeben aller Autonomie- und Synthesebestrebungen der Darstellenden Künste läßt sich wahrscheinlich mit einem Bedürfnis nach weltanschaulicher Absicherung im ›ewig Wahren‹, auch mit einem Bedürfnis nach Abhandlung politischer Überlegungen im unverfänglichen Rahmen

9   Stellvertretend für viele andere drückte das der Theaterautor Friedrich DÜRRENMATT aus: »Man erinnerte sich der Tatsache, daß der dramatische Ort auf der Bühne nicht vorhanden ist, und wäre das Bühnenbild noch so ausführlich, noch so täuschend, sondern durch das Spiel entstehen muß. Ein Wort, wir sind in Venedig, ein Wort, wir sind im Tower. Die Phantasie des Zuschauers braucht nur leichte Unterstützung. Das Bühnenbild will andeuten, bedeuten, verdichten, nicht schildern. Es ist transparent geworden, entstofflicht.« (»Theaterprobleme« IN: ✧116 Werkausgabe S.44)

10   Höchst aufschlußreich für die Probleme der neuen Kunst in den 50er Jahren sind die Diskussionen des 1. Darmstädter Gesprächs 1951 zum Thema »Das Menschenbild in unserer Zeit« (vor allem auch der umstrittene Vortrag Hans SEDLMAYRS »Über die Gefahren der Modernen Kunst«), aus dem sich wunderbar die gedanklichen Widersprüche ablesen lassen. Hans HILDEBRANDT umriß dabei die Motivationen dieser Phase so: »Wir leben in einer Zeit so chaotischer Unsicherheit unserer Existenz wie vielleicht noch kaum ein anderes Geschlecht. Daher die unstillbare Sehnsucht nach Ordnung, nach Gesetz. Auch sie drückt -wie andererseits auch die Lebensangst - im Gestalten der Kunst sich aus. (..) Die häufige Hinwendung zu einem hier streng logischen, dort mehr gefühlsbedingten Gestalten auf mathematischer Grundlage als der sichersten Basis ist ein bedeutsames Zeichen des Ordnungsverlangens. Wir haben heute keine allgemeinverständlichen und gültigen Symbole, wie sie religiös ausgerichteten Kulturen Selbstverständlichkeit waren.« (IN: ✧114 DARMSTÄDTER GESPRÄCH 1 S.122)

erklären. Dazu muß man sehen, daß es keinen lebendigen Traditionszusammenhang avantgardistischer Bemühungen am Theater mehr gab. Aber auch zuvor bestand die Praxis
eigentlich aus neuen Dramentexten, dazu kamen eigenwillige Regisseure und kongeniale
Schauspieler. Alles andere war Entwurf und Experiment geblieben und die anschließenden
50er Jahre schufen nun keine Avantgarden mehr, nicht einmal theoretisch. Europaweit.

Ihre Leistung bestand vielmehr in der Schaffung öffentlicher Förderungssysteme. Im
Rahmen eines solchen Systems ist seitdem der Rechtsträger der meisten deutschen Theater eine öffentliche Körperschaft. Die Stadt- oder Landesparlamente beschließen und be-
streiten den Etat zum größten Teil, wobei die Einflußnahme auf die Spielplangestaltung und
die Theaterleitung nur indirekt erfolgen kann. Auch verschiedene Privattheater erhalten
staatliche Zuschüsse. Die Theater selbst erwirtschaften ihren Anteil am Etat nicht allein
durch freie Kartenverkäufe, sondern seitdem der Neubau-Boom das allgmeine Interesse
am Theater wiederbelebte, sichern auch Abonnenten und Besucherorganisationen kontinuierliche Arbeit. All dies offenbart eine immense Verflochtenheit von Theaterarbeit und Öffentlichkeit.

Das Theater als Gegenstand staatlicher Fürsorge war eine Entwicklung, die die Bundesrepublik vor allem mit Frankreich teilte, wo man sich seit den 30er Jahren mit der Idee
einer subventionierten Dezentralisierung trug, um den »regelrechten kulturellen Rückzug der
Provinz ein[zu]dämmen, im Gegensatz zur allverschlingenden Zentralisation der Hauptstadt« (12).
Noch bevor die neugegründete Bundesrepublik wohl das umfassendste staatlich geförderte
Theatersystem Europas installierte, richtete man in Frankreich zwischen 1946 und 1952
die ersten fünf Centres Dramatiques Nationaux (von später insgesamt neun) in Colmar,
Rennes, Toulouse, Aix-en-Provence und Sainte-Etienne ein. Während aber dort Theater und
Kultur Sache eines neu eingerichteten, immer noch zentralen Kulturministeriums blieben,
waren sie in West-Deutschland im Sinne kleinstaatlicher Tradition Ländersache. Dennoch
blieb das System in Frankreich etwas uneinheitlich: Neben dem staatlichen Bemühen um ein
dezentralisiertes Theater gibt es eine große Zahl Privattheater, die zwar in begrenztem Maße
unterstützt werden, aber in der Tradition des gesellschaftskritischen Untergrund-Theaters
eines Sartre, Genet oder Anouilh stehen und nicht daran interessiert sind, ihre Unabhängigkeit
für das kulturpolitische Ideal eines dezentralisierten, öffentlichen Theaters aufzugeben.

Auch in England erfuhren die Theater seit dem Krieg staatliche Unterstützung: The Arts
Council of Great Britain, eine vom Staat unabhängige Institution wurde geschaffen, die über
Art und Höhe öffentlicher Geldzuwendungen entscheidet, diese an die Theater direkt aus-
zahlt und über bestimmte Fonds auch Defizite auffangen kann. Neben Theatern unterstützt
The Arts Council auch die anderen Künste. Die englischen Kommunen tragen seitdem
einen kleinen Teil der Aufwendungen für das Theater mit, aber die staatlichen Mittel decken
bei weitem nicht die Gesamtheit der benötigten Mittel, so daß weiterhin eine nicht unerhebliche
Abhängigkeit von den Kasseneinnahmen bestehen bleibt. Trotzdem wurde es erst durch
diese Unterstützungen möglich, Repertoires zu erarbeiten und unabhängig von todsicheren
Erfolgen, den Publikumsgeschmack durch das Angebot mitzuformen.

Man kann das Theater der 50er Jahre, ganz unabhängig von alternativen Perspektiven, nicht
erfassen, ohne den Theater(neu)bau zu streifen. Und auch das galt nicht nur für die Bundes-

republik, das zweifellos fleißigste Land in dieser Hinsicht. Vor allem auch in Frankreich engagierte man sich auf diesem Gebiet. Es folgte mit England, wo der Theaterbau nach wie vor
auf privater Initiative beruht, ein Dezennium später nach.

Seit den 50er Jahren wurde eine neue Baukonvention entwickelt, die die Theaterarbeit
maßgeblich bestimmte. Zunächst einmal war eine immense Aufbauarbeit zu leisten, die
durchaus das lastende Bewußtsein ausströmte, eine neue Ära des Theaterbaus heraufführen
zu müssen. Bis zum Zweiten Weltkrieg waren die meisten Theater in Deutschland als Stadt-
oder Staatstheater in öffentlicher Hand und die Tendenz zur Verstaatlichung hatte sich
während des Dritten Reichs eher verstärkt. So kam nun auf die Städte und Gemeinden als
Hauptbetreiber der Bühnen die immense Verantwortung der Schaffung angemessener Behausungen für das ungebrochen rege Theaterleben zu. Nur waren die Architekten ratlos,
was die Kriterien, was die Anforderungen zukünftiger Theaterarbeit sein könnten. Hier, wie
in so vielen Bereichen, war in Deutschland die Kontinuität, des Konservativen wie des
Progressiven, zerrissen. Selbst wenn viele Emigranten nun in den nächsten Jahren zurück-
kehrten, mußte sich doch erst allmählich in allen künstlerischen Bereichen ein neuer Fortschritt entwickeln. Das geschah langsam. Gebaut werden sollte allerdings unverzüglich. Die
Auftraggeber waren zumeist ambitionierte Kommunalpolitiker[11], die sich an den öffentlichen
Diskussionen um das Theatergebäude der Zukunft nicht beteiligten, weil sie, wie gesagt, in
erster Linie an der Wiederherstellung der Repräsentativität dieser Institution interessiert
waren. Die Betonung der Foyer-Räumlichkeiten in den Ausschreibungen oder das Bemühen
auch der kleinsten Städte eine Oper, und sei es auch nur als Teil eines Mehrspartenbetriebs,
einzurichten, sprachen für sich[12]. Natürlich versuchte man, damit auch auf ein Bedürfnis
nach *Festlichkeit* zu reagieren, das durch die eingeschränkten Lebensverhältnisse der meisten
Menschen verstärkt wurde[13], aber so materialisierte sich das Theater auch als zerstreuend-
luxuriöse, nicht ernst zu nehmende Unterhaltungsanstalt in Beton - oder wie es ein Kritiker
1952 ausdrückte: »*Nicht Kunst, sondern Komfort ist das Leitbild dieser Bauperiode*« (13). Und
die Theaterleute akzeptierten dieses Bild ihrer Arbeit. Sie erweckten den Eindruck, daß sie

11   – oder wie es der Architekt Werner KALLMORGEN einmal formulierte: »Der Bauherr ist ein Gremium
      von Politikern, unterstützt durch die kommunalen Bau-und Verwaltungsleute (..), denen ein solches
      Theaterbauprojekt in Anbetracht der in einigen Städten gemachten Erfahrungen höchst unheimlich und im
      übrigen nicht überschaubar ist.« (IN: DER ARCHITEKT 4 (1955) S.133)
12   So sah der Theaterkritiker Johannes JACOBI »die Problematik der aus den Kriegsruinen aufgeschossenen
      Theaterbauten« in ihrer mangelnden Erneuerungskraft: »Sie sind Zugeständnisse an eine Gesellschafts-
      schicht, die sich selbst und ihre äußeren Lebensverhältnisse ›wiederherstellen‹ möchte, als ob nichts ge-
      schehen sei; sie sind Zeugnisse einer Restauration, die den Schwerpunkt des Theaters von der Bühne in
      den Zuschauerraum verlagert hat.« (IN: DIE NEUE STADT 7 (1952) S.278)
13   »Aber gerade deshalb, weil ein erheblicher Anteil der Besucher noch unter unerfreulichen Umweltbedin-
      gungen des Wohnens und Werkens lebt, ist (..) eine festliche Atmosphäre unabdingbar. (..) Wir vermögen
      den werktäglichen Forderungen immer vollkommener zu genügen, aber wir versagen (bis in die private
      Sphäre!) vor der festtäglichen Gestaltung«, bemerkte Siegfried NAGEL 1956 einen markanten Mentalitäts-
      zug des ›neuen‹ bundesdeutschen Menschen. (IN: DEUTSCHE BAUZEITSCHRIFT 7 (1956) S.789)

»nicht mehr für Architektur empfänglich sind. Für viele ist ein Theater ein Gebäude, das besteht, und wenn es nicht mehr besteht eines, das man wieder aufbauen muß, das aber in sich kein theatralisches Problem darstellt« (14). Aber man muß auch sehen, daß die Theaterleute jener Zeit an geistigen und abstrakten Gehalten interessiert waren, also an unsinnlichen. Sie vertraten und stellten sich hinter die Literatur, deren ganze Bandbreite einem historischen *»Bewußtsein nämlich, daß unsere Welt nicht nur ist, sondern geworden ist«* (15), verfügbar war und entsprechend waren ihre Bedürfnisse: Wenn nur der Spielort gestattete, verschiedene Stücktypen verschiedener Epochen zu spielen, war man zufriedengestellt[14].

Damit ruhte die ganze Last der Verantwortung für die schließliche Gestaltung der Häuser auf den Architekten, von denen kaum einer Theaterspezialist genannt werden konnte (einige solche bildeten sich erst durch den Neubau-Boom selbst heraus). Aber nur theoretisch, denn praktisch waren die meisten Bauten der ›Brei‹ vieler anonymer ›Köche‹[15]. Verschiedene Möglichkeiten wurden diskutiert (wie wir sehen werden), gebaut wurden vorwiegend Kompromißlösungen aus hergebrachten Guckkästen und einer technisch bewirkten Veränderbarkeit, aus Opern- und Schauspielbetrieb in Mehrsparten-Häusern kleinerer Städte, aus neuen Entwürfen und alten Grundstücken, aus neuen Ideen und polizeilichen Auflagen aus den Zeiten der Gasbeleuchtung und der Theaterbrände, aus Großen und Kleinen Häusern; letztere sollten möglichst wandelbar und vielseitig sein und waren das Resultat wachsender Unsicherheit angesichts zunehmender Alternativvorschläge oder die Stätte der risikoreduzierten Suche nach den jungen Autoren. Wenn man etwas probieren wollte, dann im kleinen Rahmen. Im Mehrspartenbetrieb waren die Studios die einzige

14 »›(..) Ich kann nur als Theaterdirektor sagen, ich möchte ein Haus haben, das mir für jedes der Stücke, die ich spielen möchte oder spielen muß, die Bühne liefert (..)‹. Herr [Kurt] Hübner möge mir verzeihen, daß ich gerade ihn zitiere, denn viele seiner Kollegen haben es schon ähnlich formuliert. Nun wissen wir es also ganz genau. Und wenn wir das vor 10 Jahren gewußt hätten, dann würden unsere Theater heute natürlich ganz anders aussehen«, kommentierte der Spezialist für Bühnentechnik Thomas MÜNTER diese Haltung noch Jahre später bissig. (IN: BTR 5 (1965) S.10)

15 Der Architekt Gerhard WEBER zeichnete einmal die Stationen der Einmischung nach. »Manche Städte gehen den scheinbar einfachsten Weg: Sie haben eine Bauverwaltung. Diese soll von der Instandhaltung städtischer Gebäude über Fragen der Stadt- und Verkehrsplanung, des Wohnungs- und Siedlungswesens alle Probleme des Bauens beherrschen. (..) Andere Stadtverwaltungen ziehen einen privaten Architekten ihrer Stadt und ihres Vertrauens heran. Er hat meist nie etwas mit Theaterbau zu tun gehabt, deshalb beschränkt man seinen Aufgabenbereich auf das Zuschauerhaus. Der Bühnenbereich wird getrennt an einen dafür geeigneten Sonderfachmann vergeben. Die Bauleitung macht keiner von ihnen, sondern die Bauverwaltung (..). Der etwas bessere Weg ist bei einsichtigen Verwaltungen die Ausschreibung eines Wettbewerbs, der am erfolgreichsten verläuft, wenn er beschränkt wird. Man einigt sich auf einen Entwurf und der Architekt darf Zeichnungen herstellen. Hat er Glück gehabt, gesteht man ihm sogar einen Teil oder die gesamte künstlerische Oberleitung zu. Mit dem, was man ihm nicht gibt, nämlich die technische und die geschäftliche Oberleitung, bewahrt man sich jedoch (..) Einfluß auf das Projekt und seine Gestaltung (..). Andere wieder wenden wohl das eben bezeichnete Verfahren des beschränkten Wettbewerbs an, um dann aber den ausgewählten Entwurf von Kommissionen, Ämtern (..) überarbeiten und auch ausführen zu lassen.« (IN: BTR 3 (1957) S.12)

Chance des Theaters, überhaupt eine eigene Kontur zu erarbeiten und wenn sie auch noch als Probebühnen dienen konnten, umso besser.

Man muß sich vergegenwärtigen: Diese Diskussionen und Tendenzen haben den Theaterbau und nicht zuletzt das Theater vom Kriegsende bis zum Ende des Theaterbau-Booms Anfang der 70er Jahre geprägt. Soviel steingewordene Ratlosigkeit und Unpersönlichkeit kann wohl als ein einzigartiges Phänomen der Theatergeschichte gewertet werden.

Die Situation der Architektur

Nach dem angestrengten Bemühen, die Narben des Krieges zu vernähen und die (Bau-) Lücken schnellstmöglich wieder zu schließen, sprengten die inneren Spannungen der Zeit dennoch immer wieder die heilen Fassaden. Die Identitätsprobleme schrieben sich auf dem Gebiet von Bau und Architektur deutlich in das Material ein. Spannungen und Widersprüche zwischen den Prognosen des direkten Nachkriegs und der tatsächlich eintretenden Realität, zwischen Vertrauen in und Mißtrauen gegen das Primat von Zahl und Technik, zwischen Form und Sinn des Bauens, Zweckdenken und Kunstverstand, einem demokratisch-liberalen Wunsch-Selbstbild der Nachkriegsgesellschaften und kapitalistischer Realität, zwischen Individualität und Anonymität, menschengerechtem und berechenbarem Maßstab, Stadt und Land, Stadt und Verkehr.. offenbaren ambivalentes Denken. Die Fehleinschätzungen und Versäumnisse auf diesen Gebieten zeichnen sich durch langfristige Unkorrigierbarkeit aus. Wir können sie an bis heute existierenden Beispielen studieren.

Der totale Krieg hatte fast alle Länder Europas an die Grenzen ihrer wirtschaftlichen Kraft gebracht und durch seine flächendeckende Sprengkraft neben einer Unzahl Menschenleben auch ungeheuer viel Bausubstanz gekostet. Deutschland war da in außerordentlichem Maße betroffen. Hinzu kam, daß durch die politische Neuordnung im östlichen Teil des Kontinents Flüchtlingsströme die anderen deutschen Regionen vor scheinbar unlösbare Aufgaben stellten. Aus dieser Situation heraus entwickelten sich naheliegenderweise zunächst pessimistische Einschätzungen der Zukunft, die davon ausgingen, die Maßnahmen der nächsten Jahre, wenn nicht Jahrzehnte, würden von Not und Armut bestimmt werden, zumindest von immensen Herausforderungen gezeichnet sein[16]. 1947 aber beschlossen die Amerikaner als Teil des beginnenden *Kalten Krieges* den Marshall-Plan, der die ökonomische Unterstützung Europas

---

16 Das veranlaßte eine bunt gewürfelte Schar verschiedenster Künstler und Architekten 1947 zu einem »Nachkriegsaufruf« in der Architekturzeitschrift BAUKUNST UND WERKFORM: »Der Zusammenbruch hat die sichtbare Welt unseres Lebens und unserer Arbeit zerstört. Mit einem Gefühl der Befreiung glaubten wir damals, wieder ans Werk gehen zu können. Heute nach zwei Jahren erkennen wir, wie sehr der sichtbare Einsturz nur Ausdruck der geistigen Zerrüttung ist, und könnten in Verzweiflung verharren. Wir sind auf den Grund der Dinge verwiesen, von da aus muß die Aufgabe neu begriffen werden. (..) Für Wohnbauten und für unsere öffentlichen Gebäude, für Möbel und Gerät suchen wir statt Überspezialisierung oder kümmerlicher Notform das Einfache und Gültige. Denn nur das Gültig-Einfache ist vielfältig brauchbar.« (IN: ✧15 CONRADS S.141)

vorsah und gemeinsam mit anderen stabilisierenden und kooperativen Maßnahmen, so auch
der deutschen Währungsreform 1948, zu einer rasch einsetzenden wirtschaftlichen Blüte
führte. In Deutschland sprach man bereits um 1954 von einem *Wirtschaftswunder* das nicht
zuletzt den *Eisernen Vorhang* der mitten durch das Land schnitt, nur umso deutlicher hervor-
treten ließ. Am Ende des Dezenniums lebte man in einem Wohlstand amerikanischer Prägung, von dem man zehn Jahre zuvor noch nicht einmal zu träumen gewagt hätte.

Noch 1951 lautete aber der Schluß der Präambel des *2. Darmstädter Gesprächs* zum Thema
»Mensch und Raum« fast prophetisch: »*Unsere Zeit ist die Zeit der Technik. Die Not unserer Zeit
ist die Heimatlosigkeit.*« Welch enge Verknüpfung zwischen diesen beiden Thesen bestand,
war wahrscheinlich ihren Urhebern noch gar nicht bewußt.
      Zunächst einmal setzte sich international die rationalistische Moderne in der Architek-
tur durch; sie hatte sich in der Zeit, in der sich die totalitären Regime völlig aus den neuesten Entwicklungen auszuklinken trachteten, in den USA entfalten können. Viele führende
Köpfe des Neuen Bauens hatten durch ihr unverhohlenes soziales Engagement vor dem
Krieg Vertrauen in die Leistungsfähigkeit ihrer Architektur erweckt[17], ihre Ideen und Methoden schienen einfache, berechenbare Lösungen für die enormen Probleme bereitzu-
halten. Hinzu kam, daß die Technik, die nach Vorstellung dieser Architekten fester Bestandteil der zeitgemäßen Gebäude und Wohnungen und nicht zuletzt der industrialisierten Bauweise ist, daß jene Ausschöpfung technischer Möglichkeiten, die man ihnen vor dem Krieg
noch vorgeworfen hatte, nun durch die Erfahrungen mit technisierter Kriegsführung und
im Zuge der Amerikanisierung akzeptiert, ja begehrt war. Ohne diese Verfahren wäre die
Schaffung einer solchen Unzahl von Behausungen und Gebäuden wie sie vor allem in Deutschland, aber auch in Frankreich benötigt wurde, kaum denkbar gewesen. Ganze Stadtteil-
Bebauungen wurden am Computer geplant. Gestaltung und Einsatz von vorgefertigten Bau-
teilen ließen zum wiederholten Male die Grenze zwischen Architekt und Ingenieur fragwürdig
werden[18] und paßten den Bauprozeß den auch sonst gültigen automatisierten und personal-
unabhängigen Produktionsmethoden an. Nicht zuletzt sorgten Kommunikationstechniken
und eine weiterhin zunehmende allgemeine Mobilität dafür, daß die rationalistische Architektur zu einem *Internationalen Stil* auswuchs. Diese Internationalität kontrastierte wohl erst

---

17   Ein Musterbeispiel war da Walter GROPIUS. In seinem Rückblick »Die neue Architektur und das Bauhaus«
      schrieb er: »1928, als mir das Bauhaus und seine Zukunft gesichert erschienen, übergab ich die Leitung
      meinem Nachfolger und kehrte in die Praxis nach Berlin zurück, um mich der Lösung soziologischer und
      baulicher Probleme des Wohnbaus zu widmen. (..) Bei all diesen interessanten Arbeiten beschäftigten mich
      am meisten die Fragen der Kleinwohnung für die niedrigste Einkommensgruppe der Bevölkerung, ferner
      die der Mittelstandswohnung einschließlich ihrer Einrichtung.« (✧67 S.65)
18   MIES VAN DER ROHE versuchte 1950, in einer Rede im Illinois Institute of Technology das Verhältnis
      beider zu bestimmen: »Die Technik ist weit mehr als eine Methode, sie ist eine Welt für sich. Als Methode
      ist sie in beinahe jeder Hinsicht überlegen. Aber nur dort, wo sie ganz sich selbst überlassen bleibt, wie
      etwa in den gigantischen Bauten der Ingenieure, dort enthüllt die Technik ihre wahre Natur. (..) Wo immer
      die Technik ihre wirkliche Erfüllung findet, dort erhebt sie sich in die Sphäre der Architektur. (..) Unsere
      wahre Hoffnung ist es, daß sie zusammenwachsen, daß eines Tages die eine der Ausdruck der anderen sein
      wird.« (»Technik und Architektur« IN: ✧15 CONRADS S.146)

einmal wohltuend mit den schlechten Ergebnissen nationalistischer Fixiertheit und Isoliertheit in der Vergangenheit. Im Geiste dieser Moderne wurden zahlreiche repräsentative Bauten für öffentliche Einrichtungen oder im privaten Auftrag von Firmen und Unternehmen errichtet, aber auch in zunehmenden Maße strukturell überklare, also monotone und identitätslose Trabantenstädte an den Stadträndern, die schnell und billig aufgestellt werden konnten und dabei der Heimatlosigkeit nicht abhalfen, sondern lediglich ein anderes Gesicht gaben. Ausgerechnet diese Baupraxis überwand den *Eisernen Vorhang* und kannte keinen *Kalten Krieg*.

Trotz ihres internationalen Erfolges blieb diese Richtung allerdings nie unangefochten. Im Nachkriegsdeutschland stand sie zunächst in Konkurrenz mit noch wirksamen traditionalistischen Tendenzen. Dieser konservativen Gegenbewegung verdanken wir es neben dem Zeit- und Bevölkerungsdruck, daß die meisten deutschen Städte zumindest im Kern **wieder**aufgebaut, nicht total **neu** gebaut wurden, wie es viele Progressive und Anhänger der Charta von Athen verlangten. Neben einigen Neoklassizisten im undemokratischen Osten und den Traditionalisten, bemühten sich vor allem jene Architekten, die den Bau als individuellen Organismus, als Gegenbild zur Maschine definierten, um Alternativen. Die ersten Skeptiker waren alte Warner wie Hugo Häring oder Hans Scharoun, dann häuften sich mit der Zeit und angesichts der schon vollzogenen Bauprozesse die kritischen Stimmen. Häring war dafür, die Zeit der Zerstörung zu nutzen, um unter neuen Vorzeichen aufzubauen; nur hatte er ganz andere Kriterien: der Vorliebe für die leicht handhabbaren geometrischen Formen setzte er organisch aus der Funktion entwickelte entgegen, der Statik die Dynamik, der Suche nach Lösungen für die *Masse* nach wie vor die Suche nach sozialen Lösungen für Ansammlungen von *Individuen*[19]. Häring war zu dieser Zeit zwar nur noch Theoretiker, benannte aber ein Bedürfnis, das sich tatsächlich in den 40er und 50er Jahren parallel zum rationalistischen Bauen Bahn brach.

Eine heftige und höchst provokante, teils utopische, teils aber auch instinktsichere Gegenreaktion formulierte angesichts der Bauresultate 1957 der österreichische Künstler Friedensreich Hundertwasser mit seinem »*Verschimmelungsmanifest gegen den Rationalismus in der Architektur*«. Dabei Hundertwasser bewertete die seelischen Bedürfnisse des Menschen

---

19 »Wir haben auch der technik neue aufgaben zu stellen. Denn die technik hält uns am stärksten im banne der geometrischen formgewalten. Die geometrischen formen sind die formen der massenfabrikation. (..) Da aber alle organhafte und individuierende gestaltforderung der herrschaft der geometrie entgegentritt, entsteht ein kampf mit dieser formenwelt, aus dem uns nicht die verneinung der geometrischen formenwelten herausführt, sondern ihre einordnung unter das höhere prinzip der gestalt (..). Beachten wir aber noch mit genauer aufmerksamkeit, daß auch im reich der technik und konstruktionen der gestaltwille der organik eine immer größer werdende rolle spielt. (..) Das vollkommenste beispiel, das den siegreichen vorstoß der organhaften konstruktion beweist, ist das flugzeug.« (Hugo HÄRING »Neues Bauen« (1947) IN: DER ARCHITEKT 3 (1965) S.95) Schon LE CORBUSIER orientierte seine Ästhetik an Ozeandampfern und Flugzeugen. Aber selbst er, dessen Credo der Geometrie galt, öffnete sich später sogar noch für das Plastisch-Organische, z.B. im Falle seiner aufsehenerregenden Wallfahrtskirche in Ronchamp.

höher als seine körperlichen[20], stellte er dem anonymen Massenmieter, dessen Bedürfnisse durch Errechnung des Durchschnitts ermittelt werden, das kreative, unberechenbare Individuum gegenüber. Sein Gegenkonzept ging von dem Individuum aus, das sich in allen Phasen ein Haus nach seinen ganz persönlichen Phantasien und Vorstellungen gestaltet, egal ob das eine oder andere Resultat einmal einstürzen mag. Um den Weg dafür freizumachen, wollte er zunächst diese »transautomatistische« Architektur die rationalistischen Erzeugnisse nicht in der ihr selbst eigenen Art zerstören, sondern in den organischen Prozeß zurückführen, indem die Mieter ihre Wohnungen beliebig individuell gestalten und die linearen Bauten mit Nährflüssigkeit übergießen sollten, so daß sich der Schimmelpilz ihrer bemächtigen könne.

> Es ist an der Zeit, daß die Industrie ihre fundamentale Mission erkennt, und die ist: schöpferische Verschimmelung betreiben! (..) Und erst nach der schöpferischen Verschimmelung, von der wir viel zu lernen haben, wird eine neue und wunderbare Architektur entstehen. (16)

Aus solchen Gedanken entstand wenig später in der Praxis etwas, das Siegfried Giedion die »plastischen Tendenzen« der Architektur nannte. Die Tendenz, Räume als Hohlräume, Bauten als Volumen, als Plastiken im Raum aufzufassen, fand ihr Instrumentarium im frei formbaren Stahlbeton, der es möglich machte,

> den Fluß der Kräfte nicht in einzelnen Linien oder Kanälen zu konzentrieren. Solche Systeme können sich frei nach allen Richtungen ausbreiten. (..) Die Kräfte lassen sich nicht leicht unter Kontrolle halten. Oft entziehen sie sich präziser Berechnung. Dann können nur Versuche an Modellen helfen. Die Konstruktion geht in das Gebiet des Irrationalen und der Plastik über. (17)

Dieses Gegenkonzept zur Praxis des Rationalismus beantwortete die Indifferenz des Internationalen Stils, indem es die Bedürfnisse der verschiedenen Kulturen und Regionen, die Anforderungen verschiedener Klimata als die plastisch-organische Bauweise konstituierende Faktoren mitreflektierte[21].

Was letztlich alle zum rationalistischen Bauen alternativen Ansätze thematisierten, war die seit der Werkbund-Diskussion heikle Spannung zwischen Individualität und Anonymität, zwischen Einzelpersönlichkeit und Masse. Durch die zunächst anstehenden Probleme der Massenwohnungsnot, aber vor allem auch das umfassende Aufblühen industrieller Produktionsweisen, die bald alle Lebensbereiche betrafen, lag es zwingend nahe, Massen von Gleichartigem für eine Masse von Durchschnittsmenschen herzustellen. Das setzte sich

---

20 »Die materielle Unbewohnbarkeit der Elendsviertel ist der moralischen Unbewohnbarkeit der funktionellen, nützlichen Architektur vorzuziehen. In den sogenannten Elendsvierteln kann nur der Körper des Menschen zugrunde gehen, doch in der angeblich für den Menschen geplanten Architektur geht seine Seele zugrunde. Daher ist das Prinizip der Elendsviertel, d.h. der wild wuchernden Architektur zu verbessern und als Ausgangsbasis zu nehmen und nicht die funktionelle Architektur.« (HUNDERTWASSER IN: ✧15 CONRADS S.149)

21 »(..) eine Einstellung, die von den besten heutigen Architekten befolgt wird. Ihr liegt zugrunde, daß das Bestreben darauf hinausgeht, den ewigen kosmischen und irdischen Bedingungen eines Landes gerecht zu werden, sie nicht als Hindernisse aufzufassen, vielmehr als Sprungbrett für die künstlerische Imagination. (..) Dies geschieht ebensowenig (..) durch eine Nachahmung der Formen, vielmehr durch eine Verbundenheit im Geist. (..) Unter der gemeinsamen Schutzhülle der Raumkonzeption entwickelt sich eine polyphone Architektur.« (✧20 GIEDION S.24)

von der Feinstrumpfhose über das Automobil bis hin zur Wohnung durch. Und entwickelte sich die rechte Begeisterung nicht von allein, so wußte man inzwischen immer besser die für politische Propaganda entwickelten Strategien zugunsten der Produktwerbung einzusetzen. Das wirkte sich letztlich auch auf die Architektur aus: Die Auftraggeber waren kaum noch Einzelpersonen, sondern Institutionen oder Firmen, denen ein eher unpersönlicher Stil, wie der sogenannte *Internationale*, am ehesten entsprach. Auf der anderen Seite wurde diese un- oder überpersönliche Architektur auch unter dem Namen von Architekturbüros oder Architektenteams, nicht aber von einzelnen Persönlichkeiten erstellt (18), um als Gruppe die inzwischen erforderliche technische **und** ästhetische Kompetenz zusammen aufzubringen, die das von Mies van der Rohe erhoffte Zusammenwachsen von Architektur und Technik (19) erfordert. Projekthalber schlossen sich sogar die bekannten Individualarchitekten zu Gruppen zusammen.

Auch in dieser Hinsicht praktizierte die am organischen Prinzip orientierte plastische Architektur ein Gegenkonzept, sie erfordert die individuelle Ausnahmebegabung. Bezeichnenderweise blieb für sie deswegen vor allem auch die Ausnahmeaufgabe reserviert, nicht der Wohnungsbau.

Es dauerte nicht lange und die Diskrepanz zwischen dem proklamierten Anspruch und der tatsächlichen Qualität des Gebauten klaffte offensichtlich auseinander. Hundertwasser war letztendlich nur eine der originellsten Stimmen unter denen, die gegen Ende des Jahrzehnts die vollbrachte Bauleistung der letzten Jahre anzweifelten und vor weiteren Fehlern warnten. Was nicht bedeutete, daß die Verantwortlichen auch reagierten. Vielmehr lagen hier die Anfänge des Mißbrauchs und der Aushöhlung der sozialen wie künstlerischen Werte jener Bewegung(en), auf die man sich scheinbar berief. Sollte sich schon bei den Altrationalisten die ästhetische Qualität aus der sozialen Zweckerfüllung ergeben, so mißtraute man nach dem Krieg dem sozialen Instinkt und ersetzte diese Utopie durch einen Zahlen- und Maßekanon, der sämtliche menschlichen und gesellschaftlichen Bedürfnisse bis auf den Zentimeter festlegte und keinen Raum für Variationen und abweichende Ideen zuließ.

Aber derselbe Terminus Zweckmäßigkeit mußte durchaus nicht (..) sozialreformerisch verstanden, sondern konnte ebenso beibehalten werden, wenn damit ein anderer Inhalt gemeint war: zweckmäßig nicht für den Verbraucher, den Bewohner, sondern zweckmäßig für den Hersteller, den Produzenten. (..) Moderne Architektur erschien dann als eine sehr rationelle Art, die Nachfrage nach dem Artikel ›Wohnung‹ so zu befriedigen, daß sie auch und gerade für eine Verwertung im kapitalistischen Sinne interessant werden konnte - durch Massenproduktion in Serie (..). (20)
Gerade Deutschland bot dafür ein eindrucksvolles Beispiel.
*Drei Millionen Wohnungen seit dem zweiten Krieg, heißt es heute. Nicht mehr ist die Rede von der **guten** Wohnung (..). Kaum ein Wort mehr von Maßstäben, keins über Beziehungen, kein sinnenhaftes Zugreifen, weder Poesie noch Auge. Kein Herz. Aber sozial, aber gerecht, gerecht in der Verteilung der Gelder, sich selbst gerecht. Wer wird mehr geben als er hat, in diesen fetten Jahren, dieser Dürre? (..) Demokratie - muß das denn heißen: immer entlang am Minimum? (21)*
Es mußte wohl, denn:
Die ökonomischen Machtkonstellationen hatten sich im Lauf der neuen Aktivitäten der Nachkriegsjahre nur gefestigt: die Trusts hatten sich ausgeweitet, die Konzerne waren multinationale

*geworden. Das Gesetz des maximalen Profits galt auch für die Bauwirtschaft. In der hekti-
schen Bemühung, möglichst schnell und billig zu sein, wurde die politische, soziale und architektonische Chance des Wiederaufbaus größtenteils vertan. (..) Es waren somit nahezu ausschließlich ökonomische Gründe, welche die Konkurrenz zwischen traditionalistischer und
modernistischer Architektur jäh zugunsten der letzteren entschieden: sie war für die industriell-
kapitalistische Produktionsweise besser geeignet. (22)*
Deutschland hielt besonders lange an eben jener Bauform fest. Da kann es nicht verwundern, daß Rufe nach Individualität, Kreativität, ja nach Architektur als Kunst verhallten. Auch
nicht, daß es dieser Gesellschaft nicht gelang, überzeugende Ausdrucksformen für *Festlichkeit*, im Theaterbau etwa, hervorzubringen. Hinter der brav-heilen Fassade tobten die
Verteilungskämpfe.

Das betraf natürlich in verheerendem Maße auch die Stadt- und Landesplanung. Nachdem man direkt nach Kriegsende, entsetzt das Flüchtlingsproblem beobachtend, eine totale
Verstädterung befürchtete und meinte, mit zentral verordneten Dezentralisierungs-
maßnahmen eine noch nicht einmal wissenschaftlich analysierte, geschweige denn praktisch
erprobte Landesplanung einsetzen zu können[22], entwickelte sich auch in dieser Hinsicht
vieles ganz anders als erwartet. Die zentralen Punkte der Konzepte waren: Die Städte nur
in größeren Zusammenhängen **neu** zu errichten, auf keinen Fall grundstücksweise zu sanieren, um auch den neuen Anforderungen der Produktion und der Mobilität gerecht werden
zu können; nur dort Ansiedlung zuzulassen, wo ein Bedarf an Arbeitskräften besteht (und
also Ernährungsmöglichkeiten); die Städte und Ortschaften so zu strukturieren, daß innerhalb der unmittelbaren Nachbarschaft alles zu Fuß bewältigt werden könne, also die verschiedenen Bereiche, vor allem Leben und Verkehr, zu trennen. Dabei wurden diese ersten Maßnahmen von konservativen Köpfen ebenso vertreten wie von Vertretern des modernen
Bauens. Aber während die ersteren an ein landesweites Netz kleinerer Städte dachten,
planten letztere einzelne mehr oder minder autarke, selbstverwaltete Nachbarschaftspartikel
mit Verkehrsanbindung an überregionale Verkehrsadern und je eigenem Grüngürtel. Konsequent praktiziert wurde all dies natürlich nicht, aber was der wirtschaftlichen Entwicklung
nützlich war, fand Umsetzung. So das Zerreißen stadträumlicher Zusammenhänge, um
übergeordnete Verkehrsverbindungen zu ermöglichen; so die Trennung von Wohn- und
Arbeitsbereichen, die nachts verödende Stadtzentren und tags verödende sogenannte Schlaf-

22 »Die städtebauliche Aufgabe der Gegenwart weitet sich für uns über Aufbau und Neugestaltung der zerstörten Städte hinaus zur Lenkung und Formung einer Volkswanderung, die nicht einmal in der Landflucht
und Verstädterung des 19. Jahrhunderts ihresgleichen hat. – Was vor uns steht, erfordert mindestens ein
Menschenalter. (..) Wir schlagen vor, die neue Heimat der 15 Millionen dort zu suchen, wo schon ein
großer Teil von ihnen behelfsmäßig untergekommen ist und wo noch heile städtische Organismen sind: In
unseren kleinen und mittleren Städten. Hier kann billig wirkliches Neuland geschaffen werden. Wir wollen
(..) den Gedanken der Gründung neuer Städte von vornherein abweisen. Unsere Zukunft wird unter dem
Gesetz der Armut stehen. (..) Wir dürfen aber die Bevölkerung nur dort vermehren, wo wir sie auch
ernähren und in Arbeit bringen können. Vor jeder Ansiedlung von Menschen muß die Ansiedlung von
Industrie stehen.« (Josef WOLFF »Ein Programm aus den ersten Nachkriegsjahren« (1947) IN: DER BAU-
MEISTER 5 (1956) S.323f.)

städte erschuf, und darüberhinaus die Verkehrsadern zum Transport der »*Deportierten der Arbeit, der Deportierten der Freizeit*« (23) erst richtig nötig machte (und nicht zuletzt die Automobil-Industrie florieren ließ). Gerade die deutsche Situation kennzeichnet bis heute die nahezu untrennbare Koppelung des Lebens an die Arbeit, so daß die neueren Wohnviertel nur über eingeschränkte, kanonisierte Freizeitangebote verfügen.

Das natürliche, durchmischte städtische Leben wurde durch künstliches Einkaufsflanieren zwischen zweifelhaften ›Möblierungen‹ ersetzt, der Bürger wurde zum Passanten und Konsumenten degradiert. (24)
Die Entwicklung wurde Ende der 50er Jahre dadurch verstärkt, daß innerstädtische Grundstücke durch Bodenspekulation, einseitige Kapitalverteilung und falsche Politik für Wohnprojekte nicht mehr erschwinglich waren, so daß die Stadtränder einen großen Teil der Bevölkerung aufnehmen mußten; das war dann die tatsächliche ausgeführte Dezentralisierung.

Auch hier ließen die ersten Gegenreaktionen nicht lange auf sich warten. In Frankreich argumentierte man vornehmlich gegen die Zerlegung der Stadt in ihre Einzelteile, plädierte für kreative, kooperative Gestaltung der Umwelt und für das Grundrecht auf Zerstreuung und Spiel.
Gebaute Gegenkonzepte stellten die englischen und schwedischen Bemühungen um lebenwerte Stadtrandbebauung dar. Beide Länder hatten wenig oder gar nicht unter Kriegszerstörungen an Wohnraum zu leiden, so daß ihre Aktivitäten bereits in den frühen 40er Jahren zur Umsetzung gelangten. In beiden Fällen ging es in erster Linie darum, den Metropolen, London und Stockholm, den Bevölkerungsdruck zu nehmen und die Wohnverhältnisse zu verbessern. In beiden Fällen suchte der Staat nach sozialen, behutsamen Lösungen, die letztlich den Charakter und die Struktur der Städte als solche nicht antasten mußten. In Schweden konnte man ohne Zeitdruck konzipieren, die Wohnverhältnisse waren nach der auswachsenden Industrialisierung und der damit verbundenen Bevölkerungsverteilung vom Land in die Stadt zwar schlecht, aber wirklicher Bevölkerungsdruck ist kein skandinavisches Problem. In England orientierte man sich zunächst an dem schwedischen Vorbild, schuf in sich geschlossene, unabhängige Ortschaften in Stadtnähe und bemühte sich um lebendige Durchmischung, wobei man ein gewisses Defizit an kultureller Lebendigkeit zunächst nicht verhindern konnte. Hier versuchte man, mit Liebe zum Detail den humanen Maßstab zu wahren. Aber auch auf diese Abkehr von aller Modernität gab es in England bald eine Gegenreaktion, den *New Brutalism* und die Antibewegung zur Charta von Athen und zur CIAM, das aus ihm hervorgegangene *Team X*. Ihnen ging es darum, moderne Funktionalität und Mobilität mit den grundsätzlichen Urbedürfnissen des Wohnens und Lebens in Einklang zu bringen.
Sie reagierten auf das simplifizierende Modell des Stadtkerns mit einem komplexeren Muster, das ihrer Ansicht nach dem Bedürfnis nach Identität näherkam. Sie schrieben: ›Der Mensch mag sich leicht mit seinem eigenen Heim identifizieren, aber nicht ohne weiteres mit der Stadt, in [der] es sich befindet. Irgendwo ›hinzugehören‹ ist ein grundlegendes emotionales Bedürfnis – die Assoziationen, die sich damit verbinden, sind von der einfachsten Art. Von ›Hingehören‹, von Identität kommt das bereichernde Gefühl der Nachbarschaft. Die kurze schmale Straße des Slums hat Erfolg, wo großzügige Sanierungen häufig scheitern.‹ (25)

Seit den 50er Jahren errichteten in diesem Sinne einzelne Architektenpersönlichkeiten[23] einzelne Projekte oder auch Straßen und Viertel. Diese Anfangszeit war vor allem eine Phase der Experimente, deren Saat erst später aufgehen und den Wurzelstock späterer Ansätze bilden wird.

b. OBJEKTE

Sellner und die Darmstädter Orangerie: Vom Nottheater zum Zeichenraum

Am 11. September [1944] abends kurz nach 11 Uhr trieb ein riesiger Feuerschein am Horizont die Leute in Groß-Umstadt auf die Straße. Eine große Stadt, das sah man, brannte. Der Richtung nach konnte es nur Darmstadt sein. Wir rannten auf den Marktplatz ins Rathaus, um nach Hause zu telephonieren. Es war keine Verbindung mehr möglich. Da wußten wir Bescheid. (..) Der größte Teil der Stadt aber (..) war vernichtet. Auch ›unser‹ Theater, das Große und das Kleine Haus. (..)
Wohl hörten wir ›draußen‹ auf dem Lande mit Befriedigung, daß schon an Weihnachten 1945 in der Orangerie im Bessunger Herrngarten ein Nottheater eröffnet worden sei (26)
– so schilderte der Darmstädter Theaterbiograph und Gründer der dortigen Theatersammlung, Hermann Kaiser, die Situation, die in jenen Jahren in Deutschland unzählige Menschen, Städte und – Theaterbauten betraf. Zunächst entwickelte sich eine zwangsläufige Alternativität gegenüber den zerstörten, meist konventionellen Theatergebäuden. Immer wieder findet man Beschreibungen von Aufführungen, die oft bald nach den Bombenangriffen zwischen all den Trümmern in teilweise dürftigsten Notumnutzungen wie Kellern, Zimmern, Dachböden und natürlich Turnhallen und Baracken stattfanden. Diese Notsituation währte für die meisten Theater eine begrenzte Übergangszeit bis entweder das alte Haus repariert oder restauriert oder gar ein Neubau errichtet worden war. In Darmstadt hingegen wurde Jahrzehnte im Notbehelf Oper, Ballett und Theater aufgeführt. Und nicht nur das: Das Darmstädter Schauspiel wurde während der 50er Jahre zu einem Prototyp der deutschen Theaterkultur. Während seiner Intendanz zwischen 1951 und 1961 vervollkommnte Gustav Rudolf Sellner nicht zuletzt aus den Beschränkungen eines Aufführungsortes wie der Orangerie heraus das Konzept seines *Instrumentalen* oder *Choreographischen Theaters* das bald als *Darmstädter Stil* überregional berühmt wurde.

Dieses weithin beachtete Experiment war allerdings die Krönung jener engagierten Darmstädter Theaterarbeit, die gleich nach dem Krieg einsetzte.
Darmstadt existiert im Grunde nicht mehr. Es wurde in einem Zwanzig- Minuten-Angriff aus der Welt geschafft. Die vernichtete Stadt liegt da wie ein Schmuckkästchen. (..) Das vernichtete

---

23 Z.B. Alison und Peter SMITHSON aus England, Jacob Berend BAKEMA und Aldo VAN EYCK aus Holland oder Shadrach WOODS aus den USA..

*Darmstadt war das Ziel der Reise, deren Zweck darin bestehen sollte, festzustellen, wie leben-
dig eine tote Stadt sein kann. (..) Es darf ohne Übertreibung festgestellt werden, daß bisher
keine andere deutsche Stadt auch nur entfernt mit einem derartig interessanten und reichhal-
tigen Programm aufgewartet hat,*
schrieb Erich Kästner im März 1946 als Feuilletonist der Münchner *Neuen Zeitung* über die
Uraufführungen von Jean Anouilhs ANTIGONE und Thornton Wilders WIR SIND NOCH
EINMAL DAVONGEKOMMEN, beide von Karl Heinz Stroux inszeniert. Schon kurze Zeit
nach dem Bezug dieses Winterquartiers für Orangenbäumchen, das 1719 für Landgraf Ernst
Ludwig von dem französchen Architekten Remy de la Fosse in den Herrngarten gebaut
worden war, strahlten die Darmstädter Bemühungen offenbar über die eigene Region hinaus. Das lag nicht zuletzt daran, daß den Theaterschaffenden bewußt war, daß die Unzulänglichkeiten ihres Aufführungsortes nur durch Mut und den bewußt kalkulierten Einsatz
der theatralen Mittel vergessen gemacht werden konnte. Dieses produktive Herausgefor-
dert-Sein von der Primitivität der Bühne wurde von Sellner später als *glückliche* Lage bewertet.
    Nach jenem Bombenangriff im September 1944 standen von dem alten Theaterbau, der
ursprünglich von Georg Moller errichtet und nach einem Brand 1871 wiederaufgebaut
worden war, nur noch die Umfassungsmauern (Abb. 1). Das Kleine Haus war restlos zerstört. So bot die ehemalige Orangerie (Abb. 2a) die einzige Möglichkeit, einen Aufführungsort für den verbliebenen Mehrspartenbetrieb einzurichten. Im Herbst 1945 wurde dort ein
Orchestergraben ausgehoben, eine Bretterbühne aufgestellt und für ungefähr 570 Personen
Gestühl aus Gaststätten herangeschafft (Abb. 2b). Das Ergebnis dieser Maßnahmen war
nicht überwältigend[24] und so verwundert es nicht, daß neben dem wiederaufgenommenen
Spielbetrieb eine jahrlange Diskussion über den Wiederaufbau des alten oder die Errichtung eines neuen Theaters entbrannte. Da die Orangerie als rechteckiger Hallenbau über
keinerlei Nebenräume verfügte, wurden die Betriebs- und Verwaltungsräume in den noch
erhaltenen, äußeren Räumlichkeiten der Theaterruine untergebracht. Der Mangel an Proben-
räumen dürfte empfindlich gewesen sein, zumal sich die Hoffnung, durch die Wiedererrichtung des ehemaligen Kleinen Hauses, der Otto-Berndt-Halle in der technischen Hochschule,
Probebühne und Studio dazuzugewinnen, 1950 endgültig zerschlugen. Im Gegenteil war im
gleichen Jahr auch noch die Orangerie nach einer Gasexplosion als Aufführungsort gefährdet. Als Sellner dann 1951 die Theaterleitung antrat, waren zwar Zuschauerraum und Garderoben verbessert, die Fenster zugemauert und eine leistungsfähige Lichtanlage installiert
worden, die herb-karge Ausstrahlung des Raumes aber keineswegs aufgehoben[25].

24 »Ich sah die mehr wie primitiv ausgestattete Bühne, wo zuweilen die an der Rückwand befindlichen Origi-
    nal-Barocksäulen im Bühnenbild mitverwendet wurden und die Beschaffung von ein paar Quadratmeter[n]
    Leinwand oder einigen Latten Probleme darstellten. Ich betrat auch den notdürftig eingerichteten Zu-
    schauerraum, wo zuerst das Gestühl aus hölzernen, irgendwo hergeholten Wirtschaftsstühlen bestand
    und die großen Glasfenster noch nicht zugemauert waren, so daß es im Winter empfindlich kalt herein-
    wehte.« (◇122 KAISER, Schicksalsjahre S.40f.)
25 »Diesem Orangerie-Saal – in hübsche Umgebung eingebettet, ein richtiges Kuckucksei – haftet nun gar
    keine Theateratmosphäre an: ein Kino ist gemütlicher als dieser langgestreckte Saal mit den knapp 600
    Sitzen, der nüchtern, voller Arbeitsatmosphäre ist. Man kommt hier gar nicht auf den Gedanken, daß

1 Das Darmstädter Theater nach dem
Bombenangriff im September 1944

2a Die Darmstädter Orangerie

2b Innenraum des Provisoriums in der
Orangerie (1945)

In dieser kargen Umnutzung wurden sogar Opern gegeben: Selbst in Darmstadt war man überrascht, daß es dem damaligen Intendanten und Musiktheater-Spezialisten Siegmund Skraup 1949 offenbar überzeugend gelang, mit Wagners MEISTERSINGERN eine Kette von Operninszenierungen zu eröffnen. Bewußt verabschiedete sich Skraup von der guckkasten-abhängigen, romantischen Wagner-Tradition und entwickelte seine Inszenierung aus den spezifischen Möglichkeiten dieses Raums, organisierte die Szenerie auf der vertikalen Achse und ließ die Chorgruppen bis an die Zuschauer fluten. Auch schon Karl Heinz Stroux, der das Theater 1947, nach nur einer, dafür umso erfolgreicheren, Spielzeit verließ, bediente sich der Überschreitung der Rampe, um das Spiel mit den Realitätsebenen in Wilders WIR SIND NOCH EINMAL DAVONGEKOMMEN zu inszenieren. Dafür stand ihm zu jener Zeit weder eine geräumige Bühne noch Bühnentechnik zur Verfügung. Demgegenüber nutzte er bei Jean Anouilhs ANTIGONE die gegenteilige Möglichkeit und zog alle Bewegungen als geistige Spannung innerhalb der Grenzen der Bühne zusammen (27). In diesem in jeder Hinsicht beschränkten Rahmen gewannen kleinere Zeichen naturgemäß an Gewicht und so war es möglich, mit wenigen Ausstattungselementen und Requisiten Zeichenräume zu schaffen[26]. Auf der anderen Seite mußte man sich illusionistische und naturalistische Wirkungen abschminken, die Arbeit in der Orangerie konnte nur die Grenzen theatraler Abstraktion ausreizen und bewies damit gleichzeitig die prinzipielle Unabhängigkeit des Theaters von Illusion und Nachahmung wie den Reichtum vor allem menschlicher Ausdruckskraft. Die Gefahr in Darmstadt bestand wohl eher in der Vernachlässigung oder Fesselung der sinnlichen Mittel zugunsten eines allzu vergeistigten Ansatzes (28) – eben eines allzu abstrakten.

All das änderte sich unter Sellner nicht, sondern wurde von ihm bis zur letzten Konsequenz weitergetrieben. Nachdem er seit den 20er Jahren in der *Provinz*, also vor allem außerhalb Berlins, Theater machte, leitete er in der Spielzeit 1943/44 nach der Zerstörung des Hannoverschen Theaters dessen Nottheater in der – Orangerie in Herrenhausen. Er war also kein Neuling, was die Arbeit in diesem Bautyp anging. Vor allem aber war er zu einem

---

Theater ein Amüsement sein könnte; daß man sich hier bequem niederläßt, um sich zu entspannen, zu zerstreuen. Und die bescheidene Bühne mit ihren geringen technischen Möglichkeiten verrät auf den ersten Blick: von mir darf niemand erwarten, daß technische Bravourstücke geistige Armut anmutig verdecken.« (Wilhelm RINGELBAND IN: ◇119 SELLNER/WIEN S.53) Als in diesem Raum überregional erfolgreich gearbeitet wurde, dachte man zunächst über den Einbau eines Ranges nach, um die Platzzahl auf 800 aufzustocken. Als das wegen der ansonsten zu beengten Verhältnisse nicht vertretbar war, gab es 1953 Pläne, die Orangerie durch Anbauten zu erweitern und im Falle eines Neubaus auf dem Platz der Theater-Ruine dann als Kleines Haus weiterzubespielen. Auch dieser Vorschlag fand bei den Darmstädtern keine Sympathien. Auf lange Sicht bestanden sie auf einem Neubau.

26   So schreibt der Kritiker Holger HAGEN in seiner Besprechung von SKRAUPS AIDA-Inszenierung 1949:
»Das gesamte Dekor dieser verblüffenden (..) Inszenierung besteht aus vier verstellbaren Säulen und zwei auf einer Vorbühne feststehenden Götterstatuen. Mit diesen ›primitiven‹ Mitteln nebst wenigen Requisiten gibt Skraup jedem Bild den vom Komponisten geforderten Charakter. Aus Opernsängern werden in diesem Raum Menschen (..)« (IN: DIE NEUE ZEITUNG vom 22.9.1949)

überzeugten Anhänger dieser beschränkten Bühnen geworden und damit zum Gegner aller übergroßen Neubauprojekte, die in den 50er Jahren zum Lieblingsvehikel der Gemeinderepräsentanten geworden waren.

> Es zeigt sich also, daß Bauten, die in den Bombast gehen, nicht zu brauchen sind. Wo ist denn Theatergeschichte gemacht worden? Entweder in alten Theatern, die Reinhardt zum Beispiel vorgefunden hat, oder in einem kleinen, reizenden Behelf wie dem Kammerspielhaus des Deutschen Theaters, das dann eingerichtet wurde. Und in Seitenstraßen: ich denke jetzt an Erich Ziegels Hamburger Kammerspiele (..), wo also einfach in einem Hinterhof ein kleines Theater war, so berühmt, daß man sich noch Jahrzehnte danach den Bühnenboden angesehen hat, der in der Ruine geblieben ist. Man kann natürlich jetzt nicht bewußt Hinterhoftheater bauen, aber es zeigt sich eines: Lieber in einer Stadt mehrere kleine Bühnen haben, die spezialisiert sind, als zu große Häuser (..). (29)

Sellner verstand es, das Darmstädter Theater auf seine Philosophie und Ziele zu spezialisieren. In diesem Rahmen konnte er mit seinem Ensemble seinen Stil ausbauen und seinen Spielplan, der, in Deutschland sonst problematisch, ohne großes Risiko auch neu(artig)e Autoren und Stücke ins Abonnement integrierte.

In diesem Sinne erklärte er sich während der ganzen Zeit des deutschen Neubau-Booms und nahm damit in der die Zeit bewegenden Grundsatzfrage von Neu- oder Wiederaufbau der Theater ebenso eine allgemein wahrgenommene Position ein wie in der Werktreue-Diskussion, die 1952 die Veröffentlichung des *Düsseldorfer Manifests* provozierte[27].

Sellner galt in seiner Zeit stets als Vertreter des *Modernen*. Er setzte in seinen Inszenierungen dem Hang zur naturalistisch-authentischen Atmosphäre der Werktreue-Vertreter eine Bühne von abstrakter Zeichenhaftigkeit entgegen. So ›choreographierte‹ er die von ihm herausdestillierte Essenz des interpretierten Stückes in den Spielraum hinein. Dessen Botschaft vermittelte sich für Sellner durch den Bühnenraum und das Ensemble, die miteinander reagierten, hindurch, dem Publikum umweglos: Wie die Bewegungen und Gruppierungen der Schauspieler, die *Choreographie*, im Bühnenraum auch zur Ausstattung wurden, war es der »*Bühnenraum des Instrumentalen Theaters*«, der »*das Entstehen der Dichtung im Schauspieler und direkt und indirekt die Geburt des Stücks im Zuschauer*« beeinflusse (30)[28].

27 SELLNER unterschrieb nicht und distanzierte sich auch in der anschließenden Diskussion von der unklaren Ambition der Initiative. Von der ZEIT um Stellungnahme gebeten, schrieb er knapp und doch vieldeutig: »Zu meinem Bedauern bin ich nicht in der Lage, an der Diskussion über das ›Düsseldorfer Manifest‹ teilzunehmen, da ich seine Formulierungen trotz mehrfachen Lesens nicht begriffen habe.« (IN: DIE ZEIT vom 30.11.1952).

28 Mit der berühmten ÖDIPUS-Inszenierung 1952 (Abb.3) hatten SELLNER und sein Szenograph Franz MERTZ ihr zukünftiges Konzept gefunden. »Es ist vielleicht für den Außenstehenden nicht leicht zu erfassen, auf welche Weise eine einzige auf so viele folgende Aufführungen einwirken kann, ohne daß etwas Uniformes in der Art von Kopien entstünde. (..) Zwar handelte es sich vom ›Graf von Ratzeburg‹ an [von BARLACH, inszeniert Ende 1951] um etwas, das uns heute ganz selbstverständlich erscheint, um eine, wie man es oft genannt hat, entrümpelte Bühne, den leeren Bühnenraum also, der durch Eintritt, Weg und Geste der Schauspieler allein Veränderungen erfährt, zur Präzisierung des Ortes aber nur notwendigste Verdeutlichungen, ein Signum, ein Zeichen enthält. Im Ganzen soll dieser Raum geeignet sein, simultan alle Szenen

Da die Szenographie so zum elementaren Vermittlungsmedium jeder Inszenierung wurde,
baute man den Bühnenkasten für jedes Stück völlig neu. Die karge Bühnenanlage in der
Orangerie half Sellner, einen so engen Kontakt zwischen Bühne und Zuschauern aufrecht
zu erhalten, daß auch das Publikum seine ›Arbeit‹ verrichten mußte; gleichzeitig war es ihm
wichtig, beide Bereiche nicht ineinander laufen zu lassen, die Rampe beizubehalten, denn die
Bühne sollte keinerlei Ähnlichkeit mit dem Alltäglichen zeigen[29]. Im Gegenteil: Ihn interessierten die zeitlosen Probleme des Menschen in der Welt, er wollte ein »*Bild des Menschen
schlechthin*« liefern: »*Wo auf dem Theater nicht die Welt als Ganzes sichtbar wird, bleibt es
bedeutungslos*« (31)[30]. Diese Trennung der Sphären korrespondierte einerseits mit dem
Festlichkeitsideal der Zeit, erfüllte sich andererseits vor allem in der Idee einer geistigen
Reibung von Differentem. Dieses Theater beruhte auf einer elitären menschlichen Kommunikation, die sich aufwendigen technischen Prothesen bewußt verweigerte. Dabei half Sellner
der bescheidene Raum. Weil er zudem die Leere einer Tanzbühne liebte, wurde das Licht zu
einem elementaren Ausdruckmittel. Um die choreographische Korrespondenz zwischen
Schauspielern und dem Zeichenraum ungehindert über die wenig idealen Sichtlinien der
Orangerie nachvollziehbar zu machen, arbeiteten Sellner und sein hauptsächlicher Szenograph
Franz Mertz oft mit einem schrägen Bühnenboden.

Was Sellner antrieb, war das Freilegen des (nicht nur eines) geistigen Stückgehaltes,
nicht die Schaffung lebendiger, sinnlich nachvollziehbarer Materialität.

*Wir glaubten an die geistige Verantwortung der Bühne nach dem Zusammenbruch und schrie-
ben ihr eine führende Rolle zu. Die Bühne war auf der Suche nach dem verlorenen Menschenbild (..). (32)*

Alles, was über diesen geistigen Gehalt hinaus illustrierte oder ihn gar verschütten könnte,
fiel Sellners Konzept des *Instrumentalen* oder *Dramaturgischen Theaters* zum Opfer. Sogar die

des Stückes zu tragen, möglichst keiner oder nur ›offener‹, schnell zu bedienender Verwandlungen bedürfen. (..) Mit dem ›Ödipus‹ waren diese Formprobleme zunächst einmal für uns gültig gelöst: der Raum ist
nicht nur entrümpelt, sondern durch eine überdimensionale Skulptur nach den szenischen Funktionen
gegliedert. (..)« (SELLNER IN: ✧119 SELLNER/WIEN S.76ff.)

29 »In dieser Melodie der Geste, zu der das choreographische Konzept einer Inszenierung gehört, finden wir
auch jene Angehobenheit des Spieles wieder (..). Der verbindliche Raum, die real bezeichnende Bühne,
schien mir damals diese Angehobenheit zu stören. Eher könnte sie, so meinte ich, die genaue Aussage, das
deutliche ›Zeigen‹ behindern. So kann die ›Ödipus‹-Architektur von Mertz als das Optimum eines unver-
bindlichen szenischen Raums gelten. Sie hätte sich für die verschiedensten antiken Tragödien gleich geeignet.« (SELLNER IN: ✧119 SELLNER/WIEN S.116)

30 Dieses Thema bestimmte den Spielplan: »Shakespeare ist in dem Jahrzehnt einer der wichtigsten Autoren
geblieben, Sellner hat fast alle seine großen Stücke inszeniert. Der zweite beherrschende Block war die
Antike; das begann 1952 mit dem von Wolfgang Schadewaldt übersetzten ›König Ödipus‹ des Sophokles
(..) und es endete 1959 mit den ›Frauen von Trachis‹, diesem von Ezra Pound umgegossenen Jargon-
Sophokles, und 1960 mit Sartres ›Fliegen‹, dieser Konversations-Variante der Orestie des Aischylos. (..)
Der dritte Block waren zeitgenössische Tragiker wie Federico Garcia Lorca und Ernst Barlach. Der vierte
Block begann in der Mitte des Jahrzehnts, am 5. Mai 1955, mit dem Ionesco-Skandal in der Orangerie: das
Theater der damals in Deutschland noch um ihren Durchbruch kämpfenden ›Absurden‹.« (Georg HENSEL
»Der konservative Grundzug des Nachkriegstheaters« IN: THEATER HEUTE 10 (1970) S.38)

persönlichen Ansätze des Regisseurs und der Schauspieler negierte er. Einziger Maßstab der Interpretation der Theaterleute sollte das Stück sein. Zwischen der Phantasie des Autors und der der Zuschauer hatten sie wie ein geschmacksneutraler Katalysator zu wirken.

Die Phantasie derer, die auf der Bühne arbeiten, soll nicht dem Zuschauer aufgezwungen werden. Im Gegenteil. Der Zuschauer soll bei einer Aufführung Gelegenheit haben, seine eigene Phantasie zu benutzen. (..) Die eigene Phantasie des Zuschauers soll nicht angepaßt, sondern angeregt werden, möglichst weitgehend. Dazu ist auf der Bühne eine möglichst objektive Welt nötig, eine Welt, die möglichst viele Perspektiven zuläßt. Die Privatwelt des Schauspielers ist zu subjektiv. Auch die des Regisseurs. Und damit zu einengend. (..) Was bleibt übrig, wenn weder Schauspieler noch Regisseur als Gestalter zugelassen sind (..) ? Der Dichter, antwortet Gustav Rudolf Sellner. Der Dichter bleibt übrig, bzw. das von ihm, was er geschrieben hat: die Dichtung. (..) Sie ist möglichst objektiv, sie läßt möglichst viele Perspektiven zu. (..) Der Schauspieler des Instrumentalen Theaters muß ›sehen‹, was er spricht. Mit seinem inneren Auge. (..) er muß für die Dichtung durchlässig sein. Er muß ihr Instrument sein. Ein Transparent. (33)

Auch Sellners Arbeit wurde also wie die der meisten etablierten deutschen Theaterleiter von einem Werktreue-Ideal geprägt, nur bezog sich seine ›Treue‹ weniger auf die detaillierte Übersetzung des Werkes in naturähnliche Bühnenzeichen, sondern auf die Übersetzung einer angeblich präzisen Idee des Autors in seinen streng komponierten Bühnenstil. Die Bühnenarbeit war bei ihm ein Instrument, ein Medium der Vermittlung von etwas als übergeordnet Bewertetem und begab sich damit des traditionellen Anspruchs der Reformer und Avantgardisten auf die autonome Theaterkunst. Mehr noch: Die angeblich völlig geschmacksneutrale Leistung des Theaters verleugnete ihre Aussagekraft und verbarg sich hinter dem Rücken der Literatur. Wäre Sellners Theater wirklich so geschmacksneutral gewesen, wäre aber nie ein *Darmstädter Stil* entstanden. Allerdings war dies in seiner Zeit wohl deshalb ein unkritisierter Ansatz, weil er durch seine strukturelle, phantasiestimulierende Klarheit die Illusion der unantastbaren persönlichen Meinungsbildung bestärkte und damit ein sehr theoretisches Modell emanzipierter Demokratie unterstützte. Und weil er das Bild einer Moderne lieferte, die sich nachvollziehbar mitteilen wollte, indem sie sich einer Einfachheit bediente, die die Kontrolle, die Choreographie von komplexen Vorgängen wie *Spiel* oder *Leben* suggerierte. Somit wurde das unkalkulierbare Chaos des gegenwärtigen Zustands zum beherrschbaren Feind erklärt, dessen Größe angesichts zeitloser Wahrheit und des Ewigmenschlichen zusammenzuschrumpfen schien.

Das Drama der Antike handelt von der Würde des Menschen. Es türmt ihm die Welt als Widerstand entgegen und zeigt sein Bestehen – noch im Untergang. Dieses Bestehen der Welt ist die Erhöhung des Menschen. (..) Die Welt als Widerstand ist, glaube ich, nicht schwächer geworden in unseren Tagen, und der Gott, der sie in der Antike noch ›gesetzt‹ hat, ist im Verborgenen. So wächst die Schwierigkeit des Erkennens und so ändert sich die Weise des Bestehens. (34)

Kunst wurde so zur Auseinandersetzung mit dem verlorenen Gott, einem überpersönlichen Gehalt des Seins[31]. Und deshalb konnte Sellners Zeichensprache nicht sinnlich und konkret sein. Mit seinem Publikum philosophierte er über kreatürliche Fragen.

---

31 Ein beispielhaftes Erklärungsmodell dieses Denkens legte Gustav F. HARTLAUB, ein Teilnehmer des 1. Darmstädter Gesprächs 1950 zum Thema »Das Menschenbild in unserer Zeit« vor: »Gerade diejenigen

3   Gustav Rudolf Sellner/Franz Mertz: Szenenbild
    »Ödipus« (1952)

4a Ausstattung Willi Baumeisters für
    »Kasperlespiele für große Leute« von Max
    Kommerell (1953)

4b Willi Baumeister: Gemälde »Scheinrelief
    Nocturno I« (1953)

4c Willi Baumeister: Gemälde »Montaru 7b«
    (1953)

Interessant ist in diesem Zusammenhang Sellners zweimalige Zusammenarbeit mit dem führenden abstrakten Künstler der Zeit in Deutschland, Willi Baumeister, der ihm für Jean Giraudoux' JUDITH (1952) und Max Kommerells KASPERLESPIELE FÜR GROSSE LEUTE (1953) Szenographien entwarf (Abb. 4a). Baumeister, in der letzten Schaffensphase stehend, hatte in seiner während der Kriegsjahre und des Arbeitsverbotes verfaßten Kunsttheorie »Das Unbekannte in der Kunst« ebenfalls eine im Metaphysischen wurzelnde Begründung für die abstrakte Kunst formuliert:

> Der originale Künstler verläßt das Bekannte und das Können. Er stößt zum Nullpunkt vor. (..) Selbst wenn der Künstler, bewegt von einem unfaßbaren Urwillen, in hohem Bewußtsein seiner Handlung seine Sache sagt, meißelt oder malt, läßt er sich überraschen von dem, was unter seinen Händen entsteht. Im Vertrauen auf seine einfache Existenz hat er die Intensität, die die Konsequenz verbürgt und ihn den kompromißlosen Weg führt. Dadurch, daß er keinem greifbaren Vorbild nachstrebt, daß er auch zugleich an die Präexistenz seiner Werke glaubt, gelingt das Originale, das Einmalige, der künstlerische Wert. (35)

Sein dem Buddhismus verwandter Ansatz macht den Maler göttlicher Potenz zum individuellen Instrument. Alltäglichkeit oder Natur tritt nicht einmal mehr in den Formen auf. Die künstlerische Verpflichtung richtet sich auf eine transzendente Größe und schafft damit in der Immanenz künstlerische Autonomie. Wo Sellner wider- oder bestehen will, macht sich Baumeister durchlässig. Wo Sellner analysiert, lebt Baumeister in Farben, Formen, Licht[32]. Aber Sellners abstrakte Moderne war populär, Baumeister blieb unverstanden.

Da Baumeister in seinen Arbeiten für die Bühne bestrebt war, die Fläche und Statik seiner Bilder durch räumliche, prozessuale Erfahrungen zu bereichern, bewegte er sich eng an den Themen und Materialien seiner Malerei. So ist es sicherlich kein Zufall, daß gerade die biblisch-mythische Geschichte der Judith zu einem gemeinsamen Thema Sellners und Baumeisters werden konnte, da Baumeister in seinen Bildsujets gerne auf bevorzugt urzeit-

von uns, die (..) nicht mehr von einem persönlichen Gott zu sprechen wagen, werden in der Kunst nicht etwa einen ›Ersatz‹, sondern so etwas wie eine ›Nachfolge‹ der religiösen Bindungen begrüßen. Denn die Ehrfurcht vor dem Göttlichen, dem Gottheitlichen als unvorstellbar-überpersönlicher, zugleich transzendenter und immanenter Macht bleibt uns ja in der Kunst erhalten, sofern sie Kunst ist: auch in der sogenannten weltlichen in allen ihren Spielarten (..) Alle Kunst, sofern sie wirklich Kunst ist, bleibt ein Lob und Preis der unnennbaren geistigen Mächte, die in der Schöpfung wirksam sind. Freilich die Kunst, die nicht mehr ›in Gott‹, sondern nur in jenem ›Göttlichen‹ ruht, wird nicht mehr an die Natur im alten Sinne gebunden sein (..). In einer solchen Lage mußte die Bildende Kunst beginnen, weitgehend von dieser Sinnfälligkeit abzusehen (..); sie war berechtigt, ja gezwungen, in der Tiefe der menschlichen Subjektivität die Ordnung und die Gesetze wiederzuentdecken, die sie in der äußeren Natur nicht mehr naiv empfinden und die höchstens in deren mikro- oder auch makrostruktureller ›Innenseite‹ aufgespürt werden kann. Daher die moderne sogenannte abstrakte oder ›halbabstrakte‹ Kunst.« (IN: ✧114 Darmstädter Gespräch I S. 93f.)

32 BAUMEISTER lockerte mit diesem Experiment die philosophische Schwere des ›Darmstädter Stils‹ sinnlich unverkrampft auf. »Ohne Willi Baumeister hätten wir darin umkommen können – er aber kannte sich in dieser Welt von jeher aus. Es war seine eigene Welt. Der Zustrom an theatralischer Freiheit, an Farbe und Form, an unbedenklichem Mimus war überwältigend. Es war uns allen, als hätten wir in diesen Wochen das ›Entfesselte Theater‹ erfunden. (..) Wir lernten von ihm, ihm machte es unbändige Freude (hier war sein Stoßseufzer ›Mir fehlt das Volksfest‹ – bei Giraudoux' ›Judith‹ geseufzt – nicht mehr nötig), uns sein ›vitales Theater‹ zu zeigen – seine Zauberkiste war geöffnet.« (SELLNER IN: ✧114 SELLNER/WIEN S.86)

liche Mythen anspielte, und so sprach er mit vollem Recht von sich als Bühnen**bildner**. Der Dialog zwischen Bild und Bühne war ideenreich, paßte aber in seiner materiellen Bescheidenheit und elementaren Einfachheit gut zu diesem simplen Aufführungsort[33].

Und auch für Baumeister arbeitete die individuelle Phantasie oder Sensibilität der Rezipienten notwendig konstruktiv mit:

Das Kunstwerk ist keine total geöffnete Plattheit, sondern es gleicht eher einem vierzeiligen Vers, dessen letzte Zeile fehlt. Der Betrachter nimmt das Aufnehmbare in Einfalt auf. (..) In den Weiten der Empfindungen öffnen sich die Werte. (36)

Dennoch unterwarf er seine Arbeit dem Theater und der Stückvorlage, die nun an die Stelle der göttlichen Inspiration trat und diese damit für sich beanspruchte[34]. Und wieder offenbaren sich die 50er Jahre als eine Zeit, die Stücken und Autoren vorbehaltlos die geistige Vorherrschaft überließ. Die Zusammenarbeit zwischen Sellner und Baumeister, dessen Bilder höchstens eine schüchterne Plastizität des Materials, aber keine räumliche Tiefe interessierte (Abb. 4b/c), ist darüberhinaus aufschlußreich für Sellners Raumverständnis. Baumeister gestaltete den Bühnenraum ganz als ästhetische *Folie*, aus der Realität ausgegrenzten Raum. Grenzüberschreitungen blieben optische Tricks. Ganz so bei Sellner: Zwar sprach er von der inszenierungskonstituierenden Kraft des Raumes, aber seine Inszenierungen wurden für das Publikum nicht räumlich erfahrbar. Es sah die Bilder und Zeichen, die das Ergebnis der Auseinandersetzung zwischen Mensch und Raum waren, wichtiger noch: das Ergebnis der subjektiven Auswahl von Regisseur und Szenograph. Also auch Sellners vielbeschworener *Raum* blieb abstrakt, unsinnlich. Vielleicht ahnte er die Widersprüchlichkeit seines ästhetischen Experiments als er 1962 rückblickend schrieb:

Man sagt so leichthin, im Mittelpunkt der Bühne stehe der Mensch. Das kann zur Ausschälung des Menschen aus seiner Umwelt führen. (..) Es gibt einen Punkt, an dem das Bild des Menschen auf der Bühne weltvergessen wird, bezuglos, ohne Bezug zur Welt. Gut - das kann ein künstlerisches Mittel sein, um einen Zustand zu zeigen, der uns heute nicht fremd ist, der Zustand des Einfrierens, der völligen Isoliertheit in einer Überschwemmung automatischer Pseudobeziehungen. Aber es ist kein Bild des Menschen schlechthin, (..) es ist vielleicht die Situation in der Gegenwart (also historisch!). Dieses Verharren im Zuständlichen hat keinerlei dramatische Bewegung, es ist höchstens eine Ausgangssituation. (37)

Diese theatrale Suche nach dem »Menschen schlechthin« ereignete sich nicht zufällig auf einer ›Bühne schlechthin‹: ein Raum, eine einfache Bühne, Licht, und eine überschaubare

---

33 »(..) ich versuche nur: Gewisse Einfälle in mir herbeizuführen, dabei ganz im Einfachen zu bleiben und bei den Proben .. neben dem Festgelegten und dessen Verfolgung auch solche Wirkungen gelten zu lassen, die die gegebene Bühne dazubringt.« (Eintragung vom 21.10.1947 in BAUMEISTERS Tagebuch zitiert von Hermann SICHTER »Baumeister und das Theater« IN: Katalog Willi Baumeister. 1945–1955.– Stuttgart 1979, S.113)

34 »Regie und Bühnenbild entsprechen sich durchaus; beide schälen aus dem Stück die gedankliche Konstruktion«, schrieb Georg HENSEL in seiner Besprechung der JUDITH (IN: ✧121 HENSEL, Kritiken S.36). BAUMEISTER richtete seine Technik der inneren Leere nunmehr auf den theatralen Arbeitsprozeß: »Der Bühnenbildner gibt seinen Plänen, Ideen und Vorbereitungen ein bestimmtes Quantum von freibleibenden, vorbehaltlichen Toleranzen mit, damit die Aufführung der Endpunkt werde, das Original. Wird dagegen das Bühnenbild die Kopie eines Entwurfs, so wird es die Kopie, schwächer als das Original..« (zitiert SICHTER einen Programmheft-Beitrag BAUMEISTERS für das Württembergische Staatstheater Stuttgart 1949/50 IN: Katalog Willi Baumeister, 1979 S.113)

5 Theaterneubau in Darmstadt, Modell (1963)

Menge Sitze in Reichweite. Der Rest war Philosphie und das Erzählen von Geschichten in theatraler Sprache. Kein Luxus, kein wirtschaftlicher Druck, keine Maschine statt eines Spielraums, kein übermäßiger Aufwand.

Sellners Konservatismus bezog sich mehr auf die Inhalte als die Mittel; die waren wirklich zeitlos und sein Beharren auf einem Bühnen**raum** statt einer Bühnen**maschine** konservierte für einige Jahre, der Tendenz der Zeit entgegen, ein Stück theatraler Selbstbestimmtheit, die freilich an seine Arbeit gebunden blieb. Kaum verließ er Darmstadt, um Opernintendant in Berlin zu werden, schrieb man 1963 einen Neubau-Wettbewerb aus. Neun Jahre später ersetzte ein üppiger Doppeltheater-Komplex die Orangerie (Abb. 5). Die Seelen der Gemeinde hatten nun Ruhe. Darmstadts Theaterleben fortan auch.

Einraumtheater: Des Urtyps neue Kleider

Wie wollen wir nun weiterschreiten, wie aufbauen, wie werden wir überhaupt bauen, und eine kleine Nebenfrage dieses Komplexes, die uns hier speziell interessiert, lautet: Wie wollen wir unsere neuen Theater bauen? Denn bauen müssen wir sie, mag es heute auch noch so unwahrscheinlich anmuten. Die Hüllen unserer Theater barsten samt ihren aufgeblasenen Bühnenhäusern in den fressenden Bombennächten der jüngst hinter uns liegenden Jahre. Ob aber die Häuser, die uns erhalten blieben, in Zukunft lebensfähig bleiben können, ist eine sehr ernst zu nehmende Frage.

Die Forderung nach einer neuen Theaterbauform und Spielform ist somit keine Gedankenspielerei einiger Intellektueller, sondern eine Forderung der Zeitwirklichkeit, die nicht einfach abgetan werden kann; denn Zerstörung und Existenzgefährdung sind brutale, primitive und zwingende Gründe. Über die Form, die wir dem neuen Theater zu geben gedenken, müssen wir uns entscheiden. Wie wollen wir sie bauen?,

fragte 1948 Ernst Kirchhoff in der Reihe *Hamburger Theaterbücherei* der dortigen Theatersammlung nach dem *Theaterbau der Zukunft.* Und er versuchte auch gleich eine konkrete Antwort:

Bescheiden, denn die kommende Zeit wird sehr arm sein, und das Theater muß sich in seinen Mitteln beschränken. Klar soll es in seiner Form und in den Verhältnissen sein, denn wir wollen das Unwesentliche von uns abstreifen und schön sollte es sein, gerade in seiner Schlichtheit (..), denn das Theater soll eine Feierstunde unseres Lebens bleiben. (38)

Daß vor allem **neu** gebaut werden mußte, begründete sich für Kirchoff aus der markanten historischen Situation, »*im Tal zweier Menschheitsepochen zu stehen*«. Für ihn war der Krieg das gewaltsame Ende einer Ära. Die Weichen, die es nun zu stellen galt, zielten auf nichts weniger als eine neue Epoche. Er schrieb demnach einer *Wiedererneuerung* das Wort, die nicht Rekonstruktion der ehemaligen Konventionen meinte, »*sondern als eine Erneuerung in einer organisch fortschreitenden Linie*« definiert war[35]. Wenn auch die Gestalt des zeitge-

---

35 Diese Definition des Wortes ›Wiedererneuerung‹ erinnert an die Umbewertung des Begriffs ›Rekonstruktion‹ in der postrevolutionären Sowjetunion als »Auf- oder Umbau«. Der gleiche, auf eine bessere,

mäßen Theaters noch ermittelt werden mußte, war für ihn, nicht zuletzt unter dem Eindruck neuartiger Erfahrungen an den ›alternativen Aufführungsorten‹ der Notbehelfe, das Guckkasten-Theater einwandfrei obsolet. Seine Akustik wäre schlechter als bei anderen Bühnenformen[36], ebenso seine Sichtverhältnisse. Der dafür entwickelte technische *Wasserkopf* im Bühnenhaus sei angesichts der armen Verhältnisse nicht aufrecht zu erhalten und ebenso obsolet sei die Zweiraum-Trennung von Spiel und Publikum. Nun war aber Kirchhoff kein Revolutionär des Theaters und so galt es, sich exakt in der Schnittmenge der verschiedenen Interessen zu bewegen: der Schnittmenge aus Vergangenheit und unbekannter Zukunft, aus den Erfordernissen der Stücke verschiedenster Epochen, aus den Interessen fortschrittlicher Autoren, sicherheitsbedürftiger Intendanten, konservativer Schauspieler, pragmatischer Regisseure und, zumindest in den mittleren und kleinen Städten, aus denen der verschiedenen Sparten.

> *Wir müssen die Forderung nach einer gesunden Theaterreform verstehen und um jeden Preis versuchen, diese Gesundung herbeizuführen. Das geschichtliche Erbe des reformatorischen Suchens nach dieser Form wird uns helfen können. Endgültig finden wir sie wohl erst in Zukunft. Unsere Aufgabe aber ist es, uns in dieser Zeit der Auflösung über unser geistiges Erbe klar zu werden (..) (39)*

Was Kirchhoffs Versuch offenbart, ist die Zwickmühle dieser Nachkriegssituation, für eine Zukunft bauen zu müssen, deren Kriterien man noch nicht kennt, adäquate, zeitgerechte Aufführungsorte für ein Theater zu errichten, dessen zukünftige Entwicklungen und Bedürfnisse noch nicht absehbar sind. Man versuchte, sich in dieser Zeit (und noch lange danach) mit der Analyse vergangener Bühnenformen und einer eher theaterhistorischen Argumentation zu behelfen. Die gegenwärtig arbeitenden Theaterleute waren offenbar keine Unterstützung und die Reformen der vorigen Jahrzehnte nur eine begrenzte. So warf Kirchhoff erst noch einen Blick auf die dem Guckkasten alternativen Formen und Projekte der Vergangenheit, bevor er ein eigenes Konzept wagte. Dieses sollte den Kriterien der armen Zeit genügen und etliche Verbesserungen gegenüber älteren Typen und Projekten enthalten: Eben bessere Seh- und Hörbedingungen sowie eine Schlichtheit der Gestalt, die allen Dramenarten und Inszenierungsmitteln gerecht würde und auf alles Repräsentative und Dekorative am Bau verzichten könnte. Dazu kam als technisches Ziel, »*alle die positiven Forderungen, die wir im Laufe der Theaterentwicklung feststellten, mit den geringsten baulichen Mitteln zu verwirklichen*« (40).

---

adäquatere Zukunft konzentrierte Blick, der gleiche epochegestaltende Impetus kennzeichnet die Formsuche nach den großen historischen Einschnitten.

36 Diese Auffassung teilten auch die Akustiker. Noch 1960 untersuchte der Akustik-Fachmann Fritz WINCKEL das Guckkasten-Theater und etliche andere Theaterraum-Typen auf ihre akustischen Qualitäten und kam zu dem Schluß, »daß eine weitgehend verlustfreie Wortübertragung von der Bühne zum Zuschauerraum nur im **Einraumtheater** gelingen kann«, während in der Zweiraum-Anordnung »Bühne und Zuschauerraum eigene Räume sind, die je nach Portalöffnung und Gesamtraumkonzeption mehr oder weniger gekoppelt sind. Jedoch hat jeder dieser beiden Räume seine eigene Akustik beziehungsweise seine eigene Höratmosphäre (..)«. (IN: DAS WERK 9 (1960) S.340)

Als Alternative zum verworfenen Zweiraumtheater kam Kirchhoff konsequent auf das Einraumtheater, weil er der Einraum-Lösung die Vorzüge einer gesellschaftlich neutralen Sitzanordnung, guter Sicht- und Hörverhältnisse sowie einer intensiveren Wirkung des Spiels der Schauspieler unabhängig von der Dekoration zuschrieb. Er versuchte, es zudem aus der Matrix des antiken einräumigen Amphitheaters zu rechtfertigen (Abb. 1), indem er nach den Kriterien optimierter Rezeptionsbedingungen aus dem mehr als halbkreisförmigen Rund um die Orchestra ungefähr ein Viertel herauslöste und aus diesem Fragment durch Runden in zwei Schritten noch zwei weitere Möglichkeiten gewann, bis schließlich schwach gekrümmte Sitzreihen auf eine leicht hervortretende, eher breite als tiefe, eben eine Relief-bühne treffen und eine Keil- oder Ellipsengestalt ausfüllen. Je nach Raumbedarf leitete er so drei Grundformen für Einraumtheater her. Diese Herleitung aus dem klassischen Schema ist allerdings ein Täuschungsmanöver insofern er den Radius seines Kreises und damit auch dessen Zentrum veränderte, um eine sanftere Krümmung der Sitzreihen und eine ent-schieden kleinere und zurücktretende Bühne zu erhalten. In seinem ausgearbeiteten Vor-schlag (Abb. 2a–b) begradigte er die seitlichen Wände, die nahtlos in die seitlichen Bühnen-wände und schließlich den Rundhorizont übergehen (Abb. 2c), um einen einheitlichen Raum zu bilden. Eine durchgehende Decke überspannt beide Bereiche und an beiden Raumseiten münden die Gänge des Zuschauerbereichs in Treppen, die auf die Bühne führen. Aber dieses Konzept berief sich nicht nur auf das Vorbild der Antike, auch »die intime Feierlichkeit« des Rang- und Logentheaters sollte durch den Einbau eines parkettartigen Rangs nach amerika-nischem Muster integriert werden. So hätten in Kirchhoffs Entwurf 1000 Zuschauer Platz finden können.

Als technische Einrichtungen der Bühne dachte er sich Bühnenwagen, die durch Tor-öffnungen in den seitlichen Bühnenwänden von den beiden geräumigen Seitenbühnen ein-gefahren werden könnten, vertikal versenkbare und auf der gesamten Bühne installierbare Leichtmetall-Gitterträger, um als Wand- und Bauteile oder Stützen zu dienen, ein versenk-bares Segment im Rundhorizont, um die kleine Hinterbühne oder gar das Bühnentreppenhaus in das Spiel einzubeziehen, auch eine Bodenhydraulik wäre möglich. Dagegen gab es keinen Schnürboden mehr. Kirchhoff sah vor allem in der Lichtgestaltung und Projektionstechnik das elementare und dazu ein erschwingliches Mittel der Szenographie und eben auch der Raumgestaltung[37].

Der Zuschauerraum steht nicht mehr als Träger einer bestimmten und intoleranten Haltung mehr oder weniger gegen die sich jenseits des Bühnenrahmens abspielende Szene, auch sind nicht Zuschauerraum und Bühne bloß aneinandergefügt, sondern das Wirksamwerden von Spiel und Spielerleben kennzeichnet die neue Lösung. Durch die in einen Teil dieses Raumes hineingestellten Momente wird er in seiner Gesamtheit Ort einer Szene, vor der der Zuschau-er nicht mehr isoliert sitzt, sondern ungewollt in sie und ihren Ablauf eingeschlossen wird. (..) der neue Raum (..) ermöglicht uns hierdurch eine wahre Illusion. (41)

37   »Erhellen wir den Raum, wird er groß und offen. Mit abnehmendem Licht schließt er sich. Ignorieren wir
     durch Versatzstücke und Projektion die Raumgrenze und werfen wir das projektierte Bild auf die schlichte
     helle Wand und Decke, wird sich der Raum zur Landschaft weiten (..)« (◇117 KIRCHHOFF S.53)

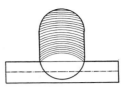

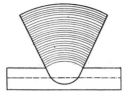

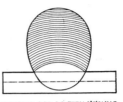

1   Ernst Kirchhoff: Schematische Herleitung
    seines idealen Theaters (1948)

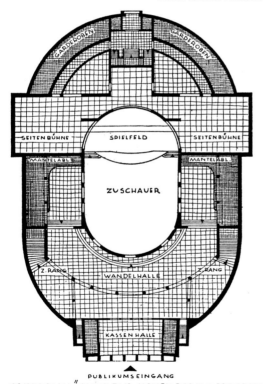

2a Ernst Kirchhoff: Konzept eines
    Einraumtheaters (1948), Grundriß

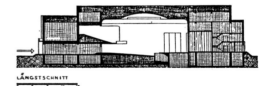

2b Längsschnitt

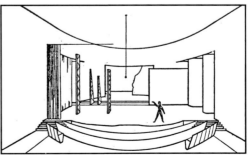

2c Prinzip der Bühne

Betrachtet man Kirchhoffs Vorschlag allerdings genauer, entsteht unweigerlich der Eindruck, daß seine Züge kaum aus den historischen Vorformen der Antike und gar des barocken Typus abgeleitet sind, sondern daß er deutlich die Reformvorschläge seines eigenen Jahrhunderts aufnimmt: Die breite und wenig tiefe Bühne mit leicht ausgewölbter Vorbühne, die durch Treppen unmittelbar mit dem Zuschauerraum verbunden wird, verweist auf die um einen Rundhorizont ergänzte Reliefbühne, die Georg Fuchs für seinen unrealisierten Festspielhaus-Entwurf entwickelt hatte; das Spiel mit einem möglichen Oval als Raumgestalt und vor allem das Sichverlassen auf Projektionstechnik anstelle des üppigen technischen Bühnenapparats macht Anleihen bei Gropius' Überlegungen für das Totaltheater. Reinhardtscher Geist lebt wieder auf, wenn Kirchhoff die schauspielerische Leistung zum Zentrum des theatralen Prozesses, zur »*wahren Illusion*« erklärt und zur Verminderung technischer Mittel einsetzen will[38]. Und auch der Ruf nach (architektonischer) Schlichtheit erscholl bereits nach dem Ersten Weltkrieg und war nicht zuletzt die Initialidee von Richtungen wie dem Neuen Bauen oder De Stijl. Kirchhoffs Hauptinspirationsquelle aber war offenbar das Künstlertheater-Konzept des ersten Jahrzehnts, da er nicht nur den theatralen Prozeß von der architektonischen Raumstruktur ohne technische Hilfe bestimmen ließ, sondern auch das Zentrum seines Theaters, den spielenden Menschen, als Teil eines zweidimensionalen, bildhaften Ideals der Bühne verstand, denn »*ein Schauspieler kann nicht nach drei Seiten spielen*« (42).

Am Ende wähnte Kirchhoff das »*Tal zweier Menschheitsepochen*« tiefer und finsterer als es war.

———•◦•———

Ungefähr im gleichen Zeitraum entwickelte auch der Architekt und Bühnenbildner Leo Einzig sein so betiteltes *Einraumtheater*, nur daß er sich offen auf Max Reinhardt als seinen Anreger berief, während ihn sein amphitheatral rundlicher Entwurf als Glied einer Reihe von Projekten ausweist, die ganz bewußt das antike Schema für die Gegenwart zu adaptieren suchten:

Kurt Gutzeit beschäftigte sich zum Beispiel bereits seit 1914 mit dem Problem des idealen Theaterraums und spann hierbei die am antiken Theater orientierten Reformtradition des 19. Jahrhunderts weiter, die seitdem mal als dünnerer, mal als festerer Faden die Entwicklung der Theaterreformen durchzog. 1945 nun stellte Gutzeit die fünfte Fassung seines Idealtheater-Projektes vor (Abb. 3a–c). Dabei handelt es sich um ein Zitat des griechisch-römischen Grundschemas in Verbindung mit den technischen Möglichkeiten des

---

38   Das ist bezeichnend für seinen Ansatz in einer Zeit, in der alle vom Drama sprachen und die ›neue Bühne‹ von der Dramatik herleiten wollten. KIRCHHOFF ging dagegen in erster Linie von den Bedürfnissen des Spiels und der Schauspieler aus und tendierte offenbar eher zur antiliterarischen Haltung eines Georg FUCHS: »In welchem Verhältnis steht das dramatische Schaffen zur Bühnenform? Der Dramatiker schreibt für die Bühnen, das heißt er schafft sein Werk so, daß es auf der bestehenden Bühnenform in Szene gesetzt werden kann. Also die Bühne besteht vor dem Stück, das auf ihr gespielt werden soll. Georg Fuchs sagt: ›Die Bühne schafft die Literatur, nicht umgekehrt.‹ Gewiß, diese Behauptung darf nur mit Vorbehalt aufgestellt werden, ich möchte lieber sagen: die Entwicklung von Bühne und Drama bedingen sich gegenseitig. Wir dürfen aber keineswegs vom modernen Drama allein die Erneuerung der Theaterform erhoffen (..).« (✧117 KIRCHHOFF S.38f.)

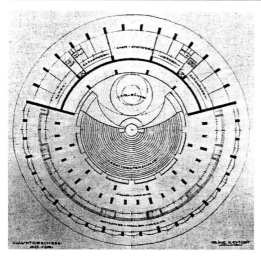

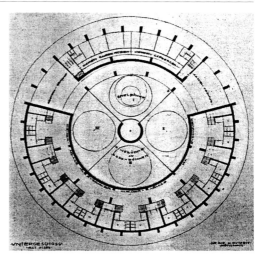

3a Kurt Gutzeit: Idealtheaterprojekt, 5. Fassung (1945), Grundriß Untergeschoß

3b Grundriß Hauptgeschoß

3c Innenraum im Modell

4a Leo Einzig: Einraumtheater-Konzept (1949ff.), Innenraum im Modell, Variante der breiten Bühne

20. Jahrhunderts, indem die konkave Mulde, um deren tiefsten Punkt, die Orchestra, die Sitzreihen kreisförmig verlaufen und für die ursprünglich natürliche Landschaftsmulden sorgten, nun in Stahlbeton ausgeführt ist und über einer den gesamten runden Aufführungsraum ausfüllenden Ringbühnenanlage, fast schon einer raumfüllenden Drehscheibe, ruht. Während nur die exakt in der Raummitte gelegene Orchestra fixiert ist, zeigt der nun offenliegende Viertelkreis eine Szenerie, die aus dem schrägen Freiraum unterhalb des Betonkraters herausgefahren kommt, wo bereits drei weitere Szenographien aufgebaut werden können. Jede dieser vier Ringbühnen-Partien besitzt eine eigene Drehbühnenanlage. Diese Technik »erspart den Bau eigener Seiten- und Hinterbühnen bzw. versenkter Unterbühnen«, auch die »Umbauten während des Abends oder der Proben« (43) und schreibt alle Funktionen organisch in die Kreisform ein. Da bei voller Besetzung des Dreiviertelkreises mit Zuschauern, die der Bühne am nächsten Plazierten nur die zentrale Bühne einsehen könnten, während das Geschehen auf dem Drehring fast in ihrem Rücken stattfände, Gutzeits Raumstruktur aber gleichzeitig darauf beruht, daß Dreiviertel des Rings nicht eingesehen werden können, läßt er den Rezeptionskrater in zwei unbesetzten Randstreifen auslaufen, die seine parabolische Form weiterführen und ihre Vollendung suggerieren, wo eigentlich schon die Hauptbühne das Rund durchbricht[39]. Daneben schützen sie an jeder Seite eine *Abstellbühne* und die Auftrittsmöglichkeiten vor Blicken. So gleiten beide Bereiche ineinander, weil die architektonische Anordnung sowohl technisch wie ästhetisch gezielt mit der Durchdringung der Bereiche arbeitet: die zentrale Bühne hält und verbindet als wahrer Dreh- und Angelpunkt Spiel- wie Schaubereich; die Funktionstechnik, über die in vertikaler Schichtung die künstliche Mulde für die Zuschauer gehängt wird, umfaßt horizontal gesehen, den gesamten Aufführungsraum; die Verbindung beider Bereiche wird nicht von Wänden zertrennt, sondern durch die Übergänge der Leerränder das Kreisrund des Raumes in Erinnerung gerufen, seine Dynamik spürbar gemacht und so auch die dezentrale große Bühne integriert. Noch ganz im Sinne der Anfänge dieses Projekts während der letzten Phase des Jugendstils wünschte sich Gutzeit als Bühnenrückseite eine geschlossene Wand »in dunklem Goldgrund« und zielte somit auf das Ideal eines Theaters des Kults – wie seinerzeit auch Peter Behrens – ab, das, als Antwort auf die technizistischen Tendenzen, in den 30er Jahren ja folgenreich wiederauferstanden war, aber bereits die drehende Dynamik der 20er Jahre in sich aufgenommen hatte.

Um diesen Aufführungsort legte Gutzeit einen weiteren Ring aus Funktionsräumen. Dessen bühnennahes Drittel füllte er mit zwei Stockwerken Garderoben aus, der Rest enthält die Publikumsräume, im Erdgeschoß die lange und wenig tiefe Eingangshalle mit Kleiderablagen, darüber das Foyer mit den Zugängen zu den Sitzen, das nahtlos, ohne trennende Türen in das Amphitheater überleitet.

Letztendlich bereicherte Gutzeit mit seiner Beschwörung eines klassischen Schemas in Verbindung mit einer geometrisch konsequenten Gestaltung und den Errungenschaften

---

39 GUTZEIT gewinnt dieser Lösung vor allem eine der Abstraktion huldigende transzendentale Bedeutung ab, wenn er sie als Parabelform liest: »Der Raummittelpunkt der Amphitheaterschale im Mittel des Velariums hat Beziehung zum transzendierenden zweiten Mittelpunkt der Parabel im mathematisch Unendlichen.« (GUTZEIT »Projekt eines Idealtheaters« IN: DER ARCHITEKT 4 (1955) S.128)

der neuen Verwandlungstechnik die Kette der Drehring-Konzepte um eine bezwingende, wenngleich ohne Resonanz bleibende Einraum-Variante.

———•◦•———

Ein vergleichbares Konzept verfolgte also auch Leo Einzig mit seinem *Einraumtheater*, das er etwa ab 1949 den Fachblättern propagierte (Abb. 4a–c). In seinem kreisrunden, überkuppelten Aufführungsraum wollte auch er ein Amphitheater durch je drei halbhohe Wände von einer Bühne trennen, die den verbleibenden Platz einnimmt. Bei ihm sollten diese Wände aber wegzuschieben oder zu versenken sein, so daß man entweder ein breites Spielfeld erhielte oder (mit den Wänden) die Konzentration auf das Hauptspielfeld, eine orchestraartige Drehbühne, lenken könnte (Abb. 4d), das in diesem Fall allerdings aus dem Zentrum gerückt ist, wodurch der Radius der Zuschauerreihen größer ist als der des Raumes selbst. Es gibt kein erhöhtes Podium mehr, ein Boden, der dann mit den Zuschauerreihen ansteigt liegt dem gesamten Raum zugrunde, nur aufgebrochen durch einen Orchestergraben, den Einzig direkt vor die Drehbühne legte.

Im Gegensatz zum Entwurf von Gutzeit war Einzig bei der Anlage seines Gesamtbaus weniger um sterometrische bzw. geometrische Reinheit bemüht; die anderen Funktionsräume gruppierte er frei um den Zentralraum. Die Eingangsräume und das Foyer ließ er als weiteren Kreisgrundriß daranstoßen, während auf der gegenüberliegenden Seite der Garderoben- und Betriebsanbau wie eine Apsis hervortritt. Zwar sind auch zwei bescheidene Seitenbühnen aus dem Gesamtkomplex ausgewölbt, das wichtigere Verwandlungsmittel besteht aber in der versenkbaren Drehbühne.

Zur Vervollständigung erhält sie Bühnenteller von gleicher Größe wie die Drehbühne selbst, die auf der Unterbühne ausgewechselt werden können. Damit ist die Möglichkeit gegeben, je nach der Größe der Unterbühne, beliebig viele Teller zu bebauen und dann an die Oberfläche des Bühnenpodiums zu fahren. Dort kann jede Scheibe außerdem als Drehbühne von allen Seiten gezeigt werden. (44)

Die anderen wichtigen Gestaltungsmittel seines Konzeptes sind Beleuchtung und Projektion: *Ich will den an sich schönen Rundhorizont nicht nur als malerischen Hintergrund eines Bildausschnittes ausleuchten, sondern als wahre Himmelskuppel über den Zuschauer hinweg ziehen. Damit breiten sich die herrlichen Möglichkeiten der modernen Horizontbeleuchtung mit ihren Projektionen ziehender Wolken und Sterne über die Köpfe des Publikums hinweg aus! (45)*

In seiner Argumentation ging Einzig zunächst von der Schaffung eines das Publikum einbeziehenden Illusionsraumes aus, als dessen geistiger Vater unschwer Reinhardt zu identifizieren ist. Aber genausowenig wie Max Reinhardt für seine Sparsamkeit bekannt war, bekümmerte sich Einzig – im Gegensatz zu Kirchhoff – um ein armes, neues Zeitalter; vielmehr berief er sich auf eine gelebte, wenn auch vergangene Tradition des deutschen Theaters.

Bis 1951 nahm er die Themen der Diskussionen um Bau und Rolle des gegenwärtigen Theaters auf und paßte seine Argumentation für das Projekt dem allgemeinen Tenor der Zeit an. Danach sprach er davon, daß das Theater einer dringenden Reform bedürfe, weil es sonst der Konkurrenz von Film, Radio und Fernsehen, dem ganz neuen Medium, nicht gewachsen sei.

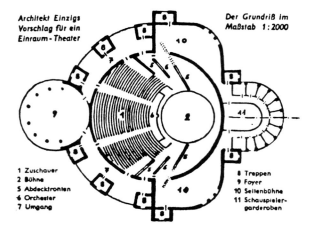

Architekt Einzigs
Vorschlag für ein
Einraum-Theater

Der Grundriß im
Maßstab 1:2000

1 Zuschauer
2 Bühne
5 Abdecktronien
6 Orchester
7 Umgang

8 Treppen
9 Foyer
10 Seitenbühne
11 Schauspieler-
   garderoben

4b Grundriß

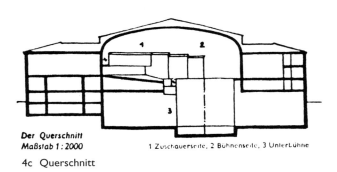

Der Querschnitt
Maßstab 1:2000

1 Zuschauerseite, 2 Bühnenseite, 3 Unterbühne

4c Querschnitt

4d Modell der Variante mit begrenzter Bühne

Die durch die politischen, technischen und wirtschaftlichen Bedingungen der Gegenwart ent-
standene Situation verlangt einen Veranstaltungsbau, der in der räumlichen Gestaltung sowie
*in der technischen Vollkommenheit der inzwischen entstandenen Konkurrenz des **Films**, des*
***Radios** und neuerdings auch des **Fernsehens** in der subjektiven Wirkung überlegen ist.*
Außerdem ist aus wirtschaftlichen Gründen die Vielseitigkeit der Verwendung von großer Be-
deutung. Er muß in gleicher Weise für Schauspiel, Oper, Operette, Konzerte, Revuen, Sport-
und sonstige Großveranstaltungen geeignet sein.
Der ungeheure Publikumsverlust des Theaters zugunsten des Films, des Sports sowie anderer
Massenunterhaltungen ist zum großen Teil auf die konventionelle Erstarrung des Theater-
*wesens bedingt durch die veraltete Bauweise des **Guckkasten-Theaters** zurückzuführen. (..)*
Dieses Einraum-Theater bietet der szenischen Darstellung durch seine räumliche und tech-
*nische **Gleichschaltung** der Entwicklung des Tonfilms die Möglichkeit der erforderlichen*
***Überlegenheit**. Außerdem sind im Einraum-Theater alle geforderten Verwendungsmöglich-*
keiten gegeben. (46)
Nun diente ihm die räumliche Einheit also als neutrale Grundlage der vielseitigen Verwendbarkeit und damit der Wirtschaftlichkeit[40], und zur besseren Entfaltung der auch das Publikum (zumindest psychisch) erfassenden Lichtmittel, um die totale, *wahre* Illusion als Waffe
des Theaters gegen den Film ins Feld zu führen. Der Zuschauer wäre in den theatralen
›Film‹ integriert und so imaginierte er:

(..) die Festbeleuchtung als Teil der architektonischen Gestaltung im Zuschauerraum des Guck-
kasten-Theaters entfällt. Bei Eintritt in den Theaterraum befindet sich der Zuschauer bereits in
der Szenerie. Stufen und Sitzreihen sind nur insofern indirekt beleuchtet, wie es die Sicherheit
des Publikums unbedingt erfordert. Die Szenerie kann ohne direkte Handlung bereits in Aktion
sein, so daß der Zuschauer bei Spielbeginn bereits vollkommen im Bann der Atmosphäre des
Stückes steht. (47)
Reinhardts Strategie, den Feind Film auf seinem ureigensten Gebiet durch noch perfektere
und vielfältigere Illusionsmittel zu besiegen, fand in Einzig genauso einen Nachfolger wie die
Überlegungen der Geschäftstheater, sich durch Diversifizierung um jeden Preis rentabel zu
halten. Er argumentierte einerseits im Geiste einer ehemals glanzvollen und für Erfolg stehenden Theaterästhetik, andererseits materiell, so daß er aus der wirtschaftlichen Perspektive seinen Theaterbau-Plan zu einer reinen Schaustruktur vereinfachte[41], aber auch gesell-

40 Inzwischen hatte er auch die mögliche Integration einer Ringbühnentechnik in seine Struktur erwogen
    und im Namen der Variabilität kann durch »Hochfahren eines Bühnenportals mit Vorhangeinrichtung zwi-
    schen Parkett und Szenerie (..) der Guckkasten jederzeit zurückgerufen werden, wenn der Spielleiter
    glaubt, ohne ihn nicht auskommen zu können.« (EINZIG IN: BTR 1 (1951) S.5) Stück für Stück versuchte
    EINZIG, sein Konzept für die technischen Bedürfnisse der Zeit zu öffnen.
41 »Der gesamte Raum wird zur reinen **Zweckanlage**, die nur den szenen- und lichttechnischen Erforder-
    nissen Rechnung trägt. Jede architektonische Raumgestaltung entfällt. Der Theaterraum ist kein prunkvol-
    ler Festsaal mehr, sondern ganz dem Zweck unterworfen, die Szene zum herrschenden Element des ge-
    samten Raumes einschließlich des Parketts zu machen.« (EINZIG IN: BTR 1 (1951) S.4f.) Dafür spricht
    auch, daß EINZIG 1951 keine Risse seines Entwurfs mehr veröffentlichte, sondern nur noch Fotos des
    Raum-Modells ohne Nebenräumlichkeiten (s. die Notiz IN: NEUE BAUWELT 41 (1951) S.672)

schaftliche Wünsche nach Festlichkeit oder theatral-künstlerische nach einer angemessenen und lebendigen Ästhetik keinen Platz mehr hatten. So gesehen, könnte man Leo Einzigs Vorschlag als ambivalent bewerten. Im Grunde war auch er konservativ, was nur belegt, wie reaktionär letztlich der Wiederaufbau der Theaterlandschaft in der Bundesrepublik verlief.

Alle Vorschläge für Einraumtheater blieben Entwurf. Auch wenn sich diese Konzepte von der Vereinigung der Spiel- und Schauwelt ›unter einem Dach‹ Verbesserungen für das Schauspiel oder das Theater versprachen, wenn sie sich alle durch die historische Logik des Theaterbaus zu rechtfertigen suchten, waren sie doch untereinander different. Kirchhoffs Ansatz unterscheidet sich noch am meisten, wenn er aus dem Theater der Notbehelfe, aus den Zimmern und Hallen, einen neuen, armen Typus zu schaffen trachtete und dabei auf Ideen aus der Zeit noch vor dem Ersten Weltkrieg zurückgriff, während die anderen Beispiele den antiken festlich-sakralen Zentralbau-Typ aufnahmen, den sie mit Hilfe der inzwischen elaborierten technischen Möglichkeiten dem modernen Theater verfügbar machen wollten. Das Runde und die Drehbewegung erfuhren ebenso wie das antikisierende Amphitheater und die große Zuschauergemeinde noch einmal Resonanz. Der Beweis wurde erbracht: Der Urtyp des Theaters wäre mittels der modernen technischen Möglichkeiten weiterhin und sogar vielfältig zu nutzen. Und dennoch bestand daran kein Interesse mehr, weder an der *armen* Lösung, denn Technik und Repräsentativität hatten das Gegengewicht zu den *unerfreulichen Umweltbedingungen* des Alltags zu halten und die neue Prosperität zu demonstrieren, noch an den feierlich-illusionistischen, denn die deutschen Zuschauer wollten nicht mehr Teil einer gemeinschaftlichen Kulisse sein, sie verbargen sich lieber im rezeptiven Dunkel und die feierlich-zentrale Baugestalt entsprach weder der Idee von passiver Festlichkeit noch dem Platzbedarf des modernen Theaterbetriebs. Einraumtheater lebten fort als vereinzelte Zimmertheater, später auch als Studiobühnen und nicht zuletzt als – Arenatheater.

Eine kleine Geschichte des variablen Theaters

Daß der Neubau und Wiederaufbau der Theater nach 1945 von großer Ratlosigkeit und auch etwas Desinteresse der Verantwortlichen geprägt war, spiegelt sich in der Vielzahl liebloser, mittelmäßiger und nicht zuletzt konventioneller Erzeugnisse. Die gewohnte Zweiraum-Anordnung galt bei den öffentlichen Bauherren als günstig und angemessen und die Theaterleute äußerten sich dazu nicht oder nur zaghaft. Dennoch blieb während der ganzen langen Bau-Ära diese Struktur, vor allem das trennende Portal umstritten. Mehr oder minder deutlich fand sich allenthalben der Versuch, stiernackigen Positionen zum Trotz, den unveränderlichen Bau seinem ephemeren ›Inhalt‹ insofern anzupassen, als man mit technischer Hilfe die starre Trennung, die feste Zuordnung von Spiel-und Schaubereich aufzulösen trachtete. *Variabilität* wurde zum Leitmotiv immer weitergehender Alternativvorschläge, weitergehender Bemühungen, die Architektur elastisch zu machen.

Vorbildhaft wirkte da sicherlich das von Erik Lallerstedt, Sigurd Lewerentz und David Helldén zwischen 1941 und 1944 erbaute Stadttheater Malmö, das eine noch für lange Zeit als besonders gelungen bewertete und eben ganz stringente Form räumlicher Variabilität vor-

Grundriß des Theaters im Bühnengeschoß

1. Seitenbühne
2. Hauptbühne
3. Lager
4. Einfahrt zur Unter-
   bühne
5. Rampe zur Bühne
6. Einfahrt zur Bühne
7. Requisitenräume
8. Studiobühne
9. Orchesterprobesaal

10. Foyer des Studio
11. Umkleideräume
    und Büros
12/13. Dekorationen
14. Raum für die Roll-
    wände, die zur Ab-
    teilung des Zu-
    schauerraumes
    dienen
15. Lager für Dekora-
    tion

16/17. Orgel
18. Aufenthaltsraum
19. Hebbare Vorbühne
20. Künstlerzimmer
21. Orchesteraufent-
    haltsraum
22. Küche zum Restau-
    rant
23. Fahrradräume
24. Eingang
25. Garderobehalle

Grundriß des Theaters im Obergeschoß

1. Magazin
2. Arbeiterräume
3. Raum für die Rollwände
4. Waschräume
5./7. Büros

8. Studiobühne
9. Luftraum
10. Foyer
11. Treppenhaus

Durch Öffnen der Rückwände des Saales können zusammen mit dem Foyer 10 noch 500 weitere Hörplätze entstehen.

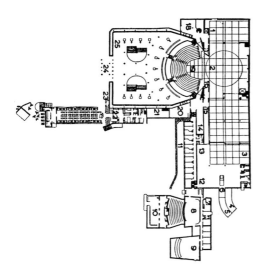
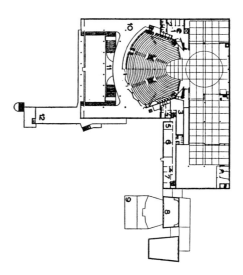

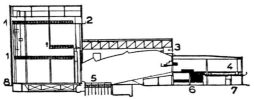

Schnitt durch den Zuschauerraum

1. Feuerleiter
2. Balkon
3. Filmkabine
4. Foyer

5. Hebbare Vorbühne
6. Treppenanlage
7. Eingang
8. Bühne

1a–c Erik Lallerstedt/Sigurd Lewerentz/David
       Helldén: Stadttheater Malmö (1941–44)

führte. Denn bei dem südschwedischen Projekt kam es nicht nur darauf an, den drei Sparten und der Stadt einen Spielort zu geben, sondern auch dem Orchester und der gesamten, vergleichsweise dichtbesiedelten Region Schonen. Und sowohl Auftraggeber wie Architekten legten Wert darauf, zumindest für das Schauspiel verschiedene Intimitätsgrade und einen stets engen Kontakt zwischen Bühne und Zuschauerraum zu gewährleisten. So konfrontierten sie zwar auf konventionelle Weise den Zuschauerraum mit einem ›Spielkasten‹ und Drehbühne (Abb. 1a–c), schalteten aber zum einen eine zungenähnliche, großzügige Vorbühnenzone dazwischen, während sie zum anderen mittels einfacher Faltwände Gestalt und Größe des Auditoriums veränderlich machten. Die Vorbühnenzone ragt 10 m in den Saal hinein, ist also so groß, daß man sie als Hauptbühne einsetzen könnte, und besteht aus ungefähr 12 Hubpodien. Möchte man eine Oper geben, senkt man sie einfach als Orchestergraben ab. Soll es ein Konzertpodium oder echter Guckkasten sein, wird sie auf Bodenniveau gefahren und bestuhlt. Mit Hilfe der leicht von Hand zu bedienenden Faltwände im Zuschauersaal sind nicht nur Kapazitäten von 1700, 1200, 800 oder 400 Plätzen möglich, sondern da die Rückwand, die das Amphitheater vom Foyer trennt, ebenfalls aus Faltwänden besteht, können beide Räume verbunden und noch weitere 500 Stehplätze eingerichtet werden. Dabei ergeben sich bei keiner räumlichen Einstellung Probleme mit der Akustik und mangelnde Sichtqualität nur, wenn versucht wird, mit großem Haus den Guckkasten ohne Vorbühne zu verwenden. Die variable Lösung erscheint hier so gelungen, weil weniger Sparsamkeit, sondern echte Flexibilität angestrebt wurde; Großzügigkeit und schlichte Funktionalität zeichnet auch die Anlagen der weiteren Arbeits-und Probenräume, sowie die zusätzliche Einrichtung eines kleinen Studios von 204 Plätzen aus (48).

Es wirft angesichts dieses Angebots verschiedener Möglichkeiten allerdings ein bezeichnendes Licht auf die Theaterarbeit jener Jahre, wenn die Vorbühne in den ersten sechs Jahren des Spielbetriebs für ganze zwei (!) Inszenierungen erprobt und eingesetzt wurde. Da kündigt sich die gleiche Problematik an, die kurz darauf die Wiederaufbau-Diskussionen in Deutschland beherrschen wird.

Hier fing all dies zunächst ganz bescheiden an, als der Architekt Werner Harting zum weithin bekannten Apostel des variablen Bühnenportals wurde. 1949 beauftragte man ihn mit dem Wiederaufbau des Nationaltheaters Weimar – allerdings nicht ganz: Während ihm als Architekt der Publikumsbereich bis an das Portal überlassen wurde, galt der Bühnenbereich als Domäne der Ingenieure. Die alte Trennung zwischen Architekt und Ingenieur, das Erbe des 19. Jahrhunderts, lebte also immer noch und lebte im Gegenteil, richtig wieder auf. Nun kann man einwenden, daß in der Tat die Bühnentechnik, gerade auch in den 20er Jahren, immense Fortschritte gemacht habe und so zu einem eigenen Spezialgebiet ausgewachsen sei, Harting fürchtete allerdings um die historische Chance, eine der Theater- und Rezeptionsarbeit angemessene Bauform zu finden, wenn man die Aufgabe derart fraktioniert angehe. Er sammelte und publizierte Gegenargumente gegen diesen Anachronismus und bestritt die Notwendigkeit einer hypertrophen Bühnentechnik:

Im Laufe der Zeit bis in die Jetztzeit hinein versuchte man mit immer raffinierteren technischen Mitteln die Szene zur möglichst getreuen Photographie des Lebens zu machen. (..) Das Theater wurde mehr und mehr zum Sklaven seiner Maschinerie. Der Bau von Bühnenhäusern mit dem immer höher gewordenen, städtebaulich abschreckend häßlichen Bühnen-

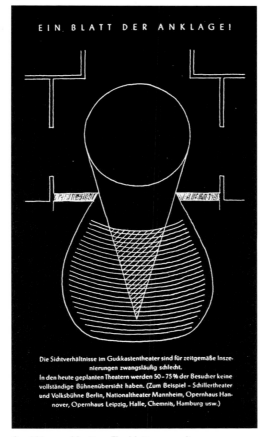

2   Werner Harting: Flugblatt gegen die
     Fortsetzung der Guckkasten-Tradition (1950)

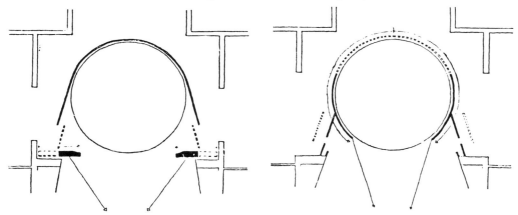

3a Werner Harting: Konzept des Vollsicht-
    Theaters (1950) mit verschiebbarem
    Bühnenportal

3b Mit drehbarem Rundhorizont, zugleich
    Eiserner Vorhang

turm (..) verschlang Unsummen. Diese Summen stehen zu den sonstigen Baukosten eines Theaters in keinerlei angemessenem Verhältnis und stellen in Anbetracht der hohen Unterhaltungs- und Betriebskosten die Wirtschaftlichkeit des Theaters schlechthin in Frage. Um jeden Preis wollte man im Theater eine naturalistische Wirkung wie im Film erreichen und ihm gegenüber konkurrenzfähig bleiben; man vergaß dabei, daß das Theater gegenüber dem Film ganz andere, eigene Aufgaben zu erfüllen hat.

(..) Zwei Ideale sind es immer wieder, die den Theaterreformern vorschweben: das antike Theater und die Shakespearebühne. Es ist nicht dieses oder jenes Detail, auch nicht die Spielfläche inmitten der Zuschauer, was uns an den Bühnenformen der Antike und Shakespeares reizt, sondern die Einheit von Bühne und Zuschauerraum. Für die Ausbildung jener Theater war diese Einheit das oberste Gesetz. Es erfüllte zugleich die Forderung für gutes Hören und Sehen von jedem Platz. (49)

Abgesehen davon, daß sich Harting bezeichnenderweise wieder einmal genötigt sah, eine antinaturalistische Argumentation aufzubauen und sich zum Fürsprecher schlichter und phantasiestimulierender Theatermittel zu machen[42], argumentierte auch er mit der Beobachtung, daß die konventionelle Zweiraum-Anordnung mit deutlich abgetrenntem Guckkasten hochgradig sichtbehindernd angelegt sei (Abb. 2) – dies ist sein zentrales Argument für eine zeitgemäße Bauform, die er Raumtheater nannte und mit der er heftige Diskussionen pro und contra Portalrahmen auslöste[43]. Denn die Partei für die Einraumtheater hatte seit den Erfahrungen des Nottheaterspiels Anhänger dazugewonnen. Wenn schon keine Hilfe von den Theaterleuten der Jetzt-Zeit zu erhoffen war, versuchte sich Architekt Harting an den Reformern der jüngeren Vergangenheit zu orientieren.

Die Bühnenleute selbst versuchten, von sich aus Wandel zu schaffen. Sie begannen die Gegebenheiten der Illusionsbühne einfach zu ignorieren. Diese Reformbestrebungen sahen im einzelnen so unterschiedlich aus, arbeiteten mit so verschiedenen Mitteln und gingen mitunter von so konträrem Blickwinkel aus, daß sich auf den ersten Blick schwer das gemeinsame erkennen läßt. (..) Und doch ist allen das heiße Bemühen um eine starke und lebendige Verbindung zwischen dem Geschehen auf der Bühne und dem Zuschauer gemeinsam. (..) Für

42　Die Zeit der Nottheater hatte offenbar Erfahrungen ermöglicht, die nun einen anderen Anspruch an die Ausdrucksmittel des Theaterspiels unterstützte. Wie SELLNER praktizierte, argumentierte auch HARTING mit der Phantasieleistung des Publikums. »(..) es wurde gar nicht versucht [in der Antike und bei Shakespeare], eine andere Welt vorzutäuschen. Aus dem Wort des Dichters erwächst diese andere Welt auf einer höheren rein geistigen Ebene. Wenige Andeutungen optischer Art, Hinweise in Worten und Gebärden genügen der Phantasie des Zuschauers, sich den Spielplatz der Handlung vorzustellen. Der Zuschauer seinerseits übernimmt dabei aktiv eine Rolle: in schöpferischer Phantasie die Anregungen und Andeutungen auszufüllen, die von der Bühne kommen.« (»Baut zeitgemäße Theater!« IN: DIE NEUE STADT 6 (1950) S.217)

43　Eine Diskussion, die vielfach an Begriffsverwirrung krankte und um Begriffsdefinitionen kreiste. »Eine objektive Diskussion Guckkastentheater -Raumtheater wird also beeinträchtigt, wenn man das Raumtheater mit den Mängeln der Raumbühne identifiziert«. HARTING definierte also seinen Begriffskanon: »Bei der ›Raumbühne‹ befindet sich das Spielfeld in der Mitte des Zuschauerraums (Zirkus) oder ist wie bei der Shakespeare-Bühne von drei Seiten vom Zuschauerraum umschlossen. Unter ›Raumtheater‹ haben wir (..) unter Beibehaltung des bisherigen Ordnungsprinzips die Raumeinheit zwischen Bühne und Zuschauerraum zu verstehen.« (IN: DIE NEUE STADT 6 (1950) S.214)

den Architekten wird daraus ersichtlich, daß alles optisch Trennende zwischen Zuschauerraum und Bühne vom Übel ist und somit vor allem die Prosceniumszone zu verschwinden hat. (..) Das bedeutet nicht, daß die Bühne mit dem Zuschauerraum verschmolzen werden soll. Immer wird die Bühne durch einen ästhetischen Abstand vom Zuschauer distanziert bleiben; (..) Es entsteht eine Bühne, die viel weitflächiger ist als die, die wir bislang gewöhnt waren. Die so herbeigeführte Einheit zwischen Bühne und Zuschauerraum bedingt eine Neutralisation des Zuschauerraums (50).

Auch Harting kann also kaum als Revolutionär oder auch Reformer des Theaterbaus eingeschätzt werden. Eher versuchte er auf diplomatischem Wege, Veränderungen einzuführen. Die Gegner waren zunächst die Konservativen, die daran festhielten, daß die meiste Dramenliteratur für den Guckkasten geschrieben worden sei[44]. Und die Städte, die ganz anderen Interessen nachhingen[45], davon abhingen, daß Theater und Oper in einem Haus gespielt werden kann und die wegen ihres Opernbetriebs keine neuen Lösungen brauchen konnten. Schließlich die rechtlichen Vorschriften[46].

Harting reichte für den Wettbewerb des Schillertheaters in Berlin 1950 sein Konzept eines *Vollsicht-Theaters* mit variablem Proszenium ein. Es sah eine Portalzone vor, die nicht festgemauert, sondern deren Breite durch Schiebewände bestimmbar war (Abb. 3a/b). Im Vertrauen auf die raumgestaltende Wirkung genau dieser Grenzzone zwischen den beiden weiterhin streng getrennten Bereichen wurde dieser Vorschlag auf der Bühnentechnischen Tagung 1950 in Berlin als **die** Erfüllung der dort ebenfalls beschlossenen Forderung, »*im neuen Theater müssen sowohl Guckkastentheater- als Raumtheaterspielmöglichkeiten gegeben sein*«, angenommen (51). Versprach sie doch die Differenzen auf einfachstem Wege auszuräumen. Angesichts dieses Kompromißerfolges verschwieg Harting, daß er ursprünglich eine viel konsequentere und interessantere Lösung entwickelt und noch im Juni veröffentlicht hatte (Abb. 4), nach der Tagung aber ad acta legte[47].

44 HARTING konterte: »(..) man könnte auf alle zu einer solchen Verwandlung notwendigen technischen Apparaturen verzichten, wenn man sich dazu verstehen könnte im Bedarfsfalle den Guckkastenrahmen als Kulisse in das Raumtheater zu stellen. Der Effekt wäre derselbe wie bei einer technischen Verwandlung, der Phantasie des Regisseurs wäre ein größerer Spielraum gelassen, und die Kosten des technischen Apparates in Anschaffung und Betrieb könnten gespart werden.« (»Theaterformen« IN: NEUE BAUWELT 10 (1952) S.152)

45 »Es ist schon ein Fehler, dem Theaterbau eine Aufgabe zu stellen, die zugleich eng mit der städtebaulichen Planung verbunden ist. Selbstverständlich hat der Städtebau den Vorrang. Er ist jedoch nur zu lösen, wenn vorher völlige Klarheit über die innere Struktur des Theaters besteht. Die Beurteilung eines Theaterprojektes vom Städtebaulichen her ist nicht möglich.« (HARTING IN: BAUWELT 21 (1953) S.403)

46 Für das Theater ist besonders die Versammlungsstättenverordnung (VStVO) relevant, die immer noch fast ungetrübt den Problemen der gasbeleuchteten Theater des vorigen Jahrhunderts entspringt. Entsprechend wird weiterhin auf dem feuerabwehrenden Eisernen Vorhang bestanden und damit die Bespielung von Flächen und Räumen jenseits eines Bühnenhauses erschwert. Oder der Theaterbau selbst muß in isoliert erscheinender Insellage errichtet werden, um rundum über Zufahrten und Fluchtwege zu verfügen. Gerade für Theatergebäude sind die Vorschriften besonders umfassend und detailliert.

47 »Der Fortfall des Bühnenrahmens gibt der Bühnentechnik zwei mögliche Lösungen in die Hand: 1. **Bewegliches Bühnenportal** (..) 2. **Drehbarer feuersicherer Rundvorhang** aus Eisenblechkonstruktion. Er besteht in der Hauptsache aus zwei fahrbaren Wänden von fast viertelkreisförmigem Grundriß, die nach

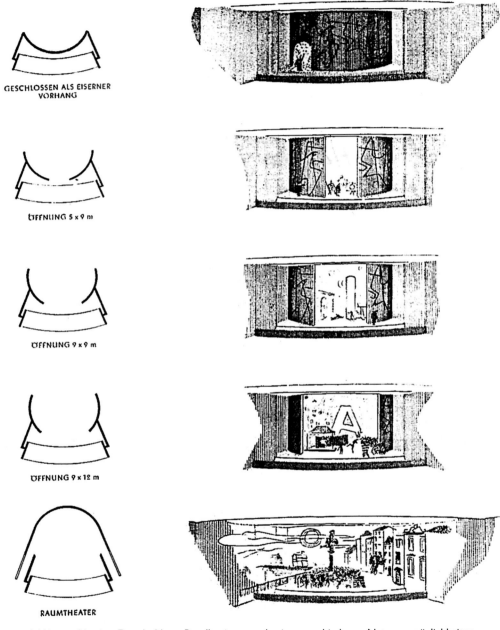

GESCHLOSSEN ALS EISERNER
VORHANG

ÖFFNUNG 5 x 9 m

ÖFFNUNG 9 x 9 m

ÖFFNUNG 9 x 12 m

RAUMTHEATER

4 Werner Harting: Der drehbare Rundhorizont und seine verschiedenen Nutzungsmöglichkeiten

Viel Wirbel ereignete sich also, um einen nur kleinen Schritt auf etwas Neues hin zu konventionalisieren. Und dennoch habe ich diesem Fall *variables Portal* eine gewisse Ausführlichkeit gegönnt, weil hier, an diesem Nullpunkt nach dem Krieg, die Konvention selbst ein Stückchen aufgebrochen wurde. Nicht viel, aber verschiedene Neubauten wurden in Folge mit beweglichen, veränderbaren Proszenien ausgerüstet[48]. Und – von der Portalzone aus ergriff die Idee der Variabilität weitere Bereiche. Die anschließenden Wettbewerbe förderten manche Vorschläge zutage.

Mit seinem *Theaterprojekt B* antwortete 1952/53 der Bauhaus-Schüler Roman Clemens auf die Guckkasten- und Raumtheater-Diskussionen des deutschen Wiederaufbaus und setzte damit einen Akzent, der jenseits der ganzen Sparsamkeitsüberlegungen, Traditions-rechtfertigungen und Literaturhörigkeiten die Gehalte der Bauhaus-Arbeit auf eine aktuelle Aufgabe übertrug. Clemens hatte sich, angeregt durch Kandinskys Bemühungen um Synthese, schon am Bauhaus mit abstrakten Spielformen beschäftigt. In der Zeit, in der in Deutschland alle avantgardistischen Stränge durchtrennt wurden, setzte er seine Versuche sowohl theoretisch wie auch praktisch als Szenograph an der Züricher Oper fort. Seine Experimente kreisten um das *»Erproben der Variationsmöglichkeiten von beweglichen Raumelementen, die Fixierung von Abläufen und die Untersuchung von Wirkungsgesetzen der Raumkonstruktion, Raum-durchdringung und Staffelung«* (52) (Abb. 5a). In seinen Szenographien für Opern Arthur Honeggers, aber auch Opern wie MADAME BUTTERFLY oder HOFFMANNS ERZÄH-LUNGEN (Abb. 5b–d) thematisierte er den Einsatz abstrakter Skulpturen oder fixer Skelett-konstruktionen in Verbindung mit den kinetischen Möglichkeiten der Projektion und sowohl die geistige Durchdringung verschiedener Bereiche, von Innen und Außen, wie etwa bei

vorn zusammengeschoben den feuersicheren Abschluß der Bühne (Eiserner Vorhang) bilden, nach hinten geschoben den Rundhorizont ergeben. In dieser Stellung werden sie ergänzt durch zwei gerade Schiebe-wände, die an ihre Enden herangefahren werden können und so die Spielfläche optisch und akustisch gegen die Seitenbühnen abschließen. Auf- und Abtrittsmöglichkeiten lassen sich an jeder gewünschten Stelle schaffen.« Eine Drehscheibe oder andere Technik läßt sich bei Bedarf mit dieser Bühnenraumgestaltung verknüpfen. (HARTING IN: DIE NEUE STADT 6 (1950) S.218) Wenn diese Konstruktion auch nichts an den konventionellen Beziehungen im Raum verändert, so baut **sie** doch auf der neuen Konzeption eines jenseits der Szenographie grundsätzlich variablen Bühnenraums auf, während die akzeptierte Portallösung den kleinsten gemeinsamen Nenner meinte.

48 »(..) und die Erfahrung zeigt, daß Entwicklungsstufen nirgendwo übersprungen werden können. Die letzten in Deutschland realisierten Theaterbauten zeigen nun immer mehr die Aufnahme der Gedanken, die dem szenischen Spiel Entfaltungsraum bieten, sei es durch seitlich und auch in der Höhe verfahrbare Bühnen-portale, sei es durch Ausbildung ausreichend bemessener Vorbühnenzonen, sei es durch anderweitigen engeren Zusammenschluß von Bühnenhaus und Zuschauerhaus. Die Proszeniumszone ist in der Tat die kritische Stelle im Theaterbau«, faßte Günther KÜHNE 1966 die Entwicklung fast als Antwort auf die ersten Impulse Werner HARTINGS zusammen. (IN: JAHRESRING 13 (1966/67) S.145) Man kann dies aber auch kompromißloser sehen: »So sind die großen neuen Theater nichts anderes geworden als leicht mo-dernisierte Häuser des 19. Jahrhunderts. Alle weltanschaulichen Thesen können nichts daran ändern, daß hier nichts anderes entstanden ist als wieder eine Guckkastenbühne. (..) Wir dürfen uns nicht täuschen lassen: alle Neuerungen der letzten Jahre sind nichts als Detaillösungen zur Verbesserung des Bestehen-den«, bewertete Hannelore SCHUBERT 1970 die Entwicklung ernüchterter. (✧5 S.81f.)

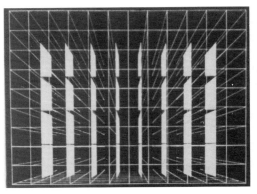

5a Roman Clemens: Schema für
    Raumdurchdringung und Staffelung

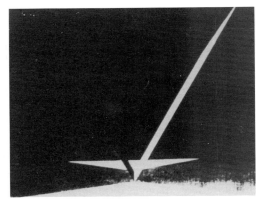

5b Szenographien für die Züricher Oper:
    »Amphion« von Arthur Honegger (1933)

5c »Madame Butterfly« von Giacomo Puccini
    (1933)

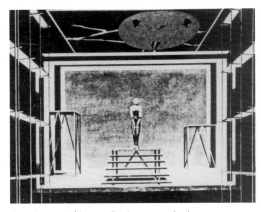

5d »Jeanne d'Arc au Bûcher« von Arthur
    Honegger (1942)

6a Roman Clemens: Theaterprojekt B (1952/53),
    Modell mit Portalrahmen und verkleinertem
    Zuschauerraum

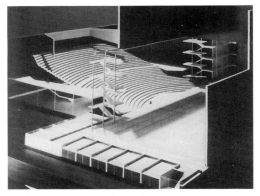

6b Modell der Raumtheater-Lösung

MADAME BUTTERFLY (Abb. 5c), wie auch die Aktualisierung traditioneller Themen und Formen, wie z.B. bei FAUST und Honeggers JEANNE D'ARC AU BÛCHE (Abb. 5d).

Clemens hat nach dem Krieg zur Erneuerung nicht nur der geometrisch konstruktiven Szene konsequent beigetragen, sondern auch als Ausstellungsdesigner und Architekt versucht, die Fachgrenzen zu überwinden und zu einem Synthesekonzept zu kommen. (53)

Wenn er 1952/53 ohne Auftrag sein *Theaterprojekt B* zum aktuellen Thema der räumlichen Wandlungsfähigkeit des Theaterbaus entwickelte, interessierte ihn zweifellos die Übertragung seiner bisherigen Erfahrungen innerhalb der Bühnenzone auf den gesamten theatralen Funktionsbereich. Nicht nur als Praktiker vermied er es bescheiden, über das Machbare hinauszugehen, sondern es stand seinen Interessensschwerpunkten nahe, auch eine konventionelle Raumordnung wie das Guckkasten-Theater zu aktualisieren und durch den Einsatz geringer Mittel die Raumgestalten flexibel zu machen, die ehedem getrennten Bereiche einander in allen Dimensionen durchdringen zu lassen.

Clemens Vorschlag für das flexible Große Haus (Abb. 6a–e) seiner Doppeltheateranlage sah einen geräumigen, rechteckigen, ranglosen Zuschauerbereich mit leicht gerundeten Reihen vor, dessen untere Partie direkt vom Foyer aus über Treppen oder einen breiten Gang zu jeder Seite zu betreten ist (Abb. 6a/b). Der Zuschauertrakt ist zur Bühne hin durch einen Orchestergraben abgeschlossen, der die leichte Rundung der Sitzreihen aufnimmt und auch abzudecken ist (s. Abb. 6c/e). So wäre auch ein Mehrspartenbetrieb denkbar. Die Bühnenzone schmiegt sich in die Rezeptionszone hinein, indem Clemens die zerlegbare Drehbühne ähnlich einer Orchestra direkt an den Orchestergraben grenzen läßt. Sie ist Teil einer 16 x 22 m großen Hauptbühne, an die zwei gleich große Seitenbühnen anschließen, und die auch mit Bühnenwagen bestückt werden kann. Um diese ebenfalls rechteckige Bühnenanlage gruppiert er Arbeitsräume und Garderoben. Auf der Höhe des Orchesters befinden sich an der Stelle, wo die Seitenwand des Zuschauerraums auf die Bühne trifft zwei Bühnentreppenhäuser, deren Zwischenplateaus auf verschiedenen Höhen kleine Bühnen bieten.

Den Wandel zwischen den beiden Bühnenformen stellte sich Clemens so vor: Für die Guckkasten-Variante wird ein Portal eingeschoben und der Zuschauerraum durch das Einhängen von Oktogonwänden so verkleinert, daß von allen Plätzen aus gut gesehen werden kann. Die Seiten

umschließen den Raum nicht bis zum Boden, sondern schweben als Wandteile über der schiefen Ebene des Auditoriums. Der Zuschauer hat nicht das Gefühl, in einem Kasten eingeengt zu sitzen. Die schwebenden Wände des Oktogons wirken als Schallbrecher und sichern die notwendige Akustik. (54)

Für die Raumtheater-Lösung werden je zwei Seiten des Oktogons und das Portal entfernt, wodurch sich die Platzzahl von 1200 auf ungefähr 1400 erhöht, denn zumindest seitlich des Orchestergrabens können weitere Plätze besetzt werden. Nun ist die Bühne in voller Breite, sind die vertikalen Treppenbühnchen und die Seitenfoyers sicht- und damit bespielbar.

Die seitlichen Zugangfoyers des Zuschauerraums dienen als Seitenbühnen des Raumtheaters. Die Zuschauerzugänge werden Schauspielerstraßen, und die acht vom Proszenium nun nicht mehr verdeckten Podien der Bühnentreppenhäuser ergeben weitere, übereinandergestaffelte Bühnenflächen. (..)

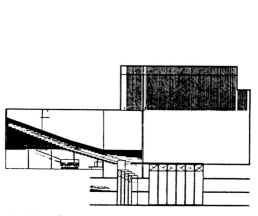

6c Längsschnitt

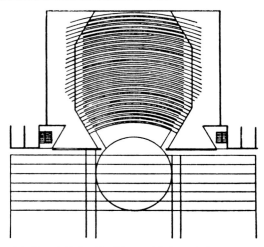

6d Grundriß der Guckkasten-Variante (mit
    Orchestergraben)

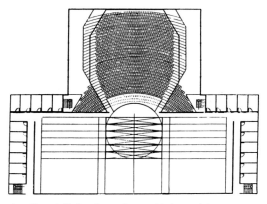

6e Grundriß der Raumtheater-Variante (ohne
    Orchestergraben)

7 Vischer/Weber/Bignens: Wettbewerbsentwurf
   für ein Theater in Basel (1953)

Bei Einrichtung als Raumtheater bilden Hauptbühne, Seitenbühne, Zuschauerraum und Seiten-
foyers einen zusammenhängenden großen Raum. (55)
Für diese variablen Lösungen ist die Arbeitsdecke ein gutes Stück in den Rezeptionsbereich
gezogen worden.

Mit diesem Vorschlag zum Problem des modernen Theaterbaus setzte Clemens nicht
nur seine eigene Arbeit fort, er bot auch für einige Ideen der Vorkriegszeit, namentlich der
Ansätze am Bauhaus, aber auch der am Stadttheater Malmö realisierten Lösung, eine gewisse
Kontinuität. Wir können in den in das Spiel potenziell integrierten Zugängen und Seitenfoyers Ansätze von Gropius für das Totaltheater, aber auch Ideen der sowjetischen Architekten für propagandistische Spieltechniken und Demonstrationszüge wiedererkennen. Die
die dritte Dimension einbeziehenden Bühnchen des Treppenhauses entsprechen den vertikalen
Spielspiralen der Bauhaus-Laboranten wie auch anderer Experimentatoren der 20er Jahre.
Clemens versuchte, die alten Ergebnisse für die realen Probleme der Nachkriegszeit fruchtbar
werden zu lassen. Sein Vorschlag wurde zwar viel beachtet, blieb aber Entwurf. Für die
frühen 50er Jahre waren seine Wurzeln in den alten *linken* Avantgarden und im politischen
Theater eher suspekt.

Vereinzelte Aspekte oder das Prinzip seines Schemas fanden im Rahmen einiger Stadtthea-
ter-Wettbewerbe aber ein Echo. So tauchte im Rahmen des Wettbewerbs für ein Stadttheater in Basel 1953 im Vorschlag des Architektenteams Vischer, Weber, Bignens die räumliche Durchdringung von Foyer, Zuschauerraum und sogar der Bühne wieder auf, indem das
untere Foyer, die seitlichen Zugänge zum unteren Parkett und die gesamte Bühne auf einem
Niveau liegen und durch das Weglassen von strukturierenden Trennwänden zu einem riesigen, alle Bereiche vereinenden Spielgelände werden können (Abb. 7). Der erste Siegerentwurf
für Basel von Werner Frey und Jacques Schader aus dem gleichen Jahr hingegen erweiterte
das Konzept der variablen Platzzahlen und verknüpfte damit die Variabilität der Zuordnung
von Schau- und Spielbereich (Abb. 8a–c): Im streng geometrischen Ideenmuster werden die
gesamten Funktionen einer Aufführung (also auch die Garderoben) von ihnen sauber in ein
Quadrat eingefügt, indem die Rezeptionsachse exakt auf die Diagonale gepaßt wird. Der
Zuschauerraum nimmt etwas mehr als ein Viertel des Quadrates ein, die Reihen sind wegen
der Sichtoptimierung im Sinne eines Sechsecks zweimal gewinkelt. Der geräumige Bühnenbereich verfügt nahezu über den gesamten restlichen Raum und besteht aus zwei Seiten- und
einer Hinterbühne. Die Wandlungsfähigkeit der Raumkonstellation wird durch fahrbare Portaltürme und Seitenwände des Schauraums bewirkt. Für die Guckkasten-Variante wird er vollkommen geschlossen und das Portal eingefügt (Abb. 8a). Bewegt man beide Variablen weg,
entsteht ein Raumtheater mit einer breiten, das Publikum von drei Seiten umgebenden Bühne, die auch die Seitenbühnen in das Spiel integriert (Abb. 8b). Bestuhlt man dann auch noch
die Seitenbühnen ein Stück weit, umgreift das Publikum die Bühne zangengleich, so daß sie fast
zu einer zentralen Bühne wird (Abb. 8c).

Noch einen Schritt weiter ging 1953–57 der Sieger des berühmten Wettbewerbs für das
Nationaltheater Mannheim, Gerhard Weber, mit seiner Ausführung des Kleinen Hauses.

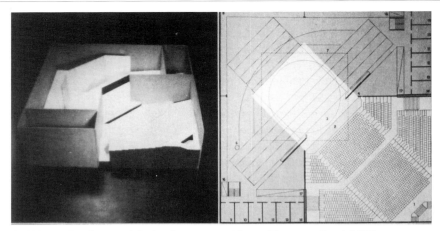

8a Werner Frey/Jacques Schader: Siegerentwurf für ein Theater in Basel (1953),
    Guckkasten-Variante

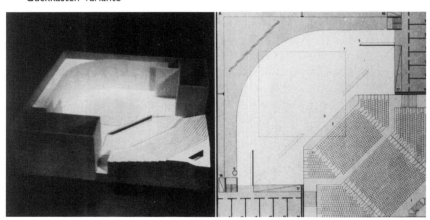

8b Bühne umfaßt den Zuschauerraum

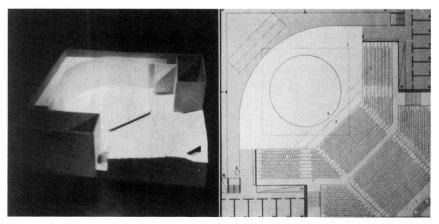

8c Der Zuschauerraum umfaßt die Bühne

Das Nationaltheater war von ihm als großer rechteckiger Baukomplex mit gläserner Außenhaut entworfen worden. Behindert durch einen bleibenden Bunker auf dem Bauplatz,
war nur ein reines Spielhaus ohne Werkstätten und Magazine möglich. Es enthielt ein Doppel-
theater: ein Großes Haus für Opern- und Ballettaufführungen und ein Kleines Haus für das
eigentliche Mannheimer Schauspiel (Abb. 9a). Dessen Variabilität diente also nicht mehr der
ungestörten Koexistenz der Sparten, sondern entsprach dem Wunsch nach größtmöglicher
formaler Offenheit. Auch im Kleinen Haus konnte ein Orchestergraben eingerichtet werden; es war für seine Zeit so flexibel, daß sogar Opern im kleineren – und eventuell untraditio-
nellen - Rahmen inszeniert werden konnten. Ansonsten machte der Einsatz dreier elektri-
scher Plateauversenkungen im Anschluß an das fixierte Parkett und verschiedener Stuhlwagen (die unterhalb der Bühne aufzubewahren sind), sowie ein über den ganzen Raum
ausgedehnter Arbeitsboden diesen Aufführungsort vielfältig wandelbar (Abb. 9b) – ohne
daß ein Übermaß an Technik angehäuft worden wäre. Die Platzkapazität reichte von 606 bis
maximal 871 Sitze. Für die konventionelle Zweiraum-Anordnung konnte ein Portalrahmen
eingesetzt, eine Beleuchtungsbrücke und bei Bedarf das erste Hubpodium zu einem
Orchestergraben von 45 m² abgelassen werden. Das Raumtheater entstand durch Entfernung der Portaltürme (und Anheben der ersten Versenkung auf Bühnenniveau) und es konnte
durch ansteigende Treppen aus dem Publikum eine besonders enge Verbindung geschaffen
werden, ein besonders großes Auditorium (vielleicht auch für Konzerte) durch die Bestuhlung der drei Hubpodien auf Parkettniveau. Und darüberhinaus hatte Weber noch zwei
Varianten des Zentraltheaters erdacht: Zum einen konnte das Publikum die breite, kurze
Bühne von zwei Seiten umrahmen, indem man an die Stelle der bühnennächsten Reihen
und des ersten Hubpodiums die Spielfläche ausspart und dafür die beiden hinteren Hubpodien bestuhlt, zum anderen, indem man auf die Seiten der Spielfläche noch weitere Stuhlwagen setzt. So blieb zwar mit dem hinteren Parkett ein Teil des Raumes unbeweglich, aber
Webers Konzept ging weit über den ursprünglich geforderten Wechsel zwischen Guckkasten
und Raumtheater und den Portalzonen-Kompromiß der bundesdeutschen Neubaupraxis
hinaus. Dieses Schauspielhaus war, trotz seiner vergleichsweise bescheidenen technischen
Ausrüstung, als Labor gemeint. Die offenen seitlichen Treppen ergäben weitere Auftrittsmöglichkeiten (Abb. 9c), 30 Dekorationzüge zogen sich über die gesamte Decke hin und
auch die Raumseiten waren mit Dekoration zu bestücken.

Zum ersten Mal wurde ein Theater mit einem so hohen Flexibilitätsgrad **errichtet**,
und zwar durchgängig unter der Betreuung des entwerfenden Architekten, was für die Zeit
eigentlich unüblich war[49].

---

49 Anläßlich der Schlüsselübergabe rühmte Gerhard WEBER in seiner Rede, daß die Stadt Mannheim, nicht
    wie viele andere, den Architekten lediglich als theoretischen Ideenlieferanten behandelte, sondern ihm die
    Chance gegeben hätte, in der Auseinandersetzung mit den Spezialisten und dem Vertreter der späteren
    Nutzer, Intendant Hans SCHÜLER, sowie den entstehenden Problemen mitreagieren zu können. (s. »Thea-
    terbau und Privatarchitekt« IN: BAUKUNST UND WERKFORM 8 (1957) S.461f.) Seine Rede offenbart
    ebenso wie der Skandal um den Wettbewerb für einen Neubau in Kassel, wo u.a. die nachweisbare Oberfläch-
    lichkeit der Preisgerichtsarbeit und die praktische Unbrauchbarkeit der Siegerentwürfe von ›Ideenwettbe-
    werben‹ bemängelt wurden, daß nicht nur die Theaterleute, sondern auch die Architekten nur begrenzt am
    deutschen Nachkriegstheaterbau-Boom beteiligt worden sind. (s. zu Kassel z.B. DER BAUMEISTER 7 (1955)
    S.464f.)

So ist es nur umso bezeichnender, wenn es ausgerechnet mit der RÄUBER-Inszenierung des aus der Emigration zurückgekehrten Erwin Piscator eröffnet wurde. Mannheims und Webers Vorstoß bestätigte für ihn seine These, daß »*die Architekten heutzutage die eigentlichen Revolutionäre des Theater zu sein scheinen, nicht die Intendanten und Spielleiter*« (56). Piscator und sein Szenograph Paul Walter arbeiteten mit der von zwei Seiten betrachteten Zentralbühnenform. Zwar kokettierte er noch mit der Behauptung, seine RÄUBER eigentlich ganz konventionell inszeniert haben zu wollen, aber erstens wäre da Gerhard Weber enttäuscht gewesen und zweitens hätte die Struktur des Stückes ihm die gewählte Raumform und Ausstattung diktiert:

> *Noch klebte ich an dem Nacheinander der Szenen, und Herr Walter, der Bühnenbildner, hatte seine ersten Skizzen so angefertigt: Schloß in der Mitte, Wald in der Mitte etc. Aber die Handlungen, scharf getrennt in zwei, die sich niemals übeschneiden, laufen **nebeneinander**: der klassische Begriff des **Epischen** in der Simultaneität der Vorgänge; sie werden am klarsten, wenn man sie auch räumlich sichtbar macht. So entstand auf der einen Seite der Wald - das Karl-Drama - und auf der anderen Seite das Schloß - das Franz-Drama. Und in der Mitte: In der Mitte die von unten beleuchtete Fläche: der Monolog-Zirkel (..). Plötzlich war in unserer Konzeption die Relief-Arena-Bühne da als die einzige, dramaturgisch richtige Form für diese Aufführung von 1957 (..) (57) (Abb. 9d)*

Die Inszenierung war – natürlich – nicht unumstritten, aber in Mannheim wohl ein voller Erfolg. Kaum einer war zu jener Zeit geeigneter, ein solch *modernes* Theater, eine solches Experiment zu erproben, zumal Piscator seit seiner Rückkehr immer wieder gegen »*Furcht vor dem Experiment*« (58) antrat. Er bezeichnete dieses Theater einerseits als »*Fundgrube für die Verwirklichung fast aller Ideen*« und lobte die tatsächliche Verschmelzung von Spiel- und Schaubereich, bemängelte allerdings auch spezifische Schwierigkeiten: Die für einen Repertoirebetrieb nötigen Wechsel der Raumgestalt seien noch nicht ausgereift und zu langsam, erschwert durch zu wenig Bühnenpersonal. Aus dem gleichen Grund könne man eigentlich nicht auf einen Schnürboden und ausreichende Nebenbühnen verzichten.

Ungewöhnlich war also an diesem Bauprojekt nicht nur, daß die Realisierung der Variabilität für den nahezu gesamten Schauspielraum in Angriff genommen wurde, sondern daß sich die Verantwortung für die Bauausführung nicht in den Händen irgendeiner Baubehörde, sondern tatsächlich in denen des Architekten befand, der auch den zukünftigen Intendanten und seine Wünsche mitberücksichtigte. Konsequent war dann auch, daß ein eigenwilliger Theatermann wie Piscator das Haus sozusagen ›abnahm‹. Allerdings war er wohl auch einer der wenigen Theaterleute, die zu jener Zeit konkrete Wünsche formulierten. Nach ihm wurde das Haus kaum noch als variables genutzt. 1966 war die variable Technik bereits »*nicht mehr vorhanden*« (59).

———◆•◆———

Bevor sich die Variabilität der Theaterräume in Flexibilität und Mobilität verwandelte, bildete sie noch eine eher maniert anmutende Entwicklungsstufe aus.

Beim Wettbewerb für ein Doppel-Schauspielhaus 1959 in Düsseldorf stellte das Architektenteam Hausmann und Schlegl ein Spiel mit der Korrespondenz zwischen beiden Häusern und vier Nebenbühnen vor, die ein großes Bühnenzentrum kreisförmig umgeben (Abb. 10).

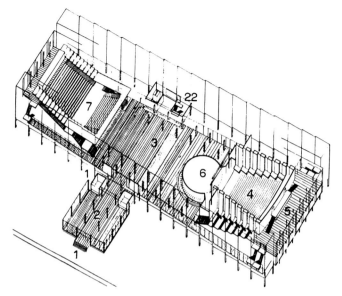

9a Gerhard Weber: Nationaltheater Mannheim (1953–57),
Isometrie: •1 Eingang •2 Kassenhalle •3 Garderobenhalle
•4 Zuschauerraum Großes Haus •5 Foyer Großes Haus
•6 Bühne Großes Haus •7 Bühne Kleines Haus
•8 Bühneneingang

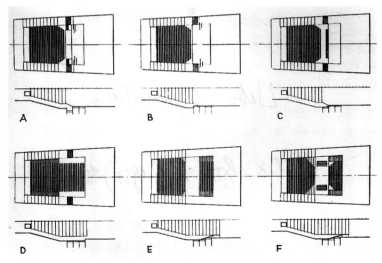

9b Die verschiedenen Nutzungsmöglichkeiten des Kleinen Hauses:
•A Rahmenbühne mit Orchester (606 Plätze) •B Schauspiel mit
erweiterter Vorbühne (606 Plätze) •C Schauspiel, Podium ansteigend aus
dem Parkett (606 Plätze) •D Vortragsraum/Konzertsaal (775–871 Plätze)
•E Arenabühne, zweiseitig (≈680 Plätze) •F Arenabühne, allseitig
(≈674 Plätze)

9c Szenenbild von Piscators
    Eröffnungsinszenierung der »Räuber« auf der
    zweiseitigen Arenabühne

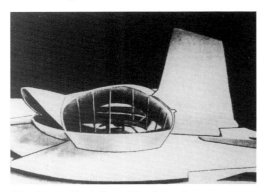

11a Reinert/Roch-Berny/Planchenoult:
    Theaterprojekt (1959), Modell

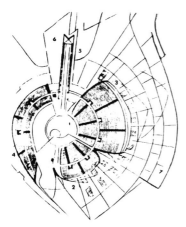

11b Grundriß: •1 Spielbühne •2 Kleiner
    Zuschauerraum •3 Großer Zuschauerraum
    •4 Amphitheater •5 Administration
    •6 Werkstätten •7 Terrasse

10 Hausmann/Schlegl:
    Wettbewerbsentwurf für das
    Düsseldorfer Schauspielhaus
    (1959), alle Nutzungs-
    varianten im Modell

12 Ludwig Mies van der Rohe: Crown-Hall,
    Chikago (1950–56), Fassade

Das große Zuschauerhaus, wieder einmal von sechseckiger Gestalt, liegt dem drehbaren Kleinen Haus gegenüber, während sich die vier Seitenbühnen an deren seitliche Begrenzungen schmiegen. Da dies Haus als reines Spielhaus geplant wurde, dachte man an eine Bestückung der Bühne über einen Material-Lift aus den Magazinen darunter. Die Wände zwischen den Schauräumen und den benachbarten Seitenbühnen könnten bis zu einem gewissen Grad, beim Kleinen Haus völlig, entfernt und alle Seitenbühnen vollständig bestuhlt werden. So sollte man zwischen konventionellen und völlig ungewöhnlichen Zuordnungen von Publikum und Aktion, sowie den verschiedenen Bühnen wählen können. Das große Haus könnte zum Beispiel noch weiter vergrößert werden, indem man die Seitenbühnen bestuhlt und die Hauptbühne des Kleinen Hauses als Hinterbühne einsetzt. Oder man verlegt die Bühne in die Vorbühnenzone und bestuhlt einen Teil der zentralen Bühne, um eine zweiseitige Arena zu erhalten. Das Kleine Haus kann sich durch seine Drehbarkeit jeder Bühne zuwenden: durch Anheben der Eisernen Vorhänge, die es von den Seitenbühnen trennen, wird es auch von der großen Zentralbühne unabhängig, die somit ganz dem Großen Haus überlassen bleibt. Und im extremsten Fall könnte man alle Bereiche bestuhlen und die zentrale Bühne, wie ein überdimensionales und doch noch separiertes Arena-Rund nutzen. Ob all dies für die üblichen Theaterinszenierungen der Zeit von Nutzen gewesen wäre, bleibt fraglich. Aber immerhin mündete die Zerlegung des Gesamtorganismus Theater in separierte Funktionspartikel wieder in das Schema der ursprünglichsten europäischen Anordnungen von Zuschauern und Schauspielern. Für ein reines Schauspielhaus muß man diese Idee wohl als übertrieben einstufen.

Im gleichen Jahr entwickelte eine aus dem Architekten M. Reinert, dem Bildhauer M. Planchenoult und dem Maler M. Roch-Berny bestehende Gruppe, in Frankreich eine Theater->Skulptur< (Abb. 11a), die ebenfalls die Idee der Gruppierung verschieden großer Auditorien um eine zentrale Bühnenanlage verarbeitete (Abb. 11b). Als moderne Anspielung auf das antike Freilichttheater wird das gesamte Gebäude von einer enormen Glaskuppel bedeckt. Darunter ordnen sich drei Zuschauerräume einer kreisartigen, leicht spiralig wirkenden Bühne zu, wobei jedem eigens ein abtrennbares Stück der Bühne zukommt. Da gibt es ein sehr breites >Amphitheater< von geringer Tiefe und dem gegenüber ein Großes und ein Kleines Haus, die beide durch einen runden, umlaufenden Gang, der sich auch im >Amphitheater< fortsetzt, in der Querachse gescheitelt sind. Hinter diesem Gang entfaltet sich der große Raum in drei Segmenten, der kleine in zwei kleineren. Ihre bühnennahen Partien könnten wohl auch ohne die hinteren zum Halbrund oder, mit dem >Amphitheater<-Teil gegenüber, zum Vollrund kombiniert werden. Der Grundriß der ganzen Anlage offenbart die Dynamik einer Spirale, der Arbeitstrakt aus Werkstätten und Verwaltung erhebt sich wie eine riesige Flosse über den Aufführungsort, der gesamte Baukörper wie eine Plastik aus einem terassierten Umfeld. Bevor noch der genaue Sinn und die Funktion dieser opulenten Schauanlage deutlich werden, läßt sich vor allem der ästhetische Ausdruckswille erspüren, der Architekt und Künstler angesichts einer per se synthetischen Zielaufgabe zu einem Team verband.

In seinem vielbeachteten und sicherlich bei anderen Theaterneubauten nachwirkenden Wettbewerbsbeitrag für Mannheim formulierte Ludwig Mies van der Rohe eine Variabilität,

die weniger die Gestalt der Aufführungsorte selbst betraf als vielmehr tief in seinem architektonischen Selbstverständnis gründete. Mies verfeinerte schon seit längerem seine Formensprache aus schlichten Glas- und Stahlskelett-Strukturen, deren Innenvolumen nur sehr
vorsichtig und dekorationsfrei verschiedenen Funktionen zugewiesen wurden, ohne ihre
leere Raumhaftigkeit und die Korrespondenz zwischen Innen- und Außenraum stören zu
lassen. Dieser Ansatz hatte zweifellos seine Wurzeln im Entwurf von Fabrikationshallen,
Mies erstrebte aber über die Klarheit und Funktionsorientiertheit dieser Bauaufgabe hinaus eine architektonische Sprache für ganz verschiedene Bautypen, die ihnen allen geistige
Würde und eine hochdezente Repräsentativität verlieh. Gerade vor seinem Beitrag zum
Mannheimer Wettbewerb hatte er in Chikago die Crown-Hall, den Sitz der Architektur-
schule, entworfen, eine große, stützenfreie und völlig offene Glashalle (Abb. 12), die er von
auf vier außen gelegenen Stützenpaaren ruhenden Dachbindern tragen ließ. Mit diesem
immensen Innenraum errichtete er für die von ihm geleitete Schule seine Version der Bau-
hütten-Idee, die schon Gropius und die Bauhäusler inspiriert hatte, und letztlich auch einen
inhaltlich elastischen Raum für die verschiedensten Funktionen.

Für seinen Mannheimer Theaterentwurf (Abb. 13a/b) elaborierte er dieses Konzept,
sowohl, was die Größe anbelangt als auch die konkrete ›Füllung‹.

Diese Glashalle ließ er von sieben Stützenpaaren und Fachwerkbindern tragen, während er durch die Verwendung von ausdrucksvoll gemasertem Marmor für den Gebäude-
sockel vorsichtig Kostbarkeit suggerierte. In diese Hülle, deren Gestalt durch das Getragen-
werden prinzipiell frei veränderbar war, fügte er in erster Linie all die für die Funktion der
zwei Theater grundsätzlichen Räume und ihre Verbindungen ein.

Eine Analyse des Raumprogrammes zeigt eine doppelgliedrige Struktur des Theaterbetriebes:
die der technischen und der künstlerischen Produktion. Beide Funktionen sind in einem sehr
großen Maß voneinander unabhängig, nicht nur in ihrem Charakter, sondern auch in ihren
Zwecken, und sollten daher auch räumlich entsprechend behandelt werden. (..) Die beste
Weise, diesen umfangreichen Raumorganismus einzuschließen, schien mir, ihn mit einer großen,
sich selbst tragenden Halle aus Glas und Stahl zu überdecken oder, anders ausgedrückt,
diesen ganzen Theaterorganismus in eine solche Halle gewissermaßen hineinzustellen (60),
überlegte Mies und stellte mit der gegenseitigen Unabhängigkeit des technischen und des
künstlerischen Betriebs einen Aspekt in das Zentrum seiner Beobachtung der gerade im
deutschen Nachkriegstheaterbau negiert wurde, wo vielmehr die Überzeugung herrschte,
mit dem Einbau technischer Finessen sei für die Kunst schon gesorgt. Entgegen der konventionellen Sichtweise vieler Bauherren kümmerte sich Mies auch nicht um repräsentative
Foyers, sondern sah seine Aufgabe in der Organisation von Arbeitsabläufen. Seine Perspektive war die der Arbeit, nicht die der Feier.

Dies führte in der Entwurfsbearbeitung zu einer doppelgeschossigen Struktur, die auch für die
Bühnen- und Zuschauerräume das Gegebene ist. Die klare Trennung der Funktionen und ihr
räumlicher Niederschlag auf getrennten Ebenen bietet nicht nur den Vorteil großer Flexibilität,
sondern ist auch die Voraussetzung für eine moderne Betriebstechnik mit ihren wirtschaftli-
chen Vorteilen. (61)

Die beiden verschieden großen Auditorien teilten sich die mittig plazierte Bühnenanlage,
und ragten im Entwurf noch unabgeschlossen in das Innenvolumen, die Foyers mündeten in
einen Umgang um die gesamte Anlage. Die Variabilität in Mies Konzept bestand nicht nur in

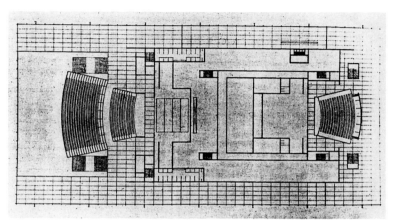

13a Ludwig Mies van der Rohe: Wettbewerbsentwurf für das Nationaltheater
     Mannheim (1953), Grundriß

13b Modell, Fassade

der Beliebigkeit des Halleninhalts oder der in die Binder gehängten Baugestalt – womit
dieser Bau schon rein architektonisch eine variable Struktur darstellt – sondern vor allem
darin, daß er sich darauf beschränkt, nur die notwendigsten Einrichtungen zu organisieren,
letztlich aber auf die Mitarbeit und die Wünsche seiner späteren Nutzer baut. Hans Schüler
und sein Ensemble hätten die finale Gestalt **ihres** Theaters mitbestimmt, Mies lieferte nur
eine doppelte Matrix: erstens eine neutrale Schutzhaut und zweitens eine theatrale Nutz-
struktur. Alles weitere blieb den konkreten Bedürfnissen überlassen.

Der zukünftige Intendant des Hauses fand sich allerdings zu einer solchen Mitarbeit
nicht wirklich bereit. Zwar lehnte er den Entwurf nicht rundheraus ab, er sprach davon, wie
»*ungemein ansprechend*« das »*Gelockerte, Leichte, Transparente*« sei und gestand, daß diese
Kooperation »*eine schwierige, aber interessante Arbeit gewesen*« wäre (62), aber genau diese
Arbeit wollte man in Mannheim mit dem Theater nicht verbinden[50]. Zwar kann man nicht
übersehen, daß Webers ausgeführter Bau deutlich von dem Vorbild Mies inspiriert ist (wie
unzählige andere Neubauten auch), seine Vorgaben für die Kooperation aber waren um-
fassender, seine Gestalt geistig weniger radikal.

In der deutschen Neubau-Praxis war »*Variabilität*« letztlich immer ein Synonym für den
institutionalisierten Kompromiß. Das Prinzip *Variabilität* wurde von den Architekten zwar
immer wieder vorgeschlagen und durchgespielt, von den Städten und den Theaterleuten
jedoch nicht angenommen.

Arenatheater: Die Nachfahren des Sandplatzes

Nachdem sich nach dem Zweiten Weltkrieg in den USA das sogenannte Arenatheater[51] nicht
nur für die Universitätstheater, sondern sogar für die Geschäftstheater am Broadway nahezu
etabliert hatte (63), ließ sich eine zarte Vorliebe für diesen Theaterraumtyp auch über Europa
und die nächsten Jahrzehnte verteilt feststellen. Dabei hatten die verschiedenen Architekten
offenbar keinen vorbildhaften Standardtyp vor Augen; jeder ging eher eigenwillig mit diesem
Prinzip einer zentralen, von Publikum umringten Bühne um. Die markantesten Unterschiede
bestanden in der Größe und ob die Bühne vollständig von Zuschauern eingeschlossen oder
lediglich zwischen zwei Amphitheater geschoben ist. Das erste europäische Arenatheater war
das 1953 in Mailand eröffnete Teatro Sant'Erasmo, 1954 gefolgt vom Théâtre en rond in Paris.

---

50   – das vermeidend, was Hannelore SCHUBERT dann auch rückblickend beklagte: »Es ist leider immer wieder
     auch bei größeren, sorgsam vorbereiteten Wettbewerben zu beobachten, daß gerade diesem Arbeitsgang
     [der Disposition der Arbeitsräume] nicht genügend Beachtung gewidmet wird. (..) Hier fehlt zumeist eine
     sinnvolle Zusammenarbeit von beiden Seiten (..)« (✧5 S.86)
51   Die Begriffe sind in diesem Fall teilweise verschieden besetzt. In der Terminologie der Architekturgeschichte
     meint **Arena** das innerste Raumfeld im geschlossenen Kreisrund des römischen **Amphitheaters**. In der
     Sprache des Theaters hingegen wird – wie auch in diesem Abschnitt – **Arena** in der Regel für eine geschlos-
     sen kreisrunde Theateranlage mit zentral gelegener Bühne verwendet (entsprechend auch die Bezeich-
     nung **Zentraltheater**), während **Amphitheater** ein kreissegmentförmiges, gleichmäßig ansteigendes
     Auditorium (oft, aber nicht zwingend um eine Orchestra) meint.

Für das Théâtre en rond, das die Regisseurin und Theaterleiterin Paquita Claude in einen ehemaligen Kabarett-Tanzklub in der Rue Frochot, nahe Place Pigalle am Montmartre bauen ließ, war die vollständige Einkreisung der Bühne durch das Publikum nicht nur namengebend, sondern Programm. Somit stellte es in Europa sicher eines der konsequentesten Arena-Konzepte dar. Besonders wichtig war Paquita Claude und ihrem Mitstreiter André Villiers, daß das Haus zwar einer bestimmten Auffassung vom Theaterspiel, jedoch keiner speziellen Dramenform verpflichtet war (64). Und nach jahrelanger Erfahrung mit dieser Raumstruktur an verschiedenen Orten war es keineswegs als Experimentiertheater gedacht, sondern sollte vielmehr als Modelltheater für eine andere und eigenständige Spielästhetik verstanden werden.

In enger Zusammenarbeit mit den Theaterleuten *konstruierten* die Architekten Gomis & Peccoux das kleine Theater in den ehemaligen Tanzsaal hinein, die größte technische Schwierigkeit darin bestand, die im Raum verteilt stehenden Stützen durch eine mindestens ebenso tragfähige, stützenlose Konstruktion zu ersetzen. Es entstand Platz für 305 Zuschauer (Abb 1a–c), die in fünf Sitzreihen kreisrund um eine ausgesparte Spielfläche plaziert wurden, wobei sie mit der ersten Reihe auf einer Höhe lag, während die letzte Reihe, bedingt durch die unregelmäßige und keineswegs runde Raumform, immer wieder unterbrochen verlief. Die durch die Diskrepanz zwischen Arena-Rund und Raumform entstehenden größeren Zwickel wurden durch kleine, offene Logen nutzbar gemacht. An einer Seite befanden sich fünf reine Zuschauerlogen, in einer anderen Ecke eine dreieckige, die vor allem auch als Standort der Begleitmusiker genutzt werden konnte. Drei Gänge waren geräumige Verkehrswege und gleichzeitig die Auftrittsgassen der Schauspieler. Die im Durchmesser 5,30 m betragende Spielfläche kann kaum Bühne genannt werden; sie barg keinerlei technische Ausstattung, denn die Technik dieses Theaters erschöpfte sich in den vielfältigen Beleuchtungsmitteln. Die Lichtanlage war ein Doppelkranz auf Schienen beweglicher Scheinwerfer direkt über der Spielfläche, dessen erster Ring 7,30 m, der zweite 3,00 m im Durchmesser aufwies. Beide zusammen trugen sämtliche Leuchtkörper für unendlich viele Beleuchtungsvarianten.

André Villiers, Regisseur, Dramaturg und emphatischer Verfechter dieses Theatertyps, umriß in seiner Monographie des Hauses die Bedingungen seiner spezifischen Ästhetik (65): Markant ist vor allem, daß diese stets von allen Seiten einsehbare Spielfläche keine Dekorationen tragen kann. So kommt es den Schauspielern, einigen kargen Requisiten und eben der Beleuchtung zu, Orte und Situationen vor allem durch die Schaffung suggestiver Atmosphären anzudeuten. In diesem Raum kann nichts mehr verborgen werden, keine Distanz kommt Ungenauigkeiten zu Hilfe. Entsprechend betonte Villiers, wie wichtig schon die Grundausstattung des Raumes sei, um eine zunächst angenehme, im Laufe des Spiels dann neutrale Atmosphäre zu verbreiten. Man wählte da für das Théâtre en rond unverputzte, ziegelrote Mauerwände, dezenten grauen Teppichboden, die (fast schon klassischen) roten Sitze und eine schwarze Decke, die die Lichtanlage, das offenliegende Handwerkszeug der räumlichen Gestaltung, trug. An ihrer Handhabung lag es, nicht nur die besagten Stimmungen zu kreieren, sondern auch die Isolation bestimmter Figuren, die Ein- oder Mehrdeutigkeit bestimmter Szenen oder die Nähe zwischen den Figuren wie zwischen Akteuren und Zuschauern zu regulieren. Sie mußte bei Bedarf über Möglichkeiten verfügen,

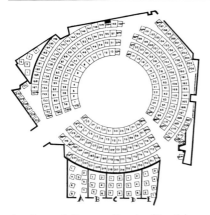

1a Gomis & Peccoux/Paquita Claude/
    André Villiers: Théâtre en rond (1954),
    Grundriß des Theaterraums

1b Das Théâtre en rond von innen
    (Blick auf die Auftrittsgassen)

1c Skizze des Innenraums (Blick auf den
    Eingangsbereich)

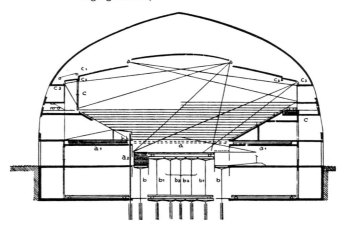

2   Friedrich Gunkel: Arena-Konzept (1955), Querschnitt

durch präzises Ausleuchten des Aktionsfeldes die enge Anwesenheit des Publikums vergessen zu machen oder es andernfalls als Kulisse dem Spiel zu ›hinterlegen‹, außerdem genügt es bei der Umzirkelung nicht, etwa nur eine Seite der Darsteller auszuleuchten.. Da während der Aufführungen keine Änderungen an den Lichtquellen vorgenommen werden können, war eine entsprechend große Anzahl von Geräten vonnöten.

Bei der größenbedingt geringen Distanz zwischen Akteur und Rezipienten wird dem Schauspieler natürlich eine andere Spieltechnik abverlangt als in größeren Häusern oder gar Guckkästen. Durch den Mangel an Dekorationen und an anderen visuellen Reizen muß das Spiel der Schauspieler all dies zu ersetzen vermögen. Kleine Mittel haben, ähnlich wie bei alltäglicher Kommunikation, eine große Wirkung und müssen entsprechend präzise und sensibel eingesetzt werden; allein schon von der Expressivität der Stimme können inszenierungstragende Stimmungen, Suggestivwirkungen und Signale ausgehen. Durch die ringförmige Anordnung ist der Kontakt im ganzen Raum etwa gleich intensiv, genauso intensiv muß die ganze Zeit über die Präsenz der Akteure sein, denn schließlich ist im Rund ebensowenig ein Abwenden wie ein direktes En-face-Spiel möglich. Für Stücke mit deftigeren Effekten, wie Komödien, ist es insofern notwendig, eher filmische Mittel zu entwickeln, um die gleiche Wirkung wie in einem größeren Haus zu erzielen. Aus diesen Gründen lehnte es Paquita Claude konsequent ab, in anderen Häusern Gastspiele zu geben, denn die Inszenierungen waren auf diese Spielästhetik und diese Raumstruktur abgestimmt und ihrer Meinung nach schlecht übertragbar[52].

Die Arbeit im Rundtheater begann im September 1954 mit Oscar Wildes Konversationsstück THE IMPORTANCE OF BEING EARNEST und wurde, wie Villiers mehrfach betonte (66), vom Publikum, vielen Fachleuten und der Kritik interessiert angenommen, sie war aber nicht unumstritten. Angetreten, um weniger einen alternativen Aufführungsort, noch weniger ein Plädoyer für eine abstrakte Idee vom zukünftigen Theaterbau zu halten, als vielmehr eine mit sparsamsten Mitteln effektvoll arbeitende Alternative zum konventionellen Theater anzubieten, rief dies auch Gegner auf den Plan. Autoren verweigerten die Erlaubnis, ihre Stücke in diesem Rahmen aufzuführen, etliche, ohne das Haus jemals besucht zu haben (67), und die offizielle Kulturpolitik reagierte überfordert und erteilte die Lizenz nach langen Vorverhandlungen erst fünf Monate nach der Eröffnung. Dies erscheint umso bemerkenswerter als die französische Regierung seit Kriegsende ja eine für die verschiedensten Phänomene geöffnete, avantgarde-freundliche Theaterpolitik betreiben wollte. Die Existenz des Théâtre en rond offenbarte einen Widerspruch, in den sich solche Kulturpolitik vielleicht notwendig verstricken muß, und den Villiers so beschrieb:

(..) in unserer Zeit, da sich das Theater in einer so schwierigen Situation befindet, daß sich die öffentlichen Einrichtungen genötigt sehen, in alle Bereiche des Theaterlebens vermittelnd ein-

---

52 Obwohl ein theatrales Modellprojekt, wurde der Raum auch für andere Veranstaltungen genutzt. Schon, um bei der geringen Platzanzahl rentabel arbeiten zu können, mußten pro Tag mindestens zwei Vorstellungen gegeben werden, wobei wegen der guten akustischen Bedingungen häufig Kammerkonzerte das Theaterprogramm ergänzten.

zugreifen, steht die Avantgarde unter öffentlichem Schutz. Hilfe für Uraufführungen, Gründungen, die Dezentralisierung, Festivals, Amateure, Universitätstheater, junge Truppen... alles ist vorgesehen und entspricht notwendigerweise den Verwaltungsregeln. Aber es ist offensichtlich, daß [die Avantgarde], wenn sie einen wahrhaft kreativen Impuls zeigt und sich gemäß der Logik ihrer Forschungen verhält, den Verwaltungskategorien entschlüpft. Man kann ohne Ironie sagen, daß eine offizielle Avantgarde die größten Chancen hat, ein bißchen aufgehalten zu werden! (68)

Und natürlich berief sich auch das Konzept des Théâtre en rond auf die Tradition des *nackten Bretts*, denn Copeau, der über die Kette seiner Schüler Jouvet, Pitoëff oder Dullin das französische Theater nachhaltig beeinflußte, vertrat ja ursprünglich den Ansatz eines räumlich unaufwendigen Schauspieler-Theaters, ebenso wie sich auch das magische Theater Artauds ganz auf die medialen Fähigkeiten des agierenden Menschen im runden Raum verließ. In der Arbeit des Schauspielers und Pantomimen Jean-Louis Barrault, der gerade in den 50er Jahren als Kultfigur des Theaters galt, vereinten sich dann beide Linien. Barrault definierte das Theater als die *Kunst der Gleichzeitigkeit* und damit des *Todeskampfes*, dem »das menschliche Wesen« »Hauptmittel« sei, das mit seinen unerschöpflichen Möglichkeiten das totale Theater beinhalte und somit auch sein eigenes Bühnenbild verkörpere[53]. Er selbst praktizierte dieses Theater auf allen möglichen Bühnen, als Leiter des Théâtre de France ebenso wie nach der Entbindung von der Leitung dieses Nationaltheaters nach den Mai-Unruhen 1968 in verschiedenen Umnutzungen.

Vor diesem Hintergrund kann man das Théâtre en rond in die Kette der Versuche einreihen, dem *nackten Brett* des französischen Schauspieler-Theaters Gestalt zu geben – diesmal die klassische, die runde.

Während im Théâtre en rond die Bescheidenheit der technischen Ausrüstung und die Kargheit szenographischer Möglichkeiten völlig dem praktizierten Spielkonzept entsprachen, nahm 1955 der deutsche Regierungsbaurat Friedrich Gunkel die Aktualität der Zentralbühnen auf und versuchte, aus technischer Sicht komfortablere Lösungen zu ermöglichen. Das Haus, das ihm vorschwebte, ist ebenfalls als geschlossenes Rund angelegt, nur wäre es mit seinen 15 bzw. 13 Reihen größer dimensioniert als das sehr intime Pariser Theater. Sein Ziel war »*eine Theateranlage in einem Raum mit einem von den unteren Umkleideräumen zugänglichen, versenkbaren Raumspielfeld und veränderlichem Fassungsvermögen des Zuschauerraums*« (69). Da es nun in der Arena prinzipiell nicht möglich ist, die Bühne mit größeren

---

53 »Das Theater ist also ursprünglich eine Kunst der Gleichzeitigkeit (..). Es ist die eigentliche Kunst der Empfindung. Es ist die Kunst der Gegenwart, d.h. der Wirklichkeit, aber auch aller Schichten dieser Wirklichkeit (..). Die Kunst des Todeskampfes. (..) Und wenn es auf dem Brettergestell nichts anderes gibt als diesen Menschen, der alle seine Ausdrucksmittel spielen läßt, ist es bereits totales Theater. (..) Und weil der Mensch sich im Leben mit langen Schleppen der Natur, die an ihm hängen, bewegt, kann der Schauspieler auch Bühnenbild darstellen. Weil der Mensch im Leben seinem Raum, seinem natürlichen Bühnenbild verbunden ist, kann der Schauspieler auf der Bühne gleichzeitig den Menschen und seinen Raum, den Menschen und sein Bühnenbild darstellen.« (◊112 BARRAULT S.17f.,90,99)

Dekorationsstücken vollzustellen, bleibt für Szenenwechsel und Auftritte nur die Mobilisierung der Vertikalen, die von Gunkel durch ein Hubpodien-System gleichzeitig zur Bodengestaltung der Spielfläche selbst eingesetzt werden sollte – und die Wände des Gesamt-
raums.

Das Herzstück von Gunkels Vorschlag war die zentrale Maschinerie, um die sich alle
weiteren Funktionsräume im Kreis anordnen lassen; oben die Sitzreihen, auf den darunter-
liegenden Ebenen die Arbeitsräume und Garderoben (Abb. 2). Hier können verschiedene
Bühnenteller (oder *Schiebebühnen*) mit Requisiten, aber auch mit Schauspielern besetzt, als
vollständiges Arrangement herauf- und heruntergefahren werden; immer aber wird durch
die *Bühnenblende* die Öffnung verschlossen (Abb. 2a/3a)[54], die so auch die Funktion des
Eisernen Vorhangs erfüllt. Die Spielfläche selbst besteht aus ringförmigen, einzeln vertikal
beweglichen Segmenten (Abb. 3b:b2): die zentrale Partie (b2) ist direkt von einem weiter
segmentierbaren Ring umgeben; darum liegt ein unsegmentierter, beweglicher Ring (b1),
der seinerseits eingekreist wird vom *Stufenring* (b). Dieser ist vierfach untergliedert und
»*an zwei gegenüberliegenden Ausschnitten mit schmalen radialen Versenkungen versehen [Abb. 3e/f]
(..) die als Treppe, durch zusätzliches Kippen mittels Stellschiene (b4 (..)) als Rampe oder auch
zusammenhängend als Orchestergraben [Abb. 3d] abgesenkt werden können*« (70). Für die Auf-
trittstreppen von unten sind verschiedene Varianten denkbar[55]. Durch diese sinnreichen
Einrichtungen könnte das zentrale Spielfeld vielerlei Gestalt annehmen und verschiedenen
Zwecken und Spielformen, sogar der Oper dienen (Abb. 3g–k).

Wenn Gunkel die beiden obersten Sitzreihen auf Stuhlwagen setzte, so daß sie zurückgefahren werden können, dient dies nicht etwa der Anpassung an geringere Besucherzahlen, sondern der Möglichkeit weiterer Raumgestaltung durch das Aufspannen von Projektionsflächen, die sonst unter den Stuhlwagen zusammengefaltet aufbewahrt werden, an ihrer
Stelle (Abb. 2c)[56]. Auf diese Flächen können von der mittig gelegenen Beleuchtergalerie aus
Projektionen oder aber Filme geschickt werden, so daß ein Projektionsraum im Sinne von
Gropius möglich würde.

Nach den vorigen beiden Beispielen stellt sich die geschlossene umzirkelte Zentralbühne als ein
Konzept dar, das konzentriert vom Spiel der Schauspieler, kaum aber von exaltierter Bühnentechnik oder elaborierter visueller Raumgestaltung zehrt. Gunkels Ideen demonstrieren letztlich, daß es gar nicht so einfach ist, bei einer Arena-Anordnung in einem Zentralraum Verwandlungstechnik und räumliche wie szenische Variabilität unterzubringen. In dieser Hinsicht ist ein
sehr viel späteres Beispiel aus England, das Bolton Octagon von 1967, interessant (71).

---

54 Damit bei Versagen der Bühnenblende keine Personen zu Schaden kommen, hat GUNKEL an einen Sicher-
    heitsmechanismus gedacht, der im Notfall die weitere Auffahrt stoppt.

55 – z.B. einarmig gekrümmt oder zweiarmig mit gemeinsamem Austritt oder gemeinsamem Antritt..

56 »Soll der Zuschauerraum verkleinert werden, so werden die Wagen entriegelt und zurückgefahren (Abb. 2
    links). Der Seilzug (c1) richtet die handlich breiten Wände zunächst zusammengeklappt auf, wird dann
    umgehängt und zieht jeweils eine Wandbreite bis zum Anschlag an der Gewölbeleiste (c2) auf.« (GUNKEL
    IN: BTR 4 (1954) S.22)

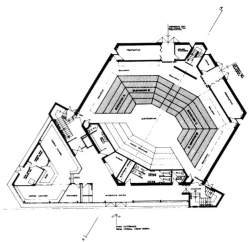

4a Geoffrey H. Brooks: Bolton Octagon (1967),
   Grundriß

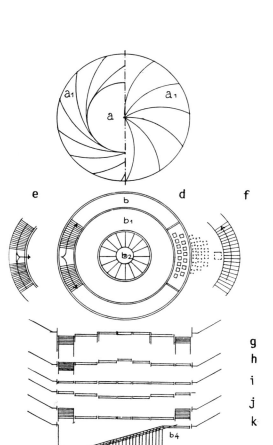

e			d		f

g
h
i
j
k

3 Funktionsschemata

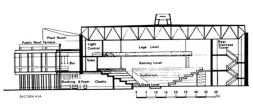

4b Längsschnitt

4c Blick in den Innenraum (mit amphitheatraler
   Anordnung)

Eigentlich war dieses 322 bis 422 Personen fassende kleine Theater in Bolton, einer Stadt zwischen Liverpool und Manchester, als Teil eines Kulturzentrums geplant, das erst Anfang der 70er Jahre fertiggestellt werden sollte[57]. Während das Zentrum aber erst das Stadium einer Baustelle erreicht hatte, pochten die Bürger von Bolton auf eine vorgezogene Eröffnung ihres Theaters. Der Architekt Geoffrey H. Brooks versuchte gemeinsam mit dem Theaterleiter Pemberton-Billing, aus beschränkten Mitteln eine möglichst variantenreiche Lösung zu entwickeln und entschied sich dafür, den Aufführungsort in einem nahezu gleichmäßigen Oktogon unterzubringen, vor das er einen Dreiecksgrundriß mit Foyer und Erfrischungsräumen legte (Abb. 4a/b). Die Grundgestalt des Oktogons ergab einen Zentralraum, der es nahelegt, leicht gewinkelte, die Form des Hauses mitbeschreibende Sitzreihen um eine etwas längliche, zentrale Spielfläche von 8,00 x 5,30 m zu gruppieren Eine offene Arbeitsdecke für Beleuchtung ist darüber gelegt, während die amphitheatralen Sitzreihen auf einer Seite oben in sogenannte Balkons münden und darüber ein kleiner Rang verläuft. Hinter einem Teil des Raums befinden sich Arbeitsräume und darüber die Garderoben. Drei breite Gänge führen auf die zentrale Bühne zu; einer aus Richtung der Garderoben bietet, wenn er nicht bestuhlt wird, die Hauptauftrittsmöglichkeit, die zwei anderen kommen vom Foyer her. Das Gestühl unterhalb der ›Balkons‹ ist fixiert, die übrigen Plätze können in vier Blöcken entfernt werden, so daß eine achsiale Anordnung mit Vorbühne oder eine hufeisenförmige Konstellation entstünde (Abb. 4c). Demnach gelang mit dem Bolton Octagon ein leicht variables Theater mit einer deutlichen Tendenz zur Zentralbühne, was nicht nur durch die Zentralraum-Gestalt nahegelegt wurde, sondern auch die Rentabilität beförderte.

•‡•

Noch vor dem Pariser Théâtre en rond entstand 1953 auf Initiative von Carlo Lari als erstes europäisches Zentraltheater nach dem Krieg das Teatro Sant'Erasmo in Mailand. Die Architekten Antonio Carminati und Carlo de Carli (unter Mitarbeit von Gian Guiseppe Mancini) standen vor der Aufgabe, in einen länglichen und unregelmäßig gebildeten Raum eine zentrale Bühne und Platz für 240 Zuschauer hineinzuordnen (Abb. 5a/b). Sie entschieden sich für eine unorthodoxe Lösung, indem sie ungefähr im dritten Viertel des Raums eine Spielfläche auf der selben Bodenhöhe der jeweils ersten Sitzreihe aussparten und zwei ungleich geformte und ungleich große Amphitheater einander gegenüber aufrichteten. Auf sehr geschickte Weise schafften es Carminati und Carli allerdings, trotz der für ein Arenatheater eigentlich ungeeigneten Raumgestalt, den Zentralraum-Charakter zumindest zu suggerieren: Sie markierten innerhalb der ausgesparten Fläche durch eine flache Aluminiumleiste einen abgegrenzten, regelrecht oktogonalen Spielbereich von einem Durchmesser von 2,80 m (bzw. 2,32 m) und bezogen sämtliche Winkel (der Sitzreihen..) und Achsen (der

---

57 Hannelore SCHUBERT deutet u.a. diese Bemühungen als notwendige Dezentralisierung. »Auch England kann nicht mehr auf die Anziehungskraft der Metropole bauen, ja es muß ihr geradezu entgegenarbeiten, indem es die Provinz kulturell attraktiv macht für jenen Teil der technischen und kaufmännischen Intelligenz, der nicht in London leben kann. Anders aber als in Frankreich (..) werden die Theater in England auf rein privater Basis errichtet, zumindest aber weitgehend aufgrund privater Initiative.« (◊5 S.32)

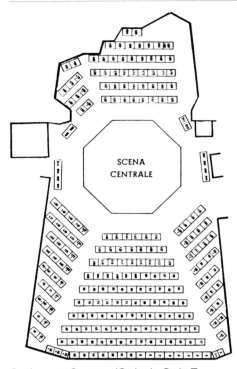

5a Antonio Carminati/Carlo de Carli: Teatro
Sant'Erasmo, Mailand (1953), Grundriß des
Theaterraums

5b Das Teatro Sant'Erasmo von innen

6b Längsschnitt

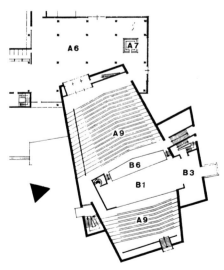

6a Werner Düttmann: Theater in der Akademie
der Künste, Berlin (1960), Grundriß

6c Blick über den gesamten Baukomplex der
Akademie der Künste

Treppen..) auf das zentrale Spiel-Oktogon. Auch die zeltähnliche Gestaltung der Decke und die Farbkontraste zitierten dieses Thema. Ein paar seitlich der Spielfläche plazierte Sitze nahmen die Winkel mit auf, verstärkten die Suggestion einer Arena noch etwas und schufen außerdem in dem sehr kleinen und intimen Haus zusätzliche Plätze. Auf diese Weise wurden sämtliche Raumlinien im Bühnenbereich gebündelt und auch die Wahrnehmungsachsen darauf konzentriert. Mit den anderen Arenatheatern hatte das Teatro Sant'Erasmo die bescheidene technische Ausrüstung gemein, die sich im wesentlichen wieder auf Licht- und auch Tontechnik beschränkte. Die Lichtquellen waren in diesem Fall allerdings dadurch festgelegt, daß die raumgestaltende Decke für sie 12 vorbestimmte Stellen öffnete; zwei weitere Scheinwerfer waren in seitlichen Kabinen untergebracht (72). Parallel zum länglichen Aufführungsraum verlief ein ebenfalls langes, schmales, von Treppen vielfach gebrochenes Foyer. Auf der gegenüberliegenden Seite waren die bescheiden dimensionierten Arbeitsräume untergebracht, von denen aus die Spielfläche unmittelbar und als einzige Auftrittsmöglichkeit zugänglich war.

Für die italienischen Verhältnisse, für die ja bis heute die wandernde Produktion charakteristisch ist, ist die Tatsache bemerkenswert, daß mit dem Teatro Sant'Erasmo ein Teatro stabile, also eines der wenigen festen Häuser für kontinuierliche Theaterarbeit, im Sinne eines Zentraltheaters eingerichtet wurde und so in jeder Hinsicht als Alternative zum Üblichen gemeint war.

———•◦•———

Das Gegenteil war der Fall als Werner Düttmann der Berliner Akademie der Künste unter der Präsidentschaft von Hans Scharoun 1960 einen Aufführungsort anschloß (Abb. 6a/b): Der dem ansonsten sehr geschlossen und rechtwinklig gefaßten Komplex der anderen Funktionsräume beigefügte Appendix einer Aufführungsstätte stellte nur eine künstlerische Abteilung unter anderen dar. Er wurde als Ort experimenteller Theaterarbeit ebenso wie als Vortrags- oder Konzertsaal benötigt und konnte also weder auf kontinuierliche Arbeit noch spezifische ästhetische Bedürfnisse abzielen. So war die Aufgabenstellung in diesem Fall noch abstrakter als bei den sonst üblichen Ausschreibungen für Theaterneubauten und natürlich sollte das Ergebnis auch sparsam zu betreiben sein.

Werner Düttmann war teilweise bemüht, sein Theater an die anderen, älteren Baulichkeiten anzupassen (Abb. 6c), indem er das Thema der parallelen Satteldächer mit einem bis zum Boden gezogenen Satteldach beantwortete, die Höhe respektierte und nicht zuletzt Foyer- und Eingangsbereich im Hauptkomplex beließ, gleichzeitig distanzierte er sich aber deutlich: Dazu bediente er sich nicht allein der peripheren Lage und des nur losen, künstlichen Zusammenhangs beider Komplexe, sondern spielte innen und außen mit unregelmäßigen Winkeln und übereinandergeschobenen Baumassen, so daß die statische Ordnung der rechten Winkel und die Abgehobenheit an dieser einen Stelle in eine asymmetrische und geerdete Dynamik überführt wurde. Diese etwas exzentrische Gestaltungsweise erhält im Innern durchaus ihre Funktionalität, wenn etwa das aufmüpfig groß wirkende Satteldach der Bühne einen Schnürboden beschert oder in den ›Falten‹ der Dachstaffelungen Beleuchtergalerien Platz finden. Dem Bedürfnis nach Übersichtlichkeit verweigert sich auch die Struktur des Innenraums, da Düttman in den unregelmäßigen, länglichen Grundriß die Bühne, ähnlich wie beim Teatro Sant'Erasmo, im zweiten Raumviertel zwischen zwei ungleiche Amphitheater schob. Im Unterschied zu jenem bildet sich hier aber kein Zentralraum-Charakter heraus, sondern dadurch, daß die Bühne wie ein zwischengelegter Kasten über einen Portalrahmen und zwei Beleuchtungstürme, also sichtbare Materialität verfügt, entsteht der Eindruck eines ›Dreiraum‹theaters (Abb. 6d). Auch der Verbindungsgang zwischen den beiden Zuschauerräumen seitlich der Bühnenanlage wirkt nur mäßig verbindend. Allerdings bildet sich eine gewisse Variabilität heraus, indem für jede Aufführung entschieden werden kann, ob vor einem der beiden Zuschauerräumen oder vor beiden gespielt werden soll.

Um vielseitige Verwendung zu gewähren, besitzt dieses Haus von den üblichen Einrichtungen des deutschen Theaterbau-Booms jeweils ein bißchen: Der Schnürboden ist durch seine Giebelform kleiner als üblich, **eine** Seitenbühne steht zur Verfügung, die Portalgröße ist zwischen 17,25 m und 15,25 m variabel, nur der Orchestergraben ist sehr geräumig für 60 bis 70 Musiker angelegt und andernfalls abzudecken und zu bestuhlen, so daß im großen Auditorium 374 oder 431, im kleinen 198 Zuschauer Platz finden. Auftritte könnten auch über den Verbindungsgang erfolgen (zahlreiche Treppen deuten auf Garderoben in einer höheren Etage hin), die Säle auch über kleine Türen am Ende des kleinen Saals oder neben dem Verbindungsgang entleert werden.

Der für das Theaterspiel wenig genutzte Aufführungsort entspricht wohl seinem Grundriß, aber kaum seinem Charakter nach einer Arena. Das Spiel vor zwei Auditorien wird hier tatsächlich problematisch, da zwischen den beiden möglichen ›Output‹-Richtungen der Bühne keinerlei Vermittlungsmöglichkeit besteht. Eher schien sich Düttmann auf das Vorbild einer anderen Akademiebühne, auf die zwischen Kantine und Aula geschobene Bauhausbühne, zu berufen, die allerdings – wie auch die typischen Zentraltheater – dann doch weit bescheidener ausgerüstet war als dieses Studio. Vielleicht hätte der Raum mehr als Einheit funktionieren können, wenn sich sein Architekt von den konventionellen Ingredienzen des Theaters, Portal, erhöhte Bühne, *moderne* Bühnentechnik.., verabschiedet und konsequent für ein Zentraltheater entschieden hätte.

————————•:•:•————————

Seine Struktur ist am ehesten einem Vorschlag von René Allio von 1961 verwandt.

Der französische Szenograph Allio, der angeregt durch die Zusammenarbeit mit Roger Planchon mehrere Ideen für zeitgemäße, alternative Theaterbauprojekte ausarbeitete, hatte bereits um 1955 ein Konzept entwickelt, das innerhalb eines leicht verlängerten Zentralraums möglichst flexibel sein sollte (und an das Bolton Octagon erinnert). Allios Bauvorschläge sind von seiner Theaterpraxis nicht zu trennen. In der Zusammenarbeit von Planchon und Allio kam es Brechts Gedanken zum Bühnenbau entsprechend vor allem darauf an, eine offene und unprätentiöse Räumlichkeit zu schaffen, die als Instrument konsequenter Inszenierungsarbeit erlaubt, die mitspielende, gleichwohl bescheidene Ausstattung im Verlauf des Probenprozesses sukzessiv zu entwickeln.

Ein Theater beinhaltet zwei Dinge – einen Platz, von dem aus man sieht, und einen anderen,
von dem aus man gesehen wird. Beide müssen in eine harmonische Beziehung gesetzt werden

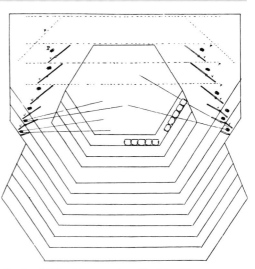

6d Innenraum (Blick durch den großen
    Zuschauerraum auf die Bühne)

7a René Allio: Konzept eines flexiblen Theaters
    (1955), Grundriß

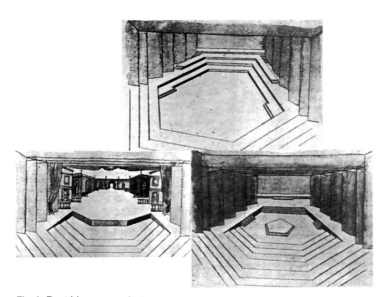

7b–d Drei Nutzungsvarianten

und dem Theatermacher alle Mittel bieten, um die Produktion zur Perfektion zu treiben. Es ist die Aufgabe der Produktion, nicht des Hauses, all das zu stellen, was zur subtilen Welt der Kunst gehört. Der Theaterbau ist lediglich ein neutrales, verfügbares Territorium. Es ist das Spiel, das es beseelt und ›schmückt‹ (..). (73)

Sein *Instrument* von 1955 verwandte eine sechseckige Grundstruktur, um gute Sicht von den rund 300 Plätzen zu ermöglichen (Abb. 7a). Die fixierten Reihen füllen etwa eine Raum-hälfte. Die Hauptspielfläche bildet ein unregelmäßiges Sechseck, das regelmäßig wird, wenn die flexiblen ersten drei Reihen in sie eingesetzt werden. Es liegt tiefer als sein ihn umge-bender Rahmen, der durch dieselbe Höhe mit der ersten fixierten Sitzreihe und demnach dem Saal verbunden ist. Eine weitere Verbindung entsteht durch die gleiche Wandfarbe und die Verwendung des selben Materials in beiden Bereichen. Die Seitenwände des Spielbereichs sind dabei in bewegliche Abdeckpartien aufgefächert, die sowohl Auftrittsgassen bilden als auch je einen Scheinwerfer verbergen. Allio sprach nicht von einer Bühne, sondern von einer Spielfläche, die so bespielt werden kann, wie sie ist, die aber durch den Einsatz von Praktikabeln in eine Spiellandschaft, eine achsial ausgerichtete Raumbühne oder aber, indem die beweglichen Stuhl-Partien den hinteren Teil des Spielfeldes besetzen, in eine Arena ver-wandelt werden kann (Abb. 7b–d). Die Flexibilität der Struktur wird durch eine den gesam-ten Raum einbeziehende Arbeitsdecke unterstützt.

In seinem Konzept von 1961 kristallisiert sich Allios Tendenz zur zentralen Bühne noch deutlicher heraus. Diesmal ging es um ein wesentlich größer angelegtes Projekt, das auf die französischen Bemühungen um Kulturzentren antwortete. So ordnete auch Allio zwei Amphitheater von unterschiedlicher Größe einer zentralen Bühnenanlage zu (Abb. 8a/b). Dadurch, daß sich auf der einen Seite 1000 und auf der anderen 600 Plätze befinden, vor allem aber dadurch, daß beide um die Breite einer doppelten Drehbühnenanlage auseinan-dergezogen sind, wird die gesamte Ausdehnung des Spielfeldes zusätzlich dazu um zwei verschieden große Halbkreise vergrößert und der ganze Aufführungsort erhält eine ovale Gestalt. Die Trennung der beiden Auditorien ermöglicht ihre separate (wenn auch kaum gleichzeitige) Nutzung. Zu einem riesigen, ovalen Zirkus wird der Raum dann, wenn aus den beiden langgezogenen Seitenbühnen weitere Tribünen auf Rollböden zur Schließung der Lücken herangezogen werden.

Es ist deutlich, daß man sich in einem solchen Haus nicht auf den Schauspieler und umfangreiche Beleuchtung allein verlassen kann, und so machte Allio neben der in zwei Richtungen beweglichen Drehbühne noch die vertikale Achse nutzbar: Beide Teile der Dreh-bühne sind unabhängig voneinander abzusenken und während die Raumdecke wieder als offene Arbeitsdecke angelegt wird, befindet sich über der zentralen Drehscheibe ein Schnür-boden, der notfalls durch einen technischen Plafond abdeckbar wäre. Während der Grund-riß dieses Theaters ein durch Geraden scharf durchtrenntes, mit trapezförmigen Werkstät-ten aufgefülltes Oval zeigt, gruppieren sich die Baumassen in der Vertikalen um den zen-tralen Schnürboden als stufiger Kegel, indem der Kontrast zwischen dem flachen Spielraum und dem hohen Bühnenturm durch weitere Arbeitsräume abgedämpft wird.

Mit diesem Entwurf elaborierte Allio die am antiken Schema orientierten, trotz der Größe auf eine gewisse Intimität bedachten Massenkonzepte, indem er versuchte, »*der Evolution unserer Zivilisation und unseres Geschmacks Rechnung [zu] tragen*« (74). Auf eine Art stand dieses Konzept somit einem Entwurf wie dem Grigorij B. Barchins für Swerdlowsk

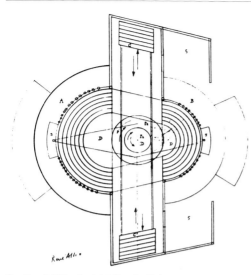

8a René Allio: Projekt für ein Kulturzentrum (1961), Grundriß

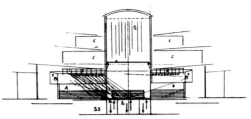

Grundriß und Schnitt des Theaterprojektes von
René Allio

A = Großes Haus
B = Kleines Haus
C et C' = Rollböden
D = Bühne
P₁ et P₂ = Drehscheiben

1 = Schnürboden
2 = Technisches Plafond
3 = Elektr. Betriebsloge
4 = Fahrbare Brücke
5 = Werkstätten und Magazine
6 = Nebenräume (Verwaltung usw.)

8b Längsschnitt

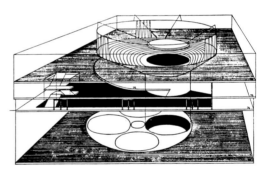

9c Skizze des Innenraums

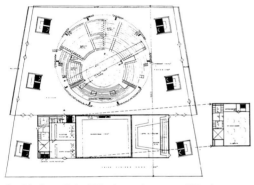

9a Herbert Balg: Wettbewerbsentwurf für das Düsseldorfer Schauspielhaus (1959), Grundriß des Hauptgeschosses

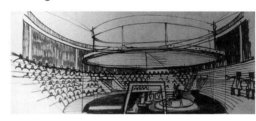

9d Das Prinzip der Drehzylinderbühnen

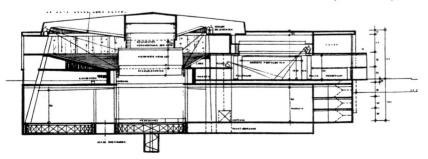

9b Längsschnitt

oder dem der Brüder Wesnin für Charkow (75) näher als den schlichten, intimen Rund-
theatern.

————◆•◆•◆————

Bezeichnend ist, daß gerade in der Bundesrepublik Deutschland, jenem Land, in dem der
intensivste Theaterbau-Boom seit Kriegsende stattfand, im Rahmen offizieller Wettbewerbe
das Thema Arena kaum anklang; und wenn, als bewußter Alternativvorschlag, bestenfalls mit
Außenseiterchancen.

Als solcher verstand sich von vornherein der Entwurf, den Herbert Balg beim Wettbewerb für das Düsseldorfer Schauspielhaus 1959/60 einreichte. Er wollte damit bewußt eine
Lanze für eine weniger repräsentative, ärmere und auf den Schauspieler konzentrierte Ästhetik brechen:

> Offensichtlich liegt der Ausschreibung eine Guckkastenbühne zugrunde. Der Rahmen des
> Wettbewerbs sowie die Forderung eines reinen Schauspielhauses geben dem Verfasser den
> Mut, nach neuen Ansätzen für ein Theater mit Vollsichtbühne zu suchen. (..) Zeigen nicht die
> Theaterschriftsteller die Tendenz, den Schauspieler und im besonderen die Szene von mehr
> oder weniger gut illusionierenden Kulissen zu befreien und damit dem Zuschauer die Möglich-
> keit zu geben, seine eigene Illusion in Beziehung zum Schauspieler zu bringen? Wesentlich im
> Schauspiel ist doch die Pantomime. Voraussetzung ist allerdings ein guter Kontakt durch einen
> geringen Abstand der Zuschauer zum Schauspieler. Bestenfalls darf der Schauspieler nicht nur
> auf die Bühnenfläche beschränkt bleiben. (76)

Auf der einen Seite wollte Balg also den inhaltlichen Errungenschaften des armen Nachkriegstheaters zu längerem Leben verhelfen, andererseits befand er sich mit seinem letzten
Satz, im Gegensatz zu den Maßgeblichen der Neubauphase, in der Nähe der Avantgarde der
60er Jahre.

In einen geräumig geschnittenen Gesamtbau versetzte er einen kreisrunden Aufführungsraum, dessen Bühnenanlage leicht dezentralisiert gelegen ist (Abb. 9a/b). Prinzipiell könnte
das gesamte gestufte Kreisrund mit Publikum besetzt werden, der schmale Abschnitt sollte
aber wohl nach des Architekten Vorstellung als zusätzlicher Spielbereich zur Verfügung stehen
(Abb. 9c). Dies entsprach seinem Wunsch, das Spiel möge nicht nur auf die Bühne beschränkt bleiben, ist aber auch eine Konzession an jene herrschenden konservativen Kräfte,
die die Arena ad absurdum zu führen trachteten, indem sie argumentierten, der Schauspieler habe nur ein Gesicht oder der Anblick anderer Zuschauer zerstöre die theatrale Illusion. Die Forderung nach Illusion war denn das entscheidende Kriterium in einem Kampf der
Theaterästhetiken, der im Grunde weltanschaulich motiviert und gegen die ›linken‹, an
Brecht orientierten Theaterleute gerichtet war[58].

58 Siegfried MELCHINGER formulierte die konservativen Befürchtungen: »Wir haben die Parole schon ge-
    hört: Aktivierung des Publikums. Die Parole ist utopisch, aber niemand darf leugnen, daß das Utopische
    mächtige geschichtliche Bewegungen hervorzurufen vermag. Ihr Ziel ist die Veränderung der Welt. Akti-
    vierung des Publikums heißt: es zur Veränderung der Welt aufzurufen. Das Spiel wird Vorwand und soll als
    solcher stets durchschaubar sein. Denn die Szene ist nicht mehr eine Welt für sich, sondern die Welt

Für die Ausleuchtung der Bühne sorgt eine Beleuchtungsgondel, die wohl, direkt über dem Spielrund gelegen, imstande ist, einen Lichtraum aus dem Gesamtraum auszuschneiden. Zusätzliche Beleuchterbrücken in den oberen Raumecken helfen, den restlichen Raum durch Licht zu erschließen. Die Verwandlungstechnik muß sich naheliegenderweise auch diesmal vertikaler Möglichkeiten bedienen. Balg dachte an den Aufbau von bis zu vier Dekorationen auf den einzelnen Drehzylindern einer großen Drehscheibe im Unterbühnenbereich, die dann unter die Spielfläche gedreht und hochgefahren werden (Abb. 9d).

Bei dem Wettbewerb für ein Opernhaus in Essen 1959 spielte der theaterbauerfahrene Fritz Bornemann auf die Arena im Rahmen eines variablen Konzeptes an, was umso bemerkenswerter ist, als gerade die Oper nur sehr begrenzt in ungewohnten räumlichen Zusammenhängen zu funktionieren scheint. Bornemanns Ziel bestand in vorbildlich engem Kontakt zwischen beiden Funktionsbereichen und so wählte er als Grundform einen großzügig eingebetteten, runden Zentralraum, um den er eine aus sechs 2 m breiten Segmenten bestehende Ringbühne führte (Abb. 10a/b). Der Zuschauerraum besteht aus einem kreissegmentigen Parkett hinter dem Orchestergraben, das ein sehr großer Rang zangenartig umfaßt. Der zur Sicht freigegebene Ausschnitt der Ringbühne ist um der Kontaktintensivierung willen ungewöhnlich breit und trägt eine fahrbare Drehscheibe. Soweit versuchte Bornemann mutig, einige Themen des 50er-Jahre-Theaterbaus für die Oper fruchtbar zu machen. Zusätzlich dazu wollte er auch die Arena ermöglichen, indem die Drehscheibe und das Parkett mit Orchestergraben (wir erinnern uns an das Totaltheater) die Plätze tauschen. Ob das den akustischen Bedürfnissen der Oper genügt hätte, bleibt Theorie, denn die Jury entschied sich für den Entwurf von Alvar Aalto.

Dies waren Entwürfe, realisiert wurde die Arena auch in Deutschland nur in sehr vereinzelten, sehr kleinen Theatern[59].

Insgesamt ergibt sich der Eindruck, daß das Zentraltheater eine der konsequentesten Alternativen zum konventionellen Zweiraumtheater darstellt. Nicht nur, daß es von Natur aus nicht in zwei Räume unterteilbar ist (der Berliner Versuch und Allios Kulturzentrum sind Kompromisse, die nicht ganz überzeugen), die ästhetischen Prinzipien des Spiels an solch einem Aufführungsort folgen ganz eigenen Gesetzen und sind, wie auch Paquita Claudes Haltung zu Gastspielen zeigt, nicht einfach in andere Raumstrukturen zu übesetzen. Wie wir gesehen haben, muß die Schauspieltechnik hier noch anderen Aufgaben genügen, denn die üblichen Hilfsmittel sachlicher und räumlicher Ausstattung werden im geschlossenen Zirkel unbrauchbar. So bekommt die unersetzliche menschliche Aktion ein ganz anderes

---

schlechthin, unsere Welt. Und das Stück ist nicht Vision, sondern Lektion.« (◇118 MELCHINGER S.35) Vielleicht kann man einer Gesellschaft, die gerade die Trümmer einer idealistischen Utopie wegzuräumen bemüht war, die Angst, dem nächsten Gesellschaftsutopismus anheim zu fallen, nicht verdenken. Ob allerdings die Bevorzugung des Illusionismus ein Heilmittel ist, darf bezweifelt werden.

59 Rolf PAUSCH erwähnt in seiner Untersuchung das Contra-Kreis-Theater in Bonn und das Theater am Dom in Köln. (◇4 PAUSCH S.114)

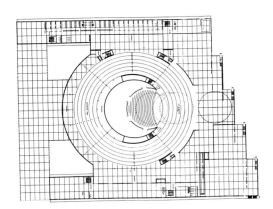

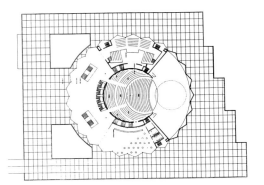

10a Fritz Bornemann: Wettbewerbsentwurf für
ein Opernhaus in Essen (1959), Grundriß
des Bühnengeschosses

10b Grundriß des Eingangsgeschosses

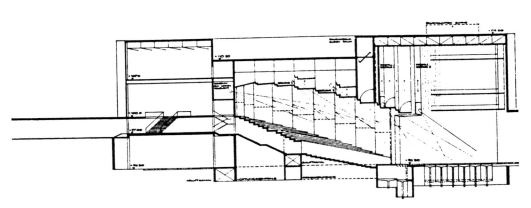

10c Längsschnitt

Gewicht im Gesamtarrangement der Inszenierung. Ebenso die Beleuchtung, die an die Stelle materieller Szenographien treten muß. Insofern ist das Spiel im Zentrum eigentlich per se armes Theater und auch intimes Theater, wie André Villiers betonte. Es ist das etwas subversive Theater, das überall stattfinden könnte – außer in konventionellen Strukturen. Davon erzählt letztlich auch die Geschichte der Zentralbühnen in diesem Jahrhundert, wenn Artaud seinen magischen Kreis schließlich in einer Scheune einrichten wollte oder aber wenn die amerikanischen Vorbilder auf Situationen materieller Beschränktheit reagierten: Zum einen auf die der zahlreichen, nichtkommerziellen Universitätstheater, bei deren Einrichtung es auf große Flexibilität, Unaufwendigkeit und die Arbeit mit verschiedenen Raumstrukturen ankommt[60], zum anderen auf die überall spielenden Sommer-Wanderbühnen, die gelernt haben, sich mit allen erdenklichen Umnutzungen, Scheunen, Kirchen, Gemeindesälen.. zu behelfen. Insofern war der Schritt zum Zentraltheater in kleinen Häusern oder Umnutzungen bestens vorbereitet, als zu Beginn der 50er Jahre das Kino und rezessive Tendenzen am Broadway zu einer Welle von Theaterschließungen führten und die Theaterleute in New York und anderen Großstädten mit Arena-Spiel in Umnutzungen antworteten (77).

Wenn es auch überall stattfinden könnte, bleibt es doch offensichtlich, daß Zentralräume die besseren Voraussetzungen für das Arena-Spiel bieten. Bei den Bühnen zwischen Amphitheatern funktioniert die auf einen dreidimensionalen Raum bezogene Spieltechnik nur noch sehr bedingt und allzu leicht bestätigt sich bei der Reduktion der unendlich vielen Achsen auf zwei die Argumentation der Arena-Gegner, daß der Mensch nur **ein** Gesicht habe. Die Unbefangenheit, mit der nur im Zentraltheater der gesamte Raum einbezogen werden kann und immer einem Teil des Publikums optimale Bedingungen geboten werden, geht bei einer Dreiteilung des Raums, zumal in größeren Häusern, unweigerlich verloren.

Wegen seines Aktion und Rezeption eng verknüpfenden Charakters hat es immer wieder Überlegungen gegeben, größere Häuser dem Zentraltyp gemäß anzulegen. Nur käme man dann nicht mehr ohne eine Verwandlungstechnik aus und beraubte ihn seiner spezifischen Qualitäten. Deshalb phantasierte man immer wieder von Doppeltheatern, die nur im Bedarfsfall als Vollrund eingesetzt würden, vor allem aber begünstigte dieser Wunsch die Beschäftigung mit halbrunden Einraumtheatern. Tatsächlich wurden immer die kleinen Arenatheater realisiert und funktioniert haben immer die, die einer theatralen Praxis entsprangen. Das Arenatheater hat keine Begabung zum Standardtyp.

60   Carolyn LOCKWOOD betonte 1960 auf einem Colloquium über Theaterbau in Berlin, »daß das amerikanische Universitätstheater den größten Einfluß auf die Form des Theaters überhaupt, des sogenannten Berufstheaters, in den Vereinigten Staaten gehabt hat und auch weiter haben wird. (..) Die meisten Universitäten haben ein Theater für 100-300 Plätze in Form des Elizabethanischen Theaters oder mit Arenabühne. Ferner besitzen sie ein größeres Proszeniumstheater mit 700-1500 Plätzen, und die gleiche Universität hat dann auch noch ein ganz großes drittes Haus im Proszeniumsstil, dem allerdings räumlich und technisch beträchtliche Grenzen gesetzt sind.« (IN: BTR 1 (1961) S.24ff.)

Mehrzweck-Projekte: Die zentrierte Dezentralisierung

Mehrzwecktheaterbauten sind schon per se Geschöpfe des Denkens in Alternativen. Sie
sind nicht nur für die Funktion *Theater* oder gar nur eine bestimmte Variante des Spiels (das
Kammertheater oder das Musiktheater etwa) konzipiert, sondern sollen über die gummi-
elastische Idee des Dienstes an verschiedenen Sparten eines Betriebs hinaus sogar verschiedenen Zwecken des öffentlichen Lebens dienen: Kongressen, Konzerten, Kino, Festen, Ausstellungen.. Dem Theater kommt in einem solchen Bauapparat eigentlich nur mehr eine Gast-
rolle zu. Es als ›Theater‹ zu bezeichnen wäre beinahe falsch, wenn nicht die meisten dieser
Projekte in erster Linie als Theater gedacht worden wären oder aber die meisten Bau-
konglomerate solcher Kulturzentren eine gewichtige Theatereinrichtung enthielten.

Dieser Bautyp ist vor allem für kleinere Städte oder Gebiete geeignet, für die sich die
Anschaffung spezialisierter Einzelgebäude nicht lohnen kann. Das Mehrzwecktheater ist
also eher eine provinzielle Erscheinung als eine urbane. Es ist in seiner hier relevanten
Form auch eher eine amerikanische Entwicklung als eine europäische. Hatten die Amerikaner zunächst das europäische Guckkastentheater adaptiert, ergab sich, daß sich

(..) nach dem Zweiten Weltkrieg die Lage in den Vereinigten Staaten insgesamt drastisch
geändert [hat]. Das Theaterbauwesen ist endgültig von der gewohnheitsmäßigen, üblichen
Abhängigkeit von dem westeuropäischen Kulturkolonialismus und -paternalismus des 19. Jahr-
hunderts befreit. Die Beziehung hat sich sogar ins Gegenteil verkehrt. (..) In den letzten 30
Jahren reagierten die Vereinigten Staaten bei der Planung von Bauten für die darstellende
Kunst in praktischer Weise auf eine gesellschaftliche und wirtschaftliche Situation, die mit der
langen Erfahrung westeuropäischer Tradition nichts gemein hatte, und mußte sie bewältigen. (78)

A Building for the performing arts of the size and kind for communities in which 90 percent of
twentieth-century North and South Americans live must (..) be capable of multiple use if the
performing arts are not to be the maneristic plaything of a minoritiy of the rich or intellectually
privileged intelligentsia. (79)

Die Antwort auf diese Herausforderung waren, je nach Größe des bauenden Gemeinwesens
Mehrzweck- oder Mehrspartenbauten. Letztere hinterließen ihre Anregungen in der Variabilitäts-
diskussion, erstere vor allem in jenen Ländern Europas, in denen bisher eine stark zentralisierte
Kulturpolitik betrieben worden war, wie in Frankreich etwa, oder deren Bevölkerung ebenfalls recht weiträumig verteilt lebt, wie in Skandinavien. Auch im Nachkriegs-Deutschland sind
solche Konzepte vorgeschlagen, erwogen und empfohlen worden, die traditionellen kulturellen Strukturen der ehemaligen Kleinstaaten waren allerdings noch immer zu lebendig, auch
das Denken noch immer zu prestigeorientiert, um solche (Not-)Lösungen reizvoll finden zu
können und die Stadttheater durch Kulturzentren zu ersetzen. Sie sollten Stadttheater bleiben und der Kompromiß eines technisch bedingt wandelbaren Mehrsparten-Betriebs wurde
allemal bevorzugt. So waren (und sind) die Mehrzweckhäuser vor allem Erzeugnisse des theatralen und kulturellen Neulands[61].

———————◆·◆·◆———————

61 – wie schon zuvor in der Sowjetunion. Nachdem nun nach der Charta von Athen 1933 weltweit die
    Problematik aufgedunsener Großstädte thematisiert worden war, hieß jetzt nach dem Krieg das Hilfsmit-

Das wurde auch am alternativen Vorschlag des Szenographen André Perrottet von Laban und des Architekten Erwin Stoecklin aus der Schweiz allzu deutlich. 1951 boten sie mehreren deutschen Städten mit gewachsener Theatertradition, Mannheim und vor allem Krefeld, einen komplett wandelbaren, runden Raum an, der nicht nur verschiedene Varianten theatralen Spiels bedienen konnte, sondern auch als Kino, Ausstellungsfläche, Kongreß- oder Konzerthalle nutzbar und kostengünstig zu bauen war. All diese Funktionen konnte **ein** Raum erfüllen, das heißt aber auch, daß sie weniger – im Sinne eines Kulturzentrums – simultan ablaufen, sondern – mehr im Sinne eines räumlichen *Werkzeugs* – nacheinander einzurichten waren[62]. Erreicht wurde dies wieder einmal durch einen Drehmechanismus, der die runde Grundform erzeugt und dominiert, sowie eine über den gesamten Raum verteilte Bodenhydraulik. Bei Laban und Stoecklin dreht sich aber nicht die Bühne, sondern das Publikum. Das Zentrum ihres Raumes bildet eine lautlos und gemessen arbeitende Drehscheibe, die, schräggestellt und bestuhlt, die Zuschauer aufnimmt, während der 12 m breite, alles umfassende Bühnenring bereits vorbereitete, fixe Ausstattungen trägt (Abb. 1a/b). Auf der dem Eingangsvorbau gegenüberliegenden Seite des Gebäudes ist die Rundbühne zu einer Art Guckkasten mit einer anschließenden Seitenbühne erweitert, über der sich ein obligatorischer Schnürboden befindet. Zwischen Zuschauerdrehscheibe und Bühnenring kann ein feuerabwehrender, zylindrischer Vorhang völlig oder in Teilen hochgezogen werden, so daß verschiedene Szenerien ihren ›Ort‹ hätten und konzentriert zur Geltung kämen oder die Bühne in voller, sichtbarer Breite bespielt werden könnte. Eine weitere Möglichkeit ergäbe sich, wenn der Bühnenring bestuhlt wird, während die Drehscheibe waagerecht gestellt als drehbare Zentralbühne fungiert. Da nun alle Partien bestuhlbar und hydraulisch transformierbar sind und sich sogar der Orchestergraben bzw. die Vorbühne mit der Scheibe dreht, kann man je nach Bedarf die verschiedensten Anordnungen erschaffen, also auch verschieden große Partien der ›Bühne‹ zusätzlich zur Drehscheibe bestuhlen oder eine riesige Ausstellungs- oder Festfläche ganz ohne Bestuhlung einrichten (Abb. 1c). In diesem Fall kann nicht nur der Schnürboden durch einen Plafond abgedeckt, sondern die Trennwand zwischen Aufführungsraum und Eingangstrakt hochgezogen werden, so daß eine räumliche Einheit ensteht. Für all diese Zwecke erfassen die Lichteinrichtungen den gesamten Raum. Ein Beleuchtungsgang über dem oberen Abschluß des herabgelassenen Vorhangs bedient jeden Teil der Rundbühne und eine Beleuchtungsgondel im Zentrum der *Kuppel* (die

tel: Dezentralisierung. Erfolgreiche Dezentralisierungspolitik müßte, soviel war klar, nicht nur die wirtschaftlichen Standorte neu streuen, sondern durch ein Netz kultureller Einrichtungen auch geistige Anreize schaffen. Deutschland besaß, im Gegensatz zu anderen Ländern, den Vorzug, an sein historisches Theaternetzwerk anknüpfen zu können. Nur in Grenchen und Worms wurden die Theater im Zusammenhang mit Kulturzentren eingerichtet.

62 »Wenn auf solche, außerhalb der Zweckbestimmung des neuen Theaters liegende, zusätzliche Verwendungsmöglichkeiten hingewiesen wird, so vor allem deshalb, weil sie für die mit ihrem Theaterbetrieb meist stark belasteten Städte eine restlose und wirtschaftlich vorteilhafte Ausnützung des repräsentativen Gebäudes gestatten. Dabei liegen nach den bisherigen Berechnungen die Baukosten dieses neuen Theaters keineswegs über dem Aufwand für die Häuser alten Stils mit gleichem Fassungsvermögen.« (LABAN/ STOECKLIN IN: BTR 2 (1951) S.8)

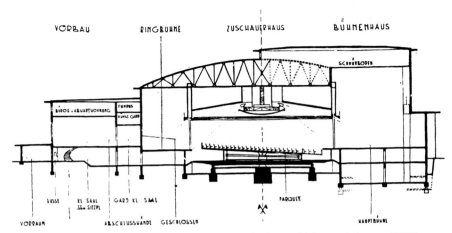

1a André Perottet von Laban/Erwin Stoecklin: Projekt für ein Mehrzwecktheater (1951),
Längsschnitt als Theater

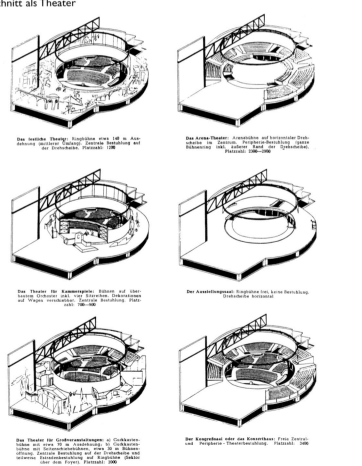

1b Verschiedene Nutzungsmöglichkeiten

bei genauer Betrachtung im besten Fall eine Flachkuppel ergibt) trägt als Beleuchterzentrale weitere Scheinwerfer und einen Projektionsapparat.

Im Team Laban und Stoecklin kooperierte ein Theatermann mit einem Architekten. Laban war als *Raumgestalter* der Ansicht, daß die Architekten allein einer zeitgemäßen Ästhetik, die Bühne und Auditorium als Einheit begreift, nicht gewachsen wären; zu sehr vermengten sich da inzwischen architektonische und theatrale Gestaltung (80). Für ihn umfaßte Szenographie auch die gesamte räumliche Zuordnung für jede einzelne Produktion. So beantworteten Laban und Stoecklin dieses Problem, das ja schon zu den variablen und Einraum-Konzepten geführt hatte, durch eine Lösung, die sicher eine ungewohnte Theaterbetriebsführung und eine andersgeartete Idee vom Zusammenspiel der Regie mit der Szenographie als die in den 50er Jahren übliche erforderte[63]. Mehr noch als eine *Neuordnung des Raums* (81) wollten sie einen der gesellschaftlichen Entwicklung adäquaten, dynamisierten, *mobilen* Raumbegriff verarbeiten, der darin den Konzepten der 20er Jahre, namentlich dem Totaltheater und gleichzeitig den Vorstellungen Artauds verpflichtet war, ja, beide amalgamierte:

> *Das Theater ist oder sollte so mannigfaltig wie der Kosmos sein, den es gleichsam in konzentrierter Form repräsentiert. Das Universum folgt der Schwerkraft und wir drehen uns mit ihm. Leben ist Bewegung. Diese Gedankenrichtung läßt uns vorhersagen, daß sich die zukünftige Theaterarchitektur die gekrümmte Linie zu eigen machen wird. Denn gekrümmte Linien haben einen doppelten Vorteil:*
> *1. Sie erschaffen einen Eindruck von Unendlichkeit, denn sie schließen grenzenlos ein, bis die Grenzen in Bewegung aufgelöst werden.*
> *2. Ihre Wirkung ist magisch, denn sie fordern ein Kontinuum, in dem gerade Linien trennen und ausschließen.*
> *Demnach entspricht ein kreisförmiger Zuschauerraum dem Mysterium des Theaters besser und verdichtet die versammelte Gemeinde wirkungsvoller (..). Ob wir wollen oder nicht, im Gegensatz zum Kino ist das Theater immer noch ein Kult. (82)*

Perrottet von Laban argumentierte hier synkretistisch im Sinne eines dynamisch-technischen Lebensbegriffes und wußte ebenso um die Macht eines suggestiv-kultischen Theaters wie es in den 30er Jahren in der Sowjetunion auf dem Humus technizistischer Ideale wachsen konnte, oder als Gegenkonzept zum Maschinenglauben von Artaud entworfen wurde; drehte sich bei Artaud aber der Zuschauer noch individuell und aus eigener Kraft, faßten ihn dann Laban und Stoecklin als ferngesteuerte Gemeinschaft zusammen. Der Szenograph Laban versuchte, die in der Schweiz aufrechterhaltene Kontinuität der modernen Ästhetik weiter fortzupflanzen. Dabei stieß er nicht nur auf neue Möglichkeiten räumlicher Ord-

---

63 LABANS Auffassung erinnert in diesem Aspekt an BRECHTS Forderungen an die Kooperation mit dem »Bühnenbauer« (s. BRECHT »Über den Bühnenbau der nichtaristotelischen Dramatik«, vor allem Teil 3), als er schrieb:»[Der Ausstatter] muß für sich eine solche Lösung des generellen Raumproblems finden, die es ihm erlaubt, sein Konzept gleichzeitig mit dem des Regisseurs umzusetzen. (..) Was die Bühnenmaschinerie betrifft, die gewöhnlich hinter den Vorhang verbannt wird, dringt sie nun über die Vorbühne in die vorderen Sitzreihen vor.« (IN: WORLD THEATRE 3 (1955) S.50, Übersetzung von S.K.)

nung, sondern immer mehr konkurrierende Medien schienen die Wahrnehmungsge-
wohnheiten und -ansprüche der Zuschauer zu verändern und das Theater in eine neue
Rolle zu drängen[64]. Wie schon Reinhardt das Kino übertrumpfen wollte, versuchten hier
zwei *Raumgestalter* durch ein elastisches Konzept und die Verknüpfung von Illusion und
Erlebnis den technischen Medien zu begegnen.

*In der Bühnengestaltung gibt es wenig Neuerungen, da den heutigen Technikern von der Seite
der Regie keine direkten Anweisungen gemacht werden können. Soll dem Theaterleben ein
neuer und gesunder Antrieb gegeben werden, so wird dies nur geschehen können durch die
Schaffung eines vollkommen neu konzipierten Theaterraumes (..). Gleichzeitig muß eine neue
Theaterkonzeption auch dem heutigen Publikum eine neue, weder vom Film noch vom Radio
ersetzbare Intensität des künstlerischen Erlebnisses vermitteln können. (83)*

Wie schon Einzig wollte man also genauso pausenlos, genauso gut und besser als die Medien
sein – und die Theaterszene stimulieren, Unkonventionelles zu wagen.

Diese reagierte heftig und kontrovers. Besonders als man den Entwurf 1951 Krefeld als
neues Stadttheater vorschlug. Die Gegner des Projektes argwöhnten, daß die geringen
Herstellungskosten durch kostspieligen Betrieb, einen Mehraufwand an Ausstattungsmaterial,
Fundusraum und Heizkosten, bei weitem aufgewogen würden, daß die Akustik unter der
Kuppel unzulänglich sei, daß die Sicherheitsvorschriften unmöglich eingehalten werden könn-
ten[65] (84), man führte alles mögliche ins Feld, um den Vorschlag zu diskreditieren[66]. Leo
Einzig schwamm auf der Welle der Ablehnung sogar in der Art mit, daß er vorgab, daß
Konzept an die realen Bedürfnisse anzupassen, indem er es in seinen Einraumtheater-Ent-
wurf verwandelte (Abb. 2a/b)[67]. Bezeichnenderweise »*kam keiner der Einwände gegen das*

---

64 »Der Mensch hat dank des mobileren und farbigeren Rhythmus' des Alltagslebens und der modernen
    Informationsmedien wie Film, Fernsehen und illustrierten Zeitschriften einen weitaus höheren Grad an
    visuellem Bewußtsein erlangt. (..) Das Ergebnis ist eine raschere Aufnahmefähigkeit und eine größere Emp-
    findlichkeit gegen Langeweile. Unser Nervensystem ist feiner geworden und unsere Sinneswahrnehmung
    hat unseren Horizont erweitert. All das muß notwendig den neuen Theaterbau beeinflussen.« (LABAN IN:
    WORLD THEATRE 3 (1955) S.44, Übersetzung von S.K.)
65 Dieses Argument entkräftete bei den öffentlichen Diskussionen tatsächlich die Baupolizei selbst, deren
    Vertreter »bereit war, der Neuartigkeit dieses Projektes zuliebe auf die genaue Auslegung der Gesetze von
    1896 [!] zu verzichten und eine sinngemäße Anwendung zu befürworten.« Werner HARTING wertete
    dies denn auch als Ermutigung, »auch bei anderen Projekten, die nicht mehr in den Rahmen der alten
    Gesetze passen wollen, auf die Großzügigkeit dieser Behörde zu hoffen.« (IN: BAUWELT 49 (1952) S.782)
66 Bezeichnend für Denkart und Methodik der ›jungen‹ Theaterwissenschaft jener Jahre ist die zwar histo-
    risch ausholende, aber nicht unpolemische Kritik Professor Carl NIESSENS (IN: BTR 2 (1951) S.10f.).
67 EINZIG wollte nichts geringeres als die zentrale Drehscheibe gegen einen drehbaren Bühnenring austau-
    schen, der nur zu 40-50% einsehbar wäre. »Zwei waagerecht fahrende ebenfalls kreisförmige eiserne
    Vorhanghalbteile würden den feuerpolizeilichen Bestimmungen vollkommen entsprechen. Von einer Erwei-
    terung des Hauptbühnenraums in der von Laban/Stoecklin vorgeschlagenen quadratischen Form sowie
    dem darüber vorgesehenen Bühnenhaus mit Schnürboden rate ich schon im Interesse der Vereinfachung
    des ganzen Projektes ab. Außerdem bleibt damit der Charakter der Guckkastenbühne erhalten. Da auch
    das bei Laban/Stoecklin vorgeschlagene Wegziehen des Bühnenvorhanges nach oben entfällt, kann das
    Kuppeldach einheitlich über den ganzen Baukörper ausgedehnt werden (..). Die Abschlußwand des Bühnen-
    rings sollte gleichzeitig als Rundhorizont ausgebildet sein. (..) Die Zu- und Abgänge für das Publikum
    müßten in einem für die Sicherheit des Publikums ausreichend breiten Ring zwischen dem Bühnenring und
    dem Parkett angeordnet sein. Dieser Zugangsring geht ohne Stufen und leicht ansteigend in die Vorbühne

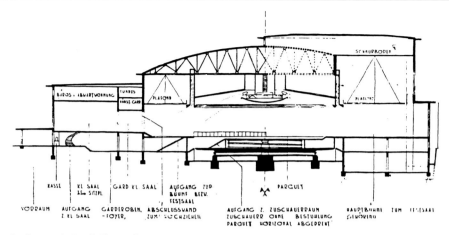

VORRAUM AUFGANG GARDEROBEN. ABSCHLUSSWAND
         Z KL SAAL -FOYER,   ZUM SCHLIEDEN

KASSE KL SAAL GARD KL SAAL AUFGANG ZUR
       IG SITZPL   RAUM BEZW.
                                FESTSAAL

PARQUET

AUFGANG Z. ZUSCHAUERRAUM   HAUPTBÜHNE ZUM FESTSAAL
ZUSCHAUERR OHNE BESTUHLUNG   ERWEITERE
PARQUET HORIZONTAL ABGEDRENT

1c Längsschnitt als Festsaal

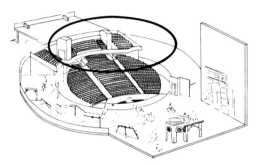

1d Kompromißlösung des »Intimen Theaters«
    (1963)

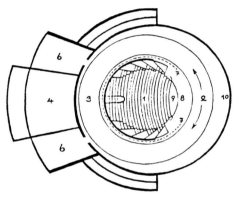

1 Zuschauerraum, 2 Bühne, 3 Hinterbühne des Buhnenringes, 4 Vorbau,
5 Drehbarer Prospektring, 6 Magazine, 7 Eiserner Vorhang, 8 Vorbühne,
9 Orchester, 10 Horizont

2a Überarbeitung durch Leo Einzig, Grundriß

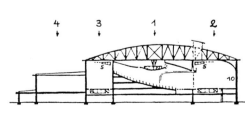

2b Längsschnitt

3 Das realisierte Stadttheater Krefeld von innen

Rundtheater von der künstlerischen Seite«, aber ihre Zustimmung fiel ebensowenig eloquent aus (85). Eine posthume Würdigung erfuhr das Projekt dann erst 12 (!) Jahre später, nachdem »*wesentliche Änderungen in den Ansichten der Theaterplaner und der Theaterbenutzer zu verzeichnen [waren]*«, durch den renommierten Spezialisten für Bühnentechnik, Walther Unruh, der seine Kostengünstigkeit und die Einfachheit seiner technischen Einrichtung, sowie die Benutzerfreundlichkeit bestätigte:

> *Ein ganz großer Vorteil des neuartigen Verwandlungsvorganges liegt in seiner absoluten Geräuschlosigkeit. (..) Dabei braucht man auf schnelle Verwandlungen (..) nicht zu verzichten, denn die ›Hauptbühne‹ des Rundtheaters kann mit allen diesen Einrichtungen versehen sein. Der Regisseur (..) kann die (..) gegebenen Möglichkeiten dramaturgisch auch dazu benutzen, alle Effekte zu verwirklichen, die man im Film und beim Fernsehen mit der schwenkbaren Kamera erzielt. (..) Der Bühnenbildner kann also ein begrenztes ›Bühnenbild‹ hinstellen, er wird aber im allgemeinen einen ›Bühnenraum‹ schaffen (..) (86)*

In der Zwischenzeit hatten Laban und Stoecklin aus ihrer Idee eine Kompromißlösung für ein schwenkbares *Intimes Theater* ausgekoppelt (Abb. 1d)[68].

Bei genauerer Betrachtung des entwurfsbegleitenden Konzepts kann kaum übersehen werden, daß hier ein aktiver Szenograph für seine Theaterästhetik das ideale Haus entwarf. Dabei liegt es nahe: Wenn der Szenograph schließlich sämtliche räumlichen Komponenten bestimmen kann, kann auch jeder andere Veranstalter diesem Raum-Instrument eine geeignete Raumkonstellation entlocken. Laban und Stoecklin wollten mit ihrem Mehrzweck-Angebot lediglich Werbung für ihre Idee machen. Ihnen ging es vor allem um Theater[69].

über und bildet damit die Flächenverbindung von Bühne und Zuschauerraum. (..) Im Interesse des (..) Steuerzahlers würde ich bei dem Krefelder Projekt auf die Vielseitigkeit der Verwendungsmöglichkeiten verzichten, weil die Bausumme dadurch wesentlich erhöht werden würde (..) Da in erster Linie ein Stadttheater errichtet werden soll, andererseits eine Verwendung als Konzert- oder Kongreßsaal jederzeit gegeben ist, dürfte die vorgeschlagene Ausführung gerade wegen der einfachen technischen und baulichen Lösung vollkommen ausreichen.« Es ist deutlich, daß damit ein völlig anderes Raumkonzept und also Projekt entstünde. Das Rundtheater wäre tot, es lebte das Einraumtheater. EINZIG, der vor kurzem noch selbst die Gemeinden mit der vielseitigen Verwendbarkeit seines Einraumtheaters locken wollte, akzeptierte nun schon ihren Unwillen etwas anderes zu bauen als ein ›richtiges‹ Stadttheater. (Leo EINZIG IN: BTR 3 (1951) S.19f.)

68 »In dieser Disposition (..) wurde eine kleinere Scheibe gewählt, die nur um 180° schwenkbar ist, und dabei nur eine halbringförmige Spielfläche bestreicht. Der Rest des Kreisringes dient für Ausgänge und für nicht sichtbare Nebenbühnenräume. (..) Durch die Einfügung eines Balkons vis-à-vis der sog. Hauptbühne werden soviel Sitzplätze gewonnen wie sie infolge der Verkleinerung des Durchmessers der Tribüne wegfallen. Der Balkon dürfte dem Theater auch viel Intimität und gute akustische Bedingungen geben.« (Walther UNRUH IN: BTR 1 (1963) S.28)

69 – schon allein im Hinblick auf die neue Gepflogenheit, den Darsteller mit einem Mindestmaß an Ausstattung allein auf die Bühne zu stellen, so daß die Gestaltung des Aufführungs**ortes** umso wichtiger ist. »So erhebt sich die Frage, ob der ›Raumgestalter‹ nicht auch die innere Gestalt des Theaters bestimmen sollte (..). Letzten Endes löst sich das ganze Problem durch die Erschaffung des passenden Raumes für jedes Stück. Um dies zu tun, ist es notwendig, die zwischen dem Bereich, in dem die künstlerische Spannung geboren wird, und dem, der die technischen Einrichtungen berherbergt, aufzuheben (..). Sogar die Anordnung der Sitze ist ein Problem, das unmittelbar den Raumgestalter angeht«. (LABAN »In search of a valid form« IN: WORLD THEATRE 3 (1955) S.46f., Übersetzung von S.K.)

So war aus einem der wenigen Mehrzweck-Projekte Deutschlands nicht nur ein kleiner Skandal erwachsen, sondern schließlich handelte es sich noch nicht einmal um ein richtiges Mehrzwecktheater-Konzept. Aber als der Staub, den die heftigen Diskussionen aufgewirbelt hatten, sich legte, stand da in Krefeld ein reines und noch dazu zutiefst konventionelles Theater (Abb. 3). Labans und Stoecklins Ernte waren Patente in sechs Ländern.

Ein ungewöhnliches Mehrzweck-Konzept entstand bereits Mitte der 40er Jahre in England, genauer: in der Theatermetropole London selbst. Weniger, um ein kulturell unterentwickeltes Gebiet in ein künstlerisches Netzwerk einzubinden, sondern, um den erweiterter Freizeitmöglichkeiten ermangelnden Wohnstadtteil Richmond in Londons westlichem Randgebiet ganz in der Nähe der Botanischen Gärten, den Kew Gardens, mit einem Nachbarschafts- und Kulturzentrum zu versehen, wurde Architekt Hermann Herrey von den Theaterleitern und Kunstmanagern Jack und Beatrice de Leon mit einem Theaterneubau beauftragt. Dabei war für ein Mehrzweck-Projekt ungewöhnlich, daß hier statt des üblichen Staats- oder Gemeindeauftrags eine private Initiative griff, also die Idee nicht einem übergeordneten Landesplanungsvorhaben entsprang, sondern sich, wie in England üblich, ein bereits gewachsenes und erfolgreiches Theaterprojekt nach Jahren in einem umgenutzten Tanzpalast nun ein eigenes Haus errichtete – und dafür ausgerechnet einen Mehrzweckbau wählte.

Bereits 1939 hatten die de Leons das Q-Theatre gegründet und in dieser wohlhabenden Gegend alsbald ein treues und lokal verankertes Publikum gewinnen können. Nachdem schon das alte Theater in einem umgenutzten Tanzpalast zur Heimstatt verschiedener Aktivitäten und Einrichtungen des Stadtteils geworden war, lag es nun nahe, das Theater und verschiedene Räumlichkeiten für andere Nutzung unter einem Dach zu vereinen und Hermann Herrey war als Spezialist für Gemeindeplanung der ideale Architekt[70].

Nach Überlegungen, eventuell Teile des alten Gebäudes in das Projekt zu integrieren, und zwei Vorentwürfen, entschied man sich schließlich doch für einen totalen Neubau, also ein Theater- und Zentrumskonzept aus einem Guß. Auf den allseitig offenen Bauplatz stellte Herrey einen asymmetrisch angelegten, von großzügigen Konkav- und Konvexschwüngen begrenzten und in Ermangelung eines Schnürbodens sehr flachen Baukörper (Abb. 4a/b), der keine rechten Winkel kennt. Die halbrunden, schrägen Schalen des auch in England vorgeschriebenen Eisernen Vorhangs bekrönen wie zwei Schwingen die Baugestalt und betonen die vertikale Achse, verstärkt durch den weiteren Aufbau einer Projektionswand. Seine Hauptfront ist dem Verkehrsknotenpunkt der Hauptadern zur Innenstadt, der Chiswick High Road, und der Bahnstation Kew Gardens zugewandt, wobei der Bereich des Theaterfoyers durch Steinverkleidungen verborgen wird, die auf dem verglasten Eingangsbereich zu schweben scheinen, der sich, ebenso wie der Gemeinschaftsbereich, zum Stadtteil hin öffnet. Zur weiteren Kontaktaufnahme nach außen diente die Projektionswand mit ihren Programminformationen.

---

70   Für die Forschung auf diesem Gebiet wurde ihm noch während der Planung des Q-Theatre von der American Philosophical Society ein Stipendium gewährt.

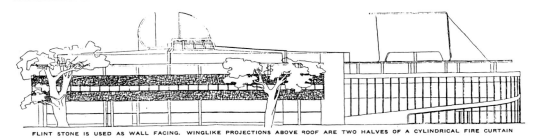

FLINT STONE IS USED AS WALL FACING. WINGLIKE PROJECTIONS ABOVE ROOF ARE TWO HALVES OF A CYLINDRICAL FIRE CURTAIN

4a Hermann Herrey: Community-Theatre (Q-Theatre), London (um 1945), Skizze der Fassade

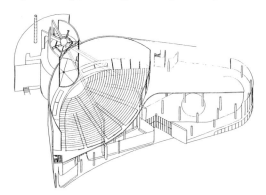

4b Innenisometrie

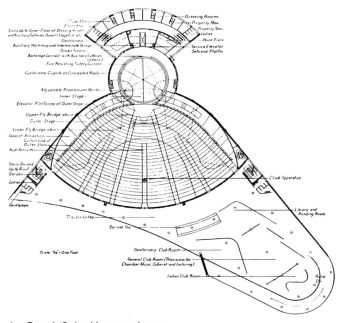

4c Grundriß des Hauptgeschosses

Die hochgezogenen ›eisernen Schwingen‹ markieren weithin sichtbar den, im wahrsten Sinne, Dreh- und Angelpunkt des gesamten Baus: die Drehbühne. Von diesem Gelenkpunkt aus entfalten sich fächergleich die beiden Funktionsbereiche der technischen auf der einen und der künstlerischen Produktion auf der anderen Seite, so daß nun diese rein funktionsorientierte Sicht die konventionelle baupägende Trennung Bühne – Zuschauerraum ablöst. Diese Umwertung wird in der Anlage des Q-Theatre noch dadurch betont, daß neben der die Bereiche verbindenden Drehkapsel-Bühne, von Herrey *Innenbühne* genannt, mindestens gleichwertig eine entsprechende *Außenbühne* besteht, die an der gesamten gerundeten Wand der Bühnenseite entlang verläuft und so die auf Drehstühlen plazierten 1000 bis 1200 Zuschauer umfaßt. Durch ihre geringe Tiefe im Verhältnis zur immensen Breite und die Rundung, vermengen sich unweigerlich beide Bereiche, eine Trennung von Spiel und Publikum wird undenkbar. Während der amphitheatrale Zuschauerraum naturgemäß ansteigt, folgt ihm die Außenbühne über vier große Stufen nach, so daß sie schließlich an die leichter gebogene Rückwand des mandelförmigen Theaterraums stößt, der also keine ungenutzten (bzw. unnützen) Wandpartien besitzt: der eine Bogen ist Bühne, der andere dient dem Publikumsverkehr.

Der ganze Theaterraum wirkt wie ein am Scheitelpunkt der Drehbühne zusammengehaltener, entfalteter Fächer (Abb. 4c), dem exakt auf der anderen Seite der kleinere Betriebstrakt entspricht. Dieser enthält auf drei Etagen Garderoben, Büros und Werkstätten und auf zweien Magazine und Werkstätten, die durch einen Aufzug verbunden sind. Dieser klaren, symmetrischen und in sich völlig geschlossenen Struktur, die uns nur der Grundriß offenbart, werden die Räumlichkeiten des Gemeinschaftszentrums mit lockerer und freier Geste im vorderen Gebäudeteil angefügt. Auf die konvexe Auswölbung der Rückwand des Zuschauerraums antwortet die Eingangszone des Hauses mit einem leicht konkaven, quasi einladenden Schwung nach innen, so daß im oberen Geschoß das Foyer schlank zuläuft und nicht sehr geräumig ausfällt. Aber genau diese nach Innen gerichtete Frontlinie geht auf der rechten Seite in jene zungenartige Auswölbung des Baus über, die der Gesamterscheinung etwas Frei-Gewachsenes, Irrationales verleiht[71] und hinter ihrer Glasfassade die Einrichtungen des Gemeinschaftszentrums beherbergt. In dessen unteren Geschoß befinden sich einander offen zugeordnet ein Restaurant, eine Bar und ein Café nebst einem Tanzboden mit Orchsterpodium; sowie im Eingangsbereich in geschlossenen Räumen außer der Theaterkasse eine Spielhalle und ein Ausstellungsraum, und auf der Frontseite Läden Im oberen Geschoß hingegen, das auch direkt über eine an der gerundeten Seite des Gebäudes entlanglaufende Rampe erreicht werden kann, liegen die intimeren Räume. Sie sind durch mehrere feste Wände voneinander und vom von der Rampe direkt zum Foyer überleitenden Wandelgang abgetrennt. Es sind eine Café-Bar (vornehmlich für Theaterpausen), eine Bibliothek, Damen-, Herren- und ein allgemeiner Club, den Herrey auch für Lesungen, Kam-

---

71 – so daß HERREY trotz der Zweiteiligkeit, die der irreguläre Grundriß erkennen läßt, behaupten kann: »The plan makes no particular division of the building's two functions.« (IN: ARCHITECTURAL FORUM 84 (1946) S.99)

merkonzerte, Kabarett und ähnliche kleinere Veranstaltungen vorsah. Der Theatersaal kann
darüberhinaus durch Entstuhlung und Verstauen der ersten zehn Reihen im Orchestergraben sowie die Anhebung des Bodens auf Bühnenniveau für Bälle, Bankette, Versammlungen.. eingerichtet werden (Abb. 4d). Über dem Zentrumstrakt liegt ein Dachgarten, während das Dach des Theaters von zwei Kreuzträgern getragen wird, dort also dem Muße-
Raum arbeitende Struktur gegenübergestellt wird.

Wahrhaft aufschlußreich ist in diesem Kontext eines Bautyps, der ja die Auflösung kultureller Isoliertheit zur Aufgabe hat, daß sich trotz der unmittelbaren Nähe und Erreichbar-
keit **des** englischen Theaterzentrums bei dieser im wahrsten Wortsinn vermögenden Einwohnerschaft das Bedürfnis nach einem überschaubaren kulturellen Mittelpunkt, nach einem
Theater ganz nah am eigenen Identitätsrahmen, also **ihrem** Theater niederschlug. Es ging
also weniger darum, überhaupt Theater zu erleben, sondern darum, Theater in das Leben
eines Stadtteils zu integrieren und gleichzeitig das Theater einen Ort erzeugen zu lassen, an
dem sich der Wunsch nach einer nachbarschaftlichen Bezugsgruppe materialisiert. Im Grunde
lief hier der reziproke Vorgang ab: Anstatt ein Stück Metropole in die Provinz, ein Stück
Überfülle in die Leere zu transportieren, grenzte sich hier eine kleine Gruppe innerhalb der
Metropole aus der Masse und der Gleichförmigkeit des ›Besten‹ und ›Erfolgreichsten‹ aus
und belieferte, wie Herrey betonte, umgekehrt das Zentrum mit neuem Material.

Actually, Q theater is to London's West End dramatic center what New Haven or Philadelphia
is to Broadway. There, new plays are produced, reviewed and, fortune permitting, sold - script,
cast, scenery as a unit. (87)

An der Peripherie des Mittelpunkts herrscht wieder die Freiheit des Schattendaseins, in dem
man etwas probieren oder erfinden und auch ruhig einmal scheitern darf, herrscht also jene
Lebendigkeit, die sowohl Theater wie menschliche Seelen benötigen. Der unkonventionelle
und gleichzeitig organische Bau des Q-Theatre gab exakt dieser Aufgabe Ausdruck.

The repertory consists mainly of contemporary native, American and European Drama with a
sprinkling of musicals and Shakespearean revivals. Because of the rapid turnover and wide
variety of productions staged at the Q, a primary requirement for the building was maximum
flexibility. (88)

Diese Arbeitsweise des Theaters setzt tatsächlich eine hochprofessionelle Ausstattung voraus, die zusätzlich eine ästhetische Offenheit ermöglichen soll, denn die Produktionen müßten eventuell auf verschieden große und besser ausgerüstete Bühnen passen und auch
wechselnde Ausstattungsästhetiken befriedigen können. Darüberhinaus sollte die technische
Ausrüstung des Hauses einen reibungslosen und zügigen Spielbetrieb garantieren. Unter
dieser Aufgabenstellung hatte Herrey ein technisches Konzept entworfen, das auf drei Säulen ruhte: der Kombination zweier Bühnentypen, einer ausgeklügelten Drehbühnenanlage
und der Lichttechnik (Abb. 4e).

Die schon erwähnte Außenbühne war mit vier Versenkungen für den Wechsel von
Dekorationsteilen oder vertikale Auftritte ausgerüstet, so daß man sie auch allein nutzen
konnte. Immer aber wurde ihre Mitte von der Innenbühne penetriert, sei es daß die
Drehscheibe(n) fast bis zum Rand der Außenbühne reichten oder der dem Zuschauerraum
zugewandte auszuwölbende Rundhorizont den Guckkasten verschloß (Abb. 4f/g). In diesem
Fall müßte man wohl von einer ›Guckkapsel‹ sprechen, denn Herrey hatte für diese Bühne

einen Dreh- und Hubmechanismus mit integriertem Rundhorizont konstruiert, der weniger einem Kasten als einer Transportkapsel glich. Zwei, in je sechs vertikal und separat zu bewegende Segmente unterteilte Drehscheiben können bei Bedarf ganze Ausstattungen aus dem darunter gelegenen Magazin, in dem sie vorab aufgebaut werden, in die Sichtbarkeit heben. Die zwei Scheiben können dementsprechend auch zweistöckige Szenographien zeigen oder durch die unabhängige Beweglichkeit der einzelnen Segmente Bodenstrukturen vorgeben. Der kapselartig darüber gestülpte Rundhorizont, der sich auch unabhängig von den Drehscheiben dreht und so als Vorhang verwendbar ist, läßt nur einen Teil der Aufbauten sichtbar werden, so daß durch Drehen der Scheibe(n) eine Vielzahl von Ansichten möglich werden. Auf diese Weise erübrigt sich ein Schnürboden. Man muß aber bedenken, daß diese ›Guckkapsel‹ im Gegensatz zum Guckkasten kaum als leerer Raum eingesetzt werden kann und als einzige Bühne nur, wenn ausschließlich im vorderen Bereich der Drehscheibe(n) agiert wird, da sonst ein Teil der Zuschauer stark sichtbehindert säße.

Da nun weder Schnürboden noch Luftraum über der Innenbühne vorhanden ist, denn dort, im Schnittpunkt der beiden das Theaterdach tragenden Kreuzträger, ist die Kapsel eingehängt, und außerdem die breite Außenbühne ebenfalls beleuchtet werden muß, hing Herrey in jene Träger auch noch zwei Beleuchterbrücken mit verschiedenartigsten Lichtquellen. Die kleinere beleuchtete die Innenbühne, die langgezogene illuminierte die Außenbühne. Ihm schwebte, was bisher in England noch gar nicht angestrebt worden war, auch ein Projektionsraum im Sinne von Gropius vor, der schließlich beide Bühnen und weitergehend den gesamten Theaterraum durch Licht ausgestalten sollte – als Auseinandersetzung mit der Lichtkunst Film, aber auch als unkompliziertes und dennoch wirkungsvolles Ausstattungsmittel. So wurde ein Raum hinter der Rückwand des Saales mit verschiedenen Projektionsapparaten ausgerüstet und auch über den Reihen ein Wolkenapparat installiert. Entsprechend konnte das Theater auch zum Kino werden.

Das Gesamtkonzept des Q-Theatre war auf die Vermittlung von Nähe und die Verschmelzung und Intergration verschiedener Aufgaben ausgerichtet. Das erstreckte sich von seiner Lage als Nebenzentrum nahe der Metropole über das zwischen Zwecken vermittelnde bauliche Funktionskonzept bis hin zur Struktur des Aufführungsortes, die auf größtmögliche Verbindung der Bereiche und das Verschmelzen von Realität und Illusion angelegt war. Die neue Projektionstechnik erlaubte es nun, die alten Ziele, etwa des Künstlertheaters – Nähe, ein hohes visuelles Niveau, umfassende Illusion – ganz mühelos und immateriell zu erreichen. Da so auch große Räume in Schauplätze verwandelt werden können und gleichzeitig die visuelle Akzeptanz der ästhetischen Abstraktion zunahm, konnten nun die Bühnen immer raumgreifender werden und die Trennung der Bereiche sich allmählich auflösen – und das viel realer als im als echte Konkurrenz erachteten Kino.

In Frankreich, mit seiner traditionellen Konzentration des Theaterlebens auf Paris, setzte sich die Idee der Dezentralisierung seit 1937 auf Anregung des ehemaligen Copeau-Schauspielers und Theaterleiters Charles Dullin auch auf politischer Ebene allmählich durch. Zunächst entstanden zwischen 1946 und 1952 fünf subventionierte Centres Dramatiques und

Jean Vilar konnte seine Sommerfestspiele in Avignon 1951 als Théâtre National Populaire auch in Paris etablieren. Weitere Aktivitäten entfalteten sich dann, als André Malraux unter Charles de Gaulle zum ersten Kulturminister Frankreichs wurde. Unter seiner Ägide entstanden über das Land verteilt weitere Centres Dramatiques und Kulturzentren, mit und ohne eigene Ensembles. Während also die erste Phase der Dezentralisierung vor allem von den Theaterleuten getragen wurde, beteiligte sich seit den 60er Jahren auch der Staat aktiv an der Entwicklung und die besten Theaterleute bezogen die meist unter kommunistischer Kommunalregierung stehenden Pariser Vororte in das kulturelle Leben ein.

Tendenziell hielt man dabei sowohl bei Renovierungen wie Neubauten an einem einfachen Guckkasten-Typus fest, denn die Auseinandersetzung mit anderen räumlichen Möglichkeiten setzte erst in den 70er Jahren ein. Nur vereinzelt entstanden interessante Vorschläge für Kulturzentren, also Mehrzweckhäuser und eines davon ist das Konzept des Le Corbusier-Mitarbeiters André Wogenscky für Grenoble.

1966-68 wurde es, für kurze Zeit noch **vor** dem Stadtrand gelegen, für diverse kulturelle Belange und als Heimstatt des festen Ensembles auf unebenem Gelände errichtet. Es barg in seinem Inneren ein Großes Haus mit potenziellem Orchestergraben für 1300 Zuschauer, einen allgemeinen Vorführungssaal mit 350 Plätzen, verschiedene kleinere Räume, auch für Weiterbildungszwecke, wie Fernsehräume, Diskotheken, Bibliotheken, Sitzungssäle (Abb. 5a/b) – und nicht zuletzt ein alternatives Theater für 600 Zuschauer (Abb. 5c/d). Wie schon Laban und Stoecklin versammelte auch Wogenscky in seinem ursprünglich von Jacques Polieri entwickelten und von ihm hier konkret übersetzten Innenraum-Konzept das Publikum auf einer Drehscheibe, die von einem geschlossenen Bühnenring umzingelt wird. Bei Wogenscky ist zudem ein Teil des Bühnenrings drehbar, während die Erweiterung des festen Bühnenrings dem Gesamtraum eine ovale Gestalt verleiht. Die gesamte Bühnenanlage wird von einer weiteren Lage umschlossen, die als Hinterbühne und Abstellraum dient. Wieder also haben wir es mit einer breiten Bühne zu tun, diesmal so breit, daß sie sich zum Kreis schließt. Wie bei Laban und Stoecklin erhält die kreisende Dynamik durch die erweiterte Bühne am Raumende eine potenzielle Ausrichtung, wie bei Gropius hingegen läßt Wogenscky auch die Bühne zum Teil dieser Dynamik werden, indem er mit der Verwandtschaft zwischen Kreis und Oval arbeitet. So entsteht eine harmonische, eine fließende Räumlichkeit, die durch den Verzicht auf jegliche Trennung zwischen Bühne und Zuschauerraum ein bißchen Artauds magische Umzingelung des Publikums beschwört.

Am Ende des Gebäudes über abschüssigem Gelände gelegen, gibt die Gestalt dieses Schauspielhauses dem gesamten Baukonglomerat einen weich gerundeten Abschluß, der auf dünnen Stützen ruhend fast den Eindruck von etwas Schwebendem vermittelt (Abb. 5a). Die Außenansicht des Baus scheint auf den Vorschlag von Wogensckys ehemaligem Chef, Le Corbusier, zu antworten, der in den 20er Jahren die Ästhetik der Ozeandampfer als Leitbild zeitgerechter Architektur proklamierte, ebenso wie an dessen Aufhebung der tektonischen Erdgebundenheit durch den Bau auf ›Stelzen‹ (Abb. 6a): Es scheint die Erfüllung seiner Forderungen an den Architekten: »*neue Architekturformen, auf den Menschen zugeschnittene Elemente, von großzügiger und intimer Wirkung, Befreiung von den Stilen, an denen man erstickt, Gegensatz zwischen vollen und leeren Flächen, zwischen kompakter Masse und anmutigen Elementen*« (89) als Untertitel seiner abgebildeten Dampfer (Abb. 6b). In diesem Geiste ent-

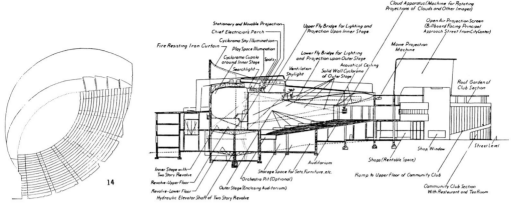

14

4d Zuschauerraum als Festsaal

4e Längsschnitt

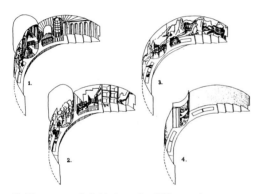

4f Nutzungsmöglichkeiten der Bühnenanlage

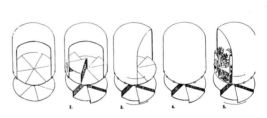

4g Funktionsmöglichkeiten der inneren Bühnenkapsel

5a André Wogenscky: Kulturzentrum in Grenoble (1968), Außenansicht

5c Das Kleine Haus

A Mobiles Theater
1 Drehbarer Zuschauer-
   raum
2 Ringförmige Bühne,
   drehbar
3 Feste Bühne
4 Hinterbühne
5 Beleuchterkabine
6 Beleuchterbrücken
7 Unterbühne
8 Publikumseingang
10 Gedeckte Terrasse
11 Imbißraum
12 Foyer
13 Küche
14 Ausstellungsraum
15 Sitzungszimmer
16 Technisches Lokal

B Großer Theaterraum
17 Zuschauerraum
18 Mobiler Fußboden
19 Orchestergraben
20 Bühne
21 Unterbühne
22 Atelier
23 Materialraum
24 Hausmeister
25 Lieferrampe
26 Beleuchterkabine
27 Beleuchterbrücken
28 Schnürboden
29 Probenraum

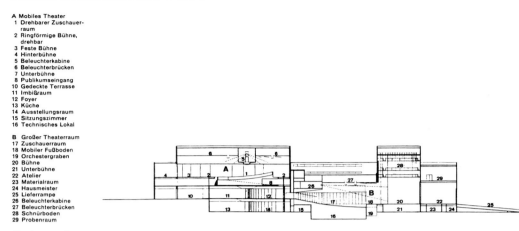

5b Längsschnitt

1 Beweglicher Zuschauer-
   raum
2 Beweglicher Bühnen-
   ring
3 Feste Bühne
4 Hinterbühne
5 Auftrittsrampe
6 Künstlerraum
7 Toiletten
8 Künstlergarderoben
9 Decke des großen
   Theaters
10 Schnürboden
11 Probenraum
12 Regisseur
13 Direktor
14 Abstellraum
15 Kinderhort

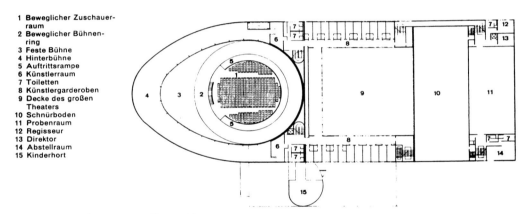

5d Grundriß auf Niveau des Kleinen Hauses

6a Le Corbusier: Villa Savoie (1928-30)

6b Detail eines Dampfers

warf Wogenscky einen dynamischen Baukörper, der das kreisende Verwandlungskonzept dieses Theatersaals durch die Außenhaut offenbar werden läßt und diesen Teil der Anlage betont. Hier ist ›vorne‹ wie bei einem Bug oder ›hinten‹ wie bei einer Heckschraube.

Im Grunde stellen die theatralen und kulturellen Dezentralisierungstendenzen, die in der Idee des Mehrzwecktheaters ihr geeignetes Instrument fanden, seit Mitte des Jahrhunderts, genauer seit den sowjetischen Bemühungen und spätestens seit der zweiten Medien-Revolution des Fernsehens, eine durchgehende Entwicklung parallel zu den Fragen eines spezialisierten Theaterbaus dar; schon allein, weil in den meisten Ländern, außer Deutschland mit seiner sehr eigenwilligen Tradition, Theater der Repräsentation des Machtzentrums diente und über kein landesweites Netz, geschweige denn Netzwerk, verfügte. Die fortschreitende Demokratisierung verfolgte da andere Interessen und Absichten. Das bedeutete für die meisten Regionen Europas weniger die Frage nach dem ›Wie‹ als vielmehr nach dem ›Ob‹ von Theatereinrichtungen. Staatlich organisierte Kultur verlangte naturgemäß nach einem Haus, das möglichst viele verschiedene Interessen bedienen kann; nur gelebte und gewachsene Theaterarbeit kann dagegen konkrete und spezifische Anforderungen an den Bau stellen, nur Orte mit einer regen und heterogenen Theaterszene können mit Berechtigung viele parallel arbeitende Strukturen einfordern. Wenn sich in jenen Jahren darüber gestritten wurde (90), ob Mehrzwecktheater überhaupt sinnvoll und theatergerecht seien, stellte man sich im Grunde die Frage, ob ein ›von oben‹ und zentral beherrschtes Theater überhaupt sinnvoll organisierbar sei.

c. ERGEBNISSE

Verwöhnt von der Ideenvielfalt der Jahrzehnte davor, ist man womöglich eher geneigt, in den 50er Jahren ein Fest der Konventionen und der Kompromisse zu sehen. Dies trat aus verständlichen Gründen besonders als deutsches Phänomen hervor, besaß aber in mehrfacher Hinsicht auch europa-übergreifende Gültigkeit. Dabei muß man allerdings berücksichtigen, daß die Ideen- und Anspruchsvielfalt, die sich bis zum Zweiten Weltkrieg äußerte, weitestgehend im theoretischen Raum der Utopien und der Wünsche beheimatet war. Nach diesem Krieg schien sich erstmals die Möglichkeit zu bieten, sie zu etablieren und tatsächlich Theatergehäuse zu errichten. Im Gegensatz zur Zeit nach dem Ersten Weltkrieg war diesmal zwar staatlicher Wille zur Unterstützung, waren bald größere materielle Möglichkeiten vorhanden, es fehlte aber der utopische Impetus der Theaterszene, es fehlten die experimentierfreudigen, lauten Avantgarden. Wenn es zu einer Kooperation zwischen dem bauenden Establishment und den Theaterleuten kam, dann auf dem Gebiet der Konvention, nicht der Innovation. Jene Theaterpraktiker, die durch ihre Arbeit zu anderen Spiel- und Raumformen gefunden hatten, mischten sich in die Auseinandersetzung mit den staatlichen Bauherren nicht ein, sondern blieben (bewußt) unabhängig und bevorzugten improvisierte und kleine Lösungen. Nur unter den Architekten hatte sich noch einiges innovative und utopistische Potenzial erhalten, das nun, wenn nicht schon bei den Ideenwettbewerben der Bauherren, spätestens beim Spielbetrieb der etablierten Theaterleute ins Leere fiel. Ihre Impulse und Vorschläge schüttelten die Situation dennoch eine Weile durch und stellten

jene Frage, deren Beantwortung vielleicht allein zu erklären vermag, warum die scheinbar
große Chance der Alternativen und Utopien lediglich die Blüte einer leicht gewandelten
Konventionalität hervorzubringen vermochte – »*Was ist ein Kommunaltheater und aus welchen Gründen leistet sich eine Gemeinde ein solches Gebilde?*« (91)

Während sich prinzipiell beim Bau eines Theaters die drei Kräfte – Theatermacher, Architekten und die Öffentlichkeit – ergänzen, war dieses mehr oder minder bewußte Zusammenspiel trotz aller Diskussionen seit dem Zweiten Weltkrieg grundlegend gestört; man könnte
fast von drei verschiedenen Vorstellungen von Theater(bau) sprechen – dem Theater der
Städte (oder Stadttheater), dem Theater der Architekten und dem Theater der Theaterkünstler:
► Für die theaterprägende Öffentlichkeit, vor allem in Deutschland und Frankreich, stand
   eine staatliche, subventionierende, möglichst in jedem Winkel präsente Kulturpolitik[72]. In
   der Bundesrepublik war das Verhältnis so eng, daß dieses ›Theater der Bürger‹ im Grunde
   das allgemeine Schicksal teilte und wiederspiegelte: als armes, improvisiertes Theater in den
   ersten Zeiten der Not, dann als komfortables, gut ausgestattetes Theater des Wirtschaftswun-
   ders; zunächst als ein Medium, das aus Texten Lebenssinn und Orientierung herauszulesen
   bemüht war, und später für den Lebensstil der Gebildeten und Belesenen stand. So erfüllte
   es präzis seine kulturpolitische Aufgabe, wahrhaft repräsentatives Theater zu sein. Man suchte
   nach neuen Idealen, nach demokratischer Moral und entlieh sie bevorzugt historischen
   Texten. Kaum jemals bestimmte die historische Perspektive Diskussionen und Findungspro-
   zesse am Theater so maßgeblich. Die Kontinuität der Entwicklung des eigenen Jahrhunderts
   war hingegen weitgehend zerrissen, der eigene Alltag seltener Gast auf den Bühnen[73].
   Repräsentatives Theater beinhaltet aber auch einen elastischen, aber unauflöslichen Abstand
   zwischen Repräsentierendem und Repräsentiertem, so wie das Spiegelbild eine Distanz
   zum Gespiegelten benötigt. Fallen beide in eins, wird die Möglichkeit der Abbildung aufgehoben oder der Spiegel gar zerbrochen. Durch diese Distanz blieb der Zuschauer immer
   betrachtendes Individuum, wurde er nie betroffener Teil einer Gruppe. Es galt, das Publikum
   zu interessieren, zu unterhalten, als Gegenüber anzusprechen, nie aber einzubeziehen, gar
   mitzureißen oder mit ihm zu verschmelzen. Dieses repräsentative Theater begab sich seiner
   Autonomie, seiner Sinnlichkeit (im Sinne von: mit allen Sinnen erfahrbar zu sein), seiner
   Magie – all das hätte einem tiefen Bedürfnis nach Kontrolle und Ordnung widersprochen.
   Dieses Theater diente einem eher philosphischen Diskurs. Seine autonome Potenz blieb
   latent. Deshalb gelang es nie, die vielbeschworene *Festlichkeit* zu erreichen, da Festlichkeit
   eines gemeinschaftlichen Kultes bedarf. Aber genau solch ein Kult der Gemeinschaft galt

---

72 Allerdings setzte in Frankreich, wie vor allem auch in England, eine intensivierte Bauaktivität erst in den
    60er Jahren ein.
73 »(..) nach zwei Weltkriegen (..) lebt das Theater vorzugsweise von der Reproduktion, es dient der Inter-
    pretation des Gewesenen und dem Zeitvertreib. Was an wesentlichen, meist analytischen Stimmen aus der
    Gegenwart vom Theater her in die Gesellschaft tönt, das findet kein Echo bei den neugewonnenen, be-
    triebssichernden Besucherschichten. Es hat seinen Ort im Studio, im Kammerspiel, im kleinen Raum und
    bedarf weder der opulenten Technik noch des Guckkastens.« (Johannes JACOBI IN: DIE NEUE STADT 7
    (1952) S.279)

nach dem Dritten Reich und dem Zweiten Weltkrieg als obsolet und beängstigend. Das die gesellschaftliche Situation repräsentierende Theater konnte nicht die Gesellschaft **sein**[74] und die für es geschaffenen Theatergebäude repräsentieren ihrerseits genau diesen Spalt: im per se distanzierten Zweiraumtheater, dessen Verbindungszone, also der ›innere‹ Abstand zwischen Rezipienten und Spiel, inzwischen modifizierbar geworden war. Die hypertrophe Bühnentechnik, die die Bühne immer mehr zur Maschinerie denn zum Raum werden ließ, half ebenfalls mit, die Welten unvereinbar werden zu lassen, Spiel und Alltag säuberlich zu trennen, indem der Zuschauerraum an einen, seiner Ausrüstung und seinem Charakter nach anders definierten Maschinenraum stößt. Daran hätten auch Einraumtheater nicht viel geändert, denn dieser Spalt zwischen Repräsentiertem und Repräsentierendem existierte zuerst in den Köpfen – oder wie Martin Buber 1955 ausmalte:

> Wenn das szenische Erlebnis echt und zugänglich ist, fühlen wir, daß wir in den Raum der Bühne nicht eindringen können, obgleich wir erlebend in ihm leben. (..) unsere Füße könnten wohl den Boden der Bühne, wir könnten aber nicht den Raum der Bühne betreten. Weil er anderer Gattung ist als der unsere; weil er von einem Leben anderer Stufe, anderer Steigerung, anderer Dichtigkeit erschaffen und erfüllt ist als der unsere (..). Dieses Wissen als Gefühl ist der Kern des echten szenischen Erlebens. (92)

Angesichts dieser Erwartungshaltung und der nach wie vor konventionellen Theaterpraxis erübrigten sich im Grunde alle Überlegungen zu einer alternativen Baugestalt.

Aber dieses Theater wäre, man muß es betonen, niemals als Ideal der staatlichen Bauherren realisierbar gewesen, wenn nicht das Gros der Intendanten und Regisseure an genau dieser Repräsentativität mitgearbeitet und diese Arbeit als strikt auf das Bühnenhaus beschränkt betrachtet hätten.

▶ Daneben existierte das ideale Theater der Theaterleute, nicht der meisten, aber immerhin doch einiger, die weiterhin nach Verbesserungen und Erneuerung strebten, praktisch oder im Entwurf. Unrealisierte Entwürfe kamen vielfach von Szenographen (die vielleicht, wie Roman Clemens und Leo Einzig, auch Architekten waren oder, wie Perrottet von Laban, eng mit einem Architekten zusammenarbeiteten). Sie wollten sich nicht wieder als Bühnenbildner hinter das Portal drängen lassen. An ihren Vorschlägen fällt der Hang zu einer gewissen Monumentalität bzw. die Suche nach Lösungen für größere Häuser[75] und auch eine kontinuitätswahrende Tendenz[76] auf. Sowohl utopistische Höhenflüge der 20er wie Massentheater-Ideale der 30er Jahre wurden in ihren Vorschlägen eher pragmatisch übersetzt.

---

74 In diesem Spalt zwischen Sein und Bild hätte theoretisch kritische Theaterarbeit einsetzen können oder wie SELLNER es vorsichtig faßte: »Wenn also die Frage lautet: Ob ein unserer Lebensform entsprechender Darstellungsstil das Theaterhaus ändern müsse, so ist sie zu verneinen. Denn unserer Lebensform könnte beinahe wieder der Repräsentationsstil entsprechen (..). Ob aber diese Darstellungsweise unserer Le-bens**situation** entspricht und ob sich Lebenssituation und Lebensform decken, das ist die Frage. Das Theater könnte jedoch vielleicht die Rolle des Gewissens spielen und durch die Lebensform hindurch-leuchten bis auf die Lebenssituation.« (IN: DIE NEUE STADT 7 (1952) S.291)

75 – so bei den amphitheatralen Einraumtheater-Entwürfen und auch LABAN/ STOECKLINS, CLEMENS und ALLIOS (1961) Vorschlägen.

76 – so scheiterten schließlich die überkuppelten, antikisierenden Einraumtheater-Entwürfe daran, daß sie sich noch immer an der Formensprache der Volkstheater orientierten. ALLIO versuchte, mit seinem Entwurf für ein Kulturzentrum von 1961 ebenfalls hier anzuknüpfen, LABAN/STOECKLIN und CLEMENS

Die unter maßgeblichem Einfluß von Regisseuren und TheaterleiterInnen gestalteten Häuser fallen hingegen durch ihre Bescheidenheit, was Größe und Ausrüstung anbelangt, auf. Es sind dies die kleinen, flexiblen Arenatheater, die keine Bühne brauchen, denn die räumliche Anordnung spart unwillkürlich ein Spielfeld aus, oder etwa das überlebende ›Not‹theater Sellners. Ihre Arbeit lebte von der menschlichen Darstellungsfähigkeit auf dem *nackten Brett*, von der Phantasieleistung des Publikums, vom ungebrochenen, intimen, nur durch räumliche Nähe vermittelten Dialog beider. Die Nähe involviert, aber die kleine Gruppe, nicht die aufgewühlte Masse. Mit den runden Zentralräumen wurde sie auf natürlichste und konsequenteste Weise geschaffen. Aber gerade bei dieser Anordnung ist die von der Raumgröße ausgehende Wirkung sehr unterschiedlich. Während große Arenen das Individuum vollkommen in einem Gemeinschaftsgefühl auflösen können, das mindestens so bestimmend ist, wie das Spielgeschehen, konfrontiert die kleine Arena gerade das Individuum direkt mit Individuen auf der Bühne oder auf der anderen Seite im Publikum, deren Gesichter einzeln gelesen werden können. Dieses Theater ist materiell und geistig unabhängig von den Zielen des repräsentativen Theaters, es hat in jeder Nische Platz und eignet sich mühelos auch theaterfremde Orte an. Vor allem in Frankreich, in Paris, war dies als Theater der gesellschaftskritischen jüngeren Autoren auch ein literarisches Theater, aber eines, das neben der Gesellschaft und ihrer Kulturpolitik existierte.

Verfeinerte Lichttechnik war das wichtigste Hilfsmittel des Spiels auf dem *nackten Brett*. Sie gewährleistete räumliche Gestaltung, Trennung der Bereiche, Suggestion, Illusion auf Zeit und ohne Material. Sie ermöglichte permanente Arbeit in sehr intimen Räumen, denn durch sie konnte der Eindruck der Raumgröße variiert und manipuliert werden. Dazu mußte sie den abgegrenzten Spielbereich überschreiten und den gesamten Aufführungsort erfassen können. Sie ermöglichte die Schaffung vollkommener Illusionen durch Projektion. Das wurde zwar zunächst noch von Szenographen und einigen Architekten vorgeschlagen (und im Q-Theatre aus den 40er Jahren auch realisiert), später aber genausowenig wie die letzten Visionen von überkuppelten Einraumtheatern umgesetzt. Ihre pantheistisch-transzendente Implikation und alles verbindende Geste vertrug sich weder mit dem Materialismus der Wirtschaftswunderzeit noch der subversiven Flexibilität und Bescheidenheit der Privattheater.

▶ Etliche Architekten dürsteten danach, von den Theaterpraktikern mit neuartigen Aufgaben betraut zu werden, aber die wenigsten von denen teilten ihr Interesse. Sie fühlten sich zuweilen für die Zukunft des Theaters verantwortlicher als sie es je sein konnten[77]. Ihre Vorstellungen vom Theaterbau verarbeitete die Leitbegriffe der modernen Architektur. So schlugen sie vor, die Gestaltungsmöglichkeiten freier Grundrisse und freier Fassadengestaltung, das heißt, eine freie Unterteilbarkeit der Innenräume, zu nutzen, da Wände und Mauern

---

hingegen an machbare Erfindungen der 20er Jahre, z.B. an die Drehtechnik oder die Durchdringung von Spiel- und Schauraum. Bei LABAN/STOECKLIN und CLEMENS wird wieder deutlich, daß in der Schweiz die Verbindung zu den alten Avantgarden nicht abgerissen war.

77 Thomas MÜNTER kritisierte 1965 bei einem Rückblick auf die Entwicklung der 50er Jahre: »Herrn Bornemanns Frage, ›sind wir auf dem Gebiet des Theaterbaus zu neuen Lösungen gekommen und haben wir mit unseren Bauten den Autoren, den Regisseuren und den Schauspielern Anregungen gegeben?‹, halte

nur noch trennen, nicht aber mehr tragen müssen, und, im Sinne der rationalistischen Stadtplanung, die Trennung der Arbeits- und Spielbereiche im Sinne des Betriebsablaufes einzurichten. Ersteres führte in der Raumbühnen-Diskussion nicht nur zum Vorschlag wandelbarer
Lösungen, die den Wechsel der Anordnung möglich machten, sondern im Laufe der Zeit
und zahlreicher Wettbewerbe geradezu zum Entwurf von ›Zauberkisten‹, die nicht allein
die Wahl zwischen zwei, sondern weit mehr räumlichen Anordnungen zuließen. Variabilität
war im Grunde Ausdruck eines veränderten Architekturbegriffs und ihr Stichwort. Sie war
andererseits das Ergebnis fruchtbarer Kooperation zwischen Architekten und Ingenieuren.
Die säuberliche Trennung der Funktionsbereiche konnte aus Gründen der Platzersparnis
inzwischen auch über verschiedene Ebenen vorgenommen werden und äußerte sich im
häufigen Vorschlag vertikaler Hubtechnik, so daß einerseits die vertikale Aktionsachse der
Bauhaus-Entwürfe in den Boden abgesenkt erscheint, andererseits die Massenarena technisch wandelbar wurde. Das Thema der großen Arena interessierte sie noch eine Weile,
aber mehr um des guten Kontaktes zwischen Bühne und Publikum willen, denn als Indoktrina-
tionsinstrument. Ihr anderer Vorschlag für eine Intensivierung der Beziehung zwischen Bühne
und Publikum in größeren Häusern (vor allem wenn man dabei auch an die Oper denkt)
war deshalb die besonders breite, oft zangenartig um das Parkett geschwungene Bühne, die
zwar möglichst viele an das Spielgeschehen heranbringt, aber durch geschickte Gruppierung oder fremdbestimmtes Bewegen des Publikums die Macht der Masse bricht. Bei der
demokratisch undifferenzierten Plazierung in amphitheatralen Anordnungen mildert die
breite Bühne unvermeidlich die Hierarchie des Hinten und Vorne. Die Bühne wird geöffnet,
deutet ein Einraumtheater an, bleibt aber tatsächlich ein abgegrenzter Bereich.

Der Blick auf die alternativen oder Gegenkonzepte offenbart also drei verschiedene Quellen: ► Ein Teil war eher von den alternativen Ideen der 20er Jahre, insbesonders dem
Totaltheater, beeindruckt und elaborierte eine Form der Theatertechnik, die möglichst den
gesamten Aufführungsort mitsamt Publikum einbeziehen sollte. Auch wandte man also, mehr
oder minder technisch aufwendig, die Idee des freien Grundrisses der modernen Architektur auf den Aufführungsort an und spielte seine Wandelbarkeit in verschiedenem Maße
durch - bis hin zum Wechsel der Funktionen im Mehrzweckbau[78]. Selten hört man allerdings ein offenes Bekenntnis zu diesen Vorbildern, der Umgang mit den Reformern der 20er
Jahre fiel meist zaghaft, oft sympathielos aus, je nachdem wie radikal avantgardistisch ihre
Ansätze waren. ► Ein anderer Teil war eher durch die Schwerpunkte der 30er Jahre
inspiriert und sah große, tendenziell runde Massenarenen, oft durch alles überspannende

---

ich für grundsätzlich falsch. Für so phantasielos sollten wir unsere Autoren nicht halten, daß sie z.B., um
ihre Stücke zu schreiben, derartiger Anregungen der Architekten bedürften. Forderungen entwickeln sich
aus dem Bedürfnis. (..) Dort, wo das Bedürfnis vorliegt, beginnt für mich die Arbeit des Architekten.«
Gewiß sollte es so ablaufen, aber was MÜNTER als Arroganz BORNEMANNS bewertete, war doch lediglich die Hilflosigkeit, die aus einem Sich-beauftragt-Fühlen resultierte, wo kein angemessen formulierter
Auftrag vorlag.
78 Dabei ist an die Vorschläge von BORNEMANN, LABAN/STOECKLIN, WOGENSCKY oder auch HERREY
einerseits und von MIES, VISCHER u.a. oder FREY/SCHADER andererseits zu denken. DÜTTMANN beschwor die Bauhaus-Kantine und damit ein ganz konkretes Vorbild, dessen Lebendigkeit und Geist aber
durch das Bauzitat allein nicht wieder zu beleben war.

Kuppeln und verfeinerte, illusionsfördernde Technik ergänzt, als Ablösung des Guckkastens
vor[79]. ▶ Der dritte Teil speiste seine Überzeugungen aus den Erfahrungen mit einer Art
Nottheater; sei es in Deutschland während des unmittelbaren Nachkriegs, sei es in Frankreich als Nachfolge von Copeaus oder auch Artauds bescheidenen Konzepten, sei es gar in
Italien oder England als Theaterpraxis unter sehr eingeschränkten Bedingungen[80].

Drei Interessensgruppen, (mindestens) drei vorbildhafte Ansätze – all das beeinflußte sich,
zumindest unbewußt, gegenseitig und ließ die Auseinandersetzungen, den Austausch von
Argumenten, die öffentliche Diskussion nicht verstummen; all das verweist auf eine ideelle
Findungsphase nach einem tiefen Einschnitt, deren Zielrichtung nicht klar zu sein scheint.
Wobei die zunehmende Geltung einer staatlichen Instanz für den Theaterbau die Interes-
sensdifferenzen nur umso weniger vermittelbar werden ließ, zu Scheindialogen und einer
Diskrepanz zwischen Verhandeln und Handeln führte. Darin und in verschiedenen anderen
Zeichen äußerte sich, trotz intensivierter Bauaktivität und aktivem Theaterleben eine große
Unsicherheit: ▶ in umfangreichen Ideenwettbewerben, bei denen ein möglichst großes
Spektrum potenzieller baulicher Ausdrucksformen klare, bedürfnisorientierte Maßgaben
ersetzen sollten ▶ in der Einrichtung erheblich kleinerer, meist variabler Studios, zusätzlich
zu den großen Häusern, in denen trotz der langfristigen Entscheidungen für eine Bauform
weiterhin und mit geringem Risiko nach neuen Spielformen und Autoren gesucht werden
konnte ▶ in der Verständigung auf variable Lösungen für den Portalbereich, die scheinbar
Kompromisse im Sinne der Raumtheater-Diskussion zuließen ▶ in der Baupraxis der
›vielen Köche‹, die die indirekte Offenbarung eines tatsächlich verhohlenen Desinteresses
der öffentlichen Bauherren an der Findung neuer Wege im Theaterbau war - ein Umstand,
den viele Architekten nicht einsehen wollten ▶ in der (Selbst)Definition des Theaters über
Autoren und Dramentexte, die letzlich nur den Mangel an Selbstvertrauen, also an Vertrauen in theaterspezifischere Ausdrucksmittel und auch an Mut zu theatereigenen Aussagen verbrämte ▶ im pluralistischen Spielplan, der genauso als Beliebigkeit der Themen
und Positionen, wie als Verschanzung hinter dem historischen Abstand verstanden werden
kann ▶ in dem historisierenden von den Ambitionen einer noch neuen Theaterwissenschaft angeheizten Rechtfertigungszwang, bei theoretischen Diskussionen um Standort und
Gestalt des Theaters, bei denen Argumentationen ohne die Erörterung (bestimmter) historischer Varianten nicht denkbar zu sein scheinen oder wie der Theaterarchitekt Werner
Kallmorgen klagte: »*Wir kranken an unserem historischen Erbe. Wir wissen zu viel, und deshalb
wollen wir zu viel, und deshalb können wir so wenig.*« (93)

79 Hierzu gehören die Einraumtheater, auch GUNKELS Versuch, die Vollarena zu vergrößern und technisch
    besser auszustatten, später der Vorschlag ALLIOS für das Theater eines Kulturzentrums und der REINERTS
    u.a. für Luxemburg.
80 Von den behandelten Beispielen gehören natürlich SELLNERS Orangerie, KIRCHHOFFS Einraum-Kon-
    zept, die kleinen Arenen in Paris, Mailand und Bolton und ALLIOS Entwurf von 1955 hier hinein, aber auch
    HARTINGS Kompromißsuche, WEBERS Lösung für Mannheims Kleines Haus und wohl auch Herbert
    BALGS Versuch, diese Qualitäten für ein großes Projekt fruchtbar werden zu lassen.

(1) ◇31 VIRILIO, Krieg S.13
(2) ◇112 BARRAULT, Betrachtungen S.17
(3) ebd. S.10
(4) Dieter LATTMANN »Kulturpolitik« IN: ◇11 BENZ Bd.3 S.421
(5) ◇5 SCHUBERT S.81
(6) Dazu gibt es etliche Zeitungsartikel. Z.B. Kommentare zum Kölner Mittwochsgespräch mit Gustaf GRÜNDGENS IN: NEUE ZEITUNG vom 8.12.1952 oder NEUE LITERARISCHE WELT 24 vom 31.12.1952, einen Text von GRÜNDGENS dazu IN: DIE ZEIT vom 30.11.1952
(7) Kurt HIRSCHFELD IN: NEUE LITERARISCHE WELT 24 vom 31.12.1952
(8) PISCATOR »Technik (..)«, Vortrag auf der Bühnentechnischen Tagung 1959 IN: ◇74 Schriften 2 S. 243 und 245
(9) ebd. S.238
(10) DÜRRENMATT »Theaterprobleme« IN: ◇116 Werkausgabe Bd.24 S.41f.
(11) Hans CURJEL »Reflexionen zum Theaterbau« IN: JAHRESRING 5 (1958/59) S.166
(12) Alain BOURBONNAIS »Theaterstudien« IN: BAUEN UND WOHNEN 9 (1958) S.302
(13) Johannes JACOBI IN: DIE NEUE STADT 7 (1952) S.278
(14) Pierre SONREL, der engagierte französische Theaterbau-Fachmann auf der Bühnentechnischen Tagung in Berlin 1950 IN: BTR 5 (1950) S.11
(15) ◇118 MELCHINGER S.37
(16) HUNDERTWASSER IN: ◇15 CONRADS S.152
(17) ◇20 GIEDION, S.25f.
(18) ◇24 PEVSNER S.420
(19) MIES VAN DER ROHE »Technik und Architektur« (1950) IN: ◇15 CONRADS S.146
(20) Gerhardt KAPNER »Sozialgeschichte der modernen Architektur« IN: ◇28 STEKL S.378
(21) Ulrich CONRADS »Neues Bauen« IN: JAHRESRING 5 (1958/59) S.140f.
(22) Vittorio MAGNAGO LAMPUGNANI IN: ◇11 BENZ S.150f.
(23) – wie Paul VIRILIO sie bezeichnet, IN: ◇30 Horizont S.55
(24) MAGNAGO-LAMPUGNANI IN: ◇11 BENZ S.155
(25) ◇19 Kenneth FRAMPTON S.231
(26) ◇122 KAISER, Schicksalsjahre S.36
(27) vergl. eine Kritik IN: DIE WELT vom 30.4.1946
(28) s. eine Kritik Heinz FRIEDRICHS IN: FRANKFURTER NEUE PRESSE vom 13.Oktober 1948
(29) Zum »Theater für morgen« IN: THEATER HEUTE 8 (1965) S.9
(30) Auszüge aus einem Vortrag von SELLNERS Dramaturgen Claus BREMER, abgedruckt IN: ◇119 SELLNER/ WIEN S.100
(31) ◇119 SELLNER/WIEN S.131
(32) SELLNER IN: ◇119 SELLNER/WIEN S.83
(33) BREMER, Vortrag IN: ◇119 SELLNER/WIEN S.98f.
(34) SELLNER IN: ◇119 SELLNER/WIEN S.131
(35) ◇113 BAUMEISTER S.138f.
(36) ebd. S.12
(37) ◇119 SELLNER/WIEN S.131
(38) ◇117 KIRCHHOFF »Theaterbau der Zukunft« S.12f.
(39) ebd. S.36
(40) ebd. S.44
(41) ebd. S.54
(42) ebd. S.34, ein Satz, den er hervorhebt!
(43) Kurt GUTZEIT »Projekt eines Idealtheaters« IN: DER ARCHITEKT 4 (1955) S.128
(44) Leo EINZIG über das Einraumtheater IN: NEUE BAUWELT 39 (1949) S.152
(45) ebd.
(46) EINZIG »Das Einraumtheater« IN: BTR 1 (1951) S.4

(47)   ebd. S.5

(48)   Material dazu s. vor allem: BTR 1 (1950) S.8f.

(49)   Werner HARTING »Baut zeitgemäße Theater!« IN: DIE NEUE STADT, 6 1950 S.215ff.

(50)   ebd. S.217f.

(51)   s. dazu HARTINGS Artikel IN: NEUE BAUWELT 35 (1950) S.558f.

(52)   Helmut GROSSE »Der szenische Konstruktivismus in Deutschland« IN: ◇84 Katalog Raumkonzepte
        S.214

(53)   ebd.

(54)   Roman CLEMENS IN: BAUKUNST UND WERKFORM 4 (1955) S.235

(55)   ebd.

(56)   PISCATOR »»Zu schade, daß Schiller diese Bühne nicht gekannt hat«« IN: BAUKUNST UND WERK-
        FORM 8 (1957) S.463

(57)   ebd. S.463f.

(58)   PISCATOR, »Technik - eine künstlerische Notwendigkeit des modernen Theaters« IN: ◇74 Schriften 2
        S.236

(59)   s. Günther KÜHNE »Gegenwart des Theaterbaus in Deutschland« IN: JAHRESRING 13 (1966/67)
        S.146

(60)   MIES in seiner Erläuterung des Entwurfs, zitiert IN: DAS WERK 10 (1953) S.314

(61)   ebd.

(62)   Hans SCHÜLER über das Projekt IN: ARCHITEKTUR UND WOHNFORM 3 (1961) S.109f.

(63)   vergl. dazu entsprechende Artikel IN: BTR 5 (1950) S.22 oder BTR 4 (1951) S.6

(64)   s. ◇120 VILLIERS S.51ff., hier besonders S.54f.

(65)   ◇120 VILLIERS, hierzu besonders das Kapitel »La practique« S.129ff.

(66)   ebd. S.51 und vor allem 57ff.

(67)   s. ebd. S.63f.

(68)   ebd. S.61f. (Übersetzung von S.K.)

(69)   – das er in der BTR 4 (1954) S.20ff. vorstellte.

(70)   ebd. S.21f.

(71)   s. dazu ARCHITECTURAL REVIEW 148 (1970) S.50 oder ◇5 SCHUBERT S.32f.

(72)   s. zu diesem Theater: ◇120 VILLIERS S.30f. und ◇5 SCHUBERT S.25

(73)   René ALLIO »Projet d'un Théâtre transformable« IN: WORLD THEATRE 3 (1955) S.31f. (Übersetzung
        von S.K.)

(74)   s. Denis BABLETS Bericht vom Colloquium in Royaumont 1961 IN: BTR 1 (1962) S.16, hier: S. 19

(75)   vergl. Kapitel 3.b

(76)   Aus Herbert BALGS Entwurfserläuterung IN: ◇111 ARCHITEKTURWETTBEWERBE 29 S.52

(77)   s. Paul ELLMER »Das ›Arena-Theater‹ - die neue Bühnenform am Broadway« IN: BTR 5 (1950) S.22

(78)   IZENOUR »Ursprünge, Ausgangspunkt und Entwicklung des Theaterbaus in den Vereinigten Staaten
        nach dem Zweiten Weltkrieg« IN: ◇2 DER RAUM DES THEATERS S. 52

(79)   ◇3 DERS. Theatre Design S.306

(80)   André PERROTTET VON LABAN »In Search of a Valid Form« IN: WORLD THEATRE3 (1955) S.42

(81)   LABAN/STOECKLIN »Projekt für ein neues Theater in Krefeld« IN: BTR 2 (1951) S.7

(82)   LABAN, In Search s.o. S.48f. (Übersetzung von S.K.)

(83)   ebd. S.7

(84)   ebd. S.7

(85)   s. z.B. Fred ALTENS Rechtfertigunsversuch IN: BTR 3 (1951) S.20f.

(86)   Walther UNRUH »Das Rundtheater« IN: BTR 1 (1963) S.26f.

(87)   Hermann HERREY »Community Theater« IN: ARCHITECTURAL FORUM 84 (1946) S.97

(88)   ebd.

(89)   LE CORBUSIER »1922. Ausblick auf eine Architektur«, Frankfurt a.M./ Berlin 1963 S.82

(90)   z.B. auf dem Colloquium über Theaterbau 1960 in Berlin; s. dazu BTR 1 (1961) S.9ff.

(91)   – so fragte und erörterte 1955 der Architekt Werner KALLMORGEN IN: DER ARCHITEKT 4 (1955)
         S.132f.; auch in seinem Eröffnungsvortrag der Theaterbau-Ausstellung in Darmstadt 1955 IN: ◇115
         Darmstädter Gespräch 5 S.20ff.

(92)   Martin BUBER IN: BAUKUNST UND WERKFORM 4 (1955) S.253

(93)   ◇115 Darmstädter Gespräch 5 S.21

5. DIE 60er JAHRE: IMMATERIALISIERUNG

a. CHARAKTERISTIK

Tendenzen der Theaterszene

Daß Adenauer in seinem folgenreichen Leben jemals eine Beziehung zur zeitgenössischen Kunst und Literatur entwickelt hätte, darf bezweifelt werden. Aber er und sein Nachfolger, Wirtschaftskanzler Erhard, der Günter Grass und Rolf Hochhuth, nur weil sie wider denn Stachel löckten, nebst einigen anderen mit ›Pinschern‹ verglich, erst recht Bundeskanzler Kiesinger, der bedauerte, daß es im Gegensatz zu Weimar in der Bundesrepublik nur linke Literatur gebe und diese für Deutschland ›nicht repräsentativ‹ sei – diese Regierungschefs standen immer im Hader mit den Intellektuellen. (1)

Diese Spannung zwischen den Mächtigen und den Intellektuellen, zwischen affirmativem und kritischem Denken, zwischen Materialismus und Moralismus, die während der aufbauenden und prosperierenden 50er Jahre ungemein schwach und von den Regierenden leicht zu kontrollieren war, nahm seit Ende des Dezenniums an Stärke und Deutlichkeit zu. Angesichts der nunmehr aufgehobenen Perspektive der Notwendigkeiten, angesichts, im Gegenteil, ungeheurer ökonomischer Erfolge und der ungeahnten technischen Möglichkeiten des *Zweiten Maschinenzeitalters* wurde eine kritische Auseinandersetzung der zwischen 1930 und 1940 Geborenen mit dem Erreichten und dem um seinetwillen Beiseitegeschobenen virulent, die zwingend auch eine Auseinandersetzung mit der von ihren Vätern wiedererschaffenen Welt war. Kritik und fällige Aufarbeitung traten als Generationenkonflikt in Erscheinung.

Die florierende Wirtschaft der 50er Jahre hatte das Bewußtsein evoziert, über unerschöpfliche Energiequellen zu verfügen und über unerschöpflich viele technische Möglichkeiten, sie auszubeuten. Während des *Zweiten Maschinenzeitalters* betraf dieser Fortschritt nicht allein die Produktionsverfahren, die Arbeitsbedingungen und öffentlichen Strukturen, diesmal drang er bis tief in die privaten Haushalte ein und prägte mit seinen Geräten und Chemikalien die alltäglichen Handgriffe und Abläufe. Eine immer ausgeklügeltere, immer unausweichlicher werdende Werbung prägte Weltbild und Konsumverhalten.

Der Tatsache, daß wir Zugang zu fast unbegrenzten Energiequellen haben, steht die Möglichkeit gegenüber, unseren Planeten unbewohnbar zu machen; dafür eröffnet sich uns aber jetzt, wo wir sozusagen an der Schwelle des Weltraums stehen, mehr und mehr die Möglichkeit, unsere Insel Erde einfach zu verlassen und uns anderswo anzusiedeln. Unsere Kenntnisse auf

*dem Gebiet der Informationsübermittlung haben uns außerdem in den Stand gesetzt, elektro-
nische Apparate die mühevolle Kleinarbeit routinemäßiger Denkvorgänge für uns ausführen
zu lassen, aber auch dazu, die menschliche Denkweise den Bedürfnissen einer oft engstirnigen
Macht-Elite anzupassen,*
charakterisierte »*in den späten 50er Jahren*« Reyner Banham die herrschende Mentalität (2),
auf die nun reagiert werden mußte. Sie prägte in mancherlei Hinsicht natürlich auch das
Theater.

So begeisterten sich Theatertechniker und vereinzelte Architekten für immer weit-
reichendere bühnentechnische Mittel. Neben der expandierenden Verwandlungstechnik,
dem konzeptionellen Erbe der 50er Jahre, wird nun beteuert, elektro-akustische Einrichtungen bescherten der Theaterästhetik ganz neuartige Möglichkeiten, die, kombiniert mit
der inzwischen ausgefeilten Lichttechnik, auch die Dimensionen des Aufführungsraums auf
immaterielle Weise variabel machen könnten, einen *virtuellen Raum* erschüfen[1]. Überhaupt:
Die Diskussionen um den *elastischen* Raum wurden durch die verschiedenen wissenschaftlichen und technischen Perspektiven nur immer verfeinerter[2]. In England wurde während
des Theateraufschwungs der 60er Jahre der *lightdesigner* gar zur wichtigsten kreativen Größe
neben dem Schauspieler; immaterielle ersetzten materielle Mittel und Technik verschmolz
mit Kunst. Zwar konnte sich die Elektroakustik am Theater doch nicht durchsetzen, die
Diskussion verwies aber auf jene technischen Medien, die nun in rasendem Tempo die
Wohnstätten eroberten, die Plattenspieler, Tonbandgeräte und – das Fernsehen. Letzteres
zweigte zweifellos einen Teil des Publikums ab und wurde vom Theater entsprechend als
direkte Konkurrenz eingestuft. Bis das Theater lernte, sich bewußt und ostentativ seiner
ureigensten Mittel zu bedienen und sich eine ›ökologische Nische‹ zu sichern, bedurfte es
einiger Zeit. So versuchte man, durch den Einsatz verfeinerter technischer Mittel konkurrenzfähig zu bleiben oder man integrierte in einige englische Universitätsstudiotheater auch
jene technischen Einrichtungen, die sie nach Wunsch in Fernsehstudios verwandelten. Überhaupt arbeitete die neue englische Autoren-Generation parallel für Theater und Fernsehen.

Auch in der Bundesrepublik überschnitten sich zunächst die inhaltlichen Ansätze, antworteten sie doch mit dem gleichen Unbehagen auf das Bestehende, verliehen sie doch den
gleichen Kritikpunkten Ausdruck und bedienten sich dabei jeweils des typischen Instru-

---

1   Der Theatertechniker Fritz WINKEL z.B. versuchte, Nutzern und Architekten von den neuen Möglichkei-
    ten zu überzeugen und malte aus, »wie der Raum des Theaters, der Oper und des Konzerts durch die
    Mittel des Lichts und der künstlichen Akustik zum virtuellen Raum wird. Der Raum wird unabhängig von
    den vier Wänden des Raumes, weil er sich virtuell dehnen kann, er kann ebenso verkürzt werden, und
    damit wird der Raum ein agierendes Mittel.« (IN: DER ARCHITEKT 8 (1965) S.282)
2   Hans CURJEL mutmaßte da: »Wir zweifeln nicht daran, daß heute grundsätzlich die Stunde des Raum-
    theaters geschlagen hat. Der Raum, das Räumliche in seinen verschiedenen Ausprägungen, von den Raum-
    durchdringungen der Architektur bis zum Erlebnis der Landschaftsräume, bis zu den elastisch gewordenen
    Distanzen zwischen Ländern, Kontinenten und kosmischen Bereichen, vom psychischen Raum bis zu den
    Einsichten in mikrokosmische Zellenbewegungen – all dies und noch viel Dazugehörendes berührt und
    beschäftigt den Menschen von heute und, wie wir glauben, von morgen in seinem zentralen Denken und
    Erleben.« (IN: JAHRESRING 5 (1958/59) S.162)

mentariums des anderen. So verlief die Entwicklung einer gesellschaftskritischen Fernseh-**dramaturgie** parallel zu der des **Dokumentar**-Theaters. Unter dieser Bezeichnung und unter Verwendung dieses Mittels, des historischen Dokumentes, schuf gleich eine Reihe jüngerer Autoren eine, wenngleich kurze, so doch einprägsame Bewegung deutscher Dramatik. Ihr Ziel war die moralische Reinigung, die Aufarbeitung der Vorgeschichte der 50er Jahre. Martin Walser, Rolf Hochhuth, Peter Weiss, Heinar Kipphardt.. legten gezielt den Finger auf alte Wunden und bemühten sich, die Leichen aus den Kellern der Verdrängung zu entsorgen, womit sie unvermeidlich in Konflikt mit der Väter-Generation gerieten. Auch lösten sie sich mit ihrem Anspruch auf wirklichkeitsabbildende Beweiskraft bewußt von Brechts Verfremdungs- und Parabelästhetik. Das Auftreten dieser neuen Blüte des Dokumentar-Theaters verhalf schließlich noch seinem Erfinder Erwin Piscator zur Rehabilitation. Er traf zum ersten Mal seit seiner Rückkehr nach Deutschland auf eine Bewegung am Theater, die seine Ansichten teilte, und machte Hochhuths STELLVERTRETER zum Erfolg.

> Diese Gesellschaft war bis dahin abgelenkt von sich, vom Reflektieren auf sich selbst; abgelenkt durch den Wiederaufbau der Wirtschaft und den Genuß des Wohlstandes, in dem die zurückgewonnene Freiheit, wie materialisiert auch immer, erlebt wurde. Aussetzen der nationalen Idenität, Erschöpfung des Wiederaufbaus, Sicherung des Wohlstands und die endgültige Scheidewand in der binnendeutschen Politik mit dem Bau der Mauer in Berlin, das Erlebnis der Ausgeliefertheit an die große Politik: aus der offenen wurde um das Jahr 1960/61 plötzlich eine geschlossene Gesellschaft, nein, keine geschlossene, eine sich abgeschlossen fühlende, in ihrer wirtschaftlichen Produktivität unerhört freie Gesellschaft, die nun ihre unterdrückten Probleme entdeckte und für sich aufzuarbeiten begann. Das Dutzend neuer Stücke, das seit 1960 entstanden ist, spiegelt diesen Vorgang sehr deutlich wieder. (3)

Genau hier lagen ihre Aufgabe und ihr Inhalt und hierin erschöpften sie sich auch, bei der Bewertung des Heute aus der Perspektive des Damals, die die Perspektive des Morgen nicht kannte und sich auch kaum mit aktuellen Erscheinungen befaßte.

Aber die neuen Dramen schafften es tatsächlich, in den neuen oder wiederaufgebauten Stadttheatern aufgeführt zu werden. Die neuen Dramaturgien konnten inzwischen von den Theatersystemen absorbiert werden; so auch in Frankreich, wo – nachdem sich die junge Dramatik der Nachkriegszeit erst einmal in Kellertheatern eine Nische erkämpfen mußte, um dann in die Privattheater aufgenommen zu werden – sie nun durch progressive Theaterleute wie Jean-Louis Barrault oder Jean Vilar auch in die Spielpläne der öffentlich geförderten Nationaltheater integriert wurden. Barrault engagierte sich gerade auch in Hinblick auf die Möglichkeit, mit geringerem Risiko junge Autoren ausprobieren zu können, für einen Repertoire-Spielplan (4). Stattdessen förderte die intensive Rezeption Brechts in Frankreich seit Mitte der 50er Jahre einen Hang zum politischen Theater. Ungefähr zehn Jahre vor entsprechenden Tendenzen in Deutschland diskutierte man bereits öffentlich über die Integration des Arbeiterpublikums und überhaupt die sozial integrative Rolle, die Theater im Rahmen des Volkstheater-Konzepts eines Vilar und der Kulturzentren spielen sollte (5). Das deutsche Theater pflegte zwar den Repertoirebetrieb, hatte aber Schwierigkeiten, mit solch politisch ambitionierten Stücken seine großen Häuser zu füllen. Die wenigsten Abonnenten und Betroffenen wollten sich mit der Kritik konfrontieren und so erlebten eine Weile die Kleinen Häuser und Studios ihre große Zeit.

England genoß während der 60er eine der großen Blütezeiten seiner Theatergeschichte. Die kommerzielle, auf die berühmten Schauspieler fixierte Londoner Westend-Szene florierte, vor allem aber verdankte sich die aufflammende Lebendigkeit der Theaterszene gleich einer Fülle junger Autoren und letztlich auch hier einem Generationenkonflikt.

Die Geschichte des neuen englischen Dramas von Osborn bis Orton zeigt sehr deutlich, daß es die dortigen aufsässigen, um sich schlagenden Stücke nicht gäbe ohne die Festigkeit des Establishments, ohne die Festigkeit einer gesellschaftlichen Form, die als Stagnation empfunden wird. (6)

Gewissermaßen im Untergrund entfaltete sich das *Fringe*-Theater in Opposition zum kommerziellen Theater und entwickelten sich jene Autoren, die jenseits aller Unterhaltung und allen Kunstanspruchs die Alltäglichkeit einer ansonsten gesellschaftlich abgedrängten Schicht, der unteren Mittelklasse, abbilden wollten. Edward Bond, Arnold Wesker, Harold Pinter.., ihr Generationskonflikt ist im Grunde ein soziales Aufbegehren und auch die Stimme der ansonsten nicht wahrgenommenen, vor allem der sozial schwachen nördlichen Regionen. Der verdrängende Blick, der England mit London und englisches Theater mit dem Westend gleichsetzt, wurde unausweichlich in Frage gestellt. Daneben entwickelte sich schon allein durch die Förderung von Theaterneubauten außerhalb Londons von seiten des Arts Council zum ersten Mal in der englischen Geschichte eine Stadttheater-Kultur.

Das wachsende kulturelle Selbstbewußtsein der Regionen (..) spiegelt gleichermaßen das Finden kultureller Identität, das Stillen durch Bildung geweckter Bedürfnisse wie den Zerfall traditioneller politischer und kultureller Machtpositionen in einem zentralistisch regierten Staat. (7)

Dabei kam es beim englischen Theaterbau weniger auf das Stillen repräsentativer Bedürfnisse an. Nicht teure Musentempel, sondern vorbildlich kostengünstige, ganztägig zugängliche Funktionsbauten wurden errichtet.

Außer von einer neuen Dramatik erhielt zumindest das deutsche Theater der 60er Jahre weitere Impulse von den jüngsten Entwicklungen der Bildenden Kunst, wo sich ebenfalls Protest gegen Verdrängung, eine realitätsflüchtige Mentalität, die Ausgrenzung der Kunst aus dem Alltag regte und sich die Tendenz abzeichnete, all die künstlich errichteten Barrieren zwischen den Bereichen, zwischen verschiedenen Disziplinen der Kunst, zwischen Kunst und alltäglichem Leben niederzureißen. Kunst vereinnahmte triviale Ausdrucksformen, wenn die Pop-Art Techniken, Motive und die Massenhaftigkeit der Reklame-Produktion, die Eingängigkeit von Comics oder andere Banalitäten der industriellen Hochrüstung provokativ und unkommentiert die traditionelle Position von Tafelbildern und Skulpturen einnehmen ließ. Theater und Kunst und Leben durchdrangen einander im Happening, indem aus den Situationen und gewöhnlichen Materialien des Alltags, was durchaus Blut und Unrat einschloß, teils inszenierte, teils, unter Einbeziehung des Publikums, improvisierte Aktionen überraschen, amüsieren, schockieren und in jedem Fall den Blick auf die ›Normalität‹ verändern und hinterfragen wollten. Happenings konnten überall stattfinden und zu jeder Zeit.

Die Erwartung war, es könnte sich hier eine phantasiereiche, von der Wirklichkeit ausgehende und auf ihre Zustände zurückweisende assoziative Spielform herausbilden, Anfänge einer Bewußtseinskunst, die durch bestimmte Konfrontationen, Verdeutlichungen, Phänomen-Isolierungen oder -kumulierungen, durch Belastungen, Störungen, Zumutungen den für die im Alltag versteckten Inhumanitäten wie für seine verborgenen Schönheiten wecken könne. (8)

Indem die Künstler echte Materialien und lebende Menschen zur Kunst arrangierten, näherten sie sich dem Theater an, waren aber dessen Entwicklung weit voraus. Die jüngere Generation an den Theatern empfing daraus deutliche Impulse für ihre Arbeit und zuweilen kooperierten Stadttheater und Künstler, wie bei Wolf Vostells legendärem Happening IN ULM, UM ULM UND UM ULM HERUM, das 1964 die Mitarbeit des Ulmer Theaters unter Ulrich Brecht und die dramaturgische Betreuung Claus Bremers genoß. Naturgemäß erzitterten unter diesem Einfluß einige eherne Konventionen des subventionierten Theaterbetriebs, schon allein deshalb, weil sie starre Gesetzeskraft für sich beanspruchten: So das Beharren auf der Vormachtsstellung der Dramenliteratur, der Festlegung des Theaters als Exil der Weltflüchtigen, als Hort ästhetischer Illusionen. In der Folge bildeten sich vermehrt freie Theatergruppen und es wurden Forderungen laut, das Publikum mehr am Spiel zu beteiligen, das Theater mehr zum Stadtraum hin zu öffnen, mehr Verantwortung auch für sein städtisches Umfeld zu übernehmen.

*Die Stadt, verallgemeinert, verödet im Sinne sich ausbreitender Langeweile immer mehr und läßt es immer dringender notwendig werden, daß sie wieder lebendig wird. Das Theater, das beginnt, lebendig zu werden, bekommt seine Lebendigkeit, indem es das Leben in den Bereich der Bühne aufzunehmen anfängt. Das Theater braucht für seine Lebendigkeit die Stadt, die zu ihrer Lebendigkeit das Theater braucht. Die Stadt muß sich, um lebendig zu werden, vom lebendigen Theater schlucken lassen. Was ich **lebendiges** Theater nenne, bezieht den Zuschauer auf der Basis gemeinsamer Realitäten in die Theaterdichtung mit ein. Dieses Lebendige Theater hat seine vielseitige Geschichte. Eine Seite der Geschichte zeigt die Aktivierung des Zuschauers, eine andere die Annäherung der theatralischen Ausdrucksmittel an seine jeweilige Welt. (9)*

Damit wurden auch die baulichen Sünden in den abends verödeten Innenstädten kritisiert, die Bevölkerung aufgefordert, sich durch Aktivitäten dagegen zu wehren. Daß das aktivierte, kommunikationsbereite Publikum sich nicht aus den herkömmlichen Besuchergruppen rekrutieren konnte, war den Neuerern bewußt. Man war ja auch im Grunde an einem neuen, also jüngeren, kritischeren, offeneren Publikum interessiert. Auch hier forderte eine Generation die andere heraus.

Diese Herausforderung wurde in Einzelfällen auch von den etablierten Älteren angenommen. Ein Beispiel ist da der 1965 von den Architekten Fritz Bornemann und Rolf Gutbrod und den Herausgebern der Theaterzeitschrift THEATER HEUTE bevorzugt für junge Architekten und Architekturstudenten ausgeschriebene Ideenwettbewerb *Theater für morgen*. Hiermit lag ein Angebot etablierter, aber keineswegs zufriedener oder unkritischer Theater-Architekten und Architektur-Lehrer an die kommende Generation vor, praktisch Stellung zu einem bestehenden, vieldiskutierten, über die Gegenwart hinauswirkenden Problem zu beziehen. Viele Entwürfe entstanden, die nach und nach sämtlich veröffentlicht wurden. Dabei zeigte sich, daß sich die Interessen tatsächlich verschoben hatten: Der Theaterbau wurde nunmehr als Teil urbaner Planung aufgefaßt, in den wenigsten Fällen als isolierte Bauaufgabe verstanden, was auch bedeutete, daß weniger Wert auf die exakte Durchplanung des innenräumlichen Funktionsflusses gelegt wurde. Im Innern bevorzugte man möglichst variable, mehr noch: flexible Strukturen und zollte so den unüberschaubar vielen Möglichkeiten, Theater zu definieren, Respekt; auch der Guckkasten blieb vorhanden – als eine unter anderen Varianten. Die DIN-normierten Sicherheitsvorschriften ignorierte man bewußt als veraltet.

Für uns ist Theater kein Festakt; es kann Spaß sein, politisches Handeln, wirklich notwendiger Teil unseres Lebens. Unsere Vorstellung vom Theater verbindet sich nicht mit den Wallfahrtsorten Bayreuth und Salzburg, wo die eigentliche gesellschaftliche Aufgabe des Theater umfunktioniert wird zum gesellschaftlichen Ereignis (10),

lautete das Credo der Jüngeren und so machten sie deutlich, wie sehr die Auffassung von Theater mit dem jeweiligen gesellschaftlichen Selbstbild verknüpft ist, das für sie deutlich ein anderes war.

Bezeichnend an dieser Aktion war nun allerdings, daß die Älteren mit den Jüngeren nicht direkt diskutierten, sondern sich untereinander während eines Colloquiums – wie schon so oft – ergebnislose Meinungsgefechte lieferten (11). Wenn auch vereinzelte etablierte Teilnehmer, wie die Architekten Werner Ruhnau, Rolf Gutbrod oder Hans Scharoun, manch ähnliche oder gar gleiche Position vertraten, hebt das doch die Dialog-Verweigerung nicht auf. Die einzige Stimme, die spontan und direkt auf die Entwürfe reagierte, war der Architekt Egon Eiermann, der eine Auffassung von Theater verteidigte und einforderte, die sich theaterästhetisch an Gründgens und architektonisch bezeichnenderweise an Hans Poelzig orientierte und das *festliche Theater* als »fast sakrales Ereignis« beschwor.

Natürlich haben Sie recht, wenn sie sagen, man kann in jedem Stall Theater spielen. Man kann aber nicht in jeder Gesellschaft bestimmtes Theater spielen, sondern die Gesellschaft hat ihm die Form beizubringen und dem Architekten sozusagen als eine gesellschaftliche Form aufzuerlegen und zu sagen: Bau für diese Gesellschaft ein Theater!

Wie sieht denn Eure Gesellschaft aber aus? Mit Würstchenbuden! (..) (12)

So benannte er deutlich den eigentlichen Gegenstand des Konfliktes und – er äußerte sich wenigstens. Denn auch das Konzept der Initiatoren, den Nachwuchs im Dialog mit den Theaterleuten entwerfen zu lassen, scheiterte an deren vielbeklagtem Desinteresse. So kann es nicht verwundern, daß stadtplanerische Ansätze vorrangig interessant zu sein schienen; zumal die einzig kooperativen Theaterleute mal wieder in Ulm saßen und Ulrich Brecht und Claus Bremer hießen.

Ulm und seit 1962 Bremen waren auch die Schauspläce einer wesentlich fruchtbareren Kontaktaufnahme zwischen den Generationen. Während seiner Intendanz an diesen Theatern versammelte nämlich Kurt Hübner ein großes Ensemble aus jungen Talenten. Der größte Teil jener Schauspieler, Regisseure und Szenographen, die die Theaterarbeit der 70er Jahre bestimmen werden, erhielten bei ihm die erste Chance, sich auszuprobieren. Bremen wurde zum Schauplatz eines neuen Stils, der nicht auf Literatur beruhte, sondern auf der Inszenierungsarbeit Peter Zadeks, Peter Palitzschs, Peter Steins, Klaus Michael Grübers, Rainer Werner Faßbinders.. Sie prägten wiederum ihre Schauspieler, die Schauspieler des nächsten Jahrzehnts, darunter die Keimzelle der Berliner Schaubühne, und sie wurden geprägt durch eine völlig neue, Kunststile zunächst plakativ integrierende, auf der eigenen künstlich-künstlerischen Realität bestehende, eben eine selbstbewußte Auffassung von Szenographie, wie Wilfried Minks sie in jenen Jahren entwickelte und so zum Lehrer einer ganzen Szenographen-Generation wurde – der Szenographen der 70er Jahre.

Die Situation der Architektur

Raumordnung und Stadtplanung – das waren **die** Themen der Architektur der 60er Jahre. Nicht etwa nur, weil dort aufgrund der Zerstörungen des Krieges, des als bedrohlich prognostizierten Bevölkerungswachstums und nicht zuletzt der beständig nach erweiterten Infrastrukturen verlangenden Mobilität und Produktivität der prosperierenden westeuropäischen Gesellschaften die prominentesten Aufgaben lagen. Die progressiven Architekten reagierten mit dieser konsequenten Erweiterung des Blicks auf eine Baupraxis, die sich in Massenprojekten erging, und es nicht vermochte, die (womöglich repräsentativen) Einzelaufgaben (wie eben auch Theaterbau) durch ausstrahlungsstarke, identitätsfördernde und mutigklare Umsetzungen zu lösen. Der Motor der Theorie und des Fortschritts war auch hier die Kritik am bisher Geleisteten und weiterhin Geplanten.

Dieses war in der Bundesrepublik zu großen Teilen Schöpfung der öffentlichen Baubehörden, die in zunehmendem Maße nicht nur als Bauherren, sondern auch als entwerfende und ausführende Instanzen in Erscheinung traten[3], und zu einem anderen Teil, länderübergreifend, Ergebnis der Umsetzung praktisch gänzlich unerprobter architektonischer Theorien und Glaubensgrundsätze. Zu kritisieren gab es also zunächst genug. Nicht nur, daß Versuche, die Entwicklung mit gesetzlichen Mitteln zu steuern, zugegebenermaßen fehlschlugen und, im Gegenteil, Bodenspekulation und überhöhte Mieten förderten, alarmierend war vor allem die international um sich greifende Rücksichtslosigkeit gegenüber gewachsenen urbanen Strukturen. Inzwischen konnte man absehen, daß durch die Zerstörung älterer Stadtviertel oder gravierende Eingriffe in ihren Charakter mehr verlorenging als mit den neuen Konzepten je gewonnen werden konnte.

Tatsächlich erstaunt die Blindheit für den Verlust, den die städtische Kultur Europas mit dem Untergang der Städte durch moderne Siedlungsplanung erleidet – ein Verlust, den auch der sehen muß, der keine Lanze für rachititsfördernde Hinterhöfe brechen will. (..) Es ist überall dasselbe – in Londons Satellitenstädten oder im wuchernden Los Angeles: Die familiengerechte, durchgrünte Bauweise hat als Preis Sterilität und aseptische Ordentlichkeit. Die alten Viertel hatten zwar kein Grün, aber die Nachbarn trafen sich auf ihnen und hielten ihren Tratsch ab; die neuen geben das fünffache an Grünfläche, aber man durchmißt sie nur noch auf dem Weg

---

3   »Der Baubeamte hat ein Gewicht bekommen, das in keinem Verhältnis zur Zahl der Begabungen steht, die in öffentlichem Dienst arbeiten. Die Kriegszerstörungen und die Kapitalarmut des privaten Bauherren haben die staatlichen und halbstaatlichen Bauherren – zum Beispiel der Wohnungsbaugesellschaften – in einem Maße nach vorn gespielt, von dem sich noch das Kaiserreich nichts träumen ließ. Nicht nur, daß jede Stadt, jede Behörde, jeder Bezirk in eigener Regie baut (..). Der Staat, das Land, die Stadt treten heute nicht nur dort selber als Bauherren auf, wo sie früher nur Bauaufsichtsbehörde für private Initiative waren.. (..) Den Kritiker, den ja die Ausgabenpolitik der öffentlichen Hand in geringerem Maße als die Qualität des Gebauten angeht, interessiert diese Frage nur insofern, als die Entwicklung dazu geführt hat, daß das anonyme Ateliermitglied heute der Stadt in größerem Maße seinen Stempel aufprägt als das Talent oder das Genie: Scharoun hat weniger im Nachkriegsdeutschland gebaut als der unbekannte Zeichner im Bauamt der Bundeswehr«, gab Wolf Jobst SIEDLER in einer NDR-Rundfunksendung als wichtigen Aspekt zu bedenken. (»Gedanken zur Zeit/Verwaltete Architektur« IN: DER ARCHITEKT 9 (1964) S.261)

*zur Arbeit. Mit dem Souterrain ist auch die Intimität, die Vertrautheit, das Zuhausesein geopfert
worden. (..) Die Selbstmordrate liegt in den zukunftsgemäßen Siedlungen beträchtlich höher
als in den Arbeiterquartieren von Englands Hafenstädten, in die ein großer Teil von Satelliten-
stadt-Bewohnern zurückdrängt. Es wäre zwar vermutlich übertrieben, in der Kultur geradezu
ein Produkt schlechter Wohnverhältnisse zu sehen, aber eine umgekehrte Beziehung ist auf
jeden Fall vorhanden. In den suburban areas Englands und Amerikas ist die Teilnahme am
Kulturellen rapide zurückgegangen (..) (13),*
umschrieb Wolf Jobst Siedler das Dilemma einer Architektur zwischen physischer und psychischer Hygiene und unterstrich schließlich die immense Wichtigkeit einer konstruktiven
Stadtplanungskritik, denn:
*Mit dem Gedicht, das uns mißfällt, müssen wir nicht leben. In der Stadt, die uns mißfällt wachsen
noch unsere Kinder auf. Baukritik, Kritik der Kunst, der Organisation, der Gesellschaftskonzeption
zählt deshalb heute zu dem Wichtigsten, womit sich ein Kritiker beschäftigen kann. (14)*
Und auch die Architekten und Fachleute übten in diesem Sinne Kritik: Alvar Aalto z.B.
verurteilte 1964 den (Aber)Glauben an quantitative, rein statistische Analysen, die *Vulgär-
technik,* deren Ziel immer die Monotonie sei, den facheigenen Hochmut, sich über der
Geschichte stehend zu wähnen, die Seelenlosigkeit der neuen Konzepte als *Feinde der Architektur;* und er warnte nach seinen Erfahrungen in Skandinavien deutlich vor dem neuen
Spekulantentum, dem des Staats. (15). Siegfried Giedion klagte vor allem die ältere, also
seine Architekten-Generation und *»die Verkehrsplaner, die Automobilklubs, die Grundstücksaus-
werter und, last but not least, die Politiker«* an, mit der anonymen Architektur der Städte ihre
psychische Ausstrahlkraft und ihr Wesen zu vernichten. Auch er rief zu Kritik, mehr noch zu
Protesten auf und unterstützte dabei vor allem die Jüngeren[4]. Die Architekten Reinhard
Gieselmann und Oswald Mathias Ungers kritisierten die so entstehende ›Architektur‹ als
*Ausdruck einer materialistischen Gesellschaftsordnung, deren Prinzipien Primat der Technik
und Gleichmachung sind. Das Verhältnis zur Umwelt wird programmatisch festgelegt und dadurch spannungslos. Durch diesen Mangel an Vitalität entsteht ein geistiges Vakuum. An die
Stelle der lebendigen Auseinandersetzung des aktiven einzelnen mit seiner Umwelt tritt die
geistige Versklavung durch die Diktatur der Methodik. (16)*
Für sie gilt hingegen:
*Architektur ist vitales Eindringen in eine vielschichtige, geheimnisvolle, gewachsene und ge-
prägte Umwelt. Ihr schöpferischer Auftrag ist Sichtbarmachung der Aufgabe, Einordnung in
das Vorhandene, Akzentsetzung und Überhöhung des Ortes. Sie ist immer wieder Erkennen*

---

4   »Unter anonymer Architektur verstehen wir jene Zeugen aus der nahen und fernen Vergangenheit, deren
     Zusammenwirken mit dem Heute Wesen und Gehalt einer Stadt ausströmen. (..) Langsam, sehr langsam
     wächst die Einsicht, daß es nichts nützt, nur die großen Monumente zu pflegen. Was heute geschützt
     werden muß, ist die innere Struktur des Stadtorganismus: seine anonyme Architektur, die die Stadt erst zur
     individuellen Stadt werden läßt. (..) Überall hört man von der mutwilligen Vernichtung von Bauten, die zur
     Atmosphäre einer Stadt gehören. Gerade die Jungen stehen dagegen auf. Sie sind es, die in Stockholm, in
     Kopenhagen und in anderen Städten sich zusammentun und dagegen demonstrieren. Was es heute brauch-
     te, ist Zusammenschluß auf übernationaler Basis, um die größten Barbareien zu verhüten und zu brand-
     marken.« (GIEDION »Die Jagd auf die anonyme Architektur« IN: DER ARCHITEKT 2 (1964) S.32)

des Genius loci, aus dem sie erwächst. Architektur ist nicht mehr zweidimensionaler Eindruck, sondern wird Erlebnis des Körperhaften und Räumlichen durch Umschreiten und Eindringen. An die Stelle der Starre tritt die Bewegung, der Symmetrie die Asymmetrie, der Statik die Dynamik. An die Stelle der monotonen Übersichtlichkeit tritt die Überraschung. An die Stelle des Gegenüberseins das Darinsein. Das Verhältnis Subjekt-Objekt ist aufgehoben. (17)

Damit benannte ihr Manifest die wesentlichsten Aspekte jener Erneuerungsansätze, die das Individuum und die architektonische Vielfalt ins Zentrum ihrer Bemühungen rückten: Auf der einen Seite die Aufnahme eines Dialogs mit den Vorgegebenheiten eines Ortes, seinem pluralistischen Gewordensein, auf der anderen der aktive Dialog mit dem Nutzer, die Berücksichtigung seiner Bedürfnisse und seiner eigenen Kreativität. In diesem Sinne versuchten die späteren Mitglieder des *Team X*, Aldo van Eyck, Shadrach Woods oder Giancarlo de Carlo, aus der nur teilweise geglückten Kompromißsuche des *New Brutalism* in den 50er Jahren weitergehende Konsequenzen zu ziehen. Während der nach einer neuen Moralität und Ehrlichkeit suchende, gleichzeitig aber die Notwendigkeit der Massenfabrikation und Massenmobilität anerkennende frühere Brutalismus etwa der Smithsons in Form von rohem Sichtbeton gerade die neueste Aufmachung des seelenlosen und Massenbaus vorbereitet hatte, und also das engagierte Definieren und Experimentieren eng an der Realität weitgehend zu einer Art Vulgär-Brutalismus verkam, denn seine *»Umstandslosigkeit war ökonomisch rechnenden Planern höchst willkommen«* (18), erstrebten ihre Nachfolger eine *labyrinthische Klarheit*, die auf vorhandene urbane und örtliche Strukturen aufbaute und sich einließ. Bei de Carlo ging das sogar soweit, dem Vorhandenen Vorrang vor dem Neuen zu geben und die zukünftigen Bewohner an der Planung zu beteiligen, bei Aldo van Eyck führte es zur Betonung lokaler und regionaler Traditionen und zur Suche nach den ewig gültigen Komponenten der Architektur. Überhaupt: Der erste Strukturalist unter den Architekten verzweifelte Mitte der 60er Jahre an den Notwendigkeiten der Massengesellschaft und erklärte ihre Probleme für mit architektonischen Mitteln unlösbar.

In der Tat war das Phänomen *Masse* die herausragende Herausforderung für die Architekten, auf die sie jeweils unterschiedlich reagierten. Die einen kämpften also dafür, ihr nicht Identität, Menschenwürde, Traditionen und Geschichte zu opfern, zumal deren Beseitigung nur Spekulanten zugute kam. Andere entzogen sich, wie Walter Pichler und Hans Hollein, dem Problem, indem sie Thesen einer *Absoluten Architektur* formulierten, einer Architektur also, die, von einer Elite geschaffen, den Menschen nur noch dulde. Wenn sie Architektur provozierend zu einem zweckfreien Ausdruck von Macht stilisierten, muß man sich allerdings fragen, ob sie nicht einfach nur die Gegebenheiten überhöht beschrieben und das Abstoßende und Provozierende eben darin besteht, daß sie das sonst Kritisierte zum Gesetz zu erheben scheinen[5]. Wenn Hans Hollein schreibt:

---

5   »Architektur ist nicht die Hülle für die primitiven Instinkte der Massen. Architektur ist die Verkörperung der Macht und Sehnsüchte weniger Menschen. Sie ist eine brutale Sache, die sich der Kunst schon lange nicht mehr bedient. Sie berücksichtigt die Dummheit und Schwäche nicht. Sie dient niemals. Sie erdrückt die, die sie nicht ertragen. Architektur ist das Recht derer, die nicht an das Recht glauben, sondern es machen. Sie ist eine Waffe.« (Walter PICHLER im Katalog seiner gemeinsamen Wiener Ausstellung mit Hans HOLLEIN 1963 IN: ✧15 CONRADS S.174)

*Heute, zum ersten Male in der Geschichte der Menschheit, zu diesem Zeitpunkt, an dem uns
eine ungeheuer fortgeschrittene Wissenschaft und perfektionierte Technologie alle Mittel bietet,
bauen wir was und wie wir wollen, machen eine Architektur, die nicht durch die Technik
bestimmt wird, sondern sich der Technik bedient, reine, absolute Architektur. Heute ist der
Mensch Herr über den unendlichen Raum (19),*
formulierte er das Grundgefühl nicht weniger Architekten und Bauingenieure des *Zweiten
Maschinenzeitalters*. Bisher unbefriedigende Ergebnisse und ungelöste Aufgaben standen dem
Allmachtsgefühl der Raumfahrt-Generation gegenüber und reizten zum Nachdenken über
völlig neuartige bauliche Problemlösungen, zur Ausbildung von Utopien auf. Nur daß die
meisten anderen dieser Technologie-Gläubigen keine Diktatur der Architektur anstrebten,
sondern für eine Masse aus freien, kreativen Individuen planen wollten. Nicht zuletzt darin
bestand ihr Utopismus.

In Frankreich hatte sich ja bereits in der Mitte der 50er Jahre die erste Kritik formiert.
Nun prognostizierten Künstler wie Constant oder Architekten wie Yona Friedman, daß die
zunehmende Automatisierung zu einer totalen Urbanisierung und Mobilisierung einerseits,
und zu einer Befreiung des Individuums von niederer Arbeit andererseits führen werde[6].
Technik wurde für sie zur Prämisse eines neuen Goldenen Zeitalters, in dem der Kapitalismus mit all seinen Nebenerscheinungen als überwunden angesehen wird und in dem das
Spiel zu einer ganz neuartigen Wichtigkeit gelangt. Insofern galt es, Spielräume, in der ganzen
Bandbreite der Bedeutung, zu schaffen. Deshalb forderten die *Situationisten* die Integration
der Künstler; so geht Kunst weniger ins Leben über, als daß Leben zur Kunst wird. Die
Architekten stellten sich Straßen über dem Erdboden vor oder, umgekehrt, das Leben abgehoben über einem Erdboden, der so die nötige Leere für die Geschwindigkeiten des Verkehrs
böte; lassen sich Verkehr und befreites Leben nicht verbinden, trennt man sie eben. Neue
Spielräume sollten auch durch weiträumige Klimatisierung, über ganze Städte oder Viertel
hinweg, entstehen und, da man die genaue Entwicklung nicht präzise vorausbestimmen
konnte, entstanden zuhauf Konzepte für variables oder mobiles Bauen. Mit diesen Mitteln
sollte das eigentlich Immobile und Dauernde gestaltbar, ephemer und anpassungfähig
gemacht werden. Was Hundertwasser noch mit organischen und eher handwerklichen Mitteln vorschlug, suchte nun zum Beispiel die *Groupe d'étude d'architecture mobile* (GEAM) mit
der Ausarbeitung von Konstruktionselementen zu erreichen, die fast so leicht handhabbar
wie Lego-Bausteine für Kinder sein sollten. Architekten wie Richard Buckminster Fuller,
Konrad Wachsmann oder Frei Otto verfeinerten vorfabrizierte Teile und bemühten sich

---

6   »Die moderne Stadt ist tot; sie ist der Utilität zum Opfer gefallen. New-Babylon ist das Projekt einer Stadt,
     in der man leben kann. Und leben heißt kreativ sein. New-Babylon ist das Projekt einer Massenkreativität,
     es rechnet mit der Aktivierung der riesigen kreativen Potenz, die, jetzt unbenutzt, in den Massen vorhan-
     den ist. Es rechnet mit dem Verschwinden der nichtkreativen Arbeit als Folge der Automatisierung; es
     rechnet mit der Umwandlung der Moral und des Denkens; es rechnet mit einer neuen gesellschaftlichen
     Organisation. Es rechnet aber auch mit Tatsachen wie die schnelle Ausbreitung der Weltbevölkerung, das
     ständige Anwachsen des Verkehrs, die Urbarmachung des gesamten Planeten, die totale Urbanisierung.«
     (CONSTANT »Neu Babylon« IN: ✧15 CONRADS S. 170)

um Leichtbau-Konstruktionen von zum Teil großen Ausmaßen, die eher an Zelte, denn an Gebautes erinnern und deren Funktion tatsächlich vor allem auf Sicht- und Klimaschutz reduziert ist.

Ob nun Louis Isidore Kahn Ordnung zum Inbegriff architektonischen Arbeitens und als unantastbar erklärte (20) oder William Katavolos ein Leben in ungeplant und explosionsartig aus Chemikalien entstehenden Gebilden, die auf dem Meere schwimmen und beständig wandelbar sein können, inaugurierte – die gestaltete Realität der 60er Jahre wurde von der *»Dialektik zwischen dem unnachgiebigen Ordnungsschema und seiner beliebigen Ausfüllung, zwischen übergeordnetem Zwang und nachgeordneter Freiheit«* (21) bestimmt, was auch das Wohnen und die Produktion veränderte.

Produktsysteme eroberten den Markt. Ob tragendes Raumfachwerk, Phono- oder audiovisuelle Gerätschaften, Schrankwände oder Lichtgitter – Firmen die Wert auf ihren avantgardistischen Ruf legten, entwickelten ergänzungsfähige Zusammenhänge aus Einzelelementen. Der Designer gab den verbindlichen Rahmen vor, in dem sich dann die Variation, vielleicht sogar das Unplanbare vollziehen sollte. Anarchie war zugelassen, aber nur, wenn sie sich an die Platzanweisungen des vorsorglichen Planers hielt. Im Interieur führte diese Mixtur aus liberalistischem und autoritativem Verhalten zu den Freizeitlandschaften der Möbelindustrie. (..) Es sind Interieurs ohne ein ihnen zugeordnetes Exterieur, Höhlen der Bequemlichkeit inmitten einer abweisenden Welt (..). (22)

Noch waren also die Ebenen getrennt: das Innen vom Außen, der Rahmen von seiner Füllung, das Material von seiner Form, die Kritik von der Wirkung, der gesellschaftliche Entwurf von der politischen Realität. Als 1963 eine Gruppe von 34 internationalen Fachleuten auf einer Kreuzfahrt durch das Mittelmeer das *Manifest von Delos* formulierten, in dem sie forderten das *menschliche Siedlungswesen* als eigenständige Forschungsdisziplin einzurichten und sich als *»Bürger einer die Erde umfassenden Stadt, die von ihrem eigenen stürmischen Expansionsdrang bedroht ist«,* bereit erklärten, *»die Verantwortung für die gesamte Menschheit«* zu übernehmen, kommentierte der Herausgeber der Fachzeitschrift DER BAUMEISTER richtig:

(..) nicht der Städtebauer, sondern der Politiker bestimmt. (..) Verantwortung kann aber nur der übernehmen, der die Möglichkeiten der Macht in ihrer vielfältigen Form besitzt. Und hier liegt das Dilemma: Den Delos-Leuten genauso wie vielen (sogenannten ›verantwortlichen‹) Fachleuten fehlt diese Macht, ihnen bleibt vorläufig nur die Sorge (..). (23)

1968 aber endete diese Phase. Von nun an sollten sich Projekte und Politik verbinden, mußten vermehrt die Ideen den Prüfstand der Realität überstehen und die Realität sich unter den Attacken der Ideen beweisen.

b. OBJEKTE

Podienklaviere und Immaterialität: Werner Ruhnau und die flexiblen Konzepte

1959 reichte Werner Ruhnau bei dem Wettbewerb für das Düsseldorfer Schauspielhaus den Entwurf seines *Mobiltheaters*[7] ein, der sowohl sämtliche bisher diskutierten Vorschläge räumlicher Variabilität, alle bisher verhandelten Strukturreformen für Aufführungsorte als auch die Vorgaben der Ausschreibung weit hinter sich ließ. Ruhnau schlug für das Große wie das Kleine Haus einen gemeinsamen, polymorphen Hallenbau vor, dessen Innenvolumen zunächst unsepariert Foyer, Aufführungsorte und Nebenbühnen bzw. Abstellflächen vereinte (Abb. 1a/b): Das Publikum erreicht den Foyerbereich über drei unterschiedlich große, runde Treppen und verteilt sich dann auf die beiden Spielorte, deren Grundfläche, dem System des Szenographen und Regisseurs Jaques Polieri gemäß, jeweils aus unzähligen sechseckigen Hubpodien besteht. Wenn die gesamte Halle nicht als Einheitsraum genutzt werden soll, bilden sie die Landschaften aus Spielfläche(n) oder Bühnenpodien, Zugängen und Sitzplätzen (Abb. 1c–e).

> Hier ist neben den festen Begrenzungswänden der Theaterzone auch das fixierte Verhältnis von Bühnen- und Zuschauerteil aufgelöst. Das Theater ist als Raumklavier gedacht, bei dem sich der Regisseur Abend für Abend den Raum selber bauen kann. Das wird durch ein Höchstmaß an Variabilität erreicht. Neben der Verwendung von in Aluminiumkonstruktion gebauten fahrbaren leichten Spielrampen ist der gesamte Boden beweglich. Er zieht sich gleichmäßig über Bühnen- und Zuschauerteil, so daß überall Mulden, Hügel, Zuschauerarenen oder Spielpodien gebaut werden können. Die Veränderungen gehen mit Hilfe der Hydraulik schnell vor sich, so daß auch innerhalb eines Abends verschiedene Raumvariationen gebracht werden können. (..) Das ganze Podiensystem soll zentral gesteuert werden. Durch Voreinstellungen (Matrizen) werden oft wiederkehrende Bodenmodulierungen festgehalten. Die Stühle sind einsteckbar [Abb. 1f]. Jedes Podium ist drehbar. Alle Stühle können entfernt werden und die Zuschauer sitzen auf der nächst höheren Stufe. (..) Innerhalb des großen Podiensystems kann an mehreren Stellen gleichzeitig gespielt werden. (24)

Abgesehen von der Größe unterscheiden sich die beiden Raumklaviere vor allem im Deckenausbau, denn einzig über dem Großen Haus befindet sich eine umfangreiche Arbeitsdecke von der Höhe eines Schnürbodens, »so daß von oben her überall das wandernde Spielfeld bühnentechnisch versorgt werden kann« (25). Eine Grundriß-Zeichnung zeigt (Abb. 1g), daß die Hubpodien bei der Bedienung bereits zu größeren Gruppen zusammengefaßt sind, wobei auch die Einrichtung zweier einander gegenüberliegender Bereiche vorbereitet ist. Ruhnau kam es denn auch besonders darauf an, daß sein Konzept eine Alternative zum Bauen mit fixierten Strukturen im allgemeinen, weniger speziell zum Guckkasten-Theater sei. So können im Bedarfsfall überall geschlossene Räume erzeugt werden, denn:

---

7   Später von ihm auch als ›multiperspektivisches Theater‹ oder ›Podienklavier‹ bezeichnet.

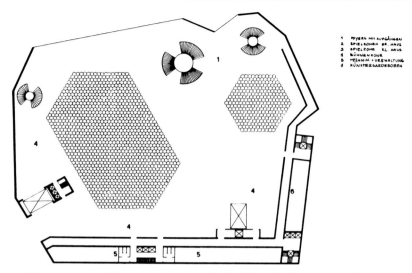

1a Werner Ruhnau: Wettbewerbsentwurf für das Düsseldorfer Schauspielhaus (1959), Grundriß

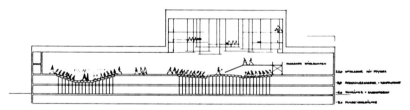

1b Längsschnitt

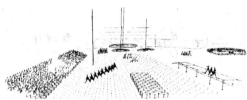

1c Nutzungsmöglichkeiten des Entwurfs: als Raumtheater

1e als Guckkastentheater

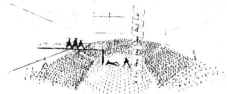

1d als Arena

1f Jacques Polieri: Das Prinzip der drehbaren Steckstühle auf den Hubpodien

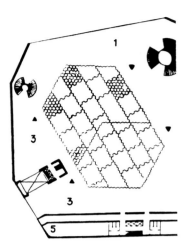

1g Schema der Gruppierung der Hubpodien

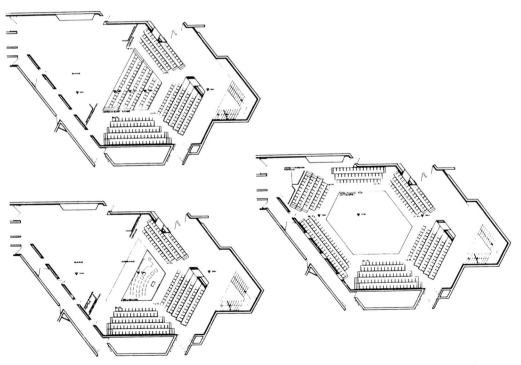

2   Werner Ruhnau/Harald Deilmann/Max von Hausen/Ortwin Rave: Stadttheater Münster (1953–56), die
Nutzungsmöglichkeiten des Studios im Grundriß (1972)

Alle gewünschten Abtrennungen sind in diesem ›Instrument‹ möglich, nur werden sie nicht vom Architekten ein für allemal in Beton, Stein oder Stahl fixiert. Dem Benutzer sollen größtmögliche Freiheiten gegeben werden. (26)

Von der großen, offenen Hallenstruktur unabhängig, ordnete Ruhnau zwar die in der Ausschreibung geforderten und für den täglichen Ablauf notwendigen Garderoben und Betriebsräume in zwei schmalen, mehrstöckigen, fast rechtwinklig zueinanderstehenden Trakten an, die meisten Vorgaben der Bauherren verloren allerdings in diesem grundsätzlich anders gearteten Konzept ihre Relevanz[8].

Aus dem **variablen** Theaterraum hatte sich also der **flexible** Aufführungsort entwickelt[9]. Er sollte Ruhnaus drei Forderungen an den modernen Theaterbau erfüllen:

1. Beseitigung aller festen architekturbildenden Decken, Wände und Böden so weit als möglich, materiell wie optisch. Es muß angestrebt werden, daß der Theaterraum nun vom Theater selbst erzeugt wird. Dies ist die lebendige veränderliche Beziehung zwischen Akteur und Spektateur.
2. Baulich müssen Bühnenteil und Zuschauerteil ebenfalls bis zur Austauschbarkeit integriert werden. Nicht vom Architekten, sondern vom Theater wird jedesmal neu bestimmt, wo Bühne ist und wie sie aussieht. Bühne muß ein veränderlicher Ort sein und nicht der vom Architekten festgelegte Raum.
3. Die ›Zone des Theaters‹ oder der ›Ort des Geschehens‹ muß unter Aufgabe der introvertierten Exklusivität frei im städtischen Großraum stehen. (27)

Wie schon die Wahl von Bezeichnungen wie *Instrument* oder *Raumklavier* implizieren, berief sich Ruhnau explizit auf Gropius und Piscator, Weininger, Clemens und Mies als seine direkten Vorbilder[10]. Er verstand sein Podienklavier als direkten Abkömmling der erneuernden Überlegungen zum Theaterbau in der Linie des Bauhauses, eben jener Traditionslinie des 20. Jahrhunderts, die man inzwischen lieber durch eine theaterhistorische Perspektive bis zurück zur Antike ersetzte. Aber auch die ließ Ruhnau nicht außer acht: verschiedene Erläuterungen zu seinem Projekt begleitete er durch historische Herleitungen seit den Anfängen des Theaterspiels, die er gezielt auf seine Kriterien – den Materialisierungsgrad architektonischer Teile, den Grad der Austauschbarkeit von Spiel- und Schaubereichen, später besonders die Entwicklung des Verhältnisses vom Außen- zum Innenraum, also vom Naturraum

---

8 Interessanterweise wird sein Vorschlag in der Dokumentation der Wettbewerbsentwürfe für Düsseldorf in ✧111 ARCHITEKTURWETTBEWERBE 29 von Jürgen JOEDICKE noch nicht einmal vorgestellt oder besprochen.

9 RUHNAU knüpfte zwar mit der Bezeichnung ›Mobiltheater‹ an die gerade in Erscheinung tretenden mobilen Konzepte, etwa POLIERIS, an, dennoch besteht ein deutlicher Unterschied zwischen diesem Entwurf, in dem der Raum veränderbar ist, und jenen Lösungen, bei denen die Zuschauer mobil gemacht werden. Deshalb wechselte RUHNAU auch bald die Bezeichnung.

10 **»Mobiles Theater** nachdem Gropius und Piscator mit dem Totaltheaterprojekt den Versuch unternahmen, Bühne und Zuschauerraum optimal zu integrieren, nachdem Weininger durch das Kugeltheaterprojekt das totale Spiel im Raum zu lösen versucht hat, wollten Roman Clemens und andere die Introvertiertheit des Theaters beseitigen durch fortziehbare Wände etwa oder indem Mies in Mannheim den Theaterraum völlig verglast mitten in die Stadtlandschaft stellte.« (RUHNAU »Aus Sicht des Architekten« IN: WERK 9 (1960) S. 311)

zum künstlich klimatisierten (28) – hin befragte. Das Ende dieser historischen Reihe bildeten stets Ruhnaus eigene oder die mit seinem Team entworfenen bzw. realisierten Projekte. Denn obwohl Ruhnau als Jahrgang 1922 noch vergleichsweise jung war und sich gerne auf unrealisierte Projekte als seine Vorbilder berief, konnte er bereits auf zwei große und beachtete Realisierungen und weiterreichende Wettbewerbsbeiträge zurückblicken, die jeweils einzelne Aspekte des Düsseldorfer Podienklaviers antizipierten.

Der Einstieg in den Theaterbau erfolgte für ihn 1953 als er gemeinsam mit Harald Deilmann, Max von Hausen und Ortwin Rave ohne Auftrag einen Alternativentwurf für das Stadttheater in Münster ausarbeitete, der die Bauherren schließlich sogar überzeugen konnte und ausgeführt wurde. 1956 konnte das Resultat des ersten von drei geplanten Bauabschnitten eröffnet werden und machte seine Schöpfer auf einen Schlag überregional bekannt. Obwohl der Aufführungsort konventionell angelegt ist, versuchten die Architekten, zumindest den Eindruck eines einheitlichen, einräumigen Theaters zu erwecken. Ein »*heller Lampenhimmel über dem Auditorium soll eine leicht schwebende Wolkendecke vortäuschen. Die Wände sind schwarz und gleiten, optisch ausgelöscht, ohne sichtbaren Übergang in das Bühnenhaus*« (29). Von weitergehender Variabilität sollte das Studio sein, das erst 1972 fertiggestellt wurde: In ein verlängertes Sechseck eingepaßt (Abb. 2), konnten mit Hilfe fahrbarer Portaltürme und Stuhlwagen, sowie einer in sechs länglichen Segmenten vertikal fahrbaren Podienpartie, von der Zweiraum-Anordnung bis zur Vollarena verschiedene Zuordnungen eingerichtet werden.

Das nächste Projekt war das zwischen 1956 und 1959 errichtete Theater der Stadt Gelsenkirchen, an dem außer Ruhnau wieder Max von Hausen und Ortwin Rave mitarbeiteten, nachdem sie diesmal beim Wettbewerb 1954 regulär den ersten Preis gewonnen hatten. Das Ziel war erneut, die größtmögliche Austauschbarkeit der Bereiche zu erreichen. Aber das Große Haus ließ durch die geforderte Mehrsparten-Nutzung kaum mehr zu, als die faktische Zweiraum-Anordnung optisch zu beseitigen, durch einen

Integrationsversuch des Zuschauerteils im Innern des Gebäudes mit dem Bühnenbereich durch Schwarzwegstreichen von Wänden und Decken. Dadurch wird die Illusion einer Einheit von Bühnen- und Zuschauerbereich vervollständigt, Wände und Decke gleiten, optisch ausgelöscht, in den dunklen Bühnenraum. In der künstlichen Nacht ist es mit Hilfe von Lichtmaschinerie und Leichtbauelementen möglich, beliebige Abtrennungen zwischen Bühne und Zuschauerteil schnell optisch zu realisieren. (30)

Aber eben nur optisch.

Die Anlage des Kleinen Hauses für maximal 450 Zuschauer kommt diesem Ziel erheblich näher (Abb. 3a): In einem eigenen Trakt als unabhängige Einheit an das Hauptgebäude angefügt, erfüllte es die Forderung nach der Austauschbarkeit der Bereiche, indem Art und Menge der Bestuhlung freigestellt und zusätzliche Bühnenpodien beliebig im Raum verteilbar waren; dazu gab es eine über den gesamten Raum sich erstreckende Arbeitsdecke und Auftrittsgassen sowie technische Einrichtungen entlang der gesamten Seitenwände[11]. Zwar

---

11 Dies muß in der Vergangenheit beschrieben werden, denn im Rahmen einer Fusion des Gelsenkirchener Theaters mit dem Theater in Bochum 1967/68 wurde unter Aufwendung von nochmals 2 Millionen DM (!)

3b–d Skizzen der Nutzungsmöglichkeiten des Kleinen Hauses

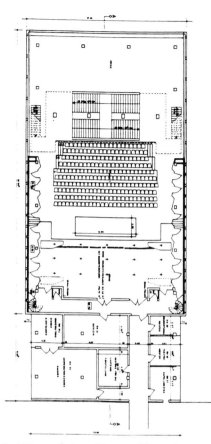

3a Werner Ruhnau/Max von Hausen/ Ortwin Rave: Theater der Stadt Gelsenkirchen (1956–59), Grundriß des Kleinen Hauses

3c

3e Fassade bei Nacht

3d

war die Lage des Bühnenbereichs und des Orchestergrabens festgelegt, aber dennoch verschiedene Relationen zwischen Spielenden und Schauenden möglich (Abb. 3b–d), darunter
auch der konventionelle Guckkasten mit Portalrahmen und, bei Bedarf, Orchestergraben.
Die wenigen fixierten Plätze befanden sich auf einem kleinen Rang, der außerdem die einzige Begrenzung des Aufführungsortes dem Foyer gegenüber bildete, das somit nicht nur als
separierter Bereich beinahe abgeschafft war, sondern, vollverglast, auch Ruhnaus dritte Forderung nach »*Aufgabe der introvertierten Exklusivität*«, also der Integration von Innen und Außen
erfüllte. Bei geöffneten Rolläden drang das ›Außen‹ in Form von Tageslicht nach innen,
umgekehrt strahlte am Abend das Spiel in den städtischen Raum hinaus (Abb. 3e/f).

Insgesamt war der ganze Gelsenkirchener Baukörper eine große Glashalle im Mies'schen
Geiste. Nur war die Integration der Bereiche im konventionellen Großen Haus eher eine
symbolische, wenn die Architekten das unmittelbar zu den Sitzen führende Treppenhaus
(Abb. 3g) verglast in das Foyer eindringen lassen, das, selbst verglast, optisch direkt mit dem
Außenraum korrespondiert. So reicht der Blick von außen fast bis an den ›*Ort des Geschehens*‹. Zusätzlich ist dieses Foyer das Produkt einer weiteren Form von Integration, nämlich
bildender Künstler in den Bauprozeß von Beginn an, so daß sich die Architektur und die
Arbeiten von Robert Adams, Paul Dierkes, Yves Klein, Norbert Kricke und Jean Tinguely
dialogisch entwickeln konnten.

Bei dem Wettbewerb für ein Opernhaus in Essen reichte Ruhnau dann 1959 gemeinsam mit Emanuel Lindner einen noch weiter gehenden Vorschlag ein (Abb. 4a/b), der zwar
der Affinität der Oper zur Zweiraum-Konstellation Rechnung trägt, indem eine mit Hubpodien ausgerüstete und von einem Schnürboden überspannte Bühne einem amphitheatralen
Zuschauerbereich gegenüber fixiert ist, die Integration der verschiedenen Bereiche aber
ansonsten noch weitergetrieben wird: Die Architekten setzten die drei für die Aufführung
nötigen Bereiche, Bühne, Zuschauerraum und Foyer ohne jede Trennung voneinander in
einen fast quadratischen, völlig transparenten Glaskasten. Die Arbeitsdecke dehnt sich auch
über das Auditorium aus, das als Betonschale frei in den Raum ragt und unter sich Platz für
das Foyer läßt. Nur hinter und unter der Bühne befinden sich abgeschlossene Betriebstrakte. Dieser Entwurf versuchte, soweit wie möglich auf Mauern und Wände zu verzichten,
stattdessen werden

> *optische Raumabschlüsse für szenische Zwecke (..) durch eine Vielzahl von Rollos und Vorhän
> gen vom Zwischendach her möglich gemacht. Ebenso kann für die Realisierung des histo
> rischen Repertoires durch verstellbare in die Glaswände eingebaute Lichtblenden die Abtren
> nung des Theaters von der Außenwelt erfolgen. (31)*

Dann, 1958, hatte Ruhnau bereits seine Überlegungen für das Theater in Bonn ebenso
konsequent wie für Düsseldorf zu Ende gedacht: Eine große, von einer Arbeitsdecke überspannte Aufführungsfläche, hier aus quadratischen Hubpodien, sollte alle beliebigen Zuordnungen ermöglichen (Abb. 5a–e).

der variable Raum in eine fixe Zweiraum-Anordnung verwandelt, damit die Bochumer Produktionen unter
vergleichbaren Bedingungen übernommen werden können.

3f Fassade am Tag

3g Foyer mit verglastem Treppenhaus

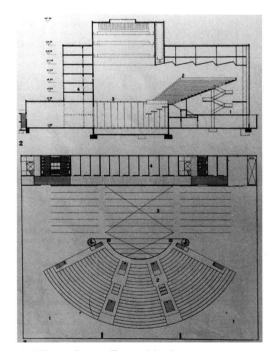

4a Werner Ruhnau/Emanuel Lindner:
Wettbewerbsentwurf für ein Opernhaus in
Essen (1959), Grundriß und Längsschnitt

4b Modell

Der Düsseldorfer Entwurf muß als Summe sämtlicher Überlegungen Ruhnaus zum Theaterbau gelesen werden, hier wurde er endgültig zur Matrix, die alle ihre Vorstufen und noch
einiges mehr erzeugen kann[12]. Das bedeutet die gegenseitige Durchdringung von Szenographie
und Architektur und schließlich die Immaterialisierung und Dynamisierung letzterer, für
Ruhnau ein zwingendes Ergebnis der allgemeinen Architekturentwicklung.

*Theaterbau ist kein Sonderzweig der Architektur, sondern eingebettet in den großen Entwicklungs-
strom, der zu unserer modernen Architektur geführt hat. Diese wiederum ist sehr deutlich
gekennzeichnet durch das Bestreben nach optimalem Kontakt zwischen Drinnen und Draußen,
nach größtmöglicher Integration verschiedener Einzelräume zu Raumkontinuen und zu größtmöglicher Variabilität und Leichtigkeit. Die Architektur entspricht hier genau unserem modernen
Leben und erhält von dort her ihre Legitimation. (..) Das auch außerhalb des Theaters überall
zu beobachtende Ineinanderwachsen von Lebensvorgängen macht auch im Theater nicht Halt,
ja, hat gerade dort seinen besonderen Ausdruck zu finden. (32)*

Als Architekt interessierte er sich für diese Bauaufgabe ihrer gesellschaftlichen Bedeutung
und ihres architektonischen Labor-Charakters wegen und so forderte er vom Theater, sich
den Tendenzen der Zeit, und damit seinen Bauten anzupassen[13]. Hier diente der Architekt
nicht mehr den Bedürfnissen der Theaterpraxis, er baute nach den Maßgaben des potenziellen
technischen und ästhetischen Standards und ließ sich eher von der Kunst-Avantgarde denn
vom Theater inspirieren. Theater hatte für ihn ein Abbild der gesellschaftlichen Realität,
weniger ihr Gegenbild, vielmehr ihr Vorbild zu sein[14] und sein Entwurf der Gesellschaft glich
eher einer Utopie als dem Resultuat realitätsnaher Analyse.

Dieser utopistische Zug trieb vor allem in Projekten und Visionen üppige Blüten, die Ruhnau
zwischen 1957 und 1960 gemeinsam mit dem französischen Maler Yves Klein entwickelte,
mit dem er den Immaterialisierungsansatz teilte.

12   »Jede Entwicklungsstufe versucht, unter Gewinnung von mehr Unabhängigkeit, die Erkenntnisse und Ge-
     winne der vorangegangenen zu bewahren. (..) Auf das Thema Theaterbau bezogen, erscheint eine neue
     Bauform immer dann überlegen, wenn sie die vorangegangenen alten einschließt. So darf deshalb, bei
     Anwendung dieses hier einzuführenden Maßstabs für die Beurteilung, eine neue Theaterbauform die Ver-
     wirklichung alter Spielformen nicht verhindern. (..) so schließt das vielperspektivische, vollräumliche, freie
     Spiel das einperspektivische, introvertierte Theaterspiel ein. Folgerichtig muß auch die formoffene, instru-
     mentale Architektur die fixierte Form festgelegter Architektur beinhalten.« (RUHNAU IN: DEUTSCHE
     BAUZEITUNG 6 (1968) S.947)
13   »Baukunst fordert vom Architekten immer wieder selbständig und in eigener Verantwortung, nach neuen,
     zeigenössischen Lösungen für die verschiedensten Bauaufgaben zu suchen. Aus diesem Grund wird es
     immer so sein, daß Benutzer erst nach und nach in ihre neuen Bauwerke hineinwachsen«, was durch den
     instrumentalen Charakter seiner Architekturen sehr erleichtert werde, schrieb RUHNAU als Erwiderung
     auf Max FRISCHS von vielen als reaktionär kritisierten Äußerungen zum Theaterbau. (IN: BTR 1 (1965)
     S.25)
14   »Theaterspiel ist geistiges Training, mit dessen Hilfe seit Urzeiten die Menschen ein bewußtes Verhältnis
     zur Welt, in der sie leben, suchen. Durch Theaterspielen sollen einmal die Beziehungen zwischen Menschen
     und Umwelt und zum anderen die Beziehungen der Menschen untereinander erhellt werden. Dieser Ge-
     danke wird durch den Umstand gestützt, daß die Spielform einer Zeit der dazugehörigen Lebensform
     entspricht (..). Der Progression dieses Bewußtseins entspricht die Progression des Theaterspiels, das – mit
     Hilfe sich ständig entwickelnder Techniken – die komplizierter werdenden Probleme sichtbar zu machen
     versucht.« (RUHNAU IN: DEUTSCHE BAUZEITUNG S.947)

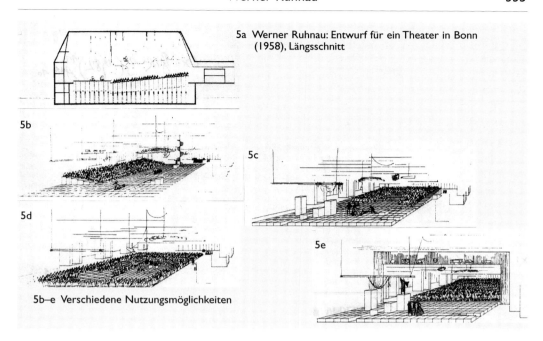

5a Werner Ruhnau: Entwurf für ein Theater in Bonn
(1958), Längsschnitt

5b

5c

5d

5e

5b–e Verschiedene Nutzungsmöglichkeiten

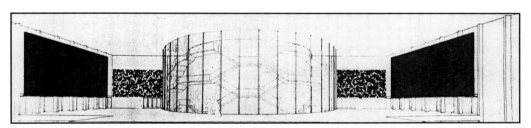

6a/b Yves Klein: Gestaltung des Gelsenkirchener Foyers mit monochromen Tafelbildern

6b

Klein, der sich längere Zeit in Japan zum Judo-Meister ausbilden ließ, war zuvor in Paris mit seinen monochromen Tafelbildern aufgefallen, deren Produktion in eine umfangreiche Blaue Phase mündete. Dafür entwickelte er ein spezielles Blau, eines, das »*die Suggestion eines Badens in einem Raum, der weiter als das Unendliche ist*« (33) bezweckte[15]; jenes Blau, das auch im Gelsenkirchener Foyer Verwendung fand (Abb. 6a/b). Wie schon in der Ideen-welt der 20er Jahre, diente ihm die Kunst der Vorbereitung und Praxis einer verbesserten Realität. Diese monochromen, wie auch die von eingefärbten Frauenkörpern erzeugten Bilder oder seine Ausstellung der Leere in einer nur von Besuchern gefüllten Pariser Gale-rie, sollten die Differenz zwischen Kunst und Leben überwinden und waren als Übungen auf dem Weg zu einer idealen Welt, dem *technischen Eden*, wie er es nannte, gemeint.

Das Pikturale mit dem existentiellen Phänomen gleichsetzend, radikalisierte Yves Klein den immateriellen Bereich und verlieh ihm, ohne zu zögern, einen absoluten Wert. Der Gegenstand der Kunst ist nicht die Malerei (also ein weiterer Gegenstand), sondern das Leben (also ein universelles Prinzip). Das Leben, das uns nicht gehört (alles, was uns nicht gehört, gehört dem göttlichen Bereich an), wurde zur höchsten Idee, zur Manifestation der kosmischen Energie, wobei es gleichzeitig grundlegende Realität blieb. Die pikturale Sensibilität verschmolz mit der Wahrnehmung (der Assimilation) dieser immateriellen Realität. (34)

Das letzte Ziel bestand wohl in einer Idee von Leben, Energie oder Leere wie sie im ost-asiatischen Denken enthalten ist und war damit allerdings nicht politisch, sondern trans-zendental gemeint. Kleins Arbeiten wollten die Schaffung einer Sensibilität fördern, die die Menschen zur Wahrnehmung jener immateriellen Kräfte befähigte, die die eigentliche, die befreite und glückliche Existenz ausmachen[16]. Das Anreizen einer Sensibilität, die er selbst lebte, bei anderen, war nur eine Methode, denn »*Yves Kleins höchstes Streben, sein endgültiges Ziel war es, den ganzen Planeten zu sensibilisieren und über Luft-Architektur zum ›Naturzustand eines technischen Eden‹ zurückzukehren*« (35).

Yves Klein mußte in seiner Entwicklung auf die Architekturen aus Luft stoßen, weil er dort erst reine Sensibilität produzieren und stabilisieren kann. Bisher, in dem architektonisch noch sehr genau präzisierten Raum, malt er einfarbige Bilder in lichter und reiner Manier. Die noch sehr materielle farbige Sensibilität soll auf eine immaterielle reinere Sensibilität zurückgeführt wer-den, der dazugehörige immaterielle Raum ist beispielsweise die Architektur aus Luft.

Ruhnau ist sicher, daß die Architektur auf dem Wege zur Immaterialisierung der Städte ist (36), benannten Klein und Ruhnau in ihrem »*Manifest zur allgemeinen Entwicklung der heutigen Kunst zur Immaterialisierung*« 1958/59 ihren jeweiligen Ausgangspunkt für gemeinsame Ex-perimente und Manifeste. Beide teilten das Vertrauen in die neuen technischen Möglichkei-

---

15   Blau kam KLEINS Intention der Immaterialisierung perfekt entgegen. So wie die Unmengen unsichtbarer Luft das tiefe Blau des Himmels erzeugen, sollte sich in KLEINS monochromen Bildern das Nichts zum Blau verdichten, denn Blau hätte keine Dimension, »Blau **ist**«. »Das heißt: Der Farbraum Blau ist identisch mit sich selbst; der mittels der Farbe Blau geschaffene Raum, der nach vorn schwingt, ist das Gemeinte.« (s. KLEIN S.9 und STACHELHAUS S.37 IN: ✧132 Dokumentation)

16   »Was ist Sensibilität? Das, was außerhalb unseres Wesens existiert und uns trotzdem immer gehört. Das Leben selbst gehört uns nicht; nur mit der Sensibilität, die uns gehört, können wir es kaufen«, definierte KLEIN seine Vorstellungen während eines Vortrags in Düsseldorf. (IN: ✧131 RESTANY S.9)

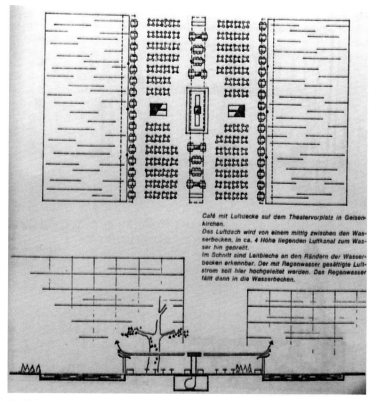

Café mit Luftdecke auf dem Theatervorplatz in Gelsenkirchen.
Das Luftdach wird von einem mittig zwischen den Wasserbecken, in ca. 4 Höhe liegenden Luftkanal zum Wasser hin gepreßt.
Im Schnitt sind Leitbleche an den Rändern der Wasserbecken erkennbar. Der mit Regenwasser gesättigte Luft-
strom soll hier hochgeleitet werden. Das Regenwasser
fällt dann in die Wasserbecken.

7a Werner Ruhnau/Yves Klein: Konzept für ein Café,
   mit komprimierter Luft überdacht

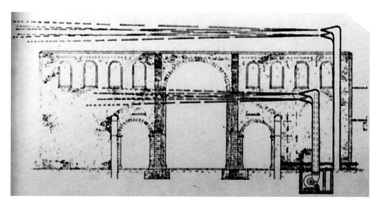

7b Werner Ruhnau: Wetterdach aus komprimierter Luft für die
   Stiftsruine Bad Hersfeld (1959)

ten, um die für sie natürlichen Baumaterialien »*Luft, Gase, Feuer, Wasser und wieder Luft*«
nutzbar zu machen und vermeintlich ideale Lebensbedingungen zu schaffen, unter denen
die notwendige technische Apparatur, dem Immaterialisierungsgebot gehorchend, wie alles
Materielle unter die Erde verbannt werden sollte. Sie dachten nicht nur an Gebäude aus
Luft, sondern ganze Städte sollten in diesem Sinne aus den Elementen errichtet werden.
Daß dies prinzipiell möglich war, schienen Experimente von Künstlern wie denen, die am
Gelsenkirchener Neubau mitwirkten[17], oder die Versuche mit der Wirkung komprimierter
Luft, die Ruhnau und Klein mit der Hamburger Klimatechnik-Firma Küppersbusch anstell-
ten[18], zu erweisen. Die komprimierte Luft war in der Lage, die beiden Funktionen, »*die des
Schutzgebens gegen Regen und Wind und die der Kühlung oder Erwärmung*« (37) zu erfüllen. So
hatten Klein und Ruhnau auch ein unrealisiertes Café unter einem Luftdach vor dem Gelsenkirchener Theater (Abb. 7a) entworfen. Ruhnaus Glaswände, die gerade noch materiellen Begrenzungen des Baus, entsprachen als *optische Immaterialisierungen* der Suggestion
einer Luftwand und wurden wie Kleins Versuch, mit ebenfalls noch materiellen blauen Monochromen und Schwamm-Reliefs die Benutzer des Foyers für einen immateriellen, dimensions-
losen Raum zu sensibilisieren, als noch-materielle Vorstufen verstanden. Während Kleins
Utopie auf eine vollklimatisierte Umwelt durch die »*Änderung der grundlegenden metereologi-
schen, geophysikalischen und ozeanischen Bedingungen*« abzielte, blieb Ruhnau als Architekt
praxisbezogener: ihn interessierten diese Ansätze zuerst in Hinblick auf urbane und konkrete bauliche Einzellösungen. Weil er das Theater als »*Treffpunkt für die Gesellschaft*« verstand, der »*in die Mitte von gleichfalls multifunktional genutzten Stadtvierteln*« gehört und als
Ort eines geistigen Trainings zur Klärung des Verhältnisses des Menschen zu seiner Umwelt
(38), sollten ihm die Theaterprojekte wichtige Meilensteine sein[19].

Letztendlich ist es zwingend, daß eine Architektur ohne Eigenwert-Anspruch, die sich
immaterialisieren, instrumentalisieren, also zur Situation eines gesellschaftlichen Geschehens
reduzieren will, in den Entwurf eben jenes gesellschaftlichen Geschehens mündet. Klein
und Ruhnau visionierten eine Gesellschaft, die befähigt sei, ihre Probleme und Strukturen
ebenso unsichtbar zu machen, wie ihre selbstgeschaffene Umgebung zu immaterialisieren,
um Freiheit »*im Sinne des Herzens und des Kopfes*« zu erreichen[20]. Die Mentalität der Bewohner von Luftarchitektur stellten sie sich entsprechend vor:

17   Nicht nur KLEIN erprobte Wände aus Feuer oder farbigen Dämpfen, Gebilde aus Feuer und Wasser, auch
      der Düsseldorfer Künstler Norbert KRICKE arbeitete mit Wasser- und Lichtgebilden.
18   Dabei sollten aus der durch Düsen ausgestoßenen, komprimierten Luft entweder senkrecht aus der Erde
      oder in Dachhöhe, durch Bleche abgelenkt, Dächer und Wände gebildet werden. Böden sollten aus durch-
      sichtigem Glas bestehen.
19   So arbeitete er im Sommer 1959 das Konzept eines Wetterdaches für die Stiftsruine in Bad Hersfeld aus,
      wo alljährlich Theater unter freiem Himmel gespielt wird (Abb. 7b). Ohne daß die historische Bausubstanz
      oder der Raumeindruck angetastet würde, war es möglich geworden, den Aufführungsort unverzüglich
      und sicher durch zwei Luftdächer gegen Regen und Kälte abzuschirmen; allerdings nur bei Bedarf, denn die
      oberirdischen Düsen könnten jederzeit problemlos abgebaut und verstaut werden. (s. ◇132 Dokumenta-
      tion S.51f.)
20   – denn »Materialismus – Quantitätengeist überhaupt – ist als Feind der Freiheit durchschaut. Er wird
      schon lange bekämpft. Die tatsächlichen Gegner sind Psychologismus, Gefühligkeit, Kompositionalismus –

Der Begriff des Heimlichen, den wir immer noch kennen, ist in dieser mit Licht überschwemmten und vollständig nach außen offenen Stadt verschwunden. Es besteht ein neuer Zustand von menschlicher Intimität. Die Einwohner leben nackt. Das ehemalige Patriarchen-System in der Familie besteht nicht mehr. Die Gemeinschaft ist vollkommen, frei, individuell, unpersönlich. Hauptbeschäftigung der Einwohner: die Muße. (39)

Das bedeutet aber die Negierung einer weiteren Schutzfunktion von Architektur: des Schutzes der Intimität. Zur Verbreitung der dafür angemessenen Mentalität planten sie ganz konkret eine *Schule der Sensibilität,* dem Vorbild des Bauhauses folgend, von der Besetzung des Lehrkörpers bis hin zur Finanzierung durch (40). Entschieden weniger konkret, weil letztlich völlig unpolitisch, sondern mit verschwommenen Schlagworten arbeitend, fällt das Bild ihrer neuen Gesellschaft aus. Mit Hilfe immenser, durchaus materieller, aber unter die Erde verbannter Technik sollten mit der Architektur und ihrer Handschrift, sogar der Handschrift der Künstler, auch die Ego-Ansprüche des Menschen schlechthin ausgelöscht werden.

Es handelt sich heute darum, die Hinfälligkeit der Problematik von Kunst, Religion und Wissenschaft zu erkennen. Im Zentrum der Sensibilität wird Problematik kein Stichwort mehr sein. Ziel ist die unproblematische Existenz des Menschen in dieser Welt. (41)

Klein wie Ruhnau übersahen in ihrer Vision jedoch, daß das technische Potenzial der Zeit keineswegs dem mentalitären entsprach. Natürlich waren Ruhnaus Entwürfe für das Theater erheblich machbarer als sein Weltentwurf aus Luftarchitektur und doch stellte selbst das baubare Podienklavier eine Überforderung der deutschen Theaterlandschaft dar – ein Problem, das nur allzu leicht auftritt, wenn Architekten ohne Kontakt zur Theaterszene konzipieren. Ruhnaus Definition des Theaterprozesses meinte eigentlich die demokratische Gesellschaft, nicht das Theater. Sein Demokratie-Verständnis nahm die verbalen Ansprüche der Nachkriegsgesellschaft beim Wort, wenn er mit seinen durchlässigen Bauhüllen die Theaterbesucher und die Welt ›draußen‹, Exklusivität auflösend, verbinden wollte, weil »es *eine exklusive Gesellschaftsschicht nicht mehr gibt, deren Privileg es war, in Theater zu gehen, um dort in Abgeschlossenheit ein Eigenleben zu führen.*« (42) Auch die Wahlfreiheiten, die seine instrumentalisierten Gebäude-Visionen bieten wollten, setzen entscheidungsfähige, demokratische Geister voraus[21]. Er transponierte damit die politische Selbstdarstellung der freiheitlich-demokratischen Gesellschaften unverzüglich auf eine höhere Ebene. Bevor jedoch solche Konzepte hätten angenommen werden können, hätte ihnen die faktische Einlösung

richtig verstanden. Sentimentaler Heroismus bringt totalitäre Welten herauf. Kriege. Umzirkte Räume des Terrors. Residuen für die Bauchredner des Abendlandes.« (RUHNAU und KLEIN »Schule der Sensibilität« IN: ✧132 Dokumentation S.61)

21   Im Zusammenhang mit seinem erfolgreich realisierten Konzept für eine Spielstraße im Münchner Olympia-Park 1972 erläuterte RUHNAU seine politischen Ziele: »Die Grundidee des Projektes Spielstraße bestand darin, auf vielen kleinen Szenenflächen zugleich zu spielen und ihre Aktivitäten bewußt miteinander zu verflechten, die parallel zu den Sportveranstaltungen liefen. Im Gegensatz zu den Sportprogrammen konnten die Besucher der Spielstraße zwischen vielen szenischen Ereignissen wählen und unter Beachtung bestimmter Spielregeln sogar mitspielen. In diesem Angebot von Wahl- und Mitspielmöglichkeiten lag auch der politische Schwerpunkt des Projektes. Denn unsere Bürger zum Wählen und darüber hinaus zum Mitbestimmen zu führen, ist ja die gesellschaftliche Aufgabe unserer Tage. Mit den Mitteln der Kunst greifen wir dieses Thema auf und versuchen es zu bewältigen.« (RUHNAU IN: BTR 3 (1973) S.12)

des Selbstbildes vorangehen müssen. Diese Arbeit konnten weder Architektur noch Theater leisten. Das konventionelle Theater zeigte vielmehr einen anderen Stand der gesellschaftlichen Entwicklung an. Entsprechend fühlten sich denn auch die Kritiker des Gelsenkirchener Neubaus, die gesellschaftliche Implikation aufspürend, durch die Transparent, und die Idee der Durchdringung provoziert, was einerseits für die Qualität von Ruhnaus Umsetzung spricht, andererseits die immense Diskrepanz der Wunschbilder offenbart[22]. Daß ausgerechnet diesem immaterialisierenden Versuch Materialismus vorgeworfen wurde, zeigt einerseits das Unverständnis der Kritiker den tatsächlichen architektonischen Tendenzen und auch Visionen gegenüber, auf der anderen Seite auch einen Wunsch nach subtileren, immateriellen Kommunkationsweisen und einen unklaren Begriff vom Individuum: die Gemeinschaft sollte allein durch die auf alle ausstrahlende ›Sendung‹ eines Zentrums ›Bühne‹ verbunden sein, nicht aber unmittelbar untereinander. Dieses Konzept theatraler Kommunikation entsprach bereits demjenigen des gerade aufkommenden Fernsehens, von dem sie von nun an in zunehmenden Maße ersetzt wird. Auf Produzentenseite war man hingegen nicht bereit, sich selbstbewußt zwischen vielen, gleichberechtigten Möglichkeiten zu entscheiden und das Angebot total individueller Gestaltung zu nutzen. Man verbarg sich lieber hinter Textaussagen und Spielkonventionen. Im Grunde erstrebten aber die beiden antagonistischen Ansätze, Ruhnaus ebenso wie der konventionelle, Beherrschbarkeit – nur daß Ruhnau die Fülle der Möglichkeiten nicht reduzieren, sondern durch komplexe Technik handhabbar machen, die Präsenz der Bauten negieren wollte, um die Kommunikation direkter gestalten zu können, während konventionellerweise die Bauten materiell und die Kommunikation immateriell bleiben. Und: wenn Ruhnau sich in Gelsenkirchen um eine Reihe europäischer Künstler, wenn er sich in dialogischer Arbeit mit Yves Klein um eine Vision bemühte, lag darin auch das Bestreben, Deutschland wieder an eine international kommunizierende Avantgarde anzubinden.

Trotz der öffentlichen Ablehnung des Podienklaviers lagen etliche seiner Aspekte offenbar in der Luft. Abgesehen von militärischen Intentionen, das Klima und katastrophische Naturerscheinungen als Waffen einzusetzen[23], fanden Ruhnaus Ideen vom Theaterbau als klimatisierter Weltausschnitt von unbestimmter, offener Form vielfaches Echo.

22   Das Vertrauen in die vielbeschworene demokratische Toleranz kann nicht so groß gewesen sein, wenn man Steinwürfe gegen das Glasfoyer und seine Nutzer befürchtete (s. ✧8 STORCK S.320f.). Vor allem aber verletzte RUHNAUS Konzept die Funktion des Theaters als Kontrapunkt zum Alltag und als Schule des Individuums: Die Architekten »bedienen sich rein materialistischer Mittel, um die Kommunikation der Geister zu erreichen. Die Menschen sollen immer den anderen sehen. (..) Dieser Materialismus verkennt das wahre Wesen der Gemeinschaftsbildung. Die Menschen stehen gemeinsam im Strahlungsfeld einer künstlerischen Aussage. Durch die innere Wandlung, die sie von ihr erfahren, durch den gemeinsam zurückgelegten Weg erkennen sie oder wenigstens ahnen sie die Gemeinsamkeit zwischen sich und kommen sich näher. (..) Denn in ihrem Erleben an sich müssen die Menschen allein bleiben. Auch dem musischen Ereignis gegenüber soll das Individuum nicht aufgegeben werden.« (Friedrich HERZFELDS Kritik IN: BTR 2 (1960) S.9f., hier S.10)
23   Pierre RESTANY verweist in seiner Yves KLEIN-Monographie auf Forschungen und Tests der Amerikaner zur Zeit des Vietnam-Krieges, die auf die Einsetzbarkeit solcher Mittel im Rahmen einer geophysikalischen Kriegsführung abzielten. (s. ✧131 S.76)

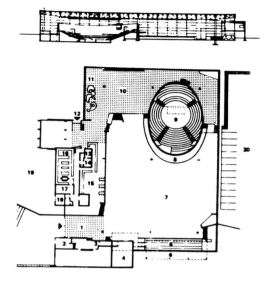

Erdgeschoß	7 Halle	14 Getränke
1 Haupteingang	8 Theaterrundlauf	15 Bar
2 Kasse	9 Theater	16 Küche
3 Garderobe	10 Foyer	17 Vorräte
4 Lager	11 Plastik	18 Personalkantine
5 Kegelbahn	12 Eingang Café-Restaurant	19 Terrasse
6 Kleopatra-Saal	13 Kühlraum für Bier	20 Parkplätze

8 Frank van Klingeren: Agora, Dronten (1967)

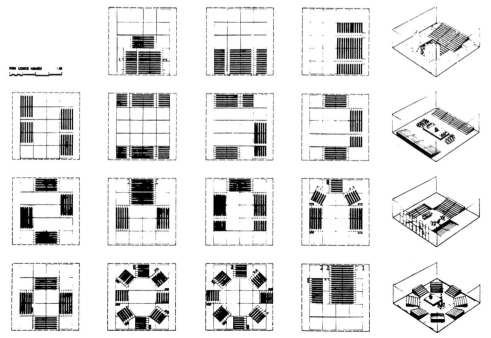

9 Weber/Rubinov: Wettbewerbsentwurf für ein Studio des Nationaltheater Budapest (1965), Nutzungsvarianten

Für das niederländische Dorf Dronten und seine Nachbardörfer auf dem dem Meer abgerungenen Polder Ost-Flevoland zum Beispiel errichtete Frank van Klingeren 1967 ein Gemeinschaftszentrum, einen Treffpunkt für die Bewohner dieses landschaftlichen Nichts, das er als *Agora* bezeichnete (Abb. 8) (43). Hier sollen die Bewohner der Umgegend aus den verschiedensten Anlässen und zu jeder Zeit zusammenkommen können, unter vielem anderen auch, um Theater zu erleben. Die 70 x 50 x 10 m große, geschoßlose Glashalle wird in Anbetracht des Nordsee-Klimas vor allem als Wetter- und Kälteschutz, also klimatisierter Raum verstanden, denn in Südeuropa hätte es für einen solchen Zweck eigentlich keiner Architektur bedurft. So verweigerte van Klingeren allzu feste Vorgaben von Architektenseite; man hatte sich für eine zu Eigeninitiative anregende, in jeder Hinsicht offene Struktur entschieden, in der praktisch alles, was Menschen vereint, stattfinden können soll. Einzig die Bodenstruktur unterscheidet vereinzelt Bereiche, jedoch ohne zu trennen: der Raum undefinierter Funktion ist von einem leicht erhöhten Bereich umgeben, auf dem ein Café und ein Restaurant liegen und unter dem Lager- und Sanitärräume Platz finden, der aber auch zum Foyer werden kann und wie eine Tribüne Überblick über das gesamte Geschehen in der Halle bietet. Mit Hilfe von strukturierenden Elementen können im Bedarfsfall optisch separierte Räume geschaffen werden. Das eigentliche Theater ist als Oval abgezäunt, aber seine Umfriedung erreicht die Decke nicht, so daß auch die Aufführungen nur optisch, aber bewußt nicht akustisch ausgegrenzt sind. Die nach außen dringenden Geräusche werden als Lockrufe für die Außenstehenden verstanden, hineinzugehen und teilzunehmen. Exklusivität konnte so nicht aufkommen und tatsächlich wurde der Saal nur vermietet, wenn auch der Zutritt der Drontener gewährleistet war. Van Klingeren begriff die Agora in erster Linie als soziales Experiment, erst in zweiter Linie als Architektur.

Die Grundstruktur des Aufführungsortes entspricht einer Arena um eine runde Spielfläche. Durch mühelos demontierbare Sessel auf Schienen ist für eine gewisse Variabilität gesorgt, die auch eine achsiale Anordnung durch eine Bühne am Ovalende, mit oder ohne Portalrahmen, sogar mit oder ohne Orchestergraben, oder die Nutzung als Kino ermöglicht.

In Dronten wurde die Definition von Architektur als klimatisierter Raum, das Prinzip der Durchdringung von Innen und Außen, sowie der verschiedenen Bereiche und Nutzungsmöglichkeiten und vor allem die Idee eines instrumentalen Raumes äußerst kostengünstig und diesem Fall für eine wirklich ›neue Gesellschaft‹ erfolgreich umgesetzt.

<hr />

Im Laufe der nächsten zehn Jahre seit den Diskussionen um das Düsseldorfer Podienklavier wurden vor allem immer wieder Lösungen mit Hubpodien vorgeschlagen und einige auch realisiert.

So kombinierten andere Ansätze die freie Bodengestaltung durch Hubpodien mit frei fahrbaren Stuhlwagen: Bei dem Wettbewerb für ein Studio des Nationaltheater Budapest reichten die ostdeutschen Architekten Weber und Rubinov 1965 einen Vorschlag für eine total offene Struktur auf 20 Hubpodien ein, auf denen 8 Stuhlwagen mit 42 Plätzen zu verschiedenen ›Sitzgruppen‹ verbunden werden können (Abb. 9). Nicht nur der Boden ist vertikal mobil, auch die Stuhlwagen sind um 0,83 m höhenverstellbar, so daß sie sich zu Tribünen auftürmen lassen.

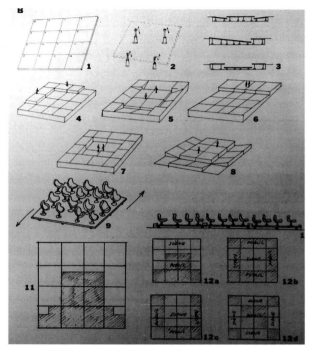

10 René Allio: Verwandlungsprinzip für eine Studio- oder
   Probebühne (1966)

11a–g Fritz Schäfer: Nutzungsvarianten des Podium in Ulm
     (1969)

Dieses Prinzip verfeinerte René Allio im Rahmen seiner Suche nach funktionsehrlichen Strukturen etwa zur gleichen Zeit für eine Studio- oder Probebühne (Abb. 10). Sechzehn größere quadratische Podien werden durch den Einsatz von vier Schraubwinden nicht nur gesenkt und gehoben, sondern darüberhinaus schräg gestellt. Auf ihnen können - bei ebener Bodenstellung – leichte Stuhlwagen für 10-20 Drehstühle entweder zu jedem beliebigen Zeitpunkt umgestellt oder am Boden befestigt werden. Auch sie sind leicht höhenverstellbar.

Wichtig ist in beiden Entwürfen die totale Instrumentalisierung von Wänden und Dekke für technische Einrichtungen. Damit wäre die Architektur des Aufführungsortes vollständig in Gestaltungstechnik aufgelöst worden (44).

Die Realisierungen betreffen aber nur den Spielort, bevorzugt in kleineren Studios: Mit einem vollständigen Podienklavier rüstete 1969 Fritz Schäfer, der Architekt des Ulmer Theaterneubaus, das *Podium* genannte Kleine Haus aus. Sein Grundriß nimmt das geometrische Grundthema der Gesamtanlage, das Sechseck, auf. Die vollständige Variabilität wird durch 18 Bodenelemente erreicht, von denen 16 um 0,90 m vertikal beweglich sind (Abb. 11a–h). Die Bestuhlung ist beliebig in diese Podien einsteckbar, die Stühle sind drehbar und die gesamte Saaldecke kann als Arbeitsdecke dienen. Diese abdeckenden Gitterrostelemente können an jeder Stelle, etwa zum Einhängen von Scheinwerfern, aber auch von Prospekten, entfernt werden. Auch die Wände beherbergen ein Schienensystem, das das Anbringen von Dekoration ermöglicht, daneben können sie mit ihrer glatten Oberfläche als Projektionsflächen dienen. Die Hubpodien sind so leicht zu bedienen, daß die Bodenlandschaft in gewissem Maße auch während der Vorstellung verändert werden kann. Das hat die Nutzung des Podiums im Sinne alternativer Spielformen sicher sehr befördert, so daß in den ersten Jahren seiner Bespielung definitiv keine Zweiraum-Anordnung verwendet wurde (45). Stattdessen konnten und mußten Szenographen und Bühnentechniker von Anfang an eng in den Inszenierungsprozeß eingebunden werden. Hingegen war es nicht leicht, genügend Regisseure zu finden, die mit den Möglichkeiten dieses Zentralraums arbeiten konnten und sich von konventioneller Arbeitsweise verabschieden wollten (46).

In begrenzterem Umfang setzte im gleichen Jahr Peter Moro ein Podienklavier für das Gulbenkian-Theatre der Universität im englischen Hull ein, das den Studenten die Arbeit mit den verschiedenen Bühnenformen ermöglichen sollte. Zu diesem Zweck schuf Moro einen im Gesamteindruck rechteckigen Raum, in dessen Zentrum sich ein Hubpodium aus 64 Segmenten befindet (Abb. 12a–c). Die so gewonnene Bühnenfläche sowie die umliegenden Zonen können mittels Stuhlwagen auf verschiedene Weise bestuhlt werden. An einer Seite wurde eine Raumerweiterung angefügt, die im Falle der Zweiraum-Bespielung für eine ausreichende Platzzahl, im Höchstfall für 200 Zuschauer, sorgt (47).

Erst viele Jahre später, als 1980 Wilfried Minks und Johannes Schaaf die Leitung des Frankfurter Schauspiels übernahmen, erhielt Werner Ruhnau selbst die Gelegenheit, sein Podienklavier zumindest in Ansätzen zu realisieren. Minks orientierte sich wie Ruhnau an den Tendenzen der Bildenden Kunst und hatte vielfach und bevorzugt in Umnutzungen gearbeitet. Mit den räumlichen Möglichkeiten des Frankfurter Nachkriegsbaus von 1951 war er verständlicherweise unzufrieden. Die Suche nach Verbesserungsmöglichkeiten führte schließ-

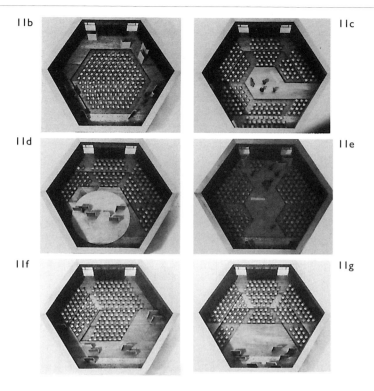

11b 11c 11d 11e 11f 11g

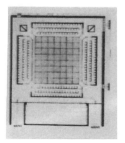
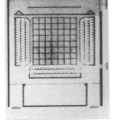
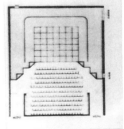

12a Peter Moro:
Gulbenkian-Theatre,
Universität Hull
(1969/70), Skizze des
Innenraums

12b–d Nutzungsvarianten

lich zu dem Auftrag für Ruhnau, einen Umbauplan für das Stammhaus auszuarbeiten. Denn beiden Theaterleitern schwebte »*ein intimes Theater mit etwa 500 Zuschauern (Zauberkiste)*« vor (48). Hierfür ließ Ruhnau rückwärts und seitwärts Schiebewände in den Zuschauerraum installieren, so daß dessen Intimitätsgrad inszenierungs- und stückgerecht bestimmt werden kann. Weiter sollte es »*den integrierten Großraum von Zuschauerhaus und Bühnenhaus als Halle mit beliebiger Anordnung von Spielflächen und Zuschauerflächen*« und »*eine variable Bestuhlung des Hauses*« geben. Dies erreichte Ruhnau, indem er die ersten 15 Reihen des Auditoriums durch Hubpodien und eine variable Bestuhlung ersetzen ließ. Zusätzlich wurde die gesamte Saaldecke zum Arbeitsboden ausgebaut und eine Regenanlage ersetzt seitdem den Eisernen Vorhang.

Ohne Auftrag von Theaterleuten hätte das Podienklavier tatsächlich keine Realisierung, zumal im Großen Haus eines Stadttheaters, erlebt. Hier, wie in allen anderen Fällen wurde aber nur der den Aufführungsort betreffende Teil von Ruhnaus Gesamtkonzeption eingekauft - und selbst das noch als Kompromiß eines Teilumbaus, in einer Mischung aus Podienklavier und dem Kleinem Haus in Gelsenkirchen.

Einer offenen Gesellschaft entsprechen offene Theaterspielformen. Offene Theaterspielformen verlangen offene Theaterbauformen,
definierte Ruhnau unermüdlich noch 1973 (49). Die tatsächliche Gesellschaft war für seine Ideen offensichtlich nicht offen genug.

Mobilität und eine neue Dimension: Jacques Polieri & andere

Eine von den Gesetzen der Perspektive befreite Szenographie erfordert eine ganz andere verbale und musikalische Partitur als die im Guckkasten übliche; die Sprechkunst und die Kunst der Gesten sollte ebenfalls ästhetisch auf die gemeinsame Funktion überprüft werden. Dies ist ohne Zweifel eine langwierige Arbeit. (..) Dieser Fortschritt kommt über den praktischen Entwurf an einen Punkt, wo es für mich unerläßlich wird, eine moderne Ausrüstung und einen modernen Aufführungsort einzurichten. (..) Ich glaube, daß meine szenographischen Konzepte (..) und die Arbeit, die ich seit einigen Jahren mit verschiedenen Architekten leiste, schließlich in den Bau und die Konstruktion eines wirklich modernen Aufführungsortes münden wird. (50)
Seit Mitte der 50er Jahre bemühte sich der Szenograph und Regisseur Jacques Polieri um eine entsprechende totale Reform des Theaters, die den allgemeinen Fortschritten der Zeit entsprechen sollte. Er bediente sich dabei zweier Indikatoren, um den tatsächlichen Stand der kulturellen Entwicklung zu ermitteln: der Bildenden Künste sowie der Technik und Naturwissenschaften.

Zunächst integrierte Polieri ganz bewußt Bild- und Filmprojektionen von Malerei zeitgenössischer wie älterer moderner Künstler in die Ausstattungen seiner Inszenierungen. Obwohl diese Mittel noch im Guckkasten oder zumindest in traditionellen Aufführungsräumen eingesetzt wurden, war das, was ihn an der Integration dieser Bilder reizte, ihre seit Paul Cézannes Arbeiten zerschlagene Einperspektivität, so daß sie ihm prädestiniert erschienen, trotz ihrer materiellen Flächigkeit, Teil einer per se dynamisch-plastischen Erscheinung zu werden, wie Theater es ist. Da Polieri an die nach dem Krieg scheinbar zerrissene, zumindest gern verdrängte reformerische Traditionslinie wiederanknüpfte, nach deren Definition Theater als ein synthetisches Kunstwerk begriffen wird, dessen Charakter mehr ist als die Summe der an seiner Erschaffung beteiligten Künste, negierte sein Ansatz die Führungsrolle des Textes völlig. Statt sich an dramatischen Vorlagen zu orientieren, war er an der Schaffung einer szenischen Partitur interessiert, die »Musik, Tanz, die einfachen Gesten und – warum nicht? – den Text« (51) gleichermaßen erfassen sollte. Und da das Theater eine sich eher langsam entwickelnde, konservative Kunst ist, diente die Integration moderner Malerei in seine Inszenierungen zunächst dazu, es für die Aspekte der Moderne zu öffnen und leichter auf einen zeitgerechten ästhetischen Standard zu bringen.

Dies war aber nur der erste Schritt hin zu einer viel umfassenderen Zielsetzung. Was Polieri in erster Linie an der modernen Malerei und Plastik reuzte, war ihre Dynamik, die Integration raum-zeitlicher Komponenten in ursprünglich rein zeitliche oder rein räumliche Medien. So wie das Tafelbild irgendwann von der technisch erzeugten Fotographie abgelöst wurde, deren Einperspektivität dem räumlichen Konzept des Guckkastens analog ist, geriet das Theater seit dem 19. Jahrhundert in einen verwickelten Dialog mit dem Film und in einen Prozeß intensiver gegenseitiger Beeinflussung; erst konnte sich das Kino dramaturgisch nicht vom Theater freimachen, dann integrierten verschiedene Theater-Avantgarden filmische Mittel in ihre Dramaturgie. So interpretierte Polieris selektiver Blick die Geschichte des Theaters[24] – und seine experimentelle Arbeit nahm diesen Faden auf, um ihn weiterzuspinnen, indem er die Bild- und Film-Projektionen in seine Darbietungen bald nicht mehr nur integrierte, sondern immer mehr zu ihrem Inhalt machte. So wurde der Übergang von der dynamischen, projizierten Szenographie zur innovativen Fernsehtechnik oder Videokunst fließend[25]. Den damit verknüpften Wechsel der ästhetischen Dimension proklamierte Polieri als notwendig zeitgemäß:

24 – den er in der historischen Herleitung seiner Arbeit, seinem umfangreichen Buch über die Entwicklung und Systematik der Szenographie vorangestellt, offenbart (✧125 POLIERI S.IX-XXII): Die Geschichte der Szenographie verstanden als Reaktionen des Theaters auf die prägenden wissenschaftlich-technischen Reize in den verschiedenen Epochen seit der Antike, mündet in eine umfassende Analyse der neuesten Medien - Film, Fernsehen und Video.

25 Bereits 1963 ließ POLIERI sich das gemeinsam mit Michel OUDIN entwickelte Konzept einer ›Scénographie de l'image électronique' patentieren, bei dem es um die Möglichkeiten kombinierter Bildschirme bzw. Leinwände geht, die Perspektivwechsel, simultane oder sukzessive Informationsvermittlung, Zeitsprünge zwischen Gegenwart und Vergangenheit in Gestalt von Direktübertragung oder Wiedergabe beinhalten. (s. ✧125 POLIERI S.128f.). Während der Olympischen Spiele 1972 in München hatte er ein Video-Kommunikationsspiel eingerichtet, das auf der Bildübertragung auf mehrere Riesenbildschirme beruhte. Es erlaubte, verschiedene Ereignisse, verschiedene Zeitebenen, eben auch die direkt übertragene Gegenwart an einem anderen oder demselben Ort, Realitäts-Partikel und vorgestaltete fiktive Programme.. miteinander zu konfrontieren und Menschen an verschiedenen Orten, aber zur gleichen Zeit miteinander kommunizieren zu lassen. (s. ✧125 POLIERI S.XXII) Diese Bemühungen, die letztlich mehr das Fernsehen als das Theater voranbrachten, fanden 1983 ihren Höhepunkt, als POLIERI eine simultane, interaktive, interkontinentale Video-Übertragung zwischen Tokio, Cannes und New York für insgesamt 2000 Zuschauer an allen drei Orten veranstaltete. Ein Spezialistenteam unter seiner Leitung diskutierte nicht nur unabhängig vom räumlichen Getrenntsein, sondern interaktionsfähige Androïden waren gleichzeitig Produkt und ›Teilnehmer‹ der Veranstaltung. (s. ✧125 POLIERI S.XXIII)

Der Herrschaftsbeginn der belebten Bilder (..) korrespondiert mit einem Wechsel der kulturel-
len Dimension: die Maschine wird zu einem bestimmenden oder auf jeden Fall einem nicht
neutralen Parameter bei der Herstellung der Bilder. Die Maschine verändert den Code und die
Art und Weise der Rezeption. (..) Die Filme haben uns durch die Benutzung ihrer verviel-
fachten Kopien in den Bereich raum-zeitlicher Simultaneität eintreten lassen.
Video erreicht eine wahrhafte Allgegenwart und Augenblicklichkeit. Seine momentane Ausfor-
mung durch numerische Bilder und elektronische Auflagerung erlauben darüberhinaus virtuelle
Andauer und Totalität der Information. Wir sind durch den Wechsel des technischen Mediums
allmählich von der punktuellen Informationswahrnehmung zur Information durch ein Netz[werk]
übergegangen. (52)
Diese Dominanz maschinell erzeugter Bilder, die damit verbundene Auflösung der Kontinuität, die sich in der gegenseitigen Durchdringung von Zeit und Raum, in gesteigerter
Dynamik und Mobilität der Prozesse äußerte, bedingte unvermeidlich eine veränderte Welt-
und damit auch Theaterperzeption, die sich ebenso wie in der Raumkonzeption der modernen Ästhetik in der Anlage des Aufführungsortes niederschlagen sollte. Hier Lösungen für
das adäquate Verhältnis von Spiel und Rezeption, oder von *Sendung* und *Empfang*, wie Polieri
es nannte, zu entwickeln, war für ihn nicht nur eine Frage praktischer Erfahrung und funktio-
nierender Anwendung, sondern vor allem, so hat man den Eindruck, theoretischer, ja wissenschaftlicher Durchdringung und Erfassung der Funktionsgesetze dieser raum-zeitlich
vermittelten Kommunikation. Parallel zu seinen praktischen Entwürfen arbeitete er an einer
»Geometrie der Beziehungen oder Flugbahnen von Sendung-Empfang der visuellen und audiellen
Handlung« (53), die sein Interesse fortschreitend von der mechanischen Technik eben auf
die zeitgemäßere Elektro- bzw. Teletechnik lenkte. Zunächst versuchte er, die räumliche
Aufteilung, innerhalb derer Informationsaustausch und Interaktion möglich wird, mittels
stereometrischer Formen und Zuteilungen sowie die Kommunikationsbahnen mit Hilfe
geometrischer Gesetze zu systematisieren (54)[26].
    Im Rahmen solcher Systematisierung wird jede Möglichkeit, jeder Punkt des Systems
gleichrangig neben die anderen geordnet; wenn Polieri eine Interaktionsskala für Darsteller
im vollständigen Kreis von 360° abfragt und beschreibt (Abb. I), nehmen in mathematischer
Gleichberechtigung Tänzer, Sänger, Schauspieler, die sich der Sprache, und Mimen, die sich
der Geste bedienen, teil, ebenso wie jede Position innerhalb der 360° des totalen Theaters
exakt den gleichen Rang aufweist wie alle anderen. Diese Aufhebung aller wertmäßigen
Vorurteile und konventionellen Voreingenommenheiten durch die rationale Systematisie-
rung desavouiert die Konvention als nur **eine** Form unter vielen anderen und macht so den
Weg für ganz neuartige Vorschläge frei. Mehr noch: Sie begründet durch die Veranschaulichung
potenziell gleichzeitig vorhandener und prinzipiell gleichwertiger Möglichkeiten eine Anschauung
von Kunst und Realität im Bewußtsein allgegenwärtiger Simultaneität – die allerdings ohne
das entsprechende technische Instrumentarium ebenso unsichtbar wie uninteressant bliebe.

---

26 Dieses Vorgehen erinnert an Tendenzen der Avantgarden während der 20er Jahre, die das selbe Instrumen-
    tarium bemühten, um eine neue künstlerische und politische Ordnung zu begründen.

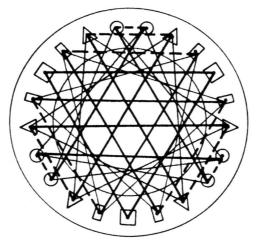

1   Jacques Polieri: Theatrales Interaktionsschema

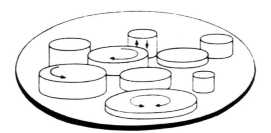

2   Jacques Polieri: Prinzip des Theaters auf
     Kugellagern

3   Jacques Polieri: Ausstattung der Sprechoper
     »Comédie« nach Samuel Beckett, Fondation
     Maeght (1969)

Praktisch entwickelte Polieri auf der Suche nach dem modernen Aufführungsort eine Reihe von Konzepten, die er von verschiedenen Architekten zu realisierbaren Konstruktionen, teilweise zu mechanischen Modellen oder gar Modellgebäuden auf entsprechenden Ausstellungen ausarbeiten ließ. Sie thematisierten vor allem die Beziehungen von Spiel und Rezeption von eben dieser gleichrangigen, simultanen Potenzialität.

Eines davon war das aus sechseckigen Segmenten gebildete Podienklavier, das in Werner Ruhnaus Entwurf für das Düsseldorfer Schauspielhaus 1959 mit geringen Mitteln jeder Inszenierung und bei Bedarf jeden Abend eine andere Konstellation ermöglichen sollte. Diese geometrisch-hydraulische Matrix ›enthielt‹ gleichzeitig und unterschiedslos eine unvorstellbare Fülle räumlicher Möglichkeiten (55).

Ein anderes Schema dieser Art nannte er *Theater auf Kugellagern* (Abb. 2). Zylindrische Podien von verschiedener Größe und vertikaler Beweglichkeit sind dabei im ganzen Raum verteilt. Sie können in beiden Richtungen gedreht werden und dann als Spielpodien oder, mit mobilen Sitzen versehen, als Zuschauertribünen dienen. Dieses von keinem Architekten bearbeitete Schema ist nicht ganz so reich an verschiedenen Möglichkeiten. Der Schwerpunkt lag offenbar weniger auf der potenziellen Einrichtung aller erdenklichen Konstellationen, er lag bei der ambivalenten Nutzung jedes Podiums und legte das simultane Spiel auf mehreren Bühnen besonders nahe. Damit bereitete es geistig die Ausstattung und Inszenierung der Sprechoper COMÉDIE in der Fondation Maeght im Juli 1969 vor. Für dieses Spiel nach Samuel Becketts Text COMÉDIE und zur Musik von Roman Haubenstock-Ramati schrieb Polieri seine Inszenierungsstruktur stringent dem räumlichen Arrangement ein (Abb. 3): Er verteilte fünf Bühnen im Raum, von denen sich zwei zu einer dezentralisierten Hauptbühnenanlage mit direkter Beziehung zu den sechs sechseckigen Podien, die die Zuschauer tragen, fügten. So umgab das Spielgeschehen das Publikum im Winkel von 180°. Das Stück wurde von drei Figuren getragen, die Polieri in exakt den selben Kostümen und Masken simultan auf allen fünf Bühnen auftreten ließ, insgesamt also 15 Sprechsänger, im ganzen Raum verteilt. 12 weitere *Mimen* verteilte er einzeln unter das Publikum. Sie sprachen oder sangen ebenfalls Teile der Partitur, allerdings spontaner Koordination der Regie während der Aufführung gehorchend. Dem Ablauf der Inszenierung konnte man also nicht an einem Punkt und aus einer Perspektive folgen, sondern mittels des gezielten Einsatzes von Licht und Dunkelheit wurde die Illusion einer räumlichen Topographie oder »*der allgemeine Eindruck (..) einer relativen Bewegung oder überdies der einer gewagten Positionierung im gesamten Szenenraum gemäß der Übereinstimmung mit dem Ablauf und dem Rhythmus der Handlung*« (56) angestrebt. Die Steuerung des vervielfachten, simultan vorhandenen, wenngleich nur partiell sichtbaren Personals wie der theatralen Zeichen (auf den Bühnen und im Publikum verteilt) führte letzlich über das sukzessive Sichtbarwerden zu einer passiven Erfahrung der horizontalen Ebene räumlicher Dimensionen, die mit der Dramaturgie verschmolz.

Polieri genügte allerdings die passive Erfahrung von Bewegung und Räumlichkeit nicht. Das Publikum sollte selbst an einer Bewegung teilhaben, die über das ortsfeste Drehen eines Drehsessels hinausging. Dies erreichte sein *Théâtre mobile* (1960). Polieris Schema aus der Mitte der 50er Jahre sah dabei eine kreisrunde und kreisende Zuschauerarena vor, die von

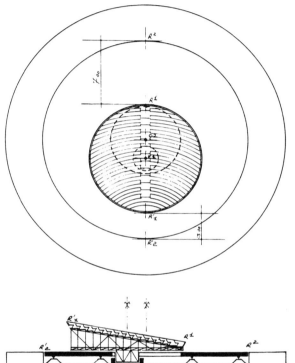

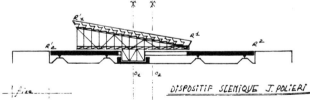

DISPOSITIF SCENIQUE J. POLIERI

Grundriß und Schnitt des Plans et corps Théâtre à scène annulaire (Jacques Poliéri)

O_1 = Achse der drehbaren Haupt-Spielfläche (Durchmesser 14 m)
O_2 = Achse der beweglichen Drehscheibe
R^2 — R'_2 = bewegliche Bühne
Gesamtdurchmesser des Theaters = 30 m

4a Jacques Polieri: Théâtre Mobile (1960), durchgeplantes Konzept, Grundriß und Schnitt

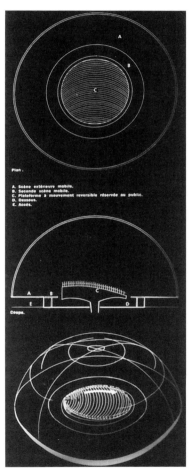

4b Prinzip des Théâtre Mobile (Mitte der 50er Jahre), Grundriß, Schnitt und Isometrie

zwei unabhängig voneinander drehfähigen Ringbühnen umschlossen sein sollte (Abb. 4a/b). Der Bildhauer André Bloc und der Architekt Claude Parent setzten dieses Schema 1960 im amerikanischen Pavillon des Festival de l'Art d'Avantgarde in Paris als Modelltheater um (Abb. 5a–d). Dessen Aufführungsraum hatte insgesamt einen Durchmesser von 30 m. Die beidseitig mobile Zuschauertribüne von 14 m Durchmesser war in diesem Fall umgeben von einer fixen Ringbühne als äußerem Kranz und einer nach beiden Seiten beweglichen, zentralen Drehscheibe, über der sich die kreisende Tribüne befand. Diese wurde durch Zugänge unterhalb der Bühnen für die 300 Zuschauer zugänglich gemacht. Soweit war die Anlage eine Kombination bereits vorgeschlagener und teilweise auch angewandter Dreh-technik[27]. Da es hier aber um eine Erfahrung von Dynamik ging, die nicht nur das Drehen, sondern auch wechselnde Entfernungen zum Spiel als rezeptionsbestimmend umfassen sollte, besaß die Anlage zwei differierende Rotationsachsen: die Achse der Zuschauertribüne be-fand sich circa 2 m neben der der mobilen Zentralbühne, so daß durch unabhängiges Dre-hen beider Teile verschiedene Distanzen und Raumtiefen erlebt werden konnten (57).

Polieri präsentierte in diesem Gebäude, das die Architekten noch um Abstellräume und einen Ausstellungssaal ergänzt hatten, eine Darbietung, die er RHYTHME ET IMAGE nannte. Dabei benutzte er die Schatten moderner Skulpturen verschiedener Künstler (Abb. 6), die er durch die doppelte Mobilität des Aufführungsortes und die eher filmgemäße Illusion des *travelling* scheinbar beleben konnte.

Bereits 1956 bearbeitete und verfeinerte André Wogenscky das Schema zu einem schwungvoll überkuppelten Entwurf (Abb. 7), der in seinem eiförmigen Grundriß und der Kombination aus kleinerer mobiler und größerer fixer Ringbühne Züge seiner Ausführung als Kleines Haus des Kulturzentrums in Grenoble von 1969 antizipierte (58).

Bei dem Konzept des *Théâtre Mobile* werden die räumlichen Dimensionen vor allem für die Zuschauer erfahrbar gemacht. Allerdings ausschließlich als Ergebnis horizontaler Bewe-gung. Bereits 1957 hatte Polieri ein weiteres Schema, das *Théâtre du mouvement total*, ausge-arbeitet, das die Erfahrung aller drei Dimensionen im Sphärenraum mit der Rezeption ver-knüpft (Abb. 8): Durch das Innenvolumen eines doppelwandigen Kugelbaus bewegen sich ungefähr 1000 Zuschauer, auf eine Vielzahl, nur durch eine Kombination von Tragarmen wie Objekte eine Mobiles gehaltene Tribünen von verschiedener Größe verteilt. Vom oberen Scheitelpunkt hängt eine Rotations-Achse, die von Rolltreppen spiralförmig umfahren wird, um die Zuschauer zu den Tragarmen der Sitzplateaus zu bringen, über die sie ihre Plätze erreichen können. An der Spitze jener Rotationsachse befindet sich das Kontrollzentrum für Technik, Regie, Ton, Licht und Projektion. Bühnen dachte sich Polieri, ebenso wie die Magazin- und Arbeitsräume, in der äußeren Doppelwand untergebracht. So waren nicht nur die locker miteinander verbundenen Plateau-Arme durch Drehung der oberen Rotati-onsachse in Bewegungen zu versetzen, die in beliebiger Weise den gesamten Raum durch-maßen, die Existenz einer unteren Rotationsachse deutet darüberhinaus auch die eigen-ständige Drehung der gesamten, die Bühnen tragenden Außenhaut an.

---

27   – wenn man da etwa an Projekte von Oskar STRNAD und auch das Totaltheater noch vor dem Krieg oder
       später an die Entwürfe von Kurt GUTZEIT oder LABAN/STOECKLIN denkt.

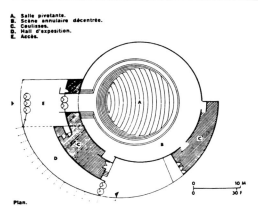

A. Salle pivotante.
B. Scène annulaire décentrée.
C. Coulisses.
D. Hall d'exposition.
E. Accès.

Plan.

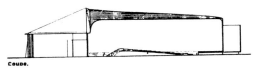

Coupe.

5b Längsschnitt

5a Claude Parent/André Bloc: Der amerikanische
Pavillon des Festival de l'Art d'Avant-Garde,
Paris (1960), Grundriß

Elévation.

5c Außenansicht

5d Blick in den Aufführungsraum

Esquisse.

6 Jacques Polieri: Ausstattung für »Rhythme et
image«, Paris (1960)

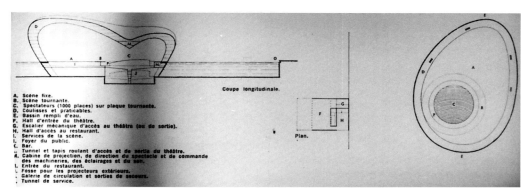

Coupe longitudinale.

A. Scène fixe.
B. Scène tournante.
C. Spectateurs (1000 places) sur plaque tournante.
D. Coulisses et praticables.
E. Bassin rempli d'eau.
F. Hall d'entrée du théâtre.
G. Escalier mécanique d'accès au théâtre (ou de sortie).
H. Hall d'accès au restaurant.
I. Services de la scène.
J. Foyer du public.
K. Bar.
L. Tunnel et tapis roulant d'accès et de sortie du théâtre.
M. Cabine de projection, de direction du spectacle et de commande
des machineries, des éclairages et du son.
N. Entrée du restaurant.
O. Fosse pour les projecteurs extérieurs.
P. Galerie de circulation et sorties de secours.
Q. Tunnel de service.

Plan.

7 André Wogenscky: Durchführung des Théâtre Mobile (1956), Grundriß und Schnitt

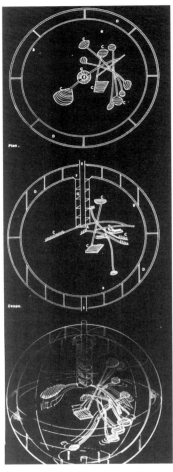

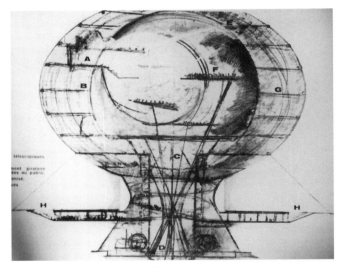

8   Jacques Polieri: Schema des
      Théâtre du mouvement total
      (1957)

10a   Pierre und Etienne Vago: Plan für ein Théâtre du mouvement
      total (1962), Skizze

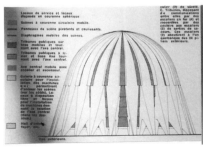

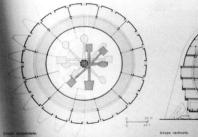

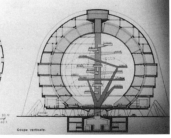

9a   Enzo Venturelli: Plan für ein
      Théâtre du mouvement total
      (1958), Ansicht

9b   Grundriß

9c   Schnitt

Dieses Schema erinnert auf den ersten Blick an einige Entwürfe aus dem Bauhaus-Labor: die Projektionsachse des Totaltheaters läßt sich wiedererkennen, vor allem aber erfährt Andreas Weiningers Kugeltheater ungefähr dreißig Jahre später eine reziproke Modifikation, indem Polieri, das Volumen der Sphäre thematisierend, die Zuschauer anstelle der Darsteller an die zentrale Achse anhängt, während die Bühnen statt der Zuschauer in der Außenhaut plaziert werden. So potenziert Polieri die Aktivität, denn nicht nur der Aufführungsbereich, auch der Rezeptionsbereich wird in ungewöhnlichem Maße belebt; mehr noch: während es in Weiningers Kugel nur schwer gelänge, die ›Handlung‹ von der Zentralachse weg in den freien Raum ausgreifen zu lassen, liegt genau hierin das Ziel von Polieris Konzeption, die damit Friedrich Kieslers *Railway* bzw. *Universal-Theater* nahekam.

In der Folge wurde dieses Schema von mehreren Architekten bearbeitet (59). 1958 schon pflanzte Enzo Venturelli den Sphärenraum in einen von 24 eisernen oder aus Eisenbeton gebildeten Rippen getragenen, glockenförmigen Kuppelbau von 70 m Gesamtdurchmesser ein (Abb. 9a–c) und umgab ihn mit einer doppelten Raum-Haut, deren erste sämtliche notwendigen Betriebsräume und die zweite eine Vielzahl von Bühnen birgt, die wabenartig über die gesamte Innenfläche verteilt sind. Sie können mittels elektronischer Steuerung geschlossen und geöffnet und auf Rollen laufende Spielplateaus aus den Betriebsräumen hinaus auf die Bühnen geschoben werden. Diese Zellen besitzen einen drehbaren, motorgetriebenen Boden, der wie eine Ringbühne bewegt werden kann. Für die Unterbringung des Publikums sah Venturelli zwei verschiedene Systeme vor: Zum einen sind an der durchgezogenen Rotationsachse von 8 m Durchmesser auf allen Höhen Zuschauerplateaus durch Tragarme arretiert, die über die in der Achse befindlichen vier kleineren oder den einen großen Schnellaufzug und einen außen umlaufenden Aufzug besetzt und entleert werden. Zum anderen befindet sich eine kleinere Anzahl von Plateaus auf einem durch Nottreppen miteinander verbundenen System von ›Zweigen‹, die direkt vom Raumboden ausgehen. Dessen Stamm ist außerdem horizontal und unabhängig von der Drehung der Zentralachse mobil. Die Bewegung der Tribünen in vertikaler wie horizontaler Richtung wird zentral gesteuert. Letztlich könnten die verschiedensten Bestandteile dieses ›Theaters‹ in eigenständige Bewegungen versetzt werden.

Einen weiteren Entwurf lieferten 1962 Pierre und Etienne Vago, von dem ein mechanisches Modell auf der Theaterausstellung der Pariser Bibliothek d'Arsenal vorgestellt wurde (Abb. 10a/b). Ihr Kugelgebäude sitzt auf einem schlanken Hals auf, über den die Drehstühle der Zuschauerplattformen mit Zuschauern besetzt werden und durch den hindurch die ausfahrbaren Stiele, auf denen sie aufsitzen, mit dem unterirdischen Hauptmotor und der zentralen Steuerung verbunden und von ihm, wie Blumenstiele von einer Vase, zusammengefaßt werden. Sie können verschiedene Höhen, aber auch auf horizontaler Ebene verschiedene Positionen einnehmen, sich also einigermaßen frei im Raum bewegen. Die Innenhaut ist auch hier mit einer Vielzahl von Spielzellen besetzt, die automatisch geöffnet und geschlossen werden können. Zusätzlich dazu befinden sich an verschiedenen Stellen von der Wand her ausfahrbare Spielplateaus, die somit ihrerseits in den Raum hinausragen. Für Projektionen können gekrümmte, amorphe Projektionsflächen an Teilen der Innenhaut aufgespannt werden.

Erst 1970 entwickelte Polieri aus diesem Schema für die Weltausstellung in Osaka ein Modellgebäude und eine entsprechende Darbietung (Abb. 11) (60). In einem überkuppelten

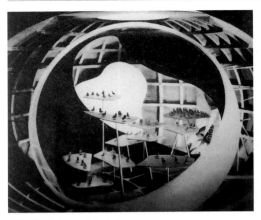

10b Blick in das Modell

11 Jacques Polieri: Theatrale Darbietung für die
    Weltausstellung in Osaka (1970)

12a Jacques Polieri/Claude Parent/André Bloc:
     Théâtre Transformable Automatique für
     Dakar (1962), Modell

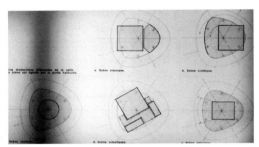

12b Nutzungsvarianten

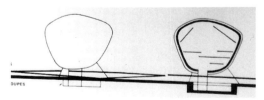

12c Schnitt

Raum sitzen drei ausfahrbare Zuschauerplattformen auf einer kreisförmigen mobilen Basis auf. Zu Beginn der Performance hatte jede der Plattformen wie ein unabhängiger kleiner Aufführungsort eine Projektionswand vor sich, die später verschwand, um Bild- und Filmprojektionen im gesamten 360°-Rund zu zeigen. Dabei bewegten sich die Zuschauer-plattformen in allen drei Dimensionen dem Rhythmus der visuellen und klanglichen Gestaltung gemäß, und schließlich auch noch die Kuppel.

Bereits 1962 arbeitete Polieri für den plastischen, unregelmäßig rundlichen, eher hohen als breiten Baukörper André Blocs und Claude Parents (Abb. 12a) das räumliche Konzept eines *Théâtre Transformable Automatique* für Dakar aus (61), das ebenfalls auf der variablen Zuordnung von Spiel- und Schaubereich(en) beruht und dessen Variabilität teilweise wieder mit Hilfe von horizontal wie vertikal mobilen Zuschauer- und Spielplateaus erreicht wird (Abb. 12b/c). Teilweise, denn auch die Bodenpartie dieser Raum-Skulptur, deren Innenvolumen exakt der Außenform entspricht, also keine ebenen Flächen kennt, kann besetzt und be-spielt werden (62). Bei Nichtbedarf scheint man die Plateaus nach oben in den hohen Raum wegklappen zu können. Auf diese Weise sind verschiedene, auch traditionell gebräuchliche Konstellationen einzurichten: Die ›klassische‹ achsiale Zuordnung entstünde schlicht durch die Gegenüberstellung einer Zuschauerplattform mit einem als Bühne abgeteilten Stück des Bodens. Bespielte man den gesamten Boden und drehte man die in ihrem vorderen Teil in der Raumachse verankerte Plattform um diesen Punkt, ergäbe sich eine ›kinetische‹ Anordnung im Sinne des *Théâtre Mobile*. Plaziert man eine kleinere Plattform in der untersten Raummitte, könnte die durch die konkave Bodenform zudem etwas erhöht gelegene Bühne sie kreisförmig umschließen, während, umgekehrt, ohne Verwendung jeglicher Plattform diese Bodenstruktur mühelos als Zentralarena nutzbar wäre. Aus der Kombination verschieden großer Plateaus könnten wiederum beliebige Simultan-Anordnungen gebildet werden.

Diese Auseinandersetzung Polieris mit den Möglichkeiten im Theater tatsächlich gebräuch-licher Anordnungen deutet nicht nur darauf hin, daß hier eine konkrete Ausschreibung vorlag, die von diesem Team im Sinne der neuen Ästhetik und des neuen Raumbegriffs beantwortet werden wollte, sondern verstärkt den Eindruck, daß Polieris andere Schemata weg vom eigentlichen Theater auf ganz andere visuelle (und audielle) Vermittlungsformen, weg von der menschlich dimensionierten Ausdrucks- und Aussagekraft auf mechanisch und elektro-technisch vermittelte Expressivität abzielten.

Interessant ist hier sein zur praktischen Entwurfsarbeit paralleler Versuch, mit Hilfe mathematischer Methoden eine Notation zu entwickeln, mit der es möglich würde, auf der Fläche des Papiers präzise die Lage und die Bewegungen von Elementen im dreidimensio-nalen Raum zu erfassen, auch wenn diese Bewegungen beispielsweise vollkommen irregulär verliefen (63). Polieri interessierte sich nämlich weniger dafür,

> in Übereinstimmung mit den jüngsten Tendenzen der Architektur (..) ein Volumen, einen neuen Aufführungsort zu definieren, sondern die Gesetze vorzuschlagen, die, im Gegenteil, die Schaf-fung beweglicher Formen anregen. (..) Die Kombination szenographischer und algebraischer Notationssysteme kann im ganzen die Grundlage einer imaginären wie wissenschaftlichen Szenologie liefern. (64)

Diese Ambition, unter Zuhilfenahme von objektiv-(natur)wissenschaftlichen Instrumentarien, dem konkret-sinnlichen theatralen Prozeß ein abstraktes Regelwerk abzupressen, nach dem es zu funktionieren scheint, offenbart Polieris impliziten Strukturalismus. Ob eine solche Methode allerdings in der Lage wäre, Funktion und Wesen einer tendenziell human orientierten Einrichtung wie das Theater angemessen zu beschreiben und weiterzuentwickeln, erscheint durch Polieris Arbeit nicht weniger fraglich. Sie befaßte sich prinzipiell nicht mit inhaltlichen Problemen und Potenzialen des so beschriebenen und theoretisch wie praktisch strukturierten theatralen Interaktionsprozesses, so daß sich schließlich die Sinnfrage nicht vermeiden läßt. Die Auslöschung jeglicher Handschrift beraubt das Theater einer seiner liebsten Konstituenten, des kreativen, spielenden Subjekts, und so mündete Polieris Arbeit, die die Bedeutung technischer Ausdrucksträger und abstrakter Gesetzmäßigkeiten in ihren Mittelpunkt rückte, eher in eine Form der Multimedia-Show und die Antizipation der Video-Installationen, in denen der Mensch nur noch als Maske, Androïd, Bild- und Filmmaterial einen Platz hat – oder freilich als aktivierter Rezipient und omnipotenter Gestalter auftritt.

Frappierend ist dabei, wie Polieri, der sich als einer von wenigen seit dem Krieg als Nachfahre der Avantgarde der 20er Jahre verstand, in seiner Arbeit tatsächlich viele Aspekte jener Phase – wie die Priorität von dynamischen und kinetischen Phänomenen, die Abkehr von der Priorität des Textes, die Huldigung technischer Möglichkeiten, die Abwertung des Humanen, die Suche nach den Gesetzen begreifbarer Ordnung und die Vorliebe für Stereo- und Geometrie, der ›Kommunismus‹ der Dinge, nicht zuletzt die Umwertung des Theaters zu einem Labor und Simulator des modernen Lebens unter der Leitung des Regisseursmaschinisten.. – all diese Aspekte nicht nur aufgreift, sondern mit den neuesten Mitteln erfüllt und weitertreibt. So zum Beispiel bei der Suche nach dem kinetischen Theaterbau, die wieder bei der Kreisbewegung anfing, um sie schließlich in der Sphären-Gestalt, im Sphären-Volumen, den gesamten Raum in freier Bewegung erobernd, zu überwinden. Dem liegt bei Polieri kein metaphysisches Anliegen zugrunde, auch weniger ein architektonisches, sondern ganz im Sinne von Friedrich Kieslers Definition der Kugel als »*Inbegriff des Räumlichen*« ging es um Erfassung und Erfahrbarkeit eines technisch ermöglichten ›modernen‹ Raumbegriffs, dem Szenographie wie Architektur als nahezu austauschbare, miteinander verwobene Faktoren unterworfen werden. Kieslers Ruf »*Genug der Projekte. Wir brauchen Wirklichkeiten*« (65), wurde einerseits von Polieris kurzzeitiger Realisierung des *Théâtre du Mouvement Total* in Osaka, andererseits vom die 60er Jahre charakterisierenden Eindringen des Menschen in jenen Weltraum, dessen stark reduziertes Analogon der Sphärenraum darstellt, dreißig Jahre später erwidert.

> Die sich über sehr große Distanzen abspielenden Handlungen können dank der Teletechnik eine wie die andere gesehen werden. Die Neigung, die Rotation, die Bahnen und Bewegungen des Planetensystems bilden ohne Zweifel sogar die geometrische Struktur der Szenographie der Zukunft. (66)

Nur eine gesellschaftliche, eine politische Stoßrichtung fehlt Polieris Ansatz vollkommen. Aber was können einer Menschheit, die sich anschickte den Mond zu erobern, noch die Probleme irdischer Gesellschaften sein.

———◆———

Polieris Entwürfe und Experimente gingen sehr konsequent mit einer neuen Perspektive auf die Welt um und damit auf die Künste, im ›Theater‹ seiner Prägung zum modernen

Gesamtkunstwerk vereint. Damit war er auf dem Weg zu einer vollendeten Mobilität, die alle Vorstufen der Variabilität oder Flexibilität zwar in sich aufgenommen, aber auch schon wieder überwunden hatte; die in letzter Konsequenz den Rahmen menschlicher Apperzeption ohne elektrotechnische Vermittlung, und damit auch den eines theatralen Aufführungsortes, weit hinter sich ließ. Im gleichen Zeitraum etwa griffen andere Künstler und Architekten die gleichen Themen auf, wandten sie aber letztlich auf Aufführungsorte an, in denen sich ein tatsächlich noch human dimensioniertes, von hypertropher Technik unabhängiges Theater abspielen könnte.

Das Thema freier Mobilität im Raum nahm zum Beispiel der Architekt Raimund von Doblhoff zwischen 1958 und 1960 in seinem *Freien Theater in Bewegung* auf. Doblhoffs ganz grundsätzliche Definition von Theater, die er seinem Vorschlag zugrundelegte, ging davon aus, daß theatrale Interaktion eigentlich nicht orts- und schon gar nicht formgebunden ist. Er leitete Theater vom *täglichen Leben* ab.

> *Das Wesentliche des Theaters ist ein Geschehen, von Akteuren dargestellt, dem Zuschauer folgen. Dieses Geschehen ist an keinen Schauplatz gebunden, vielmehr soll dem jeweiligen Spiel entsprechend ein Schauplatz dazugezaubert werden können. Das Spiel entsteht aus Phantasie, Erinnerung, Dichtung, Komposition. So grenzenlos wie diese Voraussetzungen ist die Variabilität des zu ermöglichenden Schauplatzes. Ob die Zuschauer stehen, sitzen, mit der Aktion mitgehen, ist grundsätzlich bedeutungslos. Im täglichen Leben bewegt sich der Mensch dank seiner Füße von Erlebnis zu Erlebnis. Der an den Stuhl gefesselte Mensch ist lahm, es fehlt ihm Wesentliches, er ist behindert. Ob über den Zuschauern sich ein Gebäude oder der freie Himmel erhebt, ist für das Wesen des Theaters nicht wichtig. Die nördlichen Klimate zwingen zum Schutz vor Wetter, erfordern Heizung. Der Raum, ob freier Raum oder beschränkter Innenraum, kann zu einem Teil der Szene werden und ist essentiell für die Szene. Entsprechend der Phantasie des Spiels hätte er sich dauernd zu wandeln. (67)*

Was hier so offen und *essentiell* klingt, entspricht dem Versuch eines Architekten, ohne theater-ästhetische Vorgaben oder Voreingenommenheiten die Struktur des Theaterprozesses freizulegen. Des Theaterprozesses, nicht aber des grundsätzlichen Problems räumlicher Algebra. Dabei war sein Maßstab weniger der potenziell höchste technischwissenschaftliche Standard, sonst hätte er den fahrenden oder transportierten Menschen nicht zum Behinderten erklärt, sondern es waren ebenso wesentliche menschliche Lebensbewältigungstechniken. Natürlich sind für eine tatsächliche, von gesellschaftlichen Hierarchien und Ritualen geprägte Theaterästhetik Entscheidungen für einen bestimmten Ort, eine bestimmte Plazierung oder die Priorität einer der konstituierenden Künste durchaus nicht »bedeutungslos«, diese Dinge berühren aber weder Wesen noch die grundsätzliche Struktur des Phänomens. Und nur dieser Struktur wollte Doblhoffs Konzept genügen.

Wie schon bei Ruhnau dient der Bau also nur der notwendigen Klimatisierung. So schlug auch Doblhoff eine stützenlose Hallenkonstruktion vor (Abb. 13a/b) und berief sich dabei auf Kostengünstigkeit und auf die prägenden architektonischen Ansätze Mies' und Konrad Wachsmanns. Die gesamte Hallendecke erlaubt durch ein Träger- und Laufkatzen-System die Nutzung an beliebiger Stelle. Wie diese Halle nun gefüllt wird, bleibt den Ideen und Bedürfnissen der Theaterleute überlassen und ist im wesentlichen beliebig. Letztlich sind durch Raumabtrennungen sogar sämtliche traditionellen Lösungen, ebenso Mehrsparten – wie Mehrzwecknutzungen oder teilweises Freilichtspiel möglich (Abb. 13c)[28].

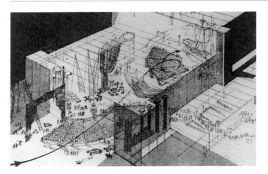

13a   Raimund von Doblhoff: Freies Theater in
      Bewegung (1958–60), Innenisometrie

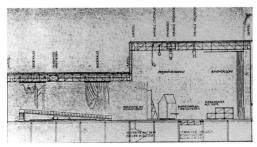

13b   Schnitt

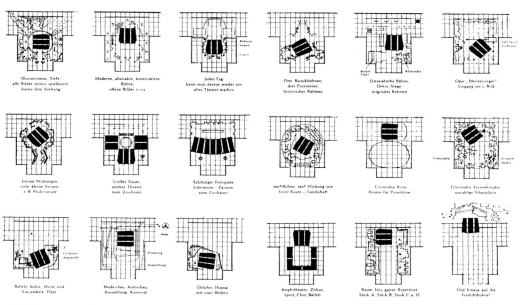

13c   Nutzungsvarianten

Zunächst dachte er an eine Halle, bei der der Aufführungsbereich von Werkstätten, Depots und Künstlerräumen umgeben wäre (68) (Abb. 13d). Später schlug er hingegen eine feste Unterteilung in ein Großes und Kleines Haus vor, wie es bei den deutschen Wettbewerben der Zeit gerade gefragt war (Abb. 13e). Der gesamte Raum, in beiden Hallen, sollte nun völlig frei bestückt und gestaltet werden können, während die Zuschauer zwar nicht mit der Handlung mitlaufen müssen, denn sie

> werden die Unbequemlichkeit (..) nicht auf sich nehmen. So werden die Fauteuils auf eine große allseitig bewegliche Scheibe gepackt, und dieses fahrbare große Parkett, eins oder mehrere, wird zu den Szenen gefahren. (69)

Im Gegensatz zu Ruhnau und vor allem Polieri interessierte sich Doblhoff überhaupt nicht für technische Hilfe bei der Szenengestaltung, er machte einzig das Publikum mit technischer Hilfe auf der horizontalen Ebene vollkommen mobil, indem er, in Anlehnung an die bereits eingetretene Alltäglichkeit des Verkehrs und mit Rücksicht auf die deswegen wachsende Zahl der ›Behinderten‹, es auf eine Art motorisierten Omnibus des Theaters plaziert, dessen freie Beweglichkeit die der Busse auf den festen Linien und Straßen ebenso übertrifft, wie die theatrale Realität die wirkliche verdichtet.

—————◆•◆•————

Der Gipfel des mobilen Theaters, dessen Abgrenzung von der Außenwelt nur noch als Klimaschutz, nicht mehr als architektonischer Ausdrucksträger dient, sind jene Einrichtungen, bei denen weniger Teile der Innenausstattung ungehindert mobil sind, sondern die gesamte Baustruktur selbst beliebig den Ort wechseln kann.

Einen höchst originellen Vorschlag in diesem Sinne legte 1961 Willi Ramstein, Mitglied der Hochschule für Gestaltung in Ulm, vor (Abb. 14): Sein *Verwandelbares Wandertheater* ist auf zwei Lastwagen montiert. In reisefertigem Zustand trägt einer der Wagen das ineinandergeschobene Auditorium und die eine zusammengepreßte Hälfte der Bühne und des flach konvexen Daches, der zweite deren andere Hälfte sowie die Abteilung der Betriebsnebenräume. Für den Aufbau werden die beiden Wagen Heck an Heck verkoppelt und dann darüber die Mitte des Daches hydraulisch auf den höchsten Punkt gehoben. Darauf werden die Sitzgestelle der Tribüne zu einem Kreissegment auseinandergeschoben und das Dach, sowie die Hülle der Nebenräume gegenüber mit Hilfe pneumatischer Technik kreisförmig entfaltet. So entsteht in der Raummitte eine kreisrunde Orchestra unter einer flachen, rundlichen Kuppel ohne Tambour. An Orten, an denen der Klimaschutz nicht vollkommen zu sein braucht, muß die Kuppel nicht vollständig geschlossen werden. Man könnte sogar

---

28 In einer Reihe von Variations-Zeichnungen zur Nutzung hat DOBLHOFF eine große Zahl von Möglichkeiten skizziert. U.a. dachte er auch an den simultanen Aufbau verschiedener Ausstattungen, evtl. eines ganzen Repertoires, oder an im Kreis angeordnete Guckkästen. Als weitere theaterfremde Nutzung schlug er die Einrichtung als Sporthalle, Festhalle, Kino oder auch als Film- oder Fernsehstudio vor. Letztere waren seine Vorbilder: »In den Studios und Werkstätten der zehnten Muse [des Films] (..) entstand eine einfache und handliche Technik unbegrenzter Variabilität. Das Stativ der Kamera erhielt Räder, das Ohr des Mikrofons eine lange Schnur; so geht es überall hin, von Punkt zu Punkt, ins Freie, durch die Welt.« (DOBLHOFF IN: MELOS 7/8 (1959) S.210) Im Theater tritt dann das Publikum an die Stelle des Kamera-Auges und Mikrophon-Ohrs.

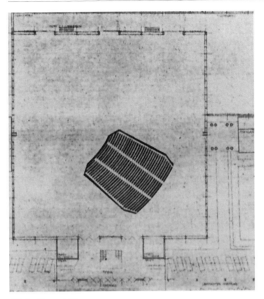

13d Grundriß

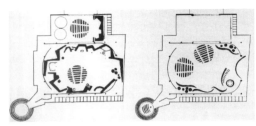

13e Durcharbeitung als Wettbewerbsentwurf für
    das Düsseldorfer Schauspielhaus (1959),
    Grundrisse mit zwei Nutzungsvarianten

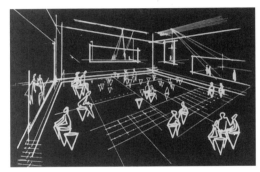

15a Yaacov Agam: Projekt eines Theaters im
    Kontrapunkt (Anfang 60er Jahre),
    Innenraum-Skizze

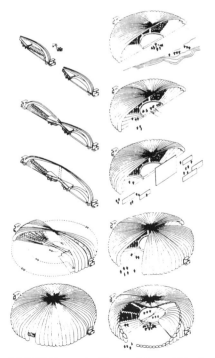

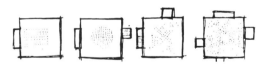

15b Nutzungsvarianten

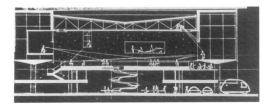

14 Willi Ramstein: Verwandelbares Wandertheater
(1961)

15c Schnitt

mit dem Lastwagen, der das Auditorium trägt, allein auskommen. Dabei ergäbe sich neben dem Amphitheater ein Bühnenhalbkreis, während die örtliche Umgebung eine Art Hinterbühne böte, die entweder von landschaftlichen Gegebenheiten oder Dekorationsteilen gestaltet werden könnte (70).

Ein anderes, auch von den Experimenten Polieris beschriebenes und thematisiertes Phänomen ist das Bewußtsein der simultanen Existenz der Dinge und Erscheinungen in Zeit und Raum und die daraus resultierende Diskontinuität.

Der israelische Bildhauer Yaacov Agam, der bevorzugt kinetische Installationen erarbeitete, legte Anfang der 60er Jahre das *Projekt eines Theaters* ► *mit mehreren Bühnen* ► *im Kontrapunkt* vor, mit dem er

> *der Wirklich viel näher sein [wollte] und dem Menschen seine eigentliche Tragödie vergegenwärtigen, da er sich in den Mittelpunkt der Handlung versetzt findet, ohne sie in ihrer* ► *Totalität* ► *Wirklichkeit greifen zu können. (71)*

Auch Agam orientierte sich an der sogenannten Wirklichkeit, genauer an ihren Perzeptionsbedingungen und versuchte, ihnen den theatralen Interaktionsprozeß zu unterwerfen, sie in seinem Theater formprägend werden zu lassen – Theater als Spiegel der Realität, als Mittel zur Bewußtwerdung ihrer Bedingungen:

> *Die Wirklichkeit jedoch besteht aus einer Vielzahl simultaner Vorgänge, die unmöglich auf dem traditionellen, auf eine einzige Bühne beschränkten Theater wiedergegeben werden können. Mein Plan ist es, die Konzeption des Theaters zu erweitern und ihm die Möglichkeit zu geben, einen Vorgang in der ganzen Komplexität seiner verschiedenen Aspekte darzustellen. (..) Der Mensch steht in* ► *koordinierten* ► *simultanen Beziehungen mit einer* ► *zusammengesetzten* ► *vielgestaltigen Wirklichkeit, die man nicht aus ihrem natürlichen Zusammenhang zwingen* ► *reißen kann, ohne sie zu* ► *verfälschen* ► *deformieren (72).*

Als – dieser durchaus nicht neuen – Tatsache adäquates Theater dachte sich Agam einen quadratischen Zuschauerraum, der in beliebiger Art mit einsteckbaren Drehstühlen zu füllen und ringsum von einer beliebigen Anzahl Guckkasten-Bühnen von verschiedener Größe umgeben ist (Abb. 15a/b). So kann eine traditionelle achsiale Gegenüberstellung von Spiel- und Schaubereich ebenso eingerichtet werden wie das Spiel auf mehreren Bühnen sukzessiv oder natürlich gleichzeitig. Der letzte Fall entspräche Agams Ansatz, wobei sich die drehbaren Zuschauer jeweils für die Konzentration auf eine Szene entscheiden und die anderen Reize ignorieren müßten (oder auch nicht). Damit man vom vollkommen ebenen Boden des Zuschauerraums sämtliche Bühnen gut sehen kann, sind die Guckkästen verschieden und entsprechend hoch plaziert. Sie sollten hauptsächlich von der technischen Decke über dem Publikum aus beleuchtet werden (Abb. 15c). Allerdings ist so die räumliche Tiefe und sind die Böden der Bühnenkästen niemals einzusehen. Die unräumliche Bildlichkeit, die schon lange am Guckkasten bemängelt wurde, wird hier zur Bildschirmhaftigkeit gesteigert[29]. Da das Publikum von Bühnen und Betriebsräumen eingeschlossen sein muß, schlägt Agam einen

---

29 Die Gefahr dieser Anordnung übersah AGAM nicht nur, er hielt sie mit seinem Simultan-Konzept sogar für gebannt: »Seit dem Aufkommen des Kinos und des Fernsehens hat das Theater aber die Exklusivrechte an

Zugang zu den Plätzen über eine zentrale Treppe von unter her vor. In der gläsern offenen Sockelzone dachte er sich Zufahrt, Foyer und Aufgang für die Öffentlichkeit, daneben die Belieferung der Bühnen mit Dekorationsmaterial direkt über Aufzüge vom Lieferwagen. In einem Zwischengeschoß wären die *Künstlerzimmer* untergebracht.

Die Schwäche dieser Idee besteht darin, daß sie von einer bereits abgelebten Konzeption des Aufführungsortes ausgeht und sie lediglich um einen sinnesphysiologischen, also rein formalen, theaterfremden Kommentar zur Wirklichkeit erweitert, ästhetisch jedoch eher die Mängel der konventionellen Lösung vertieft. Sie birgt darüberhinaus noch die Gefahr einer künstlerischen Marktschreierei, die die ›Sender‹ der künstlerischen Reize, die Schauspieler nämlich, ähnlich den Sendern unserer -zig Fernsehkanäle heute, dazu verführte, um Aufmerksamkeit zu buhlen. So könnte inhaltlich sinnvolle Arbeit nicht mehr geleistet werden. Bei Agam wird das Theater zum formalen und realitätserprobenden Reizlabor degradiert. Das Guckkasten-Theater wird zur Skinner-Box.

———————◆◆◆———————

1969 errichtete Sir Basil Spence mit dem Büro Bonnington & Collins für die University of Sussex in Brighton das Gardner Center und erzielte damit nicht nur eine der interessantesten Lösungen unter den zahlreichen Studio-, Privat-, Festival- und Repertoiretheatern, die im Rahmen des englischen Theaterbau-Booms während der 60er Jahre entstanden (73), sondern auch eine, die auf allen Ebenen funktionsgerechte Simultaneität thematisiert. Das Gardner Center ist kein reines Theater, es ist ein Zentrum für die Lehre und Praxis von Theater, Bildenden Künsten und Musik, wenngleich das Theaterstudio den größten Teil und Kern der Anlage bildet. Sir Spence's Grundriß (Abb. 16a) zeigt einen großen Zentralraum für das Theater, bei dem drei Bühnenanlagen, eine große und zwei gleich große kleinere, den kreisrunden Zuschauerraum umzingeln und nach außen auskragen, während die ebenfalls rundlichen, viel kleineren Räume, der Arbeits- und Ausstellungsraum der Künstler, der Probenraum für die Musiker und ein Administrationsanbau, dicht beieinander gelegen wie ein Planetensystem dem Auditorium auf einer zweiten ›Flugbahn‹ zugeordnet sind. Alle diese Räume sind aber durch Gänge und Treppenanlagen zu einem einheitlichen Komplex gefügt. Der Querschnitt (Abb. 16b) zeigt, daß die äußere Gestalt des Gebäudes eher eine Kombination aus zylindrischen Formen bildet. Vornehmlich der Grundriß enthüllt das Thema der simultanen Nutzung durch verschiedene und dennoch aufeinanderbezogene Künste (Theater, Malerei, Musik) und Organisationsformen. Denn die Nutzer des Theaters waren nur teilweise die Studenten, während der Sommermonate sollte das Haus von professionellen Truppen bespielt werden.

Die drei angefügten Guckkästen waren in diesem Fall kaum für gleichzeitige Bespielung gedacht, sondern mit Hilfe beweglichen Gestühls konnte man sich die Bühnenfläche und die

der dramatischen Schaukunst verloren. Es sollte also wirklich versuchen, bisher unbekannte szenische Möglichkeiten zu erschließen, die die Autoren, Regisseure und Schauspieler gleichermaßen neu zu inspirieren vermöchten.« (AGAM IN: DER ARCHITEKT 2 (1964) S.47) Dabei zeugt sein Konzept von mangelhafter Einfühlung in das Wesen des Theaters. Sein Theater simultaner ›Kanäle‹ prädestiniert das Theater geradezu für die Ablösung durch das Fernsehen.

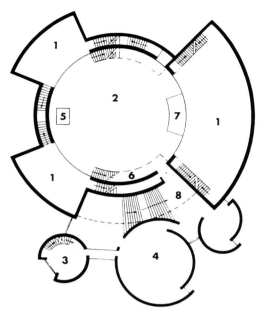

16a Basil Spence/ Bonnington & Collins: Gardner
Center, University of Sussex, Brighton (1969),
Grundriß: •1 Bühnen •2 Theater Arbeits-
studio •3 Büro •4 Gallerie und Atelier
•5 Falltür •6 Balkons •7 Hubpodium
•8 Oberes Foyer

16b Schnitt

16c Blick auf die große Bühne

16d Blick auf die kleine Bühne

Blickachse aussuchen. Die große Bühne wäre entweder als konventioneller Guckkasten mit oder ohne oder kleine Vorbühnenzone oder als hinterer Teil einer großen, einen Teil des zentralen Runds mitbenutzenden Spielfläche einzusetzen (Abb. 16c). Die kleineren Bühnen können einzeln oder gemeinsam eingesetzt werden. Zwischen ihnen und der großen Bühne verlaufen Balkon-Galerien, die die Bühnen optisch miteinander und mit dem Auditorium verklammern (Abb. 16d). Und schließlich könnte der kreisrunde Zentralraum auch als Arena-theater eingerichtet und als Schauspielstudio genutzt werden. Entsprechend ist das zentrale Rund mit einer Arbeitsdecke für Lichtquellen aus strahlenartig angeordneten Metallträgern ausgestattet.

Die simultane Existenz mehrerer Bühnen dient bei diesem, realisierten, Projekt nicht mehr der Vorprägung einer bestimmten Spiel- und Perzeptionsweise durch die räumliche Konzeption. Sie erzeugt im Gegenteil, die Offenheit einer vielgestaltigen Matrix, die den verschiedenen Nutzern und Zwecken sowie dem Erlernen des Umgangs mit verschiedenen Raumformen gemäß ist. Die Konfrontation zweier scheinbar unvereinbarer Rezeptions-konzepte, des vielperspektivischen Zentraltheaters mit dem einperspektivischen Guckkasten-Prinzip, gebiert mit Hilfe eines fast mobilen Gestühls den zunächst überraschenden, letzt-lich aber ebenso konsequenten wie potenten Kompromiß der festen Einrichtung mehrerer peripherer Bühnen. Der im Zentraltheater an jeder Stelle gleichwertige Blick hin zum Zen-trum evoziert in seiner Umkehr den ebenso gleichwertigen Blick vom Zentrum weg. Indem Sir Basil Spence ohne Zwang jedes Prinzip sich konsequent entfalten, beide zu etwas ganz Neuartigem und Schlichtem sich fügen ließ, indem er in dieser Raumfolge einen in sich völlig schlüssigen Ausdruck des fruchtbaren Dialogs scheinbar widersprüchlicher Prinzipen sowie aller Aufgaben des Gebäudes gefunden hat, schuf er einen sehr gelungenen Entwurf.

In der Realisierung, bei der praktischen Anwendung hat ein Prinzip wieder einmal seine Stringenz verloren, dafür aber ganz eigene und unerwartete Qualitäten offenbart. Letztlich ist Simultaneität kein primärer Wesenszug des Theaters. Die theatrale Kunst kann nicht von der Sichtbarmachung simultaner Realität leben, sie nutzt vielmehr ihr latentes, aber stets simultan existentes Potenzial verschiedener Möglichkeiten zur Sichtbarmachung geistiger Spannungszustände zur oder in der Realität. Sie beginnt da, wo eine Auswahl aus der unermeß-lichen Fülle der Möglichkeiten vorgenommen wird und die Beliebigkeit endet. Sie braucht den Mut zur Subjektivität und die Macht über den Blick, um am Leben zu bleiben. Die ewig gleiche, fixierte Baustruktur, das haben die Vorschläge zu einem mobilen Theater gezeigt, braucht sie jedoch nicht.

Friedrich Kiesler in den USA: Die Landung des *Universal*

Nur wenige Jahre vor seinem Tod im Dezember 1965 legte Friedrich Kiesler 1961 erneut einen Vorschlag für ein als *Universal* bezeichnetes Theaterkonzept vor, in dem viele Ideen und Projektansätze, aber auch reale Erfahrungen seiner zweiten Lebenshälfte unter ameri-kanischen Bedingungen und unter dem ›neuen‹ Namen, Frederick J. Kiesler, eingeflossen waren. Das *Universal* von 1926, in dem die Zuschauergruppen in freier Bewegung mittels Drahtseil- und Plateaukonstruktionen alle Dimensionen des aus Glas und Stahl begrenzten

Raumvolumens durchmessen können sollten, war in diesem *Universal*-Entwurf im wahrsten Sinne geerdet: Das große Theater wirkt von außen wie ein großer, von Hand zusammenge-preßter Lehmklumpen (Abb. 1a/b). Sein Innenvolumen nimmt genau diese organische (Un-)Gestalt auf und erinnert demgemäß an eine Höhle, die durch eine zunächst unsensationelle, achsiale Amphitheater-Anlage vor einer leicht vorgewölbten, portallosen und deshalb recht offenen Guckkasten-Bühne als Theater nutzbar gemacht wird. An der Rückseite des Auditoriums befinden sich sogar noch zwei Balkon-Etagen, um die Zahl der Plätze zu erhöhen. In diesem Gebilde kann das polydimensionale *Theater der Geschwindig-keiten* auf jeden Fall nicht mehr zu Hause sein. Seine Universalität bestand denn auch vielmehr in der universalen Benutzbarkeit als Mehrzwecktheater – sowie in seiner Zugehörigkeit zu einem umfassenden Kultur- und Medienzentrum (Abb. 1c/d). Der Impuls dafür war weniger utopischer oder visionärer Natur, sondern entsprang den ganz konkreten Problemen, die die Instrumentarien der neuen Vermittlungstechniken, der Bild- und Tonaufzeichnung, und die daraus entstehenden neuartigen Darbietungsformen mit all ihren veränderten Bedürf-nissen den alten, den teilweise umgebauten Aufführungsorten und nicht zuletzt dem traditio-nellen Theater als Kunstform bereiteten[30]. Der späte Kiesler forderte nicht mehr, er beob-achtete die tatsächlichen Entwicklungen, Probleme und Bedürfnisse genau, um angemessen reagieren zu können. In diesem Fall sah er die unaufhaltsame Mechanisierung innerhalb des Theaters und den Vormarsch neuer Medien voraus[31], die sich in den alten wie den radikal neuen Raumstrukturen unnötigerweise gegenseitig behinderten.

Das alte wie das neue Theater entbehren der Flexibilität. Profitieren sollten aus diesem erfolglosen Abenteuer die Theater-Architekten. Großproduktionen und intime Spiele verlangen eine von einem zum anderen veränderbare Theaterplanung. Dies wird leichter als jedes andere Schema dem wirtschaftlichen Überleben von Erbauer, Finanzier, Schauspieler und Autor helfen. (74)

Kiesler war aber nicht nur an einem entsprechend gut ausgerüsteten und variablen Auf-führungsort irgendwo im urbanen Umfeld Interessiert. Er ging weiter:

---

30 In seinem Text »Design-Correlation«, in dessen Rahmen KIESLER auch sein ›Universal‹-Konzept erläuter-te, beschrieb er zunächst die Probleme, die der Theaterarchitektur allein schon aus der Verwendung der Tonwiedergabe, der »photographierten Stimme«, in der Oper z.B., erwuchsen, indem Häuser ohne Orchestergraben, aber mit Tonstudio-Ausrüstung aus unzähligen Kabeln und Kontrollpulten und neuartigen Feuerschutzanlagen gebraucht wurden. »Aber die Tragödie davon ist der wirtschaftliche Aspekt; namentlich: nachdem die Forschung zu einem Neu-Entwurf und einem neuen Modell dieses Theaters geführt hat (aus einem alten ›normalen‹ Typus), wird es aufgegeben, weil es unpassend ist für eine ›normale‹ Aufführung, und der finanzielle Aufwand des Produzenten deshalb beinahe völlig verloren ist. Aufführungen, die eine ähnliche Ausstattung erfordern würden, sind immer noch sehr selten.« (IN: ✧81 Katalog Wien [1975] S.11)

31 Den »Einfluß auf den architektonischen Entwurf durch eine mechanisierungswütige Entwicklung kann man leichter verstehen, wenn man bedenkt, daß seit den Anfängen des Theaters Versuche unternommen wor-den sind, die menschliche Gestalt, wie die Stimme zu mechanisieren. Deshalb ist es verständlich, daß eines Tages nicht nur die menschliche Stimme durch Maschinen ersetzt würde, sondern auch der Schauspieler für ein großräumiges Schauspiel durch einen Automaten. (Gordon Craig's gehegter Traum).« (KIESLER IN: ✧81 Katalog Wien [1975] S.10)

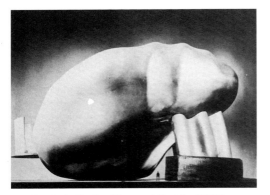

1a Friedrich Kiesler: Universal-Projekt (1961),
    Modell

1b Blick in das Modell

1c Skizze der Gesamtanlage mit Kultur- und
    Medienzentrum

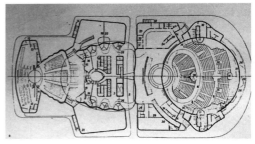

1d Grundriß Hauptgeschoß

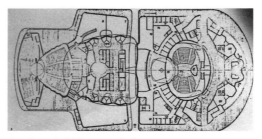

1e Grundriß Untergeschoß

Seit einiger Zeit ist mir sehr klar geworden, daß der neue Prototyp eines Theaters unserer Tage weder künstlerisch noch ökonomisch für sich allein existieren kann, gleichgültig, wie gut sein architektonischer Entwurf oder seine Ausstattung sein mögen. Egal, wo es in unseren Städten plaziert wird, so wird ein Weißer Elephant daraus werden. Deshalb habe ich nicht nur ein Theater entwickelt, sondern ein Zentrum, eine Koordinationsgruppe von solchen Einheiten der darstellenden Künste, wie notwendig erscheint, um die wechselnden Beziehungen zwischen Kunst und Wirtschaft auszugleichen.

Ich habe das Haupttheater entworfen (mit einem Fassungraum von 1.600 Personen) und neben seiner Bühne das Foyer eines kleineren Theater (Fassungraum von 600 Personen), welches gleichzeitig zum Haupt-Wandelgang eines Wolkenkratzers wird (30 Stockwerke hoch), der wiederrum eine Auswahl von kleineren Theatern umfaßt, mit je einem Fassungsraum von 120 bis 300 Personen. Außerdem wird der Wolkenkratzer große Fernseh-Studios enthalten, kleine Fernseh-Studios und Radio-Stationen, Mieträume für die Büros verschiedener Verleger, Platten- und Filmproduzenten und ebenso sieben Stockwerke für Industrie- und Kunst-ausstellungsräume. Sie alle haben den Vorteil, gemeinsame Speise- und Lagereinrichtungen, sowie gemeinsame Werkstätten zu besitzen. Es ist ein Geschäfts-, Unterhaltungs- und Kunst-zentrum, wo jeder Teil, direkt oder indirekt, den anderen unterstützt. (75)

Das Haupttheater im Rahmen dieses Zentrums hat denn auch ein Mehrzwecktheater zu sein und ist nur auf den ersten Blick der schlichte, bekannte Typus. Die eigentümlich höhlen-artige Raumgestalt soll subtile Lichteffekte und raumumfassende Projektion(en), im Sinne der Suggestion von Unendlichkeit, eines *unendlichen Theaters*, begünstigen. Die Horizon-talität der Balkon-Reihen wird durch drei vertikale Kontrolltürme durchbrochen, denen, gemeinsam mit einem Kontrollpult in der Mitte des Zuschauerraums, die Aufgabe zufällt, die Projektionen zu regeln und zu koordinieren. Zusätzlich zur großen Drehbühnenanlage am Ende des Raums verläuft direkt von ihr ausgehend nach jeder Seite ein schmaler Bühnen-steg, der den unteren Teil des Parketts ›umarmt‹. Eben dieser untere Teil kann innerhalb von Sekunden bei voller Besetzung der 300 Plätze in zwei Hälften so gedreht werden, daß die Reihen, anstatt auf die große Bühne ausgerichtet zu sein, nun einem kleinen Spielfeld zwischen ihnen und einander zugewandt sind (Abb. 1e). Durch diese Ausrüstung ergäbe sich für Kiesler ein Nutzungsspektrum vom Drama (auf der großen oder kleinen zentralen Bühne) über große Spielformen wie Opern, Revuen.. (auch unter Einbeziehung der Bühnenstege), große Konzerte und Kammerkonzerte (auf der zentralen Bühne), Kongresse (wegen der allerorten guten Begehbarkeit des Auditoriums), Filmvorführungen (auch auf endloser Lein-wand) bis hin zu fernsehgemäßen Direktübertragungen via Satellit, für die es ebenfalls die nötige Technik besäße (76).

Hatte Kiesler in den 20er Jahren durch Dynamik den Raum und den Geist der Zeit erobern und die erstarrten Konventionen des Theaters überwinden wollen, indem er seinen Theater-raum mit Bewegung ausfüllte – Bewegung als Form und Bewegung als Inhalt – glitten nun in diesem Konzept mit einem Mindestaufwand an Bewegung und Gestaltwechsel die Inhalte, die Zwecke ineinander über. Kiesler glaubte an das Bewegte, das Fließende, die Kontinuität.

Besessen von der Idee der Unendlichkeit, war ihm das Fertige, das Abgeschlossene, Endliche zuwider. (77)

Diese dynamische Sukzessivität führte sein Denken weiter: Zum organischen Prozeß des Wachstums, der auch die Zerstörung, die Auflösung mitdenkt, die bereits wieder der Humus neuen Werdens ist[32]; auch zum Übergang, zum Wechselspiel zwischen den Bereichen. Seit seinem Umzug in die USA ging er immer stärker von einem rationalen, konstruktivistischen Ansatz zu einem explizit antifunktionalistischen, organischen und psychologischen über, der sich die natürlichen Prozesse, Bedürfnisse und letztlich die Undurchdringbarkeit der »Gesamtheit des menschlichen Seins« (78) zum Vorbild nahm. In diesem Sinne formulierte er seine Theorie des *Correalism* und der architektonischen Methode der *Biotechnik*:

> *Woraus besteht für den Designer die Wirklichkeit? Wenn irgendeine Gebäudeeinheit nicht diejenige ist, die sie geometrisch darstellt, sondern die, die sie ausstrahlt, dann wird der Realismus in einem Widerspiel von Kräften gefunden, die einerseits der Natur eingeboren sind und die er ihr zusätzlich in seinem künstlich technischen Produkt neu zugeordnet hat. Dieser Realismus ist die wahre Wirklichkeit (Realität). (..)*
>
> *Realität ist nicht die Umschreibung von irgendeinem Körper an sich, sondern seine Kraft der Koordination. Die Realität liegt nicht in irgendeinem Objekt, egal ob von der Natur oder vom Menschen geschaffen, sondern in der Wechselbeziehung (**Correalism**). (..)*
>
> *Das Studium der Kontinuitätsstruktur muß schließlich die Barrieren zwischen allen Wissenschaften niederreißen (..). Wenn der Architekt seine Kenntnisse des **Correalism** mehr und mehr beim Wohnbau anwendet, wird seine Methode als **Biotechnik** bekannt werden, diesen Begriff habe ich geschaffen, um damit eine Wissenschaft von der Behausung des Menschen zu bezeichnen. (79)*

Demgemäß beschäftigte sich Kiesler seit den 50er Jahren mit sogenannten *environmental sculptures*, plastischen Werken, die in direktem Dialog mit ihrem Umfeld stehen[33] und seit 1950 arbeitete er an einem *Wohnhaus ohne Grenzen*, das 1959 zum *Endlosen Haus* wurde (Abb. 2a/b): Auf Stelzen stehend, über eine Treppe von unten her erreichbar, erhebt sich eine vollkommen amorphe, urwüchsig erscheinende, rundlich-klumpig wirkende Bauskulptur. In ihrem Inneren befinden sich fünf höhlenartige, ineinander übergehende Raumeinheiten

---

32 Sein neues architektonisches Credo formulierte KIESLER so: »Ehemals war die architektonische Umgebung nicht auf dem maßgeblichen Einfluß aufgebaut, den die vom Menschen erbaute Umwelt auf Körper und Geist der Gesellschaft ausübt, statt allgemein zu sein, war sie eine Anhäufung und Kreuzung von Kunst und Technologie. Der Architekt wird erkennen, mit Hilfe welcher Methoden die Natur baut, um ihre Zwecke zu erreichen (..). Indem er ihre Wege und Absichten versteht, eine Struktur zu erreichen, wird er nicht zu einem Imitator der Natur werden. (..) Die Natur baut durch Teilung und Vervielfältigung. Der Mensch baut durch Addition. (..) So wohnt ihnen [den baulichen Anhäufungen] der Prozeß der Zerstörung durch die Naturkräfte bereits von dem Moment an inne, in dem man beginnt, die Teile aneinanderzufügen.« (KIESLER »Correalism« IN: ✧81 Katalog Wien [1975] S.8)

33 Friedrich CZAGAN erläutert sie als Skulpturen, »für die die Umgebung Teil ihres räumlichen Gefüges ist und er erreicht dies durch ein Einbeziehen von Architektur und Malerei. So suchen die von ihm geschaffenen Objekte ihr skulpturales Wesen zu verleugnen oder zumindest zu verkleinern. Sie sind eingefrorene Momentzustände einer in ständiger Bewegung und Veränderung befindlichen Welt der Gegenstände. (..) die Form bleibt unentschieden, ja unklar und das mit gutem Grund: (..) Kieslers dreidimensionale Gebilde möchten ausdrücken, daß sie unterwegs sind, um durch ständige Veränderung eine Vollendung zu erreichen.« (IN: ✧81 Katalog Wien [1975] S.6)

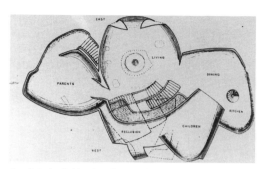

2a Friedrich Kiesler: Das endlose Haus (1959),   2b Modell
    Grundriß

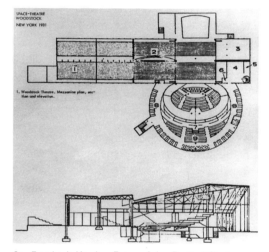

3a Friedrich Kiesler: Entwurf des Festival Shelter   3b Modell
    für Woodstock (1931), Grundriß und Schnitt

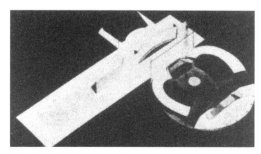

3c/d Zwei Nutzungsvarianten

für die üblichen Wohnfunktionen eines Privathauses. Seine Endlosigkeit besteht darin, daß in der willkürlichen Gerundetheit kein Raum Anfang oder Ende kennt und wirklich vom anderen abgeschlossen und abgetrennt werden könnte. Ungehindert und endlos wäre das Volumen-Konglomerat immer wieder zu durchstreifen. Durch speziell geformte, teilweise riesige Fensteröffnungen werden bestimmte Räume, der Wohnraum etwa, gezielt mit der Außenwelt verbunden. Psychologisches Licht sollte nun Größenwirkung, Charakter und den Intimitätsgrad der Räume immer neu und bedarfsorientiert bestimmen (80).

All diese Ansätze sind letztlich im letzten *Universal* mitverarbeitet worden: Das Fließen der Raumfolge ist zur fließenden räumlichen Wandelbarkeit des einen Aufführungsortes geworden, dessen skulpturales Wesen nie fertig, weil nie starr wird. Seine ›Innenhöhle‹ soll ebenfalls die Grundlage für subtile suggestive Beleuchtung und Projektion liefern. Statt eines Einzelgebäudes schuf Kiesler mit Bedacht gleich eine ganze themenorientierte und dennoch leicht fachübergreifende Infrastruktur und Umgebung.

Verblüffend ist daneben, daß das *Universal* auch mit Kieslers erstem Theaterentwurf in der Neuen Welt, dem *Festival Shelter* für den New Yorker Künstlervorort Woodstock von 1931, eine formale Verwandtschaft offenbart.

Hier sollte mit dem geringsten finanziellen Aufwand für die dreieinhalb Sommermonate und ein Festival im August ein Aufführungsort entstehen. Weder für eine Klimaanlage noch ausreichenden Lärmschutz, angesichts einer Grundstückslage direkt an der Autobahn, reichten die Mittel. Stattdessen wurde Wert auf ein stringentes Parkplatzkonzept gelegt, da 80% der Besucher mit dem Auto aus New York angefahren kamen. Kiesler war an der Errichtung eines ›billigen‹ Monumentalbaus, der den Rest des Jahres nutzlos auf den Sommer wartete, nicht interessiert. Schon damals legte er Wert auf eine Integration des Baus in die ländliche Umgebung und dazu auf seine Integration in das kulturelle Leben des Ortes. So entschied er sich für eine ephemere Doppelanlage mit einer geräumigen Seitenbühne (Abb. 13a/b). Innerhalb von zwei Wochen sollte die Konstruktion aus Stahlrohren und Stoffplanen sowie die Verwandlungstechnik zu errichten sein. Die Doppelanlage erschien Kiesler sinnvoll, damit während der kurzen Saison die Veranstaltungen in großer Dichte stattfinden könnten, um das Projekt möglichst von *sugar-daddy financing* unabhängig zu halten, die Variabilität, um neben Theater auch möglichst viele andere Nutzungsformen anzubieten, für die in einer kleinen Gemeinde die Einrichtungen fehlen. Neben den verschiedenen Theatergenres, wie auch Oper, Tanz und Revuen, dachte Kiesler an Konzerte, Kino, Sport und Versammlungen aller Art.

So legte er einem großen, gerundeten, amphitheatralen Auditorium, in das, wie auch beim *Universal*, ein Stegbühnenkreis gelegt ist, ein kleines stufiges Parkett gegenüber und dazwischen schob er einen Bühnentrakt, der nach rechts in einen Betriebsbereich und nach links in einen Anbau von dreifacher Bühnenbreite ausläuft, um den vertikalen Szenenwechsel über den Schnürboden gegen einen horizontalen auszutauschen. Diese beiden Auditorien können separat genutzt werden, indem man jedem Theater eine Bühnenhälfte zuteilt und dazwischen eine Trennwand schiebt, die zur Seite des Großen Hauses im Bedarfsfall einen Rundhorizont bildet (Abb. 3c). Durch Weglassen dieser Wand können hingegen beide Auditorien dem Treiben auf einer Bühne folgen. Das Parkett des Kleinen Hauses liegt außerdem auf Bühnenniveau, so daß es über die Bühne hinweg unmittelbar an das Große

Haus herangefahren werden kann (Abb. 3d). Dieses verfügt nun über den gleich Dreheffekt wie der Entwurf von 1961, so daß durch das Auseinanderfahren des unteren Parketteils nicht nur eine zentrale Bühne freiliegt, sondern auch die Stegbühne ganz an die Raumseiten gedrängt wird. In Verbindung mit dem Parkett des Kleinen Hauses entstünde so eine große Arena-Anordnung (81).

Nach dreißig Jahren modifizierte Kiesler also noch einmal sein Konzept. Nach all den Jahren, in denen sich sein Leben und seine Arbeit in Amerika entfalteten, blieb es doch gültig, während sich zwischen dem Entwurf für Woodstock und den europäischen Entwürfen, die nur wenige Jahre davor entstanden waren, ein Graben klafft.

Der Grund mag darin liegen, daß im Europa der 20er Jahre eine Umsetzung der Ideen so unmöglich erschien, daß man ganz sorglos kompromißlose Utopien entwerfen konnte - sie wurden ohnehin nicht gebaut. In den USA hingegen lag eine praktische Umsetzung viel näher und die unterzog die Ideen einer grundsätzlicheren Prüfung auf ihre Machbarkeit und Notwendigkeit hin. Eines der wichtigsten Kriterien war dabei immer die Wirschaftlichkeit.

Aber: Zeigt der Entwurf für Woodstock noch eine virtuose Umsetzung konstruktiv-rationalistischen Gedankenguts für reale Aufgaben, wäre das späte *Universal* das angewandte Resultat einer emotionalen Intelligenz geworden, die es vermag, das Ungeplante geschehen zu lassen und doch geschmeidig darauf zu reagieren; die immer noch ungebrochen eine Art Gesamtkunstwerk des Lebens erstrebt.

Kieslers Fasziniertsein vom Bewegten, Fließenden, Prozessualen hatte sich von technisch bewirkter Dynamik über ephemere und verwandelbare Konstruktionen zur Umsetzung der Idee eines im steten Dialog mit der Zeit und der Umwelt stehenden organischen Wachsens und Wandelns geschaffener Strukturen verändert. Sein Denken und seine Projekte sind selbst das beste Zeugnis der ununterbrochenen Wandlung immer gleicher (Lebens-)Prinzipien.

Jerzy Grotowskis Theaterlaboratorium: Heiligkeit und Therapie

Durch praktisches Experimentieren versuchte ich, die Fragen zu beantworten, von denen ich ausgegangen war: Was ist das Theater? Was ist einzigartig daran? Was kann es bewirken, das Film und Fernsehen nicht können? Zwei konkrete Konzeptionen kristallisierten sich heraus: das Arme Theater, und die Aufführung als ein Akt der Grenzüberschreitung. (82)

1959 übernahm der junge polnische Regisseur Jerzy Grotowski gemeinsam mit dem Theaterkritiker Ludwik Flaszen in Opole das *Theater der 13 Reihen,* aus dem sich unter seiner Leitung alsbald das *Theaterlaboratorium der 13 Reihen, Forschungsinstitut für Schauspielerische Methode* entwickelte, das 1965 nach Wroclaw umzog. In seinem Rahmen war er vor allem ganz grundsätzlichen Wesensmerkmalen der Theaterkunst auf der Spur und so war die Bezeichnung *Laboratorium* durchaus Programm, nicht nur der bloße Name für eine avantgardistische Theatertruppe. Entsprechend bildeten Grotowski und eine Gruppe professioneller Schauspieler den Kern einer Institution, deren Aufgabe in erster Linie in der »*Erforschung des Gebiets der Theaterkunst und der Kunst des Schauspielers im besondern*« (83)

bestand, **daneben** erst in der Erarbeitung aufführungsfähiger Inszenierungen, die »*eine Art Arbeitsmodell*« darstellten, »*wo der laufende Forschungsstand der Schauspielkunst in die Praxis umgesetzt werden kann*« (84), und schließlich in der Ausbildung von Schauspielern, Regisseuren und anderen theaternahen Professionen.

> *Ein Institut, das sich dieser Art Forschung verschrieben hat, sollte (..) ein Ort der Begegnungen, der Beobachtungen und der Auswertung von Experimenten sein, die von den in diesem Bereich produktiven Personen verschiedener Theater in jedem Land zusammengetragen werden. Auch wenn man in Betracht zieht, daß das Gebiet, auf das sich unsere Hauptaufmerksamkeit richtet, kein wissenschaftliches ist und nicht alles darin definiert werden kann (tatsächlich dürfen viele Dinge nicht definiert werden), versuchen wir dennoch, unsere Ziele mit all der Präzision und Folgerichtigkeit zu bestimmen, die der wissenschaftlichen Forschung eigen ist. Der Schauspieler, der hier arbeitet, ist bereits ein Profi, denn nicht nur sein kreativer Akt, sondern auch die Gesetze, die ihn bestimmen, werden zum Gegenstand seiner Beschäftigung. Ein Institut für Methodenforschung darf nicht mit einer Schule verwechselt werden (..). Diese Tätigkeit sollte ebensowenig mit Theater (im normalen Sinn des Wortes) verwechselt werden, obwohl eine Forschungsarbeit wesentlich auch das Entstehen einer Aufführung und ihre Konfrontation mit einem Publikum erfordert. Man kann keine Methode aufstellen, dem kreativen Akt selbst dann aber ausweichen. (85)*

Hier war es also nicht das Wichtigste, vor Publikum Erfolge zu erspielen, sondern im Rahmen von Grotowskis Konzeption trieben die Mitglieder des Laboratoriums Forschung am wesentlichsten Objekt des Theaters: an sich selbst. Und daß sie dies ohne äußeren Druck tun konnten, dafür sorgten staatliche Subventionen während der gesamten Lebensdauer des Instituts.

Als einen Anlaß für die Institutsbildung beschrieb Grotowski den Vormarsch von Film und Fersehen und die dadurch aufgeworfene Frage, ob sie die Ablösung des Theaters seien, indem sie »*alle gesellschaftlichen Attraktionen, Unterhaltungen, Form- und Farbeffekte*« (86) übernommen hätten. Eine Frage, die nicht nur den Beweis der Notwendigkeit von Theater einklagte, sondern eine präzise Analyse dieser Kunst provozierte, dessen Wesen längst von einem dschungelartigen Pluralismus der verschiedensten Formen und Interessen überwuchert war. Im Labor wurde nun von den Klischées und der Vielgesichtigkeit des Theaters solange Schicht um Schicht *substrahiert*, bis das Nötigste, das *Arme Theater* übrig blieb:

> *Kann das Theater ohne Kostüme und Dekorationen existieren? Ja, das kann es. – Kann es ohne Musik existieren, die die Handlung begleitet? Ja. – Kann es ohne Beleuchtungseffekte existieren? Natürlich. – Und ohne einen Text? Ja; die Geschichte des Theaters bestätigt dies. (..) Aber kann das Theater ohne Schauspieler existieren? Ich kenne kein Beispiel dafür. (..) Kann das Theater ohne Publikum existieren? Mindestens ein Zuschauer ist vonnöten, um eine Aufführung zu ergeben. So bleibt also der Schauspieler und der Zuschauer. Deshalb können wir Theater als das definieren, ›was zwischen Zuschauer und Schauspieler stattfindet‹: alle anderen Dinge sind Zusätze (..). Es ist kein bloßer Zufall, daß unser eigenes Theaterlaboratorium sich von einem Theater, das reich an Mitteln war (..) zu dem asketischen Theater entwickelt hat (..), in dem die Schauspieler und das Publikum das einzige sind, was übriggeblieben ist. Alle anderen visuellen Elemente (..) werden mit dem Körper des Schauspielers aufgebaut, die akustischen und musikalischen Effekte mit seiner Stimme. Das bedeutet nicht, daß wir auf die Literatur herabschauen, sondern daß wir das Kreative am Theater nicht in ihr finden (..). (87)*

Es liegt auf der Hand, daß diesem *Armen Theater* die Idee eines Synthetischen Theaters, einer Ästhetik des Gesamtkunstwerks völlig fern lag, denn Grotowski betonte immer wieder, daß es ihm auf das Weglassen ankam, auf das Substrahieren alles nicht unbedingt Notwendigen. Wenn er auch den Text als prinzipell unwesentlich, also zusätzlich qualifizierte, traf er damit empfindlich den Nerv einer Zeit, die Theaterarbeit in ausgeprägtem Maß über den Dramentext definierte und legitimierte. Aber letztlich entledigte auch er sich bei den Aufführungen des Theaterlaboratoriums nicht völlig aller *Zusätze* und so gab es dabei natürlich immer noch Kostüme und eine Art Ausstattung – genau so weit wie die Einrichtung des Aufführungsortes und eine der Darbietung angemessene Bekleidung für jede theatral erzählte Geschichte unerläßlich sind. Ebenso unerläßlich wie ein gesprochener Text und eben jene Geschichte. Erst Ende der 60er Jahre – 1968 bei APOCALYPSIS CUM FIGURIS – erarbeitete Grotowski mit den Schauspielern eine sprachliche Struktur aus frei entwickelten oder zitierten Textfragmenten, die meiste Zeit jedoch griff er auf klassische Texte und Stoffe der europäischen oder polnischen Literatur, wie Byrons KAIN, AHNENFEIER von Mickiewicz, Marlowes DOKTOR FAUSTUS oder Calderóns DER STANDHAFTE PRINZ zurück[34], die er allerdings hemmungslos zu einem Szenarium für die Arbeit mit den Schauspielern zusammenkürzte, umstellte und vom Probenprozeß weiterverändern ließ.

> (..) man kann den Text vollständig spielen, man kann seine gesamte Struktur verändern, man kann eine Art Collage daraus machen. Man kann auf der anderen Seite adaptieren oder interpolieren. In keinem Fall ist das eine Frage des Theaterschaffens, sondern nur eine Frage der Literatur. (..) Für mich, einen Theaterschaffenden, sind nicht die Wörter wichtig, sondern was wir mit diesen Wörtern tun, was den unbelebten Wörtern des Textes Leben einhaucht (..). Ich will weitergehen: das Theater ist ein Akt, der durch menschliche Reaktionen und Impulse erzeugt wird, durch Kontakt zwischen Menschen. Das ist sowohl ein biologischer wie spiritueller Akt. (88)

Diese zwischenmenschliche Begegnung, die den totalen Akt des Schauspielens evoziert und durch den theatralen Prozeß hindurch auch prägt, kristallisierte sich alsbald als der Kern von Grotowskis Theaterlabor-Arbeit und als Gegenstand seiner in jenen Jahren international vielbeachteten Methode heraus. Diese Begegnung geht aber über die Kooperation zwischen Schauspielern und Regisseur hinaus und zielt in letzter Konsequenz nach innen, auf die Begegnung des Schauspielers mit seinem unmaskierten, totalen, authentischen Selbst[35].

---

34 »Ich sollte ganz deutlich machen, daß ich Texte, die in eine große Tradition gehören, überaus schätze. Sie sind für mich wie die Stimmen meiner Vorfahren, jene, die von den Ursprüngen unserer europäischen Kultur her zu uns dringen. Diese Werke faszinieren mich, weil sie uns die Möglichkeit einer aufrichtigen Konfrontation geben – einer brutalen und brüsken Konfrontation zwischen den Glaubensinhalten und Erfahrungen des Lebens der vorherigen Generationen einerseits und unseren eigenen Erfahrungen und Vorurteilen andererseits.« (✧126 GROTOWSKI »Theater ist eine Begegnung« S.43)

35 »Ein Mensch, der einen Akt der Selbstoffenbarung vollzieht, nimmt sozusagen Kontakt mit sich selbst auf. Das bedeutet eine äußerste Konfrontation, aufrichtig, diszipliniert, präzise und total – nicht bloß eine Konfrontation mit seinen Gedanken, sondern eine, die sein ganzes Wesen von seinen Instinkten und seinem Unbewußten bis hin zu seinem klarsichtigsten Zustand einbezieht. Das Theater ist auch eine Begegnung von kreativen Menschen. Ich selbst als Regisseur bin mit einem Schauspieler konfrontiert, und die Selbstoffenbarung des Schauspielers bringt mir eine Offenbarung meines Ichs.« (✧126 GROTOWSKI, Begegnung S.42)

Auch hierbei lag der Schwerpunkt der Arbeit auf dem Substrahieren, einem Wegnehmen anstelle des Beibringens von Prinzipien, Tricks und Mustern.

*Hier ist alles auf das ›Reifen‹ des Schauspielers konzentriert, das sich durch eine Spannung zum Äußersten, durch eine vollständige Selbstenthüllung, durch eine Bloßlegung seiner eigenen Intimität ausdrückt – und dies alles ohne den leisesten Anflug von Egoismus oder Selbstgefälligkeit. Der Schauspieler gibt sich selbst als absolutes Geschenk hin. Dies ist eine Technik der ›Trance‹ und der Einbeziehung aller psychischen und körperlichen Kräfte des Schauspielers, die aus den intimsten Schichten seines Seins und seiner Instinkte hervorgehen und in einer Art ›Durchstrahlen‹ hervorsprudeln. (..) wir arbeiten darauf hin, die Widerstände seines Organismus gegen diesen psychischen Vorgang zu eliminieren. Das Ergebnis ist ein Zeitsprung zwischen innerem Impuls und äußerer Reaktion, so, daß der Impuls schon eine äußere Reaktion ist. Impuls und Aktion fallen zusammen: der Körper verschwindet, verbrennt, und der Zuschauer sieht nur eine Reihe sichtbarer Impulse. Unser Weg ist mithin eine **via negativa** – keine Ansammlung von Fertigkeiten, sondern die Zerstörung von Blockierungen. (89)*

Hierbei wird die Schauspielerei zu einem Prozeß, der totale Ehrlichkeit verlangt, wo überhaupt erst ein Bewußtsein erarbeitet werden muß; der also dem Rollenspiel und allen Verfeinerungen der Masken eines sogenannten ›natürlichen‹ Verhaltens eine Auseinandersetzung mit den eigenen verborgensten Schichten entgegensetzt; der insofern total ist, als vorausgesetzt wird, daß alle diese Möglichkeiten auf persönliche Weise in jedem vorhanden sind und so jede Unterscheidung zwischen Rolle und Persönlichkeit zu fallen hat. Ein Prozeß, der unbedingt der Therapie verwandt ist. Von Grotowski wurde das genau so verstanden, wenn er entsprechende Bedingungen schuf, um letztlich jenen Erfolg zu ermöglichen, der nicht im Beifall des Publikums, sondern im Erreichen innerer Harmonie und geistigen Friedens und in der Befreiung von Komplexen bestand. Auch seine Rolle als Regisseur definierte sich also weniger über das Tun, als über das Geschehenlassen, über die Schaffung eines Raumes, in dem diese Selbsterkundung und -offenbarung möglich und tragbar wird[36]; nicht über seinen Selbstausdruck im anderen, seine Dressur, sondern in der Erkenntnis, *»daß viel eher die Produktion zur Bewußtheit führt, als daß sie Produkt der Bewußtheit ist«* (90). Wie bei einer Therapie galt denn auch für alles, was während der Proben geschah, absolute Diskretion. Und es bedurfte für einen so gemeinten Erfolg der Dialektik von völlig subjektivem Ausdruck und objektiver Methode, von *totalem Akt der völligen Enthüllung* und dem *objektiven Akt, dem artikulierten, diszplinierten*, da es immer noch um Theater ging, also die Notwendigkeit, zu einem bestimmten, willkürlichen Zeitpunkt, der Aufführung nämlich, über das Erarbeitete verfügen, die Hingabe praktizieren zu können.

Eine derartige Methode muß offen bleiben – denn ihre ganze Existenz hängt von dieser Bedingung ab – und sie ist für jeden einzelnen eine andere. So sollte sie sein, denn ihr inneres Wesen verlangt von ihr individuell zu sein. (91)

---

36 Es »kann der Regisseur dem Schauspieler in diesem komplexen und quälenden Prozeß nur dann helfen, wenn er sich ihm ebenso gefühlsbetont und warmherzig öffnet wie der Schauspieler ihm gegenüber. (..) Dieses Element der Warmherzigkeit und Offenheit ist arbeitstechnisch spürbar. Nur wenn es gegenseitig ist, erlangt der Schauspieler die Fähigkeit, die äußersten Anstrengungen zu unternehmen, ohne fürchten zu müssen, daß er ausgelacht oder gedemütigt wird.« (✧126 GROTOWSKI, »Das Neue Testament des Theaters« S.36)

So wurde im Theaterlaboratorium ein Kanon von Übungen erarbeitet, der einen widerstands-freien Gebrauch von Körper, Stimme und Atmung ermöglichen sollte und in internationalen Kursen an andere Ensembles und Schauspielschulen weitergereicht wurde. Für die Inszenierungsarbeit mit den Mitgliedern des Laboratoriums benutzte Grotowski darüber-hinaus zwei verschiedene Techniken: Die erste zielte auf die Erstellung der die Aufführung strukturierenden *Partitur* aus *Zeichen*, die von den Schauspielern jeweils aus ihren Improvisa-tionen und ihrer Analyse persönlicher psychischer Reaktionen herausdestilliert wurden; die bereinigten Zeichen, »*die zeigen, was sich hinter der Maske der gewöhnlichen Ansichten verbirgt*« (92), fügen sich zur individuellen Partitur, in deren Rahmen spontan und authen-tisch, aber auch zuverlässig agiert werden kann. Die Einzelpartituren aller Figuren ergeben schließlich die Gesamtpartitur.

Die zweite Technik machte sich auf den Weg ins Innerste des Schauspielers, trachtete, es freizulegen, zu aktivieren, und zielte eben auf jenes Selbstopfer, aber auch jene Ekstase und Ausstrahlung, die das höchste Ergebnis der Arbeit wäre. Diese Stufe erreichte vor allem Grotowskis wichtigster Mitarbeiter Ryszard Cieslak bei seinem Spiel als Standhafter Prinz.

Dieser Läuterunsprozeß ist dann schließlich auch einem religiösen Opfer-Ritual verwandt, das Assoziationen an Christus' Selbstopfer weckt. An diesem Punkt kommt nun die Rolle des Publikums ins Spiel, die angesichts solcher Auffassung vom Theater eine ganz andere, weniger notwendige ist. Denn für Grotowski grenzt das Spiel **für** das Publikum, die Ausbeu-tung des Schauspielers für Geld an Prostitution, die Organisation seiner Einsetzbarkeit durch Regisseure und Theaterleiter an Zuhälterei. Die andere Motivation wäre, **vor** Publi-kum zu spielen, wäre, sie zu einer ähnlichen Auseinandersetzung mit sich selbst zu bewegen, sie auf eine höhere spirituelle Stufe zu heben.

> Ich spreche als Ungläubiger von ›Heiligkeit‹. Ich meine ›säkularisierte Heiligkeit‹. Wenn der Schauspieler öffentlich andere herausfordert, indem er sich selbst eine Herausforderung stellt, wenn er sich offenbart durch Exzeß, Profanierung und unerhörte Entweihung, wenn er seine Alltagsmaske herunterreißt, dann gibt es dem Zuschauer die Möglichkeit, einen ähnlichen Prozeß der Selbstdurchdringung zu beginnen. Wenn er seinen Körper nicht exhibitionistisch ausstellt, sondern ihn annuliert, verzehrt, befreit von jeglichem Widerstand gegen alle psychi-schen Impulse, dann verkauft er seinen Körper nicht, er opfert ihn. Er wiederholt die Buße; er ist der Heiligkeit nahe. (93)

Theater erfüllte sich demnach darin, **anstelle** der Zuschauer die Verlogenheiten und Unbewußtheiten aufzudecken. Von der Teilhabe an einem solchen Akt des Lebens versprach sich Grotowski durchaus eine therapeutische Wirkung auch auf sein Publikum, war sich dabei aber gleichzeitig bewußt, daß die Infragestellung individueller Schutzmechanismen eine ungeheure Provokation darstellt[37]. Nur diejenigen Zuschauer, die wirklich bereit wären,

37 »In diesem Kampf mit unserer eigenen Wahrheit, dieser Anstrengung, die Lebensmaske herunterzuziehen, ist für mich das Theater mit der Fleischesfülle seiner Wahrnehmungsfähigkeit immer ein Ort der Provoka-tion gewesen. Es ist fähig, sich selbst und sein Publikum herauszufordern, indem es akzeptierte Stereotypen des Sehens, Fühlens und Urteilens verletzt, umso unangenehmer dadurch, daß diese Verletzung durch den

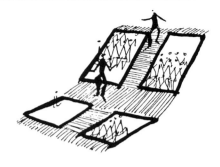

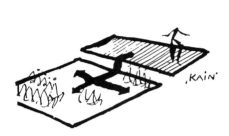

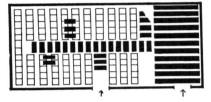

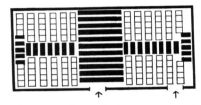

1a/b Jerzy Grotowski/Jerzy Gurawski:
      Raumnutzung bei »Kain« nach Byron
      (Schema: schwarze Zone =
      Schauspieler/weiße Zone = Zuschauer)

2a/b Grotowski/Gurawski: Raumnutzung bei
      »Shakuntala« nach Kalidasa

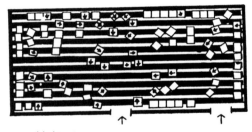

3a/b Grotowski/Gurawski: Raumnutzung bei »Ahnenfeier« von Mickiewiczs

3c/d Szenenfotos

ebenfalls in ihr Innerstes zu dringen und alles Nicht-Authentische abzustreifen, verließen »das Theater in einem Zustand größerer innerer Harmonie« (94), die anderen waren vielmehr schockiert und verwirrt, und so konnte und sollte das Publikum des Theaterlaboratoriums niemals ein Massenpublikum sein, vielmehr handelte es sich um eine am gleichen interessierte, spirituelle Elite.

Da der Regisseur im Rahmen der Aufführung demgemäß *zwei Ensembles* in einer zwischenmenschlichen Laborsituation miteinander arbeiten läßt, deren Innerstes von der jeweiligen Darbietung berührt werden soll, dabei aber allein mit den Schauspielern den langsamen Vorbereitungsprozeß vollziehen, die Zuschauer hingegen nur während eines sehr begrenzten Zeitraums erreichen kann, liegt es auf der Hand, daß die Integration der beiden Gruppen räumlich arrangiert werden muß.

> *Es gibt nur ein Element, das Film und Fernsehen dem Theater nicht rauben kann: die Nähe des lebendigen Organismus. Aus diesem Grund wird jede Herausforderung durch den Schauspieler, jeder seiner magischen Akte (die das Publikum nicht mitmachen kann), zu etwas Großem, Außergewöhnlichem, zu etwas, das sich der Ekstase annähert. Deshalb muß die Distanz zwischen dem Schauspieler und dem Publikum abgeschafft werden, indem die Bühne eliminiert wird, alle Grenzschranken abgebaut werden. Die drastischsten Szenen sollen Auge in Auge mit dem Zuschauer stattfinden, so daß er auf Armeslänge vom Schauspieler entfernt ist, seinen Atem spüren kann, seinen Schweiß riecht.. Dies macht ein Theater von der Größe eines Kammerspiels notwendig. (95)*

In seinen frühen Inszenierungen gingen Grotowski und sein Bühnenbauer Jerzy Gurawski noch von einer aufgeweichten, phasenweise ignorierten, gleichwohl prinzipiellen Trennung der Bereiche aus. So bei KAIN nach Byron mit einer achsialen Anordnung (Abb. 1a/b) oder bei SHAKUNTALA mit einer Einrichtung aus einem zentralen Spielfeld und Gängen von den Raumenden her, so daß das Publikum auf vier Blöcke aufgeteilt war (Abb. 2a/b). Alsbald wurde jedoch deutlich, daß das Publikum wirklich teilhaben, also zum Teil der Aufführung werden, ja sogar eine Art Rolle zugewiesen bekommen muß, und schon für AHNENFEIER nach dem Text von Mickiewicz wurde die Trennung eines Spielfeldes und eines Zuschauerraums völlig aufgehoben (Abb. 3a/b): die Schauspieler nahmen Kontakt mit einzelnen Zuschauern auf, beide Gruppen gleichermaßen an der ›Feier‹ teil (Abb. 3c/d). Von nun an fanden Gurawski und Grotowski innerhalb ihres intimen, länglichen Aufführungsraums immer neue Möglichkeiten, seine unstrukturierte Leere mit partiturgemäßen Versuchsanordnungen zu füllen.

> *Die Schauspieler können inmitten der Zuschauer spielen, mit dem Publikum unmittelbar Kontakt aufnehmen und ihm eine passive Rolle im Stück geben (wie z.B. in unseren Produktionen von Byrons ›Kain‹ und Kalidasas ›Shakuntala‹). Oder die Schauspieler können unter den Zuschauern Strukturen aufbauen und sie so in die Handlungsarchitektur mit einbeziehen, wobei*

Atem, den Körper, die inneren Impulse des menschlichen Organismus bildhaft gemacht wird. Die Mißachtung des Tabus, diese Grenzüberschreitung, liefert den Schock, der die Maske herunterreißt, wodurch wir fähig werden, uns selbst nackt etwas hinzugeben, das unmöglich zu benennen ist, das aber Erotisches und Caritatives in sich birgt. (✧126 GROTOWSKI »Für ein Armes Theater« S.17)

sie einem Gefühl von Bedrängnis, Überfülltheit und Begrenzung des Raumes ausgesetzt sind (Wyspianskis ›Akropolis‹). Oder die Schauspieler können mitten unter den Zuschauern spielen und sie ignorieren, durch sie hindurchsehen. Die Zuschauer können von den Schauspielern getrennt werden – zum Beispiel durch einen hohen Zaun, über den ihre Köpfe ragen (›Der standhafte Prinz‹ nach Calderón); von dieser radikal abgeschrägten Perspektive aus blicken sie hinunter auf die Schauspieler, als ob sie Tiere in einer Manege beobachteten, oder wie Medizinstudenten, die bei einer Operation zusehen (dieses abgetrennte, abwärts gerichtete Schauen gibt der Handlung einen Sinn moralischer Grenzüberschreitung). Oder der ganze Saal wird als ein konkreter Ort genutzt: Fausts letztes Abendmahl im Refektorium eines Klosters, wo er die Zuschauer wie Gäste eines barocken Banketts bewirtet, das an riesigen Tischen serviert wird, während Faust Episoden aus seinem Leben erzählt [Abb. 4a/b]. Die Dichotomie Bühne – Zuschauerraum ist dabei nicht das Wichtigste – es schafft einfach eine nackte Laboratoriumssituation, eine geeignete Fläche für Forschung. Wesentliches Anliegen ist es, für jeden Typ Aufführung die ihm eigene Zuschauer-Schauspieler-Beziehung zu finden und dieser Entscheidung durch körperliche Anordnung Gestalt zu geben. (96)

Dabei geht schließlich die Bühne als unantastbarer ästhetischer Bezirk und architektonische Installation völlig verloren, Architektur und Dekoration des Aufführungsortes werden identisch, die notwendige Be- und Ausleuchtung wird von den Schauspielern vorgenommen und fällt mit dem Spiel zusammen und, da dieses Labor keine repräsentative Rolle übernehmen wollte, bedurfte es keines identifizierbaren, öffentlichen Theaterbaus mehr. So wie dieses Theater sich nur für das Innerste des Menschen interessierte, genügte ihm irgendein ausreichend großer Raum im Innern irgendeines Gebäudes. So wie es dem Publikum nicht etwas vorführen wollte, sondern es involvieren, ihm eine ganz bestimmte, von Inszenierung zu Inszenierung wechselnde Perspektive aufzwingt, wurde ihm statt eines Kostüms, eines Textes und abgesprochener Aktionen ein bestimmter Platz im Szenarium zugewiesen. Oftmals der von Statisten.

Interessante Varianten boten da 1964 die Inszenierung von AKROPOLIS (Abb. 5), bei der der Szenograph Josef Szajna mitarbeitete und in der die omnipräsenten Schauspieler durch das metaphorische Spiel mit Ofenrohren den Raum während der Aufführung (um)-gestalteten, oder 1962 KORDIAN von Slowacki (Abb. 6a/b), wobei den Zuschauern die Rolle von Patienten einer psychatrischen Klinik zugewiesen wurde und sie nicht nur vollkommen in die Spielstruktur integriert waren, sondern, teilweise auf den Krankenbetten zusammengedrängt, die Handlung mehr erlitten als betrachteten, oder zwischen 1965 und 1968 – auf ganz andere Weise – DER STANDHAFTE PRINZ (Abb. 7a/b), wobei der deutliche Ausschluß des Publikums aus allem Geschehen weit über eine strenge Zweiraum-Anordnung hinausgeht, indem sie auf eine Handlung herabblicken, die sich trotz ihres Beiwohnens in einem vollkommen von übermannshohen Holzwänden abgeschlossenen Raum abspielte, zu dessen so isoliertem Szenarium genausowenig Kontakt möglich war wie zu einer Fernseh-Sendung im hauseigenen Gerät.

Die Anlage des Aufführungsortes war so stets der exakte Ausdruck einer sehr eigenwilligen, völlig einzigartigen Dramaturgie.

Genau genommen war Grotowskis Konzeption im tiefsten Sinne antikonventionell und damit eine zumindest implizite Kritik an den herrschenden Lebensbedingungen und Wert-

4a/b Grotowski/Gurawski: Raumnutzung bei »Doktor Faust« nach Marlowe und Szenenfoto

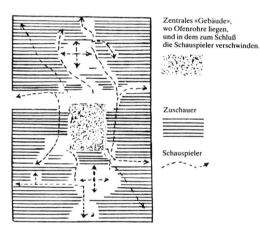

Zentrales «Gebäude»,
wo Ofenrohre liegen,
und in dem zum Schluß
die Schauspieler verschwinden.

Zuschauer

Schauspieler

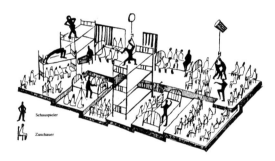

Schauspieler

Zuschauer

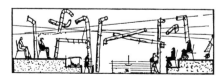

5 Grotowski/Gurawski: Raumnutzung bei »Akropolis« nach Wyspianski

6a/b Grotowski/Gurawski: Raumnutzung bei »Kordian« nach Slowacki und Szenenfoto

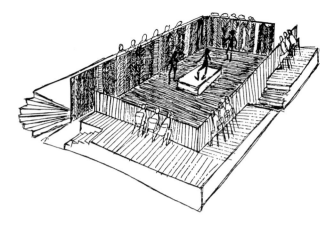

7a/b Grotowski/Gurawski: Raumnutzung bei
»Der standhafte Prinz« nach Calderon/Slowacki

mustern. Er behauptete von sich, nicht religiös, genauer antikatholisch zu sein, und alles was er vorschlug und proklamierte, war eine einzige Kampfansage an Entfremdung und Konventionen der modernen Gesellschaft. Gleichwohl erreichte er mit seiner Forderung nach Authentizität eine Arbeitsethik des Schauspielers, die tief in der religiösen, der christlichen Idee des Opfers verwurzelt ist. In diesem Punkt forderte er Totalität ein. Seine Totalität ist aber nicht ein Abbild des Lebens, das durch Akkumulation der verschiedensten Komponenten zusammengetragen wird, sie ist das Ergebnis radikaler Reduktion auf das Wesentliche und deshalb Wahrhafte. Sie bezieht sich auf das Leben nicht als Abbild, sondern als Impuls. Seine Totalität meint den Mikro-, nicht den Makrokosmos. Sie meint nicht: alles zusammen, sondern: nichts außerdem.

An diesem Punkt einer Kritik der Welt, die mit einem Opfer, einer Huldigung totaler Lebendigkeit antwortet, steht Grotowski zweifellos Artaud nahe. Vieles, was bei Artaud unklar und unmethodisch bleibt, wird von Grotowski konkretisiert, methodisch erfaßt und erfaßbar gemacht. Gemeinsam ist ihrem Theater jedoch ein Lebensbegriff, dem das Leiden und das Opfer näher stehen als das Vergnügen, in dessen Rahmen Erfolg eine spirituelle, keinesfalls materielle Qualität besitzt. In dem das spielende Individuum sich in einen Raum jenseits aller Konventionen zurückzieht, wofür es sein ganzes Selbst als Eintritt gezahlt hat.

Aber im Gegensatz zu Artauds Schriften sind Grotowskis Ansatz und Methodik in zahlreichen Aufsätzen und Interviews verbal gut faßlich niedergelegt. Wie Forschungsergebnisse waren sie in den 60er Jahren international verbreitet und vielbeachtet. Gerade die Schauspieler der jüngeren Generation fanden ihre Fragen an den Beruf formuliert und Antworten und Techniken, die ihm einen neuen Wert und Sinn zu geben schienen. Die tatsächlichen Aufführungen des Theaterlaboratoriums waren für die Zuschauer schon sehr viel irritierender; die Anforderungen, die an sie gestellt wurden, überanstrengten naturgemäß ihre sonst übliche Rezeptionshaltung. Die, die von den provozierenden Vorgängen nicht schockiert waren, waren nicht unbedingt eher bereit, die gestellte Aufgabe anzunehmen, sondern meinten darin einen Ausdruck ihrer ebensfalls antikonventionellen Einstellung wiederzuentdecken und sahen die schockiert, die sie gern selbst schockierten. So beriefen sich die Blumenkinderbewegung und entsprechende Impulse der späten 60er Jahre auf seinen Ansatz und viele Freie Theatergruppen, in deren Arbeit nichts, besonders nicht der menschliche Körper, verhüllt werden sollte. Diese Resonanz offenbarte einerseits einen virulenten antikonventionellen Zeitgeist, andererseits die Problematik des Theaterlaboratoriums, das der Stachel im Fleisch aller Unehrlichen und Lauwarmen sein wollte, aber auf eine Mentalität traf, die das ›Stachelsein‹, die Kritik selbst schon wieder konventionalisiert hatte. Grotowski konnte nicht vermeiden mit diesen Bewegungen identifiziert, ja zu ihrer Idenitifikationsfigur zu werden, wenngleich er sich dagegen abzugrenzen versuchte und darauf verwies, daß auch dieses Theater in Wahrheit **für** das Publikum gemacht wird und deshalb ebenfalls die Schauspielerei zur Ware macht, sie nur in anderem Gewand entwürdigt[38] und deshalb nichts mit seinen Zielen gemein hat.

---

38 »Die Entwürdigung beginnt oft mit einem Mangel an Beständigkeit im Theater und im Leben. Man kann sofort das bekommen, was man sonst erst nach einem langen Weg und mit dem Einsatz seines ganzen

Im Grunde stand Grotowskis Konzeption einer profanen Läuterung oder sakralen Therapie weitaus näher als dem Theater. Sein Ansatz, bei dem sich, an mittelalterliche
Klösterlichkeit erinnernd, Wissenschaft und eine Art Spiritualität verbanden, vermochte
einem Theater des Vergnügens, der Illusion oder gesellschaftlicher Affirmation, aber auch
den neuen Protestkonventionen nicht zu trauen. So war es nur konsequent, wenn sich sein
Interesse schließlich ganz von der Konfrontation mit der Öffentlichkeit abwandte und im
Theaterlabor, aufgeteilt in verschiedene Sektionen, mit den Schauspielern weiter'geforscht',
aber nicht mehr aufgeführt wurde. Das Publikum war überflüssig geworden, das Rollenspiel
des Schauspielers betraf schließlich nur noch ihn selbst. 1975 wandte sich Grotowski explizit vom Theater ab und arbeitete von nun an mit ›paratheatralen‹ Selbsterfahrungsgruppen,
special projects. 1984 löste sich das Theaterlaboratorium auf.

c. ERGEBNISSE

Seit dem Krieg war nun genug Zeit verstrichen, die Schäden auszubessern, die Lücken zu
stopfen und – neue oder weniger neue Positionen zu beziehen. Auch wenn man letzteres
nicht gern offenlegte, war doch inzwischen genug entstanden und errichtet, was neue oder
eben alte Positionen offenbarte. Die 60er, eigentlich auch schon die späten 50er Jahre,
waren nun jene Zeitphase, der es zufiel, das Geschaffene zu beurteilen und zu kritisieren.
Und es wurde Kritik geübt; Anlaß gab es genug dafür, hatten sich doch Konventionen, alte
Ängste, neuere Machtstrukturen, Spekulantentum, Notlösungen und Verdrängung durchgesetzt, all die Diskussionen und Verbesserungsvorschläge mißachtend; Kritik, nicht allein verstanden als Ablehnung, Bemängelung des Mangelhaften, sondern vor allem im Sinne konstruktiver Prüfung, strenger, wenn nicht gar wissenschaftlicher Fehleranalyse. So konnten
die Probleme und Mängel des jüngst Entstandenen gerade für kreative Arbeit impulsgebend
wirken und zu einer starken Inspirationsquelle werden. Einer Kritik wurden in diesem Sinne sämtliche Lebensbereiche unterzogen, so auch die Arbeit jener Gruppen, die bei der
Schaffung von Aufführungsorten miteinander kooperieren müssen. Alternative Bauvorschläge
hierfür enthielten so mehr oder minder explizite Architekturkritik, Kunstkritik, Kritik am
Theatersystem und meinten damit stets auch Kritik an Gesellschaft und Politik. Nachdem
alles Notwendige von der Aufbaugeneration geleistet worden war, kritisierten, auf der Suche
nach eigenen Aufgaben, verstärkt die jüngeren Generationen. Da, nicht zuletzt auch **durch**
den Krieg, auch den *Kalten Krieg*, die dafür eingesetzten technischen, wissenschaftlichen,
industriellen und propagandistischen Mittel inzwischen vom allgemeinen Alltag aufgesogen
worden waren, drückte sich die Kunst der Zeit ebenfalls auf diese technisch und wissenschaft-

Lebens erreicht. (..) Also bleibt keine Zeit, nach dem Wesentlichen zu suchen, man sucht eher den gesellschaftlichen Erfolg, (..) nicht danach, aufrichtig zu sein, sondern wie man als Aufrichtiger anerkannt und
berühmt werden kann. Anstatt ehrlich bis zur Nacktheit, zur Entwaffnung zu sein, lädt man Zuschauer ein
und zieht sich aus.« (GROTOWSKI »Nacktheit auf dem Theater« IN: THEATER HEUTE 8 (1971) S.3)

lich vermittelte, auch von Machbarkeiten und Wohlstand geprägte Weise aus. Die Fortschrittlichkeit erzeugte aber paradoxerweise keine offene, sondern eine besonders festge-
fügte Weltordnung, die sehr sicher und deshalb ordentlich und konservativ, sehr überschaubar und deshalb oftmals monoton, sehr demokratisch und deshalb moralisch und politisch
gerechtfertigt zu sein schien, und so bevorzugten viele kritische Künstler als Mittel der
Entlarvung und Auflösung das Überraschende, Schockierende, Provozierende, Wertlose oder
den Pluralismus einer komplexen, immer komplizierter werdenden Realität. Andere arbeiteten mit dem Beweis des Gegenteils oder akzeptierten und benutzten die allgemeine
Fortschrittlichkeit, um sie im gedanklichen und ästhetischen Raum immer weiterzutreiben.
    Ob nun auf technisch-wissenschaftlichen Forschritten basierende Visionen einer sich in
Spiel, Kommunikation und Mobilität ergehenden Muße-Gesellschaft, wie etwa bei französischen Avantgardearchitekten oder Werner Ruhnau und Yves Klein, einer komplex kommu-
nizierenden, pluralistischen Mediengesellschaft wie bei Jacques Polieri und Friedrich Kiesler
oder die correalistisch und gemäß organischem Wachstum lebende Gesellschaft, die letzterer inaugurierte, entworfen wurden – das sich ständig erweiternde Ausdrucksinstrumentarium
und die Ergebnisse weitreichender Analysen mit Hilfe wissenschaftlicher Methodiken pro-
duzierten nun Utopien und Zukunftsvisionen und es sollten wieder einmal die Grenzen
zwischen Kunst und Leben, zwischen Theater, Leben und Technik fallen. Durchdringung und
Integration des ehemals getrennt Behandelten, sogar des Gegensätzlichen und zuweilen
dessen *Immaterialisierung* war eine zentrale Tendenz, eine fast durchgängige Perspektive
progressiver künstlerischer und architektonischer Arbeit – von den gesellschaftlichen Zielen
bis hin zu den Ideen für den alternativen Aufführungsort. Denn alle Ansatzschattierungen
wurden auch auf das ›zeitgemäße‹ Theater angewandt:
▶ In einer Zeit, deren Architektur sich vor allem um Kriterien urbaner Planung bemühte,
verlor das Haus als isoliert betrachtete Einheit seine Geltung. Immer relevanter hingegen
wurde seine Beziehung zur Umgebung, zum den Raum umgebenden Ort, zum Stadtviertel,
die möglichst gleich mitkonzipiert oder mitgestaltet werden sollten. Dabei wurde diese
Grenze zwischen Haus und Umgebung, zwischen Raum und Ort tendenziell porös; Glaswände suggerierten die Aufhebung des Getrenntseins, der Traum bestand im Wegfall sämtlicher baulicher Trennungen und der Erschließung übergreifender Spielräume, notfalls mit
Hilfe großräumiger Klimamanipulationen, die Architektur ersetzen sollten. Die gegenseitige
Durchdringung von Innen und Außen stand dabei für die Durchdringung von Privatheit und
Intimität mit Öffentlichkeit. Das Theater entwickelte daraus die mit einer gewissen Zeit-
verschiebung auftretenden Ideen für theatrale Aktivitäten, die den abgeschirmten Bereich
des Theaterbaus verlassen sollten, für ein Theater, das ›in die Welt‹ hinauszieht: als Zelt-
theater, Straßentheater im Geiste einer Happening-Dramaturgie oder schlicht im jederzeit
öffentlichen Umfeld eines Kulturzentrums. Durchdringung und Integration steigerten sich
bis zur von Ruhnau erstrebten *Immaterialisierung* – und das nicht nur in seinen und Kleins
Experimenten mit komprimierter Luft oder wenn Frank van Klingeren einen Ort für soziales Leben erschaffen und seinen Bau als Notlösung verstand, auch Polieris ganze experimentelle Arbeit mündete schließlich in vollkommen immaterielle und deshalb universale
Kommunikationsformen. Im Theater wurde als Lastwagenladung nahezu zum Requisit, während Grotowskis theatrale Kommunikation schließlich in den ›Dialog‹ des Schauspielers
mit sich selbst umschlägt, der kein Zuschauer'material' mehr braucht, um als spielende
Materie wahrgenommen zu werden.

▶ Eine beherzte Annäherung der Künste und der Architektur, ein nunmehr intensivierter schöpferischer Dialog, finden in Ruhnaus Gelsenkirchener Projekt und seiner Zusammenarbeit mit Yves Klein ein schlüssiges Beispiel, aber auch in der Kooperation zwischen dem Bildhauer André Bloc und dem Architekten Claude Parent. Sie alle beteiligten für ihre Theaterbauprojekte mit Jacques Polieri einen Theatermann, in dessen Arbeit Architektur und Szenographie, Raum und Zeit einzigartig konsequent ineinander übergingen, wenn er etwa für Ruhnaus Düsseldorfer Entwurf eine Matrix oder eine Art Baukasten entwickelte, aus dem so gut wie jede Einrichtung des Aufführungsortes gebildet werden könnte, oder auch für Dakar ein System, das fließend eine Anordnung in die andere gleiten läßt. Wenn er auch Skulpturen und zunächst Malerei eng mit dem Theater verknüpfen wollte und der Idee des Gesamtkunstwerks wieder Wichtigkeit verlieh, wenn Ruhnau unbedingt neueste künstlerische Arbeiten mit seiner Architektur verschmelzen wollte und in Ulm ein deutsches Stadttheater ein Happening organisieren half, zeigt sich an diesen Beispielen, wieviel Inspiration von der neuesten Kunstentwicklung auf das Theater ausging, wieviele gemeinsame Themen und Interessen es gab. Allmählich verbanden sich die europäischen Avantgarden wieder länderübergreifend und auch Deutschland schaffte wieder den Anschluß an die neuesten Bewegungen.

▶ Dabei gab es kaum ein Konzept für den Aufführungsort, das nicht zumindest variabel gewesen wäre (sogar Willi Ramsteins mobiles Zeltkonzept!) oder vielmehr flexibel oder mobil. Während die flexiblen Ansätze die bauliche Substanz als veränderbares Gestaltungssystem instrumentalisierten, die festgefügten Wände in die Bewegung offenbarendes Glas auflösten oder als Schiebewände, Rolläden oder Aufhängungssysteme ephemer machten, nutzten die mobilen Ansätze die durch die Immaterialisierungstendenzen der Architektur entstehende Leere, um sie mit dreidimensionaler Bewegung zu füllen. Bühne und Zuschauerraum wurden in beiden Fällen zu völlig austauschbaren Bereichen und die Wandelbarkeit übertraf alle vorgedachten Muster. Wenn Polieri dennoch versuchte, dieses Phänomen mittels wissenschaftlicher Analyse und Theorie handhabbar und kontrollierbar zu machen, zeigt das nur die unendliche Vielzahl der Möglichkeiten. Das Publikum mußte immer aktiver werden: Die Benutzung von Drehstühlen wurde zur Selbstverständlichkeit oder es sollte einfach von Szene zu Szene, von Ort zu Ort gelaufen oder das Publikum gedreht, gefahren, geschwungen und geflogen werden. Zwischen flexiblen und mobilen Konzepten besteht allerdings ein entscheidender Unterschied: Bei den ersteren ist der Regisseur gehalten, seinen Aufführungsort frei zu gestalten, eine Dramaturgie des Raumes mitzuentwerfen, das vorgegebene Schema beliebig, aber schlüssig zu benutzen, so daß eine ganz konventionelle Lösung **bewußt** gewählt würde, oder sich die Zuschauer unter Umständen auch frei bewegen könnten. Die Theaterleute müßten hier Mut zur Auswahl und zu einer klaren (räumlichen) Aussage zeigen. Diese Konzepte träumten von selbstbestimmten, am Raum interessierten und für das Unvorhergesehene offenen Regisseuren, und der Aufhebung der Lethargie im Zuschauerraum, ebenso wie sich viele Architekten einen intensiveren Dialog mit den Nutzern ihrer Gebäude wünschten. Die mobilen Konzepte hingegen bräuchten kein aktives Publikum und müßten sich nicht öffnen. Mit Hilfe technischer Mittel werden die Zuschauer vielmehr als ganze Gruppe von übermächtigen Regisseursmaschinisten gefahren und ferngesteuert, ihre Rezeption gelenkt und beeinflußt. Ihre technisch potenzierte Macht beherrscht nicht nur die Bewegung von Sinnen und Seelen, sondern die des Theaters gleich mit.

► Zwar mahnte Grotowski: »*Man sollte im Bereich der Kunst nicht zu viele Spekulationen zulassen. Kunst ist nicht die Quelle der Wissenschaft. Sie ist eine Erfahrung (..)*« (97) — das hinderte aber die wissenschaftliche Erkenntnislust vieler Künstler und Architekten nicht, das Theater erneut zum Labor des Lebens zu erklären. Durch die Technisierung sogar des alltäglichen Lebens traten Gewohnheiten und Sichtweisen in Kraft, die auch im Theater gespiegelt werden wollten, so daß Piscator darauf drang, der Zuschauer hätte »*das Recht auf schnelle Verwandlung*« (98). Und die Szenenwechsel gelangen auch immer fließender. Die Reformwilligen gingen jedoch entschieden weiter, wenn sie das Theater als Versuchsanordnung zur Alltagsbewältigung einrichteten oder aus der allgemeinen Mobilität, der Möglichkeit, im Weltraum zu überleben, jederzeit Konzerte in den eigenen vier Wänden zu veranstalten oder immer mehr Informationen in immer kürzerer Zeit über immer längere Entfernungen hinweg gleichzeitig empfangen zu können und verarbeiten zu müssen, vollkommen neue Definitionen des Theaters und seiner Aufgaben ableiteten[39]. Und: Genauso wie man sich inzwischen daran gewöhnt hatte, alles zu analysieren, rational zu ›verstehen‹, um es dann den eigenen Ideen und Interessen gemäß zu verändern, vom Saatgut über die Weltpolitik bis hin zum Sexualakt, sollte auch das zeitgemäße Theater wissenschaftlicher Erfassung unterzogen werden und die Neuerungsvorschläge wissenschaftlichen Erkenntnissen genügen. Nicht etwa der historisch orientierten Theaterwissenschaft, die ihre Blüte in den konservativen 50er Jahren erlebte, sondern anthropologischen, psychologischen, ethologischen, neurologischen, physikalischen.. Ansätzen. Das Theater wurde zur Schule der Perzeption und der Verhaltensweisen erklärt, strukturalistische Methodik entdeckte in ihm einen weiteren Gegenstand. Diese Analyse theatraler (und auch architektonischer) Möglichkeiten und Funktionsweisen führte zur Akzeptanz des im Grunde pluralistischen Potenzials dieser Ausdrucksformen; der verwissenschaftlichte Blick faßte alle Möglichkeiten als gleichwertig, weitgehend alle als gleichzeitig vorhanden, gleichermaßen möglich auf. So geriet Theater oder theatrales Spiel zu einer sehr komplexen Einrichtung, in der sich Gesamtkunstwerk-Definitionen mit der Perspektive der Simultaneität vermischten und der Rezipient im multiperspektivischen Raum beständig die Position wechseln mußte, um auszuwählen oder des Geschehens habhaft zu werden. Inzwischen war das subventionierte Repertoiretheater sogar in der Lage, die modernste Dramatik in ihr System aufzunehmen, aber die modernsten Definitionen von Theater interessierte der Text nur noch als ein Mittel unter vielen, seine strukturierende Funktion hatte die alle Erscheinungen erfassende Gesamtpartitur übernommen. Das heißt, die reformerischen Theaterleute machten sich darüber Gedanken, die reformerischen Architekten interessierten die inhaltlichen Möglichkeiten dieses Mediums hingegen kaum noch. Schließlich zielte diese ganze Fortschrittlichkeit und Verwissenschaftlichung am Theater und seinen Stärken vorbei. Während die meisten derartigen Konzepte es als so komplex definierten, daß letztlich alle Kommunikationsweisen und Inhalte darin Platz gefunden hätten, legte Grotowskis Laborarbeit als einzige die eigentlichen Struk-

---

39 – wenn AGAM und DOBLHOFF ihre Konzeptionen mit Analogien zum täglichen Leben begründeten, RUHNAU angewandte Demokratie einforderte oder POLIERI das Theater auf den neuesten technisch-wissenschaftlichen Standard anheben wollte und dabei den theatralen ›Welten‹raum benutzbar machte..

turen und das primäre theatrale Ausdrucksmittel frei: den Menschen, die kommunikative Nähe und die wahrhaftige Aussage; suchte er als einziger nach der Essenz, nicht nach der Fülle. Aber dieser Ansatz führte unaufhaltsam nach innen, in das Theater und das Individuum hinein, in die Isolation, auch in ein geistiges Jenseits, während alle anderen immer mehr zu akkumulieren und zu verknüpfen bestrebt waren.

► Diese Totalität reichte dieses Mal bis zum unendlichen Raum. Der Sphäre, als Modell des Universums, stand in Kieslers neuem *Universal*, die Höhle, der bergende Uterus gegenüber, den universalen Massenmedien die Konfrontation mit Individuen, der Unmittelbarkeit und Nähe theatraler Kommunikation das Fernsehen. Theater und vor allem das sich rasant ausbreitende Medium Fernsehen durchdrangen einander zunächst noch, was auf unscharfen Definitionen beider beruhte. Dabei bereitete die konventionelle Auffassung von Theater als substanzloser Illusion und rein geistigem Prozeß ebenso den Übergang von der Theater- zur Fernsehrezeption vor, wie Polieris oder Agams Versuchsanordnungen in den Umgang mit den neuen elektronischen Medien mündeten. Durch sie konnte die erwartete Muße-Gesellschaft jederzeit erreicht – und beeinflußt werden. Aber je mehr Dimensionen das Theater scheinbar erobern konnte, desto mehr verließ es seine eigene ›ökologische Nische‹ und ging in anderen Bereichen oder Manierismen auf, desto mehr kristallisierten sich aber auch seine ureigenen Merkmale heraus: Konzentration und Parteilichkeit statt simultaner Gleichzeitig- und Gleichwertigkeit, Selbstdarstellung oder Selbstoffenbarung des Individuums statt unpersönlicher Massenunterhaltung und -information, körperliche Nähe statt eines sinnlich nicht mehr nachvollziehbaren Springens zwischen Nähe und Ferne, erfahrbare Räumlichkeit statt eindimensionaler Bild(schirm)haftigkeit, das unmittelbar reagierende statt des ungreifbaren, passiven Publikums.

Viele Züge und Merkmale dieser Phase erinnern an die Arbeiten und Visionen der 20er Jahre, sie werden zum ersten Mal seit dem Krieg, teilweise zum ersten Mal wieder seit den 20er Jahren wahrgenommen, weitergetrieben und zuweilen geerdet. Seitdem lebte und irritierte zum ersten Mal wieder europaweit eine Avantgarde.

Aber die Bilanz der tatsächlichen Realisierungen dieser Ideen, Konzepte und Visionen offenbart wiederum eine gespaltene Situation, wenngleich die Bilanz günstiger als vierzig Jahre zuvor ausfällt. Allerdings waren auch die wirtschaftlichen Voraussetzungen wesentlich günstiger. Am Beispiel von Werner Ruhnaus Arbeit wird deutlich, daß die Realisierung unkonventioneller Konzepte immer Kompromißbereitschaft voraussetzt; sein konsequentestes Konzept, der Entwurf für Düsseldorf, blieb jedenfalls Theorie und langjähriger Diskussionsstoff, wohingegen seine weit weniger elaborierten Vorstadien realisiert wurden. Jacques Polieri vermochte im unalltäglichen Rahmen zumindest Modellbauten oder Modellprojekte ungeschmälert umzusetzen. Die Umsetzung der interessanten Konzeption in Dronten verdankt sich tatsächlich seiner Lage in einem landschaftlichen wie kulturellen Nichts, das zu beleben mehr Mut benötigt, aber auch weniger Vorurteilen ausgesetzt ist. Sonst ließen sich neue Ideen leichter im Rahmen von Kulturzentren und vor allem als Studiobühnen verwirklichen. Angesichts der Subventionierung von Grotowskis Theaterlaboratorium kann man den europäischen Theatersystemen seit dem Krieg allerdings eine tendenziell zunehmende Integrationsfähigkeit für reformerische, alternative und kritische Impulse bescheinigen.

(1)   Dieter LATTMANN »Kulturpolitik« IN: ✧11 BENZ Bd.3 S.429
(2)   ✧127 BANHAM S.280
(3)   ✧26 RÜHLE »Das dokumentarische Drama und die deutsche Gesellschaft« S.125
(4)   s. dazu z.B. ✧112 BARRAULT S.27
(5)   s. da z.B. Denis BABLETS Bericht über das Colloquium in Royaumont zum Standort des Theaters in der modernen Gesellschaft 1961 IN: BTR 1 (1962) S.16ff.
(6)   ✧26 RÜHLE (s.o.) S.126
(7)   ✧133 THOMSEN, S.173f.
(8)   ✧26 RÜHLE »Auflösung der Grenzen: Das Happening« S.170
(9)   Claus BREMER IN: DER ARCHITEKT 1 (1965) S.26
(10)   – formulierte Heinrich JOB stellvertretend für die anderen Teilnehmer IN: DER BAUMEISTER 3 (1969) S.289, wo auch ein Teil der Entwürfe vorgestellt wird – S.234ff.
(11)   s. dazu die Protokolle IN: THEATER HEUTE 8 (1965) S.1ff. und DER ARCHITEKT 8 (1965) S.275ff.
(12)   IN: THEATER HEUTE 11 (1966) S.23
(13)   »Gedanken zur Zeit: Verwaltete Architektur« IN: DER ARCHITEKT 9 (1964) S.262
(14)   ebd.
(15)   s. Alva AALTO »Feinde der Architektur« IN: DER ARCHITEKT 10 (1964) S.315
(16)   »Zu einer neuen Architektur« IN: ✧15 CONRADS S.158f.
(17)   ebd. S.159
(18)   Wolfgang PEHNT »Anarchie nach Vorschrift« IN: FRANKFURTER ALLGEMEINE ZEITUNG 178 vom 3.8.1991
(19)   IN: ✧15 CONRADS S.175
(20)   »Ordnung ist« (1960) IN: ✧15 CONRADS S.162f.
(21)   Wolfgang PEHNT (s.o.)
(22)   ebd.
(23)   IN: DER BAUMEISTER 12 (1963) S.1416
(24)   Werner RUHNAU »Innen und Außen im Theaterbau« IN: BTR 4 (1960) S.10
(25)   ebd.
(26)   ebd.
(27)   RUHNAU »Aus Sicht des Architekten« IN: DAS WERK 9 (1960) S.309
(28)   s. BTR 4 (1960) S.1ff. und eine überarbeitete und ergänzte Fassung IN: DEUTSCHE BAUZEITUNG (DBZ) 6 (1968) S.947ff.
(29)   ebd. S.950
(30)   ebd.
(31)   RUHNAU IN: BTR 4 (1960) S.9
(32)   ebd. S.8f.
(33)   Yves KLEIN vor der Gelsenkirchener Theaterbau-Kommission 1958 IN: ✧132 Dokumentation S.7
(34)   ✧131 RESTANY S.7
(35)   ebd. S.9
(36)   IN: ✧132 DOKUMENTATION S.41
(37)   im Manifest von 1958/59 IN: ✧132 DOKUMENTATION S.41
(38)   s. DEUTSCHE BAUZEITUNG 6 (1968) S.947
(39)   RUHNAU/KLEIN »Projekt einer Luftarchitektur« (1960) IN: ✧15 CONRADS S.164
(40)   s. »Die Schule der Sensibilität« vom März 1959 IN: ✧132 Dokumentation S.61f.
(41)   RUHNAU/KLEIN »Schule der Sensibilität« IN: ✧132 Dokumentation S.61
(42)   IN: BTR 4 (1960) S.8
(43)   s. Manfred SACK IN: DIE ZEIT 29 (16.5.1969) S.54
(44)   s. André VEINSTEIN »Les Théâtre expérimentaux (..)« IN: L'ARCHITECTURE D'AUJOURDHUI 37 (1966) S.63
(45)   s. dazu ✧4 PAUSCH S.118f.
(46)   s. den Bericht der Ulmer Dramaturgin Yvonne Sturzenegger IN: BTR 3 (1970) S.30

(47)   ◇5 SCHUBERT S.36
(48)   s. BTR 3 (1982) S.11
(49)   »Die Spielstraße im Olympiapark München« IN: BTR 3 (1973) S.10
(50)   Jacques POLIERI in einem Interview mit André VEINSTEIN »Dialogue avec Jaques Polieri« IN:
        QUADRUM 8 (1960) S.168 (✳ = Übersetzung von S.K.)
(51)   ebd. S.166
(52)   ◇125 POLIERI S.XXI ✳
(53)   ebd. S.XVI
(54)   s. seine »Systématisation de l'éspace scénographique« IN: ebd. S.156ff.
(55)   s. den vorangehenden Abschnitt
(56)   ◇125 POLIERI S.XV ✳
(57)   ebd. S.186f.
(58)   s. dazu den Abschnitt über Mehrzwecktheater im 4. Kapitel
(59)   s. ◇125 POLIERI S.189 und 192f.
(60)   s. ebd. S.XVIII
(61)   s. ebd. S.185
(62)   – wie der Skizze für die Zentralarena zu entnehmen ist (Abb.12b).
(63)   s. ◇125 POLIERI S.190f.
(64)   ebd. S.191 und 190 ✳
(65)   Friedrich KIESLER »Abrüstung der Kunst« IN: ◇68 Katalog IAT S.5
(66)   – lautet der abschließende Absatz des Textes über sein Notationssystem: ◇125 POLIERI S.191 ✳
(67)   Raimund von DOBLHOFF IN: DAS WERK 9 (1960) S.333
(68)   s. DOBLHOFF »Der Zuschauer fährt im Theater herum« IN: MELOS 7((1959) S.207ff., hier S.215
(69)   IN: DAS WERK 9 (1960) S.333
(70)   s. ◇125 POLIERI S.164
(71)   Yaacov AGAM IN: DER ARCHITEKT 2 (1964) S.45ff., hier S.47 oder AUJOURDHUI 6 (1962) S.63 –
        AGAM überträgt sein simultanes Konzept auch auf die Textgestaltung; die übereinandergesetzten Ab-
        zweigungen kennzeichne ich jeweils mit: ✳
(72)   ebd. S.45
(73)   s. dazu ◇128 Frederick BENTHAM
(74)   Friedrich KIESLER »Design-Correlation« IN: ◇81 Katalog Wien [1975] S.11
(75)   ebd. S.11f.
(76)   vergl. ebd. S.13
(77)   Friedrich ST. FLORIAN über KIESLER als »Architekt der Unendlichkeit« IN: ◇81 Katalog Wien [1975]
        S.4
(78)   so äußerte er 1947 im Manifest »Magische Architektur« IN: ◇15 CONRADS S.142f.
(79)   KIESLER »Correalism« IN: ◇81 Katalog Wien [1975] S.8
(80)   s. dazu KIESLER »Endloses Haus und seine psychologische Beleuchtung« IN: ◇81 Katalog Wien [1975]
        S.9f.
(81)   s. KIESLER »A Festival Shelter« IN: ◇81 Katalog Wien [1975] S. 21f.
(82)   ◇126 GROTOWSKI »Für ein Armes Theater« S.15
(83)   ebd. S.7
(84)   ebd.
(85)   ◇126 GROTOWSKI »Methodische Erforschung« S.103f.
(86)   ◇126 GROTOWSKI »Das Neue Testament des Theaters« S.31
(87)   ebd. S.24f.
(88)   ◇126 GROTOWSKI »Theater ist eine Begegnung« S.43
(89)   ◇126 DERS., Armes Theater S.13
(90)   ebd. S.15
(91)   ◇126 DERS., Erforschung S.105
(92)   ◇126 DERS., Armes Theater S.14

(93)   ✧126 DERS., Neues Testament S.26
(94)   ebd. S.35
(95)   ebd. S.32
(96)   ✧126 DERS., Armes Theater S.15f.
(97)   ✧126 Ders., Begegnung
(98)   PISCATOR IN: ✧74 Schriften, Bd.2 S.239

6. DIE 70er JAHRE: EXPEDITIONEN

a. CHARAKTERISTIK

Tendenzen der Theaterszene

Ein vorläufiger Höhepunkt der allgemeinen kritischen Aufarbeitung der 60er Jahre und ihrer utopistischen Glaubensenergie stellte sich ein, als 1968 in den westlichen Ländern die jüngere Generation den Werten und Ansichten ihrer Elterngeneration durch aufsehenerregende und provozierende Aktionen abschwor.

Zwar war die 68er-Bewegung vorwiegend eine Auflehnung der Studenten gegen die bürgerlichen Autoritäten, die ihren Ursprung an den Universitäten hatte, man bemühte sich aber dem Marxismus entsprechend, dessen Einfluß vor allem in der Bundesrepublik und in Frankreich maßgeblich war, auch die Arbeiter zu aktivieren. In Deutschland beteiligte sich gerade jene Generation von Theaterleuten, deren Jugend mit der Adenauer-Ära zusammenfiel, an diesen Veränderungsbemühungen und sie reflektierte im Theater die gesellschaftlichen Prozesse nicht mehr nur, sondern war davon überzeugt, ihnen durch ihre Arbeit neue Impulse geben zu können. Es war vor allem jene Generation, die im spannungsreichen Dualismus aus Wirtschaftwunder und dem verdrängten Vorleben ihrer Eltern aufwuchs und deren Umgang mit dem Instrument Theater und der klassischen Dramenliteratur nicht mehr den Erwartungen dieser Eltern entsprechen wollte[1]. Für sie begann damit eine

---

1 »Bereichere sich, wer kann. Das war das deutsche Wirtschaftswunder. Und der amerikanische Marshall-Plan diente dazu, dieses großangelegte Manöver kollektiver Kriminalität zu finanzieren und gegen andere gesellschaftstheoretische Modelle abzusichern. Man kann das, ohne zu moralisieren, getrost einen Kolonialisierungsvorgang nennen. Denn zum Moralisieren haben wir kein Recht in diesem Lande. Die uns da mit ihrem Geld, mit ihrer Weltanschauung, mit ihrer Kultur **über**zogen und **er**zogen, hatten ja eine weiße Weste. Sie waren nicht in politische Verbrechen verstrickt wie unsere Eltern, sie hatten das Recht auf die Moral und gegen die der Nazis sogar noch die Kultur auf ihrer Seite. Und die Kultur, die sie – natürlich nicht selbstlos, sondern als globalen ökonomischen Verwertungsvorgang – über den Ozean schwemmten, bestimmte den ›Roman‹ meiner Bildung und sicher vieler aus meiner Generation. Das soll hier nicht beklagt, sondern in Erinnerung gerufen werden. Vielleicht kann es einer blödsinnig abstrakt geführten ›Anti-Amerikanismus‹-Debatte ein wenig sinnlichen Hintergrund einmalen«, schrieb der Regisseur Ernst WENDT (* 1937) in seiner Erinnerung »Meine amerikanische Bildung«. (IN: »Wie es euch gefällt geht nicht mehr. Meine Lehrstücke und Endspiele« München 1985 S.15f.)

weitreichende Phase der Selbstreflexion und da im Laufe der 70er Jahre diese Künstler an den wichtigsten Häusern der deutschen Theaterlandschaft arbeiteten, waren die überregionale Kenntnisnahme erzwingenden Inszenierungen von diesem Durchdenken der Theatermittel und einer tiefen Skepsis allem Etablierten gegenüber geprägt. Gerade zu Beginn dieser Phase war die Frage wichtig, ob hierarchische Strukturen, wie sie üblicherweise an den Theatern herrschten, überhaupt imstande seien, gesellschaftliche Veränderungen im antiautoritären Geiste anzuregen. In der Folge wurde vielerorts lebhaft über Mitbestimmung diskutiert, vereinzelt erprobte man sie praktisch, aber letztlich funktionierten nur die Modelle am Frankfurter Schauspiel, an der Schaubühne und am Züricher Neumarkt-Theater länger. So war das deutsche Theatersystem von diesen Überlegungen nicht tiefgreifend betroffen, die Arbeit im Rahmen der Mitbestimmungsmodelle evozierte allerdings allgemeine Umbewertungen und Umorientierungen.

Zunächst waren die progressiv Orientierten auf der Suche nach einem anderen Publikum als dem bis dahin üblichen aus vorwiegend älteren, zumindest etablierten Oberschichts- und Mittelstandsangehörigen, deren Motivation für den Theaterbesuch man als *Bildungspflege* und *Repräsentationsbedürfnis* entlarvte und mißbilligte. Als eine der neuen Zielgruppen wurden Arbeiter angesehen. Da man sie aber in den als Musentempel erachteten Theaterbauten kaum erreichen konnte, gingen engagierte Truppen auf ihre selbstgewählten Zielgruppen zu, für die das vorhandene Theater außerhalb ihres Lebensumfeldes lag, für deren Probleme man aber Aufmerksamkeit erregen wollte. So bewegte sich das Theater in die Alltagswelt hinaus und spielte an alternativen (Spiel)Orten, dort, wo man Menschen mit anderen Viten und Erfahrungen antraf: ihren Arbeitsplätzen, ihren Kneipen, ihren Wohnvierteln; man bemühte sich, zielgruppengerechte Themen auszuwählen und um Gespräche und Diskussionen, wobei man allerdings übersah, daß unter anderem gerade die Arbeiter eigene, andere kulturelle Werte ausgebildet hatten, die die meist aus mittelständischen Verhältnissen stammenden Theaterleute kaum einschätzen konnten, so daß ihre Bemühungen teilweise als abschätzig empfunden wurden[2]. Als die messianische Stimmung nach einigen Jahren verflogen war, ging auch das Kneipen- und Vororts-Theaterspiel wieder zurück.

---

2   Yi-Fu TUAN weist in seiner Untersuchung von 1977 darauf hin, daß der räumliche Anspruch im Arbeitermilieu im Gegensatz zu dem bürgerlicher Schichten von der Suche nach Kommunikation dominiert und so erheblich weniger Raum für Selbstfindung und individuelle Reflexion benötigt wird. Dies bestätigt das Empfinden, daß die Zweiraumtheater, vor allem die der Nachkriegszeit, per se ungeeignet sind, wenn Arbeiter über sie erreicht werden sollen. (✧29 S.60ff.) Schon auf dem Theater-Colloquium in Royaumont 1961 »versuchte Jean Claude Marrey zu zeigen, warum die Arbeiter im großen und ganzen nicht ins Theater gehen: die heutigen Theater erwecken den Eindruck, nicht für sie bestimmt zu sein, das Bildungsniveau taucht auf, aber mehr noch praktische Fragen, das heutige Wirtschaftssystem und die Arbeitsbedingungen (das 8-Stunden-System, Überstunden, Parzellen-Aufgaben, Fahrzeit zwischen Wohnung und dem Theater). Beim Versuch, diese Lage zu bessern tauchen zwei Tendenzen auf: die eine, die man das ›tägliche Theater‹ nennen könnte, besteht darin, das Theater zu dem Publikum zu bringen, das es erreichen will, und zwar durch fliegende Gruppen, Aufbauen einfacher Säle zu vielfacher Verwendung in volksreichen Gegenden, wo es Fabriken, Krankenhäuser, Kasernen gibt, und auch in Dörfern. Die andere ist das ›**Festtheater‹**, das die Zuschauer bei außergewöhnlichen Gelegenheiten zusammenführt«. (Denis BABLETS Bericht IN: BTR 1 (1962) S.17) Diese Überlegungen wurden also in Frankreich bereits vor 1968, viel früher als in Deutschland, und an maßgeblichen Stellen angestellt.

Die andere Gruppe, die als Publikum erreicht werden sollte, waren Gleichgesinnte und jüngere Menschen – der schon zuvor angestrebte Generationswechsel wurde erst jetzt ansatzweise verwirklicht. Man glaubte, daß das etablierte Theater weder die Bedürfnisse dieser Zielgruppen nach Unterhaltung noch das Angebot einer ihnen entsprechenden gesellschaftlichen Identität bediente. Gerade aber zur Schaffung neuer Identitätsmuster sollte das Theater von nun an instrumentalisiert werden. Durch die Wahl anderer Ausdrucksmittel, durch die eigenwillige Behandlung traditioneller Stoffe oder andere Sujets sollten sich neue Kreise angesprochen fühlen und so das soziale Spektrum des Publikums erweitert werden. Daß dies machbar war, wußte man bereits aus der Zeit um 1968, der Phase der politischen Demonstrationen und Kundgebungen, an denen das Theater beteiligt gewesen war, um als Informationsmedium und Versammlungsort mobilisiert zu werden (1), um am Geschehen teilhaben, den Aktionen folgen zu können. Gerade auch vor diesem Hintergrund muß die Forderung nach dem aktiven Zuschauer, nach der direkten Kommunikation zwischen Akteuren und Publikum verstanden werden. Um all dies zu erreichen, wurde natürlich auch mit den räumlichen Verhältnissen experimentiert, denn sie sollten je nach Anlaß und Thema variierbar sein. Gerade um 1970 arbeiteten progressive Theoretiker an mobilen Spielraum-Entwürfen, die an beliebigen Orten, auf beliebige Weise zu errichten und **die** Lösung der Zukunft darstellen sollten, sich aber im Gegensatz zu den immobilen Alternativen doch nicht durchzusetzen vermochten.

Natürlich reagierte das traditionelle Publikum auf all dies mit Mißbilligung und Rückzug und nach dem Umbruch um 1970 gelang es erst allmählich wieder, die alten Besucherzahlen zu erreichen. Mit der Zeit brachten diese Ansprüche aber tatsächlich ein Schauspielpublikum zusammen, in dem die verschiedensten gesellschaftlichen Gruppen, die in einer Stadt am Kulturleben teilhaben, und sogar verschiedene Subkulturen zu koexistieren lernten.

Angeregt durch die neuen gesellschaftsbezogenen Ansprüche an die Theaterarbeit, erlangten auch die verschiedenen beteiligten Künste mehr Geltung und Entwicklungsfreiheit. Vor allem den Regisseuren warf man aus konservativer Perspektive vor, die Würde und den Eigenwert der Texte rücksichtslos ihren persönlichen Auslegungsinteressen, die Absicht der Autoren ihren Interpretationen zu unterwerfen. Die unaufhaltsame Emanzipation der Regiekunst von einer wortwörtlichen *Werktreue* wurde unter dem Stichwort *Regietheater* problematisiert; vermutlich aus Mißbehagen über das wiederentdeckte kritische Potential der zeitlos aktuellen Klassiker-Texte, mit deren neue Facetten ausleuchtenden Ausdeutungen das Refugium unpolitischen Künstlertums mehr noch als mit neuen Stücken gefährdet werden konnte. Gleichzeitig offenbart diese Art der Kritik, welch geringe Wertschätzung der Regiekunst, und damit letztlich auch der Theaterkunst von dieser Seite entgegengebracht wird[3].

---

3 »So verstellt vor allem die Rede vom ›modernen Regietheater‹, mit der zur Charakterisierung, oft zur Kritik des Theaters der 70er und der frühen 80er Jahre ein vermeintlich zu freier Umgang mit den klassischen Texten und eine zu assoziative Bildhaftigkeit bei der szenischen Gestaltung herausgestellt werden, die Sicht auf die hier vorliegende Problematik. Daß der Regisseur die Inszenierung durch seine künstlerische Handschrift, durch seinen analytischen Zugriff auf das dramatische Werk prägt, ist ein wesentliches Merkmal der Theaterentwicklung dieses Jahrhunderts.« (◊13 BRAUNECK, Regie S.15)

Besonders die Szenographen, aber ebenso die Schauspieler und Regisseure bedienten
sich bei der Umsetzung ihrer Konzeptionen nunmehr verstärkt der Ausdruckskraft der
Räume, wohingegen der Text mit dem abnehmenden Glauben an die Veränderbarkeit der
Gesellschaft nach dem letzten großen Versuch Anfang der 70er Jahre und der zunehmenden
Abstraktheit der Stellungnahmen zum gesellschaftlichen Geschehen seine Vorherrschaft
einbüßte. Allerdings diente er fortgesetzt als Ausgangspunkt und Grundlage der Inszenierungen. Längst war der theatrale Ereignisraum zum plastisch-räumlichen Arrangement geworden, das weit mehr semantischen Gehalt für sich beanspruchte als eine bloße Ortsum-
schreibung zu sein oder eine brauchbaren Spielraum zu liefern. Selbstbewußt inszenieren
seitdem Szenographen in ihrer visuellen Sprache aus Licht, Bildern, Gegenständen und Raumverhältnissen ihren Zugriff auf Thema und Text; sie schaffen kommentierende Situationen
für die Aktion, die manchmal auf die Zuschauer übergreifen. Die Ansätze und Ergebnisse
sind aufgabenorientiert und somit vielfältig, so daß dem Rückgriff auf den leeren Bühnenraum oder einen nur mit den nötigsten Zeichen versehenen mathematischen ›Kasten‹
durchaus nahezu mythische, auf weite räumliche Zusammenhänge verweisende, frappierend komponierte Gegenstands- und Lichtarrangements gegenüberstehen können. Dafür
wurde der Kanon der Mittel erweitert, wurden reale Materialien, aber ebenso Tendenzen
der Bildenden Kunst integriert. Auf der anderen Seite interessierten sich seit den 60er
Jahren selbst die Künstler und sogar progressive Musiker für die Gesetze und Möglichkeiten des Raumes. Insofern ist es nur konsequent, wenn in den 70er Jahren das Selbstbewußtsein
der Raumkünstler, der Szenographen, aufblühte, Künstler gemeinsam mit Regisseuren oder
zuweilen in Personalunion an theatralen Aufgaben arbeiteten und Lösungen fanden, die
oftmals im Grenzbereich zwischen bildender und theatraler Kunst anzusiedeln sind.
Szenographen ›inszenierten‹ ihre Räume im selbsterstellten Kontext ohne Schauspieler,
nur mit Zuschauern[4] oder der Mensch findet sich als bloß visueller Bestandteil eines
Konstrukts wieder[5]. Auf jeden Fall wird mit diesem Selbstverständnis die Szenographie aus
einer Ergänzung oder Ausschmückung der Inszenierungen zu einem Dialogpartner der Schauspieler und Regisseure, dessen Ziele verfremdende Hinterfragung, Widerspruch, aber auch
gesteigerte Verdeutlichung durch eine weitere theatrale ›Sprache‹ ist. So geben die
Szenographen den einen ungewohnten, der Einschätzung der eigenen Realität angemessenen Zugriff auf die Theaterliteratur ermöglicht und Regisseuren ein Ausdrucks- und
Vermittlungsinstrumentarium an die Hand, das die Geltung ihrer Funktion, aber auch ihre
Verantwortlichkeit steigert. Sie stellen den Schauspielern ihre Arbeit als eine Herausforderung entgegen, die mit neuen schauspielerischen Mitteln beantwortet sein will. Vermehrt
werden dadurch die Ausdruckskräfte des Körpers und der Bewegung eingesetzt. Dies kann

4   – da wäre als Grenzpunkt an Erich WONDERS und Karl-Ernst HERRMANNS Ausstellung »Inszenierte
     Räume« im Hamburger Kunstverein zu denken.
5   In diesem Zusammenhang ist Erich WONDERS Performance ROSEBUD in Düsseldorf, Wilfried MINKS
     freies Projekt AUGE AUGE KOMMA STRICH im Malersaal des Deutschen Schauspielhauses in Hamburg
     zu erwähnen; zu denken ist auch an das betont bildliche Theater Robert WILSONS, Richard FOREMANS
     oder Meredith MONKS.

und soll nicht bedeuten, daß der Schauspieler zu einem Dekorationselement abgewertet wird. Die neuen szenographischen Mittel vermögen ebenso, seine Arbeit in den Vordergrund zu rücken, wie auch die kritische Haltung den emanzipierten und dramaturgisch mitdenkenden, mitarbeitenden Schauspieler verlangt.

Nach und nach hatte sich der Impetus, die Gesellschaft mit den Mitteln des Theaters verändern zu helfen, indem man die Mißstände vor Augen führt und sich einem anderen Publikum zuwendet, in der intensiven Erprobung einer theatralen Zeichensprache für eine andere Kommunikation zwischen dem skeptischen Theater und seinem Publikum beruhigt; nunmehr mit dem verbliebenen Anspruch, durch diese Sprachen und Kommunikationsformen Einsichten in die grundsätzlichen Mechanismen des gesellschaftlichen Funktionierens und dessen Preis zu fördern und einen Beitrag zur Selbstdefinition des Menschen unter den Bedingungen der Moderne zu leisten[6]. Die Reaktion auf das Ende des Glaubens an tiefgreifende Veränderungen – nicht zuletzt durch das fragwürdige Gebaren des realexistierenden Sozialismus – war eine Tendenz zur Verinnerlichung, der an vielen Theatern weiterhin die Bemühungen um verbesserte Kommunikationsbedingungen entgegengesetzt wurden. Sie äußerte sich aber auch in der Hinnahme alternativer Koexistenz der voneinander abweichenden Denk- und Handlungsmuster, die in den 80er Jahren nun vielfach als zeitloser Stilpluralismus beklagt wurde. Dies entspricht der Mentalität der Alternativen Bewegung, die seit der Energiekrise 1974 die Fortsetzung der Studentenbewegung bildete. Man ging dazu über, die angestrebten Abweichungen von der gesellschaftlichen Praxis nicht missionarisch oder revolutionär einzufordern, sondern selbst zu praktizieren, vorzuleben. Aus der Praxis eines konkreten Lebensrahmens entwickelte sich eine zweifellos wirksame Subkultur. Genausowenig wie die Nutzung neuer Ausdrucksmittel an den Theatern ohne Brecht, Piscator oder die Reformer der Jahrhundertwende denkbar ist – bei gleichzeitiger Überwindung und Anpassung an die aktuellen Bedürfnisse – genauso stellte diese Alternative Bewegung eine Fortsetzung der Vorläuferbewegungen seit Ende des vorigen Jahrhunderts dar. Und immer standen sich diese Subkulturen und die progressiven künstlerischen Bewegungen nahe. So spiegelt die pluralistische Haltung und die Arbeitsweise vieler maßgeblicher Stadttheater nur die Reibung verschiedener kultureller und ökonomischer Wertsysteme innerhalb der Gesellschaft wider. Dabei nimmt das Theater in seiner analytischen Grundhaltung, seinem Charakter als stets praktizierte Alternative gemäß, Partei für die Bedürfnisse des Menschen.

Verschiedene Themen kennzeichnen entsprechend diesen Zeitraum: Ein Grundmotiv wäre zum Beispiel das Unbehagen über die zunehmende Bürokratisierung und Verwaltung,

---

6 »Der Trost liegt, auch im politischen Sinn, weniger im Inhalt als im Vermittlungsprozeß insgesamt. (..) Die Art und Weise, wie Theater sich vermittelt, es findet statt auf eine direkte, nicht technisch vermittelte Art, auf eine den Zuschauer, seine Phantasie, seine Emotionen, seine Intellektualität total einbeziehende und ihn auch über seine täglichen Grenzen hinausführende Weise. Dieser Vorgang ist politisch nicht hoch genug einzuschätzen angesicht einer nur inhaltlich, politisch sehr stark festzustellenden Tendenz zu Formierung, zur Einschränkung von Freiräumen (..), zur Verwaltung von Produktions- und Kommunikationsvorgängen in unserer Gesellschaft.« (Horst LAUBE in einem Interview IN: THEATER HEUTE 9 (1979) S.35ff.)

das – wie wir bereits sahen – Änderungswünsche evozierte, aber auch die angesprochene Koexistenzfähigkeit verschiedener Ansätze und das Bedürfnis nach intensivierter, bei gleichzeitiger Ablehung der durch die audio-visuellen Medien etwa technisch vermittelten Kommunikation (2). Sie äußerte sich vor allem auch als direkte Verständigung über Mittel und Ziele während des Arbeitsprozesses und als Stehenlassen-Können offener Ergebnisse. Mit der Abkehr vom Ziel der Illusionserzeugung kann Theater auch als vorläufiges Gespräch in den und über die Sprachen der Kunst aufgefaßt werden. Hier äußert sich ein gewandelter, gemeinsamer Arbeitsbegriff, dessen Ziel nicht perfekte Ergebnisse sind, sondern die Nachvollziehbarkeit des Weges dorthin als Ausdruck der Auseinandersetzung der Produzenten mit der gestellten Aufgabe. Damit werden im Arbeitsprozeß wieder menschliche Qualitäten in den Vordergrund gerückt.

Einem anderen Verhältnis zur Körperlichkeit entsprechend haben sich einerseits die Bekleidungsgepflogenheiten im Alltag wie beim Theaterbesuch gelockert – Bequemlichkeit und Zwanglosigkeit bestimmen nunmehr das Bild. Außerdem war körperliche Nähe weder bei der Arbeit der Schauspieler untereinander noch unter den Zuschauern tabuisiert wie ehemals. Dem Körper wurde ein größerer Bewegungsspielraum zugestanden, den in letzter Konsequenz die ›bürgerlichen‹ Möbel genausowenig wie konventionelle Theaterräume bieten.

Und schließlich offenbart sich die auffällige Absorptionsfähigkeit der Theatersysteme, vor allem des fast überfeinerten der Bundesrepublik. Die Manifestation einer überwiegend kritischen Haltung der gesellschaftlichen und politischen Entwicklung gegenüber kühlte zwar das Verhältnis der Theaterleute zu den zuständigen Behörden und Politikern manchmal spürbar ab, führte letztlich aber nicht zu Einschränkungen der staatlichen Fürsorge für die Theater. All die beschriebenen inhaltlichen und formalen Veränderungen spielten sich im Rahmen des Theatersystems ab; das ging so weit, daß die Werkstattbühnen seit Mitte der 70er Jahre ihre Bedeutung weitgehend einbüßten, da sich nicht nur während richtungsweisender Festivals das ›Experiment‹ auf den Bühnen der großen Häuser ereignete.

Das herkömmliche Theater bildet technisch, organisatorisch und finanziell die Basis, auf der das avantgardistische Theater sich überhaupt bilden kann, und es bietet ihm damit die Möglichkeit und Grundlage seiner Weiterentwicklung. Die Opponenten gegen das konventionelle Theater würden sich selbst den Lebensfaden abschneiden, wenn es ihnen längerfristig gelingen würde, alle herkömmlichen Theater abzuschaffen. Andererseits würde jedoch das konventionelle Theater ohne die avantgardistischen Tendenzen bestimmter Theaterleute verkümmern und absterben. (3)

In diesem synthetischen Prozeß, der das Resultat einer etwa seit 1968 erwachten und erstarkten Bereitschaft zu tätiger, statt rein verbaler Kritik, zu alternativer **Praxis**, statt Theorie war, wurden im wesentlichen die Gegensätze zwangsläufig entschärft. Aber die prinzipiellen Widersprüche waren dadurch nicht nur gesellschafts-, sondern auch theatersystemimmanent geworden, was die Impulse für Systemveränderungen und das Bedürfnis nach Freiräumen – fürs erste – nur verstärkte.

Die Tendenzen der Architektur

Die 68er-Protestbewegung leitete auch eine neue Phase der Behandlung bereits ange-
klungener Themen, Ideen und Entwicklungen in der Architektur ein. Aus Entwürfen und
Theorien sollten nun endlich Projekte werden, aus Ideen wurden Ideologien. Das wurde in
zunehmendem Maße durch Handlungen und Aktivitäten eingefordert und damit zumindest
politische Realität. Reichten Demonstrationen und provozierende Aktionen nicht mehr
aus, um Forderungen Realität werden zu lassen, bildete man Bürgerinitiativen, deren Aufgabe
darin bestand, ihnen immer aufs neu Ausdruck zu verleihen, oder man besetzte vorhandene
Bauten einfach, um sie vor Abriß oder Spekulation zu bewahren.

> Die tiefe Krise, welche die Legitimität des Staates unter den Angriffen der ›Außerparlamenta-
> rischen Oppositon‹ durchmachte, sollte lange anhalten und auch in der architektonischen
> Kultur Spuren hinterlassen. Ihren unmittelbaren Niederschlag fand sie zunächst in der neu
> erwachten Aufmerksamkeit für Partizipationsverfahren, um die Betroffenen an der Planung
> ihrer Behausungen zu beteiligen, und für Selbstbausysteme, die unter weitgehender Umgehung
> von Industrie und Bürokratie die Verwirklichung des Traums vom eigenen Haus ermöglichen
> sollten. (4)

Diese **Erfahrungen** veränderten natürlich die Perspektive auf die Möglichkeiten und
Dimensionen von Problemlösungen, schufen ein ganz neuartiges Vertrauen in politische
Handlungsfähigkeit und halfen, konkrete Forderungen zu formulieren. Diese bezogen sich
freilich nicht auf globale Konzepte und großangelegte, profitable Massenprojekte, sondern
bekräftigten das Bedürfnis der einzelnen nach Gestaltungsspielräumen im persönlichen
Bereich, überschaubaren, identitätsfördernden, von ihren Bewohnern geprägten städtischen
Umfeldern – den Vierteln oder *kleinen Öffentlichkeiten* – nach sozialer, funktionaler und
historischer Integration, kurz: nach menschlichen, psychisch befriedigenden Gebäuden und
Wohnumfeldern. Im überschaubaren Bereich der Wohnung oder des Viertels begann man
einfach, seine Vorstellungen umzusetzen. Eine gelebte Kritik an der Planung bis dato, die ihre
Wirkung auf die Fachleute und Zuständigen nicht verfehlte. Von nun an wurden hin und
wieder die Bewohner, also die künftigen Nutzer, an der Planung von Projekten beteiligt und
ihre Forderungen berücksichtigt; zum ersten Mal wurden soziologische und psychologische
Untersuchungen angestellt, um die Situation nicht nur durch eine techno-ökonomische
Brille zu betrachten, sondern auch die humane Dimension – wenngleich ausschließlich in
wissenschaftlich integrer Form – in Planung und Bau zu integrieren; wurden die Ziele, Kriterien und Methoden der Planung grundsätzlich überprüft. Ihre Ergebnisse bestätigten und
benannten das, was die Nutzer und Bewohner längst am eigenen Leibe spüren mußten:

> Der Planer hat seinen Handlungsspielraum in der Vergangenheit in quantitativer Hinsicht häufig
> überschätzt, im qualitativen Bereich nicht genügend ausgebaut. Die räumlichen Systeme, mit
> denen es der Planer zu tun hat, haben sich als stabiler und ›eigenwilliger‹ erwiesen, als es der
> Planungsoptimismus annahm. (..) Die Veränderungseinflüsse bei selbst optimistisch angenom-
> menem Handlungspielraum sind gering. (..) Der Plan darf nicht als etwas Fertiges aufgefaßt
> werden, sondern als eine Art von ›Miniverfassung‹, die Entfaltungsnormen bestimmt, aber nicht
> betoniert. Dieses Verhältnis von Planung und Spielraum ist ein eigenes und großes Thema:
> ›Spielthema‹, ›Spielfeld‹ und ›Spielregel‹ sind grundlegende Begriffe, die mit neuem Inhalt ge-
> füllt werden müssen (..). (5)

Diese Forderungen und dieses Vorgehen enthüllten letztlich schwere Mängel in der bisherigen Baupraxis:

Planung verliert häufig in der Kette bürokratischer Entscheidungsstruktur die unmittelbare Verbindung zum zu bewältigenden Problem. Die Effizienzkriterien der Planung sind überwiegend quantitativer Natur, so daß manche qualitative Probleme gar nicht in das Sichtfeld der Planung geraten. Auch eine weitere technokratisch-wissenschaftliche Perfektionierung der Planung führt hier nicht weiter. (6)

Und noch ein anderer Umstand verstärkte die Tendenz zu einem Paradigmenwechsel: 1973/74 wurde für die Industrienationen durch die sogenannte Ölkrise nicht minder spürbar, daß für rationalistische Utopien, ungehemmte Technisierung und unerschöpfliches quanitatives Wachstum nicht genügend Rohstoff-Resourcen zur Verfügung stehen und somit mit Rohstoffen und Abfallprodukten respektvoll und bewußt umgegangen werden muß. Dies war die Geburtsstunde des ›Umweltbewußtseins‹ und der Ökologischen Bewegung. Schon in den 60er Jahren durchzog, noch ganz latent, eine Ahnung der Grenzen die Visionen und Entwürfe, wenn sie sich allmählich immer weiter auf das Verlassen des Bodens und gar der Erde ausrichteten. Sie mußten Papier bleiben, denn diese Erde war zu eng für sie geworden und das All keine realistische Alternative. Nun waren die geistigen ›Raumschiffe‹ mitten in der Realität zur Landung gezwungen worden. Weder konnten Bewohner in den baulichen Kopfgeburten heimisch werden und überleben noch reichte der nötige ›Treibstoff‹ für die Schaffung völlig neuer Welten aus. Das heißt nicht, daß der technische Fortschritt von nun an innehielt, es bedeutet nur, daß das Denken eine andere Richtung annahm und der Einsatz der Technik verstärkt anderen Zielen zu dienen hatte und sich in einem anderen Umfeld ereignete.

Dadurch erhielt architektonische und planerische Arbeit ein zusätzliches Aufgabengebiet: Der Bereich der Sanierung von Altbauten und der Denkmalschutz lösten die Formulierung halbherzig ausgeführter Totalvisionen einer neuen Welt, die nun einmal **nicht** funktionierte, ab. Zum einen war auch alte Bausubstanz ein Rohmaterial, eine vorhandene Struktur, die zu verschwenden man sich nicht länger leisten wollte, zumal die den bisherigen Planungen zugrunde gelegten Wachstumsprognosen angesichts von Rezession und schrumpfenden Bevölkerungsmengen von der realen Entwicklung falsifiziert worden waren. Zum anderen boten diese alten, unmodernen und zum Teil hygienisch mangelhaft ausgestatteten Viertel immer noch weit mehr Lebensqualität und Angebote zur Identifikation, Kommunikation und Vielfalt als es die Neubauquartiere je vermöchten[7]. Und: Sie boten genau jenen ersehn-

---

7   Der Pädagoge Hartmut von HENTIG formulierte in der Diskussion mit Architekten seine Empfindungen 1982 so: »Ich bin dagegen, daß ein Areal einheitlich bebaut wird. (..) die Möglichkeit des individuellen Ausdrucks ist kaum noch vorhanden, nicht nur in der Architektur. (..) Nach meiner naiven Theorie müßte für den Bereich der Architektur bei genügend Vielfalt Buntheit herauskommen, jedoch nicht Chaos. Die alten Städte sind mit ein Beweis dafür, daß so etwas möglich ist. (..) Meine zweite Forderung an die Stadtplanung ist die, daß es wieder Gemeinden geben muß. (..) Die Überschaubarkeit, kleine Einkaufszentren, die Leute, die man allmählich kennt. In vielen Gemeinden gibt es Dinge, die sich leicht wieder herstellen lassen: den Marktplatz als zentralen Versammlungsort, die Bürgersteige, auf denen man sich miteinander

ten Spielraum für individuelle Kreativität und Improvisation, den Friedensreich Hundertwasser mit seinem »Verschimmelungsmanifest« bereits Ende der 50er Jahre eingefordert
hatte. Nun wurden sie entwerfende und planerische Realität.

Eine methodische Idee war der Ansatz des Planens in Alternativen, also »sich ausschlie-
ßende Ziele« betreffende Raumplanung, denn:

> Politisch unanfechtbare und eindeutige Planungsziele sind in einer demokratisch-pluralisti-
> schen Gesellschaft nicht aufstellbar und durchsetzbar; deshalb ist das Planen in Alternativen
> eine Grundvoraussetzung der Raumplanung in demokratisch verfaßten Gesellschaften gewor-
> den. (..) Der Begriff des Planens in Alternativen ist inzwischen so allgemeinverbindlich gewor-
> den, daß er in der Bundesrepublik im gegenwärtig diskutierten Entwurf zur Novellierung des
> Bundesbaugesetzes verankert worden ist. (..) Planungsalternativen im qualitativen Bereich oder
> – bescheidener ausgedrückt – Entwurfs- und Gestaltungsvarianten als kulturelle Überformung
> dessen, was wir funktional-instrumentell ohnehin leisten müssen, unterliegen diesen harten
> sozio-ökonomischen Zwängen – trotz aller behaupteten ökonomischen oder technischen Sach-
> zwänge – bei weitem nicht so ausgeprägt. (7)

Sowohl ein denkmalpflegerischer Ansatz, der nun, im Gegensatz zur bisherigen Praxis, nicht
mehr nur Gebäude, die vor 1830 gebaut wurden, und einige Sonderfälle erfassen wollte,
sondern auch erhaltenswerte und lebendige Substanz miteinbezog, wie auch die weitgehend
bewußte und freiwillige Unterordnung und Anpassung von Architekten unter von anderen
bereits erdachte und errichtete Strukturen und Gebilde offenbart in mehrfacher Hinsicht
die Relativität bis dahin gültiger Perspektiven: Die Relativität historisch gebundener Sichtweisen[8], die Relativität einer angeblich optimalen Problemlösung für eine Aufgabe und die
Relativität der Rolle des genialen, bestimmenden Architekten und Stadtplaners[9].

All dies hinterließ Spuren in der Arbeit der Architekten und prägte die Parteienbildung
unter ihnen, wobei die Auseinandersetzung zwischen Modernisten und Traditionalisten,
nunmehr mit vertauschten Rollen gefochten, nur der äußere Rahmen war. Diesmal waren
die ›Modernen‹ die konservative Fraktion der älteren, etablierten Architekten, die das bisherige Muster verteidigten, während die jüngeren Architekten dem eine Neu- und Um-

---

sprechend begegnet. (..) Bei uns werden solche Corsi wie in Hannover unter die Erde gelegt und oben der
Verkehr. Verkehrte Welt. Meine dritte Forderung in der Stadtplanung ist die nach Respekt, nach freundli-
cher Behandlung der aus der Vergangenheit überkommenen Bausubstanz.« (»Forderungen an das Wohnen« IN: DER ARCHITEKT 2 (1982) S.83)

8   »Den Architekten, Städtebauern und Politikern, die über langlebige Investitionen zu entscheiden haben,
     sollte bewußt werden, daß ihre Interessen kurzlebig, ihre Wahrnehmung modisch gefärbt und ihr so sicher
     scheinendes Urteil meistens eine zeitbedingte Parteinahme ist.« (Günter KOKKELINK »Der Kunsthisto-
     riker als Partner des Stadtplaners« IN: ARCHITECTURA 1973 S.101)

9   »Der Mangel an öffentlichen Aktions- und Erlebnis-Funktionen, die partielle Informationslosigkeit und die
     visuelle Austauschbarkeit beruhen jedoch nicht etwa auf Einfallslosigkeit der Planenden. Im Gegenteil,
     selten überboten sich die Architekten gegenseitig so sehr in subjektiver Genialität wie im 20. Jahrhundert.
     Gerade die Loslösung der Architektur von kommunikativen Aufgaben ermöglicht die gegenwärtige
     Innovationssucht. Unbedingt auffallen zu wollen und etwas noch nie Dagewesenes zu schaffen, ist das Ziel
     des frei gestaltenden Genius. Das bedeutet: Zuerst alles abreißen, alle sozialen und historischen Bindungen
     beseitigen, dann drauflosplanen.« (ebd. S.100)

orientierung entgegensetzten, die bereits langbewährte Muster, Ideen und Lösungen in den Umgang mit den Aufgaben integriert wissen wollte. So wurde unermüdlich die Rolle technischer und industrieller Hilfsmittel diskutiert oder an Beispielen zur Diskussion gestellt, auch der Wert vorhandener Strukturen und eben nicht zuletzt die Aufgabe und Rolle der eigenen Berufszunft. Einige der jüngeren Architekten orientierten sich verstärkt an regionalen Traditionen, andere an historischen Mustern; einige ließen sich vom Strukturalismus beraten, andere erstrebten Einsicht in die ewiggültigen Regeln der Anthropologie; einige wollten die Technik in anderem Sinne einsetzen, andere bestanden wiederum darauf, daß Architektur Kunst zu sein habe.. All das neben den mehr oder minder modifizierten Ansätzen der etablierten Architektur und als Teil eines schier unüberschaubaren Stilpluralismus, der das untrügliche Zeichen einer expandierenden Suche nach neuen Kriterien, überzeugenden Argumenten und innovativen Lösungen war.

Nicht zuletzt wurden für die großen Aufgaben der Raum- und Stadtplanung 1977 die elf alternativen Thesen der Charta von Machu Picchu in Peru zur Aufhebung der prinzipiell Überholten Charta von Athen verabschiedet, die lauteten:

1. Die dynamische Einheit von Stadt und Land muß wiederhergestellt werden.

2. Im Zusammenhang mit der Ökologischen Krise, der Energiekrise und der Ernährungskrise muß das städtische Wachstum sowohl in den Industrieländern als auch in der Dritten Welt kontrolliert und eingedämmt werden.

*3. Im Gegensatz zu der von der **Chartes d'Athénes** propagierten Trennung von Wohnen, Arbeiten, Erholung und Verkehr muß die städtische funktionale Integration angestrebt werden.*

4. Sozialwohnungen müssen als wirkungsvolles Mittel für die gesellschaftliche Entwicklung angesehen und dementsprechend gefördert werden.

5. Öffentliche Massenverkehrssysteme müssen Priorität gegenüber dem Individualverkehr (Automobil) erhalten.

6. Wirksame Gesetze müssen Enteignunsmaßnahmen erleichtern, um eine umfassende Stadtplanung zu ermöglichen.

7. Energetische und hygienische Aspekte (Umweltverschmutzung) müssen berücksichtigt werden.

8. Um Identität und Charakter der Stadt zu wahren, müssen die historischen Baudenkmäler geschützt und in den urbanen Lebensprozeß integriert werden.

9. Der technologische Fortschritt muß in den Dienst der Stadtplanung gestellt werden; nicht um hochgezüchtete künstliche Umwelten zu schaffen, sondern um die gesellschaftlichen Probleme innerhalb des Gesamtkontextes der Wachstumsfragen zu lösen (z.B. Recycling).

10. Politik und Beruf müssen flexible Maßnahmen nicht nur planen, sondern realisieren.

11. Die architektonische Formensprache muß erneuert werden, indem eher die Kontinuität des Stadtgewebes und das ›Nicht-Vollendete‹ als in sich geschlossene Einzelobjekte angestrebt werden. (8)[10]

---

10 Diese neue Thesensammlung stellt weniger eine direkte Anti-These zur Charta von Athen dar, sondern eine Straffung jener Inhalte, die nach wie vor Gültigkeit besaßen, und die Ergänzung um die Erfahrungen weiterer Jahrzehnte. Der Hauptwiderspruch besteht nicht in der Situationsanalyse, sondern in der Attitüde der Lösungsvorschläge: statt perfekter Planung bis in die kleinste Einheit »Kontinuität« oder »das Nicht-Vollendete«.

Vieles von alledem wurde zumindest im Ansatz in die Praxis übernommen und hat im Vergleich zu den Ländern des Ostblocks, wo solch ein planerisches Innehalten und Umdenken nicht stattgefunden hat, das Allerschlimmste verhindert. Wenngleich auch nicht jenes Schlimme, das die immer weiter zunehmende Ballung von Einwohnern an sozialer Desintegration und schwer verkraftbarer Mobilität mit sich brachte und weiterhin bringt, wie es der Stadtplaner Paul Virilio 1971 so beschrieb:

> *Die Stadt trägt heute weniger zur Ordnung als vielmehr zum Chaos bei, weniger zum Sozialen als zum Asozialen. Die Stadt hat sich jeder Herrschaft entzogen und ist zum Sammelpunkt opponierender Kräfte, ja selbst zu der größten subversiven Kraft geworden. (..) Diese parallele Entwicklung von Konzentration und Segregation hat seit Beginn der Industrialisierung zum Entstehen von Fluchtinstinkten beigetragen, so daß proportional zur Anziehungskraft der Stadt für die Landbevölkerung der Wunsch gewachsen ist, den Ballungszentren in bestimmten Intervallen zu entfliehen (9),*

und 1984 so verfeinerte:

> *(..) die Entstädterung [entspricht] als Folge einer Invasion der Zeit **einer Zerstreuung innerhalb des chronopolitischen Feldes**, die ihrerseits auf der Schnelligkeit der Tranportmittel beruht. In diesem Sinne kann man behaupten, daß das politische Gewicht, das früher **indirekt** gleichbedeutend war mit der (regionalen, nationalen) Besiedelung des Raumes, von nun an in einer (territorialen, räumlichen) Entvölkerung Ausdruck findet, welche auf die überaus große Beweglichkeit von Personen, Nachrichten und Gütern zurückzuführen ist, **indirekt** also auf die paradoxe Besiedelung der Zeit der Ortsveränderung. (10)*

b. OBJEKTE

Peter Brook: Orte in Erwartung eines Ereignisses

Als Peter Brook im Januar 1971 in Paris das Centre International de Recherches Théâtrales, kurz: CIRT, ab 1974 CICT – Centre International de Créations Théâtrales – gründete, konnte er auf eine 25-jährige Theaterkarriere zurückblicken, in der sich wesentliche Erfahrungen, Entwicklungen und Erkenntnisse bereits vollzogen hatten. Selbst das CIRT war zu diesem Zeitpunkt die Fortsetzung eines Vorspiels, denn Jean Louis Barrault hatte, kurz bevor er wegen seiner Haltung während der 68er Mai-Unruhen in staatliche Ungnade fiel, Brook eingeladen, in Paris eine Theater-Werkstatt mit Theaterkünstlern aus den verschiedensten Sprach- und Kulturkreisen einzurichten. Aus dem zeitlich begrenzten Experiment entstand dann das subventionierte Zentrum, dessen Gründung für Brook die Konsequenz aus einer allmählichen und kontinuierlichen Entwicklung war – eine Befreiung von den unnötig gewordenen Konditionen des Theaterbetriebs und die Beheimatung im Schutzraum staatlicher Förderung. Der Wechsel des Briten Brook von England nach Paris war eben auch, und nicht zuletzt, der Übergang von einem kommerzialisierten Theatersystem in den Bereich gesellschaftlicher Protektion von Kultur, von der Arbeit im nationalen Rahmen zur Öffnung für das Internationale.

Peter Brook, der in seiner Kindheit nicht vom Theater, sondern davon träumte, als briti-
scher Geheimagent in verschiedenste Rollen zu schlüpfen, kam ohne besonderen Wunsch
über Amateurtheater-Inszenierungen in Oxford unmittelbar – ohne spezielle Ausbildung,
ohne Vorbilder, ohne den Einfluß einer prägenden Theaterszene in England und ohne besonderes Interesse an Theaterbesuchen in seiner Jugend – zum Regieberuf. So auch ohne Vorurteile, arbeitete er von Anbeginn an aus seinem Gefühl und einer absoluten Praxisbezogen-
heit heraus, was das Bild des zum Pragmatischen neigenden Engländers zu bestätigen scheint.
Diese Instinktsicherheit, die Konzentration auf den Umgang mit dem tatsächlich greifbaren
Material des Theaters und eine hohe, aber unbeirrbare Sensibilität für dessen Bedürfnisse,
Energiehaushalt und Ehrlichkeit, charakterisiert seine Arbeit durchgehend. Schon deshalb sind
Brüche und Kehrtwendungen seine Sache nicht und die fehlende Beeinflussung durch eine
beeindruckende Theaterszene oder lebendige Tradition förderte seine Neugier und Lust
auf Experimente. Bis 1962 bewegte sich Brook zwischen allen darstellenden Medien umher:
Seine allererste professionelle Arbeit war denn auch keine Theaterinszenierung, sondern eine
Verfilmung von Laurence Sternes A SENTIMENTAL JOURNEY, es folgten Inszenierungen
für das Theater, die Oper, auch das Fernsehen und es offenbarte sich alsbald eine große
Affinität und Kenntnis, was die Stücke Shakespeares anbelangt.
      1962 vollzog sich der erste allmähliche Standpunktwechsel. Brook wurde gemeinsam
mit Peter Hall Direktor der Royal Shakespeare Company. Gleichzeitig nutzte er diesen
festen Arbeitsrahmen, um endlich in Ruhe proben (im Sinne von ausprobieren), forschen
und experimentieren zu können. Es formierte sich unter seiner Leitung das Lamda-Theatre,
dessen Ausrichtung und die entsprechenden Übungen stark von Artauds Ansatz beeinflußt
waren[11]. Und noch eine weitere Entwicklung zeichnete sich im gleichen Jahr ab:
      *Ich glaube, alles hat sich bei ›König Lear‹ geändert. Kurz vor den Proben habe ich das Bühnen-
      bild zerstört. Ich hatte eine Bühne in rostigem Eisen geplant, sehr interessant und kompliziert
      (..). Eines Nachts habe ich mir Rechenschaft darüber abgelegt, daß dieses wunderbare Spiel
      keine Daseinsberechtigung hatte.. Plötzlich klickte es. Ich begann mich von einem Theater des
      direkten Ereignisses angezogen zu fühlen, wo die Bewegung weder durch das Bild getragen,*

---

11   »(..) ich ging zur Royal Shakespeare Company, wo ich Mitdirektor von Peter Hall wurde. Dort konnte ich
      kontinuierliche Inszenierungsarbeit leisten, denn Peter Hall handhabe außergewöhnlich gut die admini-
      strative und politische Seite des Theaters – etwas, worum ich mich nicht kümmern wollte. So war ich
      während einiger Jahre mit denselben Problemen, denselben Leuten, demselben Gebäude beschäftigt,
      identifizierte mich mit der Organisation, und innerhalb dessen hatte ich den Wunsch, eine kleine For-
      schungsgruppe zu schaffen. Das war etwas vollkommen Neues. Bis dahin hatte ich immer nur im Geiste,
      aber nie in der Praxis eines Forschers gearbeitet. (..) für die etwa dreißig Produktionen, die ich in England
      gemacht habe, konnte ich nie mehr als vier Wochen mit denselben Schauspielern arbeiten – das waren
      damals die Arbeitsbedingungen. (..) Wir riefen die erste Gruppe des ›Theaters der Grausamkeit‹ ins Leben,
      in der wir mehrere Monate lang Forschung betrieben, und für Marat/Sade arbeiteten wir mit dem Kern
      dieser experimentellen Gruppe zehn Wochen, was gigantisch war. Von da an bis 1970 verfügte ich über
      eine dauerhafte Organsiation, die neben einer gewissen Kontinuität in der Inszenierungsarbeit auch die
      Bildung einer Gruppe ermöglichte, die eine parallele Arbeit zur jeweiligen Inszenierung, einer Arbeit der
      Vorbereitung und der Übungen machen konnte. (..) Zur gleichen Zeit fing in Polen Grotowski mit seinen
      Forschungen über den Schauspieler an (..).« (Peter BROOK, Gespräch IN: ✧146 ORTOLANI S.38f.)

noch durch einen Kontext gefördert wurde, die Anziehungskraft wurde mir zum Beispiel ganz einfach von einem Schauspieler geboten, der die Bühne durchquerte. (11)
In diesem Geiste wurde der Umgang mit dem Raum, dem Aufführungsort, dem frei gewählten Ort einer Aufführung, zu einer festen konstituierenden Komponente seiner Inszenierungsarbeit und Experimente. Die andere, die alles verlebendigende Kraft, ist natürlich der spielende wie zuschauende Mensch. Das vielbeschworene Stichwort und Bild des *Leeren Raums* steht dabei also kaum allein für eine Verabschiedung von Ausstattungspomp und luxuriöser Illusionsmaschinerie, sondern für eine Eroberung des Raums durch menschliches Spiel, menschliche Bewegung und damit für eine Bereicherung und Verfeinerung der körperlichen Ausdrucksmittel und der Konzentration auf sie[12]. Und für einen Gedankenansatz absoluter Gegenwärtigkeit, eine totale Hingabe an den ephemeren Charakter der Theaterkunst.

1968 faßte Brook seine Erfahrungen und seine daraus gewonnene ästhetische Theorie unter genau diesem Stichwort zusammen; sein Buch *»Der leere Raum«* erschien nicht, ohne daß er die dauerhafte, eher statische Erscheinungsform des Mediums Buch der völligen Gegenwärtigkeit seines Gegenstandes gemäß gleich wieder in Frage stellen wollte. So rahmt er seinen Text in Interpretationen des Titelbegriffs ein, geht zunächst von einer ganz grundsätzlichen Defintion von Theater und den allgemeinen Assoziationen und Vorurteilen aus[13], um abschließend die viel bedeutsamere Konsequenz aus der Leere zu ziehen:

Wenn ihr dieses Buch lest, ist es schon überholt. Es ist für mich eine übung, die jetzt auf dem Papierblatt erstarrt ist. Aber im Gegensatz zum Buch hat das Theater ein spezielles Charakteristikum. Es ist immer wieder möglich von vorne anzufangen. Im Leben ist das ein Märchen: Wir selbst können nie zu etwas zurückkehren. (..) Im Theater wird die Tafel immer wieder leergewischt. (12)
Diese schlichte Erkenntnis provoziert unkonventionelle, wenngleich ebenso schlichte Konsequenzen für die praktische Theaterarbeit: So negiert sie von vornherein den Sinn starren Festhaltens an Traditionen und Konventionen für das Theater, was den Unsinn irgendwelcher Ideen von ›Werktreue‹ mitmeint, denn keine Interpretation und Inszenierung eines Textes kann demnach seine Aufführung überleben. Und: Der Autor braucht *»ein genaues menschliches*

---

12 »Leerer Raum heißt nicht nackter Raum, die Leere ist das Resultat einer Entwicklung. Bei Brook geht die Ablehnung des Bühnenbildes nicht einher mit einer übertriebenen Lust an der Kargheit, sondern vielmehr mit einer Lust an der Vervollkommnung des Menschen mittels seiner ureigenen Fähigkeiten. Der leere Raum ist ein antropomorpher Raum. Ein Raum für Menschen, nach menschlichem Maß. Der Mensch ist darin frei, er kann sich entfalten, egal, ob er Schauspieler oder Zuschauer ist.« (Georges BANU »Das Theater als Spielraum IN: ◇146 ORTOLANI S.31)

13 »Ich kann jeden leeren Raum nehmen und ihn eine nackte Bühne nennen. Ein Mann [ich würde hier das englische Wort ›man‹ im allgemeinen Sinne von ›Mensch‹ übersetzen] geht durch den Raum, während ihm ein anderer zusieht, das ist alles, was zur Theaterhandlung notwendig ist.« Von hier aus räumt BROOK mit Vorurteilen und Klischées auf: »Allerdings, wenn wir vom Theater sprechen, meinen wir etwas anderes. Rote Vorhänge, Scheinwerfer, Blankverse, Gelächter, Dunkelheit – alles dies ist wahllos zu einem wirren Bild übereinanderkopiert und unter einen Allzweckbegriff subsumiert.« Wie schon COPEAU mit dieser Entrümpelung unserer geistigen Bühne in Frankreich ein anderes, ehrlicheres Theater begründen wollte und begründete, setzte nun auch, viel später, BROOK in England an – um damit dann in Frankreich beheimatet zu werden.

und soziales Ziel, das ihm den Grund lieferte, nach seinen Themen, seinen Mitteln zu suchen – den Grund schließlich, Theater zu machen« (13), aber es *»existiert das auf dieser Bühne gesprochene Wort nur in Bezug auf die Spannungen, die mit seiner Hilfe auf der Bühne und innerhalb der gegebenen Bühnenverhältnisse erzeugt werden – oder existiert nicht.«* (14) Das heißt, ein Bühnentext erhält seine Qualität durch einen (durchaus zeitlosen) Bezug zum Leben, ist aber den Bedingungen der Bühne vollkommen unterworfen, muß also jedes Mal neu in die ephemere Sprache des Theaters übersetzt werden. So ist vor allem wichtig, daß er ›funktioniert‹ und also dient **er** dem Spiel, nicht umgekehrt[14].

Theater ist für Brook eine *»Spiegelung des Lebens«* (15). In seiner einzigartigen, ephemeren, letztlich fiktiven Seinsweise ist es aber auch hyperreal[15]. Was Brook mit seiner Betonung der Gegenwärtigkeit meint, ist weniger Leben, das es abzubilden gilt, sondern Lebendigkeit, die es zu verkörpern hat. Deshalb dürfen trotz der Absprachen, der Inszenierung, die Darbietungen nicht Wiederholung und Gleichheit ausstrahlen, sondern müssen jedesmal völlig neu erschaffen werden. Genau in dieser Lebendigkeit soll das Theater Vorbild und Labor des alltäglichen Lebens sein. Die Ablehnung industrieller Bedingungen für die Produktionen des Theaters versteht sich gleichzeitig als Opposition zu den entfremdeten Lebens- und Arbeitsbedingungen der Industriegesellschaften und als Bewahrung des Gegenteils. Deshalb ist nicht der Tod der Feind des Theaters – jede Aufführung ›stirbt‹ ja unweigerlich[16] – sondern das *Tödliche Theater*, jenes, das aufgrund falschen Selbstverständnisses, falscher Ziele und Methoden nicht lebendig zu werden vermag, das übliche Theater eben. Brook betont jedoch, daß lebendiges Theater ohne die offene Bereitschaft, die Aktivität des Publikums nicht zustande kommen kann.

Das ist mehr als eine Binsenwahrheit: im Theater vervollständigt das Publikum die Stufen der Schöpfung. (..) Im Theater ist (..) der letzte einsame Blick auf den vollendeten Gegenstand nicht möglich (..) - solange das Publikum nicht anwesend ist, ist die Arbeit nicht vollendet. (16)

---

14 »Wenn ich einen Regisseur sich beredsam darüber auslassen höre, daß er dem Autor dient und daß das Stück für sich selbst sprechen kann, dann erwacht mein Argwohn, denn das ist am schwersten. Wenn man ein Stück nur sprechen läßt, dann gibt es vielleicht keinen Ton von sich. Wenn man will, daß das Stück gehört wird, dann muß man den darin liegenden Ton beschwören. Das verlangt viele überlegte Handlungen, und das Ergebnis kann dann sehr einfach sein.« (✧134 BROOK, Raum S.71)

15 »Die Einzigartigkeit der Funktion [des Theaters] besteht darin, daß es etwas bietet, das man nicht auf der Straße, zu Hause, in der Kneipe, bei Freunden oder auf der Couch des Psychiaters finden kann; weder in der Kirche noch im Kino. Es gibt nur einen interessanten Unterschied zwischen dem Kino und dem Theater. Das Kino wirft auf eine Leinwand Bilder der Vergangenheit. Da sich das Hirn eben dies im ganzen Leben antut, scheint der Film auf vertraute Weise wirklich zu sein. Selbstverständlich ist er das ganz und gar nicht – er ist eine befriedigende und gefällige Weiterführung der Unrealität der täglichen Wahrnehmung. Das Theater bietet sich andererseits immer in der Gegenwart dar. Damit kann es realer werden als der normale Bewußtseinsstrom. Und das kann es auch so beunruhigend machen.« (✧134 BROOK, Raum S. 163)

16 Da »sind die Augenblicke der Erfüllung, die sich einstellen, plötzlich und irgendwo, die Ereignisse, bei denen kollektiv ein totales Erlebnis, ein totales Theater aus Stück und Publikum Aufteilungen wie tödlich, derb und heilig zum Unsinn reduziert. (..) Ist es aber einmal vorbei, ist auch der Augenblick vorbei und kann durch sklavische Imitation nicht wieder eingefangen werden – das Tödliche kriecht wieder hinein und das Suchen beginnt von neuem.« (✧134 BROOK, Raum S.217)

Die Aktivität, die er meint, beruht allerdings nicht auf der Idee eines physischen oder sprachlichen Mitmachens. Seiner Idee entspricht die geistige, energetische Kraft der Anteilnahme,
eines innerlichen Einlassens in das Dargebotene, damit die Aufführung gelingen kann, mehr
noch: damit die Kommunikation gelingen kann, die für Brook das zentrale theatrale Ereignis
darstellt. Die Schauspieler müssen diese Aktivität zu wecken verstehen, diese Kommunikation
einleiten, und dennoch können sie alleine nichts bewirken.

Aus diesem Grunde bemüht sich jeder Experimentator um alle Aspekte seiner Beziehung zum
Publikum. Er versucht durch verschiedene Placierung der Zuschauer neue Möglichkeiten zu
schaffen. Eine Plattformbühne, eine Arena, ein voll erleuchtetes Haus, eine überfüllte Scheune
oder ein Zimmer – allein diese Umstände bedingen verschiedene Ereignisse. Aber der Unter-
schied ist vielleicht nur oberflächlich. (..) Wenn der Schauspieler das Interesse des Zuschauers
fesselt, dadurch seine Abwehr mindern und ihn dann in eine unerwartete Position oder in das
Bewußtsein eines Zusammenpralls einander entgegengesetzter Überzeugungen oder absoluter
Widersprüche hineinmanövrieren kann, dann werden die Zuschauer aktiver. Diese Aktivität er-
fordert keine Manifestationen (..), wahre Aktivität mag unsichtbar, aber auch unteilbar sein. (17)

Im Falle des Nichtgelingens hielt Brook es allerdings für unwirksam und eine Geste der
Herablassung, sich ein jüngeres, leichteres, proletarischeres, intellektuelleres.. Publikum zu
suchen, wie es verschiedene Theaterleute seit einiger Zeit anstrebten. Gleichzeitig war ihm
bewußt, daß der Charakter der Zeit keinen zeremoniellen oder rituellen Zusammenklang
von Theater und Gesellschaft erreichbar oder sinnvoll sein ließ. Brook interessierte vielmehr, wie Theater mit dem Leben dahingehend zu verknüpfen sei, daß nicht allein »Autoren
und Schauspieler diese zwingende Notwendigkeit spüren, sondern das Publikum muß auch daran
teilhaben. Es ist doch die schwierigere Sache, Werke zu schaffen, die im Publikum einen unver-
kennbaren Hunger oder Durst hervorrufen.« (18) Und also trotz des ephemeren Charakters
war eine Langzeitwirkung auf Leben und Denken der an dieser theatralen Kommunikation
Teilnehmenden das Ziel[17]. Die Bedingungen der Füllung des leeren Raumes mit Kommunikation, mit echtem, ehrlichem, etwas bewirkendem Kontakt war also das Thema der Experimente und Forschungen der Jahre seitdem. Denn natürlich war die im Buch entwickelte
Ästhetik nicht sofort überholt, sondern Grundlage weitreichenden Ausprobierens im Pariser
Zentrum. Die Suche galt dem

Theater der Basis, das ein minimales Theater ist und das auf der menschlichen Beziehung
beruht. Der menschliche Kontakt ist die einzige unentbehrliche Wirklichkeit. Das ist das Theater,
das wir suchen: das Theater, das zu den Quellen geht. (19)

Als Peter Brook im Frühjahr 1968 die Suche in den dafür zur Verfügung gestellten Räumen
des Mobilier National, einer ehemaligen Pariser Gobelin-Manufaktur, wieder aufnahm, er-

---

17   »Heute ist es schwer vorstellbar, wie ein vitales und notwendiges Theater anders als im Mißklang mit der
      Gesellschaft existieren könnte - da es nicht versucht, die angenommenen Werte zu feiern, sondern sie in
      Frage zu stellen, jedoch ist der Künstler nicht aufgerufen, anzuklagen, zu predigen oder zu hetzen, und am
      wenigsten als moralischer Evangelist Belehrungen zu erteilen. Er fordert sein Publikum wahrhaft heraus,
      wenn er den Stachel im Fleisch eines Publikums ist, das entschlossen ist, sich selbst herauszufordern. Er
      feiert mit seinem Publikum am besten, wenn er das Sprachrohr eines Publikums ist, das einen Grund zur
      Freude hat.« (◊134 BROOK, Raum S.215f.)

klärte er die Beziehung zwischen Spiel und Raum zum Thema. Das Ziel dieses Experimentes bestand in der Überschreitung kultureller und sprachlicher Grenzen mit Hilfe der universalen Ausdruckskraft des Theaterspiels. So lag es nahe, die Mittel körperlicher Präsenz und Ausdrucksfähigkeit und die Nutzbarkeit räumlicher Erzählfähigkeit abzustecken und zu präzisieren. Für zweierlei wurde hierbei der Grundstein der zukünftigen Arbeit des Zentrums im Geiste des Leeren Raums gelegt: Für eine kollektive Körperarbeit aus Übungen und Improvisation, die es dem Individuum wie der Gruppe ermöglichen, immer wieder neue Mittel nonverbalen Ausdrucks selbst zu entdecken und zu entwickeln (das heißt, ohne Vorschrift des Regisseurs und ersten Experimentators, der Vorschläge unterbreitet, aber auch selbst mitmacht), das sehr enge und auf Verantwortung beruhende Verhältnis zwischen Einzelbeitrag und Gruppenleistung immer aufs neue auszuloten, die Grenzen persönlicher Fähigkeiten möglichst aufzulösen, um zu einer völlig freien Ausdrucksfähigkeit zu gelangen, die Verschiedenheiten nationaler und traditioneller Vorprägungen miteinander zu konfrontieren und auf fruchtbare Weise zu amalgamieren[18].

Die andere Basis der Arbeit betrifft ihr Verhältnis zu dem Raum, in dem sie stattfindet. Schon in *Der leere Raum* beschrieb Brook die Relevanz einer räumlichen Einrichtung für die darin stattfindende Kommunikation (20), ebenso aber auch, daß der Raum allein sie nicht auszulösen und zu tragen vermag. Deutlich beschrieb er, was ein geeigneter Aufführungsort braucht und was unnötig ist:

(..) Theater in Hinterzimmern, Bodenräumen, Scheunen, Vorstellungen einer Nacht, das durch den Saal gezogene, zerissene Laken, die mitgenommene spanische Wand (..) - der eine Gattungsbegriff **Theater** *deckt dieses alles ab und dazu noch den glitzernden Kronleuchter. Ich habe viele vergebliche Gespräche mit Architekten geführt, die neue Theater bauen – habe mich umsonst bemüht, für meine Überzeugung, daß es nicht eine Frage guten oder schlechten Bauens ist, die richtigen Worte zu finden. Ein schönes Gebäude ruft vielleicht nie explosive Ausbrüche des Lebens hervor, während ein unscheinbarer Saal ein großartiger Begegnungsort sein kann: Das ist das Mysterium des Theaters, aber im Verständnis dieses Mysteriums liegt die einzige Möglichkeit, es zu einer Wissenschaft zu ordnen. In anderen Formen der Architektur gibt es ein Verhältnis zwischen bewußtem, artikuliertem Plan und guter Funktion (..). Aber beim Theater kann das Problem der Planung nicht von der Logik ausgehen. Es kommt nicht darauf an, analytisch auf die Voraussetzungen hinzuweisen und wie sie am besten zu organisieren wären – das bringt gewöhnlich nur einen zahmen, konventionellen, häufig auch kalten Saal zustande. Die Wissenschaft des Theaterbauens muß mit der Untersuchung anfangen, was die*

---

18   Verschiedenes erinnert dabei an die Forschungsarbeit GROTOWSKIS und eine Zusammenarbeit mit ihm hat es auch gegeben. Dennoch besteht ein wesentlicher Unterschied in der Zielrichtung beider Ansätze: Während GROTOWSKIS Arbeit in einem Maße auf die Psyche des spielenden Individuums ausgerichtet ist, daß dabei schließlich die Kommunikation zwischen Akteuren und Publikum überflüssig wird, weil der Beitrag letzterer kaum auf das nötige Intensitätsniveau gebracht werden kann, interessiert sich BROOK exakt für dieses verbindende Moment: die Möglichkeiten eines Kontaktes, einer Zusammenarbeit zwischen unterschiedlichen, ungleich vorbereiteten Teilnehmern – seien es Schauspieler verschiedener Kulturkreise oder Schauspieler und Publikum.

lebendigste Beziehung zwischen Menschen hervorbringt – und ist dabei Asymmetrie, sogar Unordnung am dienlichsten? Wenn ja, was kann die Regel für diese Unordnung sein? Ein Architekt ist besser dran, wenn er wie ein Bühnenbildner arbeitet und Pappestückchen hin- und herschiebt, als wenn er sein Modell nach einem Plan herstellt, der mit Zirkel und Linear gemacht ist. Wenn wir finden, daß Mist ein gutes Düngemittel ist, hat es keinen Zweck empfindlich zu sein (21).

Damit hatte Brook ein elementares Problem der Theaterarchitektur erläutert, gleichsam aber auch für unlösbar erklärt: Mit den üblichem Mitteln und Kriterien der Architekten könne das zentrale Anliegen und die einzigartige Aufgabe des Theaterbaus nicht bedient werden. Die Kategorie *Architektur* und *Gebäude* ersetzte er nunmehr durch den *Ort*. Da Theater von Natur aus flexibel und bescheiden ist, kann es sich eben an jedem Ort ereignen oder niederlassen, der Kontakt ermöglicht, sei es ein Theater oder irgendetwas anderes. Und mehr noch: Planung und Ordnung töten die feine emotionale Qualität, die theatrale Kommunikation dringend benötigt. Hinter diesem Ordnungsbegriff spürt Brook Sterilität, hinter einem meist vordergründigen Chaos(begriff) aber eine verhüllte Ordnung anderer Qualität auf. In diesem Geiste (unter)suchte er das Theater. Suchte, nicht: forschte, im Sinne rationaler, analysierender Zergliederung. Seine Sache ist vielmehr das Ausprobieren der Mittel des »*sichtbar gemachten unsichtbaren Theaters*« wie er es auch nannte. Oder auch: »*die Einswerdung von Materie und geistigem Gehalt*« (22), die die Arbeit des CIRT bestimmte. Seine Umbenennung 1974, vom Forschungszentrum zum Zentrum für die **Erschaffung** eines internationalen Theaters, erzählt davon, daß Produktion und Kreativität für dieses Ensemble der einzige Weg zur theatralen Forschung ist, daß Suche und Theater eigentlich per se identisch sind[19].

Für das CICT stellte Brook ein festes, aber ergänzungsoffenes Ensemble aus Angehörigen der verschiedensten europäischen Nationen, aber ebenso aus asiatischen, afrikanischen und nordamerikanischen professionellen Schauspielern zusammen. Aus den Versuchen und Ergebnissen der bewußten Arbeit mit dem Raum, resultierte nun das Bedürfnis, sich auch sprachlich zu artikulieren. Dabei konnte es zunächst nicht um Stücke in einer bestimmten Sprache gehen, denn dafür hatten die Mitglieder zu verschiedene muttersprachliche

---

19   Später beschrieb BROOK das einmal so: »Wie so oft im Leben, ist ein Erlebnis sehr, sehr verschieden von der Analyse, die man davon macht. Wenn man etwas erlebt, folgt man anderen Impulsen, anderen Strömungen, und wenn man versucht, dies zu schematisieren, riskiert man, an der Wahrheit vorbeizugehen. (..) es gibt eine Mischung des Schicksals und der Entscheidungen, und in all diesen Entscheidungen gibt es ein Element, das zutiefst emotional und intuitiv ist. Es hängt zusammen mit einer geistigen Struktur, mit Prinzipien, aber letztendlich ist es eine Frage der Liebe. Unter einer Vielfalt von Themen wird man von einem bestimmten Thema besonders angezogen. Man kann analysieren, warum, aber es ist nicht unbedingt die Wahrheit. (..) Alles, was ich für mich selbst sagen kann (..) ist, daß es meiner Überzeugung nach in der Arbeit, die zu einem guten Resultat kommt, am Anfang dieses Gefühl gibt, das Gefühl ohne Schema ist, ein Gefühl ohne Form. (..) Man sucht, man wechselt die Richtung, man tastet sich vorwärts, man irrt sich, man entfernt sich, bis zu dem Augenblick, in dem die Erscheinung der Form so ist, daß man sie wiedererkennt.« (IN: ◇146 ORTOLANI S.39ff.)

Vorprägungen. Außerdem galt die Suche dem geistigen Gehalt, der Grundmaterie des Theaters, jenen Bestandteilen des Spiels, die Theater elementar, also auch weltweit gültig ausmachten. Die Produktionen des CICT thematisierten, auf der Grundlage besagter Körper-
und Raumarbeit, die Ausdrucksfähigkeit des Lautes und weiterhin die Ausdrucks- und
Bedeutungskraft von Aufführungsorten.

Das Problem, sich zu artikulieren, ohne sich einer gemeinsamen Wort-Sprache zu bedienen, bestimmte gleich die erste Produktion des CIRT 1971. Ted Hughes hatte mit
ORGHAST zugleich eine künstliche Sprache und ein Stück über persische Historie und
den Mythos kosmischer Gewalten geschaffen. Seine eigens erfundene Sprache basierte auf
durchaus nachvollziehbaren Regeln und war damit Produkt eines der Lieblingsforschungs-
gebiete der Zeit, der Linguistik. Textfragmente aus den klassischen, ›toten‹ Sprachen Latein
und Altgriechisch und aus dem alt-iranischen Avesti waren ebenfalls im Text enthalten, aber
genauso unverständlich für das Publikum. Wichtig war allein, daß diese Laute für die sinnliche
Vermittlung seelischer Inhalte geeignet waren. »Sie beschwören unmittelbar einen Seinszustand
herauf, der ohne Einschränkung Herr wird sowohl über die Auslösenden wie die Aufnehmenden.«
(23) Und sie versuchen umzusetzen, was Artaud seinerzeit nur als theoretische Beschwörung
behaupten konnte. Der Text hört so auf, mit seiner spezifischen Ästhetik und seiner
rationalisierbaren Aussage der autokratische Herrscher des Theaters zu sein und wird
ersetzt durch den Laut, nicht als Baustein eines Systems verstanden, sondern als eine ur-
menschliche Ausdrucksform für eher unbewußte, psychische Gehalte. Das Publikum wird
zwangsläufig sensibilisiert für alle sonst eher unbewußt aufgenommenen ›Zwischentöne‹.
Die Unterdrückung und Gewalt, die von festen sprachlichen Mustern für das Individuum
ausgeht, wurde in der nächsten Arbeit mittels eines realen Textes, Peter Handkes KASPAR
thematisiert, aber keinem üblichen Publikum dargeboten, sondern in »Schulen, Heimen,
Gefängnissen bot er das Ergebnis seiner Arbeit denen zu Gehör, die Erfahrung am eigenen Leib
besitzen mit der Unterdrückung durch Sprache. In den Kreisen der verordneten oder angeborenen
Sprachlosigkeit wird die scheinbar nur formale Kunst verstanden als das, was sie zu sein anstrebt,
spontane Kommunikation mittels eines Zeichensystems vom Gegenpol des Alltags« (24). Auch
noch für das Stück LES IKS das von den Überlebensproblemen eines zur entfremdeten
Lebensweise verurteilten afrikanischen Stammes handelt, arbeitete Brook mit einer Kunst-
sprache, nachdem er sich und seine Schauspieler während einer Theater-Safari durch Afrika
mit einem Publikum konfrontiert hatte, das völlig andersartige Rezeptionsgewohnheiten
pflegte, so daß die vorbereitete Inszenierung vollkommen verändert und die Darstellungs-
mittel völlig neu überdacht werden mußten.

Anfang der 80er Jahre wurde diesem Arbeitsschwerpunkt mit der CARMEN-Inszenie-
rung eine weitere Facette zugefügt, indem in der Bearbeitung der Oper und des Stoffes von
Prosper Merimée durch Jean-Claude Carrière, die Oper entschieden ›schauspielerischer‹
gemacht wurde, ohne die Musik aufzugeben und zu einer rein dramatischen Fassung zu
kommen. Die theatrale Sprache des Bühnengesangs wurde organischer Bestandteil der
Erzählmittel der Bühne, Sänger spielten, Schauspieler sangen auch.

Neben diesem wichtigen Arbeitsschwerpunkt wurden dessen Ergebnisse jedoch auch
fortwährend für die Erarbeitung etwa Shakespearescher Stücke oder sogar von Filmen
eingesetzt.

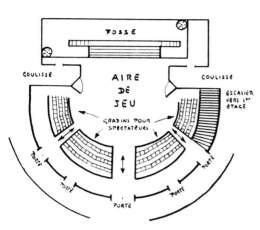

la Theater Bouffes du Nord, genutzt von Peter
Brook und dem CICT (seit 1974), Grundriß

1b Blick auf den Bühnenbereich

2 Peter Brook: Szenenfoto seiner
»Maß für Maß«-Inszenierung (1978)

3 Peter Brook: Szenenfoto seiner »Les Iks«-
Inszenierung (1975)

4 Peter Brook: Szenenfoto seiner
»Kirschgarten«-Inszenierung (1981)

Die Theater-Safari durch Afrika und die Aufführungen des KASPAR vor Betroffenen verweisen auf Brooks praktisches Verhältnis zum Aufführungsraum und -ort, das einerseits die konventionelle Auffassung eines Platzes zum Theaterspielen weit hinter sich läßt, sich andererseits kontinuierlich im Rahmen grundsätzlicher theatraler Gesetzlichkeit bewegt. Also nicht den üblichen Theaterbau oder Aufführungsort an sich bekämpft, sondern auch hier nach einer besonderen immateriellen Qualität, nach passender geistiger Bedeutung, eben nach jener *Einswerdung von Materie und geistigem Gehalt* sucht, die ein Ort besitzt oder nicht, die auch ein Theaterbau besitzen kann, aber nicht muß.

Bezeichnend für Brooks indoktrinäre, aber auch ganz unprätentiös auf die Sache konzentrierte Haltung ist nicht zuletzt die Wahl eines für den Abriß bestimmten, eher jenseits des Pariser Zentrums gelegenen Guckkasten-Theaters, des Theaters der Bouffes du Nord, als Heimat des CICT (Abb. 1a/b). 1974 entdeckte seine Mitarbeiterin Micheline Rozan das verkommene Gebäude, das seine große Zeit als Music-Hall und Aufführungsort Lugné-Poës um die Jahrhundertwende erlebt hatte. Brook war nun weder an einem aufwendigen Umbau interessiert, denn ihn störte die konventionelle Struktur des Baus nicht, noch an einer grundlegenden Renovierung. Nur einige gezielte Veränderungen ließ er vornehmen und mit den verbleibenden Eigenheiten in ein Spannungsverhältnis eintreten: Die Plüschsessel wurden durch Holzgestühl ersetzt und dennoch die Balkons und das amphitheatrale Parkett erhalten, die Rot- und Goldfarben wurden entfernt und dennoch der Bauschmuck belassen, die Bühne durch Reduzierung des Portalrahmens geistig enger an den Zuschauerraum angeschlossen und dennoch eine achsiale Zweiraumbeziehung fixiert, die Bühnenmaschinerie völlig entfernt, aber die Spuren vorangegangener Inszenierungen stehengelassen, um erst von den Spuren der jeweils nächsten überlagert oder getilgt zu werden. Spuren, denn Brook arbeitete hier nicht nur ohne technische Hilfsmittel, sondern weitgehend auch ohne Ausstattung im engeren Sinne, nur mit der Präsenz des spielenden Menschen, den spielnotwendigen Requisiten und der Ausnutzung des Ortscharakters (Abb. 2). Seine räumlichen Ausdrucksträger sind der Boden und die rohe, nur farblich immer wieder vorsichtig modifizierte Rückwand des Bühnenraums, welche hilft, den leicht ›gefärbten‹ Blick umweglos auf die Schauspieler zu konzentrieren.

> (..) es dauerte zehn Jahre, bis er den Farbton der Bouffes anläßlich des Mahabharata vollständig veränderte. So schlägt er dem Zuschauer vor, einen Ort wiederzufinden und seine Verwandlung wahrzunehmen. (25)

Die Beschaffenheit des Bodens (Abb. 3/4) hingegen, meist aus realen Materialien wie Sand, Erde, Bastmatten, Lehm, Asphalt oder dazu Teppichen bestehend, deutet die örtlichen Zusammenhänge des Stückes an, deutet sie zugleich und bestimmt die Bewegungen und den körperlichen Ausdruck der Akteure.

Was ihn also in erster Linie an Aufführungsorten ästhetisch reizt, sind die Spuren von Ereignissen, Spuren von (Er)Leben[20]. Auf diese Weise schaffte Brook es nahezu ohne größe-

---

20 BROOK »will diesem Ort, der gelebt hat, auch die Narben seiner Geschichte bewahren, weil er überzeugt ist, daß es ›eine Schönheit der Falten‹, eine Schönheit der Reste gibt. Man kann darin das Echo einer Ästhetik des Abfalls und des verbrauchten Objekts erkennen, die oft einen Reiz auf die bildenden Künstler

re Eingriffe, nur durch das Respektieren und die Betonung seines Vorlebens ein konventionelles Gebäude für Theater zur tatsächlichen Alternative seiner selbst werden zu lassen. Der leere Raum erzählt dann von seinem Leben und verankert das ephemere Spiel in der Historizität, materialisiert ein Stück jener Dauer, die sich das Theater schwer erarbeiten muß. Dauer und Vergänglichkeit verschwistern sich zwanglos.

Brooks Theater war auf der anderen Seite, fast in der Tradition der fahrenden Komödianten, immer ein Theater des Reisens. Ein Theater unzähliger Gastspiel-Tourneen, aber mehr noch: der gezielten Konfrontation mit der Aura und Bedeutung bestimmter realer Orte, mit bestimmten Zuschauern. Auch in Bezug auf Räume – und Orte – ist er beständig auf der Suche, vollkommen anpassungsfähig und zugleich kompromißlos[21].

Bei KASPAR und der afrikanischen Safari zum Beispiel bedeuteten die Aufführungsorte den Wunsch, die eigene Arbeit mit einem bestimmten Publikum und seinen spezifischen Erfahrungen und Eigenschaften zu konfrontieren, stellte also ebenso einen Akt des Forschens dar. Wie bei der Reise nach Indien, mit dem Zweck, den Stoff des MAHABHARATA in seinem Umfeld und im Geist seiner, durchaus lebensraumgeprägten Mentalität verstehen zu lernen, ging es dabei letztendlich um arbeitsprägende Erfahrungen für die Theaterleute und für Zuschauer, die sonst niemals aufeinander träfen. Die Aufführungsorte sind ihre Lebensräume.

Bei den Aufführungen des ORGHAST vor der Kulisse der Königsgräber von Shiraz oder des MAHABHARATA in den Steinbrüchen Avignons wurde eher eine ganz spezifische Aussagekraft der Örtlichkeiten mitbenutzt. Während ORGHAST auf keinen anderen Ort zu übertragen war und nach den acht Aufführungen im Rahmen des Festivals von Shiraz und des Jubiläums des persischen Kaisertums 1971 nie wieder aufgeführt wurde, waren die Steinbrüche mehr eine ideale natürliche Ausstattung, ein passender symbolischer Ort aus echtem Material, das Spiel aber unabhängig davon gültig. In Persien hatte ja der Ort auch einen Teil der Geschichte zu ›erzählen‹, während diese Aufgabe eineinhalb Jahrzehnte später nicht nur von den Schauspielern, sondern auch einer Erzählerfigur wieder in einer dem Publikum verständlichen Sprache erfüllt wurde.

Und schließlich muß ein internationales, multikulturelles Theater seine Arbeitsergebnisse an der Welt erproben und den Kulturen der Welt auch vorstellen, es darf sich nicht in einer einzelnen Region hinter einem bestimmten Publikum verschanzen. Dennoch erfor-

---

ausgeübt hat; während des gesamten Jahrhunderts sind Beispiele einer solchen Verwertung geliefert worden. Auch die Erinnerung an die Bewegung um 1968 drängt sich auf, an das Außenseitertum, das sich durch abgenutzte Kleidung zur Schau stellte.« (BANU »Das Theater als Spielraum« IN: ◊146 ORTOLANI S.22)

21 »Für Brook geht ein passender Ort einer Tätigkeit nicht voraus, sondern ist im Gegenteil deren Konsequenz. (..) Das setzt also die Bildung einer Ästhetik als Prämisse jeder fruchtbaren Forschung voraus, denn demnach drückt die Suche einen konkreten Wunsch aus, der durch einen richtig gewählten Ort befriedigt werden kann.« (Georges BANU IN: ◊146 ORTOLANI S.21)

derten die Gastspiele Orte mit bestimmten Eigenschaften. Kaum wurde in konventionellen
Theatergebäuden gespielt, Brook suchte die leeren Orte[22].

Brooks Ästhetik der letzten zwanzig Jahre ist untrennbar verbunden mit der Beziehung zwi-
schen einem Ort in Erwartung eines Ereignisses und der Aufführung als Ereignis, das ihn erfüllt.
Handlung und Raum unterstützen einander bei der gemeinsamen Anstrengung, das Theater
zu einer ›konzentrierten‹ Veranstaltung des Leben werden zu lassen. (26)

Umgenutzte Orte waren seine bevorzugten Anlaufstationen: The Roundhouse in London,
die Kampnagelfabrik in Hamburg, das Trambahn-Depot in Frankfurt, Mercat de les Flors
wurde für CARMEN in Barcelona entdeckt.. – viele von ihnen sind inzwischen Kulturzentren, andere für diesen Zweck verloren. Wie das Londoner Roundhouse.

Die Schaubühne: Die (T)Räume des kollektiven Theaters

In der deutschen Nachkriegstheaterlandschaft nimmt die Schaubühne zweifellos eine Son-
derstellung ein. Nicht nur rein formal, indem sie bis heute ihren Privattheater-Status nicht
verloren hat und dennoch als eines der wichtigsten und erfolgreichsten Berliner Staatstheater gelten kann, sondern vor allem wegen der besonderen Qualität ihrer Arbeit und
Arbeitsbedingungen, die ein ungewöhnlich festgefügtes Ensemble über fast 20 Jahre hinweg
erreichte. Der feste Kern dieses Ensembles, mit dem in jener Zeit der Begriff *Schaubühne*
verknüpft war[23], fand sich während Peter Steins Inszenierung von Goethes TASSO 1969
noch unter Kurt Hübners Ägide in Bremen zusammen und wandelte seine Besetzung im
Lauf der Jahre eher unauffällig, erweiterte sich nur allmählich. Nach Differenzen in Bremen
ging die Kerngruppe geschlossenen nach Zürich, wo sie nicht heimisch werden konnte, bis
dann der Berliner Senat seine Unterstützung zusagte und ihr anbot, mit dem bereits bestehenden Schaubühnen-Ensemble, das seit 1962 unter der Leitung von Jürgen Schitthelm und
Klaus Weiffenbach in einem aula-artigen Saal Theater machte, gewissermaßen zu fusionieren.
Der Eintritt Claus Peymanns in das neue Direktiorium, bestehend aus Stein, Schitthelm,
Weiffenbach und dem Dramaturgen Dieter Sturm, brachte eine weitere Gruppe von Schauspielern fest ins Ensemble ein.

22 »Jean-Guy Lecat, der Mitarbeiter Brooks, der für die verschiedenen Tourneen Spielorte auszusuchen hat,
    stellt fest, daß die Wahl nur aufgrund einer tiefen Kenntnis der entworfenen Ästhetik, ihrer Natur, ihrer
    Dynamik getroffen werden kann. Neben diesen verschiedenen besonderen Charakteristika gibt es eine
    Konstante in seiner Suche: in jeder Stadt will er sich zunächst die leeren Orte ansehen. (..) Diese Orte sind
    gewöhnlich entweder verlassen oder unvollendet. Verfügbare Orte, geschmeidige Orte.. Diese ›Plastizität‹
    des Ortes entspricht Brooks Forderung an das Spiel, seinem Wunsch nach einem nie ganz festen, gezeich-
    neten, abgegrenzten Spiel.« (BANU IN: ✧146 ORTOLANI S.23)
23 – zu dem außer seinem Leiter Peter STEIN u.a. die Schauspieler Jutta LAMPE, Edith CLEVER, Bruno GANZ,
    Michael KÖNIG, Werner REHM.., die Regisseure Claus PEYMANN (anfänglich), Klaus Michael GRÜBER
    und ab Mitte der 70er Jahre Luc BONDY gehörten..

Das so erneuerte Schaubühnen-Ensemble verstand sich zunächst als *sozialistisches Kollektiv* und stellte sich die Aufgabe, durch die Analyse des bürgerlichen Systems mit den Mitteln des Theaters zu einer kritischeren Sicht auf das Bestehende beizutragen. Diese zunächst aufklärerischen Ambitionen führten zu den anfänglichen Schwierigkeiten des Kollektivs, aber auch zu seiner Formierung und zu einer spezifischen, mit großer Ernsthaftigkeit betriebenen Arbeitsweise, die sich durch umfangreiche und vor allem gemeinsam vorgenommene theoretische Vorbereitungen für die jeweilige Inszenierung unter der Anleitung der Dramaturgen und des Regisseurs noch vor der Besetzung der Stücke - und die daraus resultierende Mitverantwortung der Schauspieler für das Ergebnis auszeichnete. Dies ist eines der wenigen Beispiele in der Bundesrepublik dafür, daß ein sachorientiertes, behutsames Mitbestimmungsmodell funktionierte, ja geradezu konstitutiv für die Truppe und ihre Arbeit war. Daneben wurde die umfangreiche Produktionsdramaturgie durch dieses Vorbild im deutschen Theater zu etwas Selbstverständlichem.

Ein weiteres wichtiges Kennzeichen der Arbeit der Schaubühne war die von Anbeginn an sehr bewußte Handhabung des Spielraums, aus der sich die Neigung zu seiner totalen Bespielung und zu neuen Spielformen ergab.

Die Tendenz der Entwürfe von Spielräumen der Schaubühne ging auf die Ausbildung von Umgebungen. Wie sich in der bildenden Kunst neben Plastik, Zeichnung und Tafelbild das neue Genre des ›Ambiente‹ (oder auch die des ›Environments‹) entwickelte, eine Kunst, für die der Raum nicht nur Schauplatz, sondern das Medium selber ist, so weiteten sich an der Schaubühne etwa gleichzeitig die Bühnenbilder zu einem jeweils eigenen Kosmos von ›Umgebung‹ aus, in denen Schauspieler und Zuschauer nun anders, nämlich im Prinzip enger als bisher, zueinander in Beziehung traten. (..) Die Umgebungen der Schauspieler – es waren auch die ihres Publikums. (27)

Diesem Anspruch kamen aber die Räumlichkeiten, die man in Berlin-Kreuzberg am Halleschen Ufer im Saal der Arbeiterwohlfahrt zur Verfügung hatte, in nichts entgegen (Abb. 1).

Seit die Schaubühne am Halleschen Ufer existierte, hat sie sich mit einer sehr flachen Bühne behelfen müssen. Von Verwandlungen durch Dreh- oder Wagenbühne war gar nicht zu reden, seitlich der Bühne war nicht einmal Platz genug, um dort Dekorationen für einen Szenenwechsel abzustellen. (28)

Solchermaßen behindert, mußten immer wieder neue Lösungen gefunden, entworfen und dann mit vereinten Kräften des Ensembles gebaut werden, denn diese umfassenden Ansprüche überforderten das vorhandene Techniker-Team und der Kollektivanspruch setzte ohnehin bei allen vorurteilsloses und sachorientiertes Engagement voraus – ein Charakterzug gerade jener innovativen Truppen der 70er Jahre.

Schon für die erste Produktion im Herbst 1970, programmatischerweise Brechts MUTTER, wurde die Bühne zur Szenenfläche ausgeweitet und das Publikum an drei Seiten darum gesetzt. Einen ersten gestalterischen Höhepunkt ergab dann 1971 die Spielfläche für Peter Steins Inszenierung von Ibsens PEER GYNT, die Karl-Ernst Herrmann, lange der wichtigste Szenograph der Schaubühne, über den gesamten Raum ausbreitete (Abb. 2). Da es sich hierbei um die baupolizeiliche Kategorie einer Szenenfläche, nicht einer Bühne, handelte, gab es vergleichsweise wenig Probleme mit den gesetzlichen Vorschriften. Auf Holzkonstruktionen war über 30 x 11 m eine wellige Filzlandschaft aufgelegt. Sparsame Kenn-

1 Saal der Arbeiterwohlfahrt am Halleschen Ufer, Berlin

SCHAUBÜHNE BERLIN

PEER GYNT-INSZENIERUNG 1971
PETER STEIN, KARL ERNST HERRMANN
SCHAUBÜHNE AM HALLESCHEN UFER

BEISPIEL FÜR EIN TOPOGRAPHISCHES
ARRANGEMENT VON
SCHAU- UND SPIELRAUM
ENTGEGEN EINER VORHANDENEN
SAAL- PODIUMSTRUKTUR
MIT EINSEITIG ANSTEIGENDEN
PARKETT UND EINSEITIGER
PODIUMZUORDNUNG
WIE DIES IM STAMMHAUSSAAL
AM HALLESCHEN UFER
ANZUTREFFEN IST

DIE ÜBERSETZUNG DIESER
INSZENIERUNG IN DIE
MESSEHALLE 5 DES MESSEGELÄNDES
AM FUNKTURM IN BERLIN
ZEIGTE SPRUNGHAFT
GÜNSTIGERE VORAUSSETZUNGEN
FÜR DAS TOPOGRAPHISCHE
ARRANGEMENT DES RAUMES,
DIE IN DER EINHEITLICHKEIT
HOMOGENITÄT UND NEUTRALITÄT
EINER MESSEHALLE
VON NATUR AUS GEGEBEN SIND

SCHAUBÜHNE AM HALLESCHEN UFER
PEER GYNT-INSZENIERUNG 1971
RÄUMLICHES ARRANGEMENT

LÄNGSSCHNITT
QUERSCHNITT
GRUNDRISSE

0   5   10 m

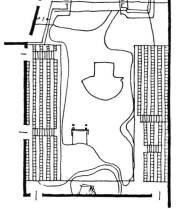

2 Peter Stein/Karl Ernst Herrmann: Raumnutzung bei
   Ibsens »Peer Gynt« (1971)

zeichnungen gaben den jeweiligen Spielort an und vor allem entstanden durch den gezielten Einsatz des Lichtes dabei immer neue Schauplätze aus diesem Landschaftsgebilde. Das so eingesetzte Licht brachte bedeutungsunterstützende Stimmungen hervor, gliederte den Spielraum und steuerte nicht zuletzt die qualitative wie quantitative Spürbarkeit der räumlichen Dimensionen. Für PEER GYNT wurden mit den einfachsten Mitteln teilweise die beeindruckendsten Effekte erzielt. Das Publikum war an den zwei Abenden, über die sich die Aufführung erstreckte, auf zwei, an den Längswänden befindlichen Tribünen plaziert.

Man muß dabei allerdings bedenken, daß sich die Schaubühne die Verwirklichung solcher Raumkonzepte und die sorgfältige dramaturgische Vorbereitung nur auf der Grundlage eines En-suite-Betriebs ohne vorgeschriebene Produktionszahlen und Abonnements erlauben konnte, so daß die Szenographie in der Auseinandersetzung mit der darstellerischen Arbeit aus den Improvisationen heraus entwickelt werden konnte. Der Dialog der verschiedenen Aufgabenfelder schloß bei dieser Vorgehensweise immer auch die Techniker mit ein und durfte während der gesamten Zeit keinesfalls abreißen.

Als sich die räumlichen Möglichkeiten am Halleschen Ufer immer mehr erschöpften, wich das Ensemble in späteren Jahren zunehmend auf alternative Aufführungsorte aus. Das begann damit, daß das Schaubühnen-Kollektiv neben seiner allgemein beachteten Arbeit jahrelang Zielgruppenprogramme für Arbeiter, Lehrlinge, Kinder, Ausländer.. betrieb und dann an den für sie typischen Orten spielte (29), und später, 1974, zog man mit dem ANTIKEN-PROJEKT etwa in den Phillips-Pavillon des Berliner Messegeländes, danach ging man mit den Shakespeare-Produktionen SHAKESPEARE'S MEMORY und WIE ES EUCH GEFÄLLT in das Studio 4 des Spandauer CCC-Filmgeländes, das zu jener Zeit schon länger ungenutzt war und der Schaubühne teilweise als Probebühne und Werkstättenareal diente. Diese Projekte ›außer Haus‹ demonstrieren deutlich die spezifische Herangehensweise an Stücke und Themen und die drei Kennzeichen der Ensemble-Arbeit: Die sorgfältige und gemeinsame dramaturgische Vorarbeit, die Hervorhebung der räumlichen Umsetzung der Stückkonzepte, die die Zuschauer tendenziell miteinbezog, und nicht zuletzt die Sichtbarmachung der Ideen und Arbeitsprozesse über die Aufführung hinaus – sei es durch ungewöhnlich umfassende Programmhefte oder Begleitprogramme. Deren Höhepunkt war zweifellos SHAKESPEARE'S MEMORY, ein die Hintergründe und Mentalität der Shakespeare-Zeit vorführendes, sinnlich-theatralisches, bewegtes Museum, das im Dezember 1976 seine Premiere erlebte und als Einstimmung für Peter Steins WIE ES EUCH GEFÄLLT-Inszenierung diente. Beide Produktionen betreuten Karl-Ernst Herrmann räumlich und Ellen Hammer und Dieter Sturm dramaturgisch.

Für SHAKESPEARE'S MEMORY wurde, nachdem sich sonst kein geeigneter Raum fand, eine der weniger großen Hallen des Geländes technisch aufgerüstet, denn ursprünglich sollten nur die Proben und die Herstellung der Ausstattung auf dem Gelände stattfinden. Es ist interessant, welche Auflagen das Theater erfüllen, welche Ein- und Umbauten vorgenommen werden mußten, bevor die Behörden die Spielgenehmigung erteilten (30): So wurde die Einrichtung einer weiteren Löschwasserentnahmestelle, die Räumung des Geländes für einen potenziellen Feuerwehreinsatz, der Anbau von Treppen zu den Rampen der Hallentore, die Ausrüstung von festen Teilen der Dekoration mit einer Regenanlage, der Einbau von Rauchabzugseinrichtungen, die Installierung von Fernsprechern.. gefordert. Außerdem mußten Parkplätze geschaffen, die Stromversorgung erweitert werden und dem Senator für Bau- und Wohnungswesen waren eine ganze Reihe von Grundrissen und Schnitten der Hallenbeschaffenheit und der Ausstattungen vorzulegen (31).

Die Konzeption von SHAKESPEARE'S MEMORY sah vor, daß innerhalb eines fachwerkartigen Grundaufbaus zu bestimmten Themen simultan und sukzessiv aufgebaute Bühnen, Prospekte und Dekorationselemente sowie Erlebnisräume jahrmarktartig vorgeführt werden (Abb. 3) und als Hintergrund für Akrobatik, Tänze Erläuterungen historischer Ereignisse, Volkstheater-Arrangements, Passagen aus Shakespeare-Stücken und vielem anderen dienten. Die verschiedenen Themenschwerpunkte wurden *Mummenschanz, Das Bankett, Das Museum und Shakespeare's Eiland* betitelt. Angesprochen wurden die theatralen Formen der Zeit, die Narren, das Zusamenprallen eines mythologischen und eines wissenschaftlichen Weltbildes, die Persönlichkeit Elisabeths I., die Stimmung der elisabethanischen Zeit und ihre Eroberung der Erde, bevor sich der abschließende Teil ganz Shakespeares Werk widmete.

Während all dies sich ereignete, konnten die maximal 350 Zuschauer nach Belieben, ohne von etwas anderem als ihrer Neugier geleitet zu sein, von Darbietung zu Darbietung durch die Halle wandern. So rezipierten sie auf eine Weise, die vielleicht der auf einem Jahrmarkt am nächsten kam: Sie mußten sich durch Gedränge arbeiten, ließen sich einfach durch Reize verlocken, konnten aber ebenso zwanglos ein Ereignis wieder verlassen. Auch die Schauspieler-Akrobaten mußten mit anderen Mitteln als den gewohnten arbeiten, um Aufmerksamkeit buhlen und Konkurrenz ertragen. Sie boten lediglich etwas an. Was ihn davon interessierte, mußte jeder Zuschauer selbst entscheiden. Nur während des *Bankett* betitelten Teils wurde das Publikum bei Brot und Wein an langen Tischen plaziert (32). Da aber auf Spielpodeste weitgehend verzichtet wurde, bestimmten oftmals die eingeschränkten Rezeptionsmöglichkeiten, wieviel wahrgenommen werden konnte – dies eine Kehrseite des Jahrmarktgetümmels.

Nach diesem Spektakel wurde dann im September am gleichen Ort die WIE ES EUCH GEFÄLLT-Inszenierung Peter Steins vorgestellt. Das Stück spielt ja an zwei Schauplätzen, dem Hof des Herzogs Friedrich und im Ardenner Wald, beide baute Karl-Ernst Herrmann simultan und doch kontrastiv in die Filmhalle. Den Hof als langen, schmalen, kalt ausgeleuchteten Raum (7,30 x 26,62 m) im Stil des Klassizismus, in dem die Zuschauer stehend das Geschehen auf mehreren vor die Wände gebauten Podesten verfolgten (Abb. 4a). Der Ardenner Wald war eine weitläufige Landschaft, deren Boden aus Erde aufgeschüttet war und die aus Bäumen, einem See und einem Kornfeld bestand. Die Zuschauertribünen, auf denen einfache Holzstühle befestigt waren, umschlossen die Fläche hufeisenförmig (Abb. 4b) und waren von weiteren Nebenschauplätzen durchsetzt. Spielweise und Beleuchtung entsprachen der PEER GYNT-Inszenierung.

Während Karl-Ernst Herrmanns Simultanaufbau ortsfest blieb, wanderten die Zuschauer gemeinsam mit den Figuren von Ort zu Ort, wo sie vom Spiel umgeben, aber inhaltlich nicht beteiligt waren. Dies geschah nicht unvermittelt, sondern die lange Reise in den Wald, in die andere Welt des Stückes, erlebten sie als Aktive, da sie nur durch ein 150 m langes Labyrinth in die Landschaft eingehen konnten. Dieses war wie die Tribünen, die auf ihm

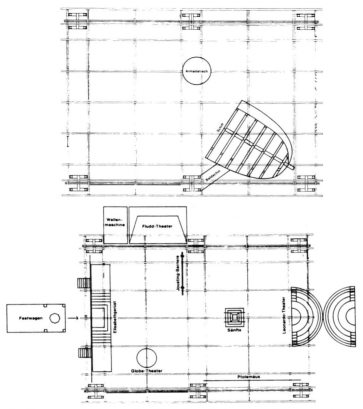

3 Zwei szenographische Grundrisse für »Shakespeares Memory« auf
dem Spandauer CCC-Filmgelände (1976/77)

4a Peter Stein/Karl Ernst Herrmann: »Wie es euch
gefällt« (1978), Szenenfoto

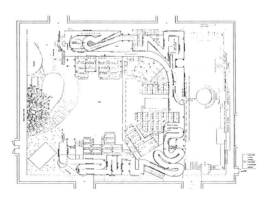

4b Grundriss der Gesamtanlage

aufsaßen, einem Gedärm gleich, hufeisenförmig um den ›Ardenner Wald‹ geschlungen. Der Gang war 1 m breit, 2,30 m hoch und mit verschiedenen Materialien ausgestaltet (33): In einem Teil ging man durch kaschierte Pflanzen, in einem anderen waren die Wände etwa mit Stoff bespannt, aus Ziegeln gemauert oder Packpapier geklebt. In Nischen befanden sich ausgestopfte Affen oder Hermaphroditen aus Gips oder mit Sand gefüllte Schaukästen, an einer Wand rann Wasser herunter, am Ende blies eine Windmaschine..

Da in diesem Fall dem chronologischen Ablauf des Stückes gefolgt werden mußte, wurde die Bewegung des Publikums gelenkt, die Szenographie von ihm aber bis zu jenem Punkt, an dem das Idyll erreicht scheint, **erfahren**.

Das den Raum mitinszenierende Theater an der Produktionsstätte des Films - hier wird eine Verwandtschaft beider Medien etwa durch den inszenierten Wechsel der Rezeptionsdistanz durch die Publikumsbewegung, die gewissermaßen die Kamerabewegung nachahmt, die Verstärkung der Illusion durch das Einbetten in den Handlungsraum und bei SHAKESPEARE'S MEMORY vielleicht auch durch die dokumentarischen Ambitionen des Projektes spürbar. Aber gerade durch diese Konfrontation werden auch die Unterschiede deutlich: Während Film und Fernsehen ihr Material so überzeugend und geschlossen wie möglich darbieten, wird der Theaterbesucher vor allem in SHAKESPEARE'S MEMORY, durch die Simultanschauplätze, letztlich auch in WIE ES EUCH GEFÄLLT, dazu gedrängt, individuell und eigenverantwortlich seine persönliche Auswahl aus dem Gezeigten zu treffen, auch zu ertragen, daß nicht alles gesehen werden kann. So ist er aktiv beteiligt und bleibt doch immer Rezipient.

Trotz dieser neueroberten ›Spielräume‹ empfand man an der Schaubühne den Spielort am Halleschen Ufer seit langem als Problem. Man beklagte, daß aus Platzmangel die Probebühnen, Werkstätten und Magazine über die ganze Stadt verteilt lagen, was zu langen und umständlichen Transporten führte, über einen Mangel an Probebühnen und anderen Vorbereitungsräumen überhaupt, der den En-suite-Betrieb geradezu erzwang und Wiederaufnahmen nahezu unmöglich machte, und nicht zuletzt über die geringe Übereinstimmung zwischen den Möglichkeiten des Raums und dem räumlichen Ansatz des Ensembles als grundlegendem Bestandteil seiner spezifischen Ästhetik. Einen solchen Spielbetrieb konnte man überhaupt nur mit laufenden Sondergenehmigungen der Behörden aufrecht erhalten, was diese auf Dauer auch verweigerten[24] (34). Seit 1974 bemühte man sich deshalb um andere Räumlichkeiten. Der geeignete Raumzusammenhang, nach dem man Ausschau hielt, sah so aus:

---

24 In der Dokumentation der Schaubühne wird ein Gutachten des Senators für Bau- und Wohnungswesen an den Senator für Wissenschaft und Kunst vom Februar 1975 zitiert: »Das Gutachten des Senators stellt abschließend fest, daß die Inszenierungsart der Schaubühne in dem Haus am Halleschen Ufer in der Regel den Vorschriften der Versammlungsstätten-Verordnung wiederspricht und Ausnahmegenehmigungen nur noch befristet erteilt werden könnten.« (✧135 S.73)

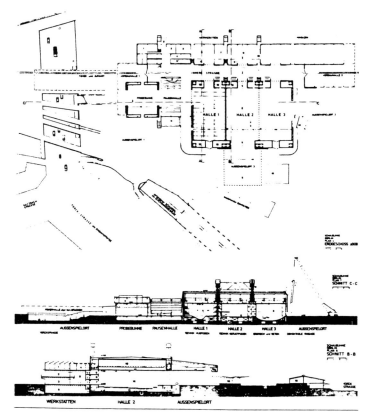

Andreas Reidemeister: Industriehallen für das Theater. Berlin 1975/76

5 Andreas Reidemeister: Entwurf für die Umnutzung eines Berliner Kopfbahnhofs (1977), Grundriß und Schnitte

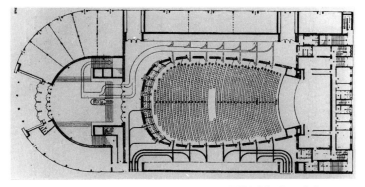

6a Erich Mendelsohn: Universum-Kino, Berlin (1926-28), Grundriß

Ein homogenes Areal, das durch allseitiges räumliches Potential die beliebige Austauschbarkeit seiner Ausrichtungen, Ortsbezüge, Arrangements, Zugänglichkeit, Erschließung, Technik und Versorgung zuläßt und sogar fördert, so daß der beliebigen Anwendbarkeit und Verfügbarkeit auch gerade der historischen Stationen in der Genesis des Theaterraums als Produktionsmittel in der modernen Theaterproduktion optimale Voraussetzungen bietet. (..) ein Grundraum, in dem das Produktionsmittel Szenenraum durch ›Anbaumöblierung‹ herstellbar wird. (35)
Weiterhin legte man Wert auf einen *dem Taktrhythmus der Inszenierungsproduktion* gemäßen *Raumtakt*, das heißt, ein Konglomerat mehrerer parallel bespielbarer Räume, das von vornherein von der Bauaufsicht akzeptiert, weil in Zusammenarbeit mit ihr entwickelt würde.

Man suchte geeignete Bauten und entwarf Lösungen für Industriehallen, die aber aus Mangel an geeigneter Bausubstanz wie an Grundstücken nicht zu realisieren waren. Unter anderem legte Andreas Reidemeister 1977 einen entwurfsreifen Vorschlag für einen Hallen(um)bau auf dem Gelände eines der im Krieg zerstörten Kopfbahnhöfe mit Außenspielorten und unter Verwendung der alten Eisenbahnbrücken vor (Abb. 5). Neben anderen geeigneten Berliner Gebäuden, unter ihnen auch ein Blumengroßmarkt und eine Tempelhofer Flugabfertigungshalle, neben Kinos auch Theater, kam 1975 durch den Architekten Jürgen Sawade das seit Jahren unbenutzte und immer noch vom Krieg beschädigte Universum-Kino Erich Mendelsohns ins Gespräch (Abb. 6a/b). Das zwischen 1926 und 1928 erbaute Kino stand versäumnishalber nicht unter Denkmalschutz. Es war Bestandteil eines Gebäudekomplexes aus Theater, Kino, Büros, Geschäften und Wohnungen, der damals zur Belebung des oberen Kurfürstendamms beitragen sollte. Die Ufa, in deren Auftrag das Kino erbaut wurde, verlor schon 1931 wieder das Interesse daran, da die Belebung des Viertels weit hinter den Erwartungen zurückgeblieben war. So wechselte es mehrfach die Besitzer, wurde entsprechend oft umgebaut und diente vor seiner endgültigen Schließung als Vergnügungsetablissement und Musical-Theater (36).

Der Berliner Senat war bereit, das Grundstück für 6 Millionen DM zu erwerben und es für weitere 40 Millionen in Kooperation mit dem Schaubühnen-Kollektiv umzubauen. Da für die Truppe keinerlei Aussicht auf einen Neubau bestand, stimmte sie zu und so ereignete sich ab 1978 der einmalige Fall, daß Behörden und Architekten **gemeinsam** mit einem Theaterensemble einen Aufführungsort für eine ganz spezifische Arbeits- und Spielkonzeption verwirklichten.

Für Berlin verbanden sich mit dem Umbau zunächst zwei Vorteile: Einmal gelang es so, die Schaubühne weiterhin an die Stadt zu binden, und andererseits konnte höchst bedeutsame Architektur sinnvoll genutzt und erhalten werden. Es war geplant, das Gebäude komplett auszuschälen, die äußere Architektur aber nicht nur bestehen zu lassen, sondern die Spuren nachträglicher Eingriffe zu tilgen, sie also zu rekonstruieren. Ob die Entkernung des Gebäudes unter denkmalpflegerischen Gesichtspunkten richtig war, kann im nachhinein deutlich verneint werden. Sie war allerdings notwendig, um dem Theater den variablen *Grundraum* mit der dafür erforderlichen Technik zu verschaffen. Schrittweise stellte sich heraus, daß die originale Bausubstanz den Belastungen des Umbaus nicht standhalten würde (Abb. 6c) und so wurde sie nach und nach abgetragen und durch neue ersetzt. Man kann nahezu von einem Neubau in altem Gewand sprechen. Dies mag, abgesehen vom Zustand des Gebäudes, auch an der für Mendelsohns Bauten typischen Verschmelzung von Form

6b Fassade

6c Als Baustelle (1978)

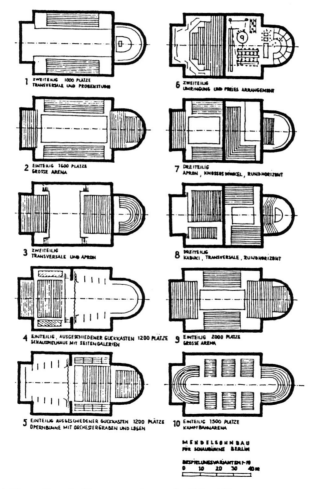

6d Jürgen Sawade: Nutzungsvarianten der Schaubühne am
   Lehniner Platz (1981)

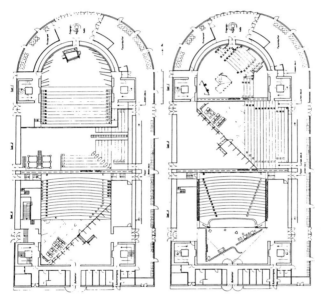

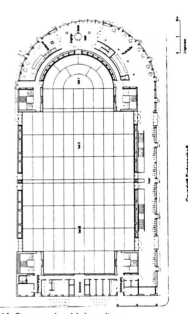

6e Zwei Nutzungsvarianten, Grundrisse   6f System der Hubpodien

und Funktion gelegen haben[25]. So kann es jedenfalls nicht erstaunen, daß die Kosten des Unternehmens zunächst grob unterschätzt wurden und von den veranschlagten 40 Millionen auf über 80 Millionen DM kletterten (37).

Ungeachtet der Probleme der Restaurierung, ist das Innenleben des ›neuen‹ Universum-Kinos einzigartig. Drei Faktoren ermöglichen einen beliebigen, höchst flexiblen Umgang mit dem Gesamtraum, die Schaffung einer technischen Landschaft:

1. Der gesamte Theaterraum kann durch 2 Rolltore in 3 Zuschauer- und Bühnenbereiche unterteilt werden. Praktisch können 3 Theatervorstellungen an einem Abend oder an verschiedenen Abenden nebeneinander stattfinden oder wahlweise können 3 Räume zueinander addiert werden bis zu einem Großraum für eine Großproduktion. Es sind alle klassischen Theaterformen möglich, die ich kenne (..). [Abb. 6d/e]

2. Der gesamte Saalfußboden, d.h. die Eingangsebene des Zuschauer- und Bühnenbereichs, wird durch 76 hydraulische Hubelemente mit einer Grundfläche von je 7,00 x 3,00 m gebildet, die ein variables, stufenloses Absenken auf max. 3,00 m unter der Eingangshöhe ermöglichen bei einer gleichzeitigen Belastbarkeit von 1,5 Tonnen pro qm. [Abb. 6f]

3. Der gesamte Zuschauer- und Bühnenbereich erhält in 9,00 m Höhe bzw. 6,00 m Höhe eine Stahlkonstruktion mit aufnehmbaren Gitterrosten als Arbeitsbühne für den Spielbetrieb. (38) (..) der an jeder Stelle und in jeder Größe beliebig zu öffnen [ist], oberhalb und unterhalb und in jede Richtung und an jeder Position den Einsatz des Lichtes, der Hebe-, Trage, Fahr- und Dekorationsvorkehrungen mit einem System freier Punktzüge, Katz-Fahrwerken und Arbeitsgondeln zuläßt. (39)

Unabhängig von ihm erfüllten sich hier, viele Jahre später die Vorstellungen Werner Ruhnaus vom idealen Theaterbau, dem idealen räumlichen Instrument. Aber bei diesem technischen Instrumentarium war es spätestens jetzt mit dem Bühnenbau, bei dem jeder mit Hand anlegt, vorbei[26].

Im September 1981 begann das Schaubühnen-Ensemble seine Arbeit im Mendelsohn-Bau eher unauffällig mit der Übernahme der ORESTIE, die Peter Stein als letztes im Haus am Halleschen Ufer inszeniert hatte. Das Ensemble selbst wollte offenbar den Gerüchten, daß nun eine neue Schaubühnen-Ära anbreche (40), keine Nahrung geben und signalisierte so

---

25 So schrieb der Architektur-Historiker LAMPUGNANI über das Projekt:»(..) ein Meisterwerk der modernen Architektur wurde gerettet, indem es abgerissen wurde, denn ohne es neu zu nutzen, wäre es nicht zu retten gewesen und ohne es abzureißen, nicht zu nutzen. Das Paradoxon ist offensichtlich. (..) Ein – im weitesten, besten Sinn – funktionalistisches Bauwerk umbauen (neubauen), um es anderen, ihm weitgehend fremden Nutzungen zuzuführen, impliziert eine Reihe unüberwindbarer Widersprüche: sowohl was die Funktion als auch was die Form anbelangt.« (IN: ARCHITHESE 4 (1982) S.42)

26 »Im neuen Haus ist es nicht möglich, ›mal eben‹ einen Zug oder ein Podium zu fahren. Für diese Arbeiten mußten Fachkräfte engagiert und eingewiesen werden. Ein ›Repertoire-Theater‹ mit maximal drei Spielstätten, zwei Probebühnen und noch diversen Spielstätten außerhalb des Hauses verlangt eine Aufstockung des technischen Personals.« (BUTZMANN/SEEGER IN: BTR 1 (1983) S.10f.) Und die hat selbstverständlich ihren Preis.

seinen Willen zur Kontinuität. Gleichwohl löste sich von nun an der enge Zusammenhalt
der Truppe allmählich auf und Peter Stein legte 1985 tatsächlich die Leitung des Hauses
nieder, um als freier Regisseur weiterzuarbeiten. Man kann kaum behaupten, daß der Bau
das Ende einer eindrücklichen Ära der Theaterarbeit herbeigeführt hätte. Eher war er –
umgekehrt – Resultat wie Ausdruck eines erfüllten Anspruchs, einer erreichten Entwicklungsstufe. Und dennoch: wie oftmals Energien erschöpfen, wenn aus ihnen ein zeitüber-
dauerndes Ergebnis erschaffen wurde, während sie sich doch immer wieder erneuern, wenn
die Widerstände nur groß genug sind, fehlten dem ›alten‹ Schaubühnen-Ensemble zunehmend die aufladenden Widerstände. Es war angenommen und etabliert. Ein ganz natür-
licher Zyklus: Die erfolgreiche Opposition gegen das Etablierte schafft selbst Etablierung,
die menschliche Kraftanstrengung sorgt für ihre Ersetzung durch technische Mittel – bei
gleichzeitigem Verlust der Befriedigung. Peter Stein zog die naheliegende Konsequenz und
suchte, soweit noch möglich, seine Energien im Kampf mit dem Ungewissen zu erneuern.

Zwar wurden von Beginn an die räumlichen Möglichkeiten dieses Gestaltungsinstru-
mentes in einer Vielzahl von Produktionen ausprobiert, die Schaubühne aber, die jahrzehntelang diesen Namen mit Leben erfüllt hatte, überschritt als Ensemble ihren Zenit. Ihr Erbe
war ein bestimmter Anspruch an Experimentierfreude, Handwerklichkeit und Intelligenz
der Theaterarbeit und ein diesen Geist gleichsam materialisierender, in Deutschland einzigartiger Theaterbau. Von nun an oblag es weitgehend anderen Theaterleuten, den Namen und
das Haus nicht zum Denkmal erstarren zu lassen.

Théâtre National de Strasbourg: Der Ort als theatralisches Objekt

Die Arbeit des einzigen Nationaltheaters Frankreichs außerhalb des Großraums von Paris,
des Théâtre National des Strasbourg (TNS), demonstriert den kreativen Freiraum, den das
französische Theatersystem seinen subventionierten Häusern beläßt und der, als Jean-Pierre
Vincent 1975 die Leitung des TNS übernahm, auch genutzt wurde, um die bewußte Arbeit
mit den medialen Eigenschaften des Aufführungsortes und die Erprobung neuartiger Konzepte an neuen Aufführungsorten zu einer Art Markenzeichen des Hauses auszubauen.
Darüberhinaus schärfte die von Vincent gepflegte Konzeption das Gespür des Theaters und
seines Publikums für die Probleme und Fragwürdigkeiten des gesellschaftlichen Funktionierens
und ermutigte sein Ensemble zu Experimenten, zur Entwicklung eines eigenen Stils. All das,
ohne einen individualistischen, publikumsabgewandten Avantgardismus zu leben, sondern,
wie Vincent und sein Stellvertreter Jacques Blanc es definierten, ein Theater, »das den Zuschauer nicht wie ein Versuchstier zu Experimenten benutzt, sondern ein Theater, das der Bevölkerung eine Reihe von sinnlichen, intellektuellen und politischen Experimenten vorschlägt« (41).
Vincents Kernidee war es, ein kleines, aber beständig zusammenarbeitendes Ensemble aus
rund 17 Mitgliedern zu schaffen, dessen Größe dem finanziellen Spielraum entsprach, der
dem TNS direkt vom Pariser Kultusministerium, das auch die Spielpläne bestätigt, zugeteilt
wird. Um Routine fördernden Zeit- und Leistungsdruck einzudämmen, wurde auch hier im
En-suite-Verfahren gespielt und nur drei Produktionen im Jahr erstellt, die dann allerdings
auch außerhalb Straßburgs gezeigt wurden. So erfüllte das TNS mit seiner Arbeit vier Aufgaben:

1. Die Produktion eigener Inszenierungen

2. Die Entsendung dieser Produktionen auf überregionale Gastspiel-Tourneen

3. Ein Spielangebot von auswärtigen Theatergruppen

*4. Die Ausbildung von Schauspielern, Regisseuren, Bühnenbildnern an der dem Theater ange-
schlossenen Hochschule (42)*

Bemerkenswert war daran, daß ein subventioniertes und fest etabliertes Ensemble Wert
auf eine Arbeitsform legte, die sich derart auf jede einzelne Produktion konzentrierte und
andererseits auf dem ständigen Dialog mit der frei organisierten Theaterszene bestand,
indem es ihr während der eigenen Gastspielreisen umfangreiche Aufführungsmöglichkeiten
in den Räumen des subventionierten Theaters bot. All die Anregungen, die von diesem
inhaltlichen und organisatorischen Dialog ausgingen, wurden dann direkt von der dem
Theaterbetrieb angeschlossenen Theaterschule aufgenommen und verarbeitet – eine sehr
fruchtbare Konstellation.

Vincent gelang es, einige sehr interessante Persönlichkeiten der französischen Theaterszene an sein Haus und seine Person zu binden. So inszenierte außer ihm selbst vorwiegend
André Engel, der inzwischen viele Wege aus dem Zweiraumtheater gewiesen hat. Engel
suchte für jede Inszenierung einen passenden Nutzbau, eine passende Umgebung außerhalb des Theaters oder veränderte, wenn er einmal blieb, den Raum erheblich. Meist arbeitete er mit dem Szenographen Nicky Rieti zusammen, der wie alle seine Kollegen an diesem Theater von Haus aus Maler ist, und dem Dramaturgen Bernard Pautrat. Damit verfügte das TNS über eine Gruppe ausgesprochener Umnutzungsspezialisten[27]. Dieser ästhetische Interessensschwerpunkt ›klebt‹ gewissermaßen schon am Stammhaus des TNS, das
selbst das Ergebnis einer Umnutzung ist. 1957 wurde nämlich der elsässische Landtag am
Place de la Republique bezeichnenderweise zu einem Zweiraumtheater umgebaut. Die Arbeit
des TNS und André Engels stehen also als Ganzes auch für einen außergewöhnlich fruchtbaren Umgang mit alternativen Aufführungsorten. Genau betrachten kann man da etwa die
Arbeiten in Pferdeställen und eine Kafka-Inszenierung im Hôtel.

1976 inszenierte Engel Brechts BAAL (übrigens zum ersten Mal in Frankreich) im Haras
de Strasbourg, dem Straßburger Nationalgestüt, das den Pferden vor allem als Winterquar-
tier dient und deshalb sommers leer steht. Die szenographische Arbeit Nicky Rietis modifizierte die Grundausstattung des vorhandenen Raums.

›Baal ist ein Stück der großen Räume, der weiten Flächen (..) und ich will nicht mit handwerklichen Kniffen 9x6 m in weite Flächen verwandeln.‹ Man suchte also die ›großen Räume‹
außerhalb des Theaters, besichtigte Fabriken und Schlachthöfe und entschied sich für die
Zuchtanstalt auch wegen des pikanten Symbolismus, den der Ort dem Stück bietet: Baal im
Umfeld der Tiere, der sexuellen Reproduktion, der Rassenzüchtung. (43)

Engel und Rieti bezogen drei miteinander verbundene, speziell der Pferdehaltung dienende
Räumlichkeiten in ihre Inszenierung ein: Die Reithalle (in ihr begann das Spiel, in ihr wurde

---

27 So wie ENGEL die Inszenierungskunst in den räumlichen Bereich hinein zu erweitern suchte und die
Szenographen die Perspektive des Malers in die Theaterarbeit einbrachten, waren die Dramaturgen sämtlich auch Autoren oder Übersetzer, Schauspieler oder Regisseure, also interdisziplinär tätig.

es auch beschlossen), den Cour d'honneur (unter freiem Himmel) und die Ställe selbst
(Abb. 1). Zu Beginn war die Reithalle als Mietskasernenhinterhof eingerichtet; man bemühte sich um atmosphärische Glaubwürdigkeit:

> *Die grauen Wände ringsherum haben Fenster und ergeben das Bild einer häßlichen Häuser-*
> *front irgendwo in den Slums der großen Städte. Der Effekt ist verblüffend und wird geschickt*
> *genutzt, zu Beginn hört man aus den Fenstern die abendlichen Geräusche einer Mietskaserne,*
> *das Klappern einer Schreibmaschine, Radiomusik. (44)*

So wurde die sinntragende Stimmung des Ortes unterstützt und durch eine notwendig an
ihr orientierte Szenographie ergänzt, der örtliche Stimmungsgehalt quasi verdoppelt.

Das Publikum war in mehreren Reihen an der südlichen Schmalseite rustikal auf Holz-
bänken plaziert. So blieb ein reiner Rezeptionsbereich und damit die für die *partielle Illusion*,
aber auch kritische Reflexion nötige Distanz erhalten. In dieser Halle fand die Handlung bis
zum achten Bild des Stückes statt, danach ging Baal in den Cour d'honneur über und das
Publikum war aufgefordert, zu folgen. Dort ereignete sich das Geschehen in Süddeutsch-
land, von zwei Tribünen an der Nord- und Westseite betrachtet. Anschließend wechselte
man in die Ställe über, wo die Zuschauer in die Boxen oder auf die Galerie darüber gestellt
wurden. Hier waren sie nicht mehr aus dem Geschehen herausgelöste Betrachter, sondern
– sich gegenüberstehend – füreinander Teil der Szenerie und während einer Szene am
Hafen, wo Schauspieler zwischen den Betrachtern auf eine imaginäre Abreise warteten,
hautnah an der Situation. Die letzten Szenen fanden schließlich wieder in der Reithalle statt,
die ein afrikanischer Lebensraum zu sein suggerierte und so schloß sich der Baalsche Lebenskreis und der Zyklus der Rezeptionswanderung.

Engel und Rieti hatten hier eine Eigenheit des inszenierten Textes in einen räumlichen
Code übersetzt und dafür einen Ort gefunden, der ihre Auffassung des Stückes repräsentierte und mittrug. Damit waren Konzeption und Aufführungsort so unlösbar miteinander
verwoben, daß diese Inszenierung nicht auf Gastspielreise gehen konnte.

Umgekehrt hingegen ließ Engel 1985 für Molières MENSCHENFEIND das Maison de la
Culture in Bobigny bei Paris in einen Pferdestall verwandeln. Auch in diesem Fall entwarf
Nicky Rieti die Ausstattung und entsprang die Wahl des Aufführungsortes konzeptionellen
Überlegungen. Die räumliche Annäherung an das Stück erfolgte aber auf entgegengesetzte
Weise, denn beide Stücke sind ja denkbar unterschiedlich: Während das Gestüt in Straß-
burg als atmosphärischer und die Kommunikationsbedingungen prägender Faktor einge-
setzt, aber gleichzeitig in Schauplätze des Stückes verwandelt wurde, war das Kulturzentrum
zwar ein metaphorischer Stall[28], aber auch genau als Stall und damit als eigenwilliger Schauplatz für Molières Stück gemeint. Es galt in Straßburg, die ureigene Stimmungsqualität des
Ortes für die Inszenierung fruchtbar werden zu lassen, während in Bobigny die untheatra-

---

28 Das Kulturzentrum ist insofern variabel, als die Sitze demontiert und der Saal als einstufige Halle einge-
    richtet werden kann, was ENGEL und RIETI ausnutzten. (s. dazu DUPAVILLON IN: ◇2 Der Raum des
    Theaters S.74)

lische Qualität des Versammlungsraumes durch die Illusion eines Realortes überwunden werden sollte. Die Strukturen der Orte ermöglichten verschieden geartete Bewegungs-spielräume: Im Kulturzentrum blieben Zuschauer und Spielraum ortsfest und unverändert. Im Pferdegestüt hingegen folgten die Zuschauer dem Geschehen, indem sie gemeinsam mit den Darstellern verschiedene Räume aufsuchten, mit der Handlung mitwanderten.

——•◦•——

In Hotels ereignen sich im Laufe ihrer Geschichte unvorstellbar viele Geschichten, am gleichen Ort und doch nahezu vollständig isoliert voneinander. Schon die Struktur des Gebäudes zielt auf die Individualisierung der Vielzahl. Es sind somit per se theatralische Orte, an denen auch die Inszenierung der Zuschauer kaum zu einem Gefühl des In-der-Masse-Seins führen kann, sondern notwendig zu ihrer Vereinzelung führen muß.

Dieses Umfeld wählten André Engel und Bernard Pautrat dann 1979 für eine Collage aus Texten von Franz Kafka, aus denen sie Szenen in einem imaginären *Hôtel Moderne* zu-sammenstellten und die einzelnen Zuschauer in ein Spiel mit ihrer Rezeptionsrolle und einem fiktiven Beteiligtsein verstrickten. Die Straßburger Stadtverwaltung stellte dafür ihren leerstehenden Nebenbau aus dem 19. Jahrhundert in der Rue Brulée zur Verfügung, der im Anschluß als Konservatorium eingerichtet werden sollte. Das Gebäude war für die Bedürf-nisse der Behörde zu klein geworden und wurde in seiner Funktion durch einen Neubau an anderer Stelle ersetzt. Angesichts des Theaterprojektes zeigte man sich kooperativ und verschob den Umbau für die notwendige Weile. Engel, Pautrat und Rieti verwandelten das Bürogebäude mit dem historischen Flair stattdessen in ein ›richtiges‹ Hotel mit Zimmern, Rezeption und Halle im Stil der 20er Jahre[29]. In der Inszenierung spielten die Schauspieler das Hotelpersonal und behandelten die Zuschauer wie Hotelgäste. Durch einen feinge-sponnenen Zeitplan, nach dem exakt jede Stunde ungefähr acht bis zehn Zuschauer einge-lassen wurden und damit in das Spiel einstiegen – oder scheinbar im Hotel abstiegen –, war der Ort ständig wie ein Hotel belebt und die Gruppe der ›Neuen‹ wurde mit schon einge-führten *Gästen* konfrontiert. Der Ablauf des Arrangements entsprach ebenfalls dem aus der Realität Gewohnten: Es begann mit der Begrüßung an der Rezeption und der Übergabe eines Zimmerschlüssels an jede einzelne Person. Dann wurden die Ankommenden in die Halle geführt, wo sich bereits *Gäste* aufhielten und nahmen gemeinsam mit diesen an einer Art Show teil. Dabei lernten sie nach und nach die im Hotel Arbeitenden, ihre Beziehungen untereinander wie ihre Eigenheiten kennen und so wurde allmählich die perfekte, unper-sönliche Hotelfassade brüchig, die Perspektive individueller. Livrierte Bedienstete führten im Anschluß daran die Gäste in Einzelzimmer, wo jeder erst einmal für sich blieb. Während-dessen spielte unter den Fenstern im Hof eine traurige Geschichte um zwei bettelnde

---

29 Eine Umgestaltung, die die französische Sprache geradezu nahelegt, denn ›hôtel‹ kann da sowohl ein großes Privathaus oder ein öffentliches Gebäude, wie eine Behörde, oder eben ein Hotel bezeichnen.

Frauen und einen Charly Chaplin, den schließlich ein Hund tötet. Dann rückte ein Livrierter jedem *Hotelgast* in bedrohlicher Weise mit der Erzählung von einer Martermaschine nahe und spätestens von da an war aus dem beharrlichsten Rezipienten des Spektakels ein Betroffener geworden, denn konfrontiert mit einem nur ihn ansprechenden Schauspieler wurde rein rezeptive Passivität unmöglich, die Grenze zwischen Fiktion und einem realen Erlebnis zerfloß endgültig. Schließlich wurde die Gruppe über andere Gänge wieder aus dem Spiel entlassen (45).

All dies wurde ausschließlich mit Textpassagen aus Kafkas Werk unter dem Titel KAFKA – THÉÂTRE COMPLET inszeniert und um kafkaeske Bild-Arrangements und Situationen bereichert. Pro Abend lief der Prozeß dreimal ab.

> *Es muß vorher gesagt werden, daß es nicht darum geht, nach einer szenischen Adaption irgendwelcher Schriften Kafkas zu suchen, Kafka muß man lesen. Umso mehr kann man davon träumen, ein unidentifizierbares, theatralisches Objekt zu erfinden, das ein Äquivalent oder eine geordnete Übersetzung der literarischen Zeichen Kafkas sein kann; ein Puzzle K, das man mehr oder weniger leicht zusammensetzen kann (..),*

erläuterten Engel und Pautrat ihre Absichten im Programmheft. In der Hauptsache diente dieses *Puzzle K* dazu, dem Zuschauer eine ungewohnte und ungewöhnliche Teilnahme an einem theatralischen Spiel anzubieten. Er befand sich inmitten der Handlung, bekam sogar eine Rolle zugewiesen und mußte mehrfach wechselnde Distanzen dazu leben. Er konnte sich nicht hinter einem Rezeptionsritus, in der Sphäre eines reinen Rezeptionsraumes verschanzen und auch nicht in einer anonymen Menge verlieren, denn alles steigerte sich schließlich bis zu seiner totalen Vereinzelung – im Einzelzimmer. Der Aufführungsort hatte nichts mehr mit dem üblichen Ort theatraler Betrachtung gemein, sondern das *Hôtel Moderne* wurde zu einem Erlebnisraum, der konkret benutzbar und sinnlich erfahrbar, der echt war, in den man einging, um die Distanz zu Raum und Geschehen zu verlieren. Eine literarische Geisterbahn, in der an einem für die Moderne so typischen Ort der nur scheinbaren Beheimatung der eigentlich Unbehausten, der Rast der eigentlich Rastlosen die moderne Empfindungswelt als albtraumhafter Kampf gegen das totale Ausgeliefertsein an die Vereinzelung und an die eigene Angst vor der völligen Hilflosigkeit zu einer Versuchsanordnung jeweils persönlicher Erfahrung arrangiert wurde. Damit ging man noch einen Schritt über die im Theater und auch im Film übliche partielle Illusion hinaus zu jener perfekten Illusion weiter, die von der Realität nicht mehr zu unterscheiden ist, weil sie dem alltäglichen Vorgang der Projektion eigener Wünsche und Ängste auf den jeweiligen Realitätsausschnitt entspricht. Durch Isolierung und Ansprache des **einzelnen** Besuchers wurde die Grenze der Fiktion fast überschritten und somit das völlige Gegenteil des konventionellen Rezeptionsrituals, das nach feststehender Etikette abläuft, erreicht. Es muß nicht erwähnt werden, daß in einem solchen Prozeß die Verklammerung von Darsteller und Rolle ungleich enger ist und in der Rollengestaltung mögliche Reaktionen der Angespielten ohne Verabredung, spontan aufgefangen werden müssen. »*Etiquette and rudeness are opposite means to the same end: helping people to avoid contact when such contact threatens to be too intense.*« (46) Die Etikette war aufgehoben. Als einziger Ausweg aus dem totalen Kontakt wäre also nur noch besagte Grobheit geblieben.

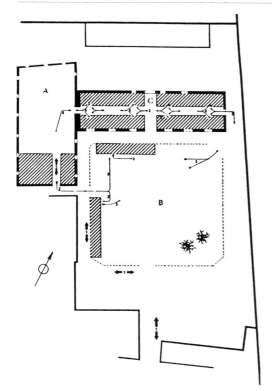

1 André Engel/Nicky Rieti: Nutzungsschema für
   Brechts »Baal« im Haras de Strasbourg (1977):
   •1 Eingang A Reithalle, Schauplatz des ersten
   Teils •2 Weg zum zweiten Teil B Cour
   d'Honneur, Schauplatz des zweiten Teils
   •3 Weg zum dritten Teil C die Ställe,
   Schauplatz des dritten Teils

2b Bernard Pautrat/Ellen Hammer/
    Klaus Michael Grüber/Antonio Recalcati:
    »Rudi« nach Bernhard von Brentano im
    Hotel Esplanade (1979), Installation

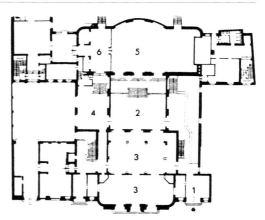

2a Hotel Esplanade, Berlin: •1 Eingang
    •2 Palmenhof •3 Halle •4 Frühstückssaal
    •5 Speisesaal •6 Halle

2c Der Vorleser

2d Blick aus dem Gebäude auf den Mauergürtel

Im gleichen Jahr, 1979, enstand in Deutschland ebenfalls unter der dramaturgischen Leitung Bernard Pautrats das Projekt RUDI im ungenutzten Hotel Esplanade in Berlin (Abb. 2a). Das Konzept entwickelte Pautrat gemeinsam mit der Dramaturgin Ellen Hammer und dem die Gesamtleitung innehabenden Regisseur Klaus Michael Grüber. Der Titel entstammte Bernhard von Brentanos Novelle über das Leben und frühe Sterben des Arbeiterkindes Rudi, die den Textkörper des Arrangements bildete, und der Maler Antonio Recalcati schuf für diesen Ort ein System assoziativer Bildelemente (Abb. 2b) (47). Der Prosatext wurde von einem Schauspieler, der in einem der Räume vor einem Kamin saß, gelesen und über Laut-sprecher in allen gestalteten Räumen hörbar gemacht (Abb. 2c), während die 99 Zuschauer durch Recalcatis Raum-Arrangements wanderten. So bewegte sich der je einzelne Zuschauer in diesem ansonsten statischen Arrangement und bestimmte selbst Art und Rhythmus seiner Rezeption. Dabei waren nicht nur die Innenräume des ehemaligen Hotels, das, um die Jahr-hundertwende erbaut, seinen Höhepunkt in den für Berlin so wichtigen 30er Jahren erlebt hatte, den Eigencharakter des Ortes respektierend verändert worden – Aussageträger des RUDI-Projektes war auch seine Lage direkt an der Berliner Mauer, die dem Hotel den Vorhof abschnitt, in immer noch unbelebter Gegend, die deutlich die schlecht verheilten Narben der Berliner, der deutschen Geschichte zeigte. Der Blick durch das Fenster ver-knüpfte unwillkürlich Innen und Außen (Abb. 2d).

Der aufschlußreiche Vergleich mit dem *Hôtel Moderne* drängt sich auf: Das Hotel Esplanade war wirklich einmal ein Hotel gewesen, so daß die Spuren des Hotelbetriebs unverändert in Dienst genommen werden konnten. Die Gestaltung der Räume schuf also keine Illusion, wie im *Hôtel Moderne*, sondern konfrontierte die historische Qualität des Baus mit dem von ihm ausgelösten assoziativen Arrangements. Das Gebäude und seine Umgebung waren die Hauptdarsteller. Das Arrangement schuf ein Bewußtsein für ihre Existenz in einer spre-chenden Umgebung, für ihre Geschichte und die Narben und Spuren, durch die sie immer noch spürbar gemacht werden konnte. Auch der Inhalt der Novelle diente dazu, ein Stück Berliner Geschichte wie mit Archäologenhand ans Licht der Gegenwart zu ziehen, während die Straßburger Schauspieler mit Texten von Kafka eine fiktionale Welt erzeugten, in die die Zuschauer als Teilhabende eingingen. So waren in Berlin die Besucher sich selbst, ihren Gedanken und Eindrücken überlassen. Sie glichen eher Ausstellungsbesuchern als Theater-zuschauern (von welchem theatralischen Vorgang auch). Der Text war dabei für sich selbst genommene, ausgestellte Prosa. Gebäude, Ort und Geschichte waren ein Stück in jenem Augenblick wieder wahrgenommene Realität. Sie bildeten etwas, das Pautrat im Programm-heft den *Prolog zu den Geheimnissen einer Großstadt – BERLIN* nannte. Die Inszenierung war eine Art geistiger Denkmalschutz.

Wurde in Straßburg mit der Rolle des Zuschauers im Theatervorgang gespielt, bewegte man sich in Berlin auch, aber auf andere Weise an den Grenzen des Theaters – oder über-schritt sie bereits: Denn versteht man Theater als vom Menschen gestaltete ästhetische Ereignisabläufe in Raum und Zeit, die sich vor Beiwohnenden vollziehen, wird man Georg Hensel zustimmen, der in seiner RUDI-Rezension schrieb:

> *Es ist kein Theater mehr der Sprache, sondern der vereinzelten Sätze, der Räume, der Signale, der Bilder- und Gedankenketten vereinsamter Zuschauer, die zwischen realer Architektur und träumerischen Theaterdekorationen nicht mehr zum Publikum zusammengefaßt werden, son-*

dern isoliert bleiben, entlassen in sich selbst. Von hier ist es nur noch ein kleiner Schritt zu einem Theater, das auf Sprache ganz verzichtet, zu den ›Performances‹ der bildenden Künstler. (48)
In Straßburg wurde ein Ort als künstlerisches Symbol unserer modernen Geistesverfassung inszeniert. Die Realistik des Ortes Hotel Esplanade wurde hingegen mit Symbolen, die einem künstlerisch-analytischen Zugriff auf die Realität entstammten, konfrontiert. Daran konnte sich auf einem stark vergeistigten Niveau eine Sensibilität für die Dinge und Zusammenhänge unserer Umwelt ausbilden. Auf verschiedene Arten und mit verschiedenen Mitteln wurde der Rezipient zum isolierten Individuum, das sich mit dem Kollektiven auseinandersetzen muß. Das eine Mal ging seine ›Reise‹ nach innen, in seine von kollektiven Lebensängsten erfüllten Seelenwelten, das andere Mal zurück in die Tiefen der Geschichte. Weiter kann man von der missionarischen, politischen Attitüde des Theaters der frühen 70er Jahre kaum abrücken. Viel weiter die Grenzen des Theaters nicht mehr stecken, ohne sie aufzulösen.

Die ganze Reihe der Beispiele dieses Abschnitts zeigt die Kraft des Theaters, sich in Gebäude der verschiedensten Art auf verschiedene Weise einzufügen und sie nicht nur zu nutzen, sondern auch zur Voraussetzung des theatralen Ereignisses werden zu lassen; aber auch die Macht, das scheinbar so enge Verhältnis von Bauwerken zu ihrer Funktion, von Orten zu ihren Bedeutungen ganz nach Belieben infragezustellen oder zu bekräftigen, zu negieren, zu thematisieren oder zu benutzen.

Klaus Michael Grüber: Theater in den Räumen der Geschichte

Schon vor dem RUDI-Projekt hatte Klaus Michael Grüber außergewöhnliche Produktionen außerhalb des Schutzraums eines Theaterbaus inszeniert: Als er 1975 nach Paris ging, um Goethes FAUST in der Obhut des subventionierten Théâtre du Chaillot zu entwickeln, suchte er nach einem Ort von geeigneter Eigenästhetik, einem gestimmten Ort, als Gegengewicht zur Inszenierung. Er fand ihn in der zwischen 1670 und 1677 erbauten Chapelle St. Louis, der Kapelle des Hospitals Salpétrière. So wichtig war ihm der Dialog mit der Räumlichkeit, daß er die Produktion FAUST SALPÉTRIERE betitelte:

Faust Salpétrière bezeichnet eher eine Unterschlagung. Am Ausgangspunkt: Zwei vollkommene Gebilde, zwei vollständige Architekturen, völlig verschieden voneinander: eine Kirche, ein klassisches Stück. Wir haben nicht versucht, das eine dem anderen anzupassen: weder eine Kirche für einen ›Faust‹, noch ein ›Faust‹ für eine Kirche. Wir haben uns eher bemüht, beide anzugreifen,
beschrieb Bernard Pautrat, der auch schon dieses Projekt Grübers dramaturgisch betreute, im Programmheft den Ausgangspunkt der Inszenierung.

Nicht allein die Tatsache, daß es sich bei der Chapelle St. Louis um eine Kirche handelt, macht sie als Aufführungsort besonders[30], sondern ihren speziellen Charakter verdankt sie

---

30 Kirchen waren ja schon im frühen Mittelalter die Aufführungsorte biblischer Spiele. Gleichzeitig sind sie Bauten, hinter deren Architektur das jeweils gültige Bild des Verhältnisses zwischen Gott, Kirche und

ihrer Funktion im Salpêtrière-Komplex. Dieser, heute ein Krankenhaus, diente ursprünglich
meist gleichzeitig als Obdachlosenasyl, Erziehungsanstalt, Frauengefängnis, Hospital, Alters-
heim und Irrenhaus. Entsprechend wurde die Kirche so angelegt, daß die verschiedensten
Salpêtrière-Insassen gemeinsam dem Gottesdienst beiwohnen konnten, ohne einander zu
begegnen: Im Rahmen der Gesamtgestalt eines griechischen Kreuzes münden vier Schiffe
und vier Kapellen in den zentralen oktogonalen Chorraum. Im Dialog mit diesem Raum
und seiner Gestimmtheit goß Grüber gemeinsam mit den beiden Künstlern Gilles Aillaud
und Edoardo Arroyo den stark gekürzten und zum Teil neu übersetzten Text Goethes in
Bewegung und assoziative Bilder um.

> *Weil das Spiel hier, an diesem Ort, nicht wirklich Spiel im Sinn des Theaters ist, weil die Kirche
> nicht mehr wirklich Kirche ist, kann sich Goethes Drama in der andauernden Spannung ereig-
> nen zwischen seiner punktuellen Erscheinung und seinem Verschwinden, also in Klammern.
> Wir schlagen deshalb einen immer wieder aussetzenden, unterbrochenen, unzusammenhän-
> genden ›Faust‹ vor. Einen Schrumpf-Faust. (49)*

Trotzdem entfaltete sich die ganze Inszenierung über fünfeinhalb Stunden hinweg, woran
abzulesen ist, daß das Hauptgewicht der Aussagen visuell vermittelt wurde. Durch die Kür-
zung des Textes und die Zusammenfassung beider Dramenteile im Rahmen eines Abends
gewichtete Grüber Fausts Lebensweg auf ausgesprochen persönliche Weise. So reduzierte
er die populäre Gretchen-Tragödie auf das Notwendigste. Und die einheitliche Kostümie-
rung reduzierte die Figuren, ob Gottvater oder Geistwesen, mythische Figur, Faust oder
Gretchen, auf graubemäntelte, mit *Seelenkoffern* ausgestattete Reisende, die sich nur teilweise, durch sparsame Requisiten gekennzeichnet, voneinander unterschieden.

Für die Ereignisse vor Fausts Lebensreise in der Obhut Mephistos wurden die Zuschauer auf Tribünen im Zentralraum der Kirche plaziert (Abb. 1), danach wanderten sie
durch die verschiedenen, ausgestalteten Schiffe und Kapellen, in denen Grüber, Arroyo und
Aillaud environment-artige Szenerien für die Schauplätze des FAUST II eingerichtet hatten:
Ein Sammelsurium aus Glücksspielautomaten und Requisiten verschiedenster Herkunft für
die *Kaiserliche Pfalz* nebst Arrangements aus Hunderten von Käseschachteln, faulendem
Obst und Nahrungsmitteln; ein Meer und ein Berg aus Stühlen, auf denen brotgebackene
Vögel saßen; ein Heer von eingetrockneten Rotweingläsern. Die Wissensskepsis wurde im

Gläubigen in kirchlichem Bauauftrag verkörpert wird, ein Bau, in dem der göttliche Geist in seinen Symbolen
anwesend gewähnt wird. Begibt sich also heutzutage ein Theater, längst auf die profanen Themen spezialisiert,
in die Kirche, muß es sich mit dem dort materialisierten Weltbild auseinandersetzen. »Die Architektur der
Kirche spricht ihre eigene Sprache, was in der Kirche geschieht, muß diese Sprache nicht weitersprechen,
aber muß sie bedenken«, beschrieb der Hannoversche Superintendent Hans Werner DANNOWSKI in
seinem Essay zum Thema ›Theater und Kirche‹ das besondere Verhältnis beider (IN: DIE DEUTSCHE
BÜHNE 12 (1987) S.14f.). Dies ist ja schon insofern nicht zu vermeiden, als Anlage und Gestaltung der
Kirchenräume dafür geschaffen sind, ausgeprägte Stimmungen hervorzurufen. Hier ergibt sich durch den
vergleichsweise hohen Grad symbolischer Bedeutsamkeit vielmehr eine Reibung, die in einem Theaterraum, dessen ursprüngliche Gebrauchsfunktion ja beinhaltet, »als jeder beliebige andere Ort zu gelten«
(✧18 Erika FISCHER-LICHTE I S.18), nicht stattfinden kann.

ersten Teil durch den Lärm einer Druckmaschine kommentiert, die Zeit durch ein Perpetuum mobile aus Seilen im Zentralraum und einen aufgestochenen, ausrieselnden Sandsack sichtbar gemacht. In dieser Inszenierung fand also nicht nur der Dialog zwischen einem Text- und Architektursystem statt, sondern als dritte Komponente kam noch ein System visueller Zeichen hinzu, das der Inspiration durch die beiden anderen entsprang (50).

Grüber benutzte die Reibung des Stückes und seiner Aufführungstradition an der Geschichte und Bedeutung dieses Kirchenraums als mächtige Inspirationsquelle für die von ihm und den Künstlern geschaffenen theatralischen Situationen, die räumliche Struktur als Faktor dramaturgischer Strukturierung, die Atmosphäre des Raums als Assoziationen freisetzenden Stimmungsträger und dazu auch noch die Stimmung des gesamten Hospital-Komplexes, des gesamten Ortszusammenhangs, indem er die rund 300 Zuschauer außen um die Kapelle herum in die Schiffe und Kapellen auf der gegenüberliegenden Seite führen ließ. Seine Ortswahl galt nicht einer Kirche als Symbol göttlicher Gnade, gläubiger Meditation, biblischer Geschichte(n) oder traditioneller musikalisch-theatraler Praxis, sondern der spezifischen Ausstrahlung dieses konkreten, von Geschichte und Atmosphäre angereicherten Ortes, dessen sakrale Virulenz dem Spiel dienstbar, aber nicht Thema war.

Dieses Projekt führt ins Zentrum von Grübers Theaterarbeit, aus deren genauem, ernsthaftem Studium des Textes er stets etwas ganz Eigenes, ins Nonverbale Mündendes, aber ebenso vorsichtig Tastendes, Entwerfendes, noch im Arbeitsprozeß Befindliches bildet, das Fragen stehen lassen kann und permanent unterwegs bleibt.

> Grüber scheint weniger zu gestalten als zu entwerfen. Er komplettiert durch Inszenierung nie einen Text der Literatur. Theater als Reproduktion ist für ihn kein Gesichtspunkt, da seine eigene Produktivität beim Lesen der Texte etwas ganz anderes, zweites wahrnimmt. Im Text sieht er den Bei-Text, vom Wort wandert er weiter in die bildende Kunst, und nistet, darstellend, in der Zwischenzone. Von den dort entworfenen Bildern her nimmt man die historische Gestalt der Texte kaum noch wahr, obwohl sie ganz in Grübers Bildern (›textgetreu‹) geborgen sind. Aber auch seine Bilder sind nicht eindeutig. (..) weder treibt der Text die Bilder noch ziehen die Bilder den Text. Überall spürt man eine Scheu, sich festzulegen. Statt mit fester arbeitet Grüber mit fließender Kontur, mit Ineinander-Übergehen von Bewegungen und Spiegelungen von Bewegungen; mit Paraphrasen, Assoziationen, mit der kurzfristigen Poetisierung banaler Gegenstände, mit unerwartetem Hervorheben unsichtbar gewesener Qualitäten. (51)

Er produzierte ein räumlich denkendes Theater von unerschöpflicher Bildphantasie.

Hatte Grüber mit FAUST nun eine klassische, wenngleich extreme Geschichte an einem Ort mit einer seinerseits von extremen Erscheinungen des Lebens erzählenden Geschichte inszeniert, steigerte er den Extremismus des von ihm Erzählten noch weiter, indem er auch Schauspieler und Zuschauer den theatralen Prozeß unter extremen Bedingungen vollziehen ließ. Im Dezember 1977 veranstaltete er in Berlin aufsehenerregendes Freilichttheater unter dem Titel WINTERREISE IM OLYMPIASTADION – TEXTFRAGMENTE AUS HÖLDERLINS ROMAN ›HYPERION ODER DER EREMIT ZU GRIECHENLAND‹. Bei diesem Projekt nahm er noch einen anderen Schwerpunkt seiner Arbeiten der letzten Jahre wieder auf und verschmolz beide. So hatte er sich schon im Dezember 1975 in der Schaubühne am Hall-eschen Ufer mit der Produktion EMPEDOKLES – HÖLDERLIN LESEN mit Hölderlin be-

1   Klaus Michael Grüber/Gilles Aillaud/Edoardo
    Arroyo: »Faust Salpétrière« (1975), Szenenfoto

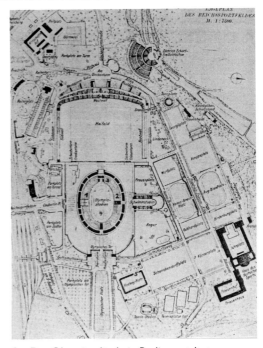

2a Das Olympiagelände in Berlin, gestaltete
    Bereiche: •1 Haupttribüne
    •2 Friedhofsarrangement •3 Marathontor
    •4 Anhalterbahnhofskulisse •5 Hockeystadion
    (Numerierung lt. Verf.)

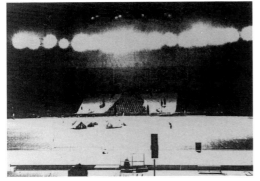

2b

2c

2d

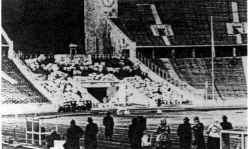

2b–d Klaus Michael Grüber/Antonio Recalcati: »Winterreise im Olympiastadion« (1977),
    Szenenfotos

schäftigt und konfrontierte nun, wie eben auch schon bei FAUST SALPÉTRIERE dessen inspirierenden HYPERION-Text mit einem ausgeprägt gestimmten Ort, ließ sie gleichsam miteinander reagieren. Danach führte das RUDI-Projekt schließlich dieses Konzept an seine Grenzen (52).

Eigentlich wollte Grüber mit den Schauspielern der Schaubühne noch im Sommer 1977 Anton Tschechows Einakter AN DER GROSSEN STRASSE im Olympiastadion erarbeiten, doch im Laufe des Herbstes setzte sich die Idee durch, mit Texten Hölderlins auf künstlerische Weise Stellung zur deutschen Gesellschaft zu beziehen. Zur Wahl des selbst in diesem Zeitraum der häufigen Umnutzungen ungewöhnlichen Aufführungsortes schrieb das Produktionsteam[31]:

Der Ort der Reise ist kein Theater, sondern das Berliner Olympiastadion. Dieser Aufführungsort ist nicht aus theatralischen Überlegungen heraus gewählt worden, sondern wegen seiner für eine solche Reise extrem reichen, sichtbaren Historizität. 1936 erbaut, um eine bestimmte Idee vom Menschen und seinen physischen Möglichkeiten zu preisen und um die Erinnerung an ein Griechenland wiederzubeleben, das sich mit Hölderlins Griechenland-Sehnsucht deckt und sich von ihr gleichzeitig radikal entfernt, gibt das Olympiastadion die Möglichkeit, den Sinn der Hölderlinschen Reise präzise in das Zentrum einer deutschen Geschichte zu setzen, von der es nicht getrennt werden kann. (53)

Seit dem 20. Oktober wurde vorwiegend im benachbarten kleineren Hockeystadion geprobt, bis dann ab dem 1. Dezember achtmal einem aus 800 Personen bestehenden Publikum die Ergebnisse aus diesem Arbeits- und Reflexionsprozeß vorgeführt wurden. Man setzte die Zuschauer auf die Haupttribüne (Abb. 2a: N°1). Die gegenüberliegende Tribüne gestaltete Recalcati als Friedhof durch in Leichentücher gehüllte Bänke, schlichte Holzkreuze, dazwischen Zypressenbäumchen (N°2 und Abb. 2b). Links davon befand sich, von der Olympischen Flamme illuminiert, das Marathon-Tor, dessen Treppe in Unmengen von Pappkartons unterging (N°3 und Abb. 2c). In der Mitte des Spielfeldes (N°4 und Abb. 2c) war eine Zeltstadt errichtet und das rechte Fußballtor durch eine Kulisse des Anhalterbahnhofs ersetzt, neben der sich eine Imbißbude befand, während das gegenüberliegende Tor unverändert blieb. Die Anzeigetafel gab statt Spielergebnissen Hölderlins Texte in Leuchtschrift wieder (54).

Diese Beispiele der (Um)Gestaltung des Stadions mögen zeigen, wie neue Elemente, gleichsam Metaphern oder Kommentare zur deutschen Geschichte in die Erscheinung dieses Nutzbaus eingefügt wurden, gleichzeitig die eigentliche Funktion aber nicht überspielt oder kaschiert wurde, sondern, im Gegenteil, darauf angespielt, wenn Recalcati die Linien des Spielfeldes nachziehen ließ, überall Sportgerät verteilte, die zum Stadion gehörende Plastik des Roßbändigers von Josef Wackerle nachgebaut und am Ende der WINTERREISE verbrannt wurde, und wenn Grüber neben den Darstellern, die immer wieder sportliche Aktionen wie Hürdenläufe, Sprints, Ballspiele.. vollführten, acht Sportler in ihrem ursprünglichen

31 – neben GRÜBER bestehend aus Hannes KLETT (Regie-Mitarbeit und Organisation), Antonio RECALCATI (Szenographie), Ellen HAMMER und Bernard PAUTRAT (Dramaturgie).

Betätigungsfeld an die Seite stellte (ebenso Handwerker, Fotoreporter, Kameraleute). Die vom Ort nahegelegten Bedeutungen materialisierten sich also in einem entsprechenden ortsspezifischen Kanon proxemischer Zeichen (55).

All die ästhetischen Akzente vermochten die Gestimmtheit des leeren Stadions allerdings kaum zu überdecken. In diesem weiten, leeren und dämmerlichtig gehaltenen Spielrund wurde Hyperions Reise zu einem Marathonlauf, das Hölderlinsche Griechenland-Ideal mit der heutigen Idee von Olympia und der des Nationalsozialismus genauso wie mit Bildern für die Ideologien, die sich dahinter verbergen, konfrontiert.

Das Stadion selbst legt solche Ansätze nahe: 1934-1936 für die XI. Olympischen Spiele durch den Architekten Werner March an der Stelle des Deutschen Stadions von 1913 errichtet, legte man Wert darauf die Gesamtheit der Sportanlagen im Sinne der antiken Idee »inmitten einer schönen Landschaft« anzulegen. Aufgrunddessen kam einzig der Standort des Deutschen Stadions in Frage (56). Noch heute ist das Stadion als Austragungsort sportlicher Wettkämpfe, vor allem der Fußball-Bundesliga in das städtische Leben integriert und erfüllt also auch noch im Rahmen unserer gesellschaftlichen Rituale eine Funktion. Fügt man dieser Geschichte des Bauwerks die Gedanken Hölderlins zu Deutschland hinzu, entsteht unweigerlich eine Reibungsfläche für die Auseinandersetzung mit dem Deutschsein zu verschiedenen Zeiten; als Teil der Gesellschaft und Teilchen im Geschichtsablauf konnte sich jeder betroffen fühlen und sich seine eigenen Gedanken dazu machen.

Aber auf noch viel direktere und sinnlichere Weise waren die Zuschauer Betroffene: Eine WINTERREISE wollte Grüber vorführen. Wie weit auch der Assoziationsteppich dieses Begriffs zu jenem Zeitpunkt reichen mag[32], spürbar wurde seine Bedeutung vor allem durch die Kälte der Dezembernächte, der sich die Beiwohnenden, meist bloß durch die vom Theater bereit gehaltenen Wolldecken geschützt, im wahrsten Wortsinn ausgesetzt sahen. Sie waren genau wie die Protagonisten mit wärmender Kleidung ›kostümiert‹ und die Kälte wurde zu einem Mitspieler, ohne gemimt werden zu müssen. Auch dies ein Aufeinanderprallen der Hölderlinschen Griechenland-Liebe mit der Deutschland-Kritik: in Deutschland ist das Wettspiel im olympischen Hain meist ganz anderen Temperaturen ausgesetzt. Und nicht zuletzt waren unter solchen Bedingungen auch Text und Spielende Ausgesetzte: Während die Schauspieler im gesamten Rund der Sportarena agierten, schrumpften sie vor der riesigen Kulisse zu Zwergen, entfaltete sich die Ästhetik der Inszenierung über Distanzen und extreme Perspektiven, die uns höchstens aus Filmeinstellungen vertraut sind, hier aber nicht mit Hilfe der Technik beliebig überbrückbar waren. Über diese Entfernung konnte auch das Deklamieren der Texte nurmehr erahnt werden. Die einzige (techni-

---

32 Rolf MICHAELIS schrieb seine Gedanken und Entdeckungen angesichts dieses Titels für DIE ZEIT vom 9.12.1977 nieder: Für ihn waren in der WINTERREISE inbegriffen ▶ die Reise Hyperions ▶ der darin sich ankündigende Lebensweg HÖLDERLINS, der in den Wahn mündete ▶ Anklänge an Franz SCHUBERTS letzte Komposition, die GRÜBER in die Inszenierung einbezog ▶ die erste deutsche Polizei-Aktion gegen den Terrorismus ▶ der Standort des Schauplatzes an der Berliner Mauer ▶ die politische Situation in beiden deutschen Staaten.

sche) Hilfe blieb die Anzeigetafel des Stadions und wie schon bei der Pariser FAUST-Insze-
nierung trat auch hier der Text weit hinter seine Geschwisterfaktoren Raum, Bildwelt und
Aktionen zurück. Diesmal mußte er vollends an den Bewegungen und Bildern abgelesen
werden, die er anregte.

Im Berliner Olympiastadion versetzte Grüber das Theater, dieses ephemere Ereignis,
unter die sich ebenfalls stets wandelnden Bedingungen eines unbehausten Ortes. Im
Theaterbau kann man sich durch die Konzentration auf den jede Aufführung überlebenden
Text, die konventionellen Theaterrituale oder die unveränderte Existenz eines Nutzbaus
Theater über die völlige Vergänglichkeit dieser Kunst hinwegtäuschen; im Stadion, abhängig
von Wetter und Temperatur als wichtigen ästhetischen Faktoren, scheint dem Spiel die
Qualität eines flüchtigen Gedankens zur Situation der Gegenwart und ihrer konsequenten
Entstehung aus der Vergangenheit anzuhaften. Gleichzeitig wird das bloße An-diesem-Ort-
Sein, die Erfahrung von Raum als Grundbedingung und -erfahrung menschlicher Existenz
und der Kontrast zwischen der Dauer gelebter und gebauter Ideen selbst zu einem theatralischen Ereignis. Das Projekt stellte sich den Folgen der zunehmend technisch vermittelten
Annäherung an räumliche Phänomene ebenso wie dem technisierten Theater entgegen.
Durch die betont visuelle Inszenierung öffnete sich das Bewußtsein zwingend für die Architektur,
ihre Historizität wie ihre Gegenwärtigkeit, ihr Gewordensein wie ihr Dasein, ihre Zeichenhaftigkeit und gleichzeitig ihre Benutz- wie Umnutzbarkeit.

Luca Ronconi: Der Aufführungsort als Forschungsgegenstand

Luca Ronconi, der 1970 mit seinem alle räumlichen Grenzen sprengenden Spektakel
ORLANDO FURIOSO auch außerhalb Italiens bekannt wurde, suchte mit seiner Arbeit
nicht nur einfach nach anderen Orten und Räumen, sondern interessierte sich für das darin
möglich werdende andere Verhältnis des Theaters zu seinem Publikum, suchte nach effizien-
teren Methoden, künstlerische Botschaften im Rahmen des Theaters zu vermitteln. Damit
löste er sich ganz bewußt von dem in Italien Üblichen ab, ohne die Tradition abzulehnen, die
er dort vor allem als Operntradition verstand (57). Dennoch ist Ronconis Arbeitsgebiet
das Schauspiel. Er, der ausgesprochen viel im Ausland inszenierte, hatte das Bedürfnis, mit
einer festen, vertrauten Gruppe arbeiten und experimentieren zu können, ohne zugleich
unter den Belastungen des Organisatorischen und der Ortsgebundenheit leiden zu müssen.
Wenn Ronconi zunehmend immobile Konzepte entwickelte, muß das auch als konstruktive
Opposition zum italienischen Tournee-Betrieb verstanden werden, als Versuch, dazu eine
Alternative zu entwickeln und ein Publikum dafür gewinnen und formen zu können[33]. So

---

33 In einem Offenen Brief plädierte RONCONI 1986 für ein pluralistisches Theater und das differenzierungs-
willige und -fähige Publikum, das er sich wünschte. Sein Brief hebt an: »Ich war schon immer davon überzeugt, daß nicht nur **ein einziges** Theater existiert, sondern viele, wie es auch potentiell nicht nur **ein**
Publikum gibt, und daß sich die Lebendigkeit des Theaters nicht nur an der Qualität der Aufführungen mißt

bedeutete die Wahl eines Aufführungsortes für Ronconi also auch die Wahl eines Publikums:

> *Für mich verlangt jeder Text, den man inszeniert, mit dem man eine Beziehung zum Publikum eingeht, einen eigenen Raum. Für mich ist jedes Theaterereignis etwas Neues und nicht die Anwendung starrer Gesetze oder der zehn Gebote. (..) Der Raum spielt für mich in der Tat eine große Rolle, das heißt nicht, daß ein bestimmter Text einen bestimmten Raum verlangt, sondern daß man sich vorstellen muß: Dieser Text wird unter diesen Bedingungen, in dieser Interpretation und vor allem vor diesem Publikum inszeniert. (58)*

Für ihn stand also immer Kommunikation und die bewußte Reflexion ihrer Bedingungen im Vordergrund.

Insofern bot die Stadt Prato Ronconi und einer Gruppe Gleichgesinnter die für italienische Verhältnisse außergewöhnliche Chance, fast uneingeschränkt ihre Ideen weiterentwickeln und in der Anwendung hinterfragen zu können, als sie ihnen 1976 für zwei Jahre die Arbeitsbedingungen eines *Laboratorio di progrettazione teatrale* ermöglichte. Das Labor arbeitete sieben Monate im Jahr und jedes Mitglied erhielt ein bescheidenes Entgelt von ungefähr 60 DM pro Tag. Weiterhin finanzierten die Region Toscana und verschiedene Behörden die in diesem Rahmen entstandenen drei Inszenierungen, mehrere wissenschaftliche, aber für die Bevölkerung offene Arbeitsgruppen und stellten ein Zementwerk, eine Bank und das Waisenhaus des Istituto Magnolfi als Aufführungsorte zur Verfügung. Einzige Auflage war die Dokumentation der Arbeitsergebnisse im Rahmen eines Theaterfestes im Sommer 1978. Das Interesse der Stadt Prato kann wahrscheinlich mit den Autonomiebestrebungen der Provinzen den kulturellen Zentren gegenüber erklärt werden, so daß die Stadt nicht nur an überregionalem Aufsehen interessiert war, sondern sich ihr Interesse an der Bildung und Pflege eines regionalen Publikums mit dem Ronconis verband.

Das konzeptbestimmende Thema dieses Theaterlabors lautete denn auch »*Theater und Territorium*«. Dahinter standen Fragen nach den Bedingungen theatraler Kommunikation, dem Verhältnis zwischen Theater und Aufführungsorten in der städtischen Umgebung, Theater und den lokalen Gesellschaftsstrukturen, sowie Theater und der regionalen Sprache und ihren Veränderungen. Dazu wurde außer dem Theaterprojekt, dem neben Ronconi der Dramaturg Franco Quadri, die Erfolgsarchitektin und Szenographin Gae Aulenti, die zwölf Schauspieler der Cooperativa Tuscolano und das regionale Teatro Metastasio gehörten, noch Arbeitsgruppen eingerichtet, etwa eine, die der »*Wechselbeziehung, die zwischen dem kommunikativen Prozeß der Theaterpraxis und dem konkreten Raum besteht, in dem dieser Prozeß sich abspielt*« (59) nachging, eine gruppo linguaggio, die die Veränderungen der Sprache unter einem auffälligen Bevölkerungsneuzuzug in den letzten Jahren ergründete, eine Studentengruppe, die Ronconis UTOPIA-Projekt von 1975 auf Formen der Kommunikation hin untersuchte und eine Musikgruppe, die unter der Leitung Luigi Nonos aus Chören und Kapellen der Stadt bestand. An allen Gruppen nahmen auch Prateser teil.

– die unverzichtbar ist –, sondern auch an der Beweglichkeit des Publikums und an der Möglichkeit, daß nebeneinander verschiedene Weisen, Theater zu machen, bestehen, die sich von Mal zu Mal ihr Publikum suchen.« (abgedruckt IN: THEATER HEUTE 10 (1986) S.8)

In diesem Rahmen inszenierte Ronconi Hofmannsthals DER TURM in der Halle des Fabriccione, eines ehemaligen Zementwerkes, in das Gae Aulenti einen Festsaal der Würzburger Residenz mit einer Deckenfresko-Collage nach Tiepolo nachbauen und -malen ließ, um damit einen repräsentativen Prachtbau in einen alltäglichen Ort moderner Produktion zu versetzen, zwei völlig verschiedene Gebäudetypen ineinanderzublenden. Daneben kehrte Ronconi für die Inszenierung von Pasolinis ›Lehrstück‹ CALDERON in den konventionellen Theaterbau des Teatro Metastasio, den kommunalen Theater-Altbau, zurück; allerdings nicht, ohne ihn auf unübliche Weise zu behandeln: Für diese Produktion überbaute Aulenti das gesamte Parkett, so daß es mit der Bühne zusammen zu einer großen Ebene verschmolz, auf der die Schauspieler geometrisch angelegten Linien in formalisierten Läufen und Bewegungen folgten, während das Publikum auf den Rängen saß und so von oben dem Geschehen zusah. In einem derartigen, als bürgerlich-repräsentativ verstandenen Theatergebäude ließ Ronconi also Pasolinis Diskurs über die Bourgeoisie im wahrsten Sinne ablaufen. So wurde ein Stück architektonisch-räumlicher Verkörperung des von Pasolini kritisierten Bürgertums mit eben dieser Kritik konfrontiert, gleichzeitig und umgekehrt mußte sich diese Kritik aber auch an der Ästhetik und der auf soziale Denkmuster verweisenden Gestimmtheit des Ortes bewähren. Ronconis Inszenierungsansatz fand seinen Ausdruck in der Diskrepanz der potenziellen Bewegungsmöglichkeiten und der weit hinter diesen Möglichkeiten der großen Spielfläche zurückbleibenden proxemischen Rituale im Umfeld jener Konnotationen, die dieser Gebäudetypus zunächst auslöst. Er kalkulierte die unbewußten Bedeutungsgehalte des konventionellen Theaters bewußt, spielte zwar mit ihnen, verwässerte sie aber durch die theatralischen Mittel nicht (60).

> Es enstand bei dieser Arbeit zugleich ein Akt der Kritik: Das Theater spielt mit den Hierarchien, den etablierten Strukturen, den konventionellen Verhaltens- und Benutzungsweisen, die sich an die verschiedenen Gebäude knüpfen – das Zementwerk, die Bank oder das Waisenhaus. In den Räumen sind Regeln und Zwänge gleichsam materialisiert, und das Theater setzt sich spielend über sie hinweg. Außerdem unterhalten die Gebäude eine rhetorische (nämlich metonymische) Beziehung zur Stadt. (..) Durch ihre Funktionalisierung für das Theater wird es möglich, neue Assoziationen mit den Räumen zu verbinden: Keine Hierarchie mehr zwischen Theater und Zementwerk, nur noch strukturelle Unterschiede. Daher wurde für jede Theaterproduktion eine systematisch oppositionelle Beziehung erarbeitet zwischen der Räumlichkeit (oder Verräumlichung), welche die Inszenierung produziert, und der traditionellen räumlichen Organisation des Gebäudes. Die praktische theatralische Analyse der Räume und Gebäude führt zur Wahrnehmung neuer Beziehungen innerhalb der historisch gewachsenen Lebensumwelt. (61)

Nicht nur die sozialen Werte und Prozesse, die innerhalb menschlicher Gruppen Gültigkeiten besitzen, bestimmen die räumliche Identität der die Gruppe bildenden Individuen und der Gruppe in Abgrenzung zu anderen, sondern der Lebensraum der Gruppen beeinflußt auch ihre sozialen, technischen und kulturellen Möglichkeiten, genauso wie er selbst ein von Menschen gestalteter Ausdruck der spezifischen sozialen und kulturellen Strukturen ist. In dem Maße, in dem er durch praktische und symbolische Nutzung geprägt ist, prägt er hinwiederum in stetem Wechselspiel das Bewußtsein und die Werte der Individuen und der aus ihnen bestehenden Gemeinschaften. Dies betrifft den individuellen Bereich des Hauses genauso wie den allen gemeinsamen des *Territoriums* oder Lebensraums.

Die BAKCHEN wurden schließlich von Ronconi und Aulenti als Wanderung für 24 Zuschauer durch das Istituto Magnolfi angelegt, einem Bau aus dem 17. Jahrhundert. Sie folgten einer einzigen Schauspielerin – Marisa Fabbri –, die den dialogisch angelegten Text des Euripides monologisch zelebrierte.

> Durch den Verzicht auf die übliche Einteilung des Textes in verschiedene Charaktere werden die Kategorien Schauspieler und Publikum durcheinander gebracht. Die Zuschauer können sich der bewußten Wahrnehmung nicht entziehen, welche Energien mittels dieser Abweichung freigesetzt werden. Von der Grausamkeit gegen andere zur Grausamkeit gegen sich selbst – ein wahrhaft theatralischer Prozeß, ermöglicht durch die Interiorisierung des tragischen Prozesses in einem Körper, einer Person. (62)

Ihr Spiel wurde dabei gegen die verschiedenen, nur für sie gestalteten Räume und Flure des Waisenhauses gesetzt, die symbolisch gleichsam ihr Innenleben veräußerlichten. Die vom Gebäude eigentlich vorgegebene Raumfolge wurde immer wieder umstrukturiert (Abb. 1a/b). Der räumliche Code des Istituto Magnolfi

> läßt sich vor allem als ›Übergang‹ von einem Raum in den nächsten beschreiben. Dieser ›Code‹, in der Architektur gegenwärtig, wurde in der Inszenierung verzerrt durch eigens herge-stellte veränderliche Trennwände, die gleichsam als ›Scharniere‹ der szenischen Gliederung des Textes dienten. Diese Scharnierwände erzeugen eine komplizierte, desorientierende Bezie-hung zwischen Innen und Außen: Der Zuschauer sieht die dramatische Skandierung des Textes nicht nur an, sondern erlebt sie mit. (63)

Auch die Theaterarbeit mußte sich also den architektonischen Strukturen stellen, sie kon-struktiv thematisieren und in der Abweichung vom Bekannten wurden vielleicht zum ersten Mal die räumlichen Verhältnisse bewußt und im Sinne Walter Benjamins erfahren:

> Bauten werden auf doppelte Art rezipiert: durch Gebrauch und durch Wahrnehmung. Oder besser gesagt: taktisch und optisch. (..) Die taktische Rezeption erfolgt nicht sowohl auf dem Wege der Aufmerksamkeit als auf dem der Gewohnheit.. Der Architektur gegenüber bestimmt letztere weitgehend sogar die optische Rezeption. (64)

In diesem Konzept traten die Zeichen der Raumanlage und -gestaltung durch die evozierten Stimmungen und Assoziationen in ein sehr intimes Verhältnis zur menschlichen Darstellung. Sie verkörperten ergänzend zum Spiel die gemeinten seelischen Vorgänge und teilten sie dadurch den Zuschauern mit (65).

Ein Theatermann und eine Architektin erforschten hier also weniger die Möglichkeiten des Theaters, sondern Theaterspiel wurde ihnen zur Methode, um die Bedeutungsgehalte und die Verwandlungsfähigkeit von Architektur in einem bestimmten Umfeld abzustecken, die Bedingungen von festen Zuordnungen und Klischées in Bezug auf Gebäude zu untersu-chen und gleichzeitig zu erschüttern. Und all das doch, ohne den geringsten Zweifel daran zu lassen, daß sich **Theater** dabei ereigne – dem Motto gemäß: »Das Stück ist der Raum.«

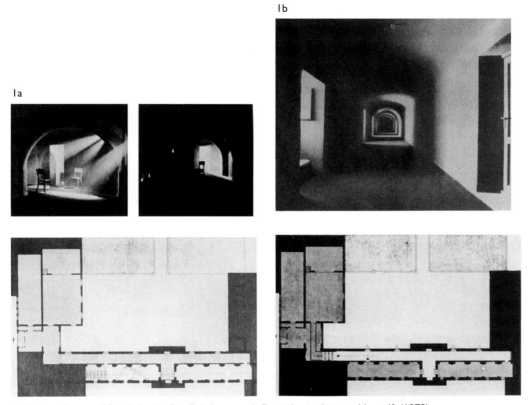

1a/b Luca Ronconi/Gae Aulenti: »Die Bakchen« nach Euripides im Istituto Magnolfi (1979),
Nutzungsschema und Fotos der verschiedenen Spielorte

Der Fall Bremen oder wie man dem Theater ein ›Lebensmittel‹ entzieht

Das erste markante Umnutzungsprojekt in der Bundesrepublik war 1971 die Einrichtung des Concordia-Kinos in Bremens Schwachhauser Heerstraße als Spielort. Es erstaunt nicht, daß die Geschichte deutscher Umnutzungen in Bremen, jener Brutstätte der deutschen Theaterszene der 70er Jahre, begann, denn Kurt Hübner legte als einziger Intendant seiner Generation keinerlei Wert darauf, den Stil des Nachkriegstheaters weiter zu pflegen und zeigte sich offen für die Ideen, Ansätze und Versuche der jungen Talente, die er in den elf Jahren seiner Theaterleitung dort versammelte, noch bevor jemand ahnen konnte und wollte, daß sie die künftige Theaterlandschaft bestimmen würden. So war Peter Zadek sein Ober-spielleiter, Wilfried Minks arbeitete dort genauso wie später seine Schüler Karl-Ernst Herrmann, Erich Wonder, Susanne Raschig, Klaus Gelhaar und Jürgen Rose, auch die Regisseure Peter Palitzsch, Alfred Kirchner, und Klaus Michael Grüber, Peter Stein und das Schaubühnen-Kollektiv rekrutierten sich aus dem Bremer Ensemble und wurden nach Streit und Auszug durch das von Rainer Werner Fassbinder geleitete ehemalige Münchner *antitheater* ersetzt. Claus Peymann und Frank-Patrick Steckel debütierten an der Schaubühne und damit im Umkreis des Bremer Geistes. So verschieden die dort vertretenen Ansätze auch waren, verbunden wurden sie durch das Wissen um das, was sie alle **nicht** wollten: Theater so weiterbetreiben, wie es etabliert war.

Das Haus des Dreisparten-Betriebs am Goetheplatz war schon immer ein Hemmschuh für konstruktive Schauspielarbeit gewesen und vor allem für das emanzipierte Mitdenken der Bühnengestalter, denn der 1950 als Provisorium eingerichtete Altbau reichte nie für die Beherbergung eines Dreisparten-Betriebs aus. Sämtliche Werkstätten, Magazine und weitere Spielstätten lagen weit über die Stadt verstreut. Die Folgen waren erhöhte Aufwandskosten für Betrieb und Transporte und eine stark verminderte Produktionszahl. Von Behörden-seite schuf man niemals aktiv Abhilfe oder Linderung. Ausgerechnet diese in desinteressierter Haltung erstarrten Stadtväter gerieten in den 60er Jahren an das aufmüpfigste und kreativste Ensemble der Republik. Auf die Dauer genügte es ihm nicht mehr, nur den Guckkasten zu revolutionieren, man arbeitete dort an Lösungen für den Gesamtraum und neuen Beziehungen zwischen Spiel und Rezeption. Aber:

> Mit unserem Plan, die großen ungenutzten Produktionsreserven eines Theaterapparates für weitergehende und spontanere Theaterarbeit zu nutzen, indem wir uns rund um den Mutter-betrieb acht bis zehn kleinere Spielstätten zulegten, sind wir nicht weit gekommen, gerade ins nahegelegene Concordia-Kino, dann warf man uns aus der Stadt und baute den von uns eroberten Spielplatz zu einem Mini-Staatstheater um. (66)

Das alte Kino diente dem Theater neben zwei anderen Kinos als Probebühne. Man wollte in Bremen auf keinen Fall einen teilweise in das Subventionstheater einbezogenen Ort für das Avantgardetheater und -drama, sondern die Ansätze des großen Hauses ungestört und noch konsequenter weiterentwickeln. Dazu war ein flexibles Raum-Instrument nötig, das neuen Behandlungsweisen entgegenkam. Außerdem war das Concordia vergleichsweise zentral gelegen. Für die Bespielbarmachung des Raumes standen nur geringe Mittel zur Verfügung, so daß die Technik erst nach und nach ausgebaut werden konnte und zu Anfang in dem 10 x 25 m großen Raum mit einfachsten Mitteln gespielt werden mußte. Bevor das

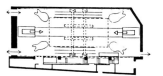

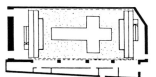

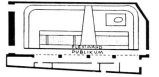

1a Bremer Theater: Das ehemalige
   Concordia-Kino (Szenenfoto von Rainer
   Werner Fassbinders Inszenierung »Fegefeuer
   in Ingolstadt« von Fleißer, Ausstattung
   Wilfried Minks)

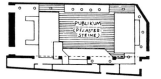

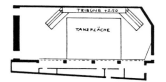

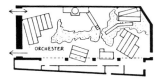

1b Nutzungsvarianten des
   Concordia: •1 Weltmeister
   im Klassenkampf •2 Bremer
   Freiheit •3 Krankheit der
   Jugend •4 Glaube, Liebe
   Hoffnung •5 Giraffenballett
   •6 Der Leuchtturm

Stadt- und Polizeiamt eine Nutzungsgenehmigung für die erste Produktion, FEGEFEUER IN
INGOLSTADT in der Regie Rainer Werner Fassbinders und der Ausstattung Wilfried Minks
(Abb. 1a), erteilte, mußte die morsche Deckenkonstruktion erneuert werden und aufgrund
der Mängel durfte man nur vor 99 Zuschauern statt der möglichen 200 spielen. Die ersten
Verbesserungen waren nur mit Unterstützung des Hausbesitzers, der Haake Beck Brauerei,
durchzuführen und so konnte man 1972 eine fahrbare Beleuchterbrücke, eine verbesserte
und sicherere Stromversorgung und eine Lochkartensteuerung für die Beleuchtung installieren. Für jede Inszenierung wurde der Raum komplett umgestaltet (Abb. 1b) (67).

1973, nach der Kündigung Kurt Hübners und damit dem Ende einer Ära, nutzte das Bremer
Schauspiel das Kino für eher experimentelle Produktionen (auch der Oper und des Balletts)
im Sinne der inzwischen üblichen Werkstatt. Eine Ausnahme bildete da nur die Arbeit des
von George Tabori geleiteten Theater-Laboratoriums zwischen 1975 und 1977 aus dem
Geiste seiner Bevorzugung der *Katakomben* vor den *Kathedralen*, denn

> die großen Stadttheater haben alle die Symptome eines spätkapitalistischen Betriebs mit
> seinen Problemen: Zuviel Produktion und Erfolgszwang. Zwar ist das Theatersystem im deutsch-
> sprachigen Raum das beste in der Welt, aber der Preis, den man dafür zahlt, ist zu hoch. Das
> ist ein System, das letzten Endes doch menschenfeindlich und dadurch auch kunstfeindlich ist.
> (68)

So war das Concordia-Kino für ihn und eine vom Bremer Ensemble abgezweigte Gruppe
von Schauspielern ein Refugium am Rande des Betriebs, in dem ausschließlich nach seiner,
von der Psychoanalyse beeinflußten Methode mit zweckdienlichen und möglichst einfachen,
improvisierten Ausstattungen gearbeitet wurde. Für Tabori war es die erste Zusammenarbeit
mit einer festen Gruppe über Jahre hinweg. Dabei gelang es ihm eine Zeitlang, sich im
Concordia dem System zu entziehen und doch finanziell mit ihm in Fühlung zu bleiben.
1977 mußte allerdings auch dieses Experiment abgebrochen werden.

Im Spätsommer 1978 übernahm ein neues Leitungsteam das Schauspiel des Bremer Staatstheaters und damit ein schwieriges Erbe: Frank-Patrick Steckel brachte ein Ensemble mit,
bestehend aus dem Regisseur Nicolas Brieger, den Dramaturgen Wolfgang Wiens und Klaus
Völker, dem Szenographen Johannes Schütz und Schauspielern, die neu aus Frankfurt, Basel
und von der Schaubühne kamen. Der Kampf gegen die Raumnot im Theater am Goetheplatz ging damit in eine weitere Runde.

Das neue Team begann mit der Hoffnung auf Verbesserungen, denn bereits lange vor
Arbeitsbeginn, noch vor der Sommerpause, hatte es durch den Berliner Architekten Andreas
Reidemeister einen konkreten Lösungsvorschlag ausarbeiten lassen und dem Senat vorgestellt (Abb. 2a/b): Der brachliegende Schlachthof sollte als Kultureinrichtung umgenutzt
werden. Man plante als erstes Projekt, Hanns Henny Jahnns KRÖNUNG RICHARDS III. in
der Regie Steckels und der Ausstattung Schütz' Ende des Jahres herauszubringen. Das alte
Bremer Schlachthof-Areal, etwa 1880 im neogotischen Stil erbaut, war dem Stadtgebiet
direkt eingeschrieben. Es lag nördlich vom Stadtkern zwischen Bürgerpark im Norden und
Bahnhof im Süden und umfaßte mehrere größere und kleinere Hallen verschiedener Funktion, die durch ein *Netzwerk von Straßen*, die teilweise überdacht waren, in Verbindung standen.

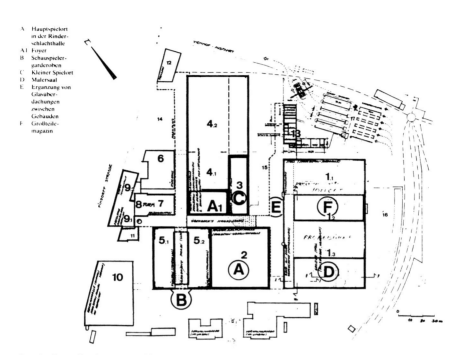

A   Hauptspielort
    in der Rinder-
    schlachthalle
A1 Foyer
B   Schauspieler-
    garderoben
C   Kleiner Spielort
D   Malersaal
E   Ergänzung von
    Glasuber-
    dachungen
    zwischen
    Gebauden
F   Großteile-
    magazin

2a   Andreas Reidemeister: Umnutzungskonzept für das Bremer Schlachthofgelände
     (1978), Grundriß

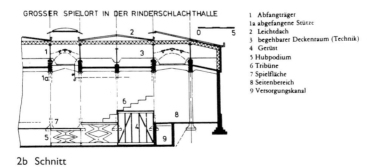

GROSSER SPIELORT IN DER RINDERSCHLACHTHALLE

1   Abfangträger
1a abgefangene Stütze
2   Leichtdach
3   begehbarer Deckenraum (Technik)
4   Gerüst
5   Hubpodium
6   Tribüne
7   Spielfläche
8   Seitenbereich
9   Versorgungskanal

2b   Schnitt

Innen und außen nicht getrennt voneinander, sondern ineinander übergehend. Die Hallen
Stahlbetonkonstruktionen mit Ziegelmauerwerkaußenwänden, durchweg mit Oberlichtern. Im
Osten zur Bürgerweide die großen Stallungen in hohen und niedrigen Holzbinderkonstruktionen.
(69)

Die erste Idee war, den gesamten Schlachthof zu einem theatralischen Handlungsort zu
machen, eine argumentative und assoziative Brücke zwischen dem Text und dem bespielten
Areal zu schlagen, beide zu verschwistern; zumal die Ausstrahlung des Geländes offensichtlich die Wahl des Stückes evoziert hatte. Zwar wurde dieser Vorschlag während des Sommers vom Senat erörtert, allerings mit ablehnendem Bescheid, denn bis auf eine Halle, hatte
man begonnen, den Schlachthof abzureißen. Damit war auch das ursprüngliche Konzept der
Jahnn-Inszenierung hinfällig geworden und man überlegte, ob sie auf die konventionelle
Bühne umzuschneiden war. Aber aufgrund der energischen Proteste einiger Bürgerinitiativen
und der Hochschule für Gestaltung wurde die Kälberschlacht-, spätere Markthalle verschont und man beschloß, obwohl sie ins ursprüngliche Konzept gar nicht integriert war, in
ihr die gesamte Inszenierung zu verwirklichen (Abb. 3a–c). Für die nun verbleibende Halle
wurde das Konzept so verändert, daß die 360 Zuschauer zwar durch die Aufstellung von
vier Tribünen à 30 Plätzen teilweise immobilisiert schienen, aber dennoch ein nicht ortsge-
bundenes Publikum blieben, denn es fand ohnehin nur ein Teil des Publikums darauf Platz
und außerdem verteilte sich das Spielgeschehen über die gesamte Weite der Halle (Abb. 3d),
so daß auf das Mitlaufen der Zuschauer gar nicht verzichtet werden konnte. Die Tribünen
waren mehr als Erholungsstätte während des dreistündigen Spiels gedacht.

Die Bespielbarmachung bestand in einigen Räum- und Schutzmaßnahmen und der Einrichtung der notwendigen technischen und organisatorischen Grundausrüstung. Für die
Inszenierung wurde der Boden mit einer schalldämpfenden Sandschicht bedeckt und die
Wände durch Abbrennen geschwärzt. Dazu wurden die Schauplätze des Stückes gefügt: Ein
schneebedeckter Torfhügel, ein Soldatenfriedhof, die Gemächer der Königin in den ehemaligen Verkaufsständen.

Gespielt wird buchstäblich in allen Ecken und Enden der Halle einschließlich einer zweiten
Ebene auf den Überdachungen der Bürobauten und der wie eine Spindel in den Hohlkörper
eingepflanzten mittleren Wendeltreppe. (70)

Auf diese Weise prallten offenbar völlig unvermittelt die intensive Präsenz des Raums und
die Ästhetik der Szenographie aufeinander, wobei auffällt, daß das Belassen der Funktions-
und Verfallsspuren schließlich einen Schönheitsbegriff verkörperte, der Gewachsenes,
Benutztes einschließt.

Das Unternehmen erwies sich im Verlauf des Probenherbstes als couragiert bis aber-
witzig.

Die Proben zu ›Richard III.‹ waren, was die äußeren Bedingungen anlangt, abenteuerlich. (..) Es
war kalt und naß und dreckig und laut. Um uns herum wurde der alte Schlachthof abgerissen,
tagelang dröhnten draußen LKWs vorbei, beladen mit den in Bauschutt verwandelten, nun-
mehr ihrerseits geschlachteten Schlachthallen der Jahrhundertwende. Im Keller war ein Kühl-
aggregat geplatzt, Ammoniak floß aus, es stank, daß einem die Augen tränten. Techniker wei-
gerten sich, die Halle als Arbeitsplatz anzunehmen und erschienen nicht, andere haben bis zur
Erschöpfung gearbeitet. Einem Beleuchter fielen Glasscherben ins Genick und zerschnitten
ihm ein Stimmband. Die Schauspieler fuhren mehrere kolossale Arbeitseinsätze außerhalb der

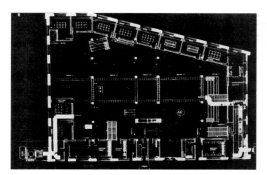

3a Die ehemalige Markthalle, Grundriß

3c Zustand vor der Nutzung durch das Theater

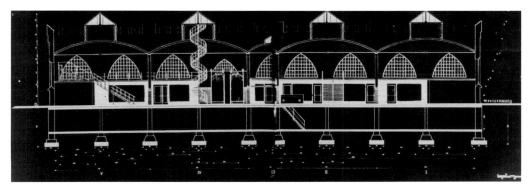

3b Schnitt

3d Als Aufführungsort, Szenenfoto von Frank Patrick
Steckels Inszenierung von »Krönung Richards III.« von
Hanns Henny Jahnn in der Ausstattung von Johannes
Schütz (1978)

*Proben und Vorstellungen. Diese ganz Zeit hindurch hielt sich, hartnäckig, doch etwas wie das
Gefühl, in irgendeiner Weise am richtigen Ort zu sein,*

schilderte Steckel die Probenbedingungen (71) und in einem Interview äußerte er viele
Jahre später:

*Es war eine riesige Kraftanstrengung, so etwas zu machen wie die Arbeit im Schlachthof. Es
war einer der kältesten Winter in Mitteleuropa seit Menschengedenken, und in der Halle
betrug die Temperatur nur acht Grad. Es war schrecklich! Ich weiß nicht, ob ich das noch
einmal tun würde und könnte. (72)*

Trotzdem: Die Premiere ereignete sich am 9. Dezember 1978 und der Kultursenator sagte
zu, daß die Halle erhalten bliebe; dann folgten 30 ausverkaufte Vorstellungen. Bedenkt man
doch die beinahe übersteigerten Sicherheitsauflagen für Theaterräume, beruht ein Teil des
Erfolgs sicher auf dem ungeordneten, unüberschaubaren Charakter, der Herausforderung
eines ›Abenteuerspielplatzes‹ für Erwachsene, aber auch der Neugier, wie es möglich sei,
unter solchen Bedingungen Theater zu machen. Dennoch demonstrierte – unfreiwillig –
diese Inzenierung gleichzeitig die Gefahren einer Emanzipation der visuellen Künste am
Theater vor der angemessenen Verwandlung der darstellerischen Mittel. Hier kam hinzu,
daß der Text zwar von der Thematik dem Charakter des Aufführungsortes verwandt ist,
aber seine Tendenz, »*sich gedanklich zu verknäulen*«, dem notwendig vergrößerten Spiel-
gestus der Darstellung im Grunde widersprach, wie auch Steckel zugeben mußte (73).

Der Publikumserfolg verdankte sich wohl vor allem dem Reiz einer zur Stadt hin offenen, »*für alle sichtbaren*« Produktionsstätte (74). Die Hallen hätten die Möglichkeit geboten,
neue Formen des Spiels, der räumlichen Gestaltung und andere Projekte für ein anderes
Publikum zu erproben. Schon die Erfahrung mit RICHARD III. zeigten nicht nur, daß das
Publikum überhaupt kam, sondern daß im Schlachthof Menschen erreicht wurden, die sonst
kein Theater besuchen.

Ein großer Erfolg also, aber kein Sieg, denn es kam nie zu einer weiteren Produktion.
Nur die Proben zu Strindbergs NACH DAMASKUS fanden dort noch statt, während die
Diskussionen mit der Feuerpolizei und der Baupolizei Planungen unmöglich machten und
das Fehlen der für die Sanierungen unbedingt notwendigen Mittel dazu führte, daß – wieder
in der Sommerpause – auch noch die letzte Halle abgerissen wurde (75). Alle weiteren
Lösungsvorschläge in Bezug auf die Raumfrage wurden bis zur Auflösung dieses Ensembles
1981 abgewiesen.

Aber nicht nur die Theaterleitung bemühte sich in diesen Jahren zwischen 1978 und 1981
intensiv darum, für das Haus neue Arbeits- und Spielstätten einzurichten, auch das Ensemble war in dieser Richtung engagiert tätig. Im Oktober 1979 zeigte es aus eigener Initiative
fast vollzählig Szenen nach Texten des englischen Psychoanalytikers Ronald D. Laing unter
dem Titel LIEBST DU MICH? GESCHICHTEN IN GESPRÄCHEN UND GEDICHTEN. Das
Projekt wurde von dem Schauspieler Ignaz Kirchner angeregt und in nur einer Proben-
woche unter der Betreuung des Dramaturgen Wolfgang Wiens erarbeitet. Da es in der
Spielzeitplanung nicht vorgesehen war, gab es auch keinen Etat dafür, so daß die Beteiligten
mit viel Privatinitiative und Kosten, die am Ende 100 DM betrugen, auskommen mußten,
denn »*wichtig für uns an der Sache war das Selbermachen, totale Befreiung vom Apparat, so weit,*

daß der Apparat sich beschwert hat.« Spielstätte war das Bielefeldhaus, ein Nebentrakt des Theaters:

> *Wir hatten die Texte und haben uns gefragt, wo spielen wir das, in den Kammerspielen, hintereinander, das gibt eine ganze Menge an Auftrittsproblemen. Und da fiel uns auf, das spielt doch alles in Zimmern, und da hatten wir diese Zimmer frei. (76)*

Die persönlichen Gespräche oder Situationen, die sich meist zwischen Paaren abspielen, wurden in die Intimität einzelner Räume versetzt. Jedes Paar oder jede Schauspielergruppe spielte in einem Zimmer ihre Szene mehrfach hintereinander, während hier wieder die Besucher eigenständig von Raum zu Raum gingen und von der Tür aus zusahen. Nur in einem der elf Räume befanden sich Kopfhörer, über die vertonte Texte von Laing abgehört werden konnten. Ein Schauspieler lief durch das ganze Haus und fragte die Herumgehenden nach einem Korkenzieher und im Hof saß ein Darsteller mit einer Gummipuppe in einem Jaguar, während der Text über Lautsprecher vernehmbar war. Ansonsten war alles Geschehen auf die Zimmer beschränkt. Die Zuschauer konnten ganz ungehindert ihre Bedürfnisse, ihr Tempo leben, konnten bei Bedarf Szenen mehrfach oder unvollständig sehen. Ihre Rolle war die von Voyeuren, weder eine passive Beteiligung in Statistenfunktion noch eine aktive Rolle war folgerichtig vorgesehen, da die Szenen ja auch im psychischen Intimbereich angesiedelt sind.

Natürlich war das Projekt so nur innerhalb eines organisatorischen Gesamtrahmens möglich, denn ganz ohne Mittel kann Theater schwerlich stattfinden. In der speziellen Bremer Situation ging es auch mehr um einen Protest, das Ausleben unentfalteter, vom System unterdrückter kreativer Kräfte eines Ensembles mit dem ureigensten Mittel des Theaters: trotzdem zu spielen.

Der Fall des Bremer Theaters zeigt deutlich, wie abhängig die Stadttheater tatsächlich von der Stadt und denjenigen, die sie regieren, sind; welch immense Spannung sich zwischen unwilligen Politikern und einem ungewollt lebendigen Theater aufbauen kann. Zwar ist das Theater befähigt, fast alles zu verwirklichen, Ungeahntes zu ertragen, ohne ad absurdum geführt zu sein. Aber nicht auf Dauer. Es ist die Situation des Daseins in der Subversion, das die Arbeit kurzfristig befruchten kann. Langfristige Arbeit benötigt hingegen interessiertes Wohlwollen und Förderung. Der Verdacht liegt nahe, daß die Bremer Stadtväter eine Wiederholung so unberechenbarer, eskalierender, ungebundener Phantasieausbrüche wie unter Kurt Hübner um jeden Preis zu verhindern trachteten. So viel Offenheit für die Kulturentwicklungen, soviel Verständnis existierte unter ihnen nicht, eher der Wunsch nach einer unkomplizierten Pflicht- und Repräsentationseinrichtung. Jede Kleinstadt hatte sich ja inzwischen so etwas angeschafft. Sie entzogen dem Theater kein Geld, aber sie paßten den Etat auch nicht den tatsächlichen Bedürfnissen an. Sie hielten das Theater räumlich in Fesseln, um seine Entfesselung zu behindern, was zeigt, wie leicht das ortsfeste Theater mit seinem doch erheblichen Bedarf an (Frei)Raum in einer Gesellschaft, in der Raum ein ökonomischer Faktor ersten Ranges, weil ein rares (Über)Lebensmittel ist, staatlichen Wohlwollens bedarf. Die Symptome der räumlichen Agonie des Bremer Theaters waren keine Einzelerscheinung. Sie sind es immer weniger.

Theater in der Fabrik: Das neue Verständnis der Arbeit

Der Ortstyp, der während der 70er Jahre am meisten als alternativer Aufführungsort
(um)genutzt wurde, waren Fabriken. Die leerstehenden Hallen, meist an der Peripherie der
Städte gelegen, konnten oftmals nur durch wahrhafte Anreisen vom Publikum erreicht
werden, um dann in Räumen, die unübersehbar die Spuren von Produktion und Werk-
tätigkeit tragen, die Reaktion zweier, in unserer Gesellschaft streng getrennt gedachter
Sphären miteinander zu bieten – der Kunst und der Arbeit. Die Erzeugung von Kunst wird
immer noch weitgehend mit genuinem Schaffen aus purer Lust und Freude, die entfremdete
Arbeit an Stätten industrieller Produktion – nicht zu unrecht – mit Pflicht und Fron zusam-
mengedacht. Dabei sind gerade auch für das Theater höchster Arbeitseinsatz und immense
Disziplin nötig, wenngleich auch auf weniger entfremdete Weise. Wenn die Ensembles ihre
Produktionen in Fabriken zeigen, dann **gehen** sie meist nicht dorthin, sondern sie **bleiben**
vielmehr an jenem Ort, an dem sich all die Proben- und Handwerks**arbeit** abspielt, für die
in den längst zu eng gewordenen, für diese meist nicht ausreichend ausgerüsteten Stamm-
häuser mit ihren bis ins Detail ausgeklügelten Dispositionsplänen kein (Zeit)Raum mehr
bleibt. In den Zentren der Städte repräsentiert das Theater und präsentiert seine Ergebnisse;
das anfängliche Nachdenken, das Sich-Ausprobieren, die Improvisationen und Entscheidungen
finden weitgehend an den Stadträndern in Gegenden statt, wo Theater zuletzt vermutet
würde. Den Theaterleuten sind diese Ränder unter den Augen der Städte hingegen sehr
vertraut, hier sind sie befreit von den gängigen Vorstellungen, wie *Theater* angeblich zu sein
habe, hier offenbaren sie einem Publikum, das sich ihnen in den Industrievorortseinöden
regelrecht anvertraut, ihr zweites, eigentliches Gesicht. Hier ist vor allem ihr täglicher Arbeitsplatz, der mit seiner Ausstrahlung auch die Richtung ihrer Phantasie und emotionalen Leistungen bestimmt, der Ideen anregt oder ad absurdum führt. Durch diesen Alltag wurde auch
die Hemmschwelle vollständig alternativen Aufführungsorten gegenüber abgebaut.

Ein wichtiger Vorteil des Verbleibens an diesen Orten der Vorarbeiten ist der enge
Zusammenhang mit der Vorstellungsphase. Ein Theater, das nicht in erster Linie auf Illusion
abzielt, kann seiner selbst bewußt auch seinen Arbeitsplatz demonstrieren. Und: hier versuchen die Theater zu verwirklichen, wie sie sich ihre Arbeit und deren Wirkung auf das
Publikum vorstellen:

> *Nicht ob die präsentierte Bühnenhandlung Spiel (..) sei, kann also strittig sein – sondern allein,*
> *inwieweit dies Spiel auch als Spiel verstanden, angelegt, präsentiert und aufgenommen wird.*
> *Bemerkenswerterweise hängt eben dies Ausmaß der praktischen Selbstdeklaration von Theater*
> *als Spiel unmittelbar von dem Ausmaß ab, in welchem es auch als Arbeit erscheint. (77)*

Als Peter Zadek 1972 die Intendanz des Schauspielhauses Bochum übernahm, war dies für
ihn vor allem die selbstbestimmte Abkehr von den Problemen und Beschränkungen des
»überbürokratisierten Theaters« wie des »theoretisch demokratisierten Theaters«. Er versuchte als Intendant, seine Vorstellungen von Theater zu realisieren, weil »*ich keinen anderen*
Weg mehr gesehen habe, eine Umgebung zu finden, in der das stattfinden kann« (78). So bemühte
er sich das Stadttheater von seinem Sockel zu stürzen, seiner elitären Ausstrahlung zu
entkleiden, auf das regionale Publikum zuzugehen und sich in seinen Lebenskreis hineinzu-
bewegen. Zadek ging es dabei keineswegs um sozial engagiertes Theater, sondern um eine
Art Volkstheater, das für weitere Kreise des Publikums zum Lustort werden sollte als bisher. Er wollte unterhalten, aber dennoch wirken:

Ich glaube sogar, dieses Theater, das sich da langsam anfängt zu entwickeln, ist kein politisches Theater, kein ideologisch-politisches Theater, sondern ein moralisches Theater. Es hat mit Vorstellungen von Enscheidungen zu tun: In jeder Beziehung zu Menschen halte ich für das Wesentliche, jemanden vor ganz private Entscheidungen zu stellen (..), und ihn immer wieder auf die Entscheidung zu stoßen (..). (79)

Das Fällen von Entscheidungen fing bei Zadek schon vor der Vorstellung an: Er ersetzte das Abonnement durch die Wahlmiete, was bedeutete, daß sich die Abonnenten aus dem Angebot selbst aussuchen mußten, was sie sehen wollten. So konnte das Theater an der Resonanz ablesen, welchen Erfolg welche Produktion hatte, mußte sie aber auch bewerben. Das Bochumer Schauspielhaus vermittelte seinen Wahlmietern auch verbilligte Karten für Fußballspiele und Filme, ließ letztere auch in den Kammerspielen zeigen, ging auf die Arbeitnehmer von Betrieben zu und begann für die arbeitende Bevölkerung die Vorstellungen früher. Nicht zuletzt wurden die Eintrittspreise so niedrig wie irgend möglich gehalten (5.-/10.- DM). Das Theater sollte populärer Mittelpunkt der Stadt sein. Damit kehrte sich Zadek von einer Tendenz des Theaters der 70er Jahre ab, die so beschrieben worden ist:

Das Problem, das sich in der Theaterentwicklung abzeichnet, ist, daß die Emanzipation der Theatergestalter den emanzipierten Zuschauer voraussetzt. Es besteht hierbei das Risiko, daß die Inszenierungen und Aktionen teilweise zum elitären Ereignis für Spezialisten und Eingeweihte werden, die Mehrheit der Zuschauer hiervon nicht mehr berührt werden und die Aktionen auf Unverständnis und Verweigerung der Besucher treffen. (80)

Die Konzeption des Unterhaltungstheaters zeigte sich bei Zadek mehr im Charakter der Inszenierungen als in der Stückauswahl. Unterhaltungstheater hieß keineswegs etwa Boulevard-Theater. Zadek selbst brachte in seiner Bochumer Zeit zum Beispiel drei Shakespeare-Inszenierungen heraus. Entscheidend war in allen Fällen nicht, daß, sondern wie er es tat[34].

Mit HAMLET blieb Zadek dann einfach an dem Ort der Proben, in der Halle einer ehemaligen Schilder-Fabrik in Bochum-Hamme. Hier ließ er die Zuschauer auf Kino- und Fundusgestühl um eine ebenerdige Spielfläche sitzen, auf der sich nur ein kleines Podest erhob, während die Aktionen der Schauspieler den gesamten Raum erfaßten. Auch das Neonlicht, das alles beleuchtete, half den Unterschied zwischen Spiel- und Schaubereich aufzuheben. Die Schauspieler, mit Kostümen angetan, die allen erdenklichen Ecken des Fundus entstammten, waren in erster Linie Schauspieler und erst in zweiter die Figuren des Stücks.

Das Theaterspiel, das der Mensch braucht, um auf tausend Umwegen sein echtes Wesen, das Innre, seine Seele zu finden, darum gehts im Hamlet. Das Schauspiel im Schauspiel ist nicht umsonst Höhepunkt des Stückes. (..) Wie im Leben, alle spielen Rollen wie verrückt, um zu

---

34 »Im dramaturgischen Prinzip, ebenso wie in der theatralischen Realisierung führt Zadeks Shakespeare-Theater jedoch zum Stück hin und vor allem auch zum Zuschauer. Denn Zadeks Verfahren im Umgang mit Shakespeare funktioniert ja nur bei aktiven, mitdenkenden, mitspielenden Zuschauern, die die Szene in der Phantasie ihres Theatersehens und -hörens komplettieren. Deswegen Zadeks Buhlen um die Gunst des Publikums, das Locken mit Show-Elementen, mit Spaß und Quatsch und action auf der Bühne, mit Clownerie und Musik und buntem Zirkusspektakel, das wegführen soll von geduldig ertragenen Kulturveranstaltungen und eine lebendige, offene Beziehung etabliert zwischen Spielern und Zuschauern. (✧138 CANARIS S.163)

verhindern, daß andere sie erkennen, und in der Hoffnung, dadurch herauszufinden, wer sie selbst sind,
beschrieb Zadek im Programmheft seinen Gedankenansatz. Insofern trieben die Schauspieler in seiner Inszenierung nichts anderes, als den Zuschauern ihre eigenen Verhaltensweisen vorzuführen und ohne missionarischen Ernst spielerisch bewußt zu machen. Um dieses zu unterstreichen, verletzte die Ausstattung alle Erwartungen, vermengte Zadek Zuschauer, Schauspieler und Figuren in einer geräumigen Halle, entwich er der strikten räumlichen Trennung des Zweiraumtheaters und erarbeitete mit seinem Dramaturgen Gottfried Greiffenhagen, eine gemischte Übersetzung aus Partien Eschenburgs, Schlegels und eigenen Wortfindungen, um den Text dem modernen Ohr leichter zugänglich zu machen. Nicht nur ist so ein bestimmtes Informationsniveau des Publikums überflüssig, sondern auch die Kenntnis der im Theater sonst etablierten Verhaltensmuster: In solchen Territorien der Arbeit wirken Kleidungsnormen unangemessen. Durch den ungleich größeren Aufwand, der nötig ist, um den Aufführungsort überhaupt zu erreichen, entwickelt sich schon im Vorwege eine andere Einstellung zum theatralen Ereignis, möglicherweise eine völlig andere Art der *Festlichkeit.*

—◆•◆—

Peter Zadek machte nur eine Produktion in der Bochumer Schilder-Fabrik, die meisten vom Theater genutzten Fabriken sollten den Ensembles jedoch dauerhaft dienen, als Alternative etwa zu ihren Zweiraumtheatern oder als Heimstatt, als Raum lauten Nachdenkens, für das Zusammentreffen und -arbeiten mit anderen Künstlergruppen, für die Nähe zu Jugend- oder Kulturzentren, für die Reibung an gewachsenen Stadtteilen und an der Ausstrahlung der Orte selbst, für die Befreiung von der Organisation des Betriebs und nicht zuletzt und immer wieder – als Raum für ein erweitertes, ein anderes Publikum. All dies bietet der Spielort Fabrik durch seine Größe, seine räumliche Unvorherbestimmtheit, seine Eingebundenheit in ein weitläufiges Areal, seine technische Grundausrüstung und die meist wenig repräsentative Lage.

Fabriken sind gleichsam der Wunschtraum der neuen Theaterbewegung. Und das eindrucksvolle Vorbild war in dieser Hinsicht die Munitionsfabrik in Vincennes der Theatertruppe der Ariane Mnouchkine. (81)
Zu Beginn der 60er Jahre als freie Theatergruppe gegründet, spielte das Théâtre du Soleil zunächst nach literarischen Vorlagen und den traditionellen Methoden Theater. Der Pariser Mai 1968 gab der Truppe dann neue Impulse und es entwickelte sich die für das Soleil typische Arbeitsweise der *création collective* (82). Dahinter verbirgt sich, kaum adäquat übersetzbar, die gemeinsame Ausarbeitung des Themas, die Strukturierung der Handlung und Erstellung des Textcorpus durch Improvisationen, die von Ariane Mnouchkine geleitet werden. Das Zentrum dieser Arbeit bildet der Schauspieler, ausgerüstet mit seiner Phantasie, seinen Erfahrungen und seinem vornehmsten Ausdrucksmittel, dem eigenen Körper. Erst aus der Arbeit mit den körperkommunikativen Mitteln wird in späteren Schritten der Text erstellt. Die Regisseurin hat die Rolle der ersten Zuschauerin inne, ihre Reaktionen bestimmen zwar die Impulse der Weiterarbeit, aber auf diese Weise erzeugen die Ideen und Merkmale der ganzen Truppe in ihrer je aktuellen Zusammensetzung die Produktion. Ein Ziel ist auch, ohne unnötige Spezialisierung der Gruppenmitglieder und Hierarchisierung auszu-

kommen und die Beziehung zum Publikum weniger distanziert und einseitig zu gestalten. Es gab Inszenierungen, in denen es von allen Seiten umspielt wurde oder mit den Figuren durch szenische Landschaften wanderte oder in den festen Arrangements waren Improvisationsabschnitte enthalten, in denen spielerisch auf die Reaktionen des Publikums eingegangen werden konnte. Auch wurden Voraufführungen für Zielgruppenpublikum veranstaltet (für L' ÂGE D'OR waren das zum Beispiel Arbeiter, Dorfbewohner, Gastarbeiter und Schüler), um die Wirkung überprüfen und präzisieren zu können (83). Im Grunde wünschte sich das Soleil durchaus ein Publikum aus Betroffenen, obwohl sich aufgrund der Lage ihres Arbeits- und Aufführungsortes, der Cartouchérie in Vincennes, einem lange jenseits aller befriedigenden Verkehrsverbindungen gelegenen Vorort von Paris, eher Pariser Studenten und jüngere Intellekutelle auf die Reise dorthin begeben. Daß das Soleil trotzdem immer wieder sein Publikum anzieht, zeigt, daß es ihm durch seine Arbeit und den besonderen Ort gelingt, eine gemeinsame Identität mit ihm auszuprägen (84).

Das Soleil wollte spätestens seit 1968 politisch wirken, aber vor allem durch die Herstellungsweise seiner künstlerischen ›Produkte‹ und die Art der Weitergabe an das Publikum[35]. Dazu gehörte die Auseinandersetzung mit den alten Formen des Volkstheaters, deren Höhepunkt L'ÂGE D'OR von 1975 darstellte (Abb. 1). Die Truppe hatte dabei mit den Mitteln der Commedia dell'arte die Geschichte eines Gastarbeiters in Frankreich erzählt und dabei sowohl die diskriminierende Attitüde der alten Commedia enthüllt als auch eine künstlerische Vermittlungsform für die reale Problematik gefunden, ohne sich des Theatralischen zu entkleiden. Ende der 70er Jahre begann sie dann, Stücke für sich schreiben zu lassen, und beschäftigten sich in den 80er Jahren intensiv mit Shakespeare – immer im Rahmen ihrer ganz speziellen Methode.

Als das damals noch völlig unsubventionierte Theaterkollektiv um 1970 nach einer festen Arbeitsstätte und einem Stammpublikum suchte, hatte es weniger feste Vorstellungen, wie sie aussehen sollten, als vielmehr davon, was es nicht wollte: Auf keinen Fall in die Zwänge und Methoden der etablierten Theater verfallen und in Abhängigkeit von Politikern und ›deren‹ Geld geraten – damit war es ein Beispiel für die ausgeprägte Unabhängigkeitsliebe vieler französischer Privattheater (85). Also mußte jeder überall mitarbeiten, Schauspieler z.B. die Technik bedienen (die beim Soleil allerdings keinen hohen Stellenwert genießt), die Kasse besetzen, das Büro.. Trotzdem konnte sich das Theater nicht aus eigener Kraft finanzieren und die Mitglieder mußten teilweise durch Nebenjobs das Nötige dazuverdienen, denn das Theater eignet sich durch seine spezifische Produktionsweise nun einmal nicht für die Erwirtschaftung profitabler Überschüsse, selbst wenn das Publikum die Arbeit vollkommen annimmt.

86 »Das neue Selbstbewußtsein des anderen Theaters äußert sich, von der Leitidee der ›création colléctive‹ ausgehend, nicht nur in einem veränderten Verständnis von den Aufgaben einer Theatertruppe und ihren vielfältigen Bezügen zu einem engeren, unmittelbar betroffenen Publikumskreis, sondern enthüllt sich (..) zunächst in einer Rückbesinnung auf die spezifischen künstlerischen Ausdrucks- und Gestaltungsmittel des Theaters.« (✧145 NEUSCHÄFER S.226)

Für die Proben von ›1789‹, einem Spektakel über die Französische Revolution, bezog das Soleil 1970 das erste Mal die Cartouchérie. Dennoch mußte das Stück in verschiedenen Hallen aufgeführt werden, unter anderem wurde es im Mailänder Sportpalast uraufgeführt. Danach bemühte man sich, in den für den Abriß vorgesehenen und umkämpften Pariser *Hallen* unterzukommen. Als dies fehlschlug, besetzte die Truppe die Cartouchérie und für eine Miete von damals 500 FR, später 1000 FR überließen ihr die Politiker das ungenutzte Areal. Bis heute existiert kein Mietvertrag (86).

Erst mit der festen Spielstätte im Wald von Vincennes konnten die Bemühungen um ein Stamm-publikum, das sich von dem der großen Nationaltheater unterscheiden sollte, wie auch die Compagnie in Zielsetzung und Arbeitsweise ihr ›Anders-Sein‹ herausstellte, einsetzen und wirk-sam werden. (87)

Das Soleil brauchte den festen Raum, denn seine Arbeitsmethode benötigt eine ausgedehnte Phase ruhiger Vorbereitung. Daran schließt sich die Phase der Aufführungen und Gastspiele an. In dieser Zeit hat das Soleil immer anderen freien Gruppen eine Heimstatt gegeben, mit denen es auch sonst in einer Art Symbiose lebt und arbeitet – Vincennes, ein vom Theater selbsterschaffenes Kulturzentrum am Rande einer Kulturmetropole – und des Systems.

———•◦•———

Auch in der Bundesrepublik gab und gibt es viele durch die Stadttheater bespielte Fabriken, oftmals neben festen Theatergebäuden, die ihren Umnutzern meist aber nach nur kurz geduldeter Bespielung wieder weggenommen und dann abgerissen wurden, um lukrative-ren Projekten Raum zu schaffen. Städtischer Grund ist rar und damit Objekt reger und lohnender Spekulation. Der Ablauf ähnelt in allen Fällen dem Scheitern des Bremer Schlacht-hof-Projektes: Ein brachliegendes Areal wird durch das Theater oder eine andere Gruppe entdeckt und genutzt, das Theater spielt dort mit großem Erfolg, es teilt sich das Areal mit freien Gruppen, freien Künstlern, Jugendzentren, Bürgerinitiativen.., bald aber wird die weitere Benutzung durch die Behörden untersagt, das Gelände vielleicht eine Weile um-kämpft und besetzt, schließlich zerstört.

So geschah es mit einer anderen Bochumer Fabrik, der Bo-Fabrik. 1979 wurde die ehemalige, stillgelegte Heintzmann-Hütte von jungen Bochumern in ein Jugendzentrum mit Theater verwandelt. Das Schauspielhaus, zu jener Zeit von Claus Peymann geleitet, stieg in das Projekt ein und brachte eine sehr erfolgreiche Inszenierung Alfred Kirchners von Brechts HEILIGER JOHANNA DER SCHLACHTHÖFE heraus. Die Inszenierung nutzte die gesamte Länge der Halle von etwa 70 m, während das Publikum mitwanderte (Abb. 2). Es war dabei an eine Einheit zwischen Aufführungsort, Ort der Handlung und dem Wirtschaftsstandort Bochum, dem *Ruhrpott* gedacht. Genau dies entsprach Peymanns Anspruch an die Arbeit eines regionalen, eines Stadttheaters:

Für mich hat sich das Theater als urbaner Ort erst einmal zu orientieren an den Leuten in der Umgebung von zehn bis fünfzehn Kilometern, es geht um die Menschen, die abends zu Fuß oder mit einem Opel Kadett noch wieder nach Hause kommen können. (..) Ich denke da ganz regional, lokal. Theater ist Versammlungsstätte, Meinungsplatz für die Leute seiner Umgebung. Diese Umgebung will ich theatralisch durchdringen. (88)

1 Théâtre du Soleil: Der Raum für »L'âge d'or« in der Cartouchérie in Vincennes (1975)

3 Der Anno-Saal der Kölner Stollwerck-Fabrik in der Zeit der Nutzung durch das Kölner Schauspielhaus (1978–81)

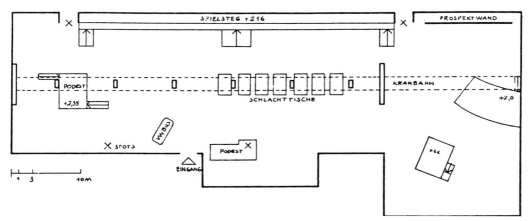

2 Schauspielhaus Bochum: Nutzungsschema der ehemaligen Heintzmann-Hütte (Bo-Fabrik) für Brechts »Heilige Johanna der Schlachthöfe« in der Inszenierung von Alfred Kirchner (1979)

4a–e Das Gelände der Kampnagel-Fabrik in Hamburg zu Beginn der Nutzung als Aufführungsort (1981)

Insgesamt spielte das Schauspielhaus drei Produktionen auf dem Gelände, daneben gab es Gastspiele. Im Laufe des Jahres 1981 wurde deutlich, daß die Stadt die Halle abzureißen beabsichtigte. Daraufhin besetzten die Jugendlichen mit Unterstützung der Theaterleute das Gelände (89). Und dennoch: Trotz des Zusammhalts zwischen Umgebung, Jugendlichen und Stadttheater wurde die ehemalige Heintzmann-Hütte beseitigt.

Nach dem gleichen Muster verlief die Geschichte der freiwerdenden Kölner Stollwerck-Schokoladenfabrik zwischen 1978 und 1981. Als die zukünftigen Direktoren des Kölner Schauspielhauses, Jürgen Flimm und Volker Canaris vorbereitend mit der Stadt verhandelten, setzten sie sich dafür ein, neben dem Nachkriegsbau auch mehrere alternative Aufführungsorte zu bespielen und dachten dabei auch an die Stollwerck-Fabrik. Man sagte ihnen den Anno-Saal zu (Abb. 3), in dem dann mehrere Produktionen entstanden (u.a. Thomas Braschs LOVELY RITA, Peter Greiners KIEZ, Gorkis NACHTASYL..). Auch in Köln fügte sich das Theater in bereits vorhandene Künstler- und Bürgerprojekte ein. Vor allem die *Bürgerinitiative Südliche Altstadt* engagierte sich dafür, ungenutzte Gebäudeareale als Wohnungen umzunutzen. Die Verwirklichung dieser Pläne hätte eine ungewöhnliche Nähe zwischen künstlerischer, sowie theatraler Arbeit und Wohnstrukturen bedeutet, die wohl in Deutschland einzigartig gewesen wäre. Die Stadt forcierte dagegen den Abriß und so kam es, wie in Bochum, zur Besetzung durch eine *große Koalition der neuen sozialen Bewegungen*, die aber im Sommer 1980 bereits innerlich zersplitterte (90). Das Kölner Schauspielhaus spielte zwar trotz des beginnenden Abrisses noch bis Jahresende im Annosaal weiter und hielt so die Stellung, ohne jedoch das Schicksal der alten Fabrik beeinflussen oder wenden zu können.

Wenn dem Theater der späten 70er Jahre auch vorgeworfen wurde, es kenne keine Verbundenheit mit dem regionalen Publikum mehr, sind dies doch lebendige Beispiele für die gegenteilige Tendenz, die sich allerdings auffallend häufig an alternativen Aufführungsorten und in fast subversiven Situationen zeigt. Deutsche Stadttheater mussen sich eigentlich immer um eine Anbindung an die bereits existierenden sozialen Verhältnisse bemühen, um als Theater überhaupt wahrgenommen zu werden. Umgekehrt sorgen sie für die überregionale Wahrnehmung der Gruppen und der Situation vor Ort.

Die bekannteste und inzwischen älteste Fabrikumnutzung findet in der ehemaligen Maschinenfabrik Kampnagel in Hamburg-Barmbek, einem traditionellen Arbeiterviertel in relativer Stadtnähe, statt – eine der wenigen längerfristigen Eroberungen eines Industriegeländes. Ausgelöst wurde die Umnutzung in diesem Fall durch die Renovierung des neobarocken Deutschen Schauspielhauses in der Kirchenallee und indirekt von der Stadt selbst. Denn dabei ergab sich das Problem, wie und wo man den Betrieb dieses üppigen Staatstheaters währenddessen unterbringen, auf welche Weise der Spielbetrieb über die nächsten drei Jahre aufrecht erhalten werden könnte. Zu einem passenden Zeitpunkt erwartete man den Abschluß des Operettenhaus-Umbaus am Spielbudenplatz, so daß zumindest für den Vorstellungsbetrieb ein Spielort gefunden war. Aber damit gab es immer noch keinen Raum für den *Malersaal*, die Experimentierbühne, keine Probebühnen, Werkstätten, Magazine, keinen Platz für die Verwaltung, Theaterleitung, Dramaturgie. So kam es, daß dem Theater von den Behörden selbst das Kampnagel-Gelände zugewiesen wurde.

Die zwischen 1895 und 1930 erbauten Hallen dienten der Firma Nagel & Kaemp zur Herstellung von Kränen für den Hamburger Hafen. Nach dem Krieg wurden sie von der Firma Still für die Herstellung von Gabelstaplern übernommen, die ihren Sitz aber im Herbst 1981 an den Stadtrand verlegte. Stadt und Bezirk erwarben das Areal und planten, die Fabrikgebäude niederzureißen und durch Wohnungsbau und Gewerbeansiedlung mit dem Grundstück Gewinne zu erzielen. Durch die Probleme der Schauspielhaus-Renovierung verschob man dieses Vorgehen auf die Zeit nach dem geplanten Auszug des Theaters und so ergab sich für das Schauspielhaus die beste aller denkbaren Lösungen.

Betrieblich konnte alles, was im Operettenhaus nicht Platz hatte, an zentraler Stelle und unter großzügigen Raumverhältnissen untergebracht werden. Künstlerisch kam es der allgemeinen Tendenz der Theatermacher, Regisseure und Bühnenbildner entgegen, an einem neuen und als Industriekomplex gesellschaftlich interessanten Ort Theater zu machen. (91)

So zog das Theater im Sommer 1981 auf dem Gelände ein. Dafür waren zahlreiche Vorbereitungen nötig geworden: Es mußten Heizungen und Telefonleitungen gelegt, Lüftungsanlagen installiert, Hallen in mehrere Räume aufgeteilt, um Probebühnen zu schaffen (Abb. 4a–d), die elektrische Versorgung ausgebaut werden und vieles mehr. Die 1,5 Millionen DM, die dafür nötig waren, kamen aus den Mieten des Theaters für die drei Jahre, die der Senat in das Projekt reinvestierte. So begann das Schauspielhaus seine Arbeit in den flexibel gestaltbaren Hallen. Man spielte Jérôme Savarys WEIHNACHTEN AN DER FRONT, die Debüt-Inszenierung Barbara Bilabels, Euripides MEDEA, und ein Projekt der Schauspielerin Rotraut de Neve – alles mit großem Erfolg. Trotzdem hatte auch dieses Theater im ›Exil‹ zunächst das Problem, sich an dem neuen kulturungewohnten Ort erst einführen, auf sich aufmerksam machen zu müssen (92). Dazu brauchte man die Unterstützung anderer Kultureinrichtungen, die sich auch nicht lang bitten ließen. Platz genug gab es: Von den rund 40 000 m² Gesamtfläche entfielen 23 000 m² auf unbebaute Fläche, die als Parkplatz, Grünflächen und Aktionsfelder benutzbar waren (etwa für Zirkuszelte); weiterhin gab es ein Bürogebäude (Abb. 4e), in dem auch Künstlerateliers untergebracht werden konnten und drei Hallen für diverse Aufführungen, eine Halle für Ausstellungen und eine diente als Magazin und Fundus. Neben dem Deutschen Schauspielhaus arbeiteten bald auch die Staatsoper, die Kunsthalle, die Kunsthochschule, eine Reihe freier Theatergruppen und freier Künstler auf dem Areal. Es wurde möglich, an passendem Ort ein Museum der Arbeit einzurichten und zahlreiche Gastspiele zu bieten. Wesentlich blieb dabei immer der Umstand, daß das Hamburger Publikum reges Interesse bekundete und das Gelände als Kultureinrichtung auf Anhieb annahm.

Als das Schauspielhaus 1984 in sein renoviertes Haus zurückkehren konnte, verlangten die Baubehörde und die senatseigene Sprinkenhof AG, die das Gelände 1981 ja für die Stadt erworben hatte, das Inkrafttreten der ursprünglichen Pläne. Bereits 1982 hatten sie einen Wettbewerb für die Neubebauung des Grundstücks ausgeschrieben. Aber die Zeit arbeitete für das inzwischen erblühte Kulturzentrum; schließlich wehrten sich die Bürger, das Bezirksparlament Barmbek und die Kulturbehörde gegen seine Auflösung. Nach langen Verhandlungen einigte man sich darauf, die Hallen solange bestehen zu lassen, bis das Publikumsinteresse erlahme.

Nach dem Auszug des Schauspielhauses wurde Kampnagel dann von einer Reihe freier Gruppen gemeinsam verwaltet und bespielt. Ihr Ziel:

*Kampnagel soll **die** Produktionsstätte für freies Theater werden. Arbeitszentrum, Gütesiegel und Geburtsort. (93)*

Daneben wollte man den Kontakt zur internationalen freien Theaterszene festigen, aber »*Produktionen haben gegenüber Gastspielen grundsätzlich Priorität*«. 1985 war die finanzielle Lage schwierig, denn die Stadt steuerte neben mietfreier Nutzung des Geländes nur 30 000 DM aus dem Standortbudget für Produktionen und das Sommertheater-Festival bei, das inzwischen traditioneller Gast auf dem Gelände ist, so daß ohne Darlehenssystem an ein Überleben gar nicht zu denken war. Ab 1986 bespielten auch die drei Staatstheater das Gelände wieder, es wurde ein Förderkreis gegründet, Sponsoren verhinderten teilweise das Schlimmste und die Stadt förderte mit rund 3,6 Millionen DM den Spielbetrieb, das Sommertheater und die notwendigsten Renovierungen, zumal der Erhalt des Geländes und die Bereitstellung eines festen Techniker-Teams immer noch der Kulturbehörde oblag.

Charakteristisch sind in Hinblick auf die praktische Arbeit in dem Areal die veränderten Arbeitsbedingungen für das technische Personal, die so wohl auch auf andere Fabrikbespielungen zutreffen mögen. Für dauerhafte Bespielung müssen die Probleme dabei natürlich auch dauerhaft gelöst werden. Die Wege sind länger und unübersichtlicher, die Arbeitszeiten schwerer einzuhalten, Transporte mühsamer, kurz: das Territorium läßt sich erheblich schwerer in Besitz nehmen und so können die technischen Aufgaben nicht immer auf dem aktuellen professionellen Niveau gelöst werden. Dem stehen aber offenbar die Vorteile großer Lebendigkeit gegenüber:

Jeder Handwerder muß selbständig mit unterschiedlichsten Arbeitssituationen fertig werden, Meister haben zusätzliche Aufgaben und höhere Verantwortung im gesamten Betrieb und auch die Mitglieder der technischen Leitung müssen sich häufiger als gewöhnlich etwas einfallen lassen. (94)

Insofern ist bei der täglichen Arbeit nicht nur eine intensivere Kommmunikation zwischen den beteiligten künstlerischen Kräften vonnöten, auch die Vertreter der Technik müssen in jedem Fall beteiligt werden, sie genießen einen größeren Kreativitätsspielraum, der den Produktionen zweifellos zugute kommt.

Kampnagel ist inzwischen eine feste, etablierte Einrichtung in Hamburgs Kulturleben geworden. Sie existiert allerdings in einer keineswegs stabilen Situation: Den Traum vom *Gütesiegel* der freien Theaterszene wollte die Stadt nicht mittragen und innere Verteilungskämpfe erschwerten auch die Arbeit, so daß es Anfang der 90er Jahre den Status eines Privattheaters, einer GmbH erhielt. Während hin und wieder wechselnde Besetzungen der Leitung durchaus erfolgreiche Arbeit leisteten, tat sich die Stadt sehr schwer, die dringend notwendigen Reparaturen und Renovierungen an der betagten Bausubstanz zu unterstützen, sehr viel leichter tat sie sich hingegen, wenn es darum ging, das Gelände scheibchenweise lukrativer Bebauung zuzuführen.

Einige verbindende Merkmale einen die Beispiele: Das Theater in Fabriken zeigt nicht nur ein ausgesprochen ernsthaftes Bewußtsein für seine Arbeit, das es auch im Publikum wecken möchte, sondern es erobert an diesen Stätten ehemals profitabler, von der Technik bestimmter, entfremdeter Arbeit den menschlichen Bedürfnissen gemäße Arbeitsweisen zurück. Das setzt eine vertiefte Sensibilität für die Lebensbedingungen anders arbeitender Menschen und eine Bereitschaft zur Solidarisierung voraus. Das Publikum, dem solche Orte eigentlich unvertraut sind, wird in diesen Solidarisierungsprozeß ganz undogmatisch miteinbezogen und lernt zwanglos ›exotische‹ alltägliche Lebens-und Arbeitsbedingungen kennen. Dieses Theater ist weniger an der Erschaffung von der Realität ablenkender, illusionärer Kunstwelten interessiert, es inszeniert, eröffnet vielmehr aus echten Versatzstücken, auch problematischem Material des Lebens, einen von Berührungsangst freien Zugang zu den verschiedensten Facetten von Realität und Theaterarbeit. Gemeinsam eignet man sich neue materielle wie geistige Territorien an, was die Verbindung zwischen dem Theater und seinem Publikum nur enger werden läßt. Um aber solche Beziehungen und Bewußtseinsebenen sich nachhaltig entwickeln zu lassen, dürften die Kulturzentren nicht beliebig wieder ausradiert, die Umnutzungsprojekte nicht permanent behindert werden. In auffälliger Weise sind die kulturpolitisch wie politisch relevanten Kräfte jedoch genau daran nicht interessiert.

c. ERGEBNISSE

Der Umgang mit Aufführungsorten und die Ideen vom Theaterbau in den 70er Jahren bedeuten eine grundlegende Verabschiedung von bisherigen Denkmustern. Natürlich spielte man auch weiterhin in den üblichen Theateralt- und -neubauten und natürlich auch weiterhin vielerorts konventionelles Theater, aber die Art und Gründlichkeit, mit der konventionelle Strukturen nicht nur wegkonzipiert, weggedacht oder nur in Einzelfällen von Neuem ersetzt wurden, war nun abgelöst durch die Realisierung der Ideen und Wünsche allein mit dem Material, das die Wirklichkeit in so großer Fülle zur Verfügung stellt. Entsprechend überredeten die Reformwilligen die spröden Mitverantwortlichen nicht mehr; sie verabschiedeten sich von dem Anspruch, ideale Neubauten entwickeln und errichten zu sollen. Die, die so vorgingen, entstammten darüberhinaus in den wenigsten Fällen einer dünnen Avantgarde-Schicht, es waren in der Regel einfach jene Theaterleute, die das etablierte, meist staatlich subventionierte Theater ausmachten.

Die Ausdrucks- und Nutzungsmöglichkeiten, die sich durch den Verzicht auf feste und technisch wie hygienisch bestens eingerichtete Spezialgebäude eröffneten, waren vielfältig und damit sicher auch Fundament und Zeichen pluralistischer Tendenzen, vor allem aber eines ungeheuren, potenziellen Reichtums. Nicht nur der Raum und seine Ausstattung mit künstlichen wie künstlerischen Mitteln konnte da Instrument und Zeichenträger einer Inszenierung sein, sondern der ganze, aus der Realität erwachsene Zeichenvorrat des Ortes selbst als Träger von Konnotationen, Assoziationen, Erinnerungen, Bedeutungen, Ausstrahlung.. mehr oder weniger ostentativ, zusätzlich oder ausschließlich eingesetzt werden[36]. Viele

---

36 Das Schauspielhaus in Hamburg beschrieb seine Erfahrungen mit der Kampnagel-Fabrik da so: »All diesen Orten eignet ein Geheimnis an, das nicht künstlich herstellbar ist, das man aber für das Theater nutzen kann, wenn man in der glücklichen Situation ist, über sie zu verfügen. Das gilt selbst dann, wenn es eine vielleicht nur sentimentale Hinneigung zu Räumen ist, die sich heutigen ästhetischen Tendenzen so sichtbar

Orte haben durch ihre spezifische Ausstrahlung oder Geschichte den Wunsch nach einer bestimmten Inszenierung an ihnen evoziert (wie etwa Mercat de les Flors in Barcelona). Einige erwiesen sich erst danach als dauerhafte theatralische Orte, andere waren so individuell, daß sie nur im Rahmen dieser Konzepte zum theatralischen Ort werden konnten (zum Beispiel das Berliner Olympiastadion oder die Gräber von Shiraz). Daneben wählte man Gebäudetypen, die bespielt wurden, um genau diese konventionellen Konnotationen zu hinterfragen (wie bei Ronconis Prateser Projekten). Andere waren ohnehin für den Prozeß der Produktion konzipiert und erwiesen sich per se als so elastisch, daß jede Form von Produktion, also auch Theaterproduktion, darin verwirklichbar wird (so etwa Filmstudios und Fabriken). Und dann gibt es noch die *leeren Räume* unterschiedlichster Provenienz »*in Erwartung eines Ereignisses*«.. Auf diese Weise leistet das Theater – noch immer – eine Art ›theatralen Denkmalschutz‹, indem es dazu beiträgt, abgelegte, aber dennoch lebendige Architektur und ihre Bedeutungen bewußter Analyse zuzuführen und zu bewahren. Aktivität und Mobilität kennzeichnet dabei diese Bewegung durchgehend. So wartete das Theater nicht mehr, daß es angemessen beheimatet **werde**, es sucht sich seine Heimat und angemessene Umgebungen für seine einzelnen Produktionen **selbst**, es bewegt sich also aus eigener Kraft aus dem Schutzraum eines abgeschirmten Hauses heraus[37]. Dies ging noch weiter, indem Ensembles für Probenprozesse Orte aufsuchten, an denen sie bestimmte Erfahrungen und Eindrücke sammeln konnten. Oder Produktionen wanderten, nun auch mit multikulturellem Anspruch oder in Hinblick auf ein spezielles Publikum, auch eine regionale Konstellation. Oft wanderte das Publikum in den weitläufigen Ortszusammenhängen umgenutzter Areale mit dem Spiel mit und so war keine **feste** Relation von Akteuren und Zuschauern mehr werden nötig.

Mit dieser Entdeckung und bewußten Nutzung alternativer Aufführungsorte erreichte nicht nur die Debatte über eine angemessene Gestalt des Aufführungsortes eine ganz neue Dimension, diese anderen Räume und Orte verliehen vor allem einem gewandelten Selbstverständnis der Kunst und der Institution Theater Ausdruck.

Die verschiedenen am theatralen Produktionsprozeß beteiligten Funktionen, von den Produzenten bis zu den Rezipienten, erlebten in dieser Phase die Befreiung ihrer Mittel von

---

widersetzen; auch darin artikuliert sich ja ein Defizit, unter dem viele leiden. (..) Die Hallen sind keine neutralen Räume, die als Passepartout dienen wie die Guckkastenbühne. Nein, sie stellen zu allererst einmal sich selbst dar, zwingen dazu, auf sie zu reagieren. Die – richtige – Entscheidung, die alten technischen Installationen so weit als möglich zu erhalten, verstärkte die Herausforderung, die das Suchen nach neuen Raumlösungen ohnehin schon bedeutet, erheblich. Dabei ist die Architektur offen genug, sich nicht aufdringlich in den Vordergrund zu drängen. Man kann sie, wenn man will (und kann), auch umspielen oder sich ihre architektonischen Besonderheiten zunutze machen.« (IN: ✧136 Spielorte S.74 und 76)

37   Die Mühelosigkeit der Umsetzung dieser Tendenz beschrieb Peter BROOK in seinem Plädoyer für den Erhalt der Kampnagel-Hallen: »Ein Gebäude anzupassen geht sehr schnell. So zum Beispiel war unser Theater, die Bouffes du Nord, als wir es fanden, eine Ruine; wir haben es unseren Bedürfnissen angepaßt und innerhalb von drei Monaten eröffnet. Als wir vor kurzem mit der ›Carmen‹ in Barcelona waren, haben wir den Raum, den Jean Guy Lecat gefunden hatte, einen verlassenen Blumenmarkt, in ein Theater umgewandelt – ich glaube, das dauerte zehn Tage, oder noch weniger. Dies ist Ausdruck von etwas, das sich in Bewegung befindet (..)« (IN: ✧136 Spielorte S.89)

den Zwängen der Konventionen oder der Vorherrschaft der Literatur; sie eroberten sich im wahrsten Sinne mehr Spielraum und zusätzliche Möglichkeiten. Viele dieser Projekte dienten nicht zuletzt dazu, die Theaterproduktion von den Zwängen und Einschränkungen eines teilweise (vor allem in der Bundesrepublik) überbürokratisierten oder (in England oder Italien) überkommerzialisierten Betriebs zu befreien oder (vorwiegend in Frankreich) davor zu schützen. Dies hatte eine fast durchgängige Emanzipation der verschiedenen Arbeitsbereiche zur Folge:

▶ Regisseure konnten sich nunmehr nicht länger hinter Stück und Autor zurückziehen, an alternativen Aufführungsorten tragen sie im Gegenteil die Verantwortung für die Kooperation der verschiedensten Beteiligten und vor allem für die Konzeptübersetzung. Viele Regisseure fügen Unmengen selbständigen Materials und die Fülle der angebotenen künstlerischen Versatzstücke zu einer stringenten Collage und zur einheitlichen Aussage zusammen. Wie sie das jeweils gestalten, hängt ganz von ihrer Handschrift und eben dem vorhandenen Material ab. Ihre Arbeit begann auch Züge der Filmregie zu tragen, indem sie ihr vermehrt der Realität entlehntes Material frei zusammenfügten, Publikumsbewegung einer Kamerabewegung entsprechend durch die vorstrukturierten Räume lenkten, die Distanz zwischen Spiel und Rezeption fast bis zur ›Großaufnahme‹, zur totalen Illusion verringerten und nicht zuletzt in den Stätten der Filmproduktion und -darbietung verläßlich brauchbare Aufführungsorte fanden. Und doch haftet diesen Mitteln im theatralen Akt eine ganz andere Qualität an, wenn Produktion und Rezeption zusammenfallen und damit in den meisten Fällen eher **Erfahrungen** als Illusionen vermittelt wurden, wenn der Kontakt zum Spiel in seiner direkten, nicht technisch vermittelten Form genau das Gegenteil einer Filmrezeption erreicht.

▶ Die Schauspieler mußten zwar ab und zu hinnehmen, daß ihr Spiel den Dimensionen oder der Ausstrahlung der neuen Orte zum Opfer fiel, letztlich war das aber nur eine Herausforderung ihrer Mittel, deren Veränderung und Erweiterung sie in den meist sehr fest verbundenen Ensembles mit Hilfe von Regisseuren und Dramaturgen selbst erarbeiteten. Das mobile, wandernde, suchende Theater ermöglichte auch ihnen Erfahrungen, die sie in reinen Theaterbauten niemals hätten machen und ihrem Instrumentarium einverleiben können. Im Rahmen kollektiver Arbeit trugen sie ungleich mehr Mitverantwortung für das Ergebnis.

▶ Dramaturgen erarbeiteten das Umfeld des Materials, hinterlegten jede einzelne Produktion mit einem Teppich aus Konzept, Konnotationen und Informationen. Sie wurden zum wichtigen Gesprächspartner des Ensembles, wenn es um die Befreiung von der Diktatur des Textes und um das Arrangement der verschiedensten Aussageträger ging. Dies war fast eine Umkehrung ihrer bisherigen Aufgaben.

▶ Szenographie ist in diesem Zusammenhang meistens die Erschaffung von unbegrenzten Spiellandschaften, von Umgebungen, aus denen mit Hilfe von Ausleuchtung und Publikumsbewegung das Konzept unterstützende oder gar verkörpernde räumliche Strukturen erschaffen wurden. Oder aber die Ausstrahlung der Räume konnte ohne weitere ›Dekoration‹ für sich selbst stehen und wirken. Beide Haltungen spiegeln Tendenzen der Bildenden Kunst wieder, den Ansatz von Environments und Happenings, in denen Umgebungen und echte Materialien, die bereits Spuren, Narben und Schäden eines Vorlebens tragen, zu Aussageträgern arrangiert werden, überhaupt den Hang echte, abgelegte, abgewertete Dinge und Materialien in den Blickpunkt zu stellen und ihre Vergangenheit zu thematisieren und neu zu bewerten. So wurden in den theatralen Zeichenschatz auch ganz reale Dinge wie alltägliche Gegenstände jenseits bloßer Requisite, Architektur als solche, Kälte, Verfallenes, Zeichen der Geschichte.. aufgenommen.

Eine auffällige Tendenz ist entsprechend die häufige Mitarbeit Bildender Künstler an diesen alternativen Theaterproduktionen, deren Beitrag zuweilen so dominant wurde, daß sich das Theater hart an den Grenzen der Performance, des Happenings oder der Ausstellung bewegte, wobei ein Übergleiten oft kaum durch das menschliche Spiel oder den Einsatz von Dramentexten verhindert werden konnte. Dadurch entwickelte das Theater der 70er Jahre einen deutlich visuellen Schwerpunkt[38], dem aber durch seinen Anspruch auf echte Erfahrung mit Orten, Zusammenhängen und Dingen eine phänomenologische Dimension von Umweltaneignung und -erforschung anhaftet, die auf das genaue Gegenteil von Illusion zielt.

► Die emanzipierten Produzenten bedurften natürlich auch eines emanzipierten Publikums. In kaum einer Periode wurde die Rolle der Zuschauer so wichtig, so bewußt und gezielt reflektiert, selten mußte das Publikum so intensiv mitarbeiten. Bei der Forderung nach einem **neuen** Publikum ging es zunächst noch um die politische Frage der Integration sozial benachteiligter Gruppen ins Publikum, von Volkstheater wurde wieder gesprochen und das für alle zugängliche Spektakel vertrieb den elitären Ruch. Damit widersetzte sich das Theater der Entwicklung der Zeit: Es versorgte architektonisch und kulturell verödete Vorstädte gezielt mit Kultur, versuchte, mit mobilem Zielgruppentheater oder Festivals einem untypischen, von Theater bisher abgeschnittenen Publikum entgegenzukommen. Mit bestimmten Zuschauern wollte man bestimmte Erfahrungen teilen, auf der einen Seite die Menschen einer bestimmten Region, auf der anderen alle Kulturen erreichen. Alsbald wurde aber eine spezifische Mentalität der Zuschauer wichtiger: die Bereitschaft sich mitzubewegen, Ungewohntes und Unbekanntes gemeinsam erfahren zu wollen, so daß die anonymisierenden Konventionen durch für jede Produktion neu arrangierte Rituale ersetzbar wurden. Der enge Kontakt, die totale Kommunikation zwischen Akteuren und Rezipienten, die von beiden Seiten gleich eigenständig und intensiv getragen werden sollte, wurde zu einem zentralen Anspruch. Zuschauer mußten bereit sein, eigenverantwortlich aus einem Angebot auszuwählen, fiktionale oder reale ›Rollen‹ und Funktionen im Spiel zu übernehmen, was

---

38 Ende der 70er Jahre kann konstatiert werden: »Die Weiterentwicklung der Theaterproduktion ist durch zwei Merkmale charakterisiert: 1. Die Gruppe der Raum- und Kostümgestalter, die über Raumformen am inhaltlichen Konzept mitarbeiten und mitbestimmen, wird zunehmend größer. Zum Teil sind in der Person des Raumgestalters verschiedene Funktionen vereint, so daß sie in Konsequenz weitestgehend selbst Regie führen. 2. Die Raumgestaltung greift über das konventionelle Bühnenbild hinaus: ► Die Bühnen- und Zuschauerräume werden als Ganzes aufgefaßt und zur Einheit umgestaltet. Der konventionelle Bühnenrahmen wird verlassen, wenn er sich als zu einengend für eine bestimmte Inszenierung erweist; (..) ► Um den Bezug einer Inszenierung zur realen Wirklichkeit sichtbar zu machen, werden die entsprechenden freien Räume und ihre Standorte ausgewählt und ausgenützt; die Räume selbst werden Voraussetzung und Resultat der Aktionen.« (IN: ✧143 Konfigurationen S.5)

auch heißt, über die eigenen alltäglichen Rollenspiele nachzudenken. In extremen Fällen wurden sie zu Besuchern theatraler Ausstellungen, mußten persönlich mit Schauspielern kommunizieren oder als Voyeure scheinbar intime Szenen in intimen Zimmern betrachten. Das spezifische Publikum der 70er Jahre trug keine Abendkleidung und war im besten Falle genauso begierig, sich die komplexe Wirklichkeit anzueigenen wie die Theaterleute.

► Die Tendenz zum En-suite-Betrieb verweist schließlich noch auf die Aufwertung und damit Emanzipation der einzelnen Produktion, der unter solchen Bedingungen ungleich mehr Gewicht zukam, mehr Sorgfalt gewidmet wurde. Was aus beschränkten räumlichen Möglichkeiten geboren wurde, mündete schließlich in die Thematisierung totaler Gegenwärtigkeit – die Theater als Kunst ja kennzeichnet – schuf eine andere Arbeitshaltung der Vergänglichkeit und dem Augenblick gegenüber, betonte den Wert von Lebendigkeit und Kontakt für das Gelingen des theatralen Aktes und erzeugte an alternativen Aufführungsorten ausgerechnet eine Perspektive auf das Phänomen – Dauer.

► Es erübrigt sich beinahe, in diesem Zusammenhang zu erwähnen, daß Literatur, gar dem Drama, in diesem Chor der Mittel nur eine bescheidene Rolle zufiel. Sie wurde immer mehr bloß Auslöser für theatrale Arrangements. Oft wurde Sprache, wurden Texte oder ihr Personal reduziert, in Einzelteile zerlegt, als Collage eingesetzt: Laute ersetzten das verständliche Gefüge, Fragmente die vollständige Dramenstruktur, Bildsprache die Funktion der Sinnübermittlung, Körpersprache die Dramatik des Auftritts überlassend, einzelne Schauspieler gaben alle Figuren, so daß das (meist klassische) Drama Text blieb. Die Infragestellung der konventionellen Vorherrschaft des Dramas am Theater war zur Tat geworden.

Hinter den gerade in den 70er Jahren besonders bewußten und teilweise ausgesprochen selektiven Vorstellungen vom idealen Publikum verbirgt sich nicht nur ein ästhetisches, sondern vor allem auch ein politisches Konzept und Selbstverständnis. Seit 1968 nahmen die Theater die Rolle eines Stachels im Fleische der Gesellschaft willentlich ein. Entsprechend seinem eigentlichen Charakter widersetzte es sich, gerade auch mit vielen Projekten außerhalb des Betriebs, den Bestrebungen, Theater überschaubar, kontrollierbar und verwaltbar zu machen, und suchte sich aus eben diesen Gründen vom Einsatz übermäßiger Technik unabhängig zu zeigen. Zu Beginn des Dezenniums glaubten viele Theaterleute, mit ihren Aktivitäten Veränderungen in einer bestimmten Richtung anregen oder gar steuern zu können; später war nur allzu deutlich geworden, daß nichts weiter bleibt, als mit wachem Bewußtsein die allgemeinen Entwicklungen wahrzunehmen, durch die eigene Praxis zu kommentieren, Alternativen zu verifizieren und notfalls mit künstlerischen Mitteln Widerstand zu leisten.

Die Aneignung neuer theatraler Mittel, für die die räumlichen beispielhaft und besonders bedeutungsvoll sind, ist eine geistige Aneignung der Umwelt und der Möglichkeiten, die sie immer noch bietet: Das Theater erobert Bereiche sozialen Lebens, die ihm nach anderen Definitionen unbekannt blieben, Orte, an denen Geschichte wieder spürbar wird, an denen es mit seinem oder einem ungewohnten Publikum direkter in Kontakt treten kann.. Damit widersetzte es sich einer gesellschaftlich und durch die Architekur geförderten Negierung des Individuums, einer Verleugnungskampagne gegen das überdeutliche Bedürfnis nach einigermaßen umrissener Identität und wirkte daran mit, für sich und sein Publikum spezifische, teilweise besondere regionale Identifikationsstrukturen zu erarbeiten. Selbst bei Zielgruppenprojekten hat man meist den Eindruck, daß die ausgewählte Gruppe als Teil eines Ganzen verstanden wurde, die zur Vervollständigung des Publikums zur Gesellschaft eingesetzt werden sollte, während die Theaterarbeit in Ensembles wie der Schaubühne oder dem Théâtre du Soleil auch als Verkörperung und Forschungsgebiet angewandter Demokratie gelten kann. Der Prozeß einer Identitätsbildung funktionierte zu einem Gutteil über die selbstentdeckte und selbstgestaltete ›Heimat‹ in umgenutzten Orten, über Angebote, die Arbeit bestimmter Menschen an einem bestimmten Ort kontinuierlich verfolgen zu können und dabei auch neuartige Facetten der Umwelt aufzudecken. Er funktionierte auch durch die allgemeine Tendenz zu inhaltlich und personell motivierten Ensemble-Zusammenschlüssen von teilweise ganz erstaunlichem Zusammenhalt, die ebenfalls ein gelebtes Gegenbild für die Vereinzelungs- und Vereinsamungserscheinungen der urbanen Moderne war, wie sie zum Beispiel im *Hotel Moderne* in Gestalt einer Rezeptions**erfahrung** kritisiert wurde. Dieser Prozeß einer Identitätsbildung bot beileibe keine fertigen Muster an. Er stellte sich vielmehr als ernsthafter Arbeitsprozeß dar, der sich besonders zu typischen Orten der Arbeit und den unvollendeten Orte hingezogen fühlte; als eine ausgedehnte Suche aller Beteiligten nach den Notwendigkeiten und natürlichen Möglichkeiten des Theaters, die den Hang zur Wissenschaftlichkeit der 60er Jahre so eng an eine Praxis band, das Hinterfragen so selbstverständlich machte, daß bereits das Theatermachen selbst als eine besonders praxisnahe Forschungsmethode verstanden wurde. Auch an den Theatern kannte man keine unumstößlichen Antworten, aber durch dieses künstlerische Medium ließ sich dem allseits Empfundenen Ausdruck verleihen, ließen sich, wenn schon keine Antworten, so doch hervorragend die aufkeimenden Fragen formulieren. Es ist nur folgerichtig, wenn die Prozesse des Fragen-Entwickelns, die Proben- und Erarbeitungsprozesse, neu und höher bewertet, ihre Spuren am Endergebnis nicht wegpoliert wurden und damit die für Theaterkunst so charakteristische Vorläufigkeit und Vergänglichkeit der Ergebnisse ein Erfolgsfaktor dieses Theaters waren. Ließ es doch Raum für Unbekanntes, Unvorhersehbares und viel Platz für individuelle Phantasien und Fragen der Zuschauer. Hier offenbart sich das Ziel der Theaterleute, einer teils unverstandenen, teils verständnislosen, die Bedürfnisse der Bürger verwaltenden, aber nicht befriedigenden Ordnung ein Ideal des Chaos entgegenzusetzen[39]. Claus Peymann sah das Problem des Miteinander von Kunst und Politik in der Kompromißlosigkeit künstlerischer Arbeit[40], Peter Brook in der Aufgabe des Theaters, die gesellschaftlichen Werte

---

39 »Kunst ist Chaos« und dieses Chaospotential sei lange noch nicht aufgebraucht, brachte Jürgen FLIMM anläßlich der Besetzung der Kölner Stollwerck-Fabrik die Haltung seiner Generation am Theater auf den Punkt (in seiner Kolumne IN: THEATER HEUTE 4 (1981) S.71); auch andere, wie der Dramaturg und Autor Horst LAUBE, setzten ihre Hoffnung auf Unordnung: »Unordnung ist eine Chance. Sie ist vertan, wenn aus ihr neue Zeichen gegossen werden, in denen Prozessuales zur ästhetischen Behauptung gerinnt.« (IN: THEATER HEUTE 13 (1973) S.141)

40 »Das in der demokratischen Politik herrschende und notwendige Prinzip des Kompromisses ist in der Kunst nicht möglich. In diesem Sinne ist sie radikal. Sie kennt keine Mehrheitsentscheidungen oder die Berücksichtigung von Minderheitenrechten. Kunst ist immer Einzelentscheidung. Die Politiker, die nur über den Kompromiß nachdenken, die Künstler, soweit sie lebendig sind, nur das Extreme und Radikale versuchen (..).« (In einem Interview IN: ◇144 MAINUSCH S.99)

zu hinterfragen. An Beispielen der Bespielung alternativer Aufführungsorte läßt sich ablesen, wie kompromißlos allerdings (vor allem deutsche) Politiker auf unkalkulierbare Lösungen reagierten, wenn Theaterleute aus den Kompromißlösungen der Theaterbauten entweichen wollen. Denn das

> Provisorische mit seinem dramatischen Unbill, Heizung, Licht, das wasserdichte Dach betreffend, ist ein theatralischer Ort und der macht erfinderisch, unbotmäßig. Daher lieben die Theatersubventionierer die theatralischen Orte nicht. (95)

Der Eindruck drängt sich auf, kollidierten diese theatralen Impulse doch so manches Mal empfindlich mit den ökonomischen Interessen von Spekulanten und Stimmenjägern. Mit diesem »Widerstand gegen die Beharrungskräfte der Verhältnisse« (96) kollidierte das Theater auf zweierlei Weise unausweichlich mit einem Motor der Beharrung, den politischen Kräften: Einerseits differieren die organisatorischen Ideale beider, denn es liegt offenbar in der Natur der Macht, daß ihre Inhaber sie für sich zu erhalten wünschen, daß sie also unausweichlich konservativ sind. Gleichzeitig käme es den Politikern und ihren Hilfsinstrumentarien zu, die die gesellschaftlichen Abläufe, das Zusammenleben organisierenden Systeme zu verwalten. Jede ungeplante, unvorhergesehene Entwicklung wird aus dieser Perspektive zur unnötigen Belastung oder gar Infragestellung. Administration liebt das Berechen- und Überschaubare. Aber die politischen Instanzen schlossen sich diesen Bestrebungen der Theaterleute und ihres Publikums auch an, etwa um (wie die Region Toscana) von der Entwicklung regionalen Selbstbewußtseins zu profitieren oder sich ein liberales, kultiviertes Image zu geben, wie es sich offenbar besonders Metropolen wie Paris oder Berlin wünschten.

Seine Skepsis den politischen Mächten gegenüber und seine Probleme mit der (Über)Verwaltung teilte das Theater durchaus mit vielen Gruppen und Bürgern. Der häufig enge Zusammenhang alternativer Aufführungsorte mit Kultur-, Jugend- oder Stadtteilzentren unterstreicht das[41]. Die Theater partizipierten mit dieser Praxis, an theaterfremden Orten zu arbeiten und zu spielen, zweifellos auch an einem alternativen Denken, das sich gegen eine profitorientierte Kampagne der Umweltzerstörung, auch urbaner Umwelt, wandte.

Dies wurde nicht zuletzt durch den zugegebenen Verlust eines kohärenten Weltbildes ermöglicht, der Umnutzung, das heißt auch Umwertung erlaubte und das Charakteristikum von Orten vor Augen führte, daß »weder die symbolischen Bedeutungen noch die auf die praktischen Funktionen bezogenen Bedeutungen (..) stabil« sind (97).

In jenem Maße, in dem Theater sich für die Realität öffnete, theatralisierte es auch die Realität, offenbarte deren theatralische Aspekte ebenso wie die eigene Ernsthaftigkeit. Dies schafft nach beiden Richtungen die nötige Distanz, um angemessen bewerten zu können, was Menschen im Miteinander so anrichten und erschaffen, macht beide Bereiche komplexer, aber vor allem auch vollständiger.

---

41 Wolfgang WIENS formulierte das einmal explizit für das Bremer Schlachthof-Projekt: »Es gibt auch die Vermutung, daß die Halle abgerissen wurde, weil man den Grünen, überhaupt der alternativen Szene, keinen Versammlungsort bieten wollte.« (In einem Interview IN: THEATER HEUTE 13 (1981) S.117)

Aber: Die Erfahrungen von und mit Alternativen zu konventionellen wie traditionellen Spiel- und Rezeptionsräumen waren in keinem Fall von den Ensembles als vernichtende Attacke dagegen verstanden, sondern als Ergänzung, als Erweiterung der Möglichkeiten. Freilich haben Truppen wie das Théâtre du Soleil bewiesen, daß sich Theater auch dauerhaft und ausschließlich in solchen Gebäuden beheimaten, ja etablieren kann. Andererseits wurde das Guckkastentheater in bisher einzigartiger Weise zu seiner eigenen Alternative, indem der architektonische Aussagegehalt dieses Gebäudetyps und seine Geschichte, weit davon entfernt als **das** Theater schlechthin anerkannt zu werden, mit dem Wissen um die grundsätzlichen Bedingungen theatraler Kommunikation und die Vielfalt ihrer Möglichkeiten beim Wort genommen und thematisiert wurden.

Letztendlich wird das Theater immer aufs Neue Lösungen in den ihm zugeteilten Häusern finden, aber auch immer wieder neue theatralische Orte für sich entdecken können und sie für sich vereinnahmen wollen.

(1)   s. ◊140 Jürgen HOFMANN S.268f.
(2)   s. dazu NELLES »Neue Bewegung und alte Politik« IN: Peter GROTTIAN/ Wilfried NELLES (Hrsg.): Großstadt und neue soziale Bewegungen (= Stadtforschung aktuell Bd.1).- Basel/Boston/Stuttgart 1983, S.96f.
(3)   Wilfried MINKS IN: ◊130 Mobiler Spielraum S.134
(4)   Vittorio MAGNAGO LAMPUGNAGNI »Architektur und Stadtplanung« IN: ◊11 BENZ Bd.3 S.166
(5)   Thomas SIEVERTS »Chancen der Raumplanung (..)« IN: DER ARCHITEKT 3 (1975) S.121f. und 123
(6)   ebd. S.123
(7)   ebd. S.119 und 123
(8)   zitiert IN: ◊23 MAGNAGO-LAMPUGNANI S.215
(9)   Paul VIRILIO »Die Sauberkeitsideologie« IN: ARCHITEKTUR EXTRA. Architektur und Stadtplanung im Spätkapitalismus. Frankfurt/a.M. 1971 S.137
(10)   ◊30 VIRILIO, Horizont S.86f.
(11)   ◊146 ORTOLANI (S.16f.) zitiert ein Interview mit BROOK von Denis Bablet 1983 IN: Kreativität und Dialog, Berlin 1983 S.91ff.
(12)   ◊134 BROOK, Raum S.225
(13)   ebd. S.68
(14)   ebd. S.70
(15)   ebd. S.162
(16)   ebd. S.205
(17)   ebd. S.207
(18)   ebd. S.213
(19)   BROOK im Gespräch mit ◊146 ORTOLANI S.45f.
(20)   s. z.B. ebd. S.46ff.
(21)   ◊134 BROOK, Raum S.111f.
(22)   – wie Georges SCHLOCKER es faßt. IN: THEATER HEUTE 12 (1972) S.126
(23)   ebd. S.127
(24)   ebd. S.129
(25)   Georges BANU »Das Theater als Spielraum« IN: ◊146 ORTOLANI S.26
(26)   ebd. S.23
(27)   ◊141 IDEN S.57
(28)   Inge KRENGEL-STRUDTHOFF über die Bühnenbild-Varianten der Schaubühne IN: BTR 4 (1972) S.18

(29) s. dazu THEATER HEUTE 13 (1973) S.42ff.
(30) Der technische Leiter der Schaubühne, Klaus WICHMANN, hat diese technischen Bedingungen IN: BTR 3 (1977) S.17ff. beschrieben.
(31) – und weitere Details ebd.
(32) Eine diese Vorgänge analysierende Kritik hat Volker CANARIS IN: THEATER HEUTE 2 (1977) S.19ff. vorgelegt, während die Kritik allgemein auffällig ablehnend reagierte.
(33) auch für dieses Projekt liefert Klaus WICHMANN technische Einzelheiten IN: BTR 3 (1978) S.12
(34) Dazu s. die ◇136 Dokumentation der Schaubühne von 1981 S.73ff., sowie Klaus WEVERS Artikel IN: BTR 5 (1978) S.20ff.
(35) ebd. S.21
(36) ebd. S.67–70
(37) Die Zusammensetzung der zusätzlichen Kosten s. ebd. S.74f.
(38) Jürgen SAWADE ebd. S.78
(39) Klaus WEVER (s.o.) IN: BTR 5 (1978) S.24
(40) So z.B. Günther RÜHLE in seiner Kolumne IN: THEATER HEUTE 2 (1977) S.58
(41) IN: DIE DEUTSCHE BÜHNE 8 (1980) S.30f. Ein weiterer Artikel über das TNS findet sich IN: THEATER HEUTE 9 (1982) S.44ff.
(42) ebd. S.44f.
(43) Renate KLETT IN: THEATER HEUTE 9 (1976) S.16
(44) ebd.
(45) s. dazu die sehr detaillierten Beschreibungen der Rezeptionserfahrungen der Dramaturgin Brigitte LANDES IN: THEATER HEUTE 5 (1979) S.1ff. und Viktor HELLS Kritik für die FRANKFURTER RUNDSCHAU vom 24.4.1979
(46) ◇29 TUAN S.60
(47) Eine genaue Beschreibung durch Ellen HAMMER findet sich IN: THEATER HEUTE 13 (1979) S.102f.
(48) ◇139 HENSEL S.329
(49) – wird im Programmheft erläutert.
(50) vergl. dazu die Eindrücke Peter IDENS IN: FRANKFURTER RUNDSCHAU vom 7.6.1975
(51) Günther RÜHLE IN: THEATER HEUTE 2 (1976) S.11, anläßlich der EMPEDOKLES-Inszenierung
(52) s. dazu den vorigen Abschnitt über die Arbeit des TNS.
(53) IN: FRANKFURTER ALLGEMEINE ZEITUNG (FAZ) vom 10.11.1977
(54) Ellen HAMMER beschreibt RECALCATIS Arrangements eingehend IN: THEATER HEUTE 13 (1979) S.101f.
(55) vergl. ◇18 FISCHER-LICHTE I S.143
(56) s. dazu: Berlin und seine Bauten Bd.XI: Gartenwesen. Hrsg. vom Architekten- und Ingenieurverein zu Berlin. – Berlin/München/Düsseldorf 1972 S.187ff.
(57) In einem Interview mit THEATER HEUTE 4 (1980) S.22f.; in einem anderen Interview bekräftigte er sein prinzipielles Bekenntnis zur Oper (IN: THEATER HEUTE 10 (1986))
(58) IN: THEATER HEUTE 4 (1980) S.22
(59) – wie Gae AULENTI es formuliert IN: THEATER HEUTE 13 (1979) S.93, wo die Arbeit der gruppo s(pazio) und auch das Konzept der BAKCHEN-Inszenierung dokumentiert sind.
(60) s. Renate KLETTS Kritik IN: THEATER HEUTE 9 (1978) S.28 und ebd. S.53
(61) Gae AULENTI (s.o.)
(62) ebd.
(63) ebd.
(64) Walter BENJAMIN: Das Kunstwerk im Zeitalter seiner technischen Reproduzierbarkeit« (1936) IN: Schriften Bd.3. Hrsg. von Theodor W. ADORNO.– Frankfurt/a.M. 1955 S.394
(65) Die gruppo S hat eine detaillierte Dokumentation dieses Konzeptes IN: THEATER HEUTE 13 (1979) S.94ff. erstellt.
(66) Kurt HÜBNER und sein Dramaturg Burkhard MAUER IN: THEATER HEUTE 13 (1980) S.93f.
(67) Zum technischen Ausbau des Concordia s. BTR 3 (9171) S.13 und 2 (1972) S.19ff.

(68)   George TABORI in einem Interview IN: ✧142 KÄSSENS/GRONIUS S.157

(69)   ✧143 Konfigurationen S.54; s. auch THEATER HEUTE 3 (1979) S.10

(70)   Klaus WAGNER IN: FRANKFURTER ALLGEMEINE ZEITUNG vom 18.12.1978

(71)   IN: THEATER HEUTE 2 (1979) S.13f.

(72)   IN: ✧142 KÄSSENS/GRONIUS S.144

(73)   IN: THEATER HEUTE 3 (1979) S.10

(74)   Andreas REIDEMEISTER IN: THEATER HEUTE 13 (1979) S.92

(75)   Den genauen Hergang der Auseinandersetzungen mit den Behörden schildert STECKEL in einem Inter-
        view, das Henning RISCHBIETER mit ihm und Wolfgang WIENS rückblickend führte – IN:
        THEATER HEUTE 13 (1981) S.117

(76)   Wolfgang WIENS im Interview IN: THEATER HEUTE 1 (1980) S.27f.

(77)   ✧140 Jürgen HOFMANN S.227

(78)   ZADEK-Interview IN: THEATER HEUTE 13 (1973) S.83

(79)   ebd. S.84

(80)   ✧143 Konfigurationen S.6

(81)   BTR-Sonderheft 1983 S.28ff.

(82)   s. dazu ✧145 NEUSCHÄFER

(83)   Zum Arbeitsrozeß von L'ÂGE D'OR s. ✧137 BAUMGARTEN/SCHULZ S.102

(84)   s. dazu Thomas PETZ IN: ERSTE Januar/Februar 1986 über das Théâtre du Soleil und die Arbeit Ariane
        MNOUCHKINES.

(85)   ebd.

(86)   dazu Arno PAUL IN: THEATER HEUTE 13 (1973) S.87f.

(87)   ✧145 NEUSCHÄFER S.186

(88)   PEYMANN in einem Interview mit Peter IDEN im Dezember 1983 IN: ✧140 IDEN S.229f.

(89)   dazu: ebd. S.230

(90)   Eine Analyse der Besetzung und Untersuchung der besetzenden Gruppen aus der neuen sozialen Be-
        wegung nimmt Klaus BREMEN vor, IN: GROTTIAN, Peter/ NELLES, Wilfried (Hrsg.): Großstadt und
        neue soziale Bewegungen.– Basel u.a. 1983 S.175ff. vor.

(91)   Martin TSCHERMAK »Theater in den Hallen« IN: BTR 2 (1983) S.16

(92)   vergl. ✧136 Spielorte S.56. In diesem Buch dokumentiert das Schauspielhaus selbst seine Arbeit und
        deren Verlauf auf Kampnagel, im Malersaal und auch die Renovierung seines Stammhauses.

(93)   – so die Presse-Information des Kampnagel-Leitungsteams vom 24.4.1985

(94)   TSCHERMAK (s.o.) IN: BTR 2 (1983) S.18

(95)   Ursula KRECHEL über theatralische Orte IN: THEATER HEUTE 13 (1981) S.63

(96)   ebd.

(97)   ✧18 Erika FISCHER-LICHTE I S.136

SCHLÜSSE

Blicken wir zurück: Viele bemerkenswerte und durchaus realisierbare Vorschläge zur Erneuerung und Verbesserung des Aufführungsortes und seiner Gestalt sind gemacht worden, viele kreative Menschen verschiedener Professionen haben sich darum bemüht und dazu geäußert, viele Theater sind inzwischen auch gebaut worden – das *Theater der Zukunft*, und das steht fest, wurde hingegen nicht installiert. Die alte Konvention des Zweiraumtheaters behauptete vielmehr, nur leicht modifiziert, ihre Gültigkeit, unersetzt von einer ›neuen‹, ›zeitgemäßen‹ Konvention des Theaterbaus oder gar einer Spielkonvention. Was sich also sehr viele, wenn nicht die meisten Reformer des Aufführungsortes in diesem Jahrhundert gewünscht hatten, blieb unerreicht, obwohl sich die Masken des Theaters selbst, seine Mittel, seine Kriterien durchaus gewandelt haben und immer weiter wandeln. Zwei einander entgegenstehende Phänomene – hier das ephemere, quecksilbrige Theater, dort die per se dauerhaften Bauten – gewissermaßen zwei Prinzipien prallen aufeinander. Das Ergebnis dieses Aufpralls ist weniger **eine** neue oder besser: andere Form einer statischen Fusion, sondern muß schließlich in seiner in den letzten Jahren vielgerügten pluralistischen Erscheinungsform als Zersplitterung beschrieben werden. Das Projekt ›**Der** Theaterbau des 20. Jahrhunderts‹ ist bei diesem ›Unfall‹ umgekommen. Wohlgemerkt: Theater**bau**. Das Theater findet offenbar immer einen Ort, notfalls in alten oder auch theaterfremden Bauten und für die Architekten ist die Konzeption eines Aufführungsortes nur eine Aufgabe unter unzähligen anderen. Man könnte daraus schließen, die konventionelle Zweiraumtheater-Lösung hätte sich nun einmal als die widerstandsfähigste und damit bis heute wohl angemessenste Variante erwiesen und die Suche nach Alternativen einfach als Irrtum, auf das Falsche gerichteten Ehrgeiz von Gruppen, denen es offenbar um etwas anderes als Theater ging, bewerten.

Aber warum haben sich Architekten trotzdem immer wieder um bauliche Alternativlösungen für das Theater bemüht? Und: Wenn es nicht um Theater ging, worum dann? Handelt es sich wirklich um ein zusammenhangloses und schließlich erfolgloses Suchen und Ausprobieren?

Blicken wir genauer hin: Jede der behandelten Phasen weist eine eigene Mentalitätsfärbung auf und setzt sich mit spezifischen Themen auseinander, die sie überhaupt erst als ›Phase‹ erkennbar werden lassen[1]. Das Ergebnis sind oftmals bestimmte Vorlieben, was die Anlage

---

1 So bemühten sich die Reformer vor dem Ersten Weltkrieg, das Ausmaß der Gesellschaftsprobleme verkennend, durch die Schaffung eines neuen Theaters des Kults, zeitgemäßer gestalterischer ›Form‹ oder

des Aufführungsortes und die verwendete Verwandlungstechnik etwa anbelangt. Bemerkenswert ist dabei, daß diese Vorlieben oder Schwerpunkte in sehr vielen Fällen nicht theatraler
Ästhetik, Praxis oder progressiven Dramaturgien entsprangen, sondern umgekehrt versucht wurde, die Inhalte und ihre theatrale Vermittlung durch die vorgeschlagenen Bauten
zu beeinflussen, zu reformieren, wenn nicht zu revolutionieren. Das heißt, nur ein Bruchteil,
in der Regel weniger als die Hälfte, der Vorschläge und der hier vorgestellten und analysier-
ten Projekte (die ihrerseits nur wieder eine Auswahl darstellen) stammen von Theaterleuten, also in erster Linie praktische Schauspielerei, Regie, Szenographie oder Dramaturgie treibenden Menschen, ansonsten gehen die Impulse vor allem von Architekten, Bildenden
Künstlern oder aber der die Kulturpolitik bestimmenden Administration aus.

Erst nach 1968 bestimmte nicht mehr nur die eine oder andere Theaterpersönlichkeit,
sondern eine ganze Theaterszene das Erscheinungsbild des Aufführungsortes. Und das nicht
mehr in der Theorie oder im Entwurf, sondern in einer nicht unangefochtenen und dennoch verwirklichten Praxis. Nicht in Gestalt einer neuen Konvention also, sondern als Eroberung eines erweiterten Spielraums und, insofern diese Praxis keine genuinen Theaterbauten mehr benötigt, unreglementierten Freiraums. Wenn zu irgendeiner Zeit das Ziel der
allgemeinen Konstituierung alternativer Verhältnisse für den Aufführungsort erreicht zu
sein schien, dann erst im Verlauf der 70er Jahre. Vereinzelte, wenngleich bedeutende Fälle
haben das Phänomen dieser Phase antizipiert und zeigten dieselben Merkmale: Unabhängig
arbeitende Theaterpraktiker wie Max Reinhardt, Jacques Copeau, Anton Giulio Bragaglia,
Paquita Claude oder schließlich auch Jerzy Grotowski machten sich die Bedeutungsgehalte
und besondere Atmosphäre von nicht für das Theater geschaffenen Gebäuden und Orten
für vereinzelte Inszenierungen zunutze oder verzichteten ganz auf ein eigens errichtetes
Spezialgebäude, um sich dort dauerhaft zu beheimaten. Entweder also wurde die vorhandene

eines ›Stils‹ überhaupt und die Definition der Eckwerte einer erneuerten ›Kultur‹ der Gesellschaft ein
stabileres, vor allem authentisches Werte-Skelett zurückzugeben. Der erste vollständig entfremdete Krieg
zerstörte allerdings alle künstlichen Versuchsanordnungen und korrigierte vorerst jegliche falsche
Perspektive auf die wirkliche Qualität der Zeit. In der nächsten Phase wurde darauf dann mit der Ersetzung
der evolutionären Strategie durch eine revolutionäre, dynamische reagiert und versucht, im Theater Modelle
einer totalen und total neuen, mit umfangreicher technischer Hilfe selbsterschaffenen Ordnung vorzustellen und auszuprobieren. Bis sich derweil im Schatten dieser Experimente politische Mächte formierten,
die aus der Suche der Vorkriegszeit nach einem neuen ›Kult‹ und dem totalen, universellen Anspruch der
Nachkriegszeit neue totalitäre Kulte gossen, die sich als nur begrenzt lebensfähig erwiesen und wiederum
durch Krieg falsifiziert wurden. Die Phase nach dem Zweiten Weltkrieg wurde durch die praktischen
Notwendigkeiten eines Wiederaufbaus nach einer umfangreichen Zerstörung und die entsprechende Vor-
sicht geprägt. Bewährtes sollte dem zeitnotwendigen ›Neuen‹ ein vertrauenerweckendes Gewand und
zeitüberdauernden Sinn geben, wobei sich Bewährtes nicht an der allzu kurzlebigen und diskreditierten
jüngeren Vergangenheit orientierte, sondern auf das Ewiggültige aus war. Auch diese Haltung des Mittel-
wegs bis Mittelmaßes konnte sich nicht lange der Hinterfragung entziehen, die dann mit den 60er Jahren
als wissenschaftliche Ergründung des Status quo und Integration der neuesten technischen Visionen einsetzte. All dies weitgehend im theoretischen Rahmen, der erst seit Ende des Jahrzehnts in jenen praktischen Umgang mit der Realität, ihren Materialien wie Grenzen mündete, der die Themen der 70er Jahre
prägte.

und für andere Zwecke konzipierte Struktur der Bauten als Komponente der Inszenierung extra ausgewählt und deshalb belassen oder mit Hilfe von Architekten ein gegenseitiger Anpassungsprozeß vollzogen, indem die Ansprüche an den Aufführungsort mit seinen tatsächlichen Möglichkeiten und Grenzen verrechnet werden müssen, während die Struktur des Ortes zwar verändert wird, aber seine individuelle Aura erhalten bleibt. Oder es sind, wie im Falle Grotowskis etwa, die Ansprüche so gering, daß irgendein ausreichend großer Raum genügt, da er ja ebenso unendlich viele Möglichkeiten der Einrichtung ›enthält‹ wie ein Guckkasten. So wird der architektonische Zugriff durch den szenographischen ersetzt. Angesichts dieser ›unerwarteten‹ Entwicklung, die durch die radikale Reduzierung der Ansprüche an Technik und Ausrüstung eines Aufführungsortes bezeichnet ist, drängt sich eine Definition des Theaters und seines Aufführungsortes geradezu auf und so haben insbesondere diese Theaterleute nicht nur immer wieder die grundsätzlichen Voraussetzungen für ihre Kunst benannt, sondern einige wie Grotowski, Peter Brook oder auch Luca Ronconi schließlich deren Erforschung auch zum Inhalt ihrer Arbeit erklärt.

Wenn Erika Fischer-Lichte in ihrer »Semiotik des Theaters« diese so komplex erscheinende Kunstform auf die schlichte Formel, Theater bestehe aus »einer Person A, die X verkörpert, während S zuschaut« (1) zusammenfaltet, erinnert dies durchaus an die Definitionen, die Grotowski und Brook in ihren Schriften mit den bereits auf Schlichtheit und Bescheidenheit verweisenden Titeln aufgrund ihrer Arbeitserfahrungen formulierten[2]. Dabei verdeutlicht die Definition Grotowskis, was sich da eigentlich in die Formel A/X/S kleidet - »das (..), was zwischen Zuschauer und Schauspieler stattfindet«: Kommunikation. Demgegenüber ist Brook, wie auch auch schon viele Jahrzehnte zuvor Jacques Copeau mit seinem legendären Nackten Brett, eine Vorbedingung für Kommunikation sehr wichtig: der leere **Raum**. Ihm gilt der allererste Satz seines Textes. Und auch die zweite Vorbedingung menschlicher Kommunikation thematisiert er: »Das Theater bietet sich (..) immer in der Gegenwart dar.« (2) Mehr noch: »Im Theater wird die Tafel immer wieder leergewischt.« (3) So ereignet sich also Theater zu irgendeiner Zeit an irgendeinem Ort als eine humane und künstlerische Kommunikationsform zwischen mindestens einer theatralisch agierenden und mindestens einer dies rezipierenden Person. Diese theatrale Kommunikation kann prinzipiell jederzeit und überall stattfinden und kann so gut wie alles zu ihrem Inhalt machen. »Der menschliche Kontakt ist die einzige unentbehrliche Wirklichkeit.« (4) Wohlgemerkt: Der direkte, unvermittelte **menschliche** Kontakt, und hier liegt die natürliche Grenze zwischen Theater und seinen angeblichen Konkurrenzmedien. Die ephemere Kunst Theater existiert realiter aber

---

2 GROTOWSKI schrieb ja in seiner Textanthologie mit dem bezeichnenden Titel »Für ein Armes Theater«: »Deshalb können wir Theater als das definieren, ›was zwischen Zuschauer und Schauspieler stattfindet‹: alle anderen Dinge sind Zusätze (..).« (◊126 S.24) Und BROOK eröffnete sein Buch »Der Leere Raum«: »Ich kann jeden leeren Raum nehmen und ihn eine nackte Bühne nennen. Ein Mensch geht durch den Raum, während ihm ein anderer zusieht, das ist alles, was zur Theaterhandlung notwendig ist.« (◊133 S.27) Viele Seiten später bestätigt er die Grundformel: »Bei der Aufführung gilt die Beziehung Schauspieler/ Subjekt/Publikum. Bei der Probe ist sie Schauspieler/Subjekt/ Regisseur.« (S.165)

nur, solange der Kontakt währt, was Jean Louis Barrault veranlaßte, es die *Kunst des Todeskampfes* zu nennen und weswegen die *Tafel* immer wieder *leergewischt*, aber auch neu und beliebig gefüllt werden kann. Was ihr eingeschrieben wird, ist prinzipiell beliebig und doch immer auch zeitgebundene *Spiegelung des Lebens* (5), also ebenfalls ephemer, denn »was die *Darstellung bestimmt, ist der Geist der Zeit*«, wie sogar Werner Harting als ansonsten ›werktreu‹ orientierter Architekt 1950 definierte. All dies hindert Theater aber nicht, in seiner ephemeren Seinsweise auch die Vergangenheit oder Zukunft zu thematisieren oder auch andere Kommunikationsmittel wie den Film, Video oder Klangkonserven in den theatralen Akt zu integrieren. Aber das sind halt *Zusätze*, wie Grotowski sie nennt.

So ist im Grunde das schlichte Wesen des Theaters klar definiert. Durch die Möglichkeit, in dieses Schema die verschiedensten Inhalte und beliebige und beliebig viele *Zusätze* einspeisen zu können, wird jedoch die Grundformel leicht vergessen. Die verschiedenen Kulturen haben schon immer diese Grundformel des Theaterereignisses ergänzt, gleichzeitig aber viele andere Möglichkeiten ausgeschlossen, die sie auch fundieren würde, um andere zur Konvention oder gar zur Norm zu erheben. Erst in den 70er Jahren besann sich die Theaterszene wieder auf die elementaren Wesenszüge und Mittel ihrer Kunst. Sie ließen daneben längst unzulängliche, aber trotzdem immer noch als Konvention gültige, auch räumliche Formen weiterbestehen, so daß sie in der Rolle einer Alternative unter anderen eigentlich ihrer Konventionalität beraubt wurden, ohne in dieser Funktion ersetzt zu sein. An diesem Punkt stellt sich die Frage, ob es nicht nur unmöglich ist, eine neue Theaterbaukonvention zu entwickeln, sondern überhaupt einen im Sinne des Theaters funktionierenden Theaterbau.

In diesem Moment der Geschichte erlebt das Theater in der ganzen Welt eine gewaltige Umwandlung, eine enorme Veränderung. Aus diesem Grund ist es unmöglich, ein gutes neues Theater zu bauen. Es ist physisch unmöglich, denn um ein sinnvolles Gebäude zu errichten, muß man wissen, warum man es baut. Jeder gute Architekt könnte heute einen neuen Flughafen bauen, weil er weiß, wie ein guter Flughafen heute sein muß. In zehn Jahren wird er aber schon wieder anders sein müssen. Aber heute weiß der Architekt, was erforderlich ist. Es gibt heutzutage niemanden in der Welt, der definieren kann, was ein gutes Theater ist, weder aus der Sicht der Theaterkunst noch aus der Sicht des Publikums. (..) Dies ist ein Versagen, aber nicht die Schuld der Architekten und auch nicht die Schuld der Theaterdirektoren, sondern es ist einfach eine Tatsache, daß das Theater selbst sich in einer undefinierbaren Situation befindet, so daß es niemandem möglich ist, sie baulich umzusetzen, konkret werden zu lassen. Deswegen besteht heute die Notwendigkeit (..) lebendiges Theater in Gebäuden stattfinden zu lassen, die in sehr kurzer Zeit an die unmittelbaren Bedürfnisse angepaßt werden. (..) Dies ist Ausdruck von etwas, das sich in Bewegung befindet (..). Deswegen ist es höchst wichtig, daß jede Stadt, die heutzutage lebendiges Theater haben möchte, dem Theater Räume zur Verfügung stellt, die weder durch klassische noch durch moderne Architektur festgelegt und definiert sind (6), brachte wieder einmal Peter Brook das Problem des Verhältnisses von Theater und Architektur 1984 bei seinem Plädoyer für den Erhalt von Kampnagel in Hamburg auf den Punkt. Aber dieses Problem ist, zumindest sofern es um innovative, unkonventionelle Impulse für das Theater geht, absolut nicht neu. Warum wird es erst so spät benannt?

Nun ist das Theater, die theatrale Kommunikation überhaupt, ein offenes und sehr geräumiges Gefäß. Sehen wir genauer hin, was Theater- und andere Künstler, was öffentliche Auftraggeber und Architekten eigentlich einfüllen oder auch herausschöpfen wollten:

► In der Regel waren sich die Theaterleute schon immer der Kraft und Macht ihrer Kunst bewußt, nur schieden sich die Geister, wofür sie eingesetzt, wirksam gemacht werden sollte, und da gab es zwei Stoßrichtungen: aus der gesellschaftlichen Realität heraus oder in sie hinein. Für den ersten Ansatz gibt es viele Beispiele, auch aus dem Kreis der aus unserer Perspektive wahrgenommenen: Reinhardt erstrebte explizit ein Theater der psychischen Wirkungen, der Freude und Illusion als Gegen'zauber' für die Entfremdungserscheinungen der Zeit. Bezeichnend ist in seinem Fall, daß er diese Gegenwelt wie kein zweiter Theatermensch mittels kapitalistischer Geschäftspraktiken finanzierte und mit seinen Masseninszenierungen das *Volk* in ganzer Breite in diesen Kommunikations-, aber auch Entrückungsprozeß einbeziehen wollte. Er spielte mit der gesellschaftlichen Sprengkraft eines solchen Theaters nur. Bragaglia versuchte, in erster Linie der Kunst, vor allem der Avantgarde-Kunst, ein Refugium zur Verfügung zu stellen, Artaud definierte mit Hilfe des Theaters einen totalen Lebensbegriff, der die Dimensionen der gültigen Realität hinter sich ließ, Schlemmer und Grotowski erforschten beide die absolute menschliche Dimension, nur auf verschiedenen Wegen und damit für verschiedene Ziele. Sie alle verweigerten sich allerdings der politischen Wirklichkeit nicht vollständig, wie Craig es etwa tat (7), als er seine Kunst, von der Entwicklung der realen Welt offensichtlich überfordert, einer Welt des Todes weihte und möglichst alles Lebendige von seiner Bühne zu verbannen trachtete, sie reagierten auf die Unstimmigkeiten jedoch mit existenziellen Zielsetzungen und der Hoffnung auf die kultische Energie des Theaterereignisses, seine kulturbildende Kraft. Genau die versuchte man sich auch zu Beginn des Jahrhunderts zunutze zu machen, um nicht nur die kulturelle, auch die politische Situation zu reformieren. Georg Fuchs Projekte, vor allem die im Dialog mit Peter Behrens und indirekt Richard Dehmel entwickelten, sind Ausdruck der Hoffnung vieler Reformer der Jahrhundertwende, durch die Wiedererschaffung einer einheitlichen Lebenskultur und verbindlicher Rituale an gesellschaftlichen Brennpunkten, wie dem Theater eben, den gesamtgesellschaftlichen Verfallserscheinungen entgegenwirken zu können. In den Massen-, Volks- oder Nationaltheatern wird die reformierte Gesellschaft im Modell vorgeführt.

Demgegenüber stehen die Auffassungen der eigenen Theaterarbeit, die sich »*als unmittelbarer Bestandteil der Wirklichkeit, als direkte politische Tätigkeit verstanden (..)*« (8) und die vor allem den revolutionären Impulsen entsprang, die durch die Erfahrung des Ersten Weltkriegs und der Umwälzungen in Rußland ausgesät worden war. Theater als Mittel im konkreten politischen Kampf, nun mit dem Ziel der Revolutionierung der gesellschaftlichen Verhältnisse, nicht mehr ihrer Reformierung. Das ist das Theater der Futuristen, Piscators, Meyerholds und nicht zuletzt Brechts. Piscator prägte den Begriff *Politisches Theater*, er und zum Beispiel Meyerhold schufen für diese Wirkabsicht beeindruckende Ästhetiken, aber erst nach Brechts theoretischer und dramatischer Unterfütterung spaltete sich seit Mitte des Jahrhunderts die Theaterszene in das politische Theater, das sich und sein Publikum als Mitglieder einer konkreten gesellschaftlichen Situation ansprechen will, und einem von Artaud angeregten *anthropologisch* ausgerichteten Zweig, dem etwa Barrault, Grotowski und Brook zuneigten und der Theater als einen Ort menschlicher Selbstdefinition und Möglichkeit zur Rückkehr zu den *Quellen* (Brook) definiert.

► Diese enge Bezugnahme zur konkreten gesellschaftlichen oder kulturellen Situation erhielt aus der Perspektive der vielen auch für das Theater arbeitenden Bildenden Künstler eine
eigene Färbung, indem sie, nicht nur während der 20er Jahre, das Theater als Spiegel des
Lebens verstanden und deshalb als Labor der modernen Lebensbedingungen und Modell
der Zukunft gebrauchten. In diesen Fällen ging es in erster Linie um technische Eskalationen,
Experimente mit Bewegung im Raum und an den Grenzen sinnesphysiologischer Potenziale.
Theater als Labor für humane und technisch vermittelte Kommunikation, Selbsterkenntnis,
Technik, Raumerfahrung, Dynamik.. Ihnen erschien das herrschende Theater angesichts dieser
Modellqualitäten oftmals als rückständige, konservative Kunstform, wobei übersehen wurde,
daß es immer den tatsächlichen geistigen wie kulturellen Entwicklungsstand der Zeit anzeigt
und die Grenzen humaner Kommunikation im Hier und Jetzt nicht überschreiten wird.
► Aber nicht nur die Künstler versuchten, über das Theater die gesellschaftlichen Prozesse
zu beeinflussen oder zu verändern, auch die Staatsmächte bedienten sich dieser kommunikativen Kraft, wenn es ihnen darum ging, sich ein kulturelles Mäntelchen umzuhängen. Da
waren auf der einen Seite die totalitären Machtgebilde in der Sowjetunion, Italien oder
Deutschland, die ihre politische Revolution durch künstlerische Konzepte rechtfertigen
und stabilisieren wollten, die sich selbst inszenieren mußten, um einerseits omnipräsent zu
sein und andererseits in der Durchsetzung eines neuen Staatsstils die Kontrolle über die
kreative Produktion und alle noch so alltäglichen Details in die Hand zu bekommen. Sie
schätzten unabhängige, also unberechenbare Theaterarbeit nicht und machten es zum
Propaganda-Instrumentarium oder lösten es allmählich in der totalen staatlichen Inszenierung des Lebens auf. Selbst von den Staatszielen überzeugte avantgardistische Theaterleute
und Künstler, wie es sie in der nachrevolutionären Sowjetunion in großer Zahl gab, wurden
in ihrem Idealismus nur benutzt, um die revolutionäre Begeisterung anzuregen, wurden
aber behindert, als die künstlerische Entwicklung die politische zu überholen drohte (9).
Auf der anderen Seite begannen die demokratischen Staaten Deutschland, Frankreich
und begrenzt auch England nach dem Zweiten Weltkrieg das Theater zu protektionieren.
Sie reagierten damit auf ein unverhohlenes Bedürfnis ihrer Bürger, erkannten aber alsbald
auch die identitätsfördernde Kraft des Theaters und die mäßigende Wirkung von Subventionen. Wenn Werner Ruhnau, die Selbstdefinition des neuen Staates beim Wort nehmend
und auf die Architektur übertragend, am tatsächlichen Stand der Dinge scheiterte, ging es
ihm letztlich wie Meyerhold, und das wirft ein bezeichnendes Licht auf den Riß zwischen
›Public Relation‹ und Realität eines demokratischen Systems. Weder die eine noch die
andere politische Form war den Reformern und Avantgarden, oder gar dem Theaterbau
förderlich, auch wenn sie die potentesten Auftraggeber waren, denn für sie erfüllte sich das
Engagement für die Kunst in der Bereitstellung der Mittel: Geld und Gebäuden. Die Gebäude
wurden, ohne Konsultation von Theaterpraktikern oder einen näheren Blick auf das lokale
Publikum etwa, bei Architekten in Auftrag gegeben, die Entwürfe in der Regel von Baubehörden realisiert, das Geld schließlich dem Gebäude, das mit einer festen Verwaltung
ausgerüstet ist, zugeteilt, mit dem ›demokratischen‹ Ziel, ›allen‹ im Staate Theatererlebnisse
zu ermöglichen.. So sind sich letztlich viele Theaterleute und die Mächtigen einig, wenn sie
Theater beide als eine politisch und/oder gesellschaftlich wirksame Kraft benutzen wollen,
nur haben sie meist unterschiedliche, wenn nicht gegensätzliche Ziele. Die politischen Kräfte
haben zu agieren und organisieren, das Theater reagiert, kommentiert, kritisiert oder agitiert

gar, es ist die Stimme der Bürger oder zumindest eines Teils von ihnen und es ist die Stimme der zurückgedrängten, oft als anachronistisch bewerteten elementaren Bedürfnisse. Zwar ist es flexibel genug, sich allen erdenklichen Entwicklungen anzupassen, es basiert aber auf dem Vorrang alles Humanen und spielt als soziale Kunst mit Entwurf und Realisierung von Formen des Miteinanders. So wird dem Humanen im Theater eine Geltung verliehen, die ihm außerhalb längst nicht mehr zugestanden wird. Es vermag sich nur unter Aufgabe seines ureigenen Charakters den organisatorischen und kommerziellen Regeln der modernen Gesellschaften anzupassen und deshalb bedarf der *Stachel im Fleisch* tatsächlich gesellschaftlicher Wertschätzung und öffentlicher Fürsorge.

► Architekten dachten, vor allem nach dem Zweiten Weltkrieg, in staatlichem Auftrag über Theaterbau nach, in vereinzelten Fällen taten sie dies auch im Auftrag von oder gemeinsam mit Theaterleuten, aber in auffälliger Weise nahmen sie sich während des ganzen Jahrhunderts dieser Aufgabe aus eigener Initiative an oder versuchten ihr, im Falle eines Auftrags, innovative Züge aufzuprägen. Angesichts der immensen Anpassungsprobleme der Architektur an die Paradigmen und Anforderungen der modernen Gesellschaft, die sich schon in den Stileklektizismen des 19. Jahrhunderts offenbarten, war ihnen der Theaterbau als per se öffentliche Aufgabe und als ein ständig im Wandel befindliches, ephemeres Phänomen eine willkommene Herausforderung. Denn nichts anderes wurde ihnen auch sonst abverlangt: den sozialen Raum neu zu bauen und mit dem Problem der Vierten Dimension fertig zu werden. So dienten verschiedene Theaterentwürfe der Anpassung des Raumbegriffs an die Bedingungen der Zeit, der Erschließung der Dritten Dimension durch die Nutzung der Vertikalen, in Kuppel- und Kugelräumen zuweilen gar des universalen Raums, die ausgeklügelten Verwandlungs- bis hin zu exzentrischen Transporttechniken, selbst für das Publikum, der Integration der Vierten Dimsion. Visionen variabler, mobiler, frei gestaltbarer bis hin zu *immaterieller* Architektur ließen sich im Zwischenreich des theatralen Weltmodells gut reflektieren und demonstrieren, wenn es denn zugelassen wurde. Nach dem Zweiten Weltkrieg kam noch hinzu, daß im Rahmen eines uniformen, standardisierten, profitablen, ›demokratischen‹ Bauens nur noch wenige Bauaufgaben Raum für ›hervorragende‹, individuelle Lösungen oder alternative Auffassungen von Architektur freiließen. Unter ihnen der Theaterbau, meistens der Theaterbauentwurf. Die wahren Ziele solcher um den Bau der modernen menschlichen Gesellschaft bemühten Architekten unterschlagend, nahm der staatlich veranlaßte Theaterbau in dieser Zeit gerne die als Ergebnis solchen Forschens hervorgebrachten technischen Möglichkeiten als Verwandlungstechnik in die ansonsten immer noch konventionell strukturierten Neubauten auf und erhoffte sich dadurch eine ausreichende Flexibilität den weiterhin unüberschaubaren Anforderungen der Zukunft gegenüber. Die Architektur dieses Jahrhunderts wurde und wird in bisher nie dagewesenem Ausmaß mit permanentem raschem Wandel und unberechenbaren Verhältnissen konfrontiert. Als Brook dieses Problem 1984 beschrieb, setzte er mit zehn Jahren Verfallszeit für eine architektonische Konzeption noch einen vergleichsweise langen Zeitraum an. Das erklärt, warum gerade die zeitaufwendigen Projekte im Bereich der Infrastruktur meist mit der Fertigstellung eigentlich auch schon wieder überholt sind. Für eine per se planende und berechnende Disziplin der Gestaltung, die Dauerhaftes und dauerhaft Benutzbares erschafft, muß die Integration des Zeitfaktors und die Instabilität des Wertgefüges erschütternd sein. Anstrengungen, die Behäbigkeit des erschaffenden und erschaffenen Materials durch Technik

oder standardisierte Baustein-Systeme aufzuweichen, erscheinen konsequent, machten aber
die Grenze zwischen Architektur und Bauingenieurwesen porös, nagten an der beruflichen
Identität des Architekten und vermochten doch nicht zu befriedigen, weil sie den Anforderungen immer erst nachfolgten. Demgegenüber stand auch hier der anthropologische Weg,
also die Rückbesinnung auf die ewiggültigen, human bestimmten Kriterien der Bautätigkeit,
um sie der sich steigernden Kurzlebigkeit der Anforderungen zu entziehen[3]. Aber auch
dieser Weg war nicht recht erfolgreich, weil er in einer Zeit den Bau als Individuum und
Einzelorganismus betrachtet, in der diese Eigenschaften kaum mehr dem Menschen zugestanden werden. Also nicht nur das Theater scheint eine anachronistische Kulturäußerung zu
sein, die Architektur kämpft gegen das Problem, unzeitgemäß zu sein, noch viel verzweifelter,
weil die Kategorie Zeit für sie immer etwas Destruktives an sich hat. Zeit zernagt die
architektonisch erschaffene Ordnung und Gestalt und behindert nun auch noch Sinn und
Funktion ihrer Existenz.

*Besteht doch das Neue von nun an nicht mehr in der Veränderung oder Erneuerung von
Formen, sondern in der Schnelligkeit, in der Beschleunigung der zyklischen Bewegung Tradition/
Neuerung, in der reinen Geschwindigkeit. Die stilistischen Zeitabschnitte des Alten und des
Modernen ziehen so schnell an unseren Augen vorüber, daß sie bereits nichts weiter mehr sind
als Sequenzen einer allgemein verbreiteten Abwesenheit der Architektonik (..). (10)*

Bauen für das quecksilbrige Theater wäre da sicher eine gute Übung, wobei die Architekten
allerdings den Stellenwert ihres Beitrags überschätzten, da Theater**bau** letztlich auch nur
einen Zusatz für das Theater darstellt. Betrachtet man die Reihe der Aufträge, die maßgeblich von Theaterleuten an die Architekten ergingen, zeigt sich, daß es sich dabei in der
überwiegenden Mehrheit um Umnutzungen und Umbauten bereits existierender Bauten
handelt - und das nicht erst seit 1970. Das Verhältnis des Theaters zum Gebauten ist ambivalent: Einerseits möchten Truppen sich beheimaten, einen Ort der Vorbereitung, der Arbeit,
aber ebenso der Präsentation ›besitzen‹, einen Ort, an dem sie jederzeit wiedergefunden
werden können und der dadurch in jene metonymische Beziehung zu ihnen tritt, die Luca
Ronconi und Gae Aulenti in Prato allgemein erforschten. Andererseits kann ein Ort, ein
Gebäude, eine Raumstruktur zu einem gezielt ausgewählten Zeichen theatraler Kommunikation werden, indem seine metonymische Beziehung zu einem Gegenstand oder Sach-
verhalt der Wirklichkeit, der kommunikationsprägende Einfluß seiner räumlichen Struktur
oder schlicht sein ästhetisches Potenzial mitbenutzt werden. Während also Architekten
Bedürfnisse und Material der Gegenwart analysieren, um sie auf die Bedürfnisse und Erfordernisse der Zukunft hin zu befragen, lebt Theater ganz aus der Gegenwart oder bedient

---

3   Siegfried GIEDION charakterisierte diese Perspektive so: »Planung jeder Art fordert von uns eine Er-
     kenntnis, die über den augenblicklichen Stand der Dinge hinausgeht. Um zu planen, müssen wir wissen, was
     in der Vergangenheit vor sich ging, und fühlen, was die Zukunft fordern mag. (..) Das Verlangen nach engerem
     Kontakt mit der Geschichte ist die natürliche Konsequenz dieses Zustandes. Engeren Kontakt mit der
     Geschichte haben, heißt mit anderen Worten: unser Leben in größeren Zeitdimensionen sehen: Momentane
     Ereignisse sind einfach die besonders deutlich hervortretenden Teile eines größeren Kontinuums.«
     (◇20 S.38)

sich aus dem Heute heraus der zeitüberdauernden Dramen und Zeichen der Vergangenheit. Es leistet also eher geistigen Denkmalschutz, der außerhalb des Guckkastens durchaus zu aktivem baulichem Denkmalschutz werden kann. Wichtig ist in beiden Fällen, daß Theater sich mit diesem Ort identifiziert, zu seiner Identität in Beziehung tritt, mit ihr ein eigenes Markenzeichen ausbildet und es deshalb eben nicht egal ist, wo und wie Theater beheimatet wird[4]. Architekten planen und bauen, Theaterleute bewerten und nutzen Gebautes. Damit demonstrieren sie, daß letztlich auch Räume, Orte, ja selbst Bauten keine hermetischen Systeme sind, was ihre tatsächliche Nutzung und Bedeutung angeht, sondern diese ihnen erst nach der Errichtung aus der Lebenspraxis heraus eingeschrieben werden[5]. Nur ihre Gestalt und Struktur ist weniger ephemer. Das ist allerdings ein Wesenszug, den Architekten, die Schöpfer von dauerhaften Gebilden und Strukturen nur schwer akzeptieren können, denn sie haben sich immer wieder vorgestellt, mit ihren an bestimmten Funktionen orientierten Konzepten die Funktionen, das ›Leben‹, gleich mitzugestalten und da haben sie lieber selbst versucht, ihre Gebäude zu verlebendigen und zu dynamisieren. Aber daraus erwuchs genausowenig eine Architektur *der Zukunft* wie die Gesellschaft *der Zukunft* oder der begeisternde Theaterbau der *Zukunft*. Es setzt schließlich ganz unterschiedliche Haltungen voraus, ob man Pläne für einen Neubau entwickelt (Ich bringe mich in die Zukunft ein. Ich gestalte ganz neu. Ich füge etwas hinzu.) oder Vorhandenes benutzt und umgestaltet (Was war vor mir da? Wie läßt es sich sinnvoll nutzen? Wo füge ich mich am besten ein?)[6].

4   Auf der Diskussionsveranstaltung über das ›Theater für morgen‹ 1965 klagte entsprechend der Architekt Rolf GUTBROD: »Ich bin immer ganz benommen wenn ich von Mehrzweckräumen, Mehrzweckhäusern höre. Ich bin nämlich der Auffassung, daß jedes Gehäuse, das wir Architekten schaffen, eine Individualität darstellt. (..) Was das Theater anbetrifft, so zeigen die Schauspieler (..) durch das, was sie dort tun, daß das individuelle Vorgänge sind. Und daß es eigentlich gar nicht möglich ist, Theater zu bauen, in denen nun plötzlich alles passieren kann, von der großen Oper bis zum Happening. (..) Ich will damit nur hinweisen auf das Organische, darauf, daß also auch Häuser Lebewesen sind.« (IN: THEATER HEUTE 8 (1965) S.7)

5   »Weder die symbolischen Bedeutungen noch die auf die praktischen Funktionen bezogenen Bedeutungen des Raumes sind stabil. Wie alle Bedeutungen sind sie dem geschichtlichen Wandel unterworfen: der Code, nach dem ein Bauwerk errichtet, ein Gegenstand hergestellt und ursprünglich gedeutet wurde, kann seine Gültigkeit verlieren und durch einen anderen ersetzt werden, der dem betreffenden Gegenstand auch andere Bedeutungen zuordnen wird. (..) ein Raum oder ein räumliches Objekt legt nur die Tätigkeiten nahe, die in bzw. mit ihm ausgeführt werden können, er legt sie aber nicht fest: eine Kirche kann auch als Scheune benutzt werden, eine Schule als Hospital, eine Küche als Wohnraum, eine Gabel als Schaufel usw. usw. Der Raum macht also wohl Tätigkeiten möglich, ohne sie jedoch kategorial zu fordern oder gar zu determinieren.« (✧18 FISCHER-LICHTE I S.136f.)

6   So warnte vor nicht allzu langer Zeit der Architekt Manfred SCHOMERS: »Bei aller Notwendigkeit einer besseren Umweltgestaltung sollten wir uns vor allzu perfekter Überplanung und einseitig ästhetischen Betrachtungsweisen hüten. In unseren Stadtquartieren bilden sich Subkulturen, die Nischen und Freiräume ausfüllen, anders nutzen und aneignen, als wir Architekten das gemeinhin auf den ersten Blick gutheißen. Ein anderes Verständnis mit dem emanzipierten Bürger wird auch an vielen Stellen andere Erscheinungsformen mit sich bringen. Es wird für das Alltagsgesicht unserer Städte mehr darauf ankommen, sich qualitätvoll einzufügen, als eine übertriebene, kunstvolle Selbstdarstellung in einem neuen internationalen Stil zu pflegen.« (IN: DER ARCHITEKT 4 (1984) S.184)

Dies sind Hoffnungen, Probleme und Absichten, die an das Theater herangetragen werden
und sich aus Theorien, Kommentaren und Dramaturgien herauslesen lassen, sie sind ebenso deutlich, wenngleich nicht immer genauso bewußt, den Gebäuden oder ihren Vorentwürfen eingeschrieben, denn:

> *Sowohl der Raum, in dem sich A/X/S ereignet, als auch die Zuordnung der Raumabschnitte für*
> *A und S - also die gesamte zugrundeliegende Raumkonzeption eines Theaters - kann derge-*
> *stalt als ein Zeichen für die gesellschaftliche Funktion des Theaters verstanden werden, die*
> *sich einerseits im gesellschaftlichen Stellenwert des Theaters, andererseits in den vom Theater*
> *propagierten Werten und Ideen konkretisiert. (11)*

Und natürlich gibt auch der Ort, an dem sich Theater selbst beheimatet oder situiert wird,
Aufschluß über den ›Platz‹, den es gesellschaftlich einnimmt. Der Raum, in dem sich Theater
ereignet, ist meist, aber nicht zwingend, ein begrenzter[7], der durch eine Vielzahl von realen
und ästhetischen ›Orten‹ strukturiert wird, er steht aber gleichzeitig in Beziehung zu einem
größeren Ortszusammenhang und ist damit in ein Netz der Bedeutungen und Werte, die
die Gesellschaft und die sie konstituierenden Subgruppen charakterisieren, eingestrickt.
Diese Ortszusammenhänge sind somit reale und nicht wie die Orte innerhalb des Spielraums ästhetische, die Arbeit mit dem Theater**raum** ist also eine vorwiegend kunst-
immanente Auseinandersetzung mit räumlichen Wirkungen, während das Spiel an konkreten
Orten darüberhinaus Stellung zur Gesellschaft und ihrem Wertesystem bezieht. Diese Orte
sind zuweilen aussagekräftiger als man sich vor dem Hintergrund der Konvention bewußt
macht und das meint auch den Ort auf dem Entwurfspapier, den viele Konzeptionen niemals
verlassen konnten. Wenn also eine Phase wie die 20er Jahre, eine solche Fülle radikaler,
weltverändernder Impulse im fiktiven Raum des Papiers und des Modells beläßt, offenbart
das eine unüberbrückbare Kluft, wenn nicht gar einen Antagonismus zwischen den schöpferischen, reflektierenden Kräften und den realen Mächten, die jenen Zeitraum beherrschten.
Je verstiegener, und damit interessanter und aufregender für uns heute, diese Papiergeburten
gerieten, als desto beschränkter, konventioneller und inhumaner offenbart sich die dahinter-
stehende Realität. Das gilt auch für die autonomen, ortlosen Bühnenplastiken und etwas
später die Theatermaschinen, die eine von aller Alltäglichkeit abgelöste, vom Regisseur oder
›Regisseursmaschinisten‹ perfekt durchgeplant, Ordnung verkörperten. Auf eine ähnliche

---

7   Raum ist sowohl der Terminus für das übergeordnete Phänomen der Existenz in Dimensionen wie für den
    jeweils sensorisch erfahrenen Raum, der durch das Fehlen materieller Begrenzungen und Markierungen
    endlos erscheinen kann. Aber er ist auch ein »von Baukörpern oder von Oberflächen raumbildender
    Konstruktionen (..) begrenzter und dadurch sinnlich wahrnehmbarer Teil im Innern eines Baukörpers oder
    umgrenzt von verschiedenen Baukörpern eines städtebaulichen Gefüges« (Hans KÖPF: Bildwörterbuch
    der Architektur.– Stuttgart 1982). Dem abstrakten Raum steht Ort als das je erfahrene Jetzt und Hier
    gegenüber. Im endlosen Raum ist Ort eine endliche Größe, im Unbekannten, der bekannte Ausschnitt; für
    den umgrenzten Raum können Orte einerseits markierte und bestimmbare Bereiche sein, kann aber die
    Idee des Ortes auch über den begrenzten Raum hinausreichen, als Ortszusammenhang; so können Städte
    dann ›Orte‹ sein (als größter Zusammenhang, der unter dieser Bezeichnung gefaßt wird), in dem sich
    kleinere Ortszusammenhänge befinden.

Kluft deuten gerade zu Beginn des Jahrhunderts die Realisierungen im letztlich halbrealen, abgezäunten, ungehindert gestaltbaren Schutzraum der Reform- und Künstlerkolonien oder Ausstellungsgelände hin, die angesichts urbaner Wucherungen und der Bewältigung von Masse an den Themen der Zeit vorbeikonzipierten und so zum Reservat der Hoffnung, nicht aber zur Keimzelle des Neuen wurden. Oder die idyllischen Festspielumgebungen im Grünen, die sich zunächst an Bayreuth und dem antiken Griechenland orientierten und später im Dritten Reich auf die Mythen und Historien der Region zu rekurrieren trachteten. Auch diese Ideen scheiterten an der Wirklichkeit, weswegen Reinhardt vor der Großstadt Berlin kapitulierte und lieber den idyllischen Rahmen Salzburgs benutzte, während die Reichskulturkammer, umgekehrt, vom Thingtheater-Konzept schleunigst abrückte und die Volksmassen in einem ›Staatstheater‹ ohnegleichen überall inszenierte. Entsprechend sollte auch die spezifische Theaterkultur der Sowjetunion die Menschen überall dort erfassen, wo sie lebten. Die französischen Kulturzentren, oft wie Fremdkörper an die Stadtränder gebaut, wurden den bestehenden Strukturen aufgepflanzt, dezentralisierten und demokratisierten die überkommene räumlich verkörperte Hierarchie, während die traditionell zentral situierten deutschen Stadttheater im architektonischen Einerlei der Wiederaufbaustädte einen nicht zu prominenten stadtplanerischen Mittelpunkt abgeben durften, von dem aus das angeschlagene gesellschaftliche Selbstbewußtsein vorsichtig angeregt werden sollte. Von hier aus hoffte man in den 60er Jahren zu retheatralisieren, indem Theaterleute über Anregungen der Happening- und Fluxus-Bewegung nachdachten und Architekten ihre Aufgabe nicht an den Außenwänden oder -scheiben enden lassen wollten oder mobile Konzepte nicht nur die Raumstruktur, sondern auch den Standort den Regeln des Ephemeren unterwarfen, bevor schließlich der Ort keine abstrakte Kategorie mehr war, sondern in Umnutzungsprojekten in eine bewußte Auseinandersetzung mit speziellen Stätten, Vierteln oder Umgebungen mündete. Dieses Mitinszenieren ausgewählter Orte zeigte eine Zeit lang, daß die Spielstätte durchaus Einfluß auf die Publikumsstruktur ausübt, zu einem ausgewählten Dialog führen und so tatsächlich zu einem identitätsprägenden Faktor werden kann.

Im Gegensatz zur Positionierung des Aufführungsortes, reguliert seine innere Struktur die Art und Möglichkeit der theatralen Kommunikation, die die tatsächliche oder die gewünschte Kommunikationsweise innerhalb der Gesellschaft spiegelt[8]. Entsprechend verwundert es nicht, daß Entwürfe für große Massen, das *Volk*, auch in diesem Jahrhundert die große Arena mit Orchestra und dazu dezentralisierter Bühne bevorzugten, denn keine Anordnung bringt eine große Menschenmenge weitestgehend so nah an die Bühnenaktion heran und schafft durch den Umstand, daß sich alle gleichzeitig auch sehen und spüren können, eine so intensive Gruppendynamik. Die Menge selbst wird Kulisse und Darsteller, während das ästhetische Geschehen vor diesem Hintergrund nur dann bestehen kann,

8 Natürlich offenbart die Struktur des Zuschauerraums allein gesehen auch die der Gesellschaft immanenten Hierarchien. So gut wie alle Alternativen zum Guckkasten dieses Jahrhunderts versuchten jedoch, möglichst undifferenzierte, ›demokratische‹ Einrichtungen zu verwenden. Bei den fixierten Strukturen, etwa auch den Amphitheater-Reihen bleibt natürlich immer die Hierarchie der Nähe und Ferne bestehen.

wenn es mit dieser Masse eins wird. Eine mächtige Vereinheitlichung bricht sich hier Bahn. Der einzelne, selbst der einzelne Darsteller, verliert seine Individualität, seine natürliche Ausdruckskraft reicht nicht mehr aus (wir erinnern uns an das große Problem des Großen Schauspielhauses). Ganz anders wirkt hingegen die kleine, die intime Arena, in der der Sog ins Zentrum sehr stark, die Detailwahrnehmung sehr gut ist, aber die Tatsache des Rezeptionsvorgangs immer präsent bleibt, weil sich die Individuen im Publikum ständig wahrnehmen. Also behält das Publikum auch (Blick)Kontakt unter sich, aber von Individuum zu Individuum. Die Urgestalt dieser zentralen Anordnung ist einerseits der natürliche Instinkt aller, die sich einem Objekt oder Geschehen nähern wollen, andererseits das (rituelle) Fokussieren auf etwas Besonderes hin und der (magische) geschlossene Zirkel etwa, den Artaud meinte. Aber der Zirkel ist eigentlich die umgekehrte Variante. Sie füllt das Zentrum schließlich mit anderem Inhalt, dem Publikum nämlich, und macht es damit ganz zum Gegenstand des theatralen Ereignisses. Es wird von den Aktionen eingekesselt, muß die ›Angriffe‹ von außen aushalten. Insofern erstaunt es nicht, daß Marinetti seinen Kampf gegen die geistige Trägheit des Publikums in einer solchen Anordnung imaginierte und auch Artaud wollte schließlich nichts weniger als die Weltanschauung des zivilisierten Menschen aus den Angeln heben. In den späteren, technischen Varianten des ›zentralen Publikums‹ wurde es nicht mehr allein psychisch bewegt und erschüttert, sondern von der Hand des ›Regisseursmaschinisten‹ gelenkt. Keine Aufforderung zur Eigeninitiative mehr, Aufgabe des eigenen Blicks, fast wie im Kino.

Die vorsichtige Variante der Umzingelung ist die ›Umarmung‹ des Publikums, wie sie z.B. Hermann Herrey einsetzte und Fritz Bornemann in den 50er Jahren sogar für die Oper ideal fand. Diese zangenartige Bühne bewirkt weder eine strikte Trennung der Bereiche noch eine totale Vermischung, sie öffnet aber den fiktiven Raum der Bühne für das Publikum, zieht es vorsichtig hinein. All dies sind Einraumkonzepte, die letztlich auf verschiedene Arten auf die Aufhebung der Trennung zwischen Aktion und Rezeption abzielten - physisch, psychisch, imaginär. Auch die totale Illusion erschaffenden Projektionsräume arbeiteten in der Regel mit dem Mittel visueller Umzingelung. Gropius, Herrey oder Kiesler wollten die Umwelt ins Theater hereinnehmen, sie überwanden dabei die Materie des Baus, ohne auf stabilisierende Wände verzichten zu müssen.

Die andere grundlegende Variante ist die Gegenüberstellung, deren Extrem die Zweiraumkonstellation darstellt. Selbst bei Einraumkonzepten, die sich der Gegenüberstellung bedienen, bleibt der gewisse Abstand bestehen, der eine völlige Infiltration ebenso verhindert wie die Bündelung der Massenenergie. Er kennzeichnet auch Behrens und Fuchs Reliefbühnenentwurf, in dem bei aller Vermischung der Beteiligten die Bühne mehr blieb als die Aussparung für den Fokus, sie blieb gestalteter, ästhetischer Bereich und unantastbar. Hier wurzelt die Bewegung, beeindruckt, greift aber nicht auf das Publikum über. So ist es bei allen Häusern dieser Art, bei Copeau, Kirchhoff, Einzig oder Sellner, selbst Treppen zwischen den Bereichen oder ein einheitlicher Fußboden vermögen diesen eventuell minimalen geistigen Abstand zum **Vor**gezeigten nicht aufzuheben. Viele Vorbühnenvarianten versuchten entsprechend, eine engere Verbindung zwischen dem miteinander Konfrontierten herzustellen, hoben aber diesen Abstand höchstens dann auf, wenn sie, wie vielleicht in Malmö, so weit wie eine Orchestra ins Publikum ragen und also wieder einen Fokus schaffen.

Dies sind mehr oder minder fixierte räumliche Strukturen, die dann nach dem Zweiten Weltkrieg variabel und beweglich gemacht werden sollten, weil die Architekten und theaterfremden Auftraggeber die Kriterien der theatralen Kommunikation *der Zukunft* nicht zu benennen vermochten und sich nicht unbedingt festlegen wollten. Man einigte sich auf den kleinsten Nenner der Beweglichkeit und begab sich dadurch des vielgerühmten Vorteils der Guckkasten-Altbauten, nämlich technisch nicht vorgeprägte, bescheidene Strukturen zu sein, die sich notfalls umstrukturieren, umnutzen ließen[9]. Diese Realisierungen sind allerdings keine genuine Idee der Nachkriegszeit, sondern Reste jener Konzepte der 20er Jahre, in deren Rahmen die Technisierung oder abstrakte Gestaltung des gesamten Aufführungsortes zum theatralen Ereignis schlechthin wurde und deren vorbildhafte Umsetzung in einen tatsächlich benutzbaren Theaterbau Walter Gropius im Auftrag Piscators mit dem Totaltheater leistete. Dies war allerdings der Höhepunkt eines Einsatzes von Theatertechnik, die dem diente, was Piscator »*die Sehnsucht des Zuschauers nach der optischen Veränderung und Verwandlung*« und »*das Recht auf schnelle Verwandlung*« (12) nannte und das in Lautenschlägers Drehbühne das erste revolutionierende Instrument verwenden konnte. Dabei ging es eben um *optische Veränderung* und so sorgen sowohl die Drehbühne in allen Verfeinerungen wie Ideen für drehende Ringbühnen, wie sie etwa für Oskar Strnads oder Kurt Gutzeits ganze Gebäudekonzeptionen bestimmend wurden – für einen gleitenden, die Illusion nicht aufschreckenden Transport von ›Bildern‹. Was ja zeitgleich auch vom Fotoapparat und noch besser von der Filmkamera bewältigt wurde. Die Vorschläge aus der Zeit nach dem Zweiten Weltkrieg, die innerhalb von Einraumtheatern den gleichen Effekt erzielen wollten, indem sie den drehenden Transportmechanismus unter die Bühne verlegten und die ›Bilder‹ über die Vertikale dann auf die Szenenfläche ›schossen‹, scheinen eher vom Revolver inspiriert – nicht zuletzt wird die Drehbühne im Englischen auch als *revolving stage* bezeichnet. Somit spiegelten sie den jeweils aktuellen Stand jener Technik, die entscheidend für die Art der visuellen Kommunikation der Gesellschaften war. Das Totaltheater schuf schließlich sogar die Voraussetzungen für eine totale Vermischung von visueller und theatraler Kommunikation, ohne letztere zu vernachlässigen, denn das Haus bot dafür gleich mehrere Konstellationen an. Diese im Menschen verankerte theatrale Kommunikation interessierte viele vollständig aufs Technische konzentrierte Ansätze der 20er Jahre hingegen kaum noch. In diesen ›Labors‹, die Lothar Schreyer als den *Gegenpol der Bühne des Menschen* bezeichnete, sollte entweder unter Verwendung von ›Freiwilligen von der Straße‹ die Erfahrung aller räumlichen Dimensionen und alles erfassender Dynamisierung der Lebensvorgänge vermittelt oder der Umgang mit Überflutungen durch Reize aller Art möglich gemacht werden. Wenn hier, wie auch

---

9 »Das ist das Merkwürdige und Verrückte: alle diese alten Muffbuden, die lassen sich alle bespielen. Genauso wie die Logentheater, da kann ich wenigstens auch noch aus den Logen heraustönen. Dagegen erlauben die modernen Architekturen diese freie Entfaltung überhaupt nicht, weil sie alle so steril, so sauber, so klinisch sind«, stellte Kurt HÜBNER im Vergleich fest. (Diskussion »Theater für morgen« IN: THEATER HEUTE 8 (1965) S.4)

später in den technisch-mobilen Visionen eines Polieri etwa, überhaupt noch kommuniziert wird, stellt sich die Frage, wer sich wem mitteilt. Der Schauspieler bestimmt und trägt den Austausch vor allem in jenen Konzepten, die auf ihn fokussieren oder mit ihm konfrontieren und dabei den Radius seiner Ausstrahlung nicht überschreiten. Das sind auch die Strukturen aus der Zeit vor dem Maschinenzeitalter. Hier nun fallen sie im konsequenten Fall einfach weg und das wird erst durch die tragende Rolle der Regie in unserem Jahrhundert möglich. Regisseure inszenieren schließlich nicht mehr nur das Bühnengeschehen, sie verhelfen teilweise nicht mehr nur den Schauspielern zur Vorbereitung auf den eigentlichen, den zwischenmenschlichen Akt, sondern sie inszenieren das Publikum und gestalten die Umgebungen gleich vollständig mit. Sie sind in diesen Fällen nicht mehr der *Erste Zuschauer*, sondern ordnen die Ereignisse der Aufführung wie Schaffende der Bildenden Künste oder arbeiten mit dem (Menschen)Material der Realität. Zunächst benutzten sie, von der Lichttechnik ausgehend, alle nur erreichbaren technischen Möglichkeiten für ihre ästhetisch geordneten Welten. Schließlich, in den 70er Jahren, unter der eigentlich zuunrecht abschätzigen Bezeichnung *Regietheater*, verzichteten sie manchmal auf üppige technische Tricks und wurden dann Fragen stellend und selbst suchend, auch die humane Kommunikation durchaus wieder integrierend, für ihr Publikum eher zu ›Reiseleitern‹ durch Schichten der Wirklichkeit. Genau diesen autonomen Regisseurstypus hatten Architekten vor Augen, wenn sie es ihm überlassen wollten, die jeweilige Kommunikationsstruktur der Räume selbst zu bestimmen und, wie seinerzeit Gropius, *Instrumente, Klaviere* entwarfen, die dem von seiner Aussage und seiner Phantasie beherrschten Spiel dienstbar sein wollten. Die Regisseure der gleichen Zeit waren jedoch vollkommen überfordert, nicht allein, weil sie renitente Konservativisten waren, sondern weil sie nach dem zweiten technischen und ersten totalen Krieg Antworten auf die Existenzfragen des **Menschen** suchten und daher einen allgemeinen geistigen Führungsanspruch aufgegeben hatten. Sie versuchten sich zunächst an dem zu orientieren, was noch an Bewährtem übrig war: am Drama, an Schauspielern und dem geistigen Kontakt zum Publikum. Diese Aufwertung des Regisseurs, die parallel zur Entwicklung des Films und der zunehmenden Technisierung selbst alltäglicher Lebensprozesse verlief, dank derer wir nun Tag für Tag die Tätigkeiten unzähliger Geräte und unser Freizeitprogramm ›inszenieren‹, mündete schließlich in eigentlich nicht theater-typische Bereiche visueller Kommunikation, in die Vision einer Mediengesellschaft. Sie stellt jedoch auch den prompten Versuch dar, sich mit Hilfe theatraler Möglichkeiten mit der realen Entwicklung der Produktion oder etwa der Mobilität auseinanderzusetzen.

Schon aus der Behandlung der räumlichen Kategorie ›Ort‹ läßt sich so eine sich über das Jahrhundert hinziehende Dynamik herauslesen, die sich in der Behandlung der Innenstrukturen des Aufführungsortes bestätigt: Der Antagonismus der Anfangszeit, der unvermittelte Kampf zwischen Alt und Neu, mündete seit den 30er Jahren in das Bemühen, aus der weitgehend theoretisch imaginierten Vielfalt und der Spannung zur praktizierten Konvention wieder eine einheitliche Praxis, eine neue Konvention zu entwickeln. Kurz vor dem Krieg in den möglichst mitreißenden Masseninszenierungen, die gegen die Rationalisierungstendenzen der 20er Jahre antraten, nach dem Krieg mehr auf dem individuellen Weg, der seinerseits auf die Vermassungstendenzen der 30er Jahre reagierte. Diese Scheinlösungen entsprachen jedoch nicht den tatsächlichen Problemen und Bedürfnissen. Sie wurden schließlich von einem gelebten und teilweise akzeptierten Pluralismus der Möglichkeiten abgelöst. Diese Entwicklungslinie erinnert an einen fortwährenden Versuch, zwei unpassende Dinge ineinanderzuzwingen, zu einem zu machen, mit dem Ergebnis, daß beide Teile zerbrechen und die Bruchstücke nun vergleichsweise hierarchiefrei nebeneinander zu liegen kommen.

Das Problem, das ganz allgemein hinter allen diesen Bewegungen, Ideen und Ideologien zutage tritt, ist älter als uns bewußt ist:

Im 19. Jahrhundert ereignete sich, was immer eintritt, wenn hierarchische Wertgefüge zerfallen. Die Dogmen werden in Frage gestellt, die absoluten Maßstäbe von relativen verdrängt. Die tragende subsumierende Kraft des Glaubens erlischt (..). Mit ihr geht das stilbildende und stilbewahrende Vermögen verloren. Das Ganze entläßt seine Teile, die nun, des gemeinsamen Nenners entbehrend, Autonomie und gleichen Rang beanspruchen. Nach dem Zusammenbruch der vertikalen Wertachsen bleibt eine einzige horizontale Ebene übrig, auf der die polarisierenden Kräfte ihren Dialog austragen. Das bedeutet, daß das hierarchische Weltbild von einem dialektischen verdrängt wird. (13)

Das Problem besteht also in nichts Geringerem als der Schwierigkeit, das Weltbild oder gar die Weltbilder dem tatsächlichen Seinszustand der Welt anzupassen. Aber es dürfte nur konsequent sein, daß nicht nur wir in unserer Welt ständig unterwegs sind, sondern daß auch unser Weltbild und unser Wertegefüge eine unkontrollierbare Eigendynamik entwickeln. Alle Phasen dieses Jahrhunderts lassen sich als verschiedene und mißglückte Versuche lesen, die immense Komplexität der Wirklichkeit im Sinne konstruktiver Utopien von einer Welt der beherrschbaren Ordnungen zu bewältigen. Die meisten von ihnen, ob vergangenheits- oder gegenwartsbejahend, ob technikbegeistert oder am Kult orientiert, ob auf das Individuum oder die Masse schwörend, stürzten schließlich in den tiefen Abgrund, der sich zwischen den zeitunabhängigen Bedürfnissen des Tieres ›Mensch‹ und den Möglichkeiten der von ihm aus der Imitation und dem Nachbau seiner selbst heraus geschaffenen Umwelt, sie zu befriedigen, auftut.

Die Befreiung der Technik führt zweifellos zu einer Verminderung der technischen Freiheit des einzelnen. Vom Australanthropus bis zur Mechanisierung wird das operative Verhalten der Individuen immer reicher, verändert sich aber in seinem Wesen. (..) Die Industrialisierung erfolgt zunächst über einen Prozeß, der den Arbeiter nach und nach an die Maschine anpaßt, ohne der Maschine auch nur das mindeste von ihrem Vorrang zu nehmen. Die ›Taylorisierung‹ der Gesten ist mit der Normalisierung der Werkzeugköpfe und der Produkte verbunden, mit einer intensiven Anpassung an die kontinuierliche Kreisbewegung (Rotation, Drehung, Kreisel..), mit einer undifferenzierten Behandlung des Werkstoffs. (..) So müssen wir also über den Menschen nachdenken, der sich als zoologisches Wesen nicht innerhalb eines Jahrhunderts verändern kann, und uns fragen, welche Auswege sich ihm bieten, wenn er nach einem anderen Lebensgefühl strebt als der Befriedigung, eine depersonalisierte Zelle in einem Organismus zu sein, der vielleicht sogar – und höchst bewundernswert – planetarische Ausmaße gewonnen hat. (14)[10]

---

10 Genau dieses anthropologische Problem illustrieren Walter Gropius Erfahrungen am Bauhaus: »Zuerst konzentrierte sich unsere Arbeit ganz bewußt auf das, was heute zur vordringlichsten Aufgabe geworden

In der Tat kreisten auch die innovativen Gedanken um Theater, Theaterbau und Architektur nicht zuletzt um diese Möglichkeiten einer Sinnstiftung unter den gegebenen Verhältnissen, die zwar von allen Ansätzen kritisiert wurden und doch auch etliche zu benutzen versuchten. Tatsächlich übt Kunst, gerade auch Theaterkunst, dabei eine Ausgleichsfunktion aus, indem sie Vernachlässigtes thematisiert, um zu stabilisieren oder auf die Notwendigkeit eines Ausgleichs hinzuweisen. Je stärker die allgemeine Verdrängungstendenz desto radikaler kann der Hinweis werden. Im Theater kann experimentiert, reagiert, gefragt, kommentiert, können Situationen und Lösungen durchgespielt oder ausgemalt werden, was Architekten nur im virtuellen Raum des Entwurfs oder der Skizze möglich ist, während der Bereich des Bauens und Realisierens eines Zielbewußtseins bedarf, denn Architektur reflektiert Zukunft nicht nur, sie gibt ihr ein überdauerndes Gesicht. Das glauben Architekten, Bauherren und Nutzer zumindest. Aber verhält es sich damit nicht genauso wie mit dem Verhältnis zwischen Proben und Aufführungen, von dem Peter Brook schrieb,

daß der letzte einsame Blick auf den vollendeten Gegenstand nicht möglich ist – solange das
Publikum nicht anwesend ist, ist die Arbeit nicht vollendet. (15)

Demnach müßte eine lebendige und sinnvolle Beziehung zu einem Gebäude von seinen Nutzern immer wieder und immer wieder neu aufgebaut werden und eine überzeugende Baustruktur muß dafür ein elastisches und doch auch verläßliches Gerüst bieten – kein immaterielles unbedingt, denn für den jeweiligen Moment sollte ein Gebäude Orientierung und Identifizieren ermöglichen, aber nicht festschreiben. Theaterbauten allemal – und deshalb müßten auch Architekten ihren Anspruch auf einen hundertprozentigen Zugriff auf die Zukunft freiwillig aufgeben. Und deshalb sind im Falle des Theaterbaus Theaterleute die einzig kompetenten Auftraggeber. Wenn wir davon ausgehen, daß Theater Spiel ist und Spiel auf der Dialektik von Regel und Unvorhersehbarem beruht, so kann Architektur nur eine Art Regelstruktur anbieten, nie aber das ganze Spiel bestimmen. Entsprechend fällt es Architekten leichter, sich an Konventionen zu orientieren. Konventionelles Theater ist aber nur ein entschärftes Spiel, bei dem feste Regeln das Unvorhersehbare überwiegen oder gar dominieren. Die kreativen und spannendsten Spiele basieren jedoch auf einer ausgeglichenen Beziehung beider Komponenten. Aber auch hier gibt es den kompensatorischen Spielraum, indem in unübersehbaren Situationen ein Überhang an Regeln, Etikette, Konventionen das Spiel beruhigen, in abgesicherten, beruhigten Phasen hingegen ein Überhang an Unvorhersehbarem, an *Chaos*, wie es die Theaterleute der 70er Jahre nannten, das Empfinden von Risiko und Grenzen besser erlebbar werden lassen. Theater beherrscht die ganze Bandbreite der Abstufungen.

Der verstörende und doch voranschreitende Prozeß der Entfremdung des Individuums von sich selbst betrifft bei weitem nicht nur die Produktion, sondern technische Geräte

ist: der Versklavung des Menschen durch die Maschine Einhalt zu gebieten (..). Als ich für mich herauszufinden versuchte, warum die Saat des Bauhaus-Wagnisses nicht schneller aufgegangen ist, machte ich die Entdeckung, daß die während der letzten dreißig Jahre an die Anpassungsfähigkeit der menschlichen Natur gestellten Anforderungen gar zu gewaltig gewesen sind. Mit den ständigen Veränderungen und Neuerungen auf allen Gebieten menschlicher Tätigkeit – materieller wie geistiger –, die wie eine Sturzflut über den Menschen der Neuzeit hinwegjagten, konnte der Mensch wegen der ihm nun einmal innewohnenden natürlichen Trägheit einfach nicht Schritt halten.« (IN: DIE NEUE STADT 7 (1952) S.276f.)

und Medien schieben sich bald perfekt zwischen den Menschen und seine Handlungen und seinen Austausch: der Staubsauger zwischen ihn und das Reinigen, das Fortbewegungsmittel zwischen ihn und das Erfahren von Raum und Orten, das Telefon zwischen ihn und die Gesprächs- oder gar Sexualpartner, Computer zwischen ihn und die Information oder das zu bearbeitende Material, Massenorganisation und *Trends* zwischen ihn und seine individuellen Bedürfnisse, bildschirmgesteuerte Waffen und fernsehübertragene Kriege zwischen ihn und das Töten, sinnentleerte ›events‹ zwischen ihn und das Erleben, das Geld.. – und, was gegen die weitere Vorherrschaft eines Guckkastenkonzepts spricht: das Betrachten von Bildern zwischen ihn und das Be**greifen** und Handeln[11]. Die Darbietung in der Fläche ist in ungesundem Maße immer weiter verfeinert worden, ohne Schaufläche mit einem Rahmen drumherum wird heute schon und vielleicht auch in Zukunft nicht mehr geschrieben, gelesen, gefahren, geflogen, geschossen, gekauft, gespielt, ja nicht einmal mehr Musik ge**hört**; Handlungsspielräume wurden im gleichen Maße immer mehr eingeschränkt, die *Explosion der Reichweite* ist unermeßlich, weil sie mehr und mehr im virtuellen Raum stattfindet. Das zu bestätigen kann die ausgleichende Aufgabe des Theaters nicht sein. Entsprechend wird augenfällig, wie seit den letzten, gescheiterten Versuchen vor dem Ersten Weltkrieg das Bild in das Theater einzubinden, im Künstlertheater etwa, sich innovatives Theater auch immer weitgehender als Lebensform und auch als Arbeit begreift, also nicht als Repräsentation, sondern höchstens als leibhaftige Präsentation, vor allem als *Produktion*, die eine unverwechselbare Handschrift trägt und ihr Gemacht-Sein und das Prozessuale nicht verhüllen will. Das hat Architekten teilweise dazu verführt, den *modernen Theaterbau* wie eine profitabel arbeitende Illusionsfabrik anzulegen.

Vor allem eine Tendenz und zugleich **das** Problem architektonischer Planung muß am Bau für das Theater, aber auch für andere Bereiche der komplexen und immer komplizierter werdenden Wirklichkeit scheitern: das Bemühen, die Lebensvorgänge, für die geplant und gebaut wird, einem reduktionistisch zerlegenden Ordnungsraster einzuverleiben, die rationalistische Herangehensweise an die Organisation von Lebensnotwendigkeiten, die zu Lösungen zu kommen sucht, indem sie ein unteilbares Ganzes in Einzelteile zergliedert und aus diesen isolierten Stücken das ›Ganze‹ in einer griffigeren und dem menschlichen Gehirn überschaubaren Übersetzung nachbilden will. In all diesen starr geordneten Modellen, in der Bevorzugung der leblosen Maschine vor ihrem unberechenbaren Vorbild, dem Menschen, offenbart sich eine, vielleicht unbewußte, Kapitulation vor der Komplexität der Wirklichkeit und ihrer Lebendigkeit und auch der Machtanspruch des Ängstlichen, der nicht geschehen lassen kann, was er nicht vollkommen begreift. Die Arroganz besteht darin, daß wenige Einzelpersonen in diesen sterilen Denk- und Planungsprozessen für die immer handlungsunfähiger, handlungsentwöhnter werdende Masse entscheiden[12]. Das Ergebnis sind dann

---

11 Schon 1923, im Manifest zur Ersten Bauhaus-Ausstellung, bezweifelte Oskar SCHLEMMER: »Doch Bilder und immer wieder Bilder sind es, in die sich die entscheidungsvollen Werte flüchten. Als Höchstleistung individueller Übersteigerung, fessellos und unerhört zugleich, mußten sie der proklamierten Synthese, außer der Einheit des Bildes selbst, alles schuldig bleiben.« (IN: ✧15 CONRADS S.65)

12 Der Anthropologe André LEROI-GOURHAN leitet diese Problematik so her: »(..) die Imagination ist eine fundamentale Fähigkeit der Intelligenz, und eine Gesellschaft, in der die Fähigkeit zur Schöpfung von Sym-

I   Ludwig Hilberseimer: Projekt einer Hochhausstadt (1924)

Definitionen von Theater und Architektur, die sich des Menschen und wahrscheinlich ihrer Menschlichkeit, schließlich ihrer selbst begeben. Sind Stadtplanungskonzepte, wie das Ludwig Hilberseimers (Abb. I), in denen Leben, welcher Art auch immer, nicht die geringsten Spuren hinterlassen hat und selbst Menschen und Autos unter die Diktatur des regelmäßigen Abstands geraten sind. Aber es ist sicher bedeutsam, daß das Gehirn, jenes Organ, das zu seinem gesunden Funktionieren Unregelmäßigkeit, *Chaos*, benötigt und auf ein Übermaß an Regelmäßigkeit epileptisch reagiert, damit den Anforderungen einer chaotischen Umwelt offenbar hervorragend angepaßt ist – wenn man es läßt. Denn auch

> *(..) das Universum [ist] kein lineares Newtonsches mechanisches System, es ist ein chaotisches System. (..) Keine endliche Intelligenz, so mächtig sie auch sei, vermag zu antizipieren, welche neuen Formen oder Systeme künftig entstehen könnten. Das Universum ist in einem gewissen Maße offen; man kann nicht wissen, welche unerreichten Stufen der Vielfalt und Komplexität es noch bereithält. (16)*

bolen nachließe, verlöre zugleich ihre Handlungsfähigkeit. (..) Die audiovisuelle Sprache konzentriert tendenziell die gesamte Produktion von Bildern in den Hirnen einer Minderheit von Spezialisten, die den Individuen ein vollständig figuriertes Material vorlegen. Die Schöpfer von Bildern, Maler, Dichter, technische Erzähler, waren stets und selbst in der Altsteinzeit eine soziale Ausnahme, ihr Werk blieb aber unabgeschlossen, offen, weil es auf die persönliche Interpretation angewiesen blieb (..). Heute realisiert sich die auf kollektiver Ebene höchst profitable Arbeitsweise zwischen einer schmalen Elite, als dem Organ intellektueller Verarbeitung, und den Massen, die zu bloßen Aufnahmeorganen geworden sind. (..) Die Verarmung liegt nicht in den Themen, sie beruht vielmehr auf dem Verschwinden der persönlichen Vorstellungsvarianten.« (✧22 S.267)

Diese Perspektive auf das Funktionieren der Welt ist nicht nur das Ergebnis all der gescheiterten Ordnungsphantasien bis heute, sie widerspricht überdies zutiefst dem Wertesystem abendländischer Religiosität, Philosphie und Wissenschaft, in dem Ordnung von jeher vergöttlicht und Chaos verteufelt wurde[13] und der Zugriff auf die Zukunft zum Movens aller Entwicklung geworden ist[14]. Umso revolutionärer mußte es in den 70er Jahren für ein solches Denken wirken, daß sich Theaterleute unverhohlen zum Chaotischen, Offenen und Ephemeren ihrer Kunst bekannten.

Aber Theater, eine Kunst, die man **spielt,** war eigentlich nie anders und damit den Notwendigkeiten nur besser angepaßt als zum Beispiel eine Architektur, die erst allmählich lernt(e), das Bedürfnis nach der *Gleichzeitigkeit verschiedener Ordnungen* (17) zu akzeptieren und in jeder Hinsicht Handlungsspielräume zu schaffen. Der planende Zugriff auf das Material der Wirklichkeit ist zwar eine Notwendigkeit für menschliche Handlungsfähigkeit, aber gleichzeitig nicht mehr als ein Modell das mit jeder Gegenwart mitstirbt, daher ständig weiterbearbeitet werden muß und keinerlei sicheren Zugriff auf die unberechenbare Zukunft gewährt. Diese Erkenntnis wirft ein bezeichnendes Licht auf alle Projekte *der Zukunft.* Theater aber ist per definitionem von der Dialektik von Regel und Zufall bestimmt, basiert auf Ordnung **und** Chaos gleichermaßen, von denen wir erst allmählich begreifen, daß dem Chaos ebensoviel (unsichtbare) Ordnung innewohnt und der Ordnung ebensoviel (verdrängtes) Chaos. Im Rahmen dieses Spiels kann ein Umgang mit der Wirklichkeit, mit dem Offenen und der Gegenwart geübt werden, der inzwischen ebenfalls des Denkmalschutzes bedarf. Das scheinbare Scheitern des Dialogs zwischen Theater und Architektur hat schließlich zur Besinnung des Theaters auf seine eigentlichen Qualitäten geführt. Ein Perspektivwechsel enthüllt hinter dem ›Scheitern‹ der Hoffnung auf neue Theater(bau)konventionen eine immense Bescheidenheit und deshalb Anpassungsfähigkeit. Vielfalt, Freiheit, Fülle bedeuten dabei nicht Beliebigkeit, Schrankenlosigkeit, Übermaß. Solange nicht, wie wir in der *Echtzeit* der Gegen-

---

13 Wir erinnern uns, wie CRAIG dieses Credo mit erschütternder Konsequenz formulierte: »Denn alles zufällige ist feind des künstlers. Kunst ist das gegenteil des chaotischen, und chaos entsteht aus dem zusammenprall vieler zufälle. Kunst beruht auf plan.« (◇34 S.52) Für die Wissenschaft sei Arnold HAUSERS Aussage zitiert: »Kunst ist – wie Wissenschaft oder Religion oder Moral oder Gesellschaft oder jedes beliebige System – ein Weg zur Bekämpfung des Chaos, ein Kampf gegen das Unbegreifliche, Unheimliche, Unmenschliche, das uns von allen Seiten umgibt.« (»Der Begriff der Zeit in der neueren Kunst und Wissenschaft« IN: MERKUR 9 (1955) S.801)

14 »Die Rastlosigkeit der sich selbst in der Gegenwart immer wieder in die Zukunft übersteigenden Modernität nimmt gewissermaßen die Zukunft in die Gegenwart hinein. Sie ist im Grunde (..) revolutionär. Für sie ist ›die nächste Zukunft‹ der Moment des großen Wandels, in dem alles anders wird als früher. (..) diese Erwartungen rühren zumeist davon her, daß eine gegebene konkrete soziale Lage mit den bestehenden Verhältnissen nicht harmoniert, daß Konflikte drohen, Anpassungsschwierigkeiten, Reibungsverluste und Spannungen, die sich in vielen kleinen Enttäuschungen kundtun, so daß ein ständiges Mißbehagen sich ausbreitet. (..) Die fortgeschrittenen Industriegesellschaften leben im Grunde in der genau gleichen Erwartung, sich an die eigenen Verhältnisse anpassen zu können. Nur nehmen bei ihnen die Wandelimpulse derart überhand, daß eine Anpassung an irgendeine Situation immer nur höchst vorübergehender Art sein kann. Das schließt aber nicht aus, daß sie trotzdem immer wieder gesucht wird. Im Großen wie im Kleinen.« (René KÖNIG »Zukunftserwartungen, Ziele und Ansprüche der Gegenwartsgesellschaft. Erkenntnisse der Soziologie« IN: DER ARCHITEKT 3 (1965) S.128)

wart leben müssen/dürfen[15] und solange im Dialog zwischen dem Theater und seinem Publikum im anderen das jeweils eigene Spiegelbild respektiert werden kann. Jede Konstellation bringt mit ihrer einmaligen Gegenwart zwingend ihre Themen und Mentalität mit, immer neu und immer ›aktuell‹, denn Theater ist nur eine ›Sprechblase‹ der Gesellschaft. Ihre Mitglieder müssen sie selbst füllen, wie damals schon Georg Fuchs behauptete: »*Jede Gesellschaft hat das Theater, dessen sie wert ist, und niemand, auch nicht der gewaltigste Künstler, vermag ihr ein anderes aufzuzwingen*«. Wir müssen wieder lernen, den Augenblick zu würdigen und zu gestalten. Das kann im Theater immer wieder erprobt werden – solange wir bereit sind, uns und unsere tatsächliche Situation auf allen Ebenen durchzuspielen und miteinander zu kommunizieren. Mehr wäre eigentlich nicht nötig.

15 »Unser Denken an die subtile ganzheitliche Komplexität anzupassen ist vielleicht deshalb so schwer, weil wir, wie Prigogine sagt, versucht haben, mit Hilfe von Vorhersagen der Zeit zu entrinnen. Es ist ein Axiom der Chaostheorie, daß es keinen Abkürzungsweg gibt, auf dem man das Schicksal eines komplexen Systems erfahren könnte; seine Entwicklung läßt sich nur in ›Echtzeit‹ verfolgen. Die Zukunft enthüllt sich nur im Aufdröseln der Gegenwart von Augenblick zu Augenblick. Stellen wir uns der Begrenzung, ja Unmöglichkeit von Vorhersagen, so können wir in die wirkliche Zeit zurückkehren (..). (✧14 BRIGGS/PEAT S.275 und 299f.)

(1)   ✧18 Bd.I S.16 – sie beruft sich dabei auf Eric BENTLEY: »The Life of the Drama«.- London 1965 (s. ihre Anmerkung 28).
(2)   ✧134 BROOK S.163
(3)   ebd. S.225
(4)   BROOK IN: ✧146 ORTOLANI S.46
(5)   ✧134 BROOK S.162
(6)   IN: ✧136 SPIELORTE S.88f.
(7)   s. etwa »Der Schauspieler und die Übermarionette« IN: ✧34 S.51ff.
(8)   ✧17 FIEBACH S.217
(9)   s. dazu z.B.: Andrei B. NAKOV »Kunst und Revolution in Rußland« IN: ✧86 KATALOG Tendenzen S.1/110
(10)   ✧30 VIRILIO, Horizont S.110f.
(11)   ✧18 FISCHER-LICHTE I S.142
(12)   »Technik – eine Notwendigkeit des modernen Theaters« IN: ✧74 SCHRIFTEN Bd.2 S.239
(13)   Werner HOFMANN: Das irdische Paradies. Motive und Ideen des 19. Jahrhunderts.- München 1960 S.254
(14)   ✧22 LEROI-GOURHAN S.317ff.
(15)   ✧134 BROOK S.205
(16)   ✧14 BRIGGS/PEAT S.83
(17)   – wie Ulrich GREINER es in einem Artikel zur Stadtplanung nannte IN: DIE ZEIT vom 26.2.1988

LITERATURVERZEICHNIS

ZEITÜBERGREIFENDE LITERATUR ZUM THEATERBAU

◇1   BURMEISTER, Enno: Möglichkeiten und Grenzen der Raumbühne.– Diss. Te.H. München 1961

◇2   DER RAUM DES THEATERS. Hrsg. von der deutschen Sektion des Internationalen Theaterinstituts. Zusammengestellt von Heinrich HUESMANN.– München 1977

◇3   IZENOUR, George C.: Theatre Design.– New York 1977

◇4   PAUSCH, Rolf: Theaterbau in der BRD. Zur Ideologiekritik des monofunktionalen Theaterbaus seit 1945.– Diss. phil. Berlin 1974

◇5   SCHUBERT, Hannelore: Moderner Theaterbau. Internationale Situation. Dokumentation. Projekte. Bühnentechnik.– Frankfurt/a.M. 1971

◇6   SCHAEL, Helmut: Idee und Form im Theaterbau des 19. und 20. Jahrhunderts.– Diss. phil. Köln 1958

◇7   SIMON, Werner: Ideen zu einem Theater des 20. Jahrhunderts. IN: BAUKUNST UND WERKFORM 4 (1955) S.224ff.

◇8   STORCK, Gerhard: Probleme des modernen Bauens – und der Theaterarchitektur des 20. Jahrhunderts in Deutschland.– Diss. phil. Bonn 1971

◇9   ZIELSKE, Harald: Deutsche Theaterbauten bis zum 2. Weltkrieg. Typologisch-historische Dokumentation einer Baugattung (= Schriften der Gesellschaft für Theatergeschichte Bd.65).– Berlin 1971

◇10   ZUCKER, Paul: Theater und Lichtspielhäuser.– Berlin 1926

ALLGEMEINE LITERATUR

◇11   BENZ, Wolfgang (Hrsg.): Die Bundesrepublik Deutschland. Geschichte in 3 Bd.n (Bd.3: Kultur).– Frankfurt/a.M. 1983

◇12   BRAUNECK, Manfred: Theater im 20. Jahrhundert. Programmschriften, Stilperioden, Reformmodelle.– Reinbek 1982

◇13   DERS.: Klassiker der Schauspielregie. Positionen und Kommentare zum Theater im 20. Jahrhundert.– Reinbek 1988

◇14   BRIGGS, John/PEAT, F. David: Die Entdeckung des Chaos. Eine Reise durch die Chaos-Theorie.– München/Wien 1990

◇15   CONRADS, Ulrich (Hrsg.): Programme und Manifeste zur Architektur des 20. Jahrhunderts.– Berlin/Frankfurt/Wien 1975

❖16 EIGEN, Manfred/WINKLER, Ruthild: Das Spiel. Naturgesetze steuern den Zufall.– München/ Zürich 1985

❖17 FIEBACH, Joachim: Von Craig bis Brecht. Studien zu Künstlertheorien in der ersten Hälfte des 20. Jahrhunderts.– Berlin/Ost 1975

❖18 FISCHER-LICHTE, Erika: Semiotik des Theaters. 3 Bde. .–Tübingen 1984

❖19 FRAMPTON, Kenneth: Die Architektur der Moderne. Eine kritische Baugeschichte. – Stuttgart 1983

❖20 GIEDION, Siegfried: Raum, Zeit, Architektur. Die Entstehung einer neuen Tradition (1941/ 1964). – Zürich/München 1976

❖21 JANSSEN, Franzjoseph: Bühnenbild und Bildende Künstler. Ein Beitrag zur Geschichte des modernen Bühnenbildes in Deutschland. Diss. phil. München 1957

❖22 LEROI-GOURHAN, André: Hand und Wort. Die Evolution von Technik, Sprache und Kunst.– Frankfurt/a.M. 1980

❖23 MAGNAGO-LAMPUGNANI, Vittorio: Architektur und Städtebau des 20. Jahrhunderts. – Stuttgart 1980

❖24 PEVSNER, Nikolaus: An Outline of European Architecture (1943). – Harmondsworth 1983 (= 7. überarbeitete Auflage)

❖25 ROOSE-EVANS, James: Experimental Theatre. From Stanislavsky to today. – London 1970

❖26 RÜHLE, Günther: Theater in unserer Zeit.– Frankfurt/a.M. 1976

❖27 SCHUBERTH, Ottmar: Das Bühnenbild. Geschichte, Gestalt, Technik.– München o.J. [1956]

❖28 STEKL, Hannes (Hrsg.): Architektur und Gesellschaft. Von der Antike bis zur Gegenwart (= Geschichte und Sozialkunde 6, hrsg. von der Arbeitsgemeinschaft für historische Sozialkunde).– Salzburg 1980

❖29 TUAN, Yi-Fu: Space and Place. The Perspective of Experience.– London 1977

❖30 VIRILIO, Paul: Der negative Horizont. Bewegung. Geschwindigkeit. Beschleunigung.– München/Wien 1989

❖31 DERS.: Krieg und Kino. Logistik der Wahrnehmung.– München/Wien 1986

DIE PHASE 1900–1920: QUELLEN

❖32 APPIA, Adolphe: Die Musik und die Inscenierung.– München 1899

❖33 COPEAU, Jacques: Un essai de rénovation dramatique IN: Registres I. Appels. Practique d'un Théâtre. Hrsg. von Marie-Hélène DASTÉ und Suzanne MAISTRE SAINT-DENIS.– Paris 1974

❖34 CRAIG, Edward Gordon: Über die Kunst des Theaters. Hrsg. von Dietrich KREIDT.– Berlin 1969

❖35 DEHMEL, Richard: Der Mitmensch, Tragikomödie.– Berlin 1909

❖36 DERS.: Theaterreform. Ein soziales Kapitel. IN: Gesammelte Werke Bd. X.– Berlin 1909

❖37 FUCHS, Georg: Die Schaubühne der Zukunft.– Berlin/Leipzig 1905

❖38 DERS.: Die Revolution des Theaters. Ergebnisse aus dem Münchner Künstlertheater.– Leipzig 1909

❖39 LITTMANN, Max: Künstlerische Fragen der Schaubühne. Alte Probleme in neuer Beleuchtung. Vortrag vom 21.3.1907.– München 1907

❖40 DERS.: Das Münchener Künstlertheater (= Ausgeführte Bauten von Heilmann & Littmann).– München 1908

❖41 DERS. (Hrsg.): Das Großherzogliche Hoftheater in Weimar. Denkschrift zur Feier der Eröffnung.– München 1908

◇42 POELZIG, Hans: Gesammelte Schriften und Werke. Hrsg. von Julius POSENER.– Berlin 1970
◇43 REINHARDT, Max: Schriften, Briefe, Reden, Aufsätze, Interviews, Auszüge aus Regiebüchern. Hrsg. von Hugo FETTING.– Berlin/Ost 1974
◇44 VELDE, Henry van de: Geschichte meines Lebens. Hrsg. von Hans CURJEL.– München 1962

.. UND SEKUNDÄR-LITERATUR

◇45 BIERMANN, Franz Benedikt: Die Pläne für die Reform des Theaterbaus bei Karl Friedrich Schinkel und Gottfried Semper.– Berlin 1928
◇46 DOISY, Marcel: Jacques Copeau ou l'absolu dans l'art.– Paris 1954
◇47 FUHRICH, Edda/PROSSNITZ, Gisela: Max Reinhardt. »Ein Theater, das den Menschen wieder Freude gibt..«. Eine Dokumentation.– München/Wien 1987
◇48 GIERTZ, Gernot: Kultus ohne Götter. Emile Jaques-Dalcroze und Adolphe Appia. Der Versuch einer Theaterreform auf der Grundlage der Rhythmischen Gymnastik (= Münchner Universitätsschriften/Münchner Beiträge zur Theaterwissenschaft Bd.4).– München 1975
◇49 GROHMANN, Walter: Das Münchner Künstlertheater in der Bewegung der Szenen- und Theaterreformen (= Schriften der Gesellschaft für Theatergeschichte 47).– Berlin 1935
◇50 HEUSS, Theodor: Hans Poelzig. Das Lebensbild eines deutschen Baumeisters (Neue Ausgabe).– Tübingen 1948
◇51 HUESMANN, Heinrich: Welttheater Reinhardt: Bauten, Spielstätten, Inszenierungen.– München 1983
◇52 KATALOG: Henry van de Velde. Theatre Designs 1904–1914. Ed. by The Architectural Association.– London 1974
◇53 KATALOG: Jacques Copeau. Et le Vieux Colombier. Hrsg. von der Bibliothèque Nationale.– Paris 1963
◇54 KINDERMANN, Heinz: Max Reinhardts Weltwirkung. Ursachen, Erscheinungsformen und Grenzen (= Sitzungsberichte der Österreichischen Akademie der Wissenschaften 261. Bd., 5. Abhandlung, Philosophisch-Historische Klasse).– Wien 1969
◇55 LEEPER, Janet: Appia. IN: ARCHITECTURAL REVIEW 143 (1968), S.113–118
◇56 LERMINIER, Georges: Jacques Copeau. Le Reformateur 1879–1949.– Paris 1953
◇57 PFEIFER, Hans-Georg (Hrsg.): Peter Behrens – »Wer aber will sagen, was Schönheit sei?«.– Düsseldorf 1990
◇58 PRÜTTING, Lenz: Die Revolution des Theaters. Studien über Georg Fuchs.– München 1971
◇59 SCHIRREN, Matthias: Hans Poelzig. Die Pläne und Zeichnungen aus dem ehemaligen Verkehrs- und Baumuseum in Berlin.– Berlin 1989
◇60 SEMBACH, Klaus-Jürgen: Henry van de Velde.– Stuttgart 1988
◇61 WANGERIN, Gerda/WEISS, Gerhard: Heinrich Tessenow. Ein Baumeister. 1876–1950. Leben – Lehre – Werk.– Essen 1976
◇62 WINDSOR, Alan: Peter Behrens. Architect and Designer.– London 1981

DIE 20ER JAHRE: QUELLEN

◇63 APOLLONIO, Umbro (Hrsg.): Der Futurismus. Manifeste und Dokumente einer künstlerischen Revolution 1909–1918.– Köln 1972

⋄64 BARCHIN, M.G./WACHTANGOW, S.E.: A Theatre for Meyerhold. IN: THEATRE QUAR-TERLY 2 (1972) S.69–73

⋄65 GROPIUS, Walter: Vom modernen Theaterbau, unter Berücksichtigung des Piscatortheaterneubaues in Berlin IN: BTR 6 (1927) S.6f.

⋄66 DERS.: Apollo in der Demokratie. (1934) Hrsg. von Hans Maria WINGLER (= Neue Bauhausbücher).– Mainz/Berlin 1967

⋄67 DERS.: Die neue Architektur und das Bauhaus. Grundzüge und Entwicklung einer Konzeption (London 1935). Hrsg. von Hans Maria WINGLER (= Bauhausbücher N.F.).– Berlin/Mainz 1965

⋄68 KATALOG: Internationale Ausstellung Neuer Theatertechnik [IAT]. Hrsg. von Friedrich KIESLER.– Wien 1924

⋄69 LISTA, Giovanni: Théâtre futuriste italien. 2 Bde. .– Lausanne 1976

⋄70 MARCHI, Virgilio: Architettura Futurista.– Foligno 1924

⋄71 MEYERHOLD, W.E./TAIROW, A.I./WACHTANGOW, J.B.: Theateroktober. Beiträge zur Entwicklung des sowjetischen Theaters. Hrsg. von L. HOFFMANN und D. WARDETZKY.– Frankfurt/a.M 1972

⋄72 MEYERHOLD, Wsewolod: Schriften. Aufsätze. Briefe. Reden. Gespräche. 2 Bd.e [2.Bd.: 1917–1939]. Hrsg von A.W. FEWRALSKI.– Berlin/Ost 1979

⋄73 MOHOLY-NAGY, Laszlo: Vom Material zur Architektur (1929). Hrsg. von Hans Maria WINGLER (= Neue Bauhausbücher 9).– Mainz/Berlin 1968

⋄74 PISCATOR, Erwin: Schriften. Bd.1: Das Politische Theater (Berlin 1929). Bd.2: Aufsätze, Reden, Gespräche. Hrsg. von Ludwig HOFFMANN.– Berlin 1968

⋄75 SCHLEMMER, Oskar/MOHOLY-NAGY, Laszlo/MOLNAR, Farkas: Die Bühne im Bauhaus (1927). Hrsg. von Hans Maria WINGLER (= Bauhausbücher N.F.).– Mainz/Berlin 1965

.. UND SEKUNDÄR-LITERATUR

⋄76 FRANCISCONO, Marcel: Walter Gropius and the Creation of the Bauhaus in Weimar: The Ideals and Artistic Theories of its Founding Years.– Illinois 1971

⋄77 HAMON-SIRÉJOLS, Christine: Le Constructivisme au Théâtre.– Paris 1991

⋄78 HILBERSEIMER, Ludwig: Berliner Architektur der 20er Jahre (1963). Hrsg. von Hans Maria WINGLER (= Neue Bauhausbücher 7, N.F.).– Mainz/Berlin 1967

⋄79 HOOVER, Majorie L.: Meyerhold. The Art of Conscious Theatre.– Amherst 1974

⋄80 KATALOG: Bauhaus Utopien. Arbeiten auf Papier. Hrsg. von Werner HERZOGENRATH unter Mitarbeit von Stefan KRAUS.– 1988

⋄81 KATALOG: Frederick Kiesler. Architekt. 1890–1965. Hrsg. von der Galerie nächst St. Stephan.– Wien o.J. [1975]

⋄82 KATALOG: Futurismo. Katalog einer Dokumentar-Wanderausstellung.– 1976

⋄83 KATALOG: Oskar Schlemmer und die abstrakte Bühne. Hrsg. von der Neuen Sammlung München.– München 1961

⋄84 KATALOG: Raumkonzepte. Konstruktivistische Tendenzen der Bühnen- und Bildkunst 1910–1930. Hrsg. von der Städtischen Galerie Frankfurt.– Frankfurt/a.M. 1986

⋄85 KATALOG: Ricostruzione Futurista dell' Universo.– Turin 1980

⋄86 KATALOG: Tendenzen der 20er Jahre.– Berlin 1977

⋄87 KATALOG: Wir setzen den Betrachter mitten ins Bild. Futurismus 1909–1917. Hrsg. von der Kunsthalle Düsseldorf.– Düsseldorf 1974

⋄88 KIRBY, Michael: Futurist Performance.– New York 1971

◇89 LANG, Lothar: Das Bauhaus. 1919–1933. Idee und Wirklichkeit (= Studienreihe angewandte Kunst 2, Neuzeit).– Berlin/Ost 1965

◇90 LESÁK, Barbara: Die Kulisse exlodiert. Friedrich Kieslers Theaterexperimente und Architektur-projekte. 1923–1925.– Wien 1988

◇91 LISTA, Giovanni: La Scène futuriste.– Paris 1989

◇92 POZZETTO, Marco: Die Schule Otto Wagners. 1894–1912.– Wien/München 1980

◇93 RAKITIN, Jelena: Darüber, wie Meyerhold nicht mit Tatlin zusammenarbeitete, und was sich daraus ergab IN: Katalog: Die große Utopie. Die russische Avantgarde 1915–1932. Hrsg. von der Schirn-Kunsthalle.– Frankfurt/a.M. 1992 S.220ff.

◇94 ROCHOWANSKI, L.W.: Die Würfelbühne IN: OESTERREICHS BAU- UND WERKKUNST (1924/25) S.137ff.

◇95 SCHEPER, Dirk: Oskar Schlemmer. Das Triadische Ballett und die Bauhausbühne (= Schriftenreihe der Akademie der Künste 20).– Berlin 1988

◇96 STEGEN, Ina: Die futuristische Bühne. IN: INTERSCAENA 2 (1970) S.34ff.

◇97 TAYLOR, Christiana J.: Futurism. Politics, Painting and Performance.– University of Michigan 1974 (2. Auflage 1979)

◇98 TIETZE, Rosemarie (Hrsg.): Vsevolod Meyerhold. Theaterarbeit 1917–1930.– München 1974

◇99 WILLETT, John: The New Sobriety. 1917–1933. Art and Politics in the Weimar Period.– London 1978

◇100 DERS.: Erwin Piscator. Die Eröffnung des politischen Zeitalters auf dem Theater.– Frankfurt/a.M. 1982

◇101 WINGLER, Hans Maria (Hrsg.): Das Bauhaus 1919–1933. Weimar. Dessau. Berlin und die Nachfolge in Chikago seit 1937.– Köln 1962

◇102 WOLL, Stefan: Das Totaltheater (= Schriften der Gesellschaft für Theatergeschichte 68).– Berlin 1984

DIE 30ER JAHRE: QUELLEN

◇103 ARTAUD, Antonin: Das Theater und sein Double. Das Théâtre Séraphin.– Frankfurt/a.M. 1979

.. UND SEKUNDÄR-LITERATUR

◇104 BARTETZKO, Dieter: Illusionen in Stein. Stimmungsarchitektur im deutschen Faschismus. Ihre Vorgeschichte in Theater- und Filmbauten.– Reinbek 1985

◇105 BRENNER, Hildegard: Die Kunstpolitik des Nationalsozialismus (= Rowohlts deutsche Enzyklopädie Bd.167/168).– Reinbek 1963

◇106 CHAN-MAGOMEDOW, Selim O.: Pioniere der Sowjet-Architektur. Der Weg zur neuen sowjetischen Architektur in den Zwanzigern und zu Beginn der dreißiger Jahre.– Dresden 1983

◇107 DERRIDA, Jacques: Das Theater der Grausamkeit und die Geschlossenheit der Repräsentation. IN: DERS.: Die Schrift und die Differenz.– Frankfurt/a.M. 1972

◇108 GRIMM, Jürgen: Das avantgardistische Theater Frankreichs. 1895–1930.– München 1982

◇109 KAPRALIK, Elena: Antonin Artaud. Leben und Werk des Schauspielers, Dichters und Regisseurs.– München 1977

◇110 SHVIDKOVSKY, Oleg A. (Hrsg.): Building in the USSR. 1917–1932.– New York/Washington 1971

DIE PHASE 1945–1960: QUELLEN

❖111 ARCHITEKTURWETTBEWERBE 29: Die Wettbewerbe für das Opernhaus Essen und das Düsseldorfer Schauspielhaus.– Hrsg. von Jürgen JOEDICKE.– Stuttgart 1960

❖112 BARRAULT, Jean-Louis: Betrachtungen über das Theater.– Zürich 1962

❖113 BAUMEISTER, Willi: Das Unbekannte in der Kunst.– Köln 1988

❖114 DARMSTÄDTER GESPRÄCH 1: Das Menschenbild in unserer Zeit. Hrsg. von Gerhard EVERS.– Darmstadt 1951

❖115 DARMSTÄDTER GESPRÄCH 5: Theater. Hrsg. von Egon VIETTA.– Darmstadt 1955

❖116 DÜRRENMATT, Friedrich: Theater. Essays, Gedichte und Reden (= Werkausgabe Bd. 24).– Zürich 1980

❖117 KIRCHHOFF, Ernst: Theaterbau der Zukunft (= Hamburger Theaterbücherei Bd. 3).– Hamburg 1948

❖118 MELCHINGER, Siegfried: Theater der Gegenwart.- Frankfurt/a. M./Hamburg 1956

❖119 SELLNER, Gustav Rudolf/WIEN, Werner: Theatralische Landschaft [Ein Briefwechsel].– Bremen 1962

❖120 VILLIERS, André: Le théâtre en ronde.– Paris 1958

.. UND SEKUNDÄR-LITERATUR

❖121 HENSEL, Georg: Kritiken. Ein Jahrzehnt Sellner-Theater in Darmstadt.– Darmstadt o. J. [1962]

❖122 KAISER, Hermann: Schicksalsjahre. Darmstädter Theatererinnerungen II. 1933–1970.– Darmstadt 1971

❖123 DERS.: Vom Zeittheater zur Sellnerbühne. Das Landestheater Darmstadt von 1933 bis 1960.– Darmstadt 1961

❖124 SCHNEIDER, Rolf: Theater in einem besiegten Land. Dramaturgie der deutschen Nachkriegszeit 1945–1949.– Frankfurt/a. M./Berlin 1989

DIE 60ER JAHRE: QUELLEN

❖125 POLIERI, Jacques: Polieri. Scénographie: Théâtre. Cinéma. Télévision.– Cahors 1990

❖126 GROTOWSKI, Jerzy: Für ein Armes Theater (1969) (2. neuübersetzte, deutschsprachige Auflage).– Zürich/Schwäbisch Hall 1986

.. UND SEKUNDÄR-LITERATUR

❖127 BANHAM, Reyner: Die Revolution der Architektur. Theorie und Gestaltung im Ersten Maschinenzeitalter (= Rowohlts deutsche Enzyklopädie).– Reinbek 1964

❖128 BENTHAM, Frederick: New Theatres in Britain.– London 1970

❖129 KATALOG: Frederick Kiesler. 1890–1965. Hrsg. von der Galerie nächst St. Stephan.– Wien o. J. [1975]

❖130 MOBILER SPIELRAUM - THEATER DER ZUKUNFT. Beiträge von Karlheinz BRAUN, Mauricio KAGEL, Charles MAROWITZ, Wilfried MINKS u. a.– Frankfurt/a. M. 1970

◇131 RESTANY, Pierre: Yves Klein.– München 1982
◇132 STACHELHAUS, Heiner (Hrsg.): Yves Klein. Werner Ruhnau. Dokumentation der Zusammenarbeit in den Jahren 1957–1960.– Recklinghausen o.J. [1976]
◇133 THOMSEN, Christian W.: Das englische Theater der Gegenwart.– Düsseldorf 1980

DIE 70ER JAHRE: QUELLEN

◇134 BROOK, Peter: Der Leere Raum.– Hamburg 1969
◇135 SCHAUBÜHNE AM LEHNINER PLATZ (Hrsg.): Der Mendelsohnbau am Lehniner Platz. Erich Mendelsohn und Berlin.– Berlin 1981
◇136 DEUTSCHES SCHAUSPIELHAUS HAMBURG (Hrsg.): Spielorte: Umbau, Erweiterung und Restaurierung des Deutschen Schauspielhauses. Das Operettenhaus. Die Kampnagelfabrik mit einem Rückblick auf den Malersaal.– Hamburg 1984

.. UND SEKUNDÄR-LITERATUR

◇137 BAUMGARTEN, Michael/SCHULZ, Wilfried (Hrsg.): Die Freiheit wächst auf keinem Baum.. Theaterkollektive zwischen Volkstheater und Animation.– Berlin 1979
◇138 CANARIS, Volker: Peter Zadek. Der Theatermann und Filmemacher.– München/Wien 1979
◇139 HENSEL, Georg: Das Theater der 70er Jahre. Kommentar, Kritik, Polemik.– Stuttgart 1980
◇140 HOFMANN, Jürgen: Kritisches Handbuch des westdeutschen Theaters.– Berlin 1981
◇141 IDEN, Peter: Theater als Widerspruch. Plädoyer für die zeitgenössische Bühne.– München 1984
◇142 KÄSSENS, Wend/GRONIUS, Jörg W.: Theatermacher. Gespräche mit Luc Bondy, Jürgen Flimm, Hansgünther Heyme, Hans Neuenfels, Peter Palitzsch, Claus Peymann, Frank-Patrick Steckel, George Tabori, Peter Zadek.– Frankfurt/ a.M. 1987
◇143 KATALOG: Konfigurationen. Einblicke in das Theatergeschehen der Bundesrepublik Deutschland 1976–79. Hrsg. von der Deutschen Theatertechnischen Gesellschaft zur Quadriennale in Prag.– 1979
◇144 MAINUSCH, Herbert: Regie und Interpretation. Gespräche mit Regisseuren.– München 1985
◇145 NEUSCHÄFER, Anne: Das Théâtre du Soleil.– Rheinfelden 1983
◇146 ORTOLANI, Olivier: Peter Brook (= Regie im Theater, hrsg. von Claudia BALK).– Frankfurt/a.M. 1988

Zeitschriften werden unter Angabe des Namens, der Nummer der Ausgabe und des Jahres genannt. Nur für die BÜHNENTECHNISCHE RUNDSCHAU wird die Abkürzung BTR verwendet.

ABBILDUNGSNACHWEISE

► DIE WÜRFELBÜHNE
Abb.1   :   ◊92 POZZETTO o.S. Abb.276/77
   2a   :   ◊94 ROCHOWANSKI S.137
   2b   :   ◊68 Katalog der IAT S.12
   2c   :   ◊94 S.141
   2d   :   ebd. S.143
   2e   :   ebd. S.144
   2f/g   :   ebd. S.145ff.

► WSEWOLOD E. MEYERHOLD
Abb.1   :   ◊84 Raumkonzepte S.25
   2   :   ◊77 HAMON-SIRÉJOLS S.155
   3   :   HOOVER, Majorie L.: Meyerhold an his Set Designers.– New York/u.a. 1988, Abb.1
   4   :   ◊77 S.194
   5   :   ebd. S.178
   6   :   ◊79 HOOVER 1974 S.144
   7   :   ebd. S.162
   8a   :   ◊84 S.18
   8b   :   ◊77 S.233
   8c   :   Katalog: Kunst und Revolution. Russische und Sowjetische Kunst 1910–1932.
                 Hrsg. vom Österreichischen Museum für angewandte Kunst.– 1988 S.178
   9a   :   ◊110 SHVIDKOVSKY S.85
   9b   :   ebd.
   10a   :   THEATRE QUARTERLY 2 (1972) S.71
   10b   :   ebd.
   11   :   ◊125 POLIERI S.134
   12a   :   THEATRE QUARTERLY 2 (1972) S.71
   12b   :   ◊106 CHAN-MAGOMEDOW S.464

► FRIEDRICH KIESLER
Abb.1a   :   ◊90 LESÁK S.79
   1b   :   ebd. S.81
   1c   :   ebd. S.78
   1d   :   ◊81 Katalog Wien S.18
   2   :   ◊68 Katalog IAT S.24f.
   3a   :   ◊90 S.118
   3b/c   :   ebd. S.130f.
   3d   :   ◊81 S.19
   3e   :   ◊90 S.135
   4a   :   ARCHITECTURAL RECORD 67 (1930) S.495
   4b   :   ebd.
   4c   :   ◊90 S.23

► DER ITALIENISCHE FUTURISMUS

Abb.1	:	◇63 APOLLONIO S.9
2	:	◇86 Katalog Tendenzen S.1/205
3	:	◇85 Katalog Ricostruzione S.467
4a	:	ebd. S.468
4b	:	◇96 STEGEN S.35
5	:	Präparierter Ausschnitt nach: Kunstdenkmäler in Italien. Ein Bildhandbuch. Rom Bd.1.– Darmstadt 1988 S.400
6a	:	◇85 S.283
6b	:	ARCHITECTURAL REVIEW 713 (1956) S.343
6c	:	SIPARIO 260 (Dezember 1967) S.49
6d	:	◇70 MARCHI S.88
6e	:	◇91 LISTA, Scène S.370
7	:	◇69 LISTA, Théâtre futuriste Bd.1 S.160

► ANTONIN ARTAUD

Abb.1	:	AUJOURD'HUI 8 (1963) S.138

► KLUBS UND PALÄSTE IN DER SOWJETUNION

Abb.1	:	◇106 CHAN-MAGOMEDOW S.445
2	:	KÖPF, Hans: Bildwörterbuch der Architektur.– Stuttgart 1982 S.380
3	:	◇110 SHVIDKOVSKY S.96
4	:	ebd. S.46
5	:	◇5 SCHUBERT S.13
6a/b	:	◇106 S.469
7a/b	:	◇110 S.54
8a–c	:	◇106 S.468
9	:	PROBST, Hartmut/SCHÄDLICH, Christian: Walter Gropius.– Berlin 1988 Bd.3 S.148/147
10a–f	:	DEUTSCHE BAUZEITUNG 44 (1932) S.870f.
11a/b	:	◇106 S.467
11c	:	ebd.

► DIE NATIONALSOZIALISTISCHEN THINGTHEATER

Abb.1	:	◇104 BARTETZKO S.136
2	:	ebd. S.139
3a	:	BTR 6 (1933) S.5
3b	:	◇ 105 BRENNER Abb.13
4a	:	◇104 S.136
4b	:	Berlin und seine Bauten Bd.XI: Gartenwesen. Hrsg. vom Architekten und Ingenieur-verein zu Berlin.– Berlin/München/Düsseldorf 1972 S.189
5	:	◇104 S.68
6	:	ebd. S.173

► ERGEBNISSE 30er JAHRE
Abb.1a   :   ✧45 BIERMANN Abb.31
    1b   :   ✧5 SCHUBERT S.12
    1c   :   ebd.

► SELLNER UND DIE DARMSTÄDTER ORANGERIE
Abb.1   :   ✧122 KAISER Abb.9
    2a   :   ✧123 KAISER S.62
    2b   :   ✧122 Abb.11
    3   :   ✧123 S.115
    4a   :   ebd. Abb.187
    4b   :   »Scheinrelief Nocturno I« (1953) IN: Katalog Willi Baumeister. 1889–1955.
              Peintures, Dessins. Haarlem, Frans Hals Museum u.a..– Stuttgart 1983
    4c   :   »Montaru 7b« (1953) IN: ebd.
    5   :   ✧5 SCHUBERT S.171

► EINRAUMTHEATER
Abb.1   :   ✧117 KIRCHHOFF S.46
    2a/b :   ebd. S.59
    2c   :   ebd. S.61
    3a/b :   ✧115 Darmstädter Gespräch Abb.60/61
    3c   :   ebd. Abb.62
    4a   :   BTR 1 (1951) S.5
    4b/c :   NEUE BAUWELT 39 (1949) S.152
    4d   :   BTR 1 (1951) S.4

► EINE KLEINE GESCHICHTE DES VARIABLEN THEATERS
Abb.1a–c :   BTR 1 (1950) S.9
    2   :   DIE NEUE STADT 6 (1950) S.218
    3a–c :   ebd. S.216
    4   :   ebd. S.217
    5a–d :   ✧84 Katalog Raumkonzepte S.215
    6a/b :   ✧115 Darmstädter Gespräch Abb.71/72
    6c/e :   DER ARCHITEKT 4 (1955) S.127/126
    6d   :   ✧5 SCHUBERT S.18
    7   :   ✧5 S.61
    8a–c :   ✧115 Abb.65-70
    9a   :   BTR 2 (1955) S.8
    9b   :   ebd. S.10
    9c   :   ✧5 S.117
    10   :   ebd. S.48f.
    11a/b :   BTR 2 (1960) S.30f.
    12   :   SCHULZE, Franz: Mies van der Rohe. Leben und Werk.– Berlin 1986 S.270
    13   :   DIE NEUE STADT 4 (1953) S.163/162

▶ ARENATHEATER
ABB.1a–c : ✧120 VILLIERS Abb.19/11/Cover
    2   :   BTR 4 (1954) S.21
    3   :   ebd.
    4a/b   :   ✧128 BENTHAM S.43
    4c   :   ebd. S.42
    5a   :   ✧120 Abb.10
    5b   :   ✧5 SCHUBERT S.25
    6a/b   :   ebd. S.181
    6c   :   DAS WERK 9 (1960) S.335
    6d   :   ✧5 S.180
    7a–d   :   WORLD THEATRE 3 (1955) S.32/34
    8a/b   :   BTR 1 (1962) S.21
    9a–d   :   ✧111 Architekturwettbewerbe S.52/53
    10a–c :   ebd. S.86f.

▶ MEHRZWECK-PROJEKTE
Abb.1a :   BTR 2 (1951) S.8
    1b   :   ebd. S.9
    1c   :   ebd. S.8
    1d   :   BTR 1 (1963) S.28
    2a/b   :   BTR 3 (1951) S.19
    3   :   ✧5 SCHUBERT S.101
    4a   :   ARCHITECTURAL FORUM 84 (1946) S.98
    4b   :   ebd. S.100
    4c   :   ebd. S.99
    4d   :   ebd. S.103
    4e   :   ebd. S.102
    4f/g   :   ebd. S.101
    5a   :   ebd. S.791
    5b   :   ebd. S.789
    5c   :   ebd. S.790
    5d   :   ebd. S.793
    6a   :   ✧20 GIEDION S.332
    6b   :   LE CORBUSIER: 1922. Ausblick auf eine Architektur.– Frankfurt/a.M./Berlin 1963 S.82f.

▶ PODIENKLAVIERE UND IMMATERIALITÄT
Abb.1a/b :   BTR 3 (1982) S.12
    1c–e :   ebd.
    1f   :   BTR 4 (1960) S.10
    1g   :   ebd.
    2   :   ✧5 SCHUBERT S.207
    3a   :   BTR 3 (1982) S.11
    3b–d :   ✧1 BURMEISTER S.66–68
    3e   :   ✧5 S.122

3f	:	DAS WERK 9 (1960) S.307
3g	:	◇5 S.123
4a/b	:	DAS WERK 9 (1960) S.310
5a–e	:	BTR 2 (1982) S.11
6a	:	◇131 RESTANY S.62
6b	:	Katalog: Yves Klein. Hrsg. vom Centre Pompidou, Paris.– 1983 S.124
7a/b	:	◇132 Dokumentation S.55/52
8	:	◇130 Mobiler Spielraum S.6
9	:	◇5 S.21
10	:	L'ARCHITECTURE D'AUJOURD'HUI 37 (1966) S.63
11a–g:		◇5 S.176
12a–d:		ebd. S.36

► MOBILITÄT UND EINE NEUE DIMENSION

Abb.1	:	◇125 POLIERI S.156
2	:	ebd. S.184
3	:	ebd. S.XV
4a	:	BTR 1 (1962) S.20
4b	:	◇125 S.186
5a–c	:	ebd. S.186f.
5d	:	ebd. S.XVII
6	:	ebd. S.186
7	:	ebd.
8	:	ebd. S.188
9a–c	:	ebd. S.190/189
10a/b	:	ebd. S.189
11	:	ebd. S.XVIII
12a	:	AUJOURD'HUI 39 (1962) S.89
12b	:	AUJOURD'HUI 42/43 (1963) S.185
12c	:	AUJOURD'HUI 39 (1962) S.89
13a/b :		MELOS 7/8 (1959) S.214/211
13c	:	ebd. S.212
13d	:	ebd. S.209
13e	:	◇5 SCHUBERT S.18
14	:	◇125 S.164
15a	:	◇5 S.19
15b/c :		DER ARCHITEKT 2 (1964) S.47/46
16a–d:		◇128 BENTHAM S.44f.

► FRIEDRICH KIESLER in den USA

Abb.1a–e :		◇81 Katalog Wien S.55–57
2a	:	◇23 MAGNAGO-LAMPUGNANI S.180
2b	:	◇81 S.47
3a/b	:	ebd. S.27/26
3c/d	:	ebd. S.25

► JERZY GROTOWSKIS THEATERLABORATORIUM

Abb. 1a/b :   ✧126 GROTOWSKI S.127/126

  2a/b :   ebd.

  3a/b :   ebd. S.125f.

  3c/d :   ebd. S.187f.

  4a :   ebd. S.130

  4b :   ebd. S.69

  5 :   ebd. S.129

  6a :   ebd. S.128

  6b :   ebd. S.189

  7a :   ebd. S.130

  7b :   ebd. S.79

► PETER BROOK

Abb. 1a/b :   HAINAUX; A.: Le décor de théâtre dans le monde depuis 1960.– Brüssel 1973
           Abb.58/57

  2 :   ✧146 ORTOLANI S.56/57

  3 :   nach Dia 12598 der Theatersammlung Hamburg

  4 :   ✧146 S.102/103

► DIE SCHAUBÜHNE

Abb. 1 :   BTR 4 (1972) S.18

  2 :   BTR 5 (1978) S.20

  3 :   BTR 3 (1977) S.18

  4a :   BTR 3 (1978) S.12

  4b :   ebd. S.13

  5 :   THEATER HEUTE 13 (1979) S.91

  6a :   ✧135 Dokumentation Schaubühne S.50

  6b :   ZEVI, Bruno: Erich Mendelsohn. Opera completa. Architetture e imagini architettoniche.–
           Mailand 1970 S.160

  6c :   ✧135 S.76

  6d :   BTR 1 (1983) S.13f.

  6e :   BTR 5 (1978) S.22

  6f :   ✧135 S.80

► THÉÂTRE NATIONAL DE STRASBOURG

Abb. 1 :   THEATER HEUTE 9 (1976) S.17

  2a :   BAUWELT 1/2 (1985) S.36

  2b–d :   THEATER HEUTE 13 (1981) S.103/102

► KLAUS MICHAEL GRÜBER

Abb. 1 :   THEATER HEUTE 13 (1975) S.82

  2a :   Berlin und seine Bauten Bd.XI: Gartenwesen. Hrsg. vom Architekten- und
           Ingenieurverein zu Berlin.– Berlin/u.a. 1972 S.189

  2b :   THEATER HEUTE 13 (1978) S.33

2c   :   ebd.
2d   :   ebd. S.32

▶ LUCA RONCONI
Abb.1a/b   :   THEATER HEUTE 13 (1979) S.96

▶ DER FALL BREMEN
Abb.1a   :   BTR 3 (1971) S.13
  1b   :   BTR Sonderheft 1983 S.24
 2a/b   :   THEATER HEUTE 13 (1979) S.92
 3a–c   :   ✧143 Konfigurationen S.57
  3d   :   THEATER HEUTE 3 (1979) S.11

▶ IN DER FABRIK
Abb.1   :   THEATER HEUTE 13 (1975) S.87
  2   :   BTR-Sonderheft 1983 S.29
  3   :   DIE DEUTSCHE BÜHNE 5 (1984) S.12
 4a–d   :   BTR 2 (1983) S.17
 4e   :   ebd. S.15

▶ SCHLÜSSE
Abb.1   :   »Projekt einer Hochhausstadt« (1924) POMMER, Richard/SPAETH, David/HARRINGTON, Kevin: In the shadow of Mies. Ludwig Hilberseimer. Architect, Educator, and Urban Planner.– New York 1988 S.17

Renate Möhrmann
Theaterwissenschaft heute
Eine Einführung
396 Seiten mit 40 Abbildungen, Register
und Bibliographie. 1990
Broschiert / ISBN 3-496-00998-5

Guido Hiß
Der theatralische Blick
Einführung in die Aufführungsanalyse
307 Seiten. 1993
Broschiert / ISBN 3-496-02501-8

**Oper als Spiegel
gesellschaftlicher Veränderungen**
(Werk in 3 Teilen)
Hg. von Udo Bermbach und Wulf Konold

Teil 1
Der schöne Abglanz
Stationen der Operngeschichte
295 Seiten mit 17 Abbildungen. 1991
Broschiert / ISBN 3-496-00449-5

Teil 2
Gesungene Welten
Aspekte der Oper
287 Seiten mit 10 Abbildungen und
6 Notenbeispielen. 1992
Broschiert / ISBN 3-496-00448-7

Teil 3
Oper von innen
Produktionsbedingungen des Musiktheaters
354 Seiten mit 89 Abbildungen und
3 Notenbeispielen. 1993
Broschiert / ISBN 3-496-00447-9

REIMER

REIMER

REIMER

Stefanie Heraeus
Traumvorstellung und Bildidee
Surreale Strategien in der französischen
Graphik des 19. Jahrhunderts
232 Seiten mit 63 Abbildungen
Broschiert / ISBN 3-496-01177-7

Claudia Hattendorff
Künstlerhommage
Ein Bildtypus im 19. und 20. Jahrhundert
194 Seiten mit 6 farbigen und 40 s/w-Abbildungen
Broschiert / ISBN 3-496-01178-5

Susanne Weiß
Claude Monet
Ein distanzierter Blick auf Stadt und Land
Werke 1859–1889
264 Seiten mit 66 Abbildungen
Broschiert / ISBN 3-496-01173-4

Susanne Deicher
Piet Mondrian
Protestantismus und Modernität
356 Seiten mit 222 Abbildungen
Broschiert / ISBN 3-496-01125-4

Andreas Strobl
Otto Dix
Eine Malerkarriere der zwanziger Jahre
352 Seiten mit 8 Farbtafeln und 116 s/w-Abbildungen
Broschiert / ISBN 3-496-01145-9

Mechthild Haas
Jean Dubuffet
Materialien für eine »andere Kunst« nach 1945
305 Seiten mit 8 farbigen und 45 s/w-Abbildungen
Broschiert / ISBN 3-496-01176-9

REIMER

Kunibert Bering
Richard Serra
Skulptur · Zeichnung · Film
248 Seiten mit 36 Abbildungen
Broschiert / ISBN 3-496-01188-2

Ulrich Tragatschnig
Konzeptuelle Kunst
Interpretationsparadigmen
Ein Propädeutikum
194 Seiten mit 18 Abbildungen
Broschiert / ISBN 3-496-01187-4

Jutta Schütt
Arnulf Rainer
Überarbeitungen
254 Seiten mit 100 Abbildungen
Bibliographie und Ausstellungsverzeichnis
Broschiert / ISBN 3-496-01123-8

Eva S.-Sturm
Im Engpaß der Worte
Sprechen über moderne
und zeitgenössische Kunst
350 Seiten mit 3 farbigen und 37 s/w-Abbildungen
Broschiert / ISBN 3-496-01152-1

Walther K. Lang
Der Tod und das Bild
Todesevokationen in der zeitgenössischen Kunst
1975–1990
378 Seiten mit 103 Abbildungen
Broschiert / ISBN 3-496-01144-0

Ortrud Westheider
**Die Farbe Schwarz in der Malerei
Max Beckmanns**
305 Seiten mit 12 farbigen und 76 s/w-Abbildungen
Broschiert / ISBN 3-496-01143-2

REIMER

REIMER